Antje Blume-Werry
Lernverhalten von Kindern mit Hydrocephalus
Zur Bedeutung des räumlichen Denkens für schulisches Lernen

Schriften zur Körperbehindertenpädagogik

Herausgegeben von
Volker Daut, Reinhard Lelgemann, Jens Boenisch und Annett Thiele

Band 6

Antje Blume-Werry

Lernverhalten von Kindern mit Hydrocephalus

Zur Bedeutung des räumlichen Denkens
für schulisches Lernen

ATHENA

Diese Dissertation wurde von der Humanwissenschaftlichen Fakultät
der Universität zu Köln im Juli 2011 angenommen.

Diese Publikation wurde durch die freundliche Unterstützung der
ASBH-Stiftung – Stiftung der Arbeitsgemeinschaft Spina Bifida und Hydrocephalus e. V.
ermöglicht

Bibliografische Information der Deutschen Nationalbibliothek

Die Deutsche Nationalbibliothek verzeichnet diese Publikation
in der Deutschen Nationalbibliografie; detaillierte bibliografische Daten
sind im Internet über <http://dnb.d-nb.de> abrufbar.

1. Auflage 2012

Copyright © 2012 by ATHENA-Verlag,
Mellinghofer Str. 126, 46047 Oberhausen
www.athena-verlag.de

Alle Rechte vorbehalten

Druck und Bindung: Difo-Druck GmbH

Gedruckt auf alterungsbeständigem Papier

Printed in Germany

ISBN 978-3-89896-472-2

»Schriften zur Körperbehindertenpädagogik« – Vorwort

Unsere gegenwärtige gesellschaftliche, sozial- und bildungspolitische Situation stellt sich als außerordentlich facetten- und spannungsreich dar:
- In vielen gesellschaftlichen Bereichen wird über die selbstbestimmte Teilhabe behinderter Menschen offensiv diskutiert und werden deren rechtliche Möglichkeiten abgesichert. Gleichzeitig aber werden bürokratische Hindernisse für die eigene Lebensgestaltung aufgebaut und das alltägliche Leben der Familien mit einem behinderten Kind oder des behinderten Menschen immer wieder erschwert.
- Integration im Bildungsbereich wird gefordert und ermöglicht, vor allem aber als Aufgabe der Angehörigen und der unterstützenden Dienste gesehen, nicht aber als Anliegen des allgemeinen Schulwesens, welches sich grundlegend auf die Ermöglichung qualifizierter Bildungsprozesse für alle Schüler besinnen müsste.
- Medizinische Entwicklungen sichern das Überleben von früh geborenen Menschen, unterstützen die Angehörigen und ermöglichen Optimierungen des menschlichen Lebens. Andererseits können heute schon kleinere körperliche Beeinträchtigungen von Kindern frühzeitig im Mutterleib erkannt werden, was nicht selten zu Abtreibungen führt.
- Unsere gesellschaftlichen Strukturen legen nahe, die eigenen individuellen Bedingungen leistungskonform und flexibel zu organisieren. Die Entscheidung für ein Kind mit einer Beeinträchtigung oder für ein Leben mit einer chronischen Erkrankung erfordern deshalb häufig eine Hinterfragung oder Abkehr von diesen öffentlich nur wenig hinterfragten Leitprinzipien.

Eine Gesellschaft aber,
- die akzeptiert, dass alle Menschen unterstützende Beziehungen benötigen, um sich zu entwickeln,
- die anerkennt, dass jeder in unterschiedlichen Lebensphasen zeitweilig, länger oder auch dauerhaft abhängig ist bzw. sein kann,

wird deshalb immer wieder neu ihre Grundlagen, Entscheidungen und Strukturen hinterfragen und diskutieren müssen.

Aufgabe der Körperbehindertenpädagogik bzw. einer Pädagogik, die sich mit der Lebens- und Bildungssituation körper- und mehrfachbehinderter sowie chronisch kranker Menschen und ihrer Angehörigen beschäftigt, ist es, Entwicklungs- und Bildungsprozesse zu ermöglichen, abzusichern und diese so zu begleiten, dass ein selbstbestimmtes Leben in der Gesellschaft möglich wird. Ebenso aber, die zu Beginn benannten Entwicklungen kritisch zu begleiten. Diesen Aufträgen kommt sie vor allem durch wissenschaftliche Forschungen nach, die kritisch die gesellschaftlichen oder auch selbstkritisch die eigenen Grundlagen sowie z. B. die Entwicklung der Strukturen institutionalisierter Körperbehindertenpädagogik untersuchen und reflektieren. Innerhalb des Faches sind in den letzten zwei Jahrzehnten zahlreiche

Texte publiziert worden, die in Form von Monografien und Herausgeberbänden die Diskussion innerhalb der Fachöffentlichkeit weitergeführt haben und Studierenden ermöglichten, sich auf eine Tätigkeit als Körperbehindertenpädagogin differenziert und qualifiziert vorzubereiten. Die Buchreihe »Schriften zur Körperbehindertenpädagogik« will ein neues Forum eröffnen, in dem der Diskurs auch in den zahlreichen weiteren Handlungsfeldern und Forschungsgebieten, die einleitend angesprochen wurden, vertieft geführt werden kann. Sie ermöglicht die Publizierung von im Rahmen von Qualifizierungsprozessen erstellten wissenschaftlichen Arbeiten und stellt ein Angebot zur Veröffentlichung von Forschungs- oder auch Tagungsberichten dar.

In diesem Sinne wünschen sich die Herausgeber eine breite Diskussion der »Schriften zur Körperbehindertenpädagogik« innerhalb der Fachöffentlichkeit, aber auch durch Eltern und vor allem durch körper- und mehrfachbehinderte Menschen selbst.

Würzburg

Die Herausgeber

Inhalt

Vorwort (Jens Boenisch)		13
1	EINLEITUNG	17
1.1	Vorbemerkung	17
1.2	Spannungsfeld Schule	17
1.3	Problemstellung	18
1.4	Anlass und Vorgehen	20
2	MEDIZINISCHE GRUNDLAGEN ZUM HYDROCEPHALUS	23
2.1	Einführung	23
2.2	Anatomie und Physiologie	24
2.3	Klassifikationen	27
2.4	Ursachen und Formen des kindlichen Hydrocephalus	29
2.5	Auswirkungen auf die Sehfähigkeit und die hormonelle Entwicklung	33
2.6	Prävalenz	34
2.7	Diagnostik	37
2.8	Zeichen zunehmenden intrakraniellen Drucks	38
2.9	Behandlungsformen	39
2.10	Probleme: Revisionen, Infektionen, Schlitzventrikel	40
2.11	Ausblick	43
3	FORSCHUNGSSTAND ZUM EINFLUSS DES HYDROCEPHALUS AUF DIE ENTWICKLUNG	45
3.1	Grundsätzliche Probleme und Fragen	45
3.1.1	Kinder mit Hydrocephalus im Fokus der Forschung	45
3.1.2	Studienlage	47
3.1.3	Richtungsweisende Fragen	52
3.2	Forschungsergebnisse zur Entwicklung von Kindern mit Hydrocephalus	54
3.2.1	Überblick über die Entwicklung	54
3.2.2	Einfluss der Ätiologie auf die Entwicklung	62
3.2.3	Die Entwicklung wesentlich beeinflussende Faktoren	66
3.2.4	Sozialisation und Familie	71
3.2.5	Zusammenfassung	78
3.3	Forschungsergebnisse zur neuropsychologischen Entwicklung	80
3.3.1	Probleme der Datenerhebungen, Definitionen und Bewertungen der Daten	80
3.3.2	Intelligenz	82
3.3.3	Intelligenzstruktur	89
3.3.4	Zusammenfassung	111

3.4	Forschungsergebnisse zu einer veränderten Morphologie und Physiologie des Gehirns beim kindlichen Hydrocephalus	117
3.4.1	Erkenntnisse zu einer veränderten Morphologie des Gehirns beim kindlichen Hydrocephalus	118
3.4.2	Erkenntnisse zu einer veränderten Physiologie des Gehirns beim kindlichen Hydrocephalus	126
3.4.3	Zusammenfassung	132
4	ÜBERBLICK ÜBER DAS FORSCHUNGSDESIGN	137
4.1	Recherche des Forschungsstandes	137
4.2	Qualitative Vorstudie	138
4.3	Synopse	139
4.4	Hauptstudie: Quantitative Untersuchung visuell-räumlicher Fähigkeiten	139
4.5	Diagnoseleitfaden und Prävention	140
5	QUALITATIVE VORSTUDIE	143
5.1	Entwicklung eines halbstrukturierten Interviewleitfadens	143
5.2	Qualitative Vorstudie und Wahl einer Methode zur Auswertung	145
5.3	Qualitative Inhaltsanalyse nach Philipp Mayring	146
5.3.1	Bestimmung des Ausgangsmaterials	146
5.3.2	Fragestellung und Analysetechniken	148
5.3.3	Entwicklung von Kategorien	150
5.3.5	Festlegung des konkreten Ablaufmodells	152
5.4	Gütekriterien	157
5.5	Ergebnisse der qualitativen Vorstudie	162
5.5.1	Kategorien der Aufmerksamkeit und Konzentration	163
5.5.2	Kategorien der kognitiven Verarbeitungsgeschwindigkeit	165
5.5.3	Kategorien des Gedächtnisses	166
5.5.4	Kategorien der visuell-räumlichen Fähigkeiten	167
5.5.5	Kategorien der schulischen Fertigkeiten	173
5.5.6	Kategorien des Sprachverständnisses und des Sprechens	174
5.5.7	Kategorien der höheren kognitiven Funktionen	176
5.5.8	Kategorien des Antriebs, der Motivation und der Kreativität	178
5.5.9	Kategorien des Sozialverhaltens und des Selbstvertrauens	179
5.5.10	Kategorien des Stressempfindens	180
5.5.11	Kategorien der Leistungsschwankungen	181
5.6	Synopse	182
5.6.1	Soziale, emotionale und psychische Bereiche des Lernens	182
5.6.2	Neuropsychologische Leistungsbereiche des Lernens	184

6	**VISUELL-RÄUMLICHE FÄHIGKEITEN**	189
6.1	Die neuropsychologische Leistung der visuell-räumlichen Fähigkeiten	190
6.1.1	Visuell-räumliche Fähigkeiten in der Neuropsychologie und Kinder mit Behinderung	190
6.1.2	Beschreibung der neuropsychologischen Leistung der ›visuell-räumlichen Fähigkeiten‹	193
6.2	Zugrunde liegende neurologische Strukturen	201
6.2.1	Modell der Verarbeitungswege visuell-räumlicher Wahrnehmung	203
6.2.2	Neuronale Grundlagen der vier Dimensionen der visuell-räumlichen Fähigkeiten	207
6.2.3	Schlussfolgerungen	211
6.3	Aspekte zur Entwicklung visuell-räumlicher Fähigkeiten	212
6.3.1	Neuropsychologisches Verständnis von der kognitiven Entwicklung des Kindes	213
6.3.2	Entwicklung des räumlichen Denkens	215
6.4	Beeinträchtigungen in den visuell-räumlichen Fähigkeiten	220
6.4.1	Auswirkungen beeinträchtigter visuell-räumlicher Fähigkeiten	220
6.4.2	Bedeutung räumlicher-konstruktiver Beeinträchtigungen für das Kind und sein schulisches Lernen	224
6.4.3	Einfluss der visuell-räumlichen Fähigkeiten auf die Rechenfähigkeit	234
6.5	Visuelle-räumliche Beeinträchtigungen im Konzept kindlicher Entwicklungsstörungen	243
6.5.1	Modell der Nonverbal Learning Disability	243
6.5.2	Forschungen zum Vorkommen einer NLD beim frühkindlichen Hydrocephalus	246
6.5.3	Synopse der qualitativen Vorstudie und der NLD	249
6.5.4	Diskussion	252
6.6	Interventionsmöglichkeiten	255
6.7	Zusammenfassung und Bewertung	261
7	**UNTERSUCHUNG VISUELL-RÄUMLICHER FÄHIGKEITEN BEI KINDERN MIT EINEM HYDROCEPHALUS**	269
7.1	Forschungsfragen	269
7.2	Beschreibung der Messinstrumente	271
7.2.1	Anamnesebogen	271
7.2.2	Elternfragebogen zu Alltagsschwierigkeiten des Kindes	272
7.2.3	Testverfahren	287
7.2.4	Auswertungsverfahren	292
7.3	Stichprobe	293
7.3.1	Gewinnung der Stichprobe	293
7.3.2	Ausschlusskriterien	294
7.3.3	Durchführung und Testbeobachtung	294
7.3.4	Stichprobenbeschreibung	296
7.4	Ergebnisse	302

7.4.1	Elterliche Wahrnehmung von Aspekten des Lernens bei Kindern mitHydrocephalus	302
7.4.2	Prüfung visuell-räumlich-konstruktiver Fähigkeiten	306
7.4.3	Elterliche Wahrnehmung visuell-räumlich-konstruktiver Alltagsaufgaben	319
7.4.4	Vorhersage der Testergebnisse anhand der Skalen visuell-räumlicher Schwierigkeiten	332
7.5	Diskussion der Forschungsergebnisse	335
7.5.1	Stichprobe	335
7.5.2	Elternaussagen zu Aspekten des Lernens	338
7.5.3	Visuell-räumlich-konstruktive Fähigkeiten	348
7.5.4	Elternsicht der visuell-räumlichen Schwierigkeiten bei Kindern mit Hydrocephalus	357
7.5.5	Auswirkungen auf das schulische Lernen	365
7.5.6	Vorhersage räumlich-konstruktiver Beeinträchtigungen bei Kindern mit Hydrocephalus	367
8	**EINORDNUNG DER STUDIE IN DIE FORSCHUNGEN ZUM KINDLICHEN HYDROCEPHALUS UND AUSBLICK**	371
8.1	Reflexion der Methoden	371
8.2	Aspekte des Lernens	375
8.3	Einfluss des intrakraniellen Drucks	376
8.4	Visuell-räumliche Fähigkeiten	379
8.5	Neurologische Pfade der visuell-räumlichen Verarbeitung	380
8.6	Elterliche Wahrnehmung und kindliche Kompensation	381
8.7	Früherkennung und Förderung	383
8.8	Ausblick	384
	Danksagung	385
9	**LITERATURVERZEICHNIS**	387
	Verzeichnis der in Kapitel 2 und 3 angeführten Artikel und ihre Nummerierungen	387
	Alphabetisches Literaturverzeichnis	397

10	ANHANG	417
10.1	Gespräch mit Müttern von Jugendlichen mit Hydrocephalus (Gespräch 1)	419
10.2	Gespräch mit Müttern von Jugendlichen mit Hydrocephalus (Gespräch 2)	465
10.3	Elternfragebogen	493
10.4	Prozentzahlen der elterlichen Zustimmung	501
10.5	Signifikanzprüfung für den Vergleich zwischen der Normierungsgruppe und der Gruppe der Regelschüler mit Hydrocephalus im Abzeichentest	503

Der in dieser Arbeit erwähnte ›Interviewleitfaden‹ sowie die hier angeführten Gespräche mit betroffenen Erwachsenen und die Ergebnisse der qualitativen Vorstudie stehen unter http://www.athena-verlag.de/controller.php?cmd=detail&titelnummer=472 zum kostenlosen Download zu Verfügung.

Vorwort

In der Körperbehindertenpädagogik wird der Hydrocephalus (HC) bis heute überwiegend als eine Begleitstörung der Behinderungsform Spina Bifida betrachtet. Die Halbierung der Zahl von Kindern mit Spina Bifida in den letzten 30 Jahren auf der einen Seite (vgl. Bergeest, Boenisch, Daut 2011, 56) sowie die Zunahme an Kindern mit dem sogenannten *isolierten HC*, der sich ohne eine Spina Bifida entwickelt und vor allem bei (sehr) frühgeborenen Kindern auftritt, erfordern einen neuen Blick auf das Phänomen Hydrocephalus. Nicht jeder HC wird frühzeitig erkannt oder muss gleich mit einem Shunt-System versorgt werden. Sowohl die Behandlungsformen als auch die Auswirkungen des HC auf die Kinder und Jugendlichen sind vielfältig. Rückmeldungen aus der Schulpraxis sowie von Eltern betroffener Kinder verweisen auf diverse Lern- und Konzentrationsprobleme, die auf ein diskontinuierliches Lernverhalten schließen lassen. Jedoch sind bisher weder psychologische noch pädagogische Konzepte zur Förderung des Lernverhaltens dieser Kinder existent, die sowohl die Allgemeine als auch die Förderschule besuchen.

Vor diesem Hintergrund behandelt die vorliegende Forschungsarbeit von Antje Blume-Werry eine Thematik, die sich aus einer praxisrelevanten Problemlage entwickelt hat und eine zunehmende Bedeutung in der Lehrerbildung einnimmt. Im Sinne einer thematischen Einführung skizziert die Einleitung (Kap. 1) die Problemlagen der Eltern mit ihren von HC betroffenen Kindern, stellt interessante Ergebnisse aus einer Studie von Haupt (2007) dar und erläutert kurz das Vorgehen in der vorgelegten empirischen Untersuchung. Kap. 2 führt in die medizinischen Grundlagen des kindlichen HC ein, d. h. in die Ursachen, Formen, Prävalenz, Diagnostik, medizinischen Behandlungsformen sowie Shuntkomplikationen. Kap. 3 ist durch eine umfangreiche Analyse des internationalen Forschungsstandes zum Einfluss des HC auf die Entwicklung des betroffenen Kindes, insbesondere des Lern- und Sprachverhaltens, gekennzeichnet. Antje Blume-Werry ist es eindrucksvoll gelungen, aus 121 überwiegend internationalen Studien zum Hydrocephalus die Kernproblematik im Lernverhalten herauszuarbeiten, mögliche Ursachen zu thematisieren, diese Studien zu systematisieren und deren vielfältige Ergebnisse in übersichtlicher Form darzustellen. Die besondere Herausforderung in der Analyse dieser Studien lag in der Tatsache, dass es sich überwiegend um medizinische Studien handelt. »Über mögliche psychosoziale Entwicklungsverläufe, über Identitätsentwicklungen und Bewältigungsstrategien der betroffenen Jugendlichen, über die Familiensituation oder – wie hier verfolgt – über neuropsychologische Folgen des frühkindlichen Hydrocephalus findet sich in Relation zu den medizinischen Fragen nur wenig Literatur. Das offenbar geringe Forschungsinteresse der Psychologie und Sonderpädagogik in Deutschland bezüglich des frühkindlichen Hydrocephalus ist überraschend, steht dem doch die relativ große Zahl betroffener Kinder mit all ihren Schul- und Leistungsproblemen und der elterliche – und auch der kindliche – Leidensdruck gegenüber« (43). Die Autorin unterscheidet in der Darstellung ihrer Ergebnisse in Übersichtsarbeiten (Reviews), Studien mit hohen Fallzahlen, repräsentative Untersuchungen und Studien mit Erkenntnissen aus der Hirnforschung. Diese wiederum analysiert sie nach einzelnen Entwicklungsbereichen und -auffälligkeiten sowie nach der Ätiologie des HC, die besonderen Einfluss auf die kognitive Entwicklung zu haben scheint (HC nach Hirnblutung, HC nach Infektion, HC bei Spina Bifida, HC mit anderen kongenitalen Malformationen). In pädagogisch sehr wertvoller Weise gelingt es Antje Blume-Werry, in einer sehr umfangreichen, komplexen und dennoch nachvollziehbaren Darstellung die verschiedenen Einflussfaktoren aus den Studien systematisch aufzuarbeiten und darzustellen. Dem Umfang an Literaturbezügen in der komplexen Darstellung der internationalen Studien zum Hydrocephalus ist geschuldet, dass in diesem Kapitel die ungewöhnliche Zitationsweise über Zahlenangaben in eckigen Klammern erfolgt. Damit wurde ein Weg gewählt, den Text trotz umfangreicher Quellenbezüge dennoch lesbar zu gestalten.

Der empirische Teil (Kap. 4, 5, 7, 8) gliedert sich in eine qualitative Vorstudie und eine quantitative Hauptuntersuchung. Zunächst wird in Kap. 4 das Forschungsdesign beschrieben. Die langjährige Erfahrung der Autorin in der Beratung von Eltern begünstigt dabei die Durchführung der Interviews mit Eltern betroffener HC-Kinder zu deren Lernverhalten. Die mit Hilfe der qualitativen Inhaltsanalyse extrahierten Kategorien werden in einer Synopse mit den Ergebnissen aus den internationalen Studien verglichen, um auf dieser breiten Basis an Erkenntnissen einen quantitativen Fragebogen zu entwickeln, der an die Eltern betroffener Kinder gerichtet ist. Die Autorin formuliert hierzu, dass es das Ziel dieser Untersuchung ist, »das Spektrum des Lernverhaltens der erfassten Kinder systematisiert und nachvollziehbar darzustellen. Aus diesem Material sollen die wesentlichen inhaltlichen Dimensionen ihres Lernverhaltens herausgearbeitet werden, präziser gesagt der elterlichen Wahrnehmung des kindlichen Lernverhaltens« (147).

Bereits die Ergebnisse dieser Vorstudie zeigen eine beeindruckende Vielfalt, Qualität und Reflexivität der Eltern bzgl. der Einschätzungen des Lernverhaltens ihrer Kinder. So kann mit Hilfe der Inhaltsanalyse bereits jetzt in spezifische Lernauffälligkeiten von Kindern mit isoliertem HC und von Kindern mit der Doppelbehinderung Spina Bifida und HC unterschieden werden. Ferner können die Kategorien Aufmerksamkeit und Konzentration, kognitive Verarbeitungsgeschwindigkeit, Gedächtnis, visuell-räumliche Fähigkeiten, schulische Fertigkeiten, Sprachverständnis und Sprechen, höhere kognitive Funktionen, Antrieb, Motivation und Kreativität, Sozialverhalten und Selbstvertrauen sowie Stressempfinden und Leistungsschwankungen gebildet werden. Diese Kategorien werden mit weiteren Unterpunkten ausdifferenziert und sind durch vielfältige Zitate belegt. Die Inhalte der qualitativen Analyse bestätigen nicht nur zum großen Teil die Forschungsergebnisse der internationalen Studien, sondern gehen darüber noch hinaus und verweisen auf weitere kritische Aspekte im Lernverhalten der betroffenen Kinder. Damit ist der Autorin eine hervorragende Analyse gelungen.

Im folgenden Untersuchungsteil werden die visuell-räumlichen Fähigkeiten der Kinder mit HC untersucht. Dieser Entwicklungsbereich scheint – vor dem Hintergrund der bisherigen Studien – bei den betroffenen Kindern in besonderer Weise beeinträchtigt zu sein. Die Autorin begründet die Auswahl zusätzlich mit der Tatsache, dass es in diesem Bereich ein deutliches Forschungsdefizit gibt und gleichzeitig der visuell-räumliche Entwicklungsbereich zentral ist für die Bewältigung der schulischen Anforderungen. Lernleistungen und Schulerfolg sind in besonderer Weise abhängig von den visuell-räumlichen Kompetenzen der Kinder. Räumlich-konstruktive Leistungen sind Bestandteil vieler komplexer Handlungsabläufe im Alltag; Störungen solcher Teilleistungen verursachen erhebliche Alltagsprobleme wie beim Lesen eines Plans, beim Paket packen, beim Ankleiden etc. (vgl. Kerkhoff 2000, 429).

Die Autorin führt zunächst in die neuropsychologische Komplexität der visuell-räumlichen Wahrnehmung ein (Kap. 6). Die vorliegende Darstellung verweist auf einen in der Pädagogik bisher völlig unzureichend erfassten Entwicklungsbereich mit weitreichenden Konsequenzen für das alltägliche Lernen. Bereits mit der Analyse der vier Dimensionen der visuell-räumlichen Kompetenz (räumlich-perzeptive Leistung, räumlich-kognitive Leistung, räumlich-konstruktive Leistung, räumlich-topographische Leistung) und ihren Bezügen zur Praxis ist der vorliegenden Arbeit von Antje Blume-Werry ein deutlicher Erkenntnisgewinn für die alltägliche pädagogische Arbeit zuzuschreiben.

Mit der anschließenden quantitativen Studie werden drei zentrale Forschungsfragen verfolgt: a) Nehmen Eltern Lernschwächen bei ihren Kindern mit HC wahr? b) Unterscheiden sich die Kinder mit den von Eltern wahrgenommenen Lernschwächen aufgrund der Ätiologie des kindlichen HC? Und c) Unterscheiden sich die Förderschüler/-innen von den Regelschülern/-innen in den von Eltern wahrgenommenen Lernschwierigkeiten? Diese Fragen sollen mit zwei Untersuchungsabläufen beantwortet werden. Zum einen werden die Eltern mit einem Fragebogen um ihre Einschätzung zum Lernverhalten ihres Kindes mit HC befragt. Der Fragebogen umfasst neben den Sozialdaten weitere 67 Fragen zu möglichen Alltagsproblemen. Die detaillierten Kenntnisse und Kategorien aus der Vorstudie ermöglichen eine an konkreten Problemen der Kinder orientierte Befragung der Eltern.

Im zweiten Teil der quantitativen Studie wurden die betreffenden Kinder mit HC mit zwei Testverfahren zur visuell-räumlichen Wahrnehmung untersucht. Zum einen wurde der Untertest »Dreiecke« aus der Kaufman-Assessment Battery (K-ABC) und zum zweiten der Abzeichentest für Kinder (ATK) ausgewählt und nachvollziehbar begründet. Beide Analyseverfahren und Ergebnisdarstellungen bestechen durch Klarheit, Gründlichkeit und Präzision. Die hier vorgelegten Ergebnisse sind ein Meilenstein im Verständnis des Lernverhaltens von Kindern mit HC unterschiedlicher Genese.

Auf dieser Grundlage entwickelt Antje Blume-Werry abschließend einen Diagnoseleitfaden, der Eltern wie Pädagogen erste Hinweise auf eine beginnende visuell-räumliche Entwicklungsstörung bietet und ggf. zu einer weiteren und frühzeitigen Differentialdiagnostik mit Tests zur Erfassung der visuell-räumlichen Wahrnehmungskompetenz anregt.

Die vorgelegte Forschungsarbeit stellt die unterschiedlichen Formen des HC dar, analysiert und beschreibt in anschaulicher Weise die typischen Erscheinungsbilder diskontinuierlichen Lernverhaltens und deren mögliche Ursachen bei Kindern mit HC. Die differenzierte Analyse der räumlich-konstruktiven Wahrnehmung(sbeeinträchtigung) führt zu einer erhöhten Sensibilität und einer pädagogischen Kompetenzerweiterung im Umgang mit der nicht immer offenkundigen Problemlage der betroffenen Kinder. Dadurch wird den Pädagogen/-innen an Allgemeinen, an inklusiven und an Förderschulen eine gezielte Lernförderung ermöglicht. Möge diese Studie dazu beitragen, dass in Zukunft mehr und mehr Kinder und Jugendliche mit cerebral bedingten Lernschwierigkeiten in ihrem Lernverhalten verstanden und entsprechend unterstützt werden.

Jens Boenisch

1 EINLEITUNG

1.1 Vorbemerkung

Wissenschaftlicher Fortschritt in Sonderpädagogik und Psychologie und gesellschaftspolitische Entwicklung in der Rehabilitation wären ohne die Energie und den Einsatz von Eltern der Kinder mit Behinderung nicht denkbar. Sie waren und sind die treibende Kraft vieler wissenschaftlicher und gesellschaftspolitischer Prozesse. So haben Eltern die Beschulung und später die integrative Beschulung ihrer Kinder mit Behinderung eingefordert; Eltern verlangten Förderung und Therapie und fertigten Hilfsmittel. Es war der Vater (John Holter) eines Kindes mit einem Hydrocephalus, der gemeinsam mit einem Arzt (Eugene B. Spitz) 1956 in den USA den ersten Shunt zur Ableitung des Hirnwassers entwickelte. Und es waren Eltern von Kindern mit einem Hydrocephalus, die diese Studie initiierten, und ohne die Unterstützung der Stiftung der ASBH (Arbeitsgemeinschaft Spina Bifida und Hydrocephalus) wäre diese Arbeit nicht möglich gewesen.

1.2 Spannungsfeld Schule

Kindheit hat sich in vielfacher Hinsicht in den vergangenen Jahrzehnten gewandelt. Ein Aspekt ist, dass Kindern mehr Aufmerksamkeit entgegengebracht wird, sie stärker gefördert werden und Eltern sich vermehrt für die Belange und Rechte ihrer Kinder einsetzen. Auch Eltern von Kindern mit Behinderung lösen sich aus der Rolle, dankbar und unkritisch die Empfehlungen von Ärzten, Therapeuten und Pädagogen entgegenzunehmen. Sie treten zunehmend selbstbewusst gegenüber Institutionen auf, hinterfragen Meinungen und Maßnahmen und fordern, dass ihr Kind in seiner Individualität, mit allen seinen Möglichkeiten und allen seinen Einschränkungen, erkannt, verstanden und gefördert wird (Fischer 2007, 138). Zu einem ganz besonderen Spannungsfeld hat sich hierbei die Schule entwickelt. Hier klaffen die Erwartungen der Eltern von Kindern mit Behinderung und die von ihnen wahrgenommene Realität weit auseinander.

Unter Einbeziehung des Aspektes, dass gerade von Eltern der Kinder mit Behinderung Innovationen ausgehen, ergibt sich beinahe zwangsläufig, dass die ASBH sich als Solidargemeinschaft und Interessenvertretung betroffener Eltern für Lösungswege aus diesem Spannungsfeld einsetzt.

So wurde an Jens Boenisch von der Universität zu Köln die Bitte herangetragen, zu den Lernschwierigkeiten der Kinder mit Hydrocephalus zu forschen, woraus sich diese Arbeit entwickelte. Dass letztlich mir die konkrete Umsetzung des Forschungsprojekts angetragen wurde, wurde – auch von Seiten der Eltern – mit meiner über zwanzigjährigen Erfahrung und der daraus resultierenden differenzierten Kenntnis der

Lebenssituation der Familien begründet. Es bestand beim Elternverein das Vertrauen, dass die von Eltern geschilderten Lernschwierigkeiten der Kinder aus ihrer Perspektive aufgegriffen und verfolgt werden.

1.3 Problemstellung

Die in den Gesprächen über den Forschungswunsch der ASBH genannten Probleme und Schwierigkeiten der Kinder mit dem schulischen Lernen decken sich mit eigenen beruflichen Erfahrungen (Blume-Werry 1996 & 2000). Demnach berichten viele Eltern, dass ihre Kinder mit Hydrocephalus häufig dadurch auffallen, dass sie
- ihre Konzentration nur kurz aufrecht halten könnten,
- leicht ablenkbar seien und ihre Aufmerksamkeit nur einer Sache widmen könnten,
- wenig belastbar seien, leicht ermüdeten und vermehrt Ruhephasen bräuchten,
- sehr empfindlich auf Stress reagieren würden, sich schnell überfordert fühlten und dann besonders schlecht lernen würden,
- langsamer reagieren und arbeiten würden als andere Kinder,
- ein schlechtes Gedächtnis in Alltag und Schule hätten, aber in Teilbereichen sehr gute Merkleistungen zeigen und sich sehr gut an biographische Ereignisse erinnern würden,
- in der Schule vor allem Schwierigkeiten im Rechnen, bei Mengen und in der Geometrie hätten,
- Schwierigkeiten in der Orientierung hätten (sowohl im Topographischen als auch beim Lesen von Grundrissen und Stadtplänen),
- manchmal unter auffälligen Leistungsschwankungen leiden würden,
- Schwierigkeiten zeigen würden, sich bei der Erledigung von Schul- und Alltagsaufgaben selbst eine Struktur zu geben. Sie wüssten oft nicht, wie sie es anfangen sollten und was sie wofür bräuchten, insbesondere bei einem eigenen Haushalt,
- dass es manchen Kindern nicht gelänge, Zeitvorstellungen zu entwickeln,
- manche über auffallend wenig Kreativität zu verfügen scheinen,
- und einige Kinder Gehörtes leichter zu behalten scheinen als Gesehenes/Gelesenes.

Die Erfahrungen über Lernschwierigkeiten und schulische Förderung bei Kindern mit Hydrocephalus wurden in Deutschland 2007 durch eine Elternbefragung erhoben (Haupt 2007): Von den 121 befragten Eltern, die ein Kind mit einem isolierten Hydrocephalus haben, berichten 77% über Konzentrationsstörungen, 72% über eine Verlangsamung (braucht mehr Zeit zum Arbeiten) und ca. 70% sehen Schwierigkeiten in bestimmten Unterrichtsfächern, wobei bei dieser Zahl bewusst die Kinder mit schwerer Mehrfachbehinderung nicht enthalten sind. Problemfach ist bei ungefähr der Hälfte der Kinder die Mathematik, gefolgt von Lesen/Rechtschreiben und Aufsatz. Und manche Eltern nannten auch Schwierigkeiten der Kinder in der Orientierung, eingeschränkte Merkfähigkeit ihrer Kinder sowie schnelle Ermüdung oder schwankende Leistungsfähigkeit (Haupt 2007, 21).

Zusammenfassend ergab die Elternbefragung, dass im Durchschnitt zwar 73% der Eltern ›eher zufrieden‹ mit der Schule sind, aber diese Zahl resultiert vor allem aus der hohen Zufriedenheit der Eltern mit der Sonderschule (81%). Eltern, deren Kinder eine Regelschule besuchen, sind nur zu 65% ›eher zufrieden‹. Und 70 der 121 befragten Eltern wünschen sich Verbesserungen der schulischen Situation.

Dies spiegelt sich auch in den erlebten Belastungen wider:

»40% aller befragten Eltern erleben sich durch die Schule als besonders belastet. Das erforderliche tägliche und persönliche Engagement für den Lernerfolg der Kinder kostet Eltern viel Kraft« (Haupt 2007, 21).

Wenn Eltern im Beratungsalltag bei der ASBH einige dieser Schwierigkeiten ihrer Kinder schilderten und um Rat fragten, ist schon die Aussage, dass aus Erfahrung viele der Kinder mit einem Hydrocephalus diese Probleme haben, eine deutliche psychische Entlastung für die Eltern. Eine wissenschaftliche Untersuchung oder eine wissenschaftlich fundierte Informationsschrift für Lehrer fehlen.

Die psychische Entlastung entsteht, weil Auffälligkeiten des Kindes nicht mehr dem individuellen Versagen des Kindes angelastet werden, sondern als Begleiterscheinung des Hydrocephalus gesehen werden und auch weil die Schuldzuweisungen an die Eltern sich als haltlos erweisen. Denn zum Spannungsfeld Schule gehört aus Elternsicht, dass bei Lern- oder Verhaltensschwierigkeiten des Kindes von Lehrern oft kurzschlüssige Erklärungen, die die Ursache des Fehlverhaltens bei den Eltern sehen, vorgebracht werden (›ist konzentrationsschwach, weil es zu viel fernsieht‹ oder ›Handschrift wird zu Hause zu wenig geübt‹ oder ›Ordnung muss sich bessern‹). Auf solche Schuldzuweisungen reagieren Eltern sensibel und sind verunsichert.

Das Bedürfnis der Eltern, die besonderen Belange und Bedarfe ihrer Kinder bezüglich ihres Lernens und der Bewältigung ihres Schulalltages zu erkennen, beschäftigt nicht nur die Eltern von Kindern mit einem Hydrocephalus in Deutschland. So ist auch die englische ›Association of Spina Bifida and Hydrocephalus‹ (ASBAH) an die Universität Southampton mit einem vergleichbaren Anliegen herangetreten. Hierbei handelt es sich um ein größeres Forschungsprojekt, bei dem über fünfhundert Familien schriftlich befragt und betroffene Kinder und Jugendliche aufwendig getestet wurden. Das Forschungsprojekt ist noch nicht veröffentlicht, aber der Autorin liegt eine unveröffentlichte gekürzte Version ihrer Ergebnisse aus dem Jahr 2003 vor.

»The research team were commissioned to undertake this work because of an concern within ASBAH that children and adolescents with Spina Bifida and Hydrocephalus had unrecognized needs in relation to their behavioural and cognitive development that impinged upon their experience in schools and later, in the transition to the workplace« (Stevenson & Pit-ten Cate 2003, 3).

Die Umfrage- und Untersuchungsergebnisse der englischen Studie, auf die im Weiteren noch ausführlich eingegangen wird, bestätigen die auch in Deutschland von Eltern wahrgenommen Probleme ihrer Kinder mit Hydrocephalus:

> »The reports from both parents and teachers suggest that children where Hydrocephalus is part of the condition are likely to have difficulties in many of the areas of school curriculum« (Stevenson & Pit-ten Cate 2003, 25).

Spannung besteht aus gegenseitigem Zug: Das in den letzten Jahrzehnten gewachsene Selbstbewusstsein von Eltern, sich für ihre Kinder gegenüber Institutionen zu behaupten, gibt auch Eltern von Kindern mit Behinderung vermehrt den Mut, ihre Erwartungen an den Bildungsauftrag der Schule zu formulieren. Diese sind, dass die Schule jedes Kind individuell fördern möge, die Kompetenzen und Potentiale des Kindes erkennen soll und auf das Kind entsprechend seiner Möglichkeiten eingegangen wird. Eltern erleben allerdings in der Realität noch viel zu oft Enttäuschung, Hilflosigkeit und zu wenig Förderung.

1.4   Anlass und Vorgehen

Der Anlass für diese Arbeit ist das Bedürfnis der Eltern nach Informationen und Erklärungen der von ihnen wahrgenommenen Lernschwierigkeiten ihrer Kinder. Es gab die Bitte, zu erforschen, ob Kinder mit einem Hydrocephalus sich ähnelnde, ggf. als typisch zu bezeichnende Lernprobleme haben. Sie möchten wissen, inwieweit es einen möglichen Zusammenhang zum Hydrocephalus gibt, um daraufhin die Lernschwierigkeiten besser akzeptieren zu können, um mehr Verständnis bei den Lehrern zu werben und ihre Kinder besser fördern zu können.

Demnach möchte diese Arbeit einen Beitrag dazu liefern, ein Bild über die Stärken und Schwächen im Lernen der Kinder mit einem Hydrocephalus zu erhalten. Und in Verfolgung der Frage, inwieweit von Eltern benannte und aus Elternbefragungen ersichtliche Lernschwierigkeiten neuropsychologisch begründet sein können, wird der Forschungsstand zu den neuropsychologischen Leistungen bei Kindern mit einem Hydrocephalus aufgearbeitet (Kapitel 3). Mit der Aufarbeitung von 121 Primärstudien und Reviews im Theorieteil soll die Frage beantwortet werden, was über die Entwicklung dieser Kinder und vor allem über ihre kognitiven Fähigkeiten bekannt ist.

Zum Verständnis des Erscheinungsbildes ›Hydrocephalus‹ werden vorab die medizinischen Grundlagen erläutert (Kapitel 2). Dies dient nicht nur als Basiswissen, sondern auch dem weiteren Verständnis, weil einige Studien einen Einfluss des Hydrocephalus auf die kognitiven Fähigkeiten der Kinder vermuten und damit einen kausalen Zusammenhang herstellen. Dieser Aspekt der Auswirkungen der durch den Hydrocephalus veränderten Hirnstrukturen auf die Lernfähigkeiten wird auch in den weiteren Teilen der Arbeit verfolgt. Es wird also auch die Frage verfolgt, ob sich Rückschlüsse aus der Hirnforschung auf den Hydrocephalus als mögliche Ursache für einige Lernschwächen ziehen lassen. Mit dieser Suche nach Zusammenhängen fügt sich diese Arbeit in eine Ausrichtung der kognitiven Entwicklungspsychologie, die untersucht, welche spezifischen Basisfunktionen der Informationsverarbeitung beeinträchtig sind, wenn Leistungsbeeinträchtigungen zu beobachten sind. Ziel ist, damit langfristig auch Erklärungen auf einer biologischen Ebene zu verbinden (Schumann-Hengsteler 2006, 77).

Nach der Darstellung der medizinischen Grundlagen und nach der Aufarbeitung des Forschungsstandes erfolgt eine Elternbefragung. Damit wird die Elternsicht der von ihnen wahrgenommenen Lernstärken und Lernschwächen ihrer Kinder erhoben (Kapitel 5). Wenn eine Aufarbeitung des Forschungsstandes und eine Auswertung einer Elternsicht zum gleichen Forschungsgegenstand vorliegen, kann ein Vergleich dieser Ergebnisse erfolgen. Darüber hinausgehend wird nur ein Aspekt der neuropsychologischen Leistungen weiter untersucht werden können. Dabei wird es um Besonderheiten der visuellen Wahrnehmung gehen, die sich weitreichend auf die schulischen Fähigkeiten von Kindern auswirken können.

2 MEDIZINISCHE GRUNDLAGEN ZUM HYDROCEPHALUS[1, 2]

2.1 Einführung

Das menschliche Gehirn ist in Flüssigkeit – dem Gehirnwasser (Liquor cerebrospinalis) – gelagert. Dieses Wasser wird im Hirninneren in einem Kammersystem (Ventrikeln) gebildet. Der gebildete Liquor umspült das ganze Gehirn und wird von großen Hirnvenen und den Hirnhäuten wieder aufgenommen. Der notwendige Fluss wird durch das Zusammenspiel zwischen dem Blutdruck und der Elastizität der pulsierenden Adern gewährleistet. Zwischen der Bildung des Wassers und der Resorption herrscht ein Fließgleichgewicht. Störungen in diesem Gleichgewicht können sehr schnell zu Druckerhöhungen führen. Täglich produziert
- ein Säugling ca. 100 ml,
- ein Kleinkind ca. 250 ml,
- ein Erwachsener bis zu 500 ml Hirnwasser.

Damit wird das gesamte Hirnwasser täglich ungefähr dreimal erneuert. Das Hirnwasser dient dem Schutz vor Stößen, zur Ernährung der Hirnzellen und hält das Hirngewebe feucht. Es enthält Eiweiße, Zucker, Mineralien und Zellreste. Zugleich trennt und verbindet der Liquor cerebrospinalis das Gehirn vom Blutkreislauf und verhindert damit auch, dass bestimmte Stoffe von Hirnzellen aufgenommen werden können (Bluthirnschranke).

Mit einem Hydrocephalus bezeichnet man eine Aufweitung dieser Liquorräume, meist aufgrund einer Störung des Hirnwasserkreislaufes. Aus verschiedenen Gründen zirkuliert das Hirnwasser im Gehirn nicht so wie es soll. Gründe sind meist Engpässe oder Verlegungen im Ventrikelsystem, z. B. durch angeborene Hirnfehlbildungen, Zysten, Tumore oder auch, dass der Liquor nicht abfließen kann und sich aufstaut. Letzteres findet sich z. B. bei einem Hydrocephalus nach Hirnblutungen und eitrigen Entzündungen, wie sie frühgeborene Kinder oft erleiden. Ließe man diese Störung des Hirnwasserkreislaufes unbehandelt, würde sich das Ventrikelsystem zunehmend aufweiten. Beim Säugling würde ein riesiger Kopf entstehen und bei Kindern und Erwachsenen gäbe es zunächst starke Kopfschmerzen und dann würde das Hirnwasser zunehmend mehr Gehirnstrukturen durch den sich aufbauenden Druck schädigen, was u. a. zu Erblindung, geistiger Behinderung und auch zum Tod führen würde (Bayston 2004a; Voth & Schwarz 1996). Die Störung des Hirnwasserkreislaufes kann

---

1   Dieses Kapitel orientiert sich im Wesentlichen an: Bannister, C. M. (2004); Bayston, R.(2004); Bayston, R.(2006); Behnke-Mursch, J. (2009); Haberl, H., Michael. T. & Thomale, H.-U. (2007); Neuhäuser, G. (1996); Peters, H. & Schwarz, M. (1996); Peters, H. & Schwarz, M. (2009); Voth, D. (1996); Voth, D. & Schwarz, M. (1996); Voth, D. & Schwarz, M. (2000)
2   In den Kapiteln 2 und 3 werden die Studien, Reviews und Artikel in eckigen Klammern angegeben. Die genaue Literaturangabe zu jeder Klammer befindet sich im Literaturverzeichnis.

operativ durch ein künstliches Ableitungssystem behoben werden, das den täglich gebildeten Liquor – meist in den Bauchraum – ableitet. Das Ableitungssystem ist von außen so gut wie nicht sichtbar. Seitdem endoskopische Operationstechniken auch in der Neurochirurgie etabliert sind (seit Mitte der 1990er-Jahre), kann in speziell gelagerten Fällen direkt im Gehirn ein Fluss durch das Kammersystem mithilfe neu geschaffener Wege gebahnt werden.

2.2 Anatomie und Physiologie

Das Ventrikelsystem wird anatomisch in vier Kammern (Ventrikel) aufgeteilt: In jeder Gehirnhälfte liegt je eine Seitenkammer (Seitenventrikel); sie sind anatomisch gleich geformt und liegen parallel zueinander und sind durch eine enge Öffnung (foramen interventiculare) mit dem dritten Ventrikel verbunden; dieser ist wiederum durch einen engen Kanal (Aquäductus cerebri) mit dem vierten Ventrikel verbunden. Dort tritt der Liquor durch drei kleine Öffnungen (foramina Magendie & Luschkae) in die äußeren Liquorräume über. Über das große Hinterhauptsloch (foramen magnum) des Schädels steht es in Verbindung mit dem Rückenmarkskanal. Die Aufnahme des Liquors in die venöse Blutbahn erfolgt über die Kapillaren des Zentralnervensystems, sowohl derer im Spinalkanal als auch derer des Gehirns (Haberl et al. 2007), die es dem Blutkreislauf zuführen. Somit sind das gesamte Gehirn und Rückenmark vom Liquor cerebrospinalis umspült und eingebettet. Die Aufgaben des Liquor cerebrospinalis sind neben dem Schutz vor Erschütterungen die metabolische Versorgung der Nervenzellen und der Abtransport abgestorbener Nervenzellen. Die genaue Physiologie dieser Zirkulation ist nicht bekannt:

> »… our understanding of cerebrospinal fluid dynamics is still incomplete« (Chumas et al. 2001, 149).

Nach heutigen Erkenntnissen erfolgt die Bewegung des Hirnwassers durch die vaskuläre Pulsation des Blutes, die wiederum vom Herzschlag ausgelöst wird. Genau genommen muss vom Liquor*pulsation*sdruck gesprochen werden. Wenn in den Hirnarterien die arterielle Pulswelle ankommt, kommt es sofort zu einem Anstieg des Liquordrucks, der sich dann rasch und gleichmäßig im gesamten intrakraniellen Raum verteilt (Haberl et al. 2007, 6). Es entstehen kurzzeitige Druckanstiege vor allem am Foramen magnum, dem Hinterhauptsloch. Die arterielle Volumenzunahme führt zu einem Abfluss und einer Volumenverringerung des venösen Blutes. Der Liquor wird gemäß dieses Pulsationsdrucks durchmischt und nach spinal verlagert (Haberl et al. 2007). Dabei ist zu bedenken, dass die Komponenten im Kopf Hirnmasse, Liquor und Blut sind und Veränderungen einer Komponente von den anderen Komponenten durch entsprechende Zu- oder Abnahme ausgeglichen werden. Vermehrter Liquor führt zwangsläufig zu einer verringerten Hirnmassen und/oder verringertem Blutanteil.

»Bereits kleine Druckgradienten sind deshalb in der Lage, das hochplastische Gehirn zu verformen. Der kumulative Effekt vieler Pulswellen führt zu einer langsamen Umformung des Gehirns mit abgeflachten kortikalen Gyri und typischer Ventrikelerweiterung des chronischen Hydrozephalus« (Haberl et al. 2007, 3).

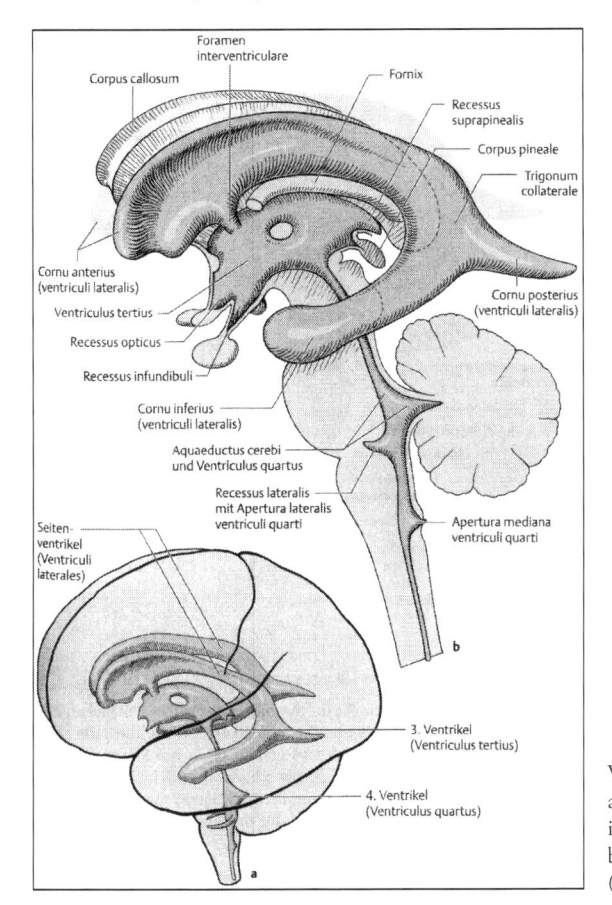

Ventrikelsystem
a) Lage des Ventrikelsystems im Gehirn
b) Anatomischer Aufbau
(Bähr & Frotscher 2009, 409)

Ist aus verschiedenen Gründen diese Zirkulation des Hirnwassers gestört, staut sich in der Folge das Hirnwasser, weil die Passage zum Hauptresorptionsort verhindert wird. Es erhöht sich somit der intrakranielle Druck. Dieser treibt zunächst die Hirnkammern auseinander, drückt den Hirnmantel nach außen gegen den Schädel. Im fetalen und Säuglingsalter, solange die Schädelnähte noch nicht geschlossen sind, führt der intrakranielle Druck zu einem vermehrten Kopfwachstum. Die Fontanelle spannt oder wölbt sich vor; die Schädelnähte klaffen weiter auseinander. Es entsteht ein Wasserkopf, ein Hydrocephalus, der diesem Krankheitsbild seinen Namen gab, obwohl heute dank guter Diagnostik und Therapie die Kinder im Regelfall keinen oder nur einen diskret vergrößerten Kopfumfang entwickeln. Deshalb bezieht sich der heutige Begriff des Hydrocephalus nicht mehr auf den Kopfumfang, sondern auf das Vorhandensein von erweiterten Liquorräumen und den gleichzeitigen pathologischen Anstieg des Hirnwasservolumens. Die Erweiterung der Hirninnenräume, die Schmerzen und letztlich das Absterben von Hirnzellen geschehen durch den sich aufbauenden Druck. Aber der Druck führt auch zu einer Kompression der Venen, es kommt zu einem venösen Rückstau kommt und die Volumenzunahme des venösen Blutes wirkt einer schnellen Ventrikelerweiterung entgegen (Haberl et al. 2007, 7). Der zerebrale Blutfluss wird zu Beginn des intrakraniellen Drucks sogar nur gering eingeschränkt, weil durch den venösen Rückstau sich die Venen erweitern und die erweiterten Venen einen geringeren Gefäßwiderstand haben (Haberl et al. 2007, 7). Die Zirkulation des Liquors erfolgt also nach heutiger Kenntnis mithilfe eines Liquorpulsationdrucks, der durch den Blutdruck und Blutfluss entscheidend beeinflusst wird [115]. Auch die Gravitation beeinflusst den natürlichen Liquordruck eines Menschen, der im Stehen wesentlich höher ist als im Liegen [83].

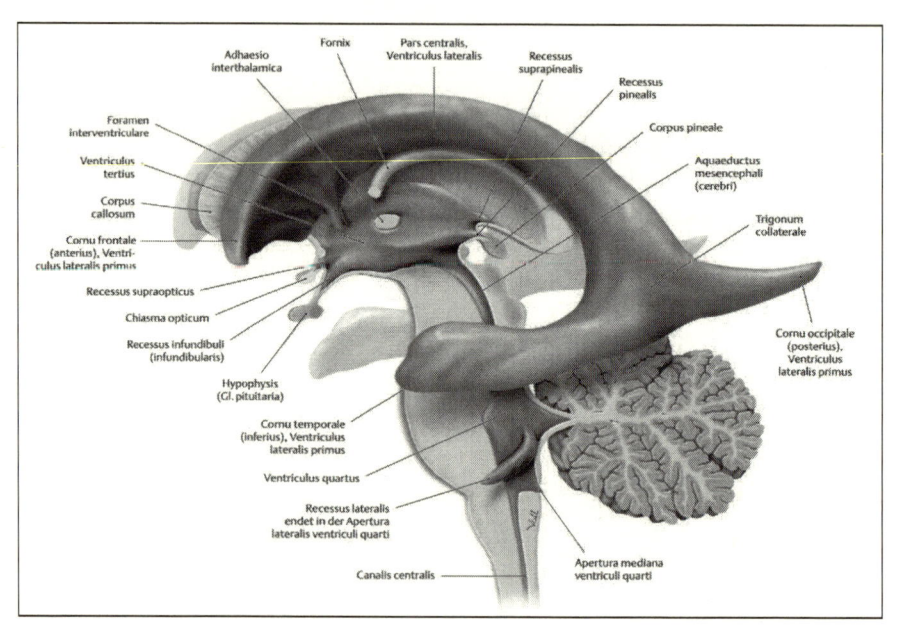

Liquorfluss (Haberl et al. 2007, 4)

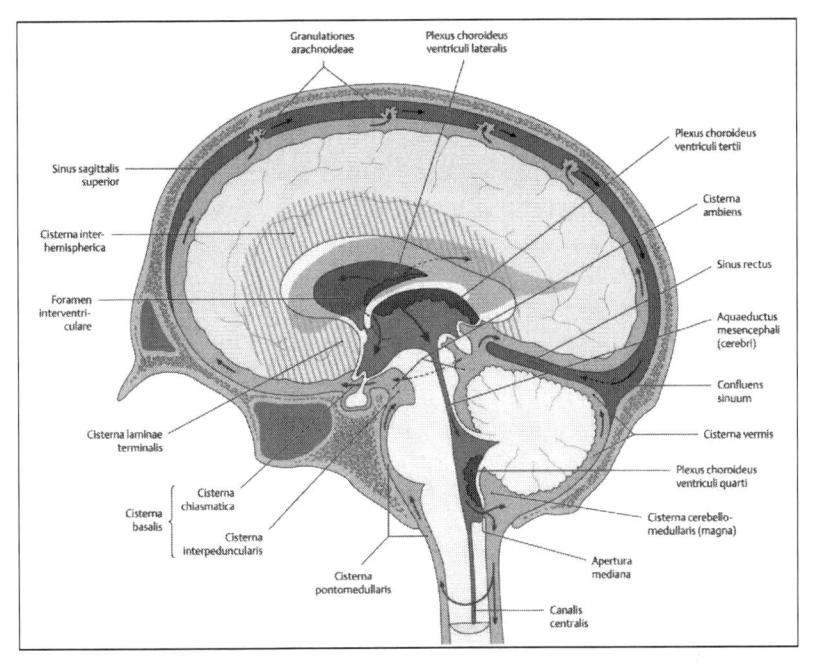

Ventrikelsystem (Haberl et al. 2007, 15)

2.3 Klassifikationen

Das Ventrikelsystem produziert, transportiert und resorbiert täglich eine erhebliche Menge Liquor cerebrospinalis und ist auf diesen drei Ebenen der Produktion, des Transportes und der Resorption störanfällig.

Eine übermäßige Produktion von Hirnwasser, der nicht im gleichen Maße von den Hirnvenen durch entsprechend hohe Aufnahme von Hirnwasser begegnet werden kann, tritt allerdings sehr selten auf.

Aber Störungen des Transportes, bedingt durch einen Verschluss des natürlichen Weges, weil eine Fehlbildung vorliegt oder geronnenes Blut den Weg verschließt, kommen ebenso vor wie der Fall, dass nicht in ausreichendem Maße Hirnwasser von den Hirnvenen aufgenommen werden kann.

Bei einer Störung des Hirnwassertransportes an einer der engen Passagen und Öffnungen entsteht dann ein – der Ursache entsprechend benannter – ›Verschlusshydrocephalus‹ (Hydrocephalus occlusus oder Hydrocephalus obstruktivus). Diese Formen werden auch als Hydrocephalus non-communicans bezeichnet.

In Abgrenzung hierzu wurde früher davon ausgegangen, dass es auch einen Hydrocephalus gibt, bei dem der Liquor cerebrospinalis nicht in seinem Fluss gehindert ist, Hydrocephalus communicans genannt. Seine Ursache sollte theoretisch ein gestörtes Gleichgewicht zwischen Produktion und Resorption von Liquor cerebrospinalis sein, vor allem eine zu geringe Resorption. Heute wird jede Form des Hydrocephalus als obstruktiv betrachtet, wobei der Ort und der Grund der Obstruktion bei der Einteilung in intraventrikuläre oder extraventrikuläre Hydrocephali berücksichtigt werden (Haberl et al. 2007).

Neben diesen morphologisch orientierten Begriffen werden in der Literatur meist die Formen des Hydrocephalus zunächst in kindliche und im Erwachsenenalter auftretende Gruppen unterschieden und weiter wird der kindliche Hydrocephalus dann nach dem Zeitpunkt seiner Entstehung differenziert.

Der Oberbegriff des frühkindlichen Hydrocephalus umfasst alle Hydrocephali, die bei Kindern vor, während oder auch in den ersten sechs Monaten nach der Geburt festzustellen sind.

Die frühkindlichen Hydrocephali werden unterschiedlich klassifiziert, was beim internationalen Vergleich von Studien bedacht werden muss. In Skandinavien und Japan wird der Hydrocephalus, der in Verbindung mit einer Spina Bifida auftritt, von dem infantilen Hydrocephalus abgegrenzt. Unter dem infantilen Hydrocephalus werden dann alle anderen Formen des frühkindlichen Hydrocephalus verstanden. Zur Betonung dieses Unterschieds, ob der Hydrocephalus in Zusammenhang mit einer Spina Bifida auftritt oder nicht, wird in Deutschland auch der Ausdruck ›isolierter Hydrocephalus‹ benutzt, wobei der isolierte Hydrocephalus durchaus zusätzliche Pathologien aufweisen kann.

In der amerikanischen, kanadischen, englischen und deutschen Literatur ist es üblich zu unterscheiden in Hydrocephali, die während der Schwangerschaft entstanden – konnatal oder kongenital – und denen, die sich bei dem Kind um oder in den ersten Wochen nach der Geburt sich bilden, den sogenannten erworbenen Hydrocephali.

Es ergeht demnach folgende ätiologische Einteilung[3]: konnatal (oder auch kongenital) entstandene Hydrocephali bilden sich aus
- in Verbindung mit einer Spina Bifida und/oder einer Chiari II- Malformation,
- aufgrund einer Aquäduktstenose,
- aufgrund anderer zerebraler Fehlbildungen (z. B. Dandy-Walker-Zyste) oder
- aufgrund einer vorgeburtlichen Infektion oder Blutung.

Erworbene Formen entstehen
- nach einer frühkindlichen Hirnblutung (fast ausschließlich frühgeborene Kinder),
- durch einen Tumor,
- nach einem Schädel – Hirn – Trauma oder
- nach einer nachgeburtlichen Infektion (z. B. Meningitis).

---

3 Krauss, J.: Ätiologie und Bildmorphologie des Hydrocephalus. Vortrag auf der wissenschaftlichen Tagung der ASBH am 29.11.2002

2.4 Ursachen und Formen des kindlichen Hydrocephalus

Konnatale Hydrocephali

In der Embryonalentwicklung kann es zu verschieden Formen der Fehlbildungen des Zentralnervensystems kommen, die im weiteren Verlauf der Schwangerschaft erweiterte Hirnventrikel nach sich ziehen und den Verdacht auf einen sich entwickelnden Hydrocephalus aufkommen lassen. Von diesen Fehlbildungen bildet die größte Gruppe die *Arnold-Chiari-Malformation*. Hierbei handelt es sich um eine Fehlbildung des Kleinhirns und des Hirnstamms, benannt nach den zwei Erstbeschreibern oder auch nur nach Chiari. Eine Arnold-Chiari-Malformation kann isoliert auftreten, ist aber häufig mit einer weiteren Fehlbildung des Zentralnervensystems assoziiert, einem Neuralrohrdefekt, der als Myelomeningocele oder *Spina Bifida* bezeichnet wird und in seinen Auswirkungen einer Querschnittlähmung entspricht. Kinder mit einer Spina Bifida haben zu 80% bis 90% einen Hydrocephalus als assoziierte Fehlbildung. Die zugrunde liegende Arnold-Chiari-Malformation wird gemäß der anatomischen Ausprägung in drei Kategorien mit weiteren Subtypen unterteilt. Während eine Arnold-Chiari I-Malformation relativ geringe Symptome verursacht, häufig isoliert auftritt und in nur 30% der Fälle zu einem Hydrocephalus führt, kann die Form Arnold-Chiari II, welche zu 90 bis 95% der Fälle in Verbindung mit einer Spina Bifida vorkommt, zu erheblichen Problemen und zu einem Hydrocephalus führen [126, 129]. Arnold-Chiari II-Malformation bedeutet, dass Teile des Mittelhirns und des Hirnstamms, des Kleinhirns und vor allem der Kleinhirntonsillen außergewöhnlich gestreckt ausgebildet sind und bis in den oberen Wirbelkanal reichen. Die Fehlbildung führt zu einer Kompression und anormalen Lage des dritten Ventrikels, einem in die Länge gezogenen Aquädukt und einem länglichen, oft nur schwach ausgebildeten vierten Ventrikel. Je nach Ausprägungsgrad können weitreichende Folgen auftreten (bis hin zum Druck auf den Hirnstamm und somit auf das Atemzentrum), vordergründig bedeutet es aber zuerst, dass die langgestreckten Hirnteile jene Stellen, an denen der Liquor cerebrospinalis aus dem vierten Ventrikel austritt, zulegen können. Das Hirnwasser kann dann nicht mehr in genügendem Maße die inneren Hirnräume verlassen und es entsteht ein Hydrocephalus occlusus.

Auch die weiteren Ursachen des kongenitalen Hydrocephalus beruhen auf verschiedenen Formen der Störung in der embryonalen Entwicklung des Zentralnervensystems. Relativ häufig treten Aquäduktstenosen, das Dandy-Walker-Syndrom und in geringerer Zahl Porenzephalien[4] und Hirntumore auf.

Mit einer *Aquäduktstenose* wird eine Verengung oder gar ein Verschluss des engen Kanals, der das Hirnwasser vom dritten in den vierten Ventrikel führt, bezeichnet. Er scheint anfällig für eine embryonale Hirnfehlbildung zu sein und seine Stenose führt dann zur Herausbildung eines Hydrocephalus. Eine Aquäduktstenose tritt meistens

---

4 Erläuterung im nächsten Abschnitt über die erworbenen Formen des kindlichen Hydrocephalus

isoliert auf, kann aber auch ein Zeichen einer seltenen Form eines erbgebundenen Hydrocephalus sein, dem x-linked Hydrocephalus. Er betrifft nur Jungen und ist meistens von einer starken geistigen Behinderung begleitet.

Das *Dandy-Walker-Syndrom* ist ebenfalls nach erstbeschreibenden Neurochirurgen benannt. Bei der syndromatischen Form handelt es sich um den schweren Ausprägungsgrad, bei dem die Kleinhirnhemisphären unterentwickelt sind, der zwischen den beiden Kleinhirnhemisphären gelegene Kleinhirnwurm extrem unterentwickelt und der vierte Ventrikel extrem groß und ausgeweitet ist. Dadurch wird das Kleinhirndach stark nach oben angehoben, der Aquädukt stark eingeengt, die hintere Schädelgrube stark vergrößert und der Hirnstamm nach vorne gedrückt. 80% bis 90% der Kinder mit einem Dandy-Walker-Syndrom entwickeln einen Hydrocephalus [126, 131, 150].

Mit der pränatalen Entwicklung eines frühkindlichen Hydrocephalus scheint häufig eine Schwangerschaftsstörung einher zu gehen, denn etwas mehr als 60% der betroffenen Mütter waren im ersten Trimenon ihrer Schwangerschaft erkrankt, nahmen Medikamente ein oder hatten Blutungen [2]. Und es zeigte sich bei ihnen eine höhere Rate an angeborenen Fehlbildungen in der Verwandtschaft, was für eine erhöhte Empfindlichkeit einer Verwandtschaft für Fehlbildungen spricht. Ursache vieler Schwangerschaftsstörungen sind mütterliche und dann auch oft kindliche Infektionen, die Hirnfehlbildungen verursachen können. Auch kindliche Hirntumore können sich schon pränatal bilden und durch ihre Raumforderung die natürlichen Wege des Hirnwassers blockieren und einen Hydrocephalus entstehen lassen. Wenn ein Tumor sich in dem liquorbildenden Gewebe (plexus choroideus) befindet, kann es zu dem seltenen Fall einer Überproduktion des Liquor cerebrospinalis kommen.

Erworbene Formen

Infektionen des Kindes treten vor, während und nach der Geburt, und auch Tumore können sich postnatal entwickeln, insofern kommen diese Ätiologien auch als erworbene Formen vor. Auch die häufigste Form des erworbenen kindlichen Hydrocephalus, nämlich der infolge einer Hirnblutung sich entwickelnde Hydrocephalus, kann schon pränatal entstehen, weil auch kindliche Hirnblutungen während der Schwangerschaft vorkommen.

Typischerweise handelt es sich aber bei dem *posthämorrhagischen Hydrocephalus* um einen Hydrocephalus, der sich nach einer kindlichen Hirnblutung aufgrund von einer Frühgeburt bildet. Von einer Frühgeburt spricht die Medizin bei einer Geburt vor der 37. Schwangerschaftswoche. Diese Kinder haben ein Gewicht von 1.500 bis 2.700 Gramm und erleiden normalerweise keine Hirnblutungen. Eine ›unreife Frühgeburt‹ ist ein Kind, das vor der 32. Schwangerschaftswoche mit einem Gewicht von unter 1.500 Gramm zur Welt kommt. Das sind ca. 1.5% der geborenen Kinder (Rollet 2002, 733). Je nach Gewicht und Reifungsgrad hat von diesen Kindern zwischen 18%

und 27% eine Hirnblutung. Bei den ›extrem unreifen Frühgeburten‹ von unter 1000 Gramm Gewicht haben 30% eine Hirnblutung[5] [124, 128].

Frühgeborene Kinder zeigen vielerlei medizinische Probleme, die größer sind, je weniger Schwangerschaftswochen das Kind alt ist. Eines davon ist das unreife Blutgefäßsystem im Gehirn, das aufgrund seiner Unreife sehr empfindlich auf Schwankungen des Blutdrucks und der Sauerstoffversorgung reagiert. Erleidet der Säugling eine Atemnot, was wegen der ebenfalls unreifen Lungen vorkommen kann, oder einen Blutdruckanstieg, was durch Stress passieren kann, reißen die empfindlichen Gefäße und das Blut fließt in das umliegende Gewebe. Prädilektionsstelle dieser Hirnblutungen ist die germinale Matrix, wo sehr dicht viele unreife Blutgefäße verlaufen, und die sich unter der Wandung der vorderen Seitenventrikel befindet.

Die frühkindlichen Hirnblutungen werden nach ihrem Schweregrad in Blutungen I. bis IV. Grades unterteilt. Eine isolierte subependymale Blutung (Grad I) hat noch keine Auswirkungen auf das Ventrikelsystem. Aber durch die Nähe zu den Ventrikeln kommt es häufig vor, dass das Blut in die Ventrikel einbricht (Grad II) und womöglich die Ventrikel anfüllt und erweitert (Grad III). Wenn das Blut noch weiter in das Hirngewebe eindringt, spricht man von der Blutung IV. Grades (Collmann 2007, 10). Zur Entstehung eines Hydrocephalus kann die direkte raumfordernde Wirkung mit Verlagerung und Kompression von Hirnstrukturen und Liquorabflusswegen führen [115]. Mehrheitlich führt aber die Einblutung in die Ventrikel nicht durch die Raumforderung zum Hydrocephalus, sondern zum Hydrocephalus kommt es durch das Verkleben der Resorptionsflächen an der Hirnoberfläche. Das Blut wird mit dem Liquor aus den Ventrikeln in die äußeren Hirnräume gespült und führt dort zu einer narbigen Verklebung der weichen Hirnhäute. Dies hat zur Folge, dass nicht in ausreichendem Maße Liquor resorbiert werden kann. Ungefähr 20% der Kinder mit einer Hirnblutung II. Grades und bis zu 80% der Kinder mit einer Hirnblutung IV. Grades entwickeln deshalb einen Hydrocephalus.[6]

Hirnblutungen treten nicht nur bei Frühgeborenen auf. Sie können auch durch den mit schweren Geburten manchmal einhergehenden Sauerstoffmangel entstehen oder auch durch Schädel-Hirn-Traumata, in seltenen Fällen auch durch embryonale oder frühkindliche Schlaganfälle. Wenn ein Sauerstoffmangel vorlag, also auch bei der frühkindlichen Hirnblutung, sterben zahlreiche Hirnzellen ab, sodass bei den sehr schweren Sauerstoffmängeln und Hirnblutungen zahlreiche ›Löcher‹ zurückbleiben, die sich mit Liquor cerebrospinalis füllen. Dieses Bild wird ›periventrikuläre Leukomalazie‹ genannt. Weitergehend bilden sich in der retardierten Hirnsubstanz Zysten, die sich auch progredient fortentwickeln und raumfordernd werden können. Dann spricht man von einer Porenzephalie.

---

5 Angaben nach Harms, K.: Frühgeburt, germinale Matrixblutung, Hydrocephalus. Vortrag auf der Tagung der ASBH am 5.3.2005 in Göttingen; Neubauer, U.: Ursachen und Auswirkungen des Hydrocephalus. Vortrag auf der Tagung der ASBH am 1.3.2008 in Bremen
6 Absatz über die frühkindlichen Hirnblutungen nach Collmann 2007

Die *Hirn- und Hirnhautentzündungen* führen zu dem gleichen Prozess wie das ausgeschwemmte Blut, das einer Hirnblutung entstammt. Durch die Entzündung bilden sich im liquoraufnehmenden Gewebe kleinste Narben, die das Gewebe ›verkleben‹ und die Resorption beeinträchtigen [115, 119].

Über die hier dargestellten Ursachen eines kindlichen Hydrocephalus hinaus gibt es eine Reihe an seltenen angeborenen Fehlbildungen, zu deren Erscheinungsbild auch ein Hydrocephalus gehört und eine kleine Zahl an Hydrocephali, deren Ursache nicht zu klären ist.

Und schließlich gibt es Kinder, bei denen eindeutig deutlich erweiterte Hirninnenräume zu diagnostizieren sind, bei denen aber ein physiologisches Gleichgewicht zwischen Produktion und Resorption besteht. Solange keine Zeichen eines erhöhtem intrakraniellen Drucks festzustellen sind, ist nach derzeitiger Auffassung eine Shuntlegung nicht sinnvoll. Meist handelt es sich hierbei um einen Hydrocephalus, der zum Stillstand gekommen ist (›arrested‹ Hydrocephalus), seltener um einen kindlichen Normaldruckhydrocephalus. Bei letzterem bestehen periodenhaft Überdruckspitzen und eine mögliche Operation muss sehr sorgfältig abgewogen werden. Typischerweise findet sich ein Normaldruckhydrocephalus bei Menschen über dem 60. Lebensjahr. Die verschiedenen Ätiologien zur Entstehung eines Hydrocephalus verteilen sich zahlenmäßig wie folgt:

- Spina Bifida 36% [135b], 35% [48], 32% [73], 40% [75], 21% [128], für Schweden von 40% auf heute 28% gesunken [78, 80]

andere angeborene Fehlbildungen:
- Dandy-Walker-Zyste 2% [118] und
- Aquäduktstenosen 7% [118] machen gemeinsam 8% aus [48]
- alle Fehlbildungssyndrome des ZNS 55% [115]
- alle Fehlbildungen zusammen 40% [126]
- Infektionen 10% [48], 21% [115], 11% [73], 6% [135b], 5–20% [75] 5% [128]
- Intrakranielle Blutungen 29% [48], 28% [135b], 24% [128], 13% [115], 16% [73], 10–30% [75]
- Tumore 6% [48], 10% [115], 09% [128]
- Schädel-Hirn-Traumata 4% [135b], 2% [115], 2% [128]
- Andere Ursachen 9% [128]
- Unbekannt 28% [135b], 12% [128]
- andere & unbekannte Ursachen zusammen 13% [48]
- Kombination mehrerer Ursachen 9% [128]

Zu den Infektionen ist hinzuzufügen, dass die Zahl der Hydrocephali, die in einer Infektion ihre Ursache haben, in Amerika und Europa bei 5 bis 20% liegt, in Ländern mit einem niedrigeren Gesundheitsniveau aber deutlich höher ist, z. B. liegt sie in Indien bei 36% [63].

> Zusammenfassend lässt sich schätzen, dass unter den heutigen Schulkindern mit Hydrocephalus ungefähr 30% bis 40% der Kinder eine Spina Bifida haben und knapp 10% eine andere angeborene Hirnfehlbildung. Vermutlich 25% der weiteren betroffenen Kinder haben aufgrund einer Hirnblutung einen Hydrocephalus entwickelt. Der Anteil der Kinder mit einer Hirnhautentzündung und sich anschließendem Hydrocephalus liegt bei 10% und deren mit einem Hydrocephalus nach Tumor gegen 10%. Und bei 10% der Kinder ist die Ursache nicht bekannt.

2.5 Auswirkungen auf die Sehfähigkeit[7] und die hormonelle Entwicklung

Sehstörungen entstehen, weil sich die Sehbahn im Bereich der Sehnervenkreuzung direkt unterhalb des III. Ventrikels befindet und im weiteren Verlauf den Seitenventrikeln anliegt. Durch Ausweitung des dritten Ventrikels oder der Seitenventrikeln kommt es, insbesondere bei einem Verschluss-Hydrocephalus, zu einer Kompression und Überdehnung der Sehbahn. Diese führen zu Durchblutungsstörungen und Störungen an den Nervenfasern in Form von Materialtransportstörungen und Schäden an den Markscheiden (Myelinschicht), die die Leitfähigkeit der Sehnerven beeinträchtigen. Insbesondere die Sehnervenkreuzung, die in unmittelbarer Nähe des dritten Ventrikels liegt, wird bei einer Ventrikelerweiterung druckgeschädigt. Dies führt zu einer Druckatrophie der Sehnerven.

Eine andere häufige Schädigung des Sehnervs entsteht bei länger anhaltendem intrakraniellen Druck auf das Gehirn, wenn sich der Liquor entlang der Sehnervenscheiden zum Auge hin ausbreitet. Die Papille im Auge, der Punkt des schärfsten Sehens, schwillt an und die Sehfähigkeit des Menschen wird herabgesetzt. Hält der Zustand der entsprechend benannten ›Stauungspapille‹ an, kommt es zu Schädigungen der Netzhaut.

Eine weitere mögliche Folge des steigenden Drucks und des Austritts von Liquor in das die Seitenventrikel umgebende Gewebe ist eine Drosselung der Blutzufuhr. Dies führt wie die Kompression der vorderen Sehbahn zu Sehstörungen.

Für alle diese Schädigungen gilt, dass bei rechtzeitiger und behutsamer Druckentlastung durch eine Operation die Schädigungen reversibel sind, sie bei lang anhaltendem Druck aber zu bleibenden Schäden und Blindheit führen können. Blindheit

---

7 Der Abschnitt über die Störungen der Sehfähigkeit folgt im Wesentlichen Unsöld, G. 1996 & 1998.

tritt insbesondere dann ein, wenn durch massiven Druck die Hinterhauptsarterien eingeklemmt werden und es zu einem Infarkt der Sehrinde kommt.

Auch die Augenbewegungen und die Pupillenreflexbahn können durch den intrakraniellen Druck in Mitleidenschaft gezogen werden, denn im Bereich des hinteren dritten Ventrikels liegen Nervenstrukturen, die für Augenbewegungen und den Lichtreflex der Pupille zuständig sind. Die Pupillen sind dann eher weit und reagieren nur schwer auf Licht. Die Augenbewegungsstörungen äußern sich im Schielen und der Schwierigkeit aufzublicken. Wenn das Kind nicht mehr mit den Augen aufblicken kann, aber zugleich die Lidheber zum Aufblicken anhebt, entsteht für den Betrachter der Eindruck als würden die Augen am unteren Rand des Augapfels stehen bleiben (›Sonnenuntergangsphänomen‹). Dies kann ein ernsthaftes Zeichen für bestehenden intrakraniellen Druck sein.

Die Ausweitung des III. Ventrikels kann auch die *hormonelle Entwicklung* des Kindes beeinflussen (Lösslein & Deike-Beth 2000, Johnston 2004). Und Hauffa schreibt:

> »Wegen der engen anatomischen Nähe von Hypothalamus und Hypophyse zu den Hirnwasserräumen haben die von Hypothalamus und Hypophyse geregelten Hormonsysteme (…) in Hinsicht auf die Entstehung von Krankheiten des endokrinen Systems bei Kindern mit Hydrocephalus eine besondere Bedeutung« (Hauffa 1996, 57).

Da das Hormonsystem viele Körperfunktionen regelt, sind viele Störungen denkbar. Beobachtet werden insbesondere Wachstumshormonmangel [137, 142] und ein früherer Eintritt der Pubertät [133, 137] (Dörr 2009, 163).

2.6 Prävalenz

Vor der serienmäßigen Herstellung von Ventilen und Shuntsystemen starb die Hälfte der Kinder mit einem Hydrocephalus innerhalb der ersten drei Lebensjahre und nur gut jedes fünfte Kind erreichte das Erwachsenenalter, wobei dann Zweidrittel der Überlebenden eine geistige Behinderung hatten [19].

Die Überlebensrate der betroffenen Kinder hat sich seit den 1960er-Jahren des vorigen Jahrhunderts kontinuierlich erhöht. Die Literatur gibt heute Mortalitätsraten von 11% [48, 1994] über 9% [115] bis unter 5% [52 (1998), 49] für das erste Lebensjahr an. Schwedische Studien – und Schweden gibt als einziges Land an, repräsentative Zahlen vorzulegen – kommen in einer Veröffentlichung 2005 auf eine Mortalität von 5% [78]. In den darauffolgenden Lebensjahren steigt die Mortalität auf ein Niveau von dann insgesamt 8% [48], 11% [17] oder 13% [128] bis 15% [19, 52]. Die fünfjährige Überlebensrate liegt heute bei über 80% (Haberl et al. 2007, 1). Die Todesursache kann sowohl ohne Zusammenhang zum Hydrocephalus sein als auch im Zusammenhang mit dem Hydrocephalus stehen [115] (wie z. B. tödlich verlaufende Hirntumore, die zuvor einen shuntpflichtigen intrakraniellen Druck hervorriefen und Shuntkomplikationen, insbes. Infektionen [49]). Es sind vor allem die ersten Lebensjahre, in denen die Kinder an ihren Erkrankungen oder den Shuntkomplikationen sterben, denn nach zehn Jahren sinkt die Mortalität auf unter 5% [74].

Von einem entwicklungsbedingten Hydrocephalus sind etwas häufiger Jungen als Mädchen in einem Verhältnis von 52.5:47.5 betroffen, wie Gupta et al. (2007) bei der Auswertung von 1459 demographischen Daten feststellen [43]. Ein Verhältnis, das sich auch in kleineren Stichproben zeigt [115]. Eine schwedische Untersuchung kam auf ein Verhältnis von 56:44, was sich nach Ausschluss der Kinder mit einer Spina Bifida noch verstärkt.

Es gibt keine Statistik über die Inzidenz des kindlichen Hydrocephalus in Deutschland, weil Erkrankungen und Behinderungen in Deutschland nicht systematisch erfasst werden. Melchers und Lehmkuhl schreiben:

»Die Inzidenz eines Hydrocephalus wird mit 0.9 bis 1.5 auf 1.000 Geburten angegeben« (Melchers & Lehmkuhl 2000, 623).

Diese Höhe steht im Einklang mit der Zahl, die sich ergibt, wenn die Inzidenzen einzelner Formen addiert werden.

An Inzidenzen für einzelne Ätiologien sind bekannt:
Die *Spina Bifida aperta*, d. h. die Form mit nach sich ziehenden Lähmungen, hat in Nordamerika eine Inzidenz von 0.3 bis 0.5 auf 1.000 Geburten, für Deutschland wird eine Inzidenz von 0.6 auf 1.000 Schwangerschaften angegeben (Jacobi 1998, 3).[8] Eine Spina Bifida ist zu 80% bis 90% mit einem Hydrocephalus assoziiert (McLone nach Haberl et al. 1998, 39). Die Zahl der geborenen Kinder mit einer Spina Bifida ist rückläufig. Der Rückgang lässt sich vor allem aus einer steigenden Zahl an Schwangerschaftsabbrüchen und weniger aus einem Anstieg der Folsäuresubstitution, welche zur Vermeidung von Spina Bifida beiträgt, erklären (Exner 2005, 2003). Zu den angeborenen Formen kommt noch die Gruppe der Kinder mit einer unbekannten Ursache hinzu, weiter die Hydrocephali nach vorgeburtlichen Entzündungen oder Tumoren und weitere angeborene Formen. So wird die Inzidenz für das Dandy-Walker-Syndrom mit 1 auf 25.000–30.000 Geburten angegeben [150]. Es kann somit für die Gruppe der Kinder mit einem angeborenen Hydrocephalus von einer Zahl von 0.62 bis 0.64[9] ausgegangen werden. Gupta (2007) gibt eine Spannweite von 0.25 bis 0.81 auf 1.000 für den kongenitalen Hydrocephalus an.

---

8   Williams (2005, nach Dennis 2006). Decline in the prevalence of spina bifida and anencephaly. Damit ist die Inzidenz in den USA heute niedriger als in Deutschland, was vermutlich der Folsäuresubstitution (durch flächendeckende Anreicherung des Mehls mit Folsäure) zuzuschreiben ist, denn ältere Studien zeigen mehrfach, dass die Inzidenz der Spina Bifida in den USA höher liegt als in Kontinentaleuropa und Deutschland. So berichtet Jacobi (in Michael 1998, 3) von Studien aus den Jahren 1978 und auch noch 1990, die für die USA eine Inzidenz von 1 bis 2 auf 1000 Geburten aufzeigen.

9   Angabe einer Inzidenz von 0.62 von: Ludwig, H. Grundinformationen zum Hydrocephalus. Vortrag auf der Hydrocephalus-Tagung der ASBH in Göttingen am 5.3.2005. Angabe einer Inzidenz

In der Gruppe der Kinder mit einem postnatal erworbenen Hydrocephalus finden sich vor allem frühgeborene Kinder, die einen *posthämorrhagischen Hydrocephalus* entwickeln. Ungefähr 7 von 1.000 Geburten sind unreif geborene Frühchen (Lösslein & Deike-Beth 2000, 28) und 3 von 1000 sind extrem unreif geborene Frühchen, die überleben.[10] Wie oben erwähnt haben 18% bis 30% der unreif und extrem unreif geborenen Frühchen eine Hirnblutung[11], allerdings nur in 4% der Fälle mit einem Schweregrad von III oder IV [97]. Bei ihnen führt eine Hirnblutung III. Grades zu 50% und eine IV. Grades zu 80% zu einem Hydrocephalus.[12] Es erleiden heute weitaus weniger der unreif und extrem unreif geborenen Kinder eine Hirnblutung, zumal eine schwere Hirnblutung. Aber da zugleich die Überlebensrate dieser Kinder steigt, bleibt die Zahl der Kinder, die einen Hydrocephalus entwickeln, konstant oder steigt leicht an [78, 119]. Letztlich lässt sich grob eine Inzidenz des posthämorrhagischen Hydrocephalus von 0.5 auf 1.000 schätzen. Hinzu kommen Kinder mit anderen postnatalen Ätiologien eines frühkindlichen Hydrocephalus, wie bspw. Hydrocephali nach Verletzungen oder Entzündungen, sodass die Zahl der Kinder mit einem postnatal erworbenen Hydrocephalus zahlenmäßig etwas größer ist als die Gruppe der Kinder mit einem pränatalen Hydrocephalus. Es wird davon ausgegangen, dass das Zahlenverhältnis vom angeborenen zum erworbenen Hydrocephalus 40:60 beträgt [43].

Schwedische Studien haben für ihr Land repräsentative Zahlen [64, 66, 78] und geben für 2005 eine Zahl von 0.82 an, die zu 0.33 Kinder mit Spina Bifida und zu 0.49 andere Hydrocephali sind [78], was exakt mit einer japanischen Studie übereinstimmt [75]. 2007 kommen die Autoren auf eine gesunkene Zahl von 0.66, die sich auf eine Häufigkeit von 0.18 für geborene Kinder mit einer Spina Bifida und 0.48 für andere Ursachen des Hydrocephalus aufteilen [128]. Obwohl diese aktuellen Studien eine geringere Inzidenz aufweisen als Melchers und Lehmkuhl im Jahr 2000 nennen, muss für heutige Schulkinder noch von einer etwas höheren Prävalenz ausgegangen werden. Auch der Review von Heinsbergen et al. (2002) geht von einer Inzidenz von 1 auf 1.000 aus. Bei einer Geburtenrate von knapp 700.000 und einer gesunkenen Mortalität der Kinder mit Hydrocephalus dürften in Deutschland 700 bis fast 1.000 Kinder eines Jahrgangs einen Hydrocephalus haben.

---

von 0.64 von: Neubauer, U. Ursachen und Auswirkungen des Hydrocephalus. Vortrag auf der Hydrocephalus-Tagung der ASBH in Bremen am 1.3.2008

10 Harms, K. Frühgeburt, germinale Matrixblutung, Hydrocephalus. Vortrag auf der Hydrocephalus-Tagung der ASBH in Göttingen am 5.3.2005

11 Harms, K. Frühgeburt, germinale Matrixblutung, Hydrocephalus. Vortrag auf der Hydrocephalus-Tagung der ASBH in Göttingen am 5.3.2005. Neubauer, U. Ursachen und Auswirkungen des Hydrocephalus. Vortrag auf der Hydrocephalus-Tagung der ASBH in Bremen am 1.3.2008

12 Harms, K. Frühgeburt, germinale Matrixblutung, Hydrocephalus. Vortrag auf der Hydrocephalus-Tagung der ASBH in Göttingen am 5.3.2005

2.7 Diagnostik

Ein pränatal sich entwickelnder Hydrocephalus ist mit Ultraschall pränatal gut zu diagnostizieren, weil die Flüssigkeitsansammlungen sich klar von anderem Gewebe abgrenzen und auszumessen sind. I.d.R. ist der auffällige Befund der erweiterten Hirnventrikel das erste Verdachtsmoment und Anlass zu differenzierterem Ultraschall und weiterer Diagnostik. Selbst Kinder mit erheblichen Spaltbildungen der Wirbelsäule werden pränatal meist zuerst an dem auffälligen Befund der erweiterten Hirnventrikel erkannt.

Der postnatal sich entwickelnde Hydrocephalus kann sich in Form einer sich vorwölbenden Fontanelle, sehr breiter und sich nur verzögernd schließender Schädelnähte und am übermäßigen Wachstum des Kopfumfangs zeigen. Zu den pädiatrischen Vorsorgeuntersuchungen gehören deshalb das Messen des Kopfumfangs und das Führen einer Kopfumfangskurve im Vorsorgeheft. Und es werden immer noch Kinder anhand dieser basalen aber wichtigen diagnostischen Maßnahme gefunden und vor weiteren schwerwiegenden Folgen bewahrt. Besonders verdächtig sind Verläufe des Kopfumfanges, bei denen der Kopfumfang die Perzentilen überschreitet.

Sollte sich beim Messen oder bei einer Verlaufskontrolle operierter Kinder ein auffälliger Befund ergeben, kann bei nicht geschlossener Fontanelle die Ventrikelweite immer noch per Ultraschall beobachtet werden. Ein auf einen erhöhten intrakraniellen Druck dringend hinweisendes Zeichen ist die vorgewölbte Fontanelle [45]. Ehe der erhöhte intrakranielle Druck sich in einem erhöhten Wachstums des Kopfumfangs äußert, können bereits Hirnschädigungen eingetreten sein. Schon bei Kleinkindern ist der Schädelknochen soweit erhärtet, dass der Schädel nur bei länger bestehendem Druck wächst. Bei Jugendlichen und Erwachsenen wirkt sich der Druck nicht mehr in einem vermehrten Kopfwachstum aus, und sollte ein intrakranieller Druck nicht diagnostiziert werden, kann er zu irreversiblen Hirnschäden und Tod führen. Eltern und Ärzte sollten die klinischen Druckzeichen gut bekannt sein, um Anzeichen früh zu erkennen. Es sind dann bildgebende Verfahren erforderlich, wie Computertomographie (Röntgenaufnahmen im Schichtverfahren, abgekürzt CT) und die Technik der Magnetresonanz-Tomographie (MRT oder auch MR). Hauptschwierigkeit bei der Diagnostik mit statischen Verfahren ist, dass aus einer bloßen Erhöhung des Liquorvolumens im Einzelfall nicht auf einen erhöhten intrakraniellen Druck zu schließen ist (Haberl et al. 2007, 8). Eine Messung des intrakraniellen Drucks ohne Öffnung der Schädeldecke – nur möglich am Augenhintergrund – hat sich als nicht ausreichend aussagekräftig erwiesen. Wobei eine Untersuchung des Augenhintergrunds bei einem Verdacht auf intrakraniellen Druck immer sinnvoll ist, weil bei der überwiegenden Mehrheit der Patienten im Falle von erhöhtem intrakraniellem Druck eine Stauungspapille zu erkennen ist [155, 156]. Die Stauungspapille und ein verbreiterter Nervus opticus können auch sonographisch dargestellt werden. Da es sich bei dem kindlichen Hydrocephalus mehrheitlich um einen Hydrocephalus occlusus handelt, sind für die

Diagnostik des intrakraniellen Drucks MRT oder CT zusätzlich zu den klinischen Zeichen, allen voran die Verhaltensbeobachtung, unabdingbar. Wenn Eltern einmal bei ihrem Kind die Zeichen eines steigenden intrakraniellen Drucks erlebt haben, sind sie häufig in der Lage, dies im Wiederholungsfall rasch zu erkennen [135b]. Unter den behandelnden Neurochirurgen und auch aus eigener Berufserfahrung ist bekannt, dass viele Eltern mit ihrer Vermutung selbst in den Fällen richtig liegen, in denen die bildgebenden Verfahren keinerlei Drucksymptome zeigten [128].

2.8 Zeichen zunehmenden intrakraniellen Drucks[13]

Während beim Säugling die vorgewölbte Fontanelle einen deutlichen Hinweis auf erhöhten Druck gibt [45] und bis in das Kleinkindalter hinein das vermehrte Kopfwachstum zu finden ist, gibt es beim älteren Kind, Jugendlichen und Erwachsenen eine Reihe an ›soft signs‹, die in ihrer Kombination, Häufigkeit und individuellen Ausprägung Hinweise geben. Leitsymptom, zumal beim Jugendlichen und Erwachsenen, ist der Kopfschmerz. Des Weiteren sind Antriebsarmut, Unruhe, Appetitlosigkeit, vermehrtes Schlafbedürfnis, Venenzeichnung am Kopf, Gangunsicherheit, Sehstörungen, Schielen, schwallhaftes nüchternes Erbrechen, Nackenschmerzen und manchmal Krampfanfälle zu beobachten. Bei der Mehrheit der Betroffenen zeigt sich in der Untersuchung des Augenhintergrundes ein typischer Befund einer gestauten Papille. Zeichen eines fortgeschrittenen intrakraniellen Drucks ist das Versagen der Lidheber (›Sonnenuntergangsphänomen‹) und ein verminderter Herzschlag (Bradykardie). Während Neugeborene und Säuglinge eine schnelle neurologische Verschlechterung zeigen und somit auch zügiges Eingreifen erforderlich ist, besteht beim älteren Kind, Jugendlichen und Erwachsenen das Problem, dass bei einer Okklusion, Sepsis oder Migration der Shuntanlage die neurologische Verschlechterung schleichend vonstatten gehen kann und der intrakranielle Überdruck schwer zu diagnostizieren ist, zumal viele Kinder die Situation des erhöhten Drucks gut in ihren Alltag integrieren können und wenig klagen. Die neurologische Verschlechterung fällt dann nur rückblickend auf.

Trotz des schleichend ansteigenden intrakraniellen Drucks ist schnelles Eingreifen erforderlich, um bleibende Schäden bis hin zur Lebensgefährdung zu vermeiden. Auch gibt es neben dem schleichenden Druckanstieg im Kindes-, Jugend- und Erwachsenenalter den kurzfristig ansteigenden Druck (z. B. bei Diskonnektionen). Der nicht erkannte intrakranielle Druck bildet nach wie vor eine Todesursache.

---

13 Abschnitt nach Ermert, A. (2009)

2.9 Behandlungsformen

Die ursächliche Störung des Liquorflusses oder des Gleichgewichts von Liquorproduktion und -resorption ist in der Regel nicht zu beheben. Deshalb ist Standard, dass nach gesicherter Diagnosestellung die operative Implantation einer Ableitung für das überschüssige Hirnwasser erfolgt. Die Ableitung besteht aus einem Schlauchsystem aus Kunststoff (Silikon), das bis in einen der beiden Seitenventrikel, in denen vom plexus choroideus das Hirnwasser gebildet wird, hineinreicht. Der Schlauch führt zunächst bis unter die Kopfhaut und mündet dort zunächst in einem Ventil, das sich erst bei ausreichendem Wasserdruck öffnet, und führt dann weiter unter der Haut am Hals bis in den Bauchraum weiter. Dort wird der Liquor cerebrospinalis vom Bauchfell (Peritoneum) aufgenommen und letztlich dem Blutkreislauf zugeführt. Da einige Jahre lang und heute noch in Ausnahmefällen auch Ableitungen zum Herzen vorgenommen wurden, nennt man hierzu in Abgrenzung die Ableitung vom Kopf bis in das Bauchfell einen ventriculoperitonealen Shunt.

Ableitungen für das überschüssige Hirnwasser gab es in Form einzelner Versuche schon ab dem ausgehenden 19. Jahrhundert. Aber erst 1956 entwickelte ein betroffener Vater – John Holter in den USA – in Zusammenarbeit mit dem Neurochirurgen Spitz ein erstes produktionsfähiges Ventil. Die Geschichte der Entwicklung der ersten Ableitung ist ein eindrucksvolles Beispiel dafür, dass entscheidende Innovationen aus der Not und der Betroffenheit heraus geboren werden. Das nach seinen Konstrukteuren benannte ›Spitz-Holter-Ventil‹ hat sich über viele Jahre bewährt, den betroffenen Menschen den Kopfschmerz genommen, vor weitreichenden Hirnschäden und auch Tod bewahrt [115]. Schon 1957 erfolgte auch in Deutschland die erste Implantation eines Spitz-Holter-Ventils, aber in nennenswertem Umfang wurde erst ab Mitte der 1960er-Jahre erfolgreich operiert. Das Grundprinzip des drucksensiblen Ventils und der Liquorableitung, das Spitz und Holter entwickelt hatten, findet sich noch in den modernen Ableitungssystemen [115]. Heute steht dem Neurochirurgen ein großes Repertoire an Ventilsystemen zur Verfügung und mit der neuesten Generation an Ventilsystemen scheint auch dem großen Problem des schwankenden Wasserdrucks, der allein durch den Gravitationsunterschied zwischen der Liege- und der Stehposition eines Menschen entsteht, begegnet werden zu können [118].

Ein Shunt besteht aus drei Teilen: dem Ventrikelkatheter, dem eigentlichen Ventil und dem ableitenden Schlauch. Bei der ersten Operation wird in den Bauchraum des Säuglings oder Kleinkinds genügend Schlauchreservoir für die ersten Wachstumsschübe gelegt.

Seit der Entwicklung der Endoskopie und der Mikrochirurgie in den 1990er-Jahren wird zunehmend ein Hydrocephalus operiert, indem im Gehirn neue Wasserwege gebahnt werden. Bei dieser Methode wird ein Endoskop in das Ventrikelsystem eingeführt und am Boden des dritten Ventrikels wird eine Membran durchstoßen

(Ventrikulostomie). Durch die neue Öffnung zu den äußeren Hirnräumen kann das Hirnwasser wieder zirkulieren und das künstliche Ableitungssystem wird überflüssig.[14]

Hierfür geeignet sind nur Patienten mit einem Verschlusshydrocephalus und ausreichender Resorptionsfähigkeit der wasseraufnehmenden Blutgefäße. Ventrikulostomien können nur bei 10%–20% der Kinder mit einem Hydrocephalus durchgeführt werden [135b]. Da der Kopf eines Neugeborenen noch sehr klein ist und ein rasches Zellwachstum auch wieder die durchstoßene Membran zuwachsen lassen kann und deshalb bei mehr als der Hälfte der ventrikulostomierten Neugeborenen nachoperiert werden muss [9b, 57b, 79, 80], ist derzeit noch Standard, dass bei Neugeborenen meist keine Ventrikulostomie vorgenommen wird, sondern ein Shunt gelegt wird.

2.10 Probleme: Revisionen, Infektionen, Schlitzventrikel

Der Shunt mit seinem Ventil ist störanfällig und Revisionen sind üblich. Ein häufiger Revisionsgrund sind die Infektionen des Shuntsystems, die sich zu Hirn-, Hirnhaut- und Ventrikelentzündungen ausweiten können [123]. Ferner können die dünnen Öffnungen des Schlauches langsam verstopfen, weil das Gewebe des den Liquor produzierenden Plexus choroideus diese zulegen kann. Dieses Zulegen wird durch den bei Öffnung des Ventils entstehenden Sog gefördert. Manche Shunts wachsen im Gewebe fest. Andere Ursachen sind Verstopfungen durch den erhöhten Eiweißgehalt des Liquors, Katheterfehlanlagen, Herausrutschen des Ventrikelkatheters oder Schlauchabrisse (Diskonnektionen), die sowohl wachstumsbedingt sein können als auch durch Materialfehler entstehen können. Die mittlere Funktionsdauer eines Shuntsystems beträgt nur 50% in zwei Jahren [135b].

Das Versagen des Systems durch Verstopfungen (Obstruktionen), Abrisse oder Entzündungen äußert sich beim Kind immer in Drucksymptomen. Während die Verstopfungen und meist auch die Entzündungen schleichend die Funktion des Shunts beeinträchtigen, führen Schlauchabrisse durchaus zu sofortigem Handlungsbedarf.

Um Obstruktionen und Diskonnektionen zu begegnen, wird der Shunt heute frontal in einen der beiden Seitenventrikel implantiert. Das Ventil ist dann unter der Kopfhaut auf Höhe des Stirnlappens zu ertasten.

Es steht heute außer Frage, dass ein Kind mit Zeichen eines intrakraniellen Drucks operativ versorgt wird. Die Vorteile einer frühen Operation bei progressivem Hirnüberdruck überwiegen bei weitem die Risiken. Dennoch bleiben die Shuntkomplikationen des Versagens und der Infektionen ein Problem:

»Ernsthafte Komplikationen, die mit dieser Behandlungsmethode assoziiert sind, treten jedoch in einer Vielzahl auf ...« (Zeilinger et al. 2002, 253).

---

14 Auf das Verfahren der Ventrikulostomie wird hier nicht näher eingegangen, weil es erst in jüngster Zeit zunehmend durchgeführt wird und für die in dieser Untersuchung einbezogenen Schulkinder nur eine untergeordnete Rolle spielt.

Infektiöse Shuntkomplikationen

Die Prozentzahlen der Infektionen an den Shuntsystemen schwanken von 7% [86], 8.6% [20] über 10% (in den ersten sechs Monaten [80, 125]), 11% [48], weiter über 16% [63, 67], 19% [17] und 25% [115, 158] bis zu 29% und mehr [43]. Mataro et al. (2001) machen in ihrem Review Angaben von 5 bis 20% [71]. Diese Shuntinfektionen werden nahezu alle durch Keime ausgelöst, die während der Operation in das Innere des Shuntsystems gelangen und sich in 90% der Fälle in den sechs Monaten nach der Operation bemerkbar machen (Collmann 2007) & [115]. Kommt es durch die Shuntinfektion zu einer Ventrikulitis, besteht Lebensgefahr [115]. Letztlich ist der Shunt ein Fremdkörper und viele Viren und Bakterien setzen sich vorzugsweise an diesem Kunststoff fest, weshalb die Kinder bei allen Infektionen eher als nichtbehinderte Kinder ein Antibiotikum erhalten. Zudem können Kinder mit einem schwachen Abwehrsystem, was bei frühgeborenen Kindern regelhaft der Fall ist, Infektionen schlechter bewältigen. In Anbetracht der Tatsache, dass die Shuntinfektionen fast immer durch Keime verursacht werden, die während der Ventilimplantation in den Körper des Kindes gelangen (Collmann 2007, 13), ist zu fordern, dass Shuntoperationen unter besonders hoher Sterilität und daher morgens als erste Operation im Operationssaal vorzunehmen sind. Entscheidender Faktor zur Verringerung der Infektion während einer Operation aber ist die Erfahrung des Chirurgen [20]:

»Variability in outcome decreases with increasing surgeon experience« (Cochrane & Kestle 2002, 6).

Operationsgeschwindigkeit, OP-Management, Erfahrung des Operateurs sind also für niedrige Komplikationsraten von großer Bedeutung.

Die Infektionen werden zunächst versuchsweise antibiotisch behandelt, was aber häufig nicht zum Erfolg führt. Deshalb wird dann das infizierte Shuntsystem entfernt, für mehrere Tage eine externe Drainage gelegt und anschließend ein neues Shuntsystem implantiert.

Mechanische und funktionale Shuntkomplikationen

In größerer Zahl als die Infektionen führen auch Schlauchabrisse, Verstopfungen und Katheterfehllagen zur Entfernung des Shuntsystems und Implantation eines neuen Shuntsystems. Die Zahl dieser Komplikationen, die zu einer erneuten Operation führen, liegt mit Angaben zwischen 30% [128], 45% [86], 50% (schon für die ersten 18 Monate [43]), 69% [115] und 60% [80, 100] – und diese letzten Zahlen entstammen drei Studien aus dem Jahr 2007–über die Jahre unverändert hoch. Das führt dazu, dass die Hälfte aller Operationen Revisionen sind [125] und ungefähr 40% aller Shunts schon im ersten Jahr nach ihrer Implantation wieder entfernt werden müssen [58].

Die Gründe für die Wiederholung der Operation sind ungefähr zur Hälfte Verstopfungen und Blockaden. Dem folgen zu gleichen Anteilen Schlauchabrisse, Fehllagen des Katheters (Herausrutschen oder Herauswachsen aus dem Seitenventrikel), Leckagen oder Entscheidung für eine andere Druckstufe und die erwähnten Infektionen [17, 58, 60, 67, 125], die in Japan von allen auslösenden Faktoren die höchste Rate an Revisionen nach sich ziehen [74].

Am höchsten ist die Komplikationsrate im ersten Jahr nach dem Eingriff, weil sich in den Monaten nach der Erstoperation die Infektionen bemerkbar machen. 90% der Revisionen erfolgen im ersten Jahr nach der Erstimplantation [48].
Verallgemeinernd lässt sich sagen, dass
- ungefähr ein Drittel der Kinder keine Revisionen braucht,
- ungefähr ein Drittel der Kinder eine bis drei Revisionen hat
- und das letzte Drittel sogar eine Vielzahl an Neuimplantationen erlebt [17, 48, 79, 100, 115].

Je länger die beobachteten Zeiträume sind, desto höher ist die absolute Zahl an Revisionen. Die retrospektive Untersuchung von Gupta [43] mit 718 Patienten gibt eine höhere Rate an Revisionen an als die o. a. Studien, wobei hier nur Patienten eingeschlossen wurden, deren Diagnose mindestens zehn Jahre her war. Es handelte sich also um einen langen Zeitraum und nicht um Kleinkinder, sondern um Jugendliche und Erwachsene. Damit aber auch um Schulkinder, die im Mittelpunkt dieser Arbeit stehen:
- nur 10% der Patienten benötigen keine Revision,
- ein Drittel hat eine bis drei Wiederholungen der Shuntoperation,
- ein Drittel hat zwischen vier und zehn Revisionen,
- und 20% haben mehr als elf Revisionen.

Aus der Sicht des Kindes betrachtet hat jedes zweite Kind im Alter von 18 Monaten und spätestens im Alter von 2 ½ Jahren eine Revision gehabt [43, 128] und bis zum Alter von fünf Jahren sind es fast zwei Drittel aller Kinder [48, 115]. Das größte Reoperationsrisiko haben Neugeborene [135b]. Die Angaben für die Zahl an Wiederholungsoperationen, mit denen der einzelne Patient durchschnittlich zu rechnen hat, liegen zwischen 1.5 [71, 83] über 1.9 [48], 2.4 [115] und 2.7 [67] bis zu 2.9 [71].

Die sehr unterschiedlichen Zahlen an Revisionen, die das einzelne Kind erlebt, hängen auch mit der Ätiologie des Hydrocephalus zusammen. Mehrere Studien besagen, dass es vor allem die Kinder sind, die aufgrund einer Infektion oder einer Hirnblutung einen Hydrocephalus entwickelt haben, die eine höhere Zahl an Revisionen benötigen [19, 48, 57, 73, 87]. Frühgeborene Kinder mit einer Hirnblutung haben insgesamt eine höhere Zahl an Shuntkomplikationen und hierunter vermehrt die Kinder mit den schweren Hirnblutungen IV. Grades [87]. Die vor allem gefürchtete Komplikation der Infektion [115] trifft besonders die frühgeborenen Kinder, weil sie noch nicht ausreichend Immunglobulin bilden können und daher Infektionen schlechter abwehren können [85].

Die Zahl an Revisionen und vor allem die Infektionen spielen für die Entwicklung des Kindes und für die Lebensqualität eine wichtige Rolle (s. Abschnitt 3.2.3).

Überdrainage (Schlitzventrikel)

Zu einem eigenständigen Syndrom können Schlitzventrikel führen. Damit werden Ventrikeln bezeichnet, die durch eine Überdrainage enger als normal geworden sind. Die Überdrainage entsteht durch den Sog-Effekt des geöffneten Ventils und führt schon nach wenigen Wochen im Vergleich mit durchschnittlich ausgebildeten Ventrikeln zu einem engen Ventrikelsystem. Solange diese – nach dem optischen Bild benannten – ›Schlitzventrikel‹ nicht symptomatisch sind, bestehen keine Probleme. Aber häufig bewirken die Schlitzventrikel schon bei geringen Druckschwankungen Drucksymptome und werden somit zu einer großen Belastung des Patienten. Diese Kinder verlieren ihre Pufferreserve und sind anfällig für steigenden Druck in Situationen, die normalerweise ohne Konsequenz blieben [19]. Dies wurde schon früh in der Kinderchirurgie bemerkt und kritisiert [42], aber erst durch neue technische Entwicklungen, die den Sogeffekt verringern und verhindern, ist die Inzidenz von Schlitzventrikeln stark rückläufig, muss aber bei älteren Kinder immer mit berücksichtigt werden. Es besteht der dringende Verdacht, dass die chronische Überdrainage in der entscheidenden Phase des Gehirnwachstums zu klinischen Auffälligkeiten führt [135b].

2.11 Ausblick

Der kindliche Hydrocephalus ist mit einer anzunehmenden Inzidenz von 1 bis 1.5 auf 1.000 Lebendgeburten eine relativ häufige Erkrankung bei Kindern, und die chirurgische Versorgung mit einem Shuntsystem ist der häufigste neurochirurgische Eingriff in der Pädiatrie [158]. Die bisher effektivste Form der Behandlung, die Implantation eines Shunts, ist nunmehr fünfzig Jahre alt und hatte einen dramatischen Erfolg. Die Überlebenschancen der Kinder stiegen rapide.

Dementsprechend beschäftigen sich zahlreiche medizinische Fachbereiche (insbes. Pädiatrie und Neurochirurgie, aber auch Ophthalmologie, Orthopädie, Neurologie u. a.) in zahlreichen Studien mit der medizinischen Diagnostik und Therapie der Kinder. In den therapeutischen Prozess sind darüber hinaus zahlreiche Heilberufe mit einbezogen. Fast alle Kinder mit einem Hydrocephalus erhalten Frühförderung oder Ergotherapie und gehen zur Physiotherapie. Dennoch wirft die Behandlung noch viele medizinische und therapeutische Fragen auf.

»Hydrocephalus in children and the developmental outcome thereof constitute a challenge to pediatric neurologists and others working in the field of childhood disability. Even if the prevalence has decreased somewhat ... there is still a significant number of children with Hydrocephalus who require comprehensive, multidisciplinary intervention and support during childhood and adolescence« (Persson et al. 2006, 330).

Trotz der Verbesserungen in der Shunttechnik und in der Bildgebung hat sich in Diagnostik und Behandlung wenig geändert [158] und viele Probleme bestehen unverändert:

»Frequent complications and associated morbidity often make treatment outcomes unsatisfactory. (...) Reinfection is alarmingly common (25%) and does not appear to be related to the duration of antibiotic therapy. (...) Despite advances in their design, shunt failure nonetheless remains a significant problem« (Williams et al. 2007, 351).

- Gefordert wird also eine Reduktion der hohen Zahl an Infektionen und technischen Fehlern der Ventilsysteme [135b].
- Gefordert wird eine Verbesserung der Diagnostik, vielleicht im Sinne eines objektiven Druckmonitorings [19], denn die Bildgebung reicht zur Diagnosestellung nicht aus [100], und das klinische Bild hat große individuelle Differenzen und ist insbesondere bei Säuglingen schwer einzuschätzen.
- Gefordert wird weiter eine Entwicklung eines optimalen physikalischen Shuntsystems [19]. Eine Entwicklung, die mit den modernen Gravitationsventilen auf gutem Weg ist und die Hoffnung gibt, dass Schlitzventrikel zukünftig vermieden werden können. Aber es stellt sich auch die Frage, ob nicht nach ganz anderen Behandlungsmethoden gesucht werden sollte [158].

Darüber hinaus stellen sich zum Einfluss des Hydrocephalus auf das Gehirn zahlreiche Fragen. Welche Folgen haben die Infektionen und Revisionen für die Entwicklung des Kindes, insbesondere die kognitive Entwicklung? Welche Folgen hat die Erweiterung der Ventrikel, welche Folgen haben die zu beobachtenden morphologischen Veränderungen, welche Folgen haben der veränderte Blutfluss und Metabolismus auf die Lernfähigkeiten? [158]

Wirken diese Veränderungen sich auf die kognitiven Leistungen des Kindes aus? Beeinflussen sie weiter sein Lernen und vielleicht auch seine Persönlichkeit?

In Anbetracht der relativ hohen Fallzahlen und der vielen involvierten medizinischen und rehabilitativen Berufe und Maßnahmen ist es auffällig, dass sich über mögliche Folgen des frühkindlichen Hydrocephalus für die Kognition und das Lernen dagegen nur wenig Literatur findet. Somit werden Eltern, Psychologen und Pädagogen – allen voran Lehrern –, die das Kind in seiner weiteren Entwicklung verstehen und fördern möchten, keine Hintergründe und Erklärungen an die Hand gegeben.

Als Schritt in die Richtung, die Lernschwierigkeiten dieser Kinder zu verstehen, wird im Folgenden eine Übersicht über den aktuellen Forschungsstand zu den möglichen Auswirkungen des Hydrocephalus auf die Entwicklung der Kinder, insbes. der neuropsychologischen Leistungen, gegeben.

3 FORSCHUNGSSTAND ZUM EINFLUSS DES HYDROCEPHALUS AUF DIE ENTWICKLUNG

3.1 Grundsätzliche Probleme und Fragen

3.1.1 Kinder mit Hydrocephalus im Fokus der Forschung

»The varying neurobehavioural outcomes reflect the influence of not only hydrocephalus, but also other congenital neuropathological processes and environmental, sociocultural and emotional factors« (Stevenson & Pit-ten Cate 2003, 4).

Damit formulieren die Autoren prägnant ein großes Problem in der Forschung über Entwicklung, Verhalten und Fähigkeiten. Jedes Kind wächst in sozialen Bezügen auf. So sucht und erhält es seine Geschlechterrolle und seine Geschwisterposition, es wird in einer sozialen Schicht und einer Lebensform groß und wird von einer Region und einer Religion geprägt. Dabei wird das Kind nicht nur geformt, sondern ist auch Akteur seiner Handlungen. Bei einem Kind mit einer Behinderung sind zusätzlich die Umgehensweisen der Eltern mit der Behinderung und die Reaktionen der Umwelt auf die Behinderung und auf das Kind wesentliches Element seines Lebens und damit seiner Gedanken, Einstellungen, Fähigkeiten und Handlungen. Dabei ist die Trennung nach den die Verhaltensweisen verursachenden Faktoren oft nicht möglich. Bei Kindern mit Behinderungen oder auch mit Hirnfunktionsstörungen stellt sich immer auch die Frage, ob ihr Verhalten und auch ihre möglichen Schulschwierigkeiten nicht auch als Sekundärfolge der Behinderung zu betrachten sind (Neumann 1999, 146; Leyendecker 2005, 104).

Bei Kindern ist weiterhin die Dynamik der Kindes- und der Hirnentwicklung zu berücksichtigen, vor allem hinsichtlich der zeitlichen Varianzen einer kognitiven Entwicklung. Eine andere unbekannte Größe ist die Plastizität des kindlichen Gehirns. Auf der einen Seite ergibt sich gerade durch die Plastizität auch für Kinder mit Hirnschädigungen die Chance auf Kompensation und Entwicklung, auf der anderen Seite erschwert sie die Forschung, weil Ausfälle und Besonderheiten nicht mehr eindeutig zuzuordnen sind.

Diese grundsätzlichen Schwierigkeiten müssen bedacht werden, dürfen aber nicht die Erforschung kindlicher Entwicklung, nicht die Suche nach Zusammenhängen und Erklärungsmodellen aufhalten.

Für die Erforschung der Auswirkungen des kindlichen Hydrocephalus ergibt sich noch das weitere Problem, dass im Unterschied zu anderen Erkrankungen oder Pathologien des Zentralnervensystems ein Hydrocephalus nicht auf eine einzelne Läsion zurückzuführen ist. Sehr verschiedene Ursachen mit sehr unterschiedlich weitreichenden kortikalen und subkortikalen Schädigungen können einen Hydrocephalus bewirken. Letztlich ist es eine eher diffuse zerebrale Schädigung, die dann zu einem Hydrocephalus[1] führt. Und es zeigt sich ein Bild eines Kindes, das neben seinem Hydrocephalus meist weitere Auffälligkeiten hat, die seine Entwicklung beeinflussen.

»Hydrocephalus is usually associated with other disorders, which influence the outcome« (Heinsbergen et al. 2002, 106).

Durch diese vielfältigen Probleme werden Messungen schwierig, Daten nur bedingt vergleichbar und Interpretationen können nur mit Einschränkungen erfolgen.

Da es unterschiedliche Ätiologien für das gleiche Symptom – den behandlungsbedürftigen Hydrocephalus – gibt und diese verursachenden Ätiologien neben dem Hydrocephalus auch weitere Auswirkungen haben können, ist bei allen Betrachtungen möglicher neurogener Auswirkungen die Ätiologie zu bedenken, was bei vielen Präsentationen von Forschungsergebnissen nicht erfolgt. So ist für die posthämorrhagischen Hydrocephali bei extrem unreif frühgeborenen Kindern[2] hinreichend bekannt, dass eine schwere Hirnblutung zu einer Unterversorgung an Sauerstoff in den Arealen führt, die von der Blutung betroffen sind, und manche Defizite aufgrund der Lokalisation der Blutung sogar zu prognostizieren sind.

»The effects of hydrocephalus on child functioning vary considerably and depend on the areas of the brain most affected« (Stevenson & Pit-ten Cate 2003, 4).

Die Benennung und Berücksichtigung der Ätiologie gilt insbesondere für die Gruppe der Kinder mit einem Hydrocephalus in Verbindung mit Spina Bifida, denn bei dieser Doppelbehinderung handelt es sich um eine komplexe Fehlbildung des Zentralnervensystems, deren Ursache bis heute nicht geklärt ist. Humangenetische Forschungen lassen vermuten, dass genetische Faktoren eine Rolle spielen.[3] Auch die Ähnlichkeiten unter vielen Kindern mit einer Spina Bifida sowohl im kognitiven Phänotyp, als auch im Verhalten legen eine genetische Beteiligung nahe. Demnach könnten auch manche neuropsychologischen Auswirkungen genetisch bedingt sein. Auch sind es Kinder, die aufgrund der Spina Bifida nur schwer oder gar nicht gehen können, die große Teile ihres Unterkörpers nicht spüren können und aufgrund der benötigten Pflege in längerer Abhängigkeit von ihren Eltern leben. Diese Lebensbedingungen können sich primär oder sekundär auf neuropsychologische Leistungen auswirken. Bei dieser Gruppe ist oft nicht unterscheidbar, ob die festzustellenden neuropsychologischen Auswirkungen am Hydrocephalus liegen, an den den Hydrocephalus verursachenden Malformationen oder als Folgen der Lähmung betrachtet werden müssen (Heinsbergen et al. 2002, 106). Kinder mit einem isolierten Hydrocephalus können in ihren körperlichen

---

1   Eine Ausnahme bilden die Hycrocephali nach einem Tumor. Die anderen Ätiologien (Chiari II-Malformation, Blutungen, Entzündungen, zystische Erweiterungen, Stenosen) gehen über lokale zerebrale Schädigungen hinaus.

2   Als ›extrem unreif frühgeborene Kinder‹ gelten Kinder mit einem Geburtsgewicht unter 1.000 g, s. Abschnitt 2.4.

3   »The current view is that there are no major genes causing NTDs (Neural Tube Defects), but combinations sequence variants in different genes have additive effects on determining the malformation« Felder et al. (2002, 753).

Funktionen völlig unbeeinträchtigt sein, wogegen aber wiederum Kinder mit schweren Hirnblutungen häufig Zerebralparesen haben, die sich ähnlich wie eine Körperbehinderung aufgrund einer Spina Bifida auf ihre neuropsychologischen Leistungen auswirken können.

Eine über die Ätiologie hinausgehende Betrachtung erlaubt sich dennoch aus zwei Überlegungen heraus. Zum einen gibt es hinreichende Hinweise auf ein über die verschiedenen Ursachen hinweg reichendes sich ähnelndes neuropsychologisches Profil, und zum anderen berichten Eltern über ähnliches Lernverhalten ihrer Kinder.

»Although generic illness factors such as school absence and living with chronic illness may be argued to account for the observed differences between the clinical and control groups, there is a growing body of evidence to suggest that such factors are insufficient to explain the severity of problems commonly reported in children with CNS disorders« (Jacobs et al. 2001, 400).

3.1.2 Studienlage

Zum Thema ›Hydrocephalus‹ finden sich sowohl zahlreiche deutsche als auch internationale Veröffentlichungen. Sie behandeln aber nahezu ausschließlich medizinische Fragen. Dabei sind heute die bewegenden Themen weniger die Frage des Überlebens, sondern die Fragen der Verbesserung der Shunttechnik, der Reduzierung der Infektionsraten durch die Implantation des Shuntsystems und die Fragen der Ventrikulostomie (s. Abschnitt 2.9).

Über mögliche psychosoziale Entwicklungsverläufe, über Identitätsentwicklungen und Bewältigungsstrategien der betroffenen Jugendlichen, über die Familiensituation oder – wie hier verfolgt – über neuropsychologische Folgen des frühkindlichen Hydrocephalus findet sich in Relation zu den medizinischen Fragen nur wenig Literatur. Das offenbar geringe Forschungsinteresse der Psychologie und Sonderpädagogik in Deutschland bezüglich des frühkindlichen Hydrocephalus ist überraschend, steht dem doch die relativ große Zahl betroffener Kinder mit all ihren Schul- und Leistungsproblemen und der elterliche – und auch kindliche – Leidensdruck gegenüber.

Dies bedeutet nicht, dass es keine Literatur zum Thema ›Hydrocephalus‹ gäbe. In der im Eigenverlag der ASBH erscheinenden Reihe ›Ratgeber‹ gibt es eine Vielzahl an Artikeln zu den Behinderungen Spina Bifida und Hydrocephalus aus medizinischer, psychologischer und pädagogischer Sicht. Hier finden sich auch beeindruckende Berichte Betroffener über ihre Lebenssituation. Aber es gibt kein pädagogisches oder psychologisches Fachbuch zum Thema ›Hydrocephalus‹. Sehr wohl wird der Hydrocephalus, auch der kindliche Hydrocephalus, in vielen Lehrbüchern kurz beschrieben und auf mögliche Hirnfunktionsstörungen hingewiesen[4], aber offenbar gibt es

---

4 Vgl. Bergeest (2006, 68), Haupt (2000, 174), Melchers & Lehmkuhl (2000, 623), Lösslein & Deike-Beth (2000, 29), Heubrock & Petermann (2000, 85)

in Deutschland keine Forschung zu den neuropsychologischen Auswirkungen eines Hydrocephalus. Schon Friedrich et al. bemerken im Jahr 1992:

> »Die Intelligenzentwicklung von Kindern mit Spina bifida ist nicht nur häufiger, sondern auch detaillierter untersucht worden als diejenige von Hydrocephalus-Kindern« (Friedrich et al. 1992, 15).

Und die Engländer Casey et al. sagen 1997:

> »Despite the fact that ventriculoperitoneal shunt insertion is the most commonly performed surgical operation in the pediatric neurosurgeons's repertoire, there is a surprising paucity of long-term outcome studies for these patients detailing either the complication rate over a predetermined time period or more importantly their intellectual outcome.«

An der Situation hat sich grundlegend auch in den folgenden zehn Jahren wenig geändert, und die Teilnehmer eines internationalen Workshops fordern im Jahr 2007 neben der Lösung medizinischer Probleme

> »… investigators and caregivers need additional methods to monitor neurocognitive function« (Williams et al. 2007, 345).

Zwar sind in den letzten Jahren zahlreiche kleine Einzelstudien erschienen, aber ihre kleinen Fallzahlen und begrenzten Fragestellungen genügen nicht dem Anspruch eines Gesamtbildes, wenngleich sich aus ihnen zahlreiche Rückschlüsse ziehen lassen. Ähnlich sind die retrospektiven Studien mit z. T. großen Populationen zu bewerten: wertvoll in einzelnen Erkenntnissen, aber häufig ohne Differenzierung der Ätiologien und mit nur deskriptiver Aufarbeitung der Daten und daher insgesamt zur Beurteilung einer Entwicklung nicht ausreichend.

Noch schärfer formulieren Mataro et al. (2001) ihre Kritik:

> »There are selection biases, inclusion of hydrocephalic patients of different etiologies, small samples and frequently failure to document the severity and type of hydrocephalus, the contribution of other brain abnormalities, and other therapeutic variables such as the valve systems used« (Mataro et al. 2001, 176).

Um einen Überblick über Studien zur Entwicklung der Kinder mit einem Hydrocephalus und insbesondere zu den neuropsychologischen Auswirkungen des frühkindlichen Hydrocephalus zu geben, werden neben der Recherche in Fachbüchern die Möglichkeiten der Internetrecherchen über ›PubMed‹, ›medline‹, ›OvidSP‹, ›google scholar‹, ›PSYNDEX‹, ›PsycINFO‹ und die elektronische Bibliothek der Universität Regensburg genutzt. Hierbei ergibt sich eine Zahl von über 100 Artikeln aus verschiedenen medizinischen und psychologischen Fachzeitschriften zu dem Themenbereich ›Neuropsychologie – Kognition – Hydrocephalus‹, wobei Studien, die älter als 15 Jahre sind, nur berücksichtigt werden, wenn sie durch Zitation in mehreren jüngeren Studien als wesentliche Grundlagenforschung einzuschätzen sind. Mit enthalten sind aber auch Studien mit sehr kleinen Fallzahlen und Studien, die sich ausschließlich auf Kinder mit Spina Bifida bezogen und einzelne Studien über Tierexperimente zu möglichen Veränderungen des Hirnstoffwechsels durch einen Hydrocephalus. Zusätzlich sind Informationen aus wissenschaftlichen Vorträgen der letzten Jahre sowie Fachbeiträge aus den Publikationen der ASBH in diesen Überblick über den aktuellen Forschungsstand mit eingeflossen.

Von diesen Studien und Übersichtsarbeiten sind einige Arbeiten aufgrund ihrer Qualität, Quantität oder Aktualität hervorzuheben:

Übersichtsarbeiten (Reviews)

- die Übersichtsarbeit des psychologischen Departement der Universität Washington, D. C. von K. *Erickson*, I. S. *Baron* und B. D. *Fantie*, die in einem ›Topical Review‹ zahlreiche Studienergebnisse bis zum Jahr 2000 analysiert haben und für sich beanspruchen, dass »This review summarizes the current knowledge about neurocognitive sequelae of hydrocephalus« (Erickson 2001, 199). Topical Review: neuropsychological functioning in early hydrocephalus. In *child neuropsychology 2001, Vol. 7, No. 4, pp. 199–229*
- eine umfangreiche Arbeit der psychologischen und medizinischen Fakultäten der Universität Barcelona von M. *Mataro*, C. *Junque*, M. A. *Poca*, J. *Sahuquillo* (2001) Neuropsychological Findings in Congenital and Acquired Childhood Hydrocephalus. In *Neuropsychology Review, Vol. 11 (4), 2001*
- und ein Review aus Großbritannien von P. *Chumas*, A. *Tyagi* und J. *Livingston* (2001) Hydrocephalus – what's new? In *Archives Disease in Childhood, Ed. 2001, 85, 149–154*

Hervorzuhebende Studien und Befragungen mit hohen Fallzahlen

- eine ausführliche retrospektive Analyse von 119 Patienten fünf Jahre nach der Diagnose veröffentlichten I. *Heinsbergen*, J. *Rotteveel*, A. *Grotenhuis* (2002). Outcome in shunted hydrocephalus children. In *European Journal of Paediatric Neurology 6/2002*
- eine ebenfalls ausführliche Arbeit zum Vergleich der Kinder mit und ohne eine Spina Bifida aus Großbritannien von J. L. *Iddon*, D. JR. *Morgan*, C. *Loveday*, B. J. *Sahakian*, J. D. *Pickard* (2004). Neuropsychological profile of young adults with spina bifida with or without hydrocephalus. In *Journal Neurology, Neurosurgery, Psychiatry 75 (8), 1112–1118, 2004*
- eine aufgrund ihrer Aktualität und aufgrund ihrer mit 1459 beeindruckenden Zahl an Patienten in den USA erfolgten Befragung von N. *Gupta*, J. *Park*, C. *Solomon*, D. A. *Kranz*, M. *Wrensch*, Y. W. *Wu* (2007). Longterm outcomes in patients with treated childhood hydrocephalus. In *Journal of Neurosurgery Pediatricas 106, (5)2007*
- Es liegt eine Zusammenfassung zweier umfangreichen Studien des psychologischen Departments der Universität Southhampton, England, von J. *Stevenson* und I. *Pit-ten Cate* vor. Stevenson und Pit-ten Cate haben sowohl eine Übersicht

über die aktuellen Forschungsarbeiten erstellt als auch zwei eigene Studien durchgeführt: »A Study of the development, behavioural and psychological characteristics associated with hydrocephalus and spina bifida in middle childhood« (2003) und »A Study of the cognitive basis for educational problems in young adolescents with hydrocephalus and spina bifida« (2003). Beide Studien sind bisher unveröffentlicht, aber neben der 60 Seiten umfassenden Zusammenfassung, die die englische Selbsthilfevereinigung (ASBAH) freundlicherweise zur Verfügung gestellt hat, sind ihre Ergebnisse in den Ratgeber ›Your Child and Hydrocephalus. A practical guide for families‹ eingeflossen.

Repräsentative Untersuchungen

- Da in Schweden Kinder mit Behinderung registriert werden, kann als einzige die Forschungsgruppe aus Schweden repräsentative Untersuchungen anbieten. Von insgesamt sieben Veröffentlichungen schwedischer Arbeitsgruppen aus den Jahren 2005 bis 2008 dienen der hier verfolgten Fragestellung vor allem
- B. *Lindquist*, G. *Carlsson*, E.-K. *Persson*, P. *Uvebrant* (2005). Learning disabilities in a population-based group of children with hydrocephalus. In *Acta Paediatrica, Vol. 94, Nr. 7, 2005, 878–883*
- B. *Lindquist*, G. *Carlsson*, E.-K. *Persson*, P. *Uvebrant* (2008). Learning, memory and executive functions in children with hydrocephalus. In *Acta Paediatrica, 2008, 97 (5)596–601*

Studien, die Erkenntnisse der Hirnforschung aus Psychologie und Medizin verbinden

- B. *Vinck*, *Maassen*, R. *Mullaart*, J. *Rotteveel* (2006). Arnold-Chiari II- Malformation and cognitive functioning in spina bifida. In *Journal of Neurology, Neurosurgery and Psychiatry Nr. 77, 2006, 1083–1086*
- Die Arbeitsgruppe Behroze *Vacha* & Richard *Adams* aus Dallas, USA:
B. *Vachha*, R. *Adams* (2004). A temperament for learning: The limbic system and myelomeningocele. In *Cerebrospinal Fluid Research 2004, 1:6*
B. *Vachha*, R. *Adams* (2004c). Learning effiency in children with myelomeningocele and shunted hydrocephalus. In *Cerebrospinal Fluid Research 2004, 1 (Suppl. 1): S62*
B. *Vachha*, R. *Adams* (2006). Limbic Tract Anomalies in Pediatric Myelomeningocele and Chiari II Malformation: Anatomic Correlations with Memory and Learning – Initial Investigation. In *Radiology 2006, 240, 194–202*

Es ist zum einen augenfällig, dass der weitaus überwiegende Teil der Studien aus den USA, Kanada und England stammen und zum anderen, dass es keine aktuelle deutsche Studie zu diesem Thema gibt.[5] Es gibt eine deutsche Studie zur Langzeitentwick-

---

5   Von den dieser Ausarbeitung zugrundliegenden 121 Studien stammen: 39 aus den USA, 18 aus Kanada, 10 aus Großbritannien, 10 aus Schweden, 10 aus den Niederlanden, 7 aus Japan, 5 aus Frankreich, 4 aus Italien etc.

lung von Kindern mit Hydrocephalus von Lumenta, die auch neuropsychologische Aspekte mit umfasst, vorgetragen 1992 auf einem Kongress und veröffentlicht 1995 (Lumenta 1995). Die einzige jüngere deutsche Studie ist aus dem Jahr 2006 von der Universität Düsseldorf (Wiedenbauer 2006). Sie bezieht sich allerdings auf eine kleine Zahl von zwanzig Kindern mit der besonderen Ätiologie Spina Bifida und Hydrocephalus.

An Erklärungsansätzen hierfür bieten sich folgende Überlegungen an:
- Die Behinderung Spina Bifida hat in Großbritannien und auch in Nordamerika eine wesentlich höhere Inzidenz[6] und somit auch der Hydrocephalus. Die Problematik könnte aufgrund der Quantität stärker als in Europa im wissenschaftlichen Interesse liegen. Auch könnte dann der gesellschaftliche Druck, die Probleme der Kinder zu sehen und zu behandeln, größer sein.
- Als weiterer Aspekt mag die Geschichte der Neuropsychologie eine Rolle spielen, denn während die Neuropsychologie in Deutschland zu den jungen Disziplinen zählt, ist sie im angloamerikanischen Raum schon viele Jahre etabliert und öffnet sich immer mehr Feldern (Sturm & Herrmann 2000).
- Der Zugang zu dem Patientenkollektiv ist in Deutschland schwierig, weil die Kinder nicht so wie in anderen Ländern an wenigen universitären Zentren behandelt werden, sondern von niedergelassenen Fachärzten und in besonderen Sprechstunden der Kliniken, die aber nicht unbedingt Universitätskliniken sind.
- Auch könnte es sein, dass Forschungsarbeiten in diesen Ländern stärker gefördert werden als in Deutschland.

Wenn fast nur Studien aus dem Ausland herangezogen werden können, stellt sich die Frage der Übertragbarkeit ihrer Erkenntnisse auf Kinder, die in Deutschland medizinisch versorgt, psychologisch untersucht und pädagogisch betreut werden. Da sich die medizinische Versorgung in Nordamerika, Europa und Japan auf einem ähnlich hohen Niveau befindet, dürften die Aussagen zur medizinischen Versorgung zu vergleichen sein. Schwieriger gestaltet sich ein Vergleich der Ergebnisse der neuropsychologischen Forschung, denn es werden auch unterschiedliche Testverfahren benutzt, andererseits ist davon auszugehen, dass jedes Testverfahren auf seinen Kulturkreis adaptiert ist. Die Daten zur Beschulung der Kinder sind nicht zu vergleichen, weil die Schulsysteme

---

6   Friedrich et al. (1992, 11): »(...) in England (werden) 3–4mal häufiger als in Kontinentaleuropa Kinder mit Spina bifida geboren.« Jacobi et al. (1998, 3) geben für den Raum Frankfurt/M. eine Inzidenz von 0.63 auf 1.000 Geburten an, wogegen die USA eine Inzidenz von 1–2 auf 1.000 Geburten und Nordirland gemeinsam mit dem nördlichen United Kingdom eine Inzidenz von 2.5 auf 1.000 Geburten aufweist. Jacobi et al. (1998, 4) zitieren eine epidemionologische Studie von 1991, nach der für *alle* Neuralrohrdefekte im United Kingdom und in Irland eine Inzidenz von 2.4 bis 3.8 auf 1.000 Geburten erhoben worden war während sie in Kontinentaleuropa 1.5 auf 1.000 Geburten betrug. Frey, L. & Hauser, W. A. (2003, 6): »Within continental Europe (...) rates of both anencephaly and spina bifida are higher in the Britis Isles than on the Continent.« Auch die Organisation ASBAH ist um ein Vielfaches größer ist als die deutsche ASBH. So hatte die ASBAH 2007 ein ›total incoming resources‹ von 3,1 Mill. Pfund (www.asbah.uk, Internetzugriff am 17.3.08) und damit ein vierfach höheres Finanzvolumen als die deutsche ASBH.

sehr unterschiedlich sind, obgleich interessanterweise fast alle Studien in der Frage der Beschulung der Kinder recht übereinstimmend angeben, dass ca. 60% der Kinder eine Regelschule besuchen würden (s. Abschnitt 3.2.1).

Es gibt nicht nur wenige Forschungsarbeiten aus Deutschland zu diesem Thema, sondern insgesamt gibt es nur wenige Arbeiten zu neuropsychologischen Auswirkungen des kindlichen Hydrocephalus. Die Spanier Mataro et al. (2001) schreiben:

> »Neuropsychological literature in hydrocephalic children is still limited and has several deficiencies« (Mataro et al. 2001, 176).

Bei dem hier beabsichtigten Überblick erweist sich als wesentliches Manko nicht die Übertragbarkeit und auch nicht die begrenzte Zahl an Studien, sondern die Vergleichbarkeit und Zusammenfassung der Forschungsergebnisse.

> »Comparison of outcome studies is often impossible because of differences in composition of patient populations and morbidity definitions regarding the outcome variables« (Heinsbergen et al. 2002, 99).

Insofern sind stets Relativierungen nötig und letztlich nur Tendenzen abzulesen.

3.1.3 Richtungsweisende Fragen

Die Auswirkungen des Hydrocephalus variieren beachtlich und sie beinhalten Einschränkungen in der Feinmotorik, in den exekutiven Funktionen, im Lernen, in der Aufmerksamkeit und im Verhalten (Stevenson & Pit-ten Cate 2003, 5). Hier wird gemäß der Leitfrage nach den möglichen Folgen des Hydrocephalus auf das Lernen der Kinder der Schwerpunkt bei der Darstellung der Forschungsarbeiten zum Hydrocephalus auf Studien zu den neuropsychologisch festzustellenden Fähigkeiten liegen. Ergebnisse zur motorischen, zur sozial-emotionalen Entwicklung und zum Verhalten werden nur insoweit dargestellt, als sie in engem Zusammenhang zu neuropsychologischen Erkenntnissen stehen, und um sie in die Diskussion der Forschungsergebnisse mit einbeziehen zu können. Dies ist vor allem, wie die Studie von Stevenson und Pitten Cate über die Jugendlichen vermuten lässt, bei Hinweisen über problematische Verhaltensweisen der Fall, weil diese sich in der Kombination mit neuropsychologischen Beeinträchtigungen in der Schulsituation wechselseitig verstärken können.

Der Fokus liegt
- auf Arbeiten, die Auswirkungen der chirurgischen Eingriffe und medizinischen Komplikationen auf die Entwicklung der Kinder beschreiben,
- auf Arbeiten, die Zusammenhänge zwischen dem Hydrocephalus und den klassischen neuropsychologischen Fähigkeiten zum Inhalt haben und
- auf den Arbeiten, die unter Nutzung moderner bildgebender Verfahren physiologische Effekte zwischen dem Hydrocephalus und neuropsychologischen Ergebnissen beschreiben.

Bei der Betrachtung und Diskussion all dieser Studien stellt sich durchgängig das schon als grundsätzlich beschriebene Problem, dass die Studien unterschiedliche Klientel untersuchen, was problematisch ist, weil die Varianz unter den Kindern mit einem Hydrocephalus vor allem aufgrund der unterschiedlichen Ätiologien sehr groß ist. So bemerken Erickson et al. (2001, 201) eingangs kritisch, dass die Studien zu den neuropsychologischen Folgen die Ätiologie zu wenig berücksichtigen. Es sind meist Arbeiten, die sich entweder auf Kinder beziehen, deren Hydrocephalus in Verbindung mit einer Spina Bifida auftritt oder Studien, die die Genese des Hydrocephalus nicht differenzieren. Wobei Erickson et al. davon ausgehen, dass der Hydrocephalus die Defizite, die sich bei Kindern mit einer Spina Bifida und bei Kindern mit intraventrikulären Blutungen finden, verstärkt:

> »Hydrocephalus can exacerbate deficits found in children with different etiologies such as IVH, spina bifida and myelomeningocele; in addition hydrocephalus has characteristic effects on neuropsychological functioning« (Erickson et al. 2001, 201).

Diese werden im Folgenden in dieser Abfolge ausführlich dargestellt:

1. Eine Darstellung der Forschungen zur Entwicklung der Kinder in Form eines groben Überblicks: Wie entwickeln sich die Kinder neurologisch und motorisch? Sind Besonderheiten in der Sinnesentwicklung festzustellen? Gibt es Forschungen zur sozial-emotionalen Entwicklung und zur psychischen Gesundheit? Was gibt es an Erkenntnissen zur Intelligenz?
2. Welche entscheidenden Einflüsse sind aus der Ätiologie des Hydrocephalus abzuleiten und welche entscheidenden Einflüsse ergeben sich aus der Behandlung des Hydrocephalus?
3. Welche Erkenntnisse gibt es zu einzelnen neuropsychologischen Leistungen?
4. Betrachtung der Hirnsituation: Welche Hirnveränderungen sind bei Kindern mit Hydrocephalus zu erkennen?
5. Betrachtung der Zusammenhänge zwischen neuropsychologischen und medizinischen Erkenntnissen: Welchen Einflüsse des Hydrocephalus auf das Gehirn sind bekannt?
6. Was lässt sich an Erkenntnissen hinsichtlich des Lernens bei Kindern mit Hydrocephalus daraus zusammenfassen? Welche Schlussfolgerungen sind zu ziehen?

3.2 Forschungsergebnisse zur Entwicklung von Kindern mit Hydrocephalus[7]

»Despite progress in early detection of congenital Hydrocephalus, shunt technology and therapeutic strategies, the overall outcome of patients remains unsatisfactory« (Moritake et al. 2007a, 457).

Der im englischsprachigen Raum gerne benutzte Begriff des outcome dient einer allgemeinen Beschreibung von sichtbaren oder leicht erfassbaren Aspekten der Entwicklung eines Kindes, wobei die verschiedenen Studien unterschiedliche Aspekte behandeln. Darunter fallen die motorische, sensumotorische oder auch allgemein die neurologische Entwicklung, die Erfassung zusätzlicher Pathologien, die Häufigkeit von Shuntkomplikationen und die Erfassung der Intelligenz. Letztere wird mithilfe von standardisierten Tests – manchmal aber nur in Kurzformen – oder mithilfe von verschiedenen Entwicklungsskalen, durch Besuch bestimmter Schulformen oder anhand von Entwicklungsjahren gemessen.

Trotz der mangelnden Präzision des Begriffes sollen die Ergebnisse über das in vielen Studien beschriebene outcome der Kinder hier skizziert werden, weil sich ein Überblick ergibt.

3.2.1 Überblick über die Entwicklung

Motorische Entwicklung

Die überwiegende Zahl der Kinder mit einem frühkindlichen Hydrocephalus zeigt Einschränkungen in der Motorik. Zu der Anzahl der Kinder mit Einschränkungen in der Grobmotorik gibt es schwankende Aussagen von 30% [82] über die Angabe ›schlechte Leistungen in der Grob- und Feinmotorik‹ [71] (Voss 1998a, 44) bis zu 60% [52]. Da die Kinder mit einer Spina Bifida, die ungefähr ein Drittel der Gesamtpopulation der Kinder mit Hydrocephalus ausmachen, schon aufgrund ihrer spinalen Lähmung erhebliche Einschränkungen in der Grobmotorik haben, sollte die motorische Entwicklung der Kinder mit einem isolierten Hydrocephalus getrennt betrachtet werden. Eine der repräsentativen aktuellen Studien aus Schweden [79] unternimmt diese Trennung, trennt Kinder mit einem Hydrocephalus plus einer Spina Bifida von denen mit einem infantilen Hydrocephalus und nennt für die letztgenannte Gruppe, dass ungefähr ein Viertel der Kinder eine Zerebralparese hat [77, 79], während diese bei Kindern mit Spina Bifida nicht zu sehen ist. Auch das durchschnittliche Alter beim Laufen lernen lag mit 16 Monaten in dieser Gruppe der Kinder mit einem infantilen Hydrocephalus deutlich später als bei nichtbehinderten Kindern, wobei die nicht lauffähigen Kinder nicht mit einberechnet wurden [79]. Es sind vor allem die

---

7 In den Kapiteln 2 und 3 werden die einzelnen Studien, Reviews und Artikel in eckigen Klammern angegeben. Die Literaturangaben zu den solcherart angegebenen Texten befinden sich vor dem Literaturverzeichnis.

frühgeborenen Kinder, die sich motorisch langsamer entwickeln und mit motorischen Beeinträchtigungen leben [72, 79].

Obwohl meist die unteren Extremitäten von Lähmungen betroffen sind [72, 79], wird auch eine schlechte Stabilität in Rumpf und Schulter beschrieben [151]. In der Gruppe der Kinder mit einem Hydrocephalus plus einer Spina Bifida zeigt gar die Hälfte der Kinder auch neurologische Zeichen in den Armen. Die Vermutung ist dahingehend, dass diese durch die mit einer Spina Bifida häufig einhergehenden weiteren Fehlbildungen in Gehirn und Rückenmark verursacht sein kann (Voth 1994 b, Hertel 1999, Schwarz 1999) oder aber durch eine Störung der Myelinisierung der Pyramidenbahnen, die wiederum mit dem Hydrocephalus zusammenhängen kann [71, 149].

Die Kinder zeigen häufiger als in der Normalbevölkerung eine Linkshändigkeit [9, 31, 38] und eine geringere Fähigkeit zur Beidhändigkeit [71]. Die Linkshändigkeit findet sich in allen ätiologischen Gruppen und ist assoziiert mit der präoperativen Schwere des Hydrocephalus [31]. An feinmotorischen Problemen werden schlechte Hand- und Fingerfertigkeiten [151] sowie Spiegelbewegungen der Hände beschrieben [151].

Es kann resümiert werden:

»Apart from major impairments, the children frequently have definite motor problems« (Persson et al 2006, 1).

Neurologische Entwicklung

Neben der Motorik wirft die Beurteilung der neurologischen Entwicklung einen Blick auf das Vorhandensein einer Epilepsie und einen Blick auf den geistigen Entwicklungsstandes der Kinder [79]. Unter den Kindern mit einem isolierten – oder auch infantil genannten – Hydrocephalus haben ungefähr 60% [49, 79] entweder eine Zerebralparese oder eine Epilepsie oder eine geistige Behinderung[8] oder auch eine Kombination in diesen drei wesentlichen neurologischen Bereichen [79, 80].

Auch ohne eine Ausdifferenzierung, was jeweils bei der neurologischen Entwicklung untersucht wurde, werden ähnlich hohe Zahlen von 50% [60] über 60% [19, 80] bis zu fast 70% [49, 103] angegeben. Mit fast 80% neurologischen Beeinträchtigungen [77] zeigen sich als neurologisch besonders schlecht die Kinder, die bei der Geburt einen sichtbaren Hydrocephalus haben, was andere Untersuchungen [39, 49, 71, 73, 79] bestätigen. Ebenso wie die Kinder, die ihren Hydrocephalus durch Frühgeburt und Hirnblutung erlitten haben [19, 37, 40, 41, 48, 77, 79, 87, 91]. Auch Kinder mit einem Hydrocephalus durch eine Infektion entwickeln sich eher schlecht [19, 52] oder gar am schlechtesten von allen ätiologischen Gruppen [63]. Während die Kinder mit einer Spina Bifida – abgesehen von ihrer spinalen Lähmung – zu 70% bis

---

8 Persson et al. (2006) definieren ›learninig disabilities‹ ab einem Intelligenzquotienten unter 70 Punkten.

75% als neurologisch unauffällig eingeschätzt werden [77, 79]. Diese Angabe über einen günstigeren Verlauf der Entwicklung, oder des outcome, bei Kindern, wenn ihr Hydrocephalus in Zusammenhang mit einer Spina Bifida steht, wird vielfach bestätigt [48, 49, 52].

Auf die unterschiedliche Entwicklung aufgrund der unterschiedlichen Ätiologien wird noch ausführlicher eingegangen werden.

Als wesentliches Element der neurologischen Entwicklung ist bei Kindern mit Hydrocephalus die *Epilepsie* zu nennen [73], die mindestens bei einem Viertel der Kinder auftritt.

Epilepsie

Anfälle sind bei Kindern keine Seltenheit, 4% der Kinder erleben in ihrer Kindheit einmal einen Anfall (z. B. Fieberkrampf). Da es aber zu 90% bei Gelegenheitsanfällen bleibt, reduziert sich die Zahl der Inzidenz einer Epilepsie auf 0.45% (Voss 1998b, 46). Dagegen treten Anfälle bei frühgeborenen Kindern [72] und auch bei Kindern mit Hirnfehlbildungen relativ häufig auf, insbesondere bei Kindern mit shuntversorgtem Hydrocephalus [10]. Ein epileptischer Anfall kann ein Zeichen einer Shuntdysfunktion und somit ein ernsthaftes Zeichen steigenden intrakraniellen Drucks sein [10, 132], aber es findet sich auch signifikant häufig eine dauerhafte Epilepsie bei Kindern mit Hydrocephalus: Es liegt aus Frankreich eine umfangreiche Studie in Form einer retrospektiven Untersuchung von 802 Kindern mit einem Hydrocephalus unterschiedlicher Ätiologie vor (Bourgeois et al. 1999). Danach haben 32% der Kinder mit Hydrocephalus eine Epilepsie.[9] Diese Zahl bestätigen mehrere andere Untersuchungen, die recht gleichlautend Häufigkeiten von 25 bis 35% angeben [10, 48, 52, 77, 79, 122] sowie die Reviews [19, 31].

Diese 25% bis 35% der Kinder, die eine Epilepsie entwickeln, sind hinsichtlich der Ätiologie des Hydrocephalus vor allem Kinder mit einem Hydrocephalus nach Infektionen [10, 57, 74, 76]. Es folgen die Kinder mit Hirnblutungen [10], dann jene mit Hirnfehlbildungen (ohne die Kinder mit Spina Bifida) [10, 73] und die relativ kleine Gruppe der Kinder mit einem Hydrocephalus aufgrund genetischer Faktoren [76]. Richtet sich der Blick auf die Kinder mit zusätzlichen Pathologien, zu denen vor allem die Kinder mit einem posthämorrhagischen Hydrocephalus und Kinder mit Hirnfehlbildungen (ohne die Kinder mit Spina Bifida) gehören, zeigt sich ebenfalls dieser Zusammenhang.

»The risk of seizures is strongly associated with concomitant pathology« (Heinsbergen et al. 2002, 104).

---

9 Soweit angegeben, wird Epilepsie in den vorliegenden Studien übereinstimmend mit dem Auftreten von mindestens zwei unabhängig voneinander aufgetretenen Anfällen und einer Einnahme von Anti-Epileptika definiert.

Diese Kinder haben auch die schweren Formen der Epilepsie, die zugleich schwerer medikamentös einzustellen sind [76]. Kinder mit einer Epilepsie zeigen signifikant häufiger als Hydrocephaluskinder ohne Epilepsie Verhaltensauffälligkeiten [10] und signifikant eine etwas geringere Intelligenz [10, 76].

Als Ursache für die Epilepsie bei Kindern mit Hydrocephalus wird nach Bourgeois et al. 1999 diskutiert, dass es die Präsenz des Shunts an sich ist, die Zahl der Shuntrevisionen, Shuntinfektionen und manchmal auch die Shuntlokalisation [10]. Es wird von Hydrocephalus bedingten Epilepsien gesprochen [138]. Auch Überdrainagen und die damit verbundenen Schlitzventrikel stehen im Verdacht, eine Epilepsie zu verursachen (Saukkonen nach Voss 1998b, 46). Hervorzuheben als Verursacher einer Epilepsie ist hier die Zahl der Revisionen, denn das Risiko, eine Epilepsie zu entwickeln, steigt schon nach zwei [48, 84] bzw. drei [10] Revisionen signifikant an. Bourgeois et al. 1999 finden bei 52% der Kinder, die drei oder mehr Revisionen hatten, eine Epilepsie [10]. Aber auch die Operation selbst könnte zur einer Epilepsie führen, weil sie wie jede Operation eine Narbenbildung zur Folge hat [148]. Und auch der erhöhte Druck, dem das Gehirn ausgesetzt ist, könnte eine Epilepsie auslösen [148]. Auf jeden Fall kann ein Ansteigen des intrakraniellen Drucks aufgrund einer Shuntblockade einen epileptischen Anfall auslösen [132].

Von allen Ätiologien haben die Infektionen mit 50% die höchste Korrelation zur Epilepsie und ein postinfektiöser Hydrocephalus bildet einen signifikanten Vorhersagewert für die Ausbildung einer Epilepsie [10, 57, 74, 76]. Auch der Zeitpunkt des Beginns einer Epilepsie spielt eine wichtige Rolle. Je früher eine Epilepsie beginnt – zumal eine Epilepsie mit schweren Anfällen – desto stärker wirkt sie sich negativ auf die Intelligenzentwicklung aus [116]. Weiter wird von schlechten Gedächtnisleistungen und damit in Zusammenhang stehenden Kommunikationsstörungen bei Kindern mit Epilepsie berichtet [116].

Die Kinder mit Spina Bifida haben mit 7% [10] bis 11% [79] das geringste Risiko eine Epilepsie zu bekommen. Lässt man die Gruppe der Kinder mit einer Spina Bifida außen vor, entwickelt jedes dritte Kind mit einem Hydrocephalus eine Epilepsie [79].

Hormonelle Entwicklung und Entwicklung des Sehens, Hörens und Fühlens

Während bei den zu beobachtenden neurologischen Beeinträchtigungen der Kinder ein ursächlicher Zusammenhang zum Hydrocephalus nur schwer zu klären ist, gilt ein Einfluss des Hydrocephalus auf die Hormone als wahrscheinlich und ein Einfluss auf die Sehbahn und die Augenbewegungen als erwiesen. Besonderheiten der Kinder beim Hören und Fühlen sind kaum untersucht, werden aber vereinzelt beschrieben.

Hormonelle Entwicklung

Schon die direkte anatomische Nähe von Hypothalamus und Hypophyse zu den Hirnwasserräumen nährt den Verdacht, dass festzustellende Störungen im endokrinen

System bei Kindern mit Hydrocephalus eine Folge des Hydrocephalus sind [137]. Zu den bekannten hormonellen Störungen zählen ein geringeres Wachstum und eine frühzeitige Pubertät [133, 137]. So wird bei über 20% der Jungen eine frühzeitige Pubertät festgestellt [127] und Mädchen sind sogar noch häufiger betroffen [141, 142]. Hirsch erwähnt in seiner Untersuchung Villani, der bei 28% seiner Patienten mit Aquäduktstenose eine Dysfunktion in dem Zusammenspiel von Hypothalamus und Hypophyse beschreibt und bei über 10% der Kinder mit Hydrocephalus eine frühzeitige oder verspätete Pubertät diagnostiziert.

»These endocrine signs are undoubtedly related to the dilation of the III ventricle« (Hirsch 1994, 67).

Dies wird durch Erfahrungen aus der Beratungspraxis bestätigt [133, 141, 142]. Für die ätiologische Gruppe der Kinder mit einem Hydrocephalus und einer Spina Bifida wird hinsichtlich des Kleinwuchses eine Prävalenz von 40%–50% der betroffenen Kinder angegeben, und 10–20% dieser Kinder hat eine hormonelle Störung der Pubertätsentwicklung (Dörr 2009, 163). Die Wachstumsstörungen können bei dem komplexen Behinderungsbild einer Spina Bifida mehrere Ursachen haben. Ein Wachstumshormon-Mangel kann bei 18% der Kinder nachgewiesen werden.

Visuelle Entwicklung

Von einer Erweiterung der Ventrikel – vor allem des III. Ventrikels – können sowohl der Sehnerv als auch die Nerven, die die Augenbewegungen steuern, direkt in ihrer Funktion betroffen sein.

Die empirischen Daten der analysierten Studien spiegeln diesen Einfluss des Liquordrucks und des Hirnwassers auf Sehbahn und Augenmuskeln wider. Es werden visuelle Beeinträchtigungen resümiert [48] und Defizite im Sehen und Hören bei 22% [103] bis 25% der Kinder [52] erwähnt. Somit liegt die Zahl höher als bei der Risikogruppe der frühgeborenen Kinder, von denen 16% visuelle Beeinträchtigungen haben [72]. Die visuellen Beeinträchtigungen sind Gesichtsfeldverengungen, Strabismus (Schielen), Nystagmus (Augenzittern) und verminderte Sehschärfe [1, 147].

Von der schwedischen Arbeitsgruppe [1, 80] liegen ausführliche Angaben zum Sehvermögen vor. In dieser Studie wurden die Kinder ophthalmologisch untersucht und nicht die Zahlen aus den Angaben der Krankenakten übernommen, wie bei den beiden Studien, die allgemein Sehbeeinträchtigungen bei einem Viertel der Kinder feststellen. Ungefähr die Hälfte der untersuchten Kinder hatten einen Strabismus (Angaben von 47% [3] über 53% [80] bis zu 69% [1]) während nur 3% der nichtbehinderten Kinder einen Strabismus zeigen [3]. In ebenso hoher Zahl gab es Brechungsfehler (43% [3], 62% [80], 67% [1]), die meist eine Weitsichtigkeit des Kindes bedeuten und bei 48% der Kinder fand sich ein Nystagmus [1]. Letztlich ergibt sich ein Bild, wonach bei 80% der untersuchten schwedischen Kinder mehr oder weniger stark ausgeprägte funktionale visuelle Defizite zu finden sind, wobei einschränkend zu sagen ist, dass in der Studie extrem frühgeborene Kinder mit Hirnblutungen überrepräsentiert waren.

Beeinträchtigungen in der Sehschärfe haben immerhin 15% der Kinder [1], andere Studien kommen mit Zahlen von 13% [1, 3, 48] bis 33% [80] auf ähnliche Angaben. Aber es findet sich keine Korrelation zwischen einer Beeinträchtigung in der Sehschärfe und der Zahl der Revisionen [80]. Ein nicht wieder rückgängig zu machender Abbau des Sehnervs, die Sehnervatrophie, zeigt sich bei 22% der Kinder [80].

Die schwedischen Autoren verweisen darauf, dass frühere Studien noch höhere Fallzahlen an visuellen Beeinträchtigungen gefunden hatten und die Zahlen dank rechtzeitig gestellter Diagnosen und besserer Behandlung rückläufig seien, dennoch schlussfolgern sie:

»Hydrocephalus causes multiple impairments of brain functions and the visual system is commonly affected« (Andersson et al. 2006, 840).

Die visuellen Beeinträchtigungen – und hierbei vor allem die stärkste Form, die optische Atrophie – korrelieren hoch mit Epilepsie, Zerebralparese und Lernbeeinträchtigungen. Und bei Kindern mit schweren Läsionen in der weißen und grauen Hirnsubstanz zeigt sich signifikant häufig eine optische Atrophie [80]. Es sind also die mehrfach behinderten Kinder, die in großer Zahl Sehprobleme haben.

Kinder mit einer Spina Bifida zeigen von allen Gruppen am wenigsten Beeinträchtigungen in der Fehlsichtigkeit [1, 80].

Auditive Entwicklung

In den vorliegenden Studien sind nur wenige Angaben zu den auditiven Fähigkeiten oder Einschränkungen der Kinder mit Hydrocephalus zu finden. Es gibt die allgemein gehaltenen Angaben von visuellen und/oder auditiven Beeinträchtigungen von 22% [103] und 25% [52] und eine Angabe dazu, dass in einer Untersuchung 15% der Kinder eine geringgradige Schwerhörigkeit haben, die damit über dem Wert an Hörproblemen für frühgeborene Kinder liegt [3, 72].

Andere Studien kommen zu dem Ergebnis, dass der auditive Transfer im Normbereich liegt [44, 48, 71, 112], die Hörfähigkeit aber besser bei jenen Kindern ist, die innerhalb der ersten vier Wochen nach Diagnose ihre Drainage gelegt bekamen [48]. Auch das auditive Wiedererkennen ist nur gering beeinträchtigt [66], aber das Kurzzeitgedächtnis für auditiv-verbales Material ist signifikant schlechter [66].

Zugleich gibt es die Erfahrung, dass die aurale Fähigkeit der Kinder oft relativ gut ist [139], was aber ebenso wie die zu beobachtende Geräuschempfindlichkeit bisher offenbar wissenschaftlich nicht dargelegt worden ist. Über eine Geräuschempfindlichkeit wird nur in den Erfahrungen behandelnder Ärzte [133] und Therapeuten [140] berichtet, deren Ausführungen auch eigener Berufserfahrung entsprechen (Blume-Werry 1996 & 2000). Demnach fühlen sich viele Kinder mit Hydrocephalus durch schrille Geräusche des Alltags und besonders durch hohe Frequenzen und laute Töne beeinträchtigt. Bekannt ist diese Geräuschempfindlichkeit ansonsten bei frühgeborenen Kindern (Heubrock 2000) und allgemein tritt sie nur zu einem sehr geringen Prozentsatz von unter 1% auf [3].

Taktiles Empfinden

Das taktile Empfinden scheint nur selten Untersuchungsgegenstand zu sein, denn auch von den durchgesehen Reviews berichten einzig Mataro et al. (2001) über eine Studie von Hannay (2000), die selbst bei Hypoplasie des Balkens einen normalen taktilen Transfer fand [40, 71].

Berichte aus der Praxis der beratenden Ärzte und Therapeuten weisen darauf hin, dass manche Kinder mit einem Hydrocephalus eine taktile Überempfindlichkeit haben. Thompson [154] beschreibt, dass die Kinder mit einem Hydrocephalus oft eine Abneigung haben, Dinge zu berühren und Essprobleme haben. Von Kindern mit einem Chiari II-Syndrom, das bei den Kindern mit einer Spina Bifida die wesentliche Ursache für den Hydrocephalus ist, ist bekannt, dass durch die angespannte Situation im Hinterhauptbereich und damit einhergehenden Zug auf Hirnnerven eine Überempfindlichkeit im Rachen und hinteren Mundbereich besteht. Diese Kinder empfinden schnell einen Würgereiz [115c, 135a].

Geistige Entwicklung

Ungefähr die Hälfte (Haberl et al. 2007, 1) bis zu Zweidrittel der Kinder erreicht bei den verschiedenen Beurteilungskriterien den Bereich, der als Normalrang bezeichnet wird [10, 48, 49, 54, 64, 66, 67, 103]. Aber einem Drittel und auch mehr Kindern wird attestiert, Lernschwierigkeiten oder eine geistige Behinderung zu haben [12, 19, 31, 49, 52, 60, 67, 71, 74, 77, 78, 79, 97, 102, 103].

Unter den mental beeinträchtigten Kindern finden sich vor allem jene, die zusätzlich zu dem Hydrocephalus weitere Behinderungen hatten, und zwar unabhängig von der Ätiologie ihres Hydrocephalus [48]. Zu diesen weiteren Behinderungen gehört vor allem die Epilepsie. Das Vorhandensein einer Epilepsie hat einen erheblichen Einfluss auf die Intelligenz [31, 49, 84]. Von den Kindern ohne Epilepsie erreichen Zweidrittel eine normale Intelligenz, aber von denen mit Epilepsie nur ein Viertel [10].

»This indicates that epilepsy correlated strongly with poor cognitive outcome« (Bourgeois et al. 1999, 8).

Den Zusammenhang beschreibt 2006 ebenfalls eine japanische Studie [76].
Auch bei den Intelligenzmessungen schneiden die Kinder, die ihren Hydrocephalus aufgrund einer Meningitis oder einer Hirnblutung haben, schlechter ab als die anderen Kinder [17, 57, 61, 96]. Während also die intrakraniellen Infektionen und die Epilepsie sich negativ auf die Intelligenzentwicklung auswirken, scheint kein Zusammenhang zwischen Intelligenz und Zahl der Revisionen zu bestehen [57, 67].

Betrachtet man die geistige Entwicklung und die Ätiologie des Hydrocephalus, fällt auf, dass die Kinder mit einer Spina Bifida sich im Regelfall am besten entwickeln [48, 78], was auch die anderen Entwicklungsbereiche betrifft [48, 49, 52, 54, 71, 73, 74, 78, 79]. Ihnen wird bescheinigt, zu 80% normalintelligent zu sein [31, 48, 67].

Trotz unterschiedlicher Schulformen in den verschiedenen Ländern berichten die verschiedenen Studien übereinstimmend, dass ungefähr 60% der Kinder mit einem Hydrocephalus die Regelschule besuchen [17, 19, 52, 82, 93, 95, 103].

Sprachliche Entwicklung

Die Fähigkeiten des Sprachausdruckes und des Sprachverständnisses gehören auch bei den Kindern mit Hydrocephalus zu den am meisten untersuchten neuropsychologischen Bereichen, weshalb auf sie auch noch detaillierter eingegangen wird (Abschnitt 3.3.3.1). Aber zur Entwicklung der Sprache und zur Häufigkeit möglicher Sprachprobleme der Kinder mit einem Hydrocephalus finden sich nur die Aussagen, dass eine verzögerte Sprachentwicklung zu beobachten ist [79], dass bei 13% der Kinder die Sprachentwicklung schwer gestört sei und 12% Sprach- oder Sprechstörungen hätten [3].

Zusätzliche Pathologien

Mehr als Zweidrittel der Kinder weisen zusätzliche Pathologien auf [48, 79], wobei die Zahl sich aber reduziert, wenn eine mögliche Spina Bifida unberücksichtigt bleibt und ausschließlich die Kinder mit infantilem Hydrocephalus im Blick sind [77]. Aber auch von den Kindern mit einem infantilen Hydrocephalus (d. h. ohne die Kinder mit Spina Bifida) zeigen 60% entweder eine Epilepsie oder eine Lernbehinderung oder eine Zerebralparese [79]. Diese Kinder haben dann auch häufig eine Kombination mehrerer neurologischer Beeinträchtigungen [79, 80]. Kinder mit zusätzlichen Pathologien entwickeln sich motorisch, mental und sprachlich schlechter als Kinder ohne zusätzliche Pathologien, eine Ausnahme bilden hierbei die Kinder mit Spina Bifida. Insofern haben die zusätzlichen Pathologien einen substantiellen Einfluss auf die Entwicklung und verschlechtern die Prognose [31, 48, 73, 74, 80, 96].

Je mehr weitere Pathologien sich finden und je mehr Komplikationen die Behandlung des Hydrocephalus zeigte, desto schlechter zeichnet sich ihre Gesamtentwicklung – ihr outcome – ab [48, 96]. Dabei zeigt sich kein Unterschied, ob die Pathologien dem Gehirn (cerebrum) zugerechnet werden können und damit im direkten Zusammenhang mit dem Hydrocephalus stehen oder nicht [48].[10] Und die Kinder mit den meisten Beeinträchtigungen zeigen die größten Probleme [96].

---

10 Heinsbergen et al. (2002, 101) differenzieren die zusätzlichen Pathologien in Pathologien des Cerebrum (Gehirns) und andere Pathologien. Die Pathologien des Cerebrum umfassen: periventrikuläre Leukomalazie, Porencephalie, okzipitale Meningocele, Dandy-Walker Malformation, Arnold-Chiari Malformation, Deformitäten des corpus callosum, Arachnoidalzysten und venöse Sinus-

In ihrer motorischen Entwicklung schneiden die Kinder mit zusätzlichen Pathologie, die dem Großhirn zuzurechnen sind, besser ab als die Kinder mit anderen Pathologien, auch dann, wenn die Gruppe der Kinder mit einer Spina Bifida explizit ausgeschlossen wird. Wenn die Kinder mit einer Spina Bifida mit einbezogen werden, macht sich der Effekt der schlechteren motorischen Entwicklung der Gruppe mit den anderen Pathologien erwartungsgemäß stärker bemerkbar [48].

3.2.2 Einfluss der Ätiologie auf die Entwicklung

»The origin of hydrocephalus is an important factor when it comes to outcome« (Mataro et al 2001, 171).

Hinsichtlich der Entwicklungsbereiche, die im Allgemeinen unter outcome verstanden werden, also die motorische, neurologische, geistige Entwicklung, manchmal auch die visuelle und sprachliche Entwicklung einschließend, wird dieser Satz durch viele Studien bestätigt [19, 39, 48, 49, 52, 57, 71, 96], deren wesentliche Ergebnisse im Folgenden aufgeführt werden:

Kinder mit einem Hydrocephalus aufgrund einer Hirnblutung

Die größte Gruppe innerhalb der Kinder mit einem Hydrocephalus bilden die Kinder, die aufgrund ihrer vorzeitigen Geburt eine Hirnblutung und anschließend einen Hydrocephalus entwickeln [79], und ihr relativer Anteil wird zunehmen [78].

»The increased survival of infants born very preterm has increased the number of children with a high risk of developing hydrocephalus« (Persson et al. 2006, 334).

Ihre Entwicklung wird zunächst durch das Ausmaß ihrer Hirnblutung bestimmt.

»The grade of haemorrhage was a significant predictor of outcome (...)« (Heinsbergen et al. 2002, 106),

was zahlreiche Untersuchungen belegen [41, 48, 87]. Durch die Hirnblutung bzw. den vorausgegangenen Sauerstoffmangel werden Hirnzellen irreparabel geschädigt und bei großen Blutungen kommt es auch unter der Annahme einer hohen Plastizität des Neugeborenengehirns zu bleibenden Funktionsausfällen [135]. Die schweren Hirnblutungen erleiden vor allem die unreif früh und die extrem früh geborenen Kinder. Auch ohne Ausbildung eines Hydrocephalus kommt es zu Entwicklungsverzögerungen mit motorischen und mentalen Beeinträchtigungen [8, 37, 40, 87, 91], wobei die Kinder mit den schweren Hirnblutungen – den Blutungen in das Parenchym – häufiger einen shuntpflichtigen Hydrocephalus ausbilden und sich schlechter entwickeln als die Kinder, deren Hirnblutung nicht zu einem Hydrocephalus führt [37, 40, 77, 80, 87]. Dagegen entwickeln sich aufgrund der erheblichen Fortschritte in der

---

thrombosen. Zu den nicht dem Gehirn zugerechneten Pathologien gehört neben Erkrankungen wie Herz-Kreislauferkrankungen oder Dyplasien auch die Spina Bifida.

Neonatologie die frühgeborenen Kinder über 1.500 Gramm und sogar die unreif früh geborenen Kinder über 1.000 Gramm gut [41, 91]. Aber

»Being born very preterm and with a hydrocephalus that is already overt at birth involve the highest risk of a poor outcome« (Persson et al. 2006, 330).

Diese Kinder haben mehr als die anderen Kinder mit einem Hydrocephalus eine Kombination neurologischer Probleme [79], die größten Lernprobleme [77, 80, 96], die meisten motorischen [57, 77], visuellen und sprachlichen [48] Beeinträchtigungen.

Im Allgemeinen kommen die Untersuchungen zu dem Schluss, dass Kinder mit einem posthämorrhagischen Hydrocephalus stärker beeinträchtigt sind als die Kinder mit einem kongenitalen Hydrocephalus.

Es ist allerdings keine Aussage darüber zu treffen, ob die Verzögerungen und Probleme in der Kindesentwicklung allein von der mit der Blutung einhergehenden Sauerstoffschädigung der Hirnzellen herrühren oder ob Begleitumstände die schlechte Prognose des Kindes bewirken. Dies kann die Unreife durch die Frühgeburtlichkeit sein, können assoziierte Pathologien sein, kann die relativ späte Shuntimplantation[11] sein, kann die hohe Zahl der Shuntkomplikationen beim posthämorrhagischen Hydrocephalus sein oder eine Kombination dieser Faktoren [48].

Kinder mit einem Hydrocephalus aufgrund einer Infektion

»The outcome after postinfectious neonatal hydrocephalus was often poor ...« (Hoppe-Hirsch et al.1998, 98).

Diese Tendenz zu einer Entwicklung mit erheblichen Beeinträchtigungen vor allem in der geistigen Entwicklung und mit einem deutlichen Unterschied zu den Kindern mit einem kongenitalen Hydrocephalus wird von weiteren, auch jüngeren, Studien bestätigt [17, 19, 48, 57, 73]. Allerdings sieht die Untersuchung von Heinsbergen et al. [48] nicht so schlechte Leistungen bei den Kindern wie die Anderen.

»However, we did not find poorer performance in children with an infection as cause of the Hydrocephalus (...)« (Heinsbergen et al. 2002, 106).

Ein Problem bei der Beurteilung der Studien ist hierbei, dass auch bei Studien mit relativ großen Stichproben[12] die Zahl der Kinder, die einen Hydrocephalus nach einer intrakraniellen Infektion entwickeln, in absoluten Zahlen sehr klein ist, weil ihr Anteil nur ungefähr fünf bis max. zwanzig Prozent, mit sinkender Tendenz, ausmacht [75].

Gesichert scheint, dass die Kinder mit einem Hydrocephalus nach Infektion ein fast so hohes Risiko haben, eine Epilepsie zu entwickeln, wie die Kinder nach Hirnblutungen, während dagegen die Kinder mit einer Spina Bifida und noch mehr die Kinder mit den anderen kongenitalen Malformationen wesentlich seltener eine Epi-

---

11 Siehe Abschnitt über ›Zeitpunkt der ersten Implantation eines Shunts‹ in 3.2.3.
12 Nur einem Viertel der durchgesehenen Studien liegt eine Stichprobe von mehr als hundert Kindern zugrunde.

lepsie zeigen [48, 57, 76]. Kao et al. 2001finden gar die höchste Rate an Epilepsie und Revisionen bei den Kindern mit einem Hydrocephalus nach Meningitis [57]. Unter diesem Gesichtspunkt kann gesagt werden, dass

> »(...) the aetiological factors haemorrhage and infection can be regarded as independent risk factors for poor outcome in children with Hydrocephalus« (Heinsbergen et al. 2002, 103).

Kinder mit einer Spina Bifida

Unter den reif geborenen Kindern mit einem Hydrocephalus bilden die Kinder mit einer Spina Bifida die zahlenmäßig weitaus größte Gruppe [79]. Sie durchlaufen trotz ihrer Fehlbildungen an Hirnstamm und Kleinhirn – die den Hydrocephalus bedingende Chiari II-Malformation – von allen ätiologischen Gruppen die günstigste Entwicklung [48, 49, 52, 74, 79, 80]. Bei dieser Bewertung werden allerdings die motorischen Behinderungen aufgrund der spinalen Lähmung nicht berücksichtigt. Sie zeigen die wenigsten neurologischen Probleme, haben zu 75% keine assoziierten Beeinträchtigungen, und wenn dann die geringeren handicaps, und haben signifikant seltener als die anderen ätiologischen Gruppen eine geistige Behinderung (im Sinne von einer learning disability unter 70 Punkten) [79, 80].

> »In all series published, IQ's are best in patients with meningomyeloceles« (Hirsch 1994, 68).

An der Feststellung hat sich auch in den Folgejahren nichts geändert. Die Kinder besuchen mit 80% noch häufiger als die anderen Kinder mit Hydrocephalus eine Regelschule [52]. Zu ihrer Intelligenz wird gesagt, dass 80% von ihnen normalintelligent sind [48, 67] bzw. dass sie zu fast 70% einen Intelligenzquotienten von über 80 Punkten [49] oder auch zu 60% einen IQ von über 90 Punkten [52] haben. Weiter haben sie weniger visuelle und weniger sprachliche Einschränkungen und weniger epileptische Anfälle als Kinder, die eine Hirnblutung oder eine Infektion als Ursache ihres Hydrocephalus haben [48].

Innerhalb der Gruppe der Kinder mit Hydrocephalus und Spina Bifida schneiden wiederum die Kinder mit den tiefen Lähmungen besser ab als jene mit hohen Lähmungen. Sie erzielen die besseren Ergebnisse in den Intelligenztestungen [48, 96], während die Prognose hinsichtlich der körperlichen und mentalen Entwicklung ungünstiger ist, wenn eine hohe Lähmung vorliegt, wenn es sich um eine große offene Cele mit fehlendem Schluss über mehrere Wirbelbögen handelt und wenn weitere Fehlbildungen wie vor allem ein Balkenmangel vorliegen [112, 96,] (Voss 1998a, 44). Es sind bei den Kindern mit einer Spina Bifida weniger die Auswirkungen ihrer Querschnittlähmung, die zu Entwicklungsproblemen führen, als vielmehr die frühen Hirnstammprobleme und die Shuntrevisionen [21]. Und der Grund für das schlechtere Abschneiden der Kinder mit hohen Lähmungen (definiert als thorakale Lähmungen ab TH 12 aufwärts) liegt darin, dass hohe Lähmungen mit schwereren Hirnanomalitäten assoziiert sind als tiefe Lähmungen [38].

»A higher level of spinal lesion in SBM-H (myelomeningocele form of spina bifida with hydrocephalus) is a marker for more severe anomalous brain development (…)« (Fletcher et al. 2005, 268).

Kindern mit niedrigen Lähmungen haben also weniger und weniger schwere assoziierte Hirnfehlbildungen, und die Kinder mit den Lähmungen im untersten Bereich der Wirbelsäule, den sakralen Läsionen, stellen den Großteil der Gruppe, die keinen Hydrocephalus entwickeln [96]. Die Schlussfolgerung, dass sie durchschnittlich auch die besseren kognitiven Leistungen zeigen, ist dem Review von Erickson et al. 2001 zu entnehmen und weist Iddon 2004 nochmals nach.

»In spina bifida alone, in the absence of hydrocephalus, cognitive function is relatively spared« (Iddon et al. 2004, 1112).

Kinder mit anderen kongenitalen Malformationen

Kinder mit einer kongenitalen Genese ihres Hydrocephalus sind zahlenmäßig nach den Kindern mit einer Spina Bifida die Kinder mit Aquäduktstenosen und Dandy-Walker Zysten. Hinsichtlich der Beurteilung ihrer Entwicklung sind die Forschungsergebnisse unterschiedlich.

Es gibt eine Reihe an Forschungsergebnissen, die besagen, dass im Vergleich der ätiologischen Gruppen die Kinder mit kongenitalen Malformationen sich in etlichen Aspekten gut entwickeln [48, 51, 63, 73].

»Children with a post-haemorrhagic Hydrocephalus fared poorly. Children with Hydrocephalus due to spina bifida or another congenital malformation had considerably better outcome scores« (Heinsbergen et al. 2002, 99).

Auch Mori et al. (1995) kommen in ihrer Retrospektive von 1450 Patienten zu dem Ergebnis, dass bezogen auf neurologische Faktoren (wie Epilepsie, Ventrikelgröße, Shuntkomplikationen) alle primären kongenitalen Formen besser abschneiden als die sekundären Formen [73]. Heinsbergen et al. (2002) beurteilen anhand der WHO Kriterien[13] und finden heraus, dass Kinder mit kongenitalen Malformationen relativ weniger mental und muskulär beeinträchtigt sind. Und Kinder mit einer Aquäduktstenose und einer normalen Intelligenz zeigen auch kein auffälliges neuropsychologisches Profil [51]. Während Kinder mit einer Aquäduktstenose und einer nur durchschnittlich bzw. unterdurchschnittlichen Intelligenz von allen Kindern mit Hydrocephalus den größten Unterschied zwischen dem Verbal- und dem Handlungsteil im Intelligenzquotienten aufweisen [96, 71]. Diese Unterschiede innerhalb der Intelligenzleistungen ist eine vieldiskutierte Frage, auf die in der Darstellung der Ergebnisse zu den

---

13 Heinsbergen et al. (2002, 102) ›Impairment according to the WHO criteria in surviving hydrocephalic patients: Mental development, Hearing, Visual function, Speech and language, Musculosketal system‹

neuropsychologischen Leistungen bei Kindern mit Hydrocephalus noch ausführlich eingegangen wird.

Die etwas ältere Arbeit von Hirsch (1994) attestiert dagegen Kindern mit einem kongenitalen Hydrocephalus die niedrigste Intelligenz von allen Kindern mit einem Hydrocephalus [49]. Die Kinder mit einer Dandy-Walker Zyste liegen nur in dem durchschnittlichen Rang, nur die Hälfte von ihnen erreicht einen Intelligenzquotienten von mehr als 80 Punkten, und von den Kindern mit anderen Zysten sind es nur 40%. Eine ungünstige Entwicklung insbesondere für Kinder mit Zysten im Parenchym sehen auch andere Studien [40, 49]. Zur Aquäduktstenose gibt es bei Hirsch (1994) keine Aussage. Die Angabe von Mataro et al. (2001), dass nur 45% der Kinder mit einer Aquäduktstenose eine normale kognitive und motorische Entwicklung zeigen, weist aber in die gleiche Richtung einer Entwicklung, die deutlich ungünstiger verläuft als die nichtbehinderter Kinder und auch ungünstiger als die der Kinder mit einer Spina Bifida [71]. Dies zeigte auch schon die ältere Arbeit von Riva et al. (1994). Kinder mit Aquäduktstenosen und angeborenen raumfordernden Hirnzysten entwickeln sich insofern in Anbetracht der Einschränkungen, die mit einem Hydrocephalus einhergehen können, relativ gut, aber doch mit einem Abstand zu den Kindern mit Spina Bifida plus Hydrocephalus [96]. Dass letztere sich deutlich von der Entwicklung der anderen Kinder mit einem kongenitalen Hydrocephalus abheben, erklärt Hirsch damit, dass durch die offene Stelle am Rücken Liquor cerebrospinalis austreten kann und so das embryonale Gehirn keinem ansteigenden intrakraniellen Druck ausgesetzt sei (Hirsch 1994, 68).

3.2.3   Die Entwicklung wesentlich beeinflussende Faktoren

Obwohl der Frage der Ätiologien und ihres Einflusses auf die Entwicklung der Kinder oft nachgegangen wurde, lassen sich nur Tendenzen daraus ableiten. Festzustellen ist, dass der Grad der Hirnblutung einen erheblichen Einfluss hat und dass die Kinder mit einer Spina Bifida sich in Relation zu den Kindern mit einer anderen Ätiologie ihres Hydrocephalus am besten entwickeln, aber darüber hinaus erklären die Ätiologien nicht befriedigend die großen Varianzen in den Entwicklungen.

Aus diesem Grund gibt es viele Forschungsarbeiten, die nicht die Ätiologie in Beziehung zum outcome setzen, sondern nach anderen Zusammenhängen suchen. Dabei sind drei weitere Bereiche als wesentliche Einflussfaktoren für die Entwicklung der körperlichen und geistigen Fähigkeiten auszumachen:
- eine frühe vorgeburtliche und progressive Entwicklung eines Hydrocephalus,
- weitere, schwere Hirnanomalien und
- der Beginn und vor allem die Häufigkeit der operativen Eingriffe.

»In fact, the presence of complications and other brain abnormalities in addition to hydrocephalus (...) are important determinants of the ultimate cognitive status, placing the child at a high risk of cognitive impairment« (Mataro et al. 2001, 169).

Vorgeburtliche Entwicklung des Hydrocephalus und deutlich sichtbarer Hydrocephalus

Jene Studien, die die Entwicklung der Kinder – ihr outcome – in Beziehung zur ersten Diagnose eines sich entwickelnden Hydrocephalus setzen, kommen zu dem Ergebnis, dass Kinder, die schon früh in der Schwangerschaft einen Hydrocephalus zeigen, sich im Allgemeinen schlechter entwickeln als Kinder, die erst nach der Entbindung einen Hydrocephalus zeigen [39].

»But fetal hydrocephalus diagnosed in the early gestation associated with a rapid progression carries a poor prognosis« (Mori et al. 1995, 347).

Diese Kinder, aber auch manche der Kinder, die in der späten Schwangerschaft einen Hydrocephalus zeigen, kommen mit einem sichtbar vorhandenen Hydrocephalus zur Welt und haben dann auch stark erweiterte Ventrikel mit einem großen Kopfumfang.

Sie machen in der Gruppe mit einem infantilen Hydrocephalus (also ohne die Kinder mit einer Spina Bifida) ein Drittel aus [78]. Sie haben zu fast 80% starke neurologische Beeinträchtigungen [77, 78], in hoher Zahl (77%) feinmotorische Probleme [79], doppelt so häufig als andere Hydrocephaluskinder einen Intelligenzquotienten unter 70 Punkten und zeigen im Vergleich in ihrer Entwicklung die größten Defizite [31, 79]. Sie zeigen auch bei nachfolgenden Kontrolluntersuchungen vergrößerte Ventrikel [79]. Sodass festzustellen ist,

»(…) hydrocephalus that was already present at birth was an ominous prognostic sign« (Persson et al. 2006, 335).

Und Chumas et al. kommt in seiner Übersicht der Forschungen zu dem Ergebnis:

»Routine obstetric sonography has shown that the diameter of the atrium of the fetal lateral ventricle is of some prognostic value« (Chumas et al. 2001, F 152).

Wobei vor allem bei gleichzeitig relativ geringem Kopfumfang eine zerebrale Atrophie zu befürchten ist. Und Futagi et al. (2002) setzen fort, dass

»(…) furthermore, an early onset and a high lateral ventricular width/hemispheral width ration at diagnosis of hydrocephalus were significantly correlated with a poor intellectual outcome« (Futagi et al. 2002, 111).

Es muss betont werden, dass diese Zusammenhänge nur bei stark erweiterten Ventrikel zu finden sind und sich ansonsten nicht aufrechterhalten lassen [31, 79].

Einen Zusammenhang zwischen einer eher schlechten Entwicklung und der Ventrikelgröße zeigt sich auch bei Kindern mit kollabierten, also sehr stark verengten Ventrikeln (extreme Schlitzventrikel) [42, 79]. Ein Phänomen, das durch verschiedene technische Entwicklung zur Vermeidung des Sogeffektes in der Altersgruppe, die dieser Studie zugrunde liegt, nur noch selten auftritt.

Schwere Hirnanomalitäten

Nach dem sichtbaren neonatalen Hydrocephalus gilt auch für Kinder, die einzelne schwere Hirnanomalitäten aufweisen, dass mit erheblichen Beeinträchtigungen in der Entwicklung gerechnet werden muss [49, 73].

»Concomitant brain malformations (…) were factors associated with a significant neurologic deficit« (Mori et al. 1995, 345).

Mehrere kongenitale Formen der Hydrocephali, die in einer Hirnfehlbildung begründet sind, können weitere Hirnfehlbildungen aufweisen. So findet sich z. B. bei einer Aquäduktstenose häufig eine Anomalie oder eine nur teilweise Ausbildung des Balkens (corpus callosum) [71], was die unterschiedlichen Beurteilungen der Entwicklungen bei Kindern mit Aquäduktstenosen erklären könnte. Die schlechte Entwicklung des Kindes ist dann weniger in dem Hydrocephalus begründet, als vielmehr in der auch zum Hydrocephalus führenden Hirnfehlbildung. Hinzuzufügen ist, dass es sich um schwere Hirnanomalien handelt, die einen statistischen Zusammenhang zu einer schlechten Entwicklungsprognose zeigen.

Einfluss der Operationen und Komplikationen auf die Entwicklung

Ältere Arbeiten machen die Verletzung von Hirnzellen durch die Implantation des Shuntsystems für eine schlechte kognitive Entwicklung verantwortlich [35]. Es wurde auch diskutiert, ob die vom Chirurgen gewählte Seite für die Operation, meist die rechte Hirnseite, der Grund für die besonders häufig zu beobachtenden Probleme der Kinder in ihrer neurologischen Entwicklung [115] und in ihren räumlichen und nonverbalen Fähigkeiten sei [35, 112] (Heubrock & Petermann 2000, 85). Es könnte sein, dass neben den neurochirurgischen Gründen auch diese Überlegungen zu einer Umstellung auf eine frontal erfolgende Implantation des Shunts führten. Heute gilt einzig eine Kausalität zwischen dem Eingriff am Gehirn und dem Auftreten einer Epilepsie als gesichert [10, 31, 122], und die umfangreiche Untersuchung von Bourgeois et al. spricht vom Trauma der Shuntlegung für die Herausbildung einer Epilepsie beim kindlichen Hydrocephalus [10].

Die Shuntkomplikationen umfassen mechanische und funktionelle Fehler des künstlichen Systems wie auch Fehllagen des Hirnkatheters. Die am meisten gefürchtete Komplikation ist aber die Infektion [123]. Shuntkomplikationen führen fast immer zu Revisionen, denn die Fehllagen und Fehlfunktionen des Ventils und seiner Katheter lassen sich nur durch eine Operation beheben, und auch von den Infektionen lassen sich nur wenige rein medikamentös erfolgreich behandeln. Die Revisionen wiederum sind der größte Verursacher von Infektionen (s. Abschnitt 2.10).

»In fact, the placement of a VP [Ventrikulo Peritonal] Shunt during infancy can be expected to require multiple surgical procedures during childhood in a majority of patients. Theses surgical procedures will, of course be associated with a cumulative risk that is likely to be substantial« (Gupta et al. 2007, 337).

Die höchste Rate an diesen Komplikationen findet sich bei frühgeborenen Kindern mit bis zu 60% [73]. Im Vergleich dazu verläuft die Entwicklung reif geborener Kinder günstiger [73].

Einen besonders negativen Einfluss auf die Entwicklung des Kindes hat die Komplikation der *Shuntinfektion* [19, 52, 61, 87]. Dies erwies sich auch bei einer Untersuchung und Befragung von fast 350 behandelten Kindern in Kanada:

> »(…) those who, over their lifetime, required prolonged treatment of shunt infections fared worse in their overall outcome, as well as in physical and cognitive outcomes« (Kulkarni & Shams 2007, 361).

Schon wenig ausgeprägte Shuntinfektionen wirken sich negativ auf die Intelligenz des Kindes aus.

> »(…) we found an increased mortality rate and a possible association with impairment of mental development when the drain dysfunction was due to an infection, as reported in other studies« (Heinsbergen et al. 2002, 106).

Ältere Studien zeigen zudem auf, dass der negative Einfluss der Infektion auf die geistige Entwicklung des Kindes besonders gravierend ist, wenn die Shuntinfektionen mit einer Infektion der Ventrikel (Ventrikulitis) oder der Hirnhäute einhergeht (McLone et al. 1982 nach Voss 1998b, 44; Hunt 1990 nach Heinsbergen et al. 2001, 106).

Es ist davon auszugehen, dass ursächlich die Infektionen und nicht die sich daran anschließenden Revisionen, zu den Beeinträchtigungen in der mentalen Entwicklung führen [48, 62, 87]. Dies wird dadurch bestärkt, dass mehrere Untersuchungen keinen Zusammenhang zwischen der Zahl der Revisionen und dem Intelligenzquotienten finden [57, 71, 84, 88]. Nur wenn aufgrund mehrerer Revisionen das Epilepsierisiko steigt (s. Abschnitt 2.10) lässt sich ein Zusammenhang zwischen der Zahl der Revisionen und einer Intelligenzminderung herstellen.

Gesichert ist nicht nur der Zusammenhang, sondern auch die Kausalität bei der Aussage, dass bei zwei und mehr Revisionen das Risiko der Epilepsie steigt [48, 84].

> »(…) the number of revisions seems to be an independent risk factor for the occurrence of seizures« (Heinsbergen 2002, 105).

Andere, vor allem auch jüngere Untersuchungen, finden einen signifikanten Zusammenhang zwischen der Zahl der Revisionen und neurologischen Beeinträchtigungen [73, 78, 79, 80], worunter neben der mentalen Entwicklung auch Epilepsien und Zerebralparesen fallen. Bei diesen Zusammenhängen ist zu bedenken, dass Ursache und Wirkung nur schwer zu trennen sind. Es kann auch sein, dass die Kinder mit mehreren neurologischen Beeinträchtigungen die komplizierteren Hydrocephali haben und daher öfter Revisionen erfolgen, zumindest haben die leichter behinderten Kinder weniger Revisionen [21, 71, 76].

Es kann resümiert werden, dass Revisionen, sofern ihnen keine Infektion vorausging, die Intelligenz vermutlich nicht beeinträchtigen, mehrere Revisionen aber zur

Epilepsie führen können und insgesamt die Entwicklung der Kinder beeinträchtigen [73, 76, 79]. Bei diesem Resümee ist die psychische Belastung durch Operationen und Krankenhausaufenthalte noch nicht berücksichtigt.

Zeitpunkt der ersten Implantation eines Shunts

Relativ häufig untersucht und einheitlich in dem Ergebnis ist der Einfluss des Zeitpunkts der ersten Implantation eines Shunts auf die Entwicklung der Kinder. Schon 1995 stellte Lumenta fest:

> »Thus, early shuntimplantation seems to be advantageous, as reported by Raimondi and Soare« (Lumenta 1995, 175).

Weitere Untersuchungen [48, 49, 71, 73, 74] und Reviews stützen diese Erfahrung [31]. Die Kinder zeigen bei einer frühen Operation nach Diagnosestellung in allen WHO Kriterien ein besseres outcome, nur in der Kategorie des Hörens fand sich kein signifikanter Unterschied [48]. Bei einer späten Erstoperation entwickeln sich Kinder mit Hirnblutungen insbesondere sprachlich schlecht und Kinder mit anderen Ätiologien vor allem mental schlecht [48]. Was als früher und somit günstiger Zeitpunkt angesehen wird, verschob sich in den letzten zwei Jahrzehnten von zwei Monaten [49] auf vier Wochen [48] und in der 2007 erschienen Arbeit von Moritake et al. (2007a) auf die Feststellung, dass jene Kinder sich am besten entwickeln, die innerhalb einer Woche nach Diagnosestellung ihren ersten Shunt erhalten [74]. Diese Diagnosestellung ist allerdings problematisch, weil der mögliche intrakranielle Druck nach klinischen Zeichen beurteilt wird, die sich als wenig zuverlässig und oft sogar irreführend erweisen [45, 71]. Es besteht das Problem, die Risiken gegeneinander abzuwägen [71]. Heute besteht das Durchschnittsalter des Säuglings bei der ersten Shuntimplantation 40 Tage (Haberl et al. 2007, 1).

Besonders schwierig gestaltet sich diese Entscheidung zur baldigen Operation bei den frühgeborenen Kindern mit einem posthämorrhagischen Hydrocephalus. Sie haben aufgrund ihrer Frühgeburtlichkeit eine geringere Abwehrkraft, sie verfügen über weitaus weniger Immungluboline als Reifgeborene und erkranken deshalb leichter und häufiger als andere Hydrocephaluskinder an einer Infektion aufgrund der Operation [19, 85]. Auch besteht die berechtigte Hoffnung, dass der Liquordruck nur von vorübergehender Natur ist [135]. Üblicherweise werden bei ihnen deshalb zur Druckentlastung zunächst regelmäßig Lumbalpunktionen vorgenommen oder ein Rickham Reservoir gelegt [135].[14] Die Kinder entwickeln sich mit diesen Maßnahmen besser als ohne Punktion [110].

---

14 Ist die normale Zirkulation des Hirnwassers durch die Blutung behindert und treten Symptome eines intrakraniellen Drucks auf, wird ein sogen. ›Rickham Reservoir‹ implantiert. Dieses besteht aus einem Katheter, der bis in die Hirnkammern reicht, und an dessen Ende – unter der Kopfhaut – ein Reservoir liegt. Dieses kann dann punktiert werden und Hirnwasser abgezogen werden. Es besteht dadurch die Möglichkeit der Druckentlastung, die allerdings nicht gleichmäßig stattfindet.

Unter Berücksichtigung dieser Forschungsergebnisse ist hinsichtlich der Ätiologie zusammenzufassen, dass für die Entwicklung der Kinder mit einem posthämorrhagischen Hydrocephalus für ihre körperliche und geistige Entwicklung entscheidend ist,
- welches Ausmaß die Hirnblutung hatte und welche zusätzlichen Beeinträchtigungen durch diese Blutung entstanden sind, wie z. B. eine Zerebralparese
- und welche Komplikationen in der Behandlung auftreten.

Und für die Entwicklung der Kinder mit einem kongenitalen Hydrocephalus ist relevant
- in welchem Ausmaß er sich schon vorgeburtlich gebildet hat,
- mit welchen weiteren Fehlbildungen er assoziiert ist
- und welche Komplikationen in der Behandlung des Hydrocephalus auftreten.

3.2.4 Sozialisation und Familie

Die Studienlage bezüglich der sozialen, emotionalen und psychischen Entwicklung oder auch des Verhaltens bei Kindern mit Hydrocephalus ist begrenzt [71], und diese Entwicklungsaspekte werden beim Betrachten des outcome üblicherweise nicht berücksichtigt. Dies ist umso überraschender, da bekannt ist, dass Kinder mit chronischen Erkrankungen ein höheres Risiko tragen, psychische Probleme wie Depressionen, Ängste, Aggressionen und Hyperaktivität zu entwickeln [117, 159]. Eine chronische Erkrankung ist ein Stressfaktor [117], und so schreiben Gupta et al. nach ihrer Befragung von fast 1.500 Patienten mit Hydrocephalus:

»The lifelong morbidity associated with shunt placement to treat childhood hydrocephalus is substantial, and it includes shunt-related complications and comorbidities that adversely affect social functioning« (Gupta 2007, 334).

Neben dieser Arbeit von Gupta et al. gibt es nur wenige weitere Studien zur psychosozialen Entwicklung. Zwei Studien aus Großbritannien beschäftigen sich zum einen mit den Differenzen in der psychischen Situation von Jugendlichen mit Hydrocephali unterschiedlicher Ätiologie und zum anderen gezielt mit der Frage der Hyperaktivität bei Jugendlichen mit Hydrocephalus [96, 97, 98]. Eine Studie aus den USA beschäftigt sich mit dem Vorkommen von Ängstlichkeit und Depression bei jungen Menschen mit Spina Bifida [8b].

Familiensituation und Lebensqualität

Der Einfluss der Behinderung auf die Familie und der Bedarf an Hilfe sind groß [43, 52, 97]. Viele Eltern formulieren in Befragungen, dass sie Stress und Belastungen empfinden [29, 67], und es sind weniger Mütter berufstätig als bei nichtbehinderten Kindern [97]. Belastend ist weniger die Schwere der Behinderung [97] und auch nicht die Vielzahl an besonderen Aufgaben, Terminen, Rücksichtnahmen, Aufsicht und Pflege, als vielmehr die Sorge um das Kind, insbesondere bei einer Epilepsie, bei Klinikaufenthalten und externen Hirnwasserableitungen [62]. Belastend ist weiter die

Erfahrung, dass auch nach langen Perioden der Stabilität Druckkrisen und Shuntkomplikationen auftreten können [93]. Die Zahl der tatsächlichen Revisionen ist hierbei unerheblich [96], während das Vorhandensein einer Epilepsie mit dem empfundenen Gesundheitsstatus korreliert [61]. Die Epilepsie beeinträchtigt nach Meinung der betroffenen Kinder und ihrer Eltern die Lebensqualität und wird daher als Risiko für das emotionale Gleichgewicht gesehen [96].

Ein Kind mit einem Hydrocephalus ist somit fast ebenso eine Bedrohung für die Lebensqualität der Familie wie ein Kind mit der Doppelbehinderung Spina Bifida und Hydrocephalus [18]. Während die Lebensqualität der Familien mit jungen Kindern trotz dieser psychischen Belastung noch vergleichbar ist mit der von Familien mit nichtbehinderten Kindern, nimmt sie bei jugendlichen Kindern deutlich ab [97], vermutlich weil die sozialen und emotionalen Folgen der Behinderung stärker werden [96]. *Jugendliche* mit Hydrocephalus und Spina Bifida zeigen größere Anpassungsschwierigkeiten in sozialen Beziehungen als Kinder mit Hydrocephalus und Spina Bifida [50]. Dementsprechend erleben vor allem Eltern von Jugendlichen mit der Doppelbehinderung Spina Bifida und Hydrocephalus eine geringere Zufriedenheit als Eltern anderer Hydrocephaluskinder [96]. Der Zusammenhalt in der Familie und die Zufriedenheit wachsen wie bei allen Familien körperbehinderter Kinder, wenn die Jugendlichen ihre Situation gut bewältigen [96]. Die Mehrheit der erwachsenen Kinder lebt deutlich länger als nichtbehinderte Kinder – und viele von ihnen auch langfristig – im Elternhaus [93, 96].

In der Wahrnehmung ihrer Emotionalität in der Familie unterscheiden sich die Familien mit den Hydrocephaluskindern unterschiedlicher Ätiologie nicht von denen mit nichtbehinderten Kindern, nur dass die Eltern von Kindern mit isoliertem Hydrocephalus und die von Kindern mit Spina Bifida und Hydrocephalus weniger kritisch zu ihrem Kind stehen und weniger streng sind [97], und auch die Kinder sehen ihre Eltern als genauso erfolgreich und zufrieden wie Kinder der Kontrollgruppe [97]. Erickson et al. interpretieren in ihrem Review, dass

»Children with hydrocephalus are often overfamiliar in their manner (...)« (Erickson 2001, 219)

und sehen eine Assoziation zu einer Unfähigkeit altersgemäß zu handeln. Viele Kinder zeigten kein adäquates soziales und emotionales Verhalten und fokussierten sich deshalb auf ihre Familie. Dies könne in der Unfähigkeit, nonverbale Aufgaben zu verstehen, begründet sein. Bei einer normalen Intelligenz verlaufe die sozial-emotionale Entwicklung bei Kindern mit einem Hydrocephalus wie die nichtbehinderter Kinder [31]. Bei lernschwachen Kindern steht die soziale Reife noch hinter der körperlichen Reife zurück [60].

Verhalten

Mehrere Studien beschreiben eine hohe Rate – mit Angaben zwischen 25% und 50% – an Verhaltensauffälligkeiten [49, 52, 65, 97, 139], vor allem bei jenen Kindern und Jugendlichen,
- die in der Intelligenzmessung einen niedrigen Wert haben [49, 54],
- auch in Verbindung mit Hirnanomalitäten [54],
- die eine Zerebralparese [31, 65],
- oder eine Epilepsie [31, 65] aufweisen.

Die aus der niedrigen Intelligenz resultierenden Lernschwierigkeiten der Kinder erhöhen signifikant das Risiko, verhaltensauffällig zu werden [65]. Die Verhaltensprobleme bestehen in besonderem Maße zu Gleichaltrigen und tragen zu den Schulschwierigkeiten bei [31, 97].

Es lässt sich kein Zusammenhang zur Anzahl der erlebten Revisionen herstellen [96], bei den Kindern mit einer Spina Bifida auch kein Zusammenhang zur Höhe der Läsion oder zum Ausmaß der Blasenlähmung [96]. Es besteht weiter vermutlich auch kein Zusammenhang zur Ätiologie des Hydrocephalus [34, 51, 97]. Beim Vergleich mit Kindern jeweils gleicher Ätiologie, aber ohne Ausbildung eines Hydrocephalus (also frühgeborene Kinder, Kinder mit Aquäduktstenose oder Spina Bifida) fällt auf, dass die Kinder aus den Kontrollgruppen sich wesentlich unauffälliger entwickeln [34, 96, 97]. So beschreiben Eltern von Jugendlichen – sowohl von jenen mit einem isolierten Hydrocephalus als auch von jenen mit Hydrocephalus und Spina Bifida – eine höhere Rate an Verhaltensprobleme als Eltern der Kontrollgruppen oder auch der Eltern von Jugendlichen mit einer isolierten Spina Bifida [96]. Die beschriebenen Verhaltensprobleme sind vor allem emotionale Probleme, Hyperaktivität und die Beziehung zu den Gleichaltrigen [96]. Die Eltern sehen, dass ihre Kinder sich ihren Alltag durch ihr Verhalten erschweren, was für sie als Eltern eine zusätzliche Bürde darstellt [96]. Die Jugendlichen selbst sahen vor allem die Probleme mit den Gleichaltrigen [96].

Verhalten und Schulschwierigkeiten

Ein Forschungsschwerpunkt der englischen Studien beschäftigt sich mit den Verhaltensproblemen der Kinder in der Schule und zeichnet ein klares Bild [97].

Kinder und Jugendliche mit einem Hydrocephalus und auch mit der Doppelbehinderung Spina Bifida und Hydrocephalus sind doppelt so oft Opfer von Mobbing als die Kinder der anderen untersuchten Gruppen (frühgeborene Kinder ohne Hydrocephalus und nichtbehinderte Kinder). Für die Kinder und Jugendlichen mit einem Hydrocephalus sind die ›peers‹ das Problem und ihre Schulschwierigkeiten werden mit dem Alter größer, was nicht an der Leistung liegt. Sie beurteilen Freundschaften signifikant weniger positiv, und als Jugendliche findet man sie öfter als in den Kinderjahren auf der Sonderschule. Es besteht die Vermutung, dass diese Schulwechsel aus den sozialen Schwierigkeiten heraus erfolgen. Die Probleme mit den Gleichaltrigen und die geringere Qualität der geschlossenen Freundschaften

»(…) suggesting that is an area of specific difficulty for children with hydrocephalus.«

Und weiter:

»Children and parents identified these as aspects creating particular difficulties, although teachers did not do so« (Stevenson & Pit-ten Cate 2003, 32 und 37).

Es ist nicht geklärt, woher diese sozialen Schwierigkeiten und die Ablehnung vieler Jugendlicher mit einem Hydrocephalus herrührt, zumal Kinder mit einem isolierten Hydrocephalus i.d.R. äußerlich unauffällig sind und ihre Behinderung nicht zu sehen ist. Aber es stellt sich die Aufgabe einer besonderen Beachtung:

»On the basis of this evidence we would like to suggest that social cognitive deficits in children with hydrocephalus require attention. This would seen to be a warranted focus for intervention to specifically address in social cognitive problems that these children present. In addition, *teachers need to be aware of the difficulties that children with hydrocephalus experience in this aspect of their social relationships*« (Stevenson & Pit-ten Cate 2003, 38; Hervorhebung im Original).

Für die viel häufiger untersuchte Gruppe der Kinder mit der Doppelbehinderung Spina Bifida und Hydrocephalus ist nachgewiesen, dass ihre sozialen Probleme nicht mit den verschiedenen Aspekten der Körperbehinderung (z. B. Rollstuhlabhängigkeit, Ausmaß der Blasenlähmung) assoziiert sind. Sie müssen eine andere Ursache haben. Stevenson und Pit-ten Cate äußern, dass es denkbar ist, dass die Ablehnungen aufgrund einer unterdurchschnittlichen Intelligenz, aufgrund geringer sozialer Fähigkeiten oder auch aufgrund familiärer Restriktionen entstehen könnten. Es könnten sich weiter kognitive und familiäre Prozesse wechselseitig ungünstig beeinflussen, und dann sind die kognitiven Defizite sowohl biologisch als auch sozial begründet. Kinder mit einer isolierten Spina Bifida und einer durchschnittlichen Intelligenz zeigen mehr soziale Aktivität und eine bessere soziale Integration [96, 97].

Psychisches Befinden und Psychosoziale Anpassung

Bei einer Studienlage, die in Vielzahl bei Kindern mit einem Hydrocephalus Verhaltensprobleme beschreibt, ist es nicht verwunderlich, dass auch gehäuft psychische Probleme auftreten [52, 95, 97]. Sie zeigen kein Profil in dem Sinne, dass von einer Hydrocephalus-Persönlichkeit gesprochen werden könne [29, 31], aber immer wenn der große Bereich der psychosozialen Anpassung[15] untersucht wird, zeigen sich deutliche Auffälligkeiten [97], was vor allem für die Kinder mit der Doppelbehinderung Spina Bifida und Hydrocephalus festgestellt wurde [34, 50, 115b]. Aber Stevenson

---

15 Die psychosoziale Anpassung wird in den hier herangezogenen Studien mit Skalen zum Verhalten, zur Ängstlichkeit und zur Selbsteinschätzung gemessen [96, 97, 115b], durch Befragung erfasst [43] oder beides [8b] erfasst.

& Pit-ten Cate fanden auch bei den Kindern mit Hydrocephalus im Vergleich mit frühgeborenen Kindern ohne Hydrocephalus hoch signifikante Werte für eine geringe psychosoziale Anpassung [96].

Vachha und Adams (2004) benennen fünf Charaktereigenschaften, in denen sich Kinder mit Spina Bifida und Hydrocephalus signifikant von nichtbehinderten Kindern unterscheiden: Geringe Anpassungsfähigkeit, hohe Ablenkbarkeit, zurückhaltende Herangehensweise, geringe Ausdauer bei Aufgaben, geringe Vorhersagefähigkeit. Darüber hinaus geraten Kinder mit Spina Bifida und Hydrocephalus leicht in Stress und haben Angst, die Aufgaben nicht zu schaffen [104].

Es findet sich weiter durch die Untersuchung von Gupta et al. (2007) der Hinweis auf ein gehäuftes Vorhandensein von Depressionen. Gupta et al. eruieren sie bei über 70% der 400 Patienten [43], von denen fast die Hälfte wegen der Depression auch behandelt wurden.

> »From these results we infer that mental health is severely affected by childhood hydrocephalus, and that these problems should be anticipated as a part of ongoing healthcare services for these patients. Other survey items all show a general trend toward a greater impact of hydrocephalus when it is diagnosed earlier in life« (Gupta et al. 2007, 338).

Da ist es auch nicht überraschend, signifikante Werte für ein geringes Selbstwertgefühl und wenig Selbstbewusstsein zu finden [31, 96, 97]. Die Jugendlichen und Erwachsenen beschreiben sich weiter selbst als wenig belastbar und dass sie in neuen Situationen schnell Stress empfinden [34] (Blume-Werry 2000), sie können nicht mit dem Unerwartetem umgehen [149]. Und auch durch das Vorhandensein einer Epilepsie fühlen sie sich erheblich beeinträchtigt [96].

Bellin et al. (2009) kommen bei Jungerwachsenen mit einer Spina Bifida, von denen Zweidrittel auch einen Hydrocephalus haben, zu hohen Raten an Depression und Ängstlichkeit. Zu beachten ist bei diesen Untersuchungen, dass die Definition von Depression nicht einheitlich ist. Nach der Untersuchung von Bellin et al. ist es weniger der Beitrag des Hydrocephalus, der zur Depression führt, als vielmehr die Einstellung zur eigenen Behinderung, die Zufriedenheit mit der familiären Situation und das Erleben von Schmerzen. Das Vorhandensein eines Hydrocephalus wird hier nur als ein Faktor für die Schwere der Behinderung gewertet und nicht differenziert betrachtet. Die Schwere der Behinderung, und darunter der Hydrocephalus, erklärt auch nicht die Unterschiede hinsichtlich der Ängstlichkeit bei den Jungerwachsenen mit einer Spina Bifida. Ängstlichkeit kommt nach dieser Untersuchung recht unabhängig von den erfassten Einflussfaktoren bei jungen Menschen mit Spina Bifida vor, einzig das Erleben von Schmerzen hat einen abgrenzbaren Effekt auf eine erhöhte Ängstlichkeit.

Es kann sein, dass Mädchen etwas häufiger unter psychischen Problemen leiden als Jungen [95]. Bei Kindern mit der Doppelbehinderung Spina Bifida und Hydrocephalus findet sich bei Jungen eine Tendenz zur Unreife und bei Mädchen zum depressiven Rückzug [115b]. Hierbei hatten das Intelligenzniveau und die Lähmungshöhe keinen

Einfluss, wohl aber das Ausmaß der Beeinträchtigungen insgesamt, denn mehrfach beeinträchtigte Kinder zeigten mehr Auffälligkeiten [97, 115b]. In der gleichen Studie stellen sich die Kinder mit einer isolierten Spina Bifida als unauffällig dar und eine englische Studie [96, 97] beschreibt vor allem frühgeborene Kinder ohne einen Hydrocephalus als signifikant unauffälliger gegenüber den Gruppen der Kinder mit einem Hydrocephalus. Dies lässt den Eindruck entstehen, dass die psychischen Probleme mit dem Hydrocephalus zusammenhängen.

Die psychischen Probleme der Kinder nehmen mit dem Alter zu [50, 95], was auch bei den Verhaltensproblemen und bei der familiären Belastung zu beobachten war.

Weitere psychische Auffälligkeiten

Bei der Untersuchung der Fähigkeit, Stimmungen und Gesichtsausdrücke der Mitmenschen zu interpretieren, zeigen in der Studie von Stevenson und Pit-ten Cate die Kinder mit Hydrocephalus eine hohe Unfähigkeit. Die Kinder können nur schwer Gesichtsausdrücke interpretieren und nehmen Stimmungen nur schwer wahr.

> »These results suggest that children with hydrocephalus do experience a particular difficulty in understanding the mental state of other people« (Stevenson & Pit-ten Cate 2003, 31).

Diese Schwäche kann sowohl die in manchen Studien gefundene Neigung zum Autismus erklären als auch die Schwierigkeiten der Jugendlichen im Kontakt zu Gleichaltrigen und im Aufrechterhalten ihrer Freundschaften [97]. Dem Verdacht eines erhöhten Risikos auf Autismus bei Kindern mit einem Hydrocephalus wird in der englischen Studie mit zwei Testverfahren nachgegangen. Das ›Autism Screening Questionnaire‹ zeigt signifikante Werte für die Kinder mit isoliertem Hydrocephalus und für Kinder mit der Doppelbehinderung Spina Bifida und Hydrocephalus, nicht für die frühgeborenen Kinder mit Hydrocephalus. Aber das zweite Testverfahren, ein psychiatrischen Interview, das Diagnosen gemäß den Klassifikationen DSM-IV und ICD-10[16] ermöglicht, zeigt nur einen schwachen Effekt, sodass die Autoren zu folgendem Schluss kommen:

> »These results suggest that although children with hydrocephalus show an elevated rate of autistic-like behaviours, this falls short of the full autistic syndrome« (Stevenson & Pit-ten Cate 2003, 29).

Auch in Schweden wird der Frage des Autismus nachgegangen, und in ihrer Studie ›Behavioural problems and autism in children with hydrocephalus‹ veröffentlichen Lindquist et al. 2006, dass zum einen fast alle Kinder, die zusätzlich zu ihrem Hydrocephalus eine Zerebralparese oder eine Epilepsie haben, Verhaltensauffälligkeiten aufweisen und zum anderen, dass unter diesen wiederum 13% Autismus zeigen. Dies

---

16 DSM-IV: Diagnostisches und Statistisches Manual Psychischer Störungen ICD-10: International Classification of disease

sind signifikant häufig Kinder mit Lernschwierigkeiten, darunter nur ein Kind mit einer Spina Bifida. Iddon et al. 2004 finden keine Signifikanz bezüglich Autismus, was sie dahingehend erklären, dass die schwedische Untersuchung zeigt, dass nur die Kinder mit Lernbeeinträchtigung gefährdet sind, auch autistisch zu sein, und Iddon et al. untersuchen ausschließlich Kinder mit einem Intelligenzquotienten über 90 Punkten.

Hyperaktivität

Ein weiterer in vorausgegangen Studien geäußerter Verdacht ist der Verdacht auf vermehrt auftretende Hyperaktivität bei Kindern mit Hydrocephalus, die im Schulalter ansteigt [31, 37, 38]. Fletcher et al. 2005 untersuchen Kinder mit Spina Bifida plus Hydrocephalus und finden bei 30% von ihnen eine ›attention deficit hyperactivity disorder‹ des ›predominantly inattentive type‹ und zwar bei den Kinder ohne geistige Behinderung und unabhängig von der Lähmungshöhe [38]. Ebenso die Studie von Burmester et al. (2005), die aus einer Elternbefragung bei 31% der Kinder mit Spina Bifida und Hydrocephalus eine ADHD erkannten, und zwar zu 23% den unaufmerksamen Typ.

Stevenson und Pit-ten Cate (2003) sind der Meinung, dass Kinder und Jugendliche mit Hydrocephalus ein erhöhtes Risiko für eine Hyperaktivität haben, unbeeinflusst von Alter und Geschlecht und auch unabhängig von dem Faktor der Frühgeburtlichkeit. Es gibt weiter keinen Zusammenhang zwischen dem klinischen Bild des Hydrocephalus und der Schwere der Hyperaktivität und auch keinen Zusammenhang zu anderen Verhaltensproblemen [97]. Einschränkend und kritisch ist anzumerken, dass in der englischen Studie die Hyperaktivität mit einem sich noch in der Entwicklung befindlichen Testverfahren diagnostiziert wurde und bei den Kindern mit Hydrocephalus sich gänzlich aus ihren schlechten Werten in den Exekutivfunktionen und der Motivation erklärte [98]. Wogegen Burmester et al. (2005) bei Kindern mit Spina Bifida und Hydrocephalus auch keinen Zusammenhang zu den Exekutivfunktionen sahen.

Schlussbetrachtung zur sozialen und emotionalen Entwicklung

Die sozial-emotionale Entwicklung und psychische Stabilität der Kinder und Jugendlichen sind wenig untersucht und sind regelhaft kein Bestandteil in den Studien zur Bewertung des sogen. outcome. Was sich zeigt, ist, dass die Kinder häufig erhebliche Probleme entwickeln, allen voran Depressionen, Verhaltensauffälligkeiten, Kontaktschwierigkeiten und vielleicht auch autistische Züge und Hyperaktivität. Diese Schwierigkeiten äußern sich unabhängig von Art und Schwere ihrer gesamten Beeinträchtigungen, d. h. auch neurologisch und intellektuell unauffällige Kinder entwickeln auffällige psychische Probleme.

»(…) it appears that the individual and social burden of this condition may be underestimated in existing studies« (Gupta et al. 2007, 336).

3.2.5 Zusammenfassung

Trotz der unbefriedigenden inhaltlichen Präzision des Begriffs outcome und trotz der Einschränkung, dass die verschiedenen Studien nur schwer zu vergleichen sind, weil sie unterschiedliche Ziele, unterschiedliche Populationen, unterschiedliche Methoden und unterschiedliche Definitionen haben, ergeben sich Tendenzen und lässt sich ein Bild von der Entwicklung der Kinder mit einem Hydrocephalus zeichnen.

Kinder mit einem Hydrocephalus können sich motorisch und neurologisch unauffällig entwickeln. Sie können einen überdurchschnittlichen Intelligenzquotienten erreichen und zu einer sozialen und emotionalen Reife wie viele andere Kinder und Jugendliche gelangen.

»Hydrocephalus with no other associated lesions except for a disturbance in CSF [cerebrospinal fluid] circulation, simple hydrocephalus, is benign in nature if properly treated« (Mori et al. 1995, 346).

So entwickelt sich ein Viertel bis ein Drittel der Kinder mit einem Hydrocephalus unauffällig. Diese Unauffälligkeit bezieht sich auf die Untersuchung allgemeiner Entwicklungsaspekte wie die motorische Entwicklung, die neurologische Entwicklung (Vorhandensein von Zerebralparesen und Epilepsie, sowie eine grobe Erfassung der mentalen Entwicklung) und teilweise weitere Entwicklungsaspekte wie Sprechen, Sehen und Hören. Die emotionale und psychische Befindlichkeit der Kinder ist dabei selten im Blick. Die wenigen Studien, die sich mit diesen wesentlichen Entwicklungsaspekten befassen, lassen vermuten, dass auch die neurologisch relativ unauffälligen Kinder bei der Frage der Bewältigung ihrer Behinderung große Probleme haben können.

Der Mehrzahl der Kinder ist eine problemlose Entwicklung nicht möglich, und sie muss mit einer Reihe an Beeinträchtigungen in ihrer motorischen und geistigen Entwicklung leben. So hat ca. jedes dritte Kind mit einem Hydrocephalus eine Epilepsie, ca. jedes dritte Kind hat eine Zerebralparese und ca. jedes dritte Kind hat eine Lernbehinderung. Da diese Beeinträchtigungen aber bei manchen Kindern kombiniert auftreten, sind es Zweidrittel bis Dreiviertel der Kinder, die zusätzlich zu ihrem Hydrocephalus mehrere handicaps haben und daher mehrfach behindert sind. Zusätzlich sind sie auch die Gruppe mit den meisten Shuntkomplikationen und daher auch mit den meisten Revisionen, die wiederum ein Entwicklungsrisiko darstellen. Eine Vielzahl an Autoren resümiert daher übereinstimmend, dass das allgemeine outcome als unbefriedigend zu bezeichnen ist.

Bei der Entwicklung der Kinder spielt die Ursache ihres Hydrocephalus eine wichtige Rolle. Es lässt sich verallgemeinern, dass Kinder mit einer Spina Bifida sich in allen Entwicklungsaspekten am besten entwickeln, nur mit der Ausnahme der motorischen Behinderung aufgrund ihrer spinalen Lähmung. Kinder mit Hirnblutungen als Ausgangspunkt ihres Hydrocephalus und Kinder mit einem Hydrocephalus nach einer intrakraniellen Infektion haben wesentlich schlechtere Entwicklungschancen. Aber neben der Ätiologie hat einen erheblichen Einfluss auf den Entwicklungsverlauf, in welchem Ausmaß das Kind weitere Hirnfehlbildungen hat, inwieweit sich der Hydrocephalus schon pränatal progressiv entwickelt hat, wie schnell auf die Diagnose die erste Operation erfolgte und wie viele Shuntkomplikationen das Kind erlebt.

Die Shuntkomplikationen sollten besonders beachtet werden. Zum einen, weil sie durch das daraus folgende Risiko einer Epilepsie die Prognose des Kindes verschlechtern. Zum zweiten, weil die Ängste vor einer Shuntkomplikationen und die Operationen und Krankenhausaufenthalte Kind und Eltern belasten. Und zum dritten, weil ihre Häufigkeit durch technische Weiterentwicklung der Systeme und vor allem durch verbesserte Hygiene im Operationssaal zu verringern wäre.

Als Risikofaktoren für einen ungünstigen Entwicklungsverlauf bei Kindern mit einem Hydrocephalus erweisen sich folgenden Konditionen:
- wenn eine Infektion die Ursache ihres Hydrocephalus ist,
- wenn eine schwere Hirnblutung, vor allem mit Einblutung in das Parenchym, Ursache ihres Hydrocephalus ist (diese schweren Hirnblutungen erleiden vorzugsweise extrem unreif geborene Kinder und Kinder mit erheblichen Geburtsproblemen),
- wenn sie schon bei der Geburt einen sichtbar vorhandener Hydrocephalus zeigen (dieses sind oft Kinder mit schweren Hirnanomalitäten),
- wenn ihre Ventrikel bei Geburt und auch bei Kontrolluntersuchungen stark vergrößert sind,
- wenn sie erst mehrere Wochen nach der Diagnose ihren ersten Shunt erhalten,
- wenn sie mehr als zwei Revisionen bekommen und dadurch eine Epilepsie entwickeln,
- wenn sie aus anderen Gründen eine Epilepsie oder zusätzliche Pathologien zeigen,
- wenn sie Shuntinfektionen, insbesondere eine Ventrikulitis, erleiden.

Kinder mit Hydrocephalus haben signifikant eine geringere Fähigkeit sich psychosozial anzupassen und haben besonders große soziale Schwierigkeiten im Umgang mit Gleichaltrigen. Diese Probleme nehmen im Jugendalter zu. Bei Betrachtung der psychischen Gesundheit fällt auf, dass Kinder und Jugendliche mit Hydrocephalus wenig Selbstbewusstsein zeigen und signifikant häufig eine Depression entwickeln, vielleicht besteht hier eine Wechselwirkung zu den Problemen mit den Gleichaltrigen und somit mit der Schulsituation. Manche Kinder zeigen darüber hinaus erhebliche Verhaltensprobleme. Sie sind signifikant höher bei jenen Kindern, die zusätzlich zu ihrem Hydrocephalus eine Lernbehinderung haben. Da die Lernschwierigkeiten vor allem bei den Kindern mit den zusätzlichen Pathologien – Zerebralparesen, Hirnanomalitäten – und bei Kindern mit Epilepsie vorkommen, ist es diese Gruppe, die besonders häufig Verhaltensprobleme zeigt.

»The majority of children with hydrocephalus have behavioural problems and many have autism. It is therefore important to asses and understand all the aspects of cognition and behaviour in these children in order to minimize disability and enhance participation for the child« (Lindquist et al. 2006, 214).

3.3 Forschungsergebnisse zur neuropsychologischen Entwicklung

Trotz der sehr unterschiedlichen Entwicklungen, die die Kindern nehmen, trotz der großen Bedeutung der Ätiologien, der zusätzlichen Pathologien und des erheblichen Einflusses der Behandlung des Hydrocephalus zeichnet sich für den Bereich der kognitiven Leistungen ab, dass der

> »(…) hydrocephalus by itself is associated with mild cognitive deficits in certain domains of function with relative preservation of others« (Mataro et al. 2001, 176).

Es stellt sich die Frage, worauf diese Aussage basiert, wie diese milden kognitiven Defizite aussehen und weiter worin sie begründet sind.

3.3.1 Probleme der Datenerhebungen, Definitionen und Bewertungen der Daten

Zentraler Bestandteil neuropsychologischer Forschung ist die Kognition. Auch wenn die theoretische Diskussion über die Definition von Kognition sich beständig weiterentwickelt (Schneider 2006), herrscht bezüglich der Messung – auch für den Kinderbereich – die Akzeptanz einer Reihe an bewährten Testverfahren, die regelmäßig normiert werden (Lösslein & Deike-Beth 2000).

Nach den internationalen Klassifikationsschemata ICD-10 und DSM-IV wird ein Erreichen von mehr als 85 Punkten im Intelligenztest als normale Intelligenz bezeichnet. Das theoretische Konzept geht davon aus, dass Zweidrittel der Bevölkerung zwischen 85 und 115 Punkten liegen. Der Bereich von 70 bis 84 Punkten gilt als unterdurchschnittlich, und als Grenzlinie zwischen dem Bereich der normalen Intelligenz und dem der geistigen Behinderung (mental retardation) wird in den meisten Studien ein Punktwert von 70 gewählt. Diese Grenzlinie entspricht auch der üblichen Definition einer ›learning disabilities‹ [48, 79, 80].[17] Die darunter liegenden zu messenden Leistungen werden in weitere Grade von leichter bis schwerster Intelligenzminderung differenziert (Leyendecker 2005, 111).

Dieser allgemeinen Auffassung, zur Messung der Intelligenz standardisierte Tests zu benutzen, folgen allerdings viele der Studien nicht, die innerhalb der Erfassung des outcome der Kinder auch eine Angabe über deren Intelligenz machen möchten. Eine Intelligenzmessung mithilfe standardisierter Tests ist zeitaufwendig und jedes Kind muss einzeln untersucht werden. Die meisten Studien suchen nach einfacheren und ökonomischeren Methoden, wobei auch häufig die Angaben über die Methoden fehlen. Es finden sich neben der ausführlichen neuropsychologischen Testung die Anwendung verkürzter Testverfahren, die Anwendung von WHO Kriterien [48] und die Einschätzung der Intelligenz anhand des besuchten Schultyps [48]. Es kann also nicht von einer einheitlichen Definition oder einem einheitlichen Verständnis von

---

17 Z. B. definieren Persson et al.: »Learning disabilities was defined as an IQ with the Wechsler scales (…) as less than 70, corresponding to mental retardation according to ICD-10« (Persson et al. 2006, 331).

Kognition und Intelligenz ausgegangen werden, wenn die verschiedenen Forschungsergebnisse betrachtet werden.

Aber selbst der Rückgriff auf Forschungsergebnisse mit herkömmlichen Intelligenzmessungen klärt noch nicht die Frage, ob diese ein geeignetes Instrument zur Intelligenzerfassung bei Kindern mit Hydrocephalus darstellen.

Kinder mit einem Hydrocephalus haben häufig Schwierigkeiten im Sehen (Nystagmus, Strabismus, Weitsichtigkeit) und in der visuellen Wahrnehmung [1] (s. Abschnitt 3.2.1). Auch finden sich bei einem Viertel der Kinder Zerebralparesen, die dann häufig eine der beiden Hände in ihrer Funktion beeinträchtigen. Jedes dieser handicaps – Sehen und Bewegen – erschwert dem betroffenen Kind die Bearbeitung der Items aus einem Intelligenztest. Kinder, die sowohl Probleme im Sehen als auch in der Handmotorik haben, haben darüber hinaus erhebliche Probleme in der Augen-Hand-Koordination, eine wichtige Voraussetzung in der Intelligenzmessung (Milz 2006, 97).

Diese körperlichen Besonderheiten führen in der Kindesentwicklung auch zu einer besonderen Entwicklung von Intelligenz, denn die Aneignung von Raum und Zeit, die Herausbildung von Sprache und Handlungsabläufen werden durch die Fähigkeiten im Sehen und in der Motorik erheblich beeinflusst. Es kommt mithin zu einer nicht regulären Entwicklung der Intelligenz. Daher ist damit zu rechnen, dass die Auswertung normierter Testverfahren die Fähigkeiten dieses Kindes nicht korrekt abbildet und eine faire Beurteilung nicht möglich ist. Und Mataro et al. (2001) resümieren:

> »Intellectual quotient scores might not be sensitive enough to the hydrocephalic condition« (Mataro 2001, 176).

Die Testung körperbehinderter Kinder mit den heute üblichen Verfahren zur Intelligenzmessung wird auch noch aus weiteren Gründen kritisiert, wie die Gebundenheit an Sprache, an Wahrnehmung, an Motorik und Zeit, sowie ihre Defizitorientierung und fehlende Handlungsleitung (Blume-Werry 1996; Haupt 1996, 31; Leyendecker 1999; Erickson et al. 2001; Bergeest 2002, 168; Schlack 2007, 41).

> »Es bleibt festzuhalten, dass körperbehinderte Kinder anhand eines Intelligenzniveaus nicht beschrieben werden können. Qualitative Untersuchungen zur Intelligenzstruktur scheinen dagegen aufschlussreicher zu sein (…)« (Bergeest 2002, 141).

Neben den Schwierigkeiten in der Erhebung der Daten bei Kindern mit körperlichen Beeinträchtigungen ist weiter zu berücksichtigen, dass bei der Interpretation nicht einfach auf den Hydrocephalus als einzige Ursache geschlossen werden darf. Viele der Kinder haben weitere Beeinträchtigungen, einschließlich Hirnanomalitäten, die gar ursächlich für die Herausbildung des Hydrocephalus gewesen sein können. Es kommt vor, dass multivariate Analysen eine vermutete eindimensionale Kausalität aufheben [48]. Und gerade bei der Gruppe der Kinder mit Hydrocephalus besteht eine große

Streuung der möglichen Ursachen, der zusätzlichen Pathologien und des Ausmaßes der körperlichen Beeinträchtigungen [54].

»Research is increasingly directed toward understanding specific deficit patterns and correlating function with brain structure in this population, one consequence of these technological advances. However, the cognitive sequelae of hydrocephalus for young children remain largely unknown due to the difficulty measuring internal cognitive and neuropsychological processes through behavioral measures and due to difficulty disentangling confounding etiological factors from those specific to hydrocephalus« (Erickson et al. 2001, 199).

Trotz dieser Testkritik soll eine Betrachtung der Intelligenz und der Intelligenzstruktur erfolgen, denn es geht nicht um die Bewertung eines individuellen Kindes, sondern um die Suche nach Hinweisen auf neuropsychologische Auswirkungen des Hydrocephalus. Auch scheint es nach eigener Recherche keine anderen Beschreibungen von kognitiven Leistungen bei Kindern mit Hydrocephalus zu geben als die Veröffentlichungen zu Intelligenzniveau und Intelligenzprofil, die mit herkömmlichen Verfahren gewonnen wurden. Offenbar fehlen bisher Beschreibungen, die sich mit kreativen und qualitativen Methoden der Vielfalt der möglichen kognitiven Leistungen von Kindern mit Hydrocephalus widmen. Gerade für die Förderung der Kinder wäre es wichtig, Verfahren zu entwickeln, die die Kritik an der Testung körperbehinderter Kinder berücksichtigen und ihre Fähigkeiten entdecken können.

3.3.2 Intelligenz

Die Literatur dokumentiert übereinstimmend, dass Kinder mit Hydrocephalus in Intelligenztests schlechter abschneiden als die Norm. Die Hälfte bis zu Zweidritteln der Kinder mit einem Hydrocephalus befindet sich im Normalbereich des Intelligenzspektrums und ein Drittel bis zur Hälfte der Kinder darunter (s. Abschnitt 3.2.1).

An detaillierteren Angaben zur Intelligenz bei Kindern mit Hydrocephalus findet sich, dass

- ca. 30% der Kinder einen Intelligenzquotienten von über 90 Punkten [52, 64, 103] bzw.
- ca. 50% über 80 Punkten [48, 49] erzielen (Haberl et al. 2007, 1),
- ca. 60% über 70 Punkte erreichen [64] und
- ca. 80% noch mehr als 50 Punkte erreichen, was aber zugleich bedeutet, dass immerhin 20% der Kinder unter 50 Punkten liegen [103].

Es sind vor allem die Kinder mit zusätzlichen Pathologien, die in den niedrigen Rängen liegen [48, 64, 96].

»Patients with other pathology in addition to hydrocephalus are more often mentally impaired, regardless of the aetiology of the hydrocephalus or any other risk factors« (Heinsbergen et al. 2001, 103).

Zugleich zeigen die Kinder dieser Gruppe mit niedriger Intelligenz und zusätzlichen neurologischen Probleme auch verstärkt Verhaltensprobleme [54].

Weiter wird stets festgestellt, dass obwohl die Mehrheit der betroffenen Kinder und Jugendlichen einen messbar durchschnittlichen Intelligenzquotienten hat, es sowohl Gruppen mit Lernbehinderungen als auch Gruppen mit überdurchschnittlicher Intelligenz gibt [54]. Es stellt sich daher die Frage nach möglichen Einflussfaktoren im Zusammenhang mit der Entstehung des Hydrocephalus.

Medizinische Einflussfaktoren
Ebenso wie für die allgemeine Entwicklung der Kinder mit Hydrocephalus entscheidende medizinische Determinanten auszumachen sind, sind sie es auch für kognitive Entwicklung: neben weiteren Hirnfehlbildungen sind es Komplikationen wie Infektionen, Ventrikulitis, Trauma, intraventrikuläre Hirnblutungen, geringes Geburtsgewicht und mangelnde Sauerstoffzufuhr (Atemstillstände) [31, 48, 71]. Es sind alles Determinanten, die sowohl ursächlich für einen Hydrocephalus sein können als auch als Komplikationen auftreten. Es sind darüber die Kognition negativ beeinflussende Faktoren bekannt, die infolge des Hydrocephalus auftreten, nämlich steigender Druck, erheblich vergrößerte Ventrikel und Veränderungen in der grauen und weißen Hirnsubstanz [39, 71].

»The child's prognosis is as much based on the hydrocephalus, as on its cause and treatment complications« (Mataro et al.2001, 176).

Einen prognostischen Wert für das Risiko einer mentalen Beeinträchtigung fand Donders 1990 [28] in den Sehproblemen, was die Erfahrung untermauert, dass die mehrfach behinderten Kinder die größten Probleme haben und sich daraus erklären kann, dass Sehprobleme eine Folge lang anhaltenden Drucks sein können (s. Abschnitt 2.5).

Einfluss der Ätiologie
Bezogen auf die Ätiologie ist in den Studien übereinstimmend das Ergebnis zu finden, dass Kinder mit einem Hydrocephalus und einer Spina Bifida die relativ höheren Werte in den Intelligenztests erreichen [31, 48, 49, 64, 71, 78, 79, 80] und signifikant weniger eine geistige Beeinträchtigung zeigen [79]. Von allen Ätiologien hat die schwere Hirnblutung den ungünstigsten Einfluss auf die Kognition [41, 48]. So schreibt Hirsch schon 1994, dass einen Intelligenzquotienten von über 80 Punkten von den Kindern mit einer Spina Bifida fast 70% und von denen nach einer Hirnblutung nur 50% erreichen. Auch Kinder mit einem Hydrocephalus nach intrakraniellen Infektionen [19, 52, 57, 63] und mit einem Hydrocephalus in Verbindung mit einer Aquäduktstenose [71, 88] erreichen in der Regel nur niedrigere Werte.
Eine schwedische Studie von 2005 [64] kommt im Detail zu folgenden Ergebnissen:
- Eine mentale Beeinträchtigung (weniger als 70 Punkte im Intelligenztest) liegt bei 29% der Kinder mit Spina Bifida, aber bei 42% der Kinder mit Hydrocephalus anderer Ursache vor. Eine weitere schwedische Studie von 2006 [79] schließt

jüngere Kinder mit ein und findet nur bei 16% der Kinder mit einer Spina Bifida einen Wert von unter 70 Punkten, aber mit 47% eine ähnliche Häufigkeit einer mentalen Beeinträchtigung bei den Hydrocephali anderer Ursache.[18]
- Frühgeborene Kinder mit Hydrocephalus erreichen durchschnittlich einen Wert von 68 Punkten, reifgeborene Kinder mit Hydrocephalus dagegen einen Wert von 76 Punkten. Und frühgeborene Kinder mit einem Hydrocephalus bedingt durch eine Hirnblutung haben den niedrigsten IQ-Wert von 57 Punkten.
- Kinder mit einer zusätzlichen Pathologie (Zerebralparese und/oder Epilepsie) haben einen niedrigen IQ-Wert von 66, während jene ohne diese Beeinträchtigungen immerhin einen Intelligenzquotienten von 78 zeigten.
- Auffallend schlecht schneiden die Kinder ab, die einen sichtbaren Hydrocephalus schon bei Geburt zeigten (ohne Beteiligung der Kinder mit Spina Bifida). Die Studie von 2006 findet in dieser Gruppe bei der Hälfte der Kinder eine mentale Beeinträchtigung. Sie erlangen durchschnittlich weniger als 60 Punkte, während die anderen einen Wert von durchschnittlich 77 Punkten erreichen.

Zu beachten ist, dass dies durchschnittliche Werte sind und dass die Streuungen oft erheblich sind. Auch wenn die mentale Beeinträchtigung in der Gruppe der Kinder mit einem isolierten Hydrocephalus bei fast 50% dieser Kinder zu finden ist, so sind zugleich in dieser Gruppe mehr Kinder mit einer normalen Intelligenz (≥ 85) als in der Gruppe der Kinder mit einer Spina Bifida [64].

Die geringsten Intelligenzquotienten finden sich bei den Kindern, die Frühgeborene waren und einen posthämorrhagischen Hydrocephalus hatten und bei den Kindern mit einem sichtbaren Hydrocephalus bei der Geburt [48, 77, 78, 79, 80]. Letzteres wird in dem Review von Erickson et al. (2001) [31] unter Heranziehung zahlreicher Untersuchungen hervorgehoben:

»In the case of congenital etiologies versus acquired hydrocephalus, the earlier congenital etiologies may be characterized by more severe cognitive deficits relative to the hydrocephalus severity, while acquired hydrocephalus may be characterized by less severe cognitive deficits« (Erickson, Baron & Fantie 2001, 205).

Dies entspricht der schlechten Prognose für diese Kinder, die auch hinsichtlich ihrer allgemeinen Entwicklung zu stellen ist (s. Abschnitt 3.3.2). Genauso wie die günstige Prognose für die Kinder mit einem sogen. ›unkomplizierten‹ Hydrocephalus, bei dem eine Operation ohne weitere zusätzliche Eingriffe oder Behandlungen erfolgen kann. Sie erreichen in den Intelligenztests die höheren Werte [31].

Es besteht die Vermutung, dass die Hirnschädigungen, die schon früh in der Schwangerschaft erfolgen, mehr und grundlegendere Konsequenzen auf den Intelligenzquotienten haben als später erfolgte Schädigungen (s. Abschnitt 3.2.3).

---

18 Weshalb jüngere Kinder den Intelligenzdurchschnitt der Gruppe erhöhen, kann an einer besseren neurochirurgischen Versorgung liegen, kann an einer höheren Zahl an Schwangerschaftsabbrüchen bei schwerer behinderten Kindern liegen oder an dem Phänomen, dass bei Kindern mit SB/HC im Laufe der Entwicklung der Abstand zu den nichtbehinderten Kindern größer wird.

Besonderheiten bei Kindern mit Spina Bifida

Die häufigste Form des kongenitalen Hydrocephalus und zumal eine Form, die sich früh in der Schwangerschaft entwickelt, ist ein Hydrocephalus in Verbindung mit einer Spina Bifida. Diese Kinder entwickeln sich aber entgegen der Prognose, die bei einem pränatal sich früh herausbildenden Hydrocephalus zu stellen wäre, gut. Sie schneiden in allen Studien, die Intelligenzmessungen vornehmen, am besten von allen ätiologischen Gruppen ab [67, 78].

Eine Erklärung dieses Paradoxons bietet Hirsch an:

»It should be pointed out that in meningomyeloceles a prenatal type of hydrocephalus is present. As stated previously, the CSF [cerebrospinal fluid] leakage at the level of the spina bifida might explain this paradoxical result, as it perhaps protects the developing brain against increased ICP [intracranial pressure]« (Hirsch 1994, 68).

Kinder mit Spina Bifida und Hydrocephalus erreichen von allen ätiologischen Gruppen durchschnittlich die höchsten Werte in den Intelligenzmessungen und weisen die geringste Varianz auf [64]. Was aber nicht bedeutet, dass sie alle einen ähnlich hohen Intelligenzquotienten haben, denn im Vergleich mit ihrer Geschwistergruppe zeigen sie mehr Varianz als die Geschwister untereinander [113]. Ihre relativ geringe Streuung innerhalb der verschiedenen ätiologischen Hydrocephalusgruppen belegt daher vor allem die sehr große Varianz in den anderen ätiologischen Gruppen [22]. Es gibt mehrere Untersuchungen, die gezielt die neuropsychologischen Aspekte analysieren und bei den Kindern mit einem Hydrocephalus in Verbindung mit einer Spina Bifida eine Reihe an Einschränkungen und Besonderheiten finden, auf die in der Differenzierung zur Intelligenzstruktur bei Kindern mit Hydrocephalus noch eingegangen werden wird.

Es sind bestimmte kognitive Schwierigkeiten und Einschränkungen, die bei ihnen besonders häufig auftreten und die mit dem Alter zunehmen, was zu Folge hat, dass die Differenz zu den nichtbehinderten Kindern größer wird [21, 54, 55, 96, 112]. Die Literatur spricht gar von dem kognitiven Phänotyp der Spina Bifida [26, 66]:

»The congenital brain abnormalities found (…) result in cognitive impairments, the cognitive phenotype. This cognitive phenotype has attracted increasing interest in recent years« (Lindquist et al. 2008, 596).

Hier ist vor allem auf Dennis et al. hinzuweisen, die 2006 ein theoretisches Erklärungsmodell vorstellten, wie sich aus den primären neuronalen Fehlbildungen aufgrund weiterer Schäden am Zentralnervensystem und Umwelteinflüssen unterschiedliche kognitive Typen entwickeln können.

Bei den Ursachen der kognitiven Probleme wird des Weiteren diskutiert, dass hierfür die Chiari II-Malformation verantwortlich sein dürfte [109] oder eine fehlerhafte neuronale Entwicklung des limbischen Systems [104] oder auch der Einfluss des intrakraniellen Drucks auf die Myelinisierung der Axone. Auf diese Forschungsergebnisse wird im weiteren Verlauf näher eingegangen.

Dennis et al. (2006) bieten dann auch eine Erklärung für die relative Abnahme der kognitiven Funktionen bei Jugendlichen mit Hydrocephalus und Spina Bifida. Eine australische Arbeitsgruppe veröffentliche 2001 eine Langzeitstudie [55], in der neunzehn Hydrocephaluskinder mit Spina Bifida im Abstand von zwei bis drei Jahren dreimal neuropsychologisch getestet wurden. Sie fanden

> »(...) there was a significant decrease in abilities across childhood, from infancy to later childhood, suggesting a failure to acquire cognitive skills within the expected time frame, and an increasing discrepancy between these children and their age peers, in terms of cognitive function« (Jacobs et al. 2001, 399).

Der Abfall war auch nicht durch schulische Fehlzeiten oder durch die Belastung eines Lebens mit einer chronischen Erkrankung zu erklären, weil er mit einem durchschnittlichen Absinken um 20% zu gravierend war (Jacobs et al. 2001, 400). Ihre Erkenntnisse lassen sich aber in das Modell von Dennis integrieren: Je früher die zerebrale Schädigung das kindliche Gehirn beeinflusst, desto mehr und weitreichendere Auswirkungen sind auszumachen. Hinweise auf einen Abfall kognitiver Leistungen, genauer in Rechenfertigkeiten und im Abzeichnen geometrischer Figuren, gibt auch schon die Studie von Wills et al. aus dem Jahr 1990 [112].

In dem Abfall der kognitiven Leistungen kann der Grund für die Schulwechsel von der Regel- hin zur Sonderschule im Jugendalter liegen, den Stevenson und Pit-ten Cate (2003) beschreiben, und der der eigenen Berufserfahrung entspricht. Stevenson und Pit-ten Cate (2003) schreiben zu dem Abfall der Leistungen:

> »This (a general pattern of low attainment) is maintained into the secondary school and at this age, children with spina bifida too seem to be increasingly experiencing difficulties« (Stevenson & Pit-ten Cate 2003, 26).

Der Schulwechsel kann aber ebenso begründet oder mitbegründet sein durch die im Jugendalter zunehmenden Schwierigkeiten mit Gleichaltrigen [96, 97].

Diese Forschungsergebnisse beziehen auf Kinder und Jugendliche mit der Doppelbehinderung Spina Bifida und Hydrocephalus. Es gibt aber auch Untersuchungen, die den relativen Abfall der Intelligenz auch bei Jugendlichen mit einer isolierten Spina Bifida sehen [97, 31]. Danach entwickeln sich auch die Jugendlichen mit einer isolierten Spina Bifida langsamer und die Unterschiede zu den Leistungen nichtbehinderter Jugendlicher werden größer. Hierbei ist aber einschränkend zu sagen, dass von einem Abfall nur bei Langzeituntersuchungen der gleichen Kinder gesprochen werden kann wie bei Jacobs et al. (2001). Der Befund eines relativ besseren Ergebnisses bei Kindern im Unterschied zu Jugendlichen kann auch auf eine bessere medizinische Versorgung und pädagogische Förderung zurückzuführen sein.

Ergebnisse aus Vergleichsstudien

Der Vergleich der Intelligenzstruktur von Kindern mit einem Hydrocephalus mit Kontrollgruppen gleichen Alters, Geschlechts und auch gleichem Intelligenzniveau ergibt konsistent signifikante Unterschiede. Aktuell (2005 und 2008) liegen hierzu zwei Untersuchungen aus Schweden vor [64, 66]. In dem Vergleich der Intelligenz von Hydrocephaluskindern aus allen ätiologischen Gruppen, kommen die Autoren Lindquist, Persson, Carlsson, Uvebrant zu den erwähnten Abstufungen zwischen reif- und frühgeborenen Kinder, zwischen Kindern mit und ohne Spina Bifida, zwischen Kindern mit und ohne zusätzliche Pathologien und weiter zu dem auffallenden Ergebnis, dass die Kinder durchgängig in dem Verbalteil des Intelligenztestes besser sind als in dem Handlungsteil. Diese außergewöhnliche Diskrepanz findet sich bei allen ätiologischen Gruppen. Daraus wird geschlossen:

> »The difference between verbal and performance IQ present in children both with and without MMC [Myelomeningocele] and also in normally gifted children may indicate that it is the hydrocephalus *per se* and not only the cause of it that largely creates the problem« (Lindquist et al. 2005, 882).

In der Untersuchung drei Jahre später werden nur jene Hydrocephaluskinder betrachtet, die einen Intelligenzquotienten von mehr als 70 Punkten erreichen und mit Kontrollgruppen verglichen. Hierbei fällt auf, dass trotz des relativ guten Intelligenzquotienten die Kinder mit Hydrocephalus gleichlautend in fast allen kognitiven Funktionen signifikante Unterschiede zu der Kontrollgruppe nichtbehinderter Kinder zeigen. Ihr Lernen, Erinnern und ihre Exekutivfunktionen sind beeinträchtigt. Es finden sich bei gleich guter Intelligenz auch keine signifikanten Unterschiede zwischen den Kindern mit einem Hydrocephalus plus einer Spina Bifida und jenen mit einem isolierten Hydrocephalus (Lindquist et al. 2008, 600).

Ergebnisse aus Vergleichsstudien
von Kindern gleicher Ätiologie mit und ohne Hydrocephalus

Schon der Review von Erickson et al. (2001) kommt zu dem Schluss:

> »The literature consistently documents that children with hydrocephalus often perform more poorly than normal children or children with the same etiology but without associated hydrocephalus on intelligence tests« (Erickson et al. 2001, 202).

So zeigen Kinder mit einer isolierten Spina Bifida keinen signifikanten Unterschied in der Intelligenzmessung zu nichtbehinderten Kindern [54, 66b]. Mit der Doppelbehinderung Spina Bifida und Hydrocephalus dagegen liegen 20% bis 30% unter einem Wert von 70 Punkten [31, 48, 49, 64, 79].

Das gleiche Bild der besseren Intelligenzergebnisse findet sich bei Kindern nach Hirnblutungen und bei Kindern mit Hirntumoren ohne begleitenden Hydrocephalus im jeweiligen Vergleich zu Kindern mit diesen Beeinträchtigungen plus einem Hydrocephalus [31, 37].

Die beiden größten ätiologischen Gruppen – die Spina Bifida und die frühkindliche Hirnblutung – führen häufig, aber lange nicht in jedem Fall zu der Herausbildung eines Hydrocephalus. Da liegt es nahe, die jeweiligen Gruppen miteinander zu vergleichen, um Schlüsse auf die Auswirkungen des Hydrocephalus zu ziehen. Dem differenzierten Vergleich, zumindest in Bezug auf die Kinder mit Spina Bifida, widmen sich Veröffentlichungen einer britischen [54] (Iddon et al. 2004) und einer niederländischen Arbeitsgruppe [109] (Vinck et al. 2006).

Iddon et al. (2004) aus Großbritannien haben gezielt nur Jugendliche mit einem Intelligenzquotienten von mehr als 90 Punkten im Verbalteil ausführlich untersucht und hierfür drei Gruppen gebildet: Jugendliche mit einer isolierten Spina Bifida, Jugendliche mit einem isolierten Hydrocephalus und Jugendliche mit Hydrocephalus plus Spina Bifida. Zwischen den beiden Hydrocephalusgruppen finden sich keine signifikanten Unterschiede, sehr wohl aber zu der Gruppe der Jugendlichen mit einer Spina Bifida. Letztere zeigen keinen Unterschied in ihren kognitiven Fähigkeiten zu nichtbehinderten Jugendlichen. Dagegen zeigen beide Gruppen mit Hydrocephalus trotz guter Verbalintelligenz und emotionaler Stabilität signifikante Beeinträchtigungen im Lernen, Erinnern, in der Aufmerksamkeit und in den Exekutivfunktionen.

»(…) patients with hydrocephalus (with or without spina bifida) (…) showed a global pattern of impairment on all other tasks as compared to patients with spina bifida and matched controls« (Iddon et al. 2004, 1115).

»The neuropsychological profile of patients with hydrocephalus is one of relative impairment and this is so whether or not spina bifida is present. In spina bifida alone, in the absence of hydrocephalus, cognitive function is relatively spared« (Iddon et al. 2004, 1112).

Die niederländische Arbeitsgruppe [109] vergleicht ganz ähnlich wie die Briten Kinder mit einer isolierten Spina Bifida, Kinder mit einem isolierten Hydrocephalus und Kinder mit einem Hydrocephalus plus einer Spina Bifida, bei allen Gruppen unter Herausnahme der Kinder mit mentaler Beeinträchtigung. Allerdings haben hier die Kinder ihren Hydrocephalus alle aufgrund einer Chiari II-Malformation (ACM) und Ziel der Studie ist es, mögliche Differenzen auf die Auswirkungen der Chiari II- Malformation zurückzuführen. Die Ergebnisse sind ähnlich wie die von Iddon et al. (2004). Die Kinder mit einem Hydrocephalus/bzw. einer ACM zeigen schlechtere Ergebnisse im Handlungsteil des Intelligenztests als die Kinder mit einer isolierten Spina Bifida. Neben den Beeinträchtigungen in der visuellen Analyse und Synthese, die vornehmlich dem Hydrocephalus zugeordnet werden, sehen sie die spezifischen Defizite im verbalen Erinnern und dem fließenden Sprechen als Attribute der ACM.

Diese aktuellen Untersuchungen nähren die Hinweise, dass der Hydrocephalus zu typischen Beeinträchtigungen bei den betroffenen Kindern führen kann, zumindest was den Bereich der Kinder mit einer durchschnittlichen oder leicht unterdurchschnittlichen Intelligenzleistung betrifft, und es stellt sich die Aufgabe, das neuropsychologische Profil näher zu betrachten.

3.3.3 Intelligenzstruktur

Ziel neuropsychologischer Diagnostik ist weniger die Feststellung eines Intelligenzgesamtwertes in Form eines Quotienten, sondern die differenzierte Analyse möglicher kognitiver Funktionsbeeinträchtigungen. Zusätzlich zu diesem Leistungsprofil ergibt sich aus der Anamnese, den Verhaltensbeobachtungen und den Elterngespräche die Diagnostik (Lösslein & Deike-Beth 2000, 140). Nur durch eine umfassende Diagnostik, einschließlich eines Herausarbeitens der Stärken und Schwächen eines Kindes kann ein therapeutischer Ansatz entwickelt werden.

Dennoch bilden die durch einen Intelligenztest ermittelten Leistungsprofile die Basis der neuropsychologischen Begutachtung, und hierin festgestellte Beeinträchtigungen sind ein wichtiges Indiz für eine Hirnfunktionsstörung.

Von Beginn dieser Forschungen an wird in der Literatur konsistent referiert, dass sich bei Kindern mit Hydrocephalus wiederholt eine Reihe an Schwächen findet [14, 50, 54, 67, 71].

»The general consensus is that overall such subjects have reduced cognitive functioning compared to healthy children, particularly with regard to poor attention and high distractibility, impaired memory, possibly associated with poor strategy, reduced language skills, and finally maths, numeracy, and problem solving difficulties« (Iddon et al. 2004, 1112).

Ehe auf diese Schwächen eingegangen wird, ist hervorzuheben, dass in der gleichen Studie ein ansonsten seltener Verweis auf Stärken der betroffenen Kinder erfolgt:

»These results suggest a core pattern of neural damage and resultant ›executive‹ cognitive impairment, in the presence of preserved traditional and emotional intelligence and relatively preserved function on less effortful tasks (for example, recognition memory, memory span)« (Iddon et al. 2004, 1116).

Diese Stärken können den betroffenen Kindern eine Basis geben, um Strategien zur Kompensation ihrer Schwächen zu entwickeln.

Bei der Betrachtung der Forschungsergebnisse zur Intelligenzstruktur muss berücksichtigt werden, welche Ätiologie der Untersuchungsgruppe zugrunde liegt. Viele der Arbeiten beziehen sich ausschließlich auf Kinder mit der Doppelbehinderung Hydrocephalus und Spina Bifida. Diese Kinder gehören wegen der zahlreichen medizinischen Kontrollen und ihren lähmungsbedingten gesundheitlichen Problemen zu den Patienten, die regelmäßig eine Klinik aufsuchen und auf die daher für Forschungen leichter zuzugreifen ist.

»(...) SBM [spina bifida myelomeningocele] has been the topic of relatively little neurocognitive investigation« (Dennis et al. 2006, 285).

Bei ihnen besteht aber auch die Vermutung, dass ihre kognitiven Schwächen in der den Hydrocephalus verursachenden Chiari II-Malformation begründet sind [109]. Auch dürften ein geringes Selbstbewusstsein und die Lebensaufgabe, mit einer sichtbaren Behinderung zu leben, ihre Entwicklung und Erziehung und letztlich auch ihre intellektuelle Entwicklung beeinflussen [54]. Auf jeden Fall unterscheidet sich ihr kognitives Profil in einigen Aspekten von denen anderer Kinder mit Hydrocephalus und wird deshalb hier jeweils differenziert betrachtet.

3.3.3.1 Forschungsergebnisse zu einzelnen kognitiven Aspekten

Diese Arbeit möchte einen Beitrag dazu liefern, ein Bild über Stärken und Schwächen von Kindern mit Hydrocephalus zu erhalten (s. Abschnitt 1.4). Ziel ist zum einen, eine aktuelle Übersicht zu erhalten, die zudem die verschiedenen Ätiologien berücksichtigt und zum anderen, eine Basis für weitere Forschungen zu geben, auf der auch die zentrale Frage der eigenen Forschung aufbauen wird. Es werden daher Forschungsergebnisse aus neuropsychologischen Studien (s. Abschnitt 3.1.2) zusammengefasst.

Aufmerksamkeit

Aufmerksamkeit ist eine elementare Hirnleistung und eine grundlegende Voraussetzung für das Lernen. In der Neuropsychologie wird nach Lösslein und Deike-Beth (2000, 204) die Aufmerksamkeit in die Komponenten
- selektive Aufmerksamkeit (Fähigkeit den Bereich zu erkennen, der die Aufmerksamkeit benötigt und sich auf diese eine Aktivität zu konzentrieren),
- geteilte Aufmerksamkeit (Fähigkeit gleichzeitig mehrere Informationen zu beachten),
- Daueraufmerksamkeit (Fähigkeit die Aufmerksamkeit lange aufrecht zu halten)
- und in die Komponente der kognitiven Verarbeitungsgeschwindigkeit

unterteilt.

Die Schwierigkeiten der Kinder mit Hydrocephalus in der Aufmerksamkeit, sowohl die Schwierigkeit die Aufmerksamkeit zu teilen als auch die Konzentration auf eine Aktivität, wurden schon früh und vielfach beobachtet [31, 54] und gehören zu den Aspekten, die von Eltern, Lehrern und auch erwachsenen Betroffenen häufig als Problem benannt werden. Für die Gesamtgruppe der Kinder mit Hydrocephalus ist festzustellen, dass ihre Leistung in der Aufmerksamkeit nur einen unteren Level erreicht, und zwar auch bei Kindern im mittleren Intelligenzbereich (≥ 90 Punkte) [54]. Zum möglichen Einfluss der Revisionen auf die Aufmerksamkeit gibt es nur das Forschungsergebnis, dass die Daueraufmerksamkeit durch die Zahl der Revisionen nicht beeinträchtigt wird. Es kann sein, dass die Daueraufmerksamkeit sich als relative Stärke zeigt, denn die Untersuchung von Edelstein (2004) kam zu dem Ergebnis, dass die Kinder mit Hydrocephalus und Spina Bifida bei der Bearbeitung der Testaufgaben Lernzuwächse zu verzeichnen hatten, zu denen sie eine gute Aufrechterhaltung der Daueraufmerksamkeit brauchten [30].

Kinder mit Hydrocephalus und Spina Bifida

Kinder mit Hydrocephalus und Spina Bifida werden ausführlicher untersucht, und es wird auch ihnen eine generelle Aufmerksamkeitsschwäche [70, 89, 104] attestiert.

Eine Arbeit von Brewer et al. (2001), die sich nur mit dem Aspekt der Aufmerksamkeit beschäftigt und im Wesentlichen Kinder mit Spina Bifida untersucht hat, kommt zum Ergebnis, dass bei ihnen andere Teilaspekte der Aufmerksamkeit beeinträchtigt sind als bei Kindern mit einem Aufmerksamkeits-Defizt-Hyperaktivitäts-Syndrom (AD/HD, attention deficit-hyperactivity disorder). Während letztere vor allem Probleme mit dem Wechseln und der Daueraufmerksamkeit haben, sind es bei den Kindern mit Hydrocephalus plus Spina Bifida neben dem Wechseln der Aufmerksamkeit die Schwierigkeiten in der selektiven Aufmerksamkeit, also den Fokus zu finden, ihre Aufmerksamkeit überhaupt auf den wichtigen Punkt zu lenken. Bei diesen Aufgaben sind die Kinder zudem sehr langsam in ihrer kognitiven Verarbeitungsgeschwindigkeit. Burmester et al. (2006) kommen in ihrer Untersuchung zu den Aufmerksamkeitsproblemen bei Kindern mit Hydrocephalus und Spina Bifida zu dem Schluss, dass die Eltern bei 31% der Kinder ein AD/HD bejahen, und zwar mit 23% meist den unaufmerksamen Typ, der stärker durch erhöhte Unaufmerksamkeit als durch Impulsivität und Hyperaktivität auffällt. Eine Kombination einer Aufmerksamkeitsschwäche – hier der selektiven Aufmerksamkeit – und langsamen Verarbeitungsgeschwindigkeit finden auch Roebrock et al. 2006 in einer kleinen Stichprobe. Brewer et al. (2001) sehen hier eine Verbindung zu den Hirnstrukturen.

»Children with congenital hydrocephalus showed an inability to focus and shift attention, which specifically implicated impairment of the disengage and move components of the posterior brain attention system« (Brewer et al. 2001, 185).

Diesem Hinweis folgen Mataro et al. (2001) in ihrem Review und nehmen an, dass bei Kindern mit einem Hydrocephalus weniger ein Defizit in den Exekutivfunktionen bestehe als vielmehr eine Störung der Aufmerksamkeit, die dann zu den Problemen in den Exekutivfunktionen führe. Und auch Vachha et al. (2004) vermuten, dass die Aufmerksamkeitsstörung eine zentrale Rolle spielt und Ursache der Gedächtnisprobleme der Kinder mit Hydrocephalus und Spina Bifida sei.

Kognitive Verarbeitungsgeschwindigkeit (Prozessgeschwindigkeit)

Unter der Vielzahl der durchgesehen Studien für diese Übersicht eines aktuellen Forschungsstandes findet sich keine Arbeit, die die Reaktions- oder Prozessgeschwindigkeit oder das Arbeitstempo bei Kinder oder Jugendlichen mit einem isolierten Hydrocephalus untersucht, wohl aber eine Reihe an Arbeiten hierüber bei jungen Menschen mit Hydrocephalus und Spina Bifida. Demnach finden sich in diesen Bereichen deutliche Defizite [11, 21, 55, 90]. Zwei Studien (Jacobs et al. 2001; Dahl et al. 2007) sprechen gar von einer spezifischen Schwäche, die sich von den anderen Schwächen nochmals abhebt. Sie ist auch nicht testimmanent durch andere Schwächen, wie z. B. eine Schwäche in der visuellen Analyse, zu erklären, denn die Arbeit von Boyer et al. (2006) testete über gehörtes Material. Hören gehört zu den Funktionen, in denen mehrere Untersuchungen den Kindern eine durchschnittliche Fähigkeit bescheinigen[44, 48, 71, 112].

In engem Zusammenhang zu den Verlangsamungen in der Prozessgeschwindigkeit steht die ebenfalls deutliche Schwäche der unmittelbaren Informationsaufnahme [55]. Studien aus diesem Jahrzehnt suchen zunehmend als Erklärung die Verbindung zu den durch den Hydrocephalus veränderten Hirnstrukturen. Während Jacobs et al. (2001) in diesem Sinne eine verzögerte Myelinisierung der Axone und eine verzögerte Formation der synaptischen Verbindungen für die teilweise unbefriedigende Entwicklung der kognitiven Fähigkeiten sieht und hierin im Einklang mit vielen aktuellen Studien liegt, ziehen Vinck et al. (2006) bezüglich der Kinder mit Hydrocephalus und Spina Bifida einen anderen Schluss:

»Our study suggests the role of the cerebellum in both motor speed and coordination as well as higher cognitive functioning in patients with spina bifida« (Vinck et al. 2006, 1085).

Sie sehen die besonderen kognitiven Schwächen der Kinder mit einer Spina Bifida darin begründet, dass diese Kinder ihren Hydrocephalus aufgrund einer Fehlbildung des Kleinhirns (Chiari II-Malformation) entwickeln. Dagegen finden Edelstein et al. (2004) keinen Zusammenhang zwischen dem Ausmaß der Chiari II-Malformation und den getesteten Leistungen in einer Spiegelzeichenaufgabe [30]. Es bleibt offen, inwiefern die Spiegelzeichenaufgabe als höhere kognitive Funktion anzusehen ist, und ob es sich tatsächlich um einen Widerspruch handelt.

Die Vermutung von Vinck et al. (2006) wird gestärkt durch die Tatsache, dass alle Untersuchungen zur Reaktionsgeschwindigkeit sich auf Kinder mit Hydrocephalus und Spina Bifida beziehen. Wenn es keine Untersuchungen hierzu für Kinder mit isoliertem Hydrocephalus gibt, kann es sein, dass die Prozessgeschwindigkeit bei Kindern mit einem isolierten Hydrocephalus unauffällig ist, zumindest keinen untersuchungsrelevanten Aspekt der Kognition bietet.

Lernen und Erinnern

In ihrem Review beklagen Mataro et al. (2001, 174), dass systematische und nachvollziehbare Einschätzungen zu den Gedächtnisleistungen fehlen würden und die wenigen Studien gemischte Resultate zeigen. Auch wenn es zwischenzeitlich aktuelle Untersuchungen gibt, die sich dieser Frage widmen, so besteht doch das Problem der Systematik. Die Neuropsychologie zeigt eine Vielfalt an Gedächtnisleistungen auf, die unterschiedlich klassifiziert werden (Lösslein & Deike-Beth 2000, 219; Mielke 2001, 109). Eine gängige Klassifikation ist die Differenzierung der Gedächtnisleistungen entlang der Behaltenszeitspanne, also in Stufen vom unmittelbaren Behalten bis zum Langzeitgedächtnis zu unterscheiden, und erst beim Langzeitgedächtnis die verschiedenen Inhalte (deklaratives/explizites und prozedurales/implizites Gedächtnis) zu differenzieren. Der Testung zugänglich sind hierbei nur das kurzzeitliche Behalten, die Fähigkeiten der verschiedenen Sinneskanäle, die Leistungen auf unterschiedliche Materialien sowie die Strategien des Behaltens. Genau genommen wird mit dem Test weniger die Fähigkeit des Behaltens, sondern vielmehr die Fähigkeit des Hervorrufens und Benennens festgestellt. Auch wird diskutiert, dass der Aspekt des kurzzeitigen Behaltens ein Teil der Aufmerksamkeit sei, zumindest mit ihr eng verbunden ist [31]. Letztlich bilden die Gedächtnisleistungen zwar einen wichtigen, aber eben nur einen Aspekt in dem vielschichtigen Prozess des Lernens (Mielke 2001, 13).

Es gibt Untersuchungen über das Behalten über relativ kurze Zeitspannen (Arbeits- und Kurzzeitgedächtnis), zum deklarativen (expliziten) und prozeduralen (impliziten) Gedächtnis und zu Gedächtnisstrategien. Wobei auch hier gilt, dass die Kinder mit Hydrocephalus und Spina Bifida häufiger untersucht wurden als Kinder mit einem Hydrocephalus anderer Ätiologie.

Kinder mit isoliertem Hydrocephalus

Demnach zeigen Kinder mit einem shuntversorgten Hydrocephalus auffallend schlechte Gedächtnisleistungen, die sich auf Schwächen im Speichern (encodieren) und auf Schwächen im Abrufen (decodieren/reproduzieren) beziehen und sich sowohl bei verbalen als auch bei nonverbalen Aufgaben zeigen [54, 92]. Scott spricht von einer ›pervaise disturbance of memory process‹ (1998, 578). Lindquist et al. (2008) untersuchen die Gedächtnisleistungen von Kindern mit relativ guter Intelligenz (IQ ≥ 70 Punkte). Ihre Schlussfolgerung bestätigt die früheren Forschungen:

» The learning, retrieval and recall of verbal and spatial material, therefore, appear to be a core problem in children with hydrocephalus independent of aetiology« (Lindquist et al. 2008, 600).

Sie finden signifikant beeinträchtigte Funktionen im Lernen, Erinnern und den Exekutivfunktionen. Nur Wahrnehmen und Wiedererkennen, insbesondere von gehörtem Material, liegen im Normalbereich. Das unmittelbare Wahrnehmen und Erkennen wird vom impliziten Gedächtnis geleistet. Schwierigkeiten bestanden vor allem, wenn irgendeine Form von Analyse gefordert wurde (wie z. B. beim Nacherzählen einer kurzen Episode). Hier zeigen sich signifikante verbale und nonverbale Defizite im Erinnern und im Kurzzeitgedächtnis und somit im expliziten Gedächtnis. Auch die Fähigkeiten im visuell-räumlichen Erinnern und Planen differierten signifikant von denen der Kontrollgruppe.

Kinder mit einem Intelligenzquotienten im durchschnittlichen Bereich (≥ 85 Punkte) zeigten signifikant bessere Ergebnisse als die Kinder im leicht unterdurchschnittlichen Intelligenzbereich. Aber verglichen mit einer Kontrollgruppe nichtbehinderter Kinder zeigen sich weiterhin Signifikanzen in allen untersuchten Funktionen des Lernens, des Gedächtnisses und der Exekutivfunktionen. Nur wiederum in der Fähigkeit ›recognition‹ konnten sie mit der Kontrollgruppe mithalten.

Zwei wichtige Hypothesen sehen die Autoren durch ihre Studie bestätigt:

1. Die Kinder haben vor allem eine beeinträchtigte Entwicklung in den Strategien, die zum effektiven Speichern und Abrufen nötig sind.
2. Das implizite Gedächtnis, welches Fertigkeiten und Verhaltensweisen speichert, ist dabei nicht beeinträchtigt, wohl aber das explizite Gedächtnis, welches Erfahrungen und Wissen speichert. Das implizite Gedächtnis ist vermutlich an weniger spezialisierte und weniger verletzbare Hirnstrukturen gebunden und deshalb in seiner Funktion weniger beeinträchtigt als das explizite Gedächtnis.

Kinder mit Spina Bifida und Hydrocephalus

Die ineffektive Strategie beim Lernen und Erinnern sowie das relativ bessere implizite Gedächtnis zeigen sich auch in den Studien, die die Kinder mit einem Hydrocephalus plus einer Spina Bifida untersuchen [11, 90, 104, 106, 107, 114].

Die Arbeitsgruppe Vachha und Adams [104–108] aus den USA untersucht in mehreren Studien das Lernen und Erinnern bei Kindern mit Hydrocephalus plus Spina Bifida und vergleicht anschließend die neuropsychologischen Ergebnisse mit den Ergebnissen der bildgebenden Verfahren und sucht Erklärungen in den veränderten Hirnstrukturen und Hirnfunktionen.

Demnach haben Kinder mit Hydrocephalus plus Spina Bifida ebenso wie Kinder mit einem isolierten Hydrocephalus Schwierigkeiten im Abspeichern (encodieren) und Abrufen [104] und auch eine schlechtere Gedächtnisspanne als Kinder einer Kontrollgruppe [107]. Letzteres zeigt sich in der Untersuchung von Lindquist et al. (2008) auch bei den Kindern mit einem isolierten Hydrocephalus [66].

Vachha und Adams (2004c, 2005) zeigen weitere Einzelergebnisse auf. So klappt das einfache Auswendiglernen gut und die Kinder zeigen bei einfachen Lernaufgaben keine schlechteren Resultate als die Kontrollgruppen, aber sowie höhere Anforderungen kommen macht sich die ineffiziente Lernstrategie bemerkbar [106, 107]. Diese Beobachtung – in Bezug auf verbales und visuelles Material – stellen auch Jacobs et al. (2001) [55] fest. In ihrer Studie ist auch wieder der relative Abfall der Leistung mit zunehmendem Alter der Jugendlichen auszumachen, wie auch andere Forschungen zu anderen kognitiven Aspekten bei Kindern mit Hydrocephalus plus Spina Bifida zeigen [21, 54, 96, 97].

Die ineffiziente Lernstrategie bedeutet, dass die Kinder versuchen, sich alle Informationen zu merken und nicht die übergeordneten Begriffe oder die höher bewerteten Begriffe. Sie nehmen Informationen schlechter auf und haben erhebliche Schwächen, metakognitive Strategien anzuwenden.

»Preliminary finding are consistent with our previous clinical and research findings wherein children with MM/SH [myelomeningocele/shunted hydrocephalus] focus on many extraneous details, but demonstrate difficulty remembering the main gist of a story/event« (Vachha & Adams 2005, 1).

Ihnen steht die für den Schulerfolg wesentliche Fähigkeit, wichtige von unwichtigen Informationen zu unterscheiden, selektiv wichtige Fakten abzurufen und unwichtige Informationen zu ignorieren, nicht zur Verfügung. Angesichts der zudem vorhandenen schlechteren Gedächtnisspanne erweist sich die Lernstrategie, möglichst viel abzuspeichern, als besonders ineffizient.

Vachha und Adams benennen noch weitere Schwierigkeiten der Kinder beim Abrufen der gespeicherten Informationen. Sie untersuchen phonologische Prozesse bei Kindern mit Hydrocephalus und Spina Bifida, mit deren Ergebnissen die Lesestärken und Leseschwächen der Kinder zu erklären versucht wird. Viele Kinder zeigen trotz guter Worterkennung Schwierigkeiten im Verständnis des gelesenen Textes [55, 66, 104]. Sie zeigen darüber hinaus gute phonologische Kenntnisse und eine adäquate Kenntnis der Klangstruktur der Sprache, was es im Prinzip erleichtert, geschriebene Texte zu lesen. Aber ihr ineffizientes Abrufen der phonologischen Informationen aus dem Langzeitgedächtnis, verbunden mit der Schwäche in der Prozessgeschwindigkeit, erschwert ihnen die Wortidentifikation [105]. Und es erschwert das Lernen von neuen geschriebenen und gesprochenen Vokabeln. Zudem werden die kognitiven Ressourcen durch diese ineffiziente Abrufstrategie an einem zügigen Verständnis des geschriebenen Textes hindert [105].

Das schlechte Arbeitsgedächtnis und vor allem die umständliche Art, mit dem das Arbeitsgedächtnis auf die Anforderungen der Aufgaben reagiert, zeigen auch Boyer et al. (2006) in einer Untersuchung. Ihre Ergebnisse belegen die ineffiziente Gedächtnisstrategie und vielleicht auch die Vermutungen von Vachha und Adams über den umständlichen Prozess des phonologischen Abgleichs, denn Boyer et al. testen über gehörtes Material. Und trotz gutem Hörvermögen geben die Kinder zwar durchaus korrekte, aber weniger konsequent richtige Antworten als ihre Geschwister [11].

Vachha und Adams (2004) sehen die Lernschwierigkeiten der Kinder mit Hydrocephalus plus Spina Bifida begründet in einer Kombination aus einer Aufmerksamkeitsschwäche, mangelhaften Gedächtnisstrategien, langsamen Prozessen und Schwächen in den Exekutivfunktionen [104].

Sie sehen die Ursache darin, dass das limbische System durch die fehlerhafte neuronale Entwicklung beeinträchtigt sei. Ebenso sehen Vinck et al. (2006) aus den Niederlanden die fehlerhafte neuronale Entwicklung als Verursacher an, allerdings ordnen sie die spezifischen Defizite im verbalen Erinnern und fließendem Sprechen den Fehlbildungen im Kleinhirn und Hirnstamm, der Chiari II-Malformation, zu, die aber in der neuropsychologischen Testung nicht vom limbischen System abzugrenzen ist.

»It is difficult to separate out the influences of hydrocephalus and ACM [Arnold Chiari II-Malformation] on cognitive impairment« (Vinck et al. 2006, 1085).

Und es muss darauf hingewiesen werden, dass sowohl Kinder mit traumatischen Hirnschäden als auch Kinder, die Hydrocephalus plus Spina Bifida haben, beide in einer Untersuchung signifikant schlechte Gedächtnisleistungen zeigen und zwar auch in der Richtung, dass das implizite Lernen intakt ist, aber das explizite Lernen große

Schwächen aufweist [114]. Je älter die Kinder und desto höher ihr Intelligenzquotient lag, desto besser zeigte sich das explizite Lernen und Erinnern. Dies legt die Vermutung nahe, dass angeborene und erworbene Hirnschäden das explizite Gedächtnis beeinträchtigen.

Mathematische Fähigkeiten

Eltern beklagen häufig die schlechten Schulnoten in Mathematik. Manche Kinder scheinen schon Schwierigkeiten bei den Grundrechenarten zu haben, die meisten aber erst bei den darüber hinausgehenden mathematischen Anforderungen (Holgate 2004a, Haupt 2007, Blume-Werry 1996).

Barnes et al. (2002) untersuchen ihr Klientel einer kleinen gemischten Gruppe an Kindern mit Hydrocephalus auch auf ihre mathematischen Fähigkeiten. Sie finden geringere mathematische Fähigkeiten als in der Kontrollgruppe. Die Rechenfehler lägen nicht an visuell-räumlichen Schwächen, denn die Kinder machen Fehler in den Rechenprozessen, wie sie für jüngere Kinder kennzeichnend sind. Daher sehen die Autoren die mathematischen Schwächen als verzögerte Entwicklung des prozeduralen (oder auch impliziten) Wissens respektive Gedächtnisses.

Da die Autoren die mathematischen Fehler weiter beschreiben als Schwächen in Geometrie, im Schätzen und im Problemlösen und diese Leistungen gute visuellräumliche Fähigkeiten benötigen, liegt es nahe, trotz deren Vermutung, dass keine visuell-räumlichen Schwächen vorlägen, die Ursache der schulischen Schwierigkeiten in einer Schwäche der räumlich-konstruktiven Fähigkeiten zu sehen. Nach Heubrock und Petermann versagen Kinder mit einer räumlich-konstruktiver Dyskalkulie u. U. völlig bei der Einschätzung von Mengen, Größen und Verhältnissen, können aber durchaus gut im Rechnen sein (Heubrock & Petermann 2000, 239). Dies entspräche der Schilderung vieler Eltern.

Für Kinder mit Hydrocephalus und Spina Bifida werden sowohl Beeinträchtigungen in arithmetischen Leistungen gesehen [55, 112] aber auch in den geometrischen Leistungen [112], welche auf räumlich-konstruktive Probleme hinweisen (Heubrock & Petermann 2000, Kerkhoff 2000). Auch für den Bereich der arithmetischen und geometrischen Leistungen vergrößert sich mit zunehmendem Alter der Abstand zwischen den Jugendlichen mit Hydrocephalus und Spina Bifida gegenüber den Kontrollgruppen nichtbehinderter Jugendlicher, während die Jugendlichen beim Lesen und Buchstabieren mithalten können [112].

Ayr et al. (2005) sehen in der Mathematik bei Kindern mit Hydrocephalus und Spina Bifida ebenfalls die geringen Leistungen, finden aber keine Unterschiede zu anderen Untersuchungsgruppen in den Rechenfehlern und auch nicht in den visuell-räumlichen Leistungen der Kinder. Sie erklären die Unterschiede vor allem durch schlechte Leistungen der Kinder in der Prozessgeschwindigkeit, dem Arbeitsgedächtnis, dem deklarativen (expliziten) Erinnern und den Planungsfähigkeiten. Damit entspricht ihre Vermutung, weniger visuell-räumliche Fähigkeiten für schwache mathematische

Leistungen verantwortlich zu sehen als vielmehr die mangelhafte Prozessgeschwindigkeit, der von Barnes et al. (2002). Allerdings sieht die eine Autorengruppe die Probleme weiter im impliziten und die andere im expliziten Gedächtnis mit verursacht.

Sprachgebrauch und Sprachverständnis

Während zum Erwerb von Sprache offenbar keine Forschungsergebnisse vorliegen (s. Abschnitt 3.2.1), gehören die verschiedenen Ebenen des aktiven Gebrauches und des Verständnisses von Wort, Satz und Sprache (Semantik, Syntax, Pragmatik) zu den bevorzugten Forschungsgebieten bei Kindern mit Hydrocephalus.

Die Überlegenheit der verbalen gegenüber den nonverbalen Fähigkeiten in der Messung der Intelligenz und die guten Testergebnisse in den verbalen Untertests lassen vermuten, dass die Kinder gute verbale Fähigkeiten besitzen. Dies erweist sich aber als vorschnelle Vermutung, denn schon Studien aus den 1990er-Jahren (1992, 1993, 1998) von Marcia Barnes und Maureen Dennis zeigen wiederholt, dass bei Kindern mit einem frühkindlichen Hydrocephalus große Probleme bestehen, den Inhalt der Sprache differenziert zu verstehen, was sich auch bei Kindern mit einem Intelligenzquotienten von über 90 Punkten zeigt.

Allerdings untersuchten Barnes und Dennis nur jeweils dreißig bis fünfzig Kinder mit Hydrocephalus und zwar »… with hydrocephalus from classical aetiologies …« (Barnes 1998, 313). Nun lässt der geringe Anteil an Kindern mit einem isolierten Hydrocephalus an der ohnehin kleinen Stichprobe nicht die Verallgemeinerung auf die Population der Kinder mit einem frühkindlichen Hydrocephalus zu.

Dennoch schreiben Mataro et al. (2001) in ihrem Review, dass in der Literatur von Störungen der Sprachfunktionen, speziell einem geringen Level in der Pragmatik und freien Rede berichtet wird. Aber sie betonen auch, dass weder von einer globalen Beeinträchtigung noch von besonders guten sprachlichen Fähigkeiten gesprochen werden kann. Es scheint vielmehr so zu sein, dass Kinder mit Hydrocephalus innerhalb einzelner sprachlicher Domänen im Test relativ schlecht abschneiden.

Erickson et al. interpretieren in ihrem ebenfalls 2001 erschienen Review die schlechten Testergebnisse dahingehend, dass die Kinder sehr wohl auch die Semantik von Wörtern und die Bedeutung von Bildern verstehen würden, sie aber wegen ihrer schlechten Gedächtnisstrategien die Wörter nicht erinnern würden.

Kinder mit isoliertem Hydrocephalus

Zum Sprachverständnis bei Kindern mit isoliertem Hydrocephalus kann die Studie von Lindquist et al. (2008) herangezogen werden. Diese bestätigt sowohl die von Mataro et al. (2001) als auch die von Erickson et al. (2001) vorgenommenen Vermutungen, dass einzelne Wörter richtig verstanden und benutzt werden – und daher auch die meisten verbalen Untertests gut ausfallen –, dass aber im weitergehenden aktiven Sprachgebrauch deutliche Einschränkungen festzustellen sind.

»It has been shown that the relatively strong verbal abilities, as measured with intelligence tests are of limited value for predicting good language function. These tests include single word knowledge, which is very good in children with hydrocephalus, but does not measure abilities in pragmatics or discourse where these children have great difficulties. Correspondingly, children with hydrocephalus in this study displayed serious difficulties to learn and remember short stories compared to the word list, which may be a consequence of discourse problems« (Lindquist et al. 2008, 600).

Kinder mit Hydrocephalus und Spina Bifida
Obwohl ältere Untersuchungen keine Probleme im Sprachverständnis finden [51], was in der Datenerhebung begründet sein kann, wird in der Literatur seit vielen Jahren beschrieben, dass Kinder mit Spina Bifida sich zwar sehr eloquent sprachlich ausdrücken könnten, aber häufig nicht den gesamten Inhalt des Gesprächs erfassen würden. In der Literatur wird dieses Phänomen meist mit dem Begriff ›cocktail-syndrome‹ beschrieben (Heubrock & Petermann 2000).

Von dieser Bezeichnung sollte Abstand genommen werden, denn im Begriff des ›cocktail-syndrome‹ liegt eine Abwertung einer Fähigkeit, nämlich der Fähigkeit in einer Konversation mithalten zu können, auch wenn ihr inhaltlich nicht immer gefolgt werden kann. Und es besteht vor allem die Fähigkeit, kognitive Probleme in anderen Bereichen wie im Rechnen oder in den räumlich-kognitiven Leistungen durch Sprache zu lösen. Als Beispiel sei genannt, dass Jugendliche mit Hydrocephalus, die den Buslinienplan nicht nachvollziehen können, den richtigen Weg durch das Befragen von Passanten finden. Kommunikationsfähigkeit und die Anwendung flüssiger Sprache bilden bei vielen Kindern und Jugendlichen mit Spina Bifida eine Kompetenz, mit deren Hilfe eine Kompensation mancher kognitiver Schwächen möglich ist. Mataro et al. (2001) beschreiben, dass die Inzidenz dieses Phänomens der eloquenten, aber inhaltsarmen Sprache mit dem Alter abnimmt, was bedeuten kann, dass die Kinder mit dem Alter ein größeres Sprachverständnis entwickeln oder auch, dass sie an Wortgewandtheit verlieren bzw. sich nicht mehr von anderen Jugendlichen dadurch absetzen. Hier ist entwicklungspsychologisch zu beachten, dass Kinder mit einer schweren Körperbehinderung mehr als andere Kinder mit Erwachsenen kommunizieren und der Kontakt zu anderen Menschen sich weniger über Körperlichkeit als vielmehr über Sprache vollzieht.

Die wohl artikulierte, aber inhaltsarme Sprache bei Kindern mit Hydrocephalus und Spina Bifida wird mehrfach dokumentiert. So finden Jacobs et al. (2001) Defizite im höheren Sprachniveau und Huber-Okrainec et al. (2005), dass die Kinder bei Sätzen mit bildlicher Bedeutung nur die zerlegbaren Ausdrücke verstanden aber nicht jene, bei denen der Kontext heranzuziehen war. Und auch die Ergebnisse aus den 1990er-Jahren von Barnes & Dennis gehen hiermit einher. Sie bestätigen die fließende, grammatisch richtige, aber inhaltsarme Sprache und finden auch bei den Kindern mit höherer Intelligenz (Intelligenzquotient ≥ 90 Punkte) Defizite in der Pragmatik und Semantik [5, 6, 24].

Huber-Okrainec et al. (2005) sehen die Ursache dieser Schwierigkeiten, den Kontext heranziehen zu können, in der bei Spina Bifida vorkommenden mangelhaften Ausbildung des Balkens, jener Hirnstruktur, die die Hirnhälften verbindet. Die beeinträchtigte interhemisphärische Kommunikation führe dann zu Problemen in der konfiguralen (und weniger in der kompositorischen) Sprache.

Vachha et al. (2004) stellen ebenfalls den Bezug her zu den morphologisch auffälligen Hirnstrukturen bei Kindern mit Spina Bifida und zu den möglichen physiologischen Einflüssen der Ventrikelerweiterung auf die kognitiven Fähigkeiten. Sie beschreiben die sprachlichen Fähigkeiten als gut im Wortschatz und mit korrektem grammatikalischen Gebrauch, aber mit Schwächen in der pragmatischen Kommunikation, bei erforderlichen Rückschlüssen, bei sprachlichen Differenzierungen und im Verständnis der nicht wörtlichen Sprache. Sie erwähnen, dass neuere größere Studien sogar Schwächen in allen sprachlichen Bereichen aufzeigen, auch in den bisher als ›Stärke‹ angesehenen grundlegenden Fähigkeiten des Wortverständnisses und des Wortschatzes. Diese Aspekte, auch der des geringen Leseverständnisses, werden auch von Lindquist et al. bestätigt,

»(...) in pragmatics or discourse where these children have great difficulties« (Lindquist et al. 2006, 600).

3.3.3.2 Verbal- und Handlungsteil im Intelligenzquotienten

Die meisten Intelligenztests sind ›mehrdimensionale‹ Intelligenztest und haben das Ziel, Wahrnehmung, Lern- und Gedächtnisleistungen sowie abstraktes Denken und Problemlösefähigkeit differenziert zu erkennen. Des Weiteren gibt es Tests zur Erfassung komplexer Denkfähigkeiten, die alleinig nichtsprachliche Aufgaben beinhalten. Die mehrdimensionalen Tests bestehen in einem Teil aus nichtsprachlichen und handlungsbezogenen Aufgaben und in einem zweiten Teil aus sprachlichen Aufgaben. Aus den Ergebnissen dieser beiden Testteile, dem Verbalteil und dem Handlungsteil, und ihren jeweiligen Untertests ergibt sich das Leistungsprofil (Lösslein & Deike-Beth 2000, 254).

Kinder mit isoliertem Hydrocephalus

Bei Kindern mit einem Hydrocephalus wird seit den 1970er-Jahren konsistent referiert, dass sich bei ihnen die erzielten Punktewerte im Handlungs-und Verbalteil deutlich unterscheiden und nicht wie testtheoretisch zu erwarten annähernd gleich hoch sind [u. a. 71]. So bemerken Melchers & Lehmkuhl zum kindlichen Hydrocephalus:

»Die Einschränkung der nonverbalen Intelligenz ist häufig deutlich ausgeprägter als die der verbalen Leistungsfähigkeit« (Melchers & Lehmkuhl 2000, 623).

Und Flechter, von dem viele Untersuchungen stammen, schreibt:

»Intelligence test results typically show lower scores on performance-based measures than on verbal measures« (Brewier & Fletcher 2001, 185).

Dies zeigen mehrere Studien aus den achtziger und neunziger Jahren, so z. B.:
- Dennis et al. (1981)mit der Feststellung, dass sich die nonverbalen Fähigkeiten weniger gut entwickeln als die verbalen Fähigkeiten und mit der Vermutung, dass die Ursache nicht im Hydrocephalus, sondern in den Hirnanomalitäten liegt.
- Donders, Rourke und Canady (1990 und 1991) finden insgesamt einen durchschnittlichen Intelligenzquotienten im Handlungsteil, aber niedriger als im Verbalteil und vor allem Auffälligkeiten bei komplexen visuell-räumlichen Aufgaben, was an einer Dysfunktion der posterioren rechten Hirnhälfte liegen könne. Einen unterdurchschnittlichen Quotient im Handlungsteil finden sie im Wesentlichen bei Kindern mit höhlenbildenden Zysten, Epilepsie oder Atemstillständen.
- Fletcher et al. (1992a, 1992b) bestätigen die geringen nonverbalen Fähigkeiten, aber es gab weder Auffälligkeiten im nonverbalen Erinnern noch hingen die Diskrepanzen mit der Ätiologie des Hydrocephalus oder den motorischen Anforderungen der Aufgaben zusammen.
- Riva et al. (1994) untersuchen die Korrelationen zwischen Intelligenz und Ätiologie und kamen zu dem Ergebnis, dass der Quotienten des Verbalteils recht ähnlich war, der des Handlungsteil aber stark differierte. Verantwortlich dafür seien verschiedene Einflussfaktoren, vor allem der zusätzlichen Pathologien.
- Brookshire, Fletcher et al. (1995) sehen in der Nachuntersuchung der Stichprobe von 1992 wiederum die geringeren nonverbalen Fähigkeiten, jedoch waren es nur wenige Kinder, die bei Mehrfachtestungen konstant die Diskrepanz zeigten.

Und auch Lindquist et al. veröffentlichen 2005:

»The results of this study with respect to full-scale IQ and the difference between verbal and non-verbal function have been corroborated by others during the past two decades« (Lindquist et al. 2005, 881).

Und sie finden in der eigenen Studie den Unterschied nicht nur bei Kindern mit unterdurchschnittlicher, sondern auch bei den Kindern mit knapp durchschnittlicher Intelligenz (Quotienten zwischen 70 und 84 Punkten). Zu beachten ist allerdings, dass der Quotient aus dem Handlungsteil eine größere Variabilität zeigt, während die Kinder im Verbalteil mehr gleich gute Ergebnisse zeigen.

Andere Veröffentlichungen sehen diese jahrelang vertretene Auffassung eines signifikanten Unterschiedes zwischen Handlungs- und Verbalintelligenzquotienten jedoch kritisch. Die Kritik lässt sich in zwei große Richtungen unterteilen: Kritik an der Erhebung und Kritik an der Interpretation der Ergebnisse.

Vor allem Erickson et al. (2001) vertreten in ihrem Review, dass wegen der motorischen und visuell-räumlichen Defizite der Hydrocephaluskinder bei der Verwertung der Testergebnisse Vorsicht geboten sei. Die ophthalmologische Untersuchung von

Andersson et al. (2006) bestätigt diese Skepsis durch eine signifikante Korrelation zwischen Schwierigkeiten in der visuellen Wahrnehmung und einer Differenz von mindesten 15 Punkten zwischen Verbal- und Handlungsteil im Intelligenzquotienten. Den Verdacht der unzureichenden Abbildung der tatsächlichen Fähigkeiten der Kinder durch Testung sehen Erickson et al. (2001) auch dadurch bestätigt, dass zu erwartende Korrelationen zwischen einzelnen neuropsychologischen Fähigkeiten häufig fehlen. Dies wird auf eine mangelhafte Datenerhebung zurückgeführt [31]. Und Stevenson und Pit-ten Cate (2003) kommentieren:

»However, it is not clear whether this is a problem with attention control, executive function or a reflection of motivational differences« (Stevenson & Pit-ten Cate 2003, 5).

Manche Studien begegnen dieser Kritik im Vorwege und verwenden Aufgaben, die auch mit Einschränkungen in der Motorik oder im Sehen zu vereinbaren sind und kommen dennoch zu dem beschriebenen Unterschied [15, 33]. Und Stevenson und Pit-ten Cate (2003) verweisen auf Langzeitstudien, nach denen der Unterschied nicht aus den motorischen Problemen bei der Beantwortung der nonverbalen Aufgaben resultiert [96].

Die andere Richtung der Kritik erkennt die Testergebnisse an, nimmt aber eine andere Interpretation vor. Schon 1994 erwähnt Riva in Bezug auf seine Untersuchung aus dem Jahr 1986, dass niedrige Werte im Handlungsteil und hohe Werte im Verbalteil des Intelligenztests nicht typisch für Kinder mit einem Hydrocephalus seien, sondern sich häufig bei Kindern mit zerebralen Pathologien zeige [88]. Vor allem frühgeborene Kinder zeigen häufig visuelle Wahrnehmungsprobleme, die zu schlechten Ergebnissen im Handlungsteil führen können [64] und auch Erickson et al. folgen in ihrem Review dieser Ansicht [31]. Als Erklärung geben Riva et al. (1994) an:

»These findings mean in general that verbal intelligence is more closely related to some cultural automatic aspects of intelligence, which are difficult to disrupt, while non-verbal intelligence relies on visuospatial abilities, which are activated »ex novo« each time a person has to solve a new problem, and is therefore more vulnerable« (Riva et al. 1994, 72).

Die Kritik und die Zweifel daran, ob die häufig zu beobachtenden Unterschiede zwischen dem Handlungs- und Verbalteil des Intelligenzquotienten dem Hydrocephalus zuzuordnen sind oder nicht, sind ein Grund dafür, dass diese Frage auch in jüngeren Studien weiter verfolgt wird. Zu erwähnen sind hier die Arbeiten von Lindquist et al. von 2008 und die noch nicht veröffentlichte Studie von Stevenson und Pit-ten Cate (2003).

Die Arbeitsgruppe Lindquist et al. kommt 2005 zu dem Ergebnis, dass Kinder mit einem Hydrocephalus im Handlungsteil des Intelligenztests deutlich schlechter abschneiden als im Verbalteil, und da dies recht homogene Ergebnis auch bei sehr heterogenen Ätiologien des Hydrocephalus auftritt, sei es auf den Hydrocephalus ›per se‹ zurückzuführen (s. Abschnitt 3.3.2). Drei Jahre später wird dieses Ergebnis in einer Untersuchung, die nur die Kinder mit einem Intelligenzquotienten von mehr als 70

Punkten umfasste, zwar bestätigt, aber dann weiter ausdifferenziert. So wird festgestellt, dass auf der einen Seite die schlechten Ergebnisse nicht aus einer Schwäche in der visuell-räumlich-perzeptiven Leistung herrühren. Bei Kindern mit einer Spina Bifida zeige sich sogar eine relative Stärke in der Wahrnehmung von Objektbeziehungen, aber zugleich wiederholt Schwächen in mentaler Rotation, in der Figur-Grund-Erkennung und handlungsorientierter Wahrnehmung. Beide Hydrocephalusgruppen – mit und ohne Spina Bifida – haben große Probleme im Lernen und Erinnern und in den strategischen Fähigkeiten. Auf der anderen Seite sind die verbalen Fähigkeiten weniger gut ausgeprägt als bisher angenommen, weil die Tests Einzelwortkenntnisse und weniger die pragmatischen Fähigkeiten einer freien Rede testen, sodass auch die relativ intelligenten Kinder in fast allen verbalen Bereichen schlechter abschnitten als die Kinder der Kontrollgruppe.

»The earlier well-documented discrepancy between verbal and visuoperceptual abilities in children with hydrocephalus was not confirmed in this study when it came to the verbal and spatial domains« (Lindquist et al. 2008, 600).

Auch Stevenson und Pit-ten Cate finden in den Gruppen der Kinder und Jugendlichen mit Hydrocephalus keine Signifikanz zwischen dem Verbal- und Handlungsteil.

»Within these samples there was no particular pattern for verbal and performance IQ show a disparity« (Stevenson & Pit-ten Cate 2003, 29).

Weiter erkennen sie, wie eine Reihe anderer Studien vorher, einen signifikant niedrigeren Intelligenzquotienten sowohl bei Kinder und Jugendlichen mit isoliertem Hydrocephalus als auch bei Kindern und Jugendlichen mit einem Hydrocephalus und einer Spina Bifida. Und sie beschreiben eine weitere relative Abnahme im Jugendalter.

Strittig sind auch die Fragen, ob innerhalb der verschiedenen ätiologischen Gruppen nochmals Unterschiede in der Ausprägung der Diskrepanz zwischen Verbal- und Handlungsteil bestehen. So gibt es Hinweise, dass Kinder mit einer Aquäduktstenose weniger auffällig sind [51, 71, 88], aber auch das Gegenteil [96] sowie dass Kinder mit einem posthämorrhagischen Hydrocephalus eine höhere Diskrepanz zeigen als andere Hydrocephaluskinder, was andere nicht finden [96].

Heinsbergen et al. (2001) beschreiben in ihrem Review, dass die Diskrepanzen zwischen den relativ guten Leistungen in den verbalen Teilen und den relativ schlechten Leistungen in den nonverbalen Leistungen der Intelligenztests bei Kindern mit einem kongenitalen Hydrocephalus stärker ausgeprägt sind als bei Kindern mit einem erworbenen Hydrocephalus [31]. Zur Erklärung gibt es die Vermutung, dass eine Agenesie oder Hypoplasie des Balkens, die insbesondere bei Kindern mit einer Spina Bifida mit dem Hydrocephalus gemeinsam auftritt, sich stärker auf die Leistungen im Handlungsteil auswirkt als auf andere kognitive Fähigkeiten (Fletcher et al. 1992a nach Heubrock & Petermann 2000, 85) [32, 35, 36]. Eine andere Vermutung ist, dass ein Verschluss-Hydrocephalus und eine Chiari II-Malformation die visuell-räumlichen und die visuell-motorischen Leistungen stärker angreifen als die sprachlichen Leistungen [96]. Und diese frühen Schäden hätten mehr grundlegende Konsequenzen [31] als sich später entwickelnde Hydrocephali wie bei einer Hirnblutung. Bei einem posthämorrhagischen Hydrocephalus entscheidet mehr die Schwere der Blutung über die zu erreichenden kognitiven Leistungen, und eine schwere Hirnblutung führt zu niedrigen Werten sowohl im Handlungs- als auch im Verbalteil des Intelligenztests.

Kinder mit Hydrocephalus und Spina Bifida

Auch unter den Arbeiten, die sich auf Kinder mit Hydrocephalus und Spina Bifida beziehen und hierbei ihren Fokus auf mögliche Differenzen im Leistungsprofil des Intelligenzquotienten setzen, fällt auf, dass die Ergebnisse widersprüchlich sind. So finden Hommet et al. (1999) keine Diskrepanz zwischen dem Verbal- und Handlungsteil im Wechsler Intelligenztest, wohl aber insgesamt kognitive Beeinträchtigungen und niedrige Werte im visuell-räumlichen Gedächtnis. Als Grund vermuten sie, dass sich bei anderen Untersuchungen die motorischen Schwierigkeiten der Kinder negativ auf das Testergebnis niedergeschlagen haben könnten, und dass an ihrer Testung nur Kindern mit einem Intelligenzquotienten von mindestens 80 Punkten teilnahmen. Hier ist zu erwähnen, dass Lindquist et al. die Differenz auch bei diesen knapp durchschnittlich intelligenten Kindern finden, allerdings in einer Population mit Hydrocephaluskindern unterschiedlicher Ätiologien.

Auch Jacobs et al. [55] finden den häufig diskutierten Unterschied zwischen verbalen und nonverbalen Fähigkeiten in ihrer Stichprobe nicht, vielmehr allgemein geringere intellektuelle Fähigkeiten, einschließlich niedriger Wert im Handlungsteil. Diese seien vermutlich weniger durch die der Handlungsintelligenz zugrunde liegenden geringeren Fähigkeiten bedingt, sondern durch die geringe kognitive Prozessgeschwindigkeit.

»The findings with respect to intellectual capacity are more likely to be explained by results on tasks of information processing ability (Jacobs et al. 2001, 401).

Dagegen beschreiben Wills et al. (1990) in einer grundlegenden Arbeit, dass Kinder mit einer Spina Bifida sich zwar bei den meisten Tests innerhalb der normalen Intelligenz bewegen, ihre größten Defizite aber eindeutig im Handlungsteil zu erkennen sind [112]. Diese Arbeit ist allerdings aus dem Jahr 1990, die beschriebene Diskrepanz wird aber im Review von Iddon et al. (2004) beschrieben und in Teilen 2006 von Vinck et al. (2006) bestätigt. Auch sie finden auffallend niedrige Werte im Handlungsteil. Sie untersuchten Kinder, deren Hydrocephalus durch eine Kleinhirnfehlbildung (Chiari II-Malformation) verursacht wurde, wie es auch bei einer Spina Bifida ist, und fanden schlechtere Leistungen zum einen im verbalen Erinnern und fließenden Sprechen, was sie der Kleinhirnfehlbildung zuordnen. Zum zweiten fanden sie schlechte Leistungen in der visuellen Analyse und Synthese, die zu den schlechten Werten im Handlungsteil des Intelligenzquotienten führen und für die sie sowohl die Kleinhirnfehlbildung als auch den Hydrocephalus verantwortlich sehen. Dies gilt auch für Kinder mit durchschnittlicher Intelligenz.

Schlussfolgerung

Eine für diesen Forschungsbereich große Zahl an Studien belegt bei Kindern mit Hydrocephalus signifikant bessere verbale als nonverbale Fähigkeiten und zwar in der Hinsicht, dass die verbalen Fähigkeiten im durchschnittlichen und die nonverbalen Fähigkeiten im unterdurchschnittlichen Bereich liegen. Hierzu gibt es Kritik an der Datenerhebung und Interpretation. Neuere Studien kommen zu unterschiedlichen Ergebnissen, auch weil die relativ guten Ergebnisse in den verbalen Leistungen einer differenzierten Prüfung nicht standhalten.

Visuell-räumliche Fähigkeiten

Wesentliche mit dem Handlungsteil des Intelligenztests erfasste Leistungen beruhen auf den visuell-räumlichen Fähigkeiten (Bodenburg 2001) und Schwächen in dieser Fähigkeit werden als Vorläuferstörung für schulische Fertigkeiten angesehen (Heubrock et al. 2004, 5). Daher sollen Untersuchungen, die sich diesem Bereich widmen, gezielt betrachtet werden.

Die Neuropsychologie unterteilt die visuell-räumlichen Fähigkeiten in vier Teilleistungen: räumlich-perzeptive Fähigkeiten, räumlich-kognitive Fähigkeiten, räumlich-konstruktive und räumlich-topographische Fähigkeiten (Kerkhoff 2000, 413).[19] Die Basis bilden die räumlich-perzeptiven Fähigkeiten mit der korrekten Wahrnehmung von Objekten, räumlichen Verhältnissen und Bezügen. Die räumlich-kognitiven Fähigkeiten umfassen die Fähigkeit des gedanklichen Perspektivenwechsels und der mentalen Rotation und münden in der korrekten Ausführung räumlicher Handlungen, der dementsprechend genannten ›visuell-räumlich-konstruktiven Fähigkeit‹ (Bodenburg 2001, 132). Hierbei handelt es sich um aufeinander aufbauende Teilleistungen, die gemeinsam die visuell-räumlichen Fähigkeiten ausmachen.

Die visuell-räumlichen Fähigkeiten sind von der Fähigkeit des Sehens zu unterscheiden. Mit ihnen wird der Prozess der visuellen Verarbeitung des vom Auge übermittelten Sinneseindrucks bezeichnet (Milz 2006, 92). Auch bei voller Funktionalität von Auge und Sehnervenbahn werden vom Gehirn nicht immer alle Objekte in ihren Farben, Formen und Positionen richtig erkannt.

Schwierigkeiten im Prozess des visuellen Wahrnehmens bei Kindern mit Hydrocephalus können schon bei der Sinnesleistung des Sehens beginnen. Da der intrakranielle Druck sich auf die Augenmuskeln und den Sehnerv auswirken kann, haben Kinder mit einem Hydrocephalus hierin gehäuft Beeinträchtigungen [1] (z. B. Beeinträchtigungen in den Augenbewegungen und in der Sehschärfe, s. Abschnitt 3.2.1) Eine Vielzahl der Sehbeeinträchtigungen ist therapeutisch (z. B. durch Brille, Schieloperation) auszugleichen. Die visuelle Wahrnehmung umfasst aber nicht nur den physiologischen Prozess des Sehens vom Auge bis zum primären Sehfeld in der

---

19 Diese Einteilung erfolgt in Deutschland, im angloamerikanischen Sprachgebrauch wird allgemeiner von der ›Visual analysis and synthesis‹ gesprochen.

Okzipitalrinde, sondern auch die neuropsychologische Weiterverarbeitung. Leider erfolgt in der Literatur nicht immer die notwendige Differenzierung. So sprechen einige Autoren von Problemen in der visuellen Wahrnehmung bei Kindern mit Hydrocephalus (z. B. Dennis 2002, Holgate 2004a), wobei aus den Beschreibungen hervorgeht, dass neuropsychologisch gesehen der gesamte Komplex der visuell-räumlichen Fähigkeiten gemeint ist, was auch als Schwierigkeit der ›visuelle Integration‹ bei Kindern mit Hydrocephalus bezeichnet wird [102, 109].

Die Probleme in den visuell-räumlichen Fähigkeiten führen u. a. zu einem niedrigen Ergebnis im Handlungsteil des Intelligenztestes. Diese Unterscheidung wird allerdings in den meisten der Untersuchungen zu den ›visuospatial skills‹ nicht gemacht.

Kinder mit isoliertem Hydrocephalus

Die zur Verfügung stehenden Studien beziehen sich vornehmlich auf Kinder mit Hydrocephalus und Spina Bifida. Untersuchungen, die sich auf Kinder mit isoliertem Hydrocephalus oder gar auf einen Vergleich verschiedener ätiologischer Gruppen beziehen, scheinen nicht vorzuliegen, sofern die visuell-räumlichen Fähigkeiten im Fokus stehen sollen. Der Rückschluss auf geringe ›visuospatial skills‹ erfolgt aufgrund des in Relation zur Gesamtintelligenz geringeren Quotienten im Handlungsteil des Tests.

Zu beachten ist die Untersuchung von Lindquist et al. (2008), die die Aspekte Lernen, Erinnern und Exekutivfunktionen untersucht. Sie finden sowohl in der Gruppe der Kinder mit Spina Bifida als auch in der Gruppe mit einem isolierten Hydrocephalus signifikant schlechtere Leistungen im visuell-räumlichen Langzeitgedächtnis und im räumlichen Lernen. Und beide Gruppen haben viel größere Probleme in visuell-räumlicher Planung und Organisation als nichtbehinderte Kinder.

Kinder mit Hydrocephalus und Spina Bifida

Eine Vielzahl an Untersuchungen trifft die Aussage, dass Kinder mit Hydrocephalus und Spina Bifida erhebliche Probleme in ihren visuell-räumlichen Fähigkeiten haben [51, 54, 66, 71, 112], und dass sich auch bei noch durchschnittlichen Werten im Handlungsteil sehr schlechte Werte in den komplexen visuell-räumlichen Funktionen finden [27]. Eine Studie von Dennis et al. aus dem Jahr 2002 stellt heraus, dass sowohl Defizite bei der Figur-Grund-Erkennung und mentalen Rotationen als auch in der Repräsentation des visuellen Raumes insgesamt bestehen. Auch die Ergebnisse der aktionsbasierten Aufgaben waren schlechter [25], womit Schwierigkeiten in den räumlich-kognitiven und in den räumlich-konstruktiven Fähigkeiten belegt werden. Dagegen finden sich relative Stärken in der räumlich-perzeptiven Fähigkeit, nämlich dem richtigen Erkennen von Objekten und auch dem Schätzen von Längen und Entfernungen [25, 26].

Darüber hinaus bestätigen sich die Schwächen in den räumlich-konstruktiven Fähigkeiten des visuellen Verfolgens, des Zeichnens und der Routenfindung. Umfassend untersuchen Wiedenbauer et al. (2006) die kognitiven und räumlichen Fähigkeiten bei zwanzig Kindern mit Hydrocephalus und Spina Bifida, die einzige deutschen Studie zu neuropsychologischen Fähigkeiten bei Kindern mit Hydrocephalus aus den letzten fünfzehn Jahren. Die Kinder zeigen in allen Faktoren der räumlich-kognitiven Faktoren (räumliche Veranschaulichung, räumliche Orientierung, mentale Rotation, räumliches Kurzzeitgedächtnis) signifikant schlechte Ergebnisse und zudem eine signifikant schlechte Orientierung im virtuellen Raum, sodass für Kinder mit der Doppelbehinderung Hydrocephalus und Spina Bifida die Aussage zu treffen ist, dass besonders häufig erhebliche Probleme in der räumlichen Kognition vorkommen. Wiedenbauer et al. (2006) vermuten aus der Korrelation zwischen schlechten Testergebnissen und spätem Lauflernalter der Kinder, dass die späte Vertikalisierung und mangelnde Raumerfahrung die Ausbildung der räumlich-kognitiven Fähigkeiten beeinträchtigt. Eine These, die einer kritischen Betrachtung nicht standhält, denn zum einen gibt es – wie die Autoren selber einschränkend zu bedenken geben – auch einen positiven Zusammenhang zwischen Ausmaß der Hirnfehlbildungen und Lähmungshöhe [26, 38] und zum anderen zeigt die schwedische Studie aus dem Jahr 2008 [66], dass Hydrocephaluskinder unterschiedlicher Ätiologie räumlich-kognitive Probleme haben.

Es besteht die Vermutung, dass die visuell-räumlichen Leistungen stärker vulnerabel sind als die verbalen Fähigkeiten (Melchers & Lehmkuhl 2001, 75) bzw. dass die verbalen Fähigkeiten auf kulturell bedingten, erlernbaren Einzelfähigkeiten beruhen und daher für die Kinder gute Testergebnisse zu erreichen sind, während die visuell-räumlichen Leistungen nur bedingt erlernbar sind und jedes Mal neu aktiviert werden müssen [88].

Zu den visuell perzeptiven Fähigkeiten gehört das Erkennen von Objekten und Gesichtern. Vachha et al. (2004) weisen auf ihre früheren Studien, in denen Kinder mit Hydrocephalus und Spina Bifida erhebliche Schwierigkeiten hatten, die Gesichtsausdrücke Anderer zu verstehen [104], was Stevenson und Pit-ten Cate bestätigen (2003).

Weiter wird bezüglich der Kinder mit Hydrocephalus und Spina Bifida diskutiert, dass die relativ schlechten Werte in den visuell-räumlichen Fähigkeiten auf der Schwierigkeit fußen, visuelle und räumliche Erfahrungen im Kurzzeitgedächtnis effektiv zu verbinden. Mammarella et al. (2003) finden, dass auch bei gleich guten Testergebnissen die Kinder mit Hydrocephalus und Spina Bifida erhebliche Probleme haben, die Stimuli visuell korrekt zu verarbeiten. Die Autoren sehen daher ihre Ergebnisse

»(…) supporting the distinction between the visual and spatial components of working memory« (Mammarella et al. 2003, 311).

Diese These wird durch die Arbeit von Vinck et al. (2006) unterstützt. Auch sie sehen, bezogen auf die Kinder mit einem Hydrocephalus aufgrund einer Chiari II-Malformation, die Beeinträchtigungen in der visuellen Analyse und Synthese und zwar auch bei den kognitiv relativ guten Kindern. Sie schreiben diese aber sowohl dem Hydrocephalus als auch der ACM zu, während die Defizite der Kinder im verbalen Erinnern und dem fließenden Sprechen an der ACM lägen.

Die Arbeit von Edelstein et al. (2004) weist darauf hin, allein den Hydrocephalus als ursächlichen Faktor für die Schwierigkeiten in der visuellen Analyse und daraus folgend in den visuell-räumlichen Aufgaben zu sehen. Jedenfalls können sie nach ihren Forschungsergebnissen die ACM ausschließen, weil bei Kindern mit Hydrocephalus und Spina Bifida, die eine räumlich-konstruktive Aufgabe bekamen, sich keine Korrelation zwischen dem Ausmaß ihrer Kleinhirnmalformation und den Testergebnissen zeigte. Die Kinder mit Spina Bifida und Hydrocephalus arbeiteten zwar ungenauer und machten mehr Fehler als die Kinder der Kontrollgruppe, aber:

»Moreover, degree of cerebellar dysmorphology was not correlated with the level of performance, rate of acquisition, or retention of mirror drawing« (Edelstein et al. 2004, o. S.)

Was sich bei der expliziten Betrachtung der visuell-räumlichen Fähigkeiten bei Kindern mit Hydrocephalus und Spina Bifida zum wiederholten Male zeigt, ist die relative Abnahme ihrer neuropsychologischen Leistung mit zunehmendem Alter [21, 112].

Orientierung

Eine eigene weitere visuell-räumliche Leistung besteht in der Fähigkeit, sich im Raum zu orientieren, über eine räumlich-topographische Orientierung zu verfügen (Kerkhoff 2000 & 2002, Bodenburg 2001). Während Eltern und Betroffene häufig von Orientierungsproblemen berichten (Blume-Werry 1996, Holgate 2004c), finden sich hierzu keine experimentellen Untersuchungen.

Wiedenbauer et al. (2006) berichten von einer signifikant schlechten Orientierung, aber nur bezüglich Kindern mit Hydrocephalus und Spina Bifida und bezogen auf die Orientierung in einem virtuellen Raum. Und in einem Elternratgeber schreiben Lees, Vachha et al. (2006), dass fast Zweidrittel der Kinder mit einem Hydrocephalus Schwierigkeiten mit der räumlichen Orientierung hätten verglichen mit 7% der anderen Kinder.

Stevenson und Pit-ten Cate (2003) bestätigen allerdings die bisher einzeln vorliegenden Erfahrungen durch ihre Tests und Befragungen:

»As might be expected, the level of visual difficulties is higher in the three clinical groups compared to either the prematurely born or control sample. A particularly striking result relates to aspects of visual functioning in relation to route finding in new places. In both the child and adolescent samples, the groups with hydrocephalus have significantly elevated rate of difficulty in relation to the control group. This problem is not significantly elevated in the group with spina bifida alone. It was again the group with hydrocephalus that had significantly grater frequency of problems in these aspects of vision than the other condition groups in the survey« (Stevenson & Pit-ten Cate 2003, 24).

Schlussfolgerungen

Viele Kinder mit Hydrocephalus haben zwar Beeinträchtigungen im Sehen, ihre Schwierigkeiten in den visuell-räumlichen Fähigkeiten sind aber weniger auf perzeptive Probleme zurückzuführen. Die Testaufgaben werden richtig erkannt, aber die Bearbeitung ist unvollkommen, mentale Rotationen und visuelle Abschätzungen gelingen nicht. Dies wird als Einschränkung in den räumlich-kognitiven Fähigkeiten bewertet. Und vielleicht bestehen auch Einschränkungen in den räumlich-konstruktiven Fähigkeiten. Das Kernproblem ist dabei offenbar die korrekte Verbindung und Verarbeitung von visuellem und räumlichem Material.

Obwohl diese visuell-räumlichen Schwierigkeiten oft beschrieben werden, betreffen die Ergebnisse nicht alle Kinder mit Hydrocephalus, denn fast alle Studien beziehen sich auf Kinder mit Hydrocephalus und Spina Bifida. Während manche Studien bei ihnen eine ursächliche Beteiligung der Chiari II-Malformation sehen, schließt eine andere Studie dies explizit aus.

Für Kinder mit einem isolierten Hydrocephalus bleibt zu resümieren, dass bei ihnen vermutlich ebenfalls Einschränkungen in den räumlich-kognitiven und vielleicht auch in den räumlich-konstruktiven Fähigkeiten vorliegen. Schwierigkeiten in der räumlich-topographischen Orientierung untermauern die vermuteten räumlich-kognitiven Probleme.

3.3.3.3 Exekutivfunktionen

Als Exekutivfunktionen werden die Fähigkeiten der kognitiven Strategiebildung, der Planung und Ausführung komplexer, nicht routinierter Handlungen bezeichnet. Sie werden vom präfrontalen Kortex gesteuert (Bodenburg 2001). Obwohl die Definition und Abgrenzung des Bereichs der Exekutivfunktionen von anderen neuropsychologischen Funktionen unbefriedigend ist (Bodenburg 2001, 153; Vachha 2004) ist der Begriff in der Neuropsychologie fest verankert, weil der Ausfall anatomischer Strukturen im präfrontalen Kortex erwiesenermaßen zu Ausfällen im problemlösenden Handeln und im Verhalten führt (Bodenburg 2001, 155; Stevenson & Pit-ten Cate 2003).

Bezüglich der Fähigkeiten in den exekutiven Funktionen bei Kindern mit Hydrocephalus und Spina Bifida oder bei Kindern mit Hydrocephalus zeigen die Forschungen wiederholt Probleme in den Exekutivfunktionen, vor allem in den nonverbal problemlösenden Aufgaben [16, 54, 55, 66, 71, 89, 90, 96, 97, 98, 99].

»The pattern of results (...) indicates that for the children it is those with hydrocephalus who have deficits in executive function« (Stevenson & Pit-ten Cate 2003, 30).

Aktuelle Untersuchungen bestätigen die Angaben. Es sind die Arbeiten von Iddon et al. (2004), von Stevenson & Pit-ten Cate et al. (2003), von Lindquist et al. (2008) und die Arbeit von Rose & Holmbeck (2007). Alles Arbeiten, die zwischen Kindern und Jugendlichen mit einem isolierten und Kindern und Jugendlichen mit einem Hydrocephalus und Spina Bifida differenzieren.

Kinder mit Hydrocephalus

Bei dem Vergleich der Intelligenz und Intelligenzstruktur bei Kindern und Jugendlichen mit Hydrocephalus finden Iddon et al. (2004) sowohl in der Gruppe der Kinder mit isoliertem als auch in der Gruppe der Kinder mit Hydrocephalus und Spina Bifida u. a. erhebliche Beeinträchtigungen in den Exekutivfunktionen im Vergleich zu den Kindern und Jugendlichen der Kontrollgruppen [54].

» Subjects with hydrocephalus perform particularly poorly on tests requiring the integration of different cognitive processes, (...) inflexibility of thought, and a lack of ability to improve performance via the use of strategies. These results suggest a core pattern of neural damage and resultant ›executive‹ cognitive impairment (...)« (Iddon et al. 2004, 1116).

Auch Lindquist et al. schreiben:

» No difference was found between those with MMC und those with other etiologies of the hydrocephalus« (Lindquist et al. 2008, 600).

Und beide Arbeitsgruppen untersuchen explizit Kinder mit einem relativ guten Intelligenzquotienten von über 79 (Iddon et al. 2004) oder gar von über 84 (Lindquist et al. 2008) Punkten. Wobei die Signifikanzen mit steigendem Intelligenzquotienten abnehmen [54, 66], was allerdings zu erwarten ist, denn die anspruchsvolleren Aufgaben in den Intelligenztests verlangen problemlösendes und planerisches Denken.

Kinder mit einem isolierten Hydrocephalus sind häufig frühgeborene Kinder, und da deutliche Schwächen in den Exekutivfunktionen bei frühgeborenen Kindern bekannt sind [8], ist der Blick auf den Vergleich mit Frühgeborenen interessant. Es zeigte sich, dass diese Schwächen der Kinder mit Hydrocephalus großteils auch im Vergleich mit den frühgeborenen Kindern bestehen bleiben.

» Clearly prematurity is contributing somewhat to the lowering of the executive function scores but hydrocephalus is an additional risk factor for lower executive function ability« (Stevenson & Pit-ten Cate 2003, 30).

Zu diesen bei Kindern mit Hydrocephalus nur gering entwickelten exekutiven Funktionen gehören im Jugendalter auch signifikant geringere Fähigkeiten in der sozialen Problemlösung. Den betroffenen Jugendlichen, gleich welcher Ätiologie ihr Hydrocephalus war, gelingt es signifikant schlechter, den mentalen Status ihrer Mitmenschen zu interpretieren.

» These results suggest that children with hydrocephalus do experience a particular difficulty in understanding the mental state of other people« (Stevenson & Pit ten-Cate 2003, 31).

Nach Stevenson & Pit-ten Cate (2003, 2004) kann es sein, dass diese besonderen Schwierigkeiten in den Exekutivfunktionen verantwortlich sind für die bei Kindern mit isoliertem Hydrocephalus zu findende Hyperaktivität, autistischen Tendenzen und die Schwierigkeiten der Jugendlichen im Kontakt zu Gleichaltrigen und im Aufrechterhalten von Freundschaften.

Zu bedenken ist auch bei der Bewertung der Exekutivfunktionen sowohl die grundsätzliche Testkritik von Erickson et al. (2001) und auch die Überlegung von Mataro et al. (2001). Sie bringen ein, dass die schlechten Ergebnisse in den Exekutivfunktionen eine Folge des Aufmerksamkeitsproblems sein können. In die gleiche Richtung weisen Iddon et al. (2004), zumindest, dass die Schwächen in den Exekutivfunktionen möglicherweise mit der Aufmerksamkeitsdysfunktion assoziiert sind und deshalb die Kinder durch die Testsituation und damit durch die ständige Beobachtung und Zudringlichkeit ihre Aufmerksamkeit nicht aufrechthalten können und Fehler bei der Aufgabenbearbeitung passieren.

Kinder mit Hydrocephalus und Spina Bifida

Für die Kinder mit Spina Bifida gibt es eine Reihe an Studien, die sich mit ihren Fähigkeiten in den exekutiven Funktionen beschäftigen. In diesen werden ihnen Planungsschwierigkeiten [21], Defizite in der Organisation, in der Abstraktion, im differenzierten Erinnern und besonders bei der Bewältigung komplexer, wenig strukturierter Aufgaben [55] attestiert. Und auch auf der Verhaltensebene der Exekutivfunktionen zeigen sich größere Schwierigkeiten als bei Kontrollgruppen nichtbehinderter Kinder und Jugendlicher [16]. Die Verhaltensschwierigkeiten und sozialen Probleme bringen Rose & Holmbeck (2007) in direkten Bezug zu den Schwierigkeiten in den exekutiven Funktionen und in den Aufmerksamkeitsfunktionen, wie es auch Stevenson und Pit-ten Cate (2004) vermuten.

»Performances on measures of attention and executive functioning were found to predict social adjustment (i. e., poor executive function was associated with impaired social competence)« (Rose & Holmbeck 2007, 990).

Ähnlich interpretieren auch Roebroeck et al. (2006) [90], wenn sie meinen, dass die spezifischen Beeinträchtigungen in den Exekutivfunktionen die körperlichen Aktivitäten begrenzen. Ihre und die Untersuchung von Stevenson und Pit-ten Cate ergeben, dass Jugendliche mit Spina Bifida und Hydrocephalus weniger Zeit mit zielgerichteten Aufgaben und Aktivitäten verbringen als andere Jugendliche [90, 96].

Jacobs et al. (2001) sehen als wesentliche Schwierigkeit, die neu aufzunehmenden Informationen zu begrenzen und entsprechend sinnvoll zu nutzen. Den Kindern fehle die Strategie, komplexe Leistungen gedanklich zu bearbeiten, insbes. wenn es sich um neue Aufgaben handelt. Wenn im Jugendalter ein eigenständiges Arbeiten erwartet werde, komme es zu dem zu beobachtenden Abfall der Fähigkeiten. Gleiches ergab die Studie von Stevenson & Pit-ten Cate (2003), nämlich, dass die Defizite im Planen und im Gedächtnis das Lernen in der Schule behinderten.

»(…) parents also report an elevated rate of more general difficulties in managing life at school. For example, children with Hydrocephalus and children with spina bifida + Hydrocephalus have significantly more problems in organizing themselves in relation to school and school work compared to the general population controls« (Stevenson & Pit-ten Cate 2003, 26).

Sie finden auch heraus, dass diese Probleme in den höheren kognitiven Funktionen unabhängig von der Lähmungshöhe und vom Intelligenzquotienten auftreten [96]. Eine Beeinträchtigung in den Exekutivfunktionen im Unterschied zu nichtbehinderten Kinder findet sich auch noch bei den Kindern mit einem mittleren Intelligenzquotienten (≥ 84 Punkten) [66].

Schlussfolgerungen
Probleme in den intellektuellen Funktionen des vorausschauenden Handelns, des Problemlösens und der gedanklichen Planungen sind sowohl für die Gruppe der Kinder mit isoliertem Hydrocephalus als auch für die Gruppe der Kinder und Jugendlichen mit Hydrocephalus und Spina Bifida gut dokumentiert. Offenbar gehen sie mit der ebenfalls gut dokumentieren Schwäche in den Aufmerksamkeitsleistungen einher. Die größte Barriere bei der Bewältigung höherer kognitiver Aufgaben scheint hierbei – zumindest bei den Kindern mit Spina Bifida – der Prozess der Trennung relevanter von irrelevanten neuen Informationen zu sein. Bei der Entscheidung, welche Informationen behalten werden sollen, spielen auch die schlechten Gedächtnisstrategien wiederum eine Rolle.

Die Abstände zu den nichtbehinderten Kindern sind zwar bei den normalintelligenten Kindern mit Hydrocephalus geringer als bei den minderbegabten Kindern, aber immer noch statistisch auffällig. Je älter die Kinder werden und desto mehr Anforderungen in Schule und Alltag an sie gestellt werden, desto stärker fällt die Schwäche in den Exekutivfunktionen ins Gewicht, sodass gefolgert werden kann, dass das Ausmaß der Beeinträchtigungen in den Leistungsaspekten der Aufmerksamkeit und der exekutiven Funktionen ein Prädiktor für das Gelingen der sozialen Anpassung ist.

Die Forschungsergebnisse sprechen dafür, dass sich der Hydrocephalus negativ auf die vom kortikalen Frontallappen gesteuerten Exekutivfunktionen auswirkt. Dies wird dadurch bestätigt, dass sich bei jungen Erwachsenen, die einen nicht eindeutig shuntpflichtigen Hydrocephalus hatten, nach einer Shuntimplantation die neuropsychologischen Ergebnisse in der kognitiven Flexibilität verbesserten. Auch die Leistungen in der Aufmerksamkeit und in den verbalen und visuellen Gedächtnisfunktionen stiegen an [70].

3.3.4 Zusammenfassung

Aussagen zur Intelligenz eines körperbehinderten Kindes sind sehr kritisch zu betrachten, weil Datenerhebung und Interpretation der besonderen motorischen und geistigen Situation des Kindes nicht zufriedenstellend gerecht werden. Zugleich sollte auf die vorliegenden Erkenntnisse über Intelligenz, Intelligenzstruktur und neuropsychologischen Leistungen nicht verzichtet werden, wenn Verständnis der Lernsituation und Förderung das Ziel sind.

Kinder mit Hydrocephalus zeigen eine große Varianz in der körperlichen und geistigen Entwicklung und auch wenn Zweidrittel von ihnen in den unteren Rängen der Intelligenzmessung liegen, so gibt es auch Kinder mit überdurchschnittlicher Intelligenz. Entscheidend für die Intelligenzentwicklung sind die Ätiologie und die Komplikationen, aber die Forschungen zeigen auch, dass der Hydrocephalus per se einzelne Aspekte der Intelligenz beeinflussen kann.

Bei der Betrachtung der Ätiologien bezüglich der Intelligenzentwicklung fällt auf, dass die Kinder mit Spina Bifida sich besser als die anderen ätiologischen Gruppen entwickeln, obwohl auch sie noch mehr Streuung zeigen als ihre nichtbehinderten Geschwister. Die Ausbildung ihrer Stärken und Schwächen in der Intelligenzstruktur ist aber wiederum ähnlich, sodass auch vom kognitiven Phänotyp der Spina Bifida gesprochen wird. Die Kinder mit Spina Bifida und Hydrocephalus sind zudem die am meisten untersuchte Gruppe. Bei manchen der Untersuchungen zum kindlichen Hydrocephalus stellt sich bei näherem Betrachten heraus, dass die Stichprobe vornehmlich aus Kindern mit Spina Bifida bestand und die Forschungsergebnisse daher nicht auf Kinder mit Hydrocephalus zu verallgemeinern sind. Auch bei Berücksichtigung der Ätiologie findet sich nur selten eine weitere Differenzierung als jene in Kinder mit und ohne Spina Bifida, sodass auch hier keine weitere Differenzierung erfolgen kann.

Im Unterschied zu den Kindern mit Spina Bifida ist die Prognose für die Intelligenzentwicklung am schlechtesten für frühgeborene Kinder mit schweren Hirnblutungen und für Kinder mit pränatal schon deutlich progressivem Hydrocephalus. Auch Kinder mit einem Hydrocephalus nach intrakraniellen Infektionen und Kinder mit Aquäduktstenosen erreichen nur niedrige Werte in der Intelligenzmessung. Weiter führen erheblich vergrößerte Ventrikel, Veränderungen in der grauen und weißen Hirnsubstanz und auch ein prä- und postnatal bestehender intrakranieller Druck zu geistigen Beeinträchtigungen. Diese Kinder zeigen auch häufig Sehprobleme, die somit einen prognostischen Wert für eine eingeschränkte Intelligenzentwicklung haben.

Bezüglich der Komplikationen zeigen Studien, dass Shuntinfektionen, insbesondere wenn sie mit einer Ventrikulitis einhergehen, einen negativen Einfluss auf die kognitive Entwicklung des Kindes haben.

Kinder mit Hydrocephalus und der Einfluss des Hydrocephalus auf kognitive Aspekte

Forschungen, die sich in Unterscheidung zu den Kindern mit Spina Bifida explizit auf Kinder mit einem isolierten Hydrocephalus beziehen, sind rar, aber es gibt einige Studien, die die Gesamtgruppe der Kinder mit Hydrocephalus betrachten. Und es gibt wenige, aber aktuelle Vergleichsstudien zwischen Kindern mit der Doppelbehinderung Spina Bifida und Hydrocephalus und Kindern mit einem Hydrocephalus anderer Ätiologie sowie weiter Vergleichsstudien zwischen Kindern mit Hydrocephalus und Kindern, die bei gleicher Erkrankung keinen Hydrocephalus ausbildeten. Diese Studien zeigen Aspekte der Intelligenzstruktur auf, die auf den Einfluss des Hydrocephalus zurückgeführt werden:

- Obwohl der Bereich der Aufmerksamkeit vornehmlich bei Kindern mit Spina Bifida untersucht wurde, zeigen auch andere Studien, dass generell bei Kindern mit einem Hydrocephalus häufig Aufmerksamkeitsschwächen zu finden sind, und zwar auch bei Kindern mit durchschnittlicher Intelligenz.
- Schwächen in den Lern- und Gedächtnisleistungen sind ein weiteres zentrales Problem bei Kindern mit Hydrocephalus. Offenbar fehlen vielen Kindern effiziente Strategien zum Speichern und Abrufen. Hiervon ist das explizite Gedächtnis betroffen, nicht das implizite Lernen und Erinnern.
- Es erweist sich eine kurze Gedächtnisspanne.
- Von Schwierigkeiten im Schulfach Mathematik berichten vielfach Eltern und die Beraterpraxis, wissenschaftliche Belege hierüber gibt es vor allem für Kinder mit Spina Bifida.
- Die hinsichtlich der Kinder mit Spina Bifida häufig beschriebene eloquente, aber inhaltsarme Sprache lässt sich nicht auf alle Kinder mit Hydrocephalus verallgemeinern. Aber es zeigt sich, dass trotz guter Kenntnis einzelner Wörter Schwierigkeiten in der aktiven, flüssigen Sprache bestehen. Letztlich kann nicht verallgemeinernd von einer besonderen sprachlichen Schwäche oder Stärke gesprochen werden.
- Ältere Studien kamen nahezu regelhaft zu dem Ergebnis, dass die Werte der Kinder im Handlungsteil des Intelligenztests (noch) schlechter ausfielen als die Werte im sprachlichen Teil. Diese Ergebnisse werden aber kritisch betrachtet und neuere Forschungen sehen diese Differenz im Intelligenzquotienten nicht. Allerdings sieht eine aktuelle Studie Einschränkungen in visuell-räumlich-kognitiven Fähigkeiten und auch in dem Handlungsteil des Intelligenztestes.
- Manche Studien finden bei den Kindern die Schwierigkeit, den Gesichtsausdruck ihres Gegenübers interpretieren zu können, was auf visuelle Wahrnehmungsschwächen hinweisen könnte.
- Bei der besser untersuchten Gruppe der Kinder mit Spina Bifida und Hydrocephalus werden die deutlichen Probleme in den visuell-räumlichen Fähigkeiten dem Hydrocephalus zugeordnet.
- Die visuell-räumlichen Schwierigkeiten betreffen auch die Orientierung im Raum, was allerdings wenig untersucht worden ist.
- Für Kinder mit verschiedenen Ätiologien ihres Hydrocephalus zeigt die Forschung, dass sie erhebliche Probleme in ihren Exekutivfunktionen haben, besonders in der Selbstorganisation und bei Kindern mit Spina Bifida auch noch bei komplexen, wenig strukturierten Aufgaben. Kritische Stimmen sehen diese zwar nicht als Folge eines neuronalen Schadens, sondern als Folge der Aufmerksamkeitsstörung, bestätigen aber die Forschungsergebnisse.
- Ein Teil der exekutiven Funktionen ist die Fähigkeit der sozialen Problemlösung. Hier besteht bei Jugendlichen mit Hydrocephalus die Schwierigkeit, den mentalen Status der Mitmenschen zu interpretieren.

- Und je älter die Kinder werden und je mehr die Anforderungen steigen, desto stärker machen sich die Schwächen in den Exekutivfunktionen in Alltag und Schule bemerkbar.

Kinder mit Spina Bifida und Hydrocephalus

Zu der Aussage eines sogenannten kognitiven Phänotyps bei Kindern mit Spina Bifida und Hydrocephalus kommt es, weil sich bei ihnen in der Untersuchung der Intelligenzstruktur folgende Besonderheiten finden:
- Von den vier neuropsychologischen Komponenten der Aufmerksamkeit, der selektiven, der geteilten/wechselnden und der Daueraufmerksamkeit sowie der kognitiven Verarbeitungsgeschwindigkeit zeigt sich die Daueraufmerksamkeit als eine relative Stärke, während die Leistungen in den anderen Komponenten häufig beeinträchtigt sind. Besonders auffällig sind die Schwierigkeiten der Kinder in der selektiven Aufmerksamkeit. Diese Form der Aufmerksamkeitsschwäche entspricht nicht der, die üblicherweise bei Kindern mit AD/HS diagnostiziert wird. Mit AD/HS wird eine Schwäche in der Daueraufmerksamkeit verbunden. Bei Kindern mit Hydrocephalus stellt sich die häufig festgestellte und erhebliche Schwäche in der selektiven Aufmerksamkeit als zentrales Problem dar und wird als mitverantwortlich für die ebenfalls oft schwachen Ergebnisse in den Gedächtnisleistungen und in den Exekutivfunktionen dargestellt.
- Eine deutliche und in ihrem Ausmaß vielleicht gar spezifische Schwäche findet sich ebenfalls in der der Aufmerksamkeit zugehörigen Komponente der kognitiven Verarbeitungsgeschwindigkeit.
- Ineffiziente Gedächtnisstrategien erschweren das Erinnern und das Bearbeiten komplexerer Aufgaben und es mangelt an der Fähigkeit, wichtige von unwichtigen Informationen unterscheiden zu können. Die ineffizienten Gedächtnisstrategien bilden mit der Aufmerksamkeitsschwäche das größte Hindernis für die Kinder beim Lernen.
- Bei gutem Wortschatz und grammatisch korrekter Sprache zeigen sich Schwächen im höheren Sprachniveau und in der Sinnerfassung des Kontextes, die sich dann auch in einem geringen Leseverständnis äußern.
- Neue Studien zur phonologischen Bewusstheit sehen die Ursache der Schwierigkeiten im Lesen in einem ineffizienten Abrufen phonologischer Informationen aus dem Langzeitgedächtnis und einer auffällig kurzen Gedächtnisspanne. Dieses erschwere den Kindern die Sinnerfassung geschriebener Texte.
- Die Kinder zeigen häufig auffällig schlechte Leistungen in Arithmetik und Geometrie, wofür die Literatur unterschiedliche Begründungen liefert.
- Viele Studien sehen bei den Kindern schlechtere Leistungen im Handlungsteil und bessere Leistungen im Verbalteil des Intelligenztests, andere stellen dies in Frage. Allerdings sprechen die Schwierigkeiten in den visuell-räumlichen Fähig-

keiten für Auswirkungen auf niedrige Leistungen im Handlungsteil des Intelligenztestes.
- Mehrere Studien beschreiben Schwierigkeiten in der visuellen Analyse und Synthese. Und für den Teilbereich der visuell-räumlich-konstruktiven Schwierigkeiten kann indirekt auf den Hydrocephalus als ursächlichen Faktor geschlossen werden, weil die Kleinhirnfehlbildung ausgeschlossen werden kann.
- Die visuell-räumlichen Schwierigkeiten betreffen auch die Orientierung im Raum, was allerdings wenig untersucht worden ist.
- Mehrere Studien, darunter auch eine Langzeituntersuchung der gleichen Stichprobe [55], zeigen eine relative Abnahme der neuropsychologischen Leistungen bei Kindern mit Spina Bifida und Hydrocephalus. Eine weitere Studie sieht eine Abnahme der räumlichen Fähigkeiten [21].

Keine der durchgesehen Studien hat zum Ziel, die Stärken und gut entwickelten Fähigkeiten herauszufinden. Aber bei einigen wenigen Studien werden neben den Schwächen auch Stärken bemerkt. Danach zeigen Kinder mit Hydrocephalus besonders gute bzw. in Relation zu ihren anderen neuropsychologischen Leistungen, relativ gute Ergebnisse
- in der Daueraufmerksamkeit,
- im Wahrnehmen und Wiedererkennen,
- in der Übernahme von Gehörtem,
- im impliziten Lernen, also Funktionsabläufe zu lernen
- und in der Bewältigung einfacher Aufgaben [54].

Und für die Kinder mit einer Spina Bifida gilt darüber hinaus, dass sie über
- eine gute emotionale Intelligenz,
- adäquate Kenntnis der Klangstruktur der Sprache,
- gute phonologische Kenntnisse,
- einen guten Wortschatz und grammatikalisch korrekte Sprache verfügen.

> Die Hauptschwierigkeiten der Kinder lassen sich nochmals verkürzt pointieren als Probleme in der Aufmerksamkeit, in den Lern- und Gedächtnisleistungen, die vor allem das explizite Lernen und Erinnern betreffen. Darüber hinaus bestehen vermutlich in den visuell-räumlichen Fähigkeiten und nachgewiesen in den Exekutivfunktionen (darunter auch in der sozialen Problemlösung) erhebliche Probleme. Dies findet sich auch bei Kindern mit durchschnittlichem und höherem Intelligenzquotienten. Die Aufmerksamkeit wird von einigen Autoren als das zentrale Problem gesehen, das dann die Probleme im Gedächtnis und in den Exekutivfunktionen nach sich zieht. Andere sehen vor allem die beeinträchtigte Entwicklung in den Lern- und Gedächtnisstrategien als Kernproblem, die zum effektiven Speichern und Abrufen nötig sind, und zwar unabhängig von der Ätiologie. Das implizite Gedächtnis, welches Fertigkeiten, ritualisierte Abläufe und Verhaltensweisen speichert, ist dabei nicht beeinträchtigt, wohl aber das explizite Gedächtnis, welches Erfahrungen und Wissen speichert.

Für Kinder mit einer Spina Bifida und einem Hydrocephalus kann durch die höhere Zahl an Studien ergänzt werden, dass sie darüber hinaus Schwierigkeiten haben:
- in dem Teilbereich der selektiven Aufmerksamkeit,
- in der kognitiven Verarbeitungsgeschwindigkeit,
- in den Gedächtnisstrategien (ineffizientes Abrufen, ineffizienter phonologischer Abgleich),
- im Herausfiltern relevanter Informationen,
- in der Mathematik,
- im höheren Sprachniveau und der Sinnerfassung, was auch zu einem geringeren Leseverständnis führt,
- in der visuellen Analyse und Synthese bzw. den visuell-räumlichen Leistungen,
- in der Fähigkeit Gesichtsausdrücke zu interpretieren
- und eine (relative) Abnahme mancher neuropsychologischen Leistung aufweisen.

Bei den Kindern und Jugendlichen mit einer Spina Bifida und einem Hydrocephalus zeigt sich dann auch, dass ihre Schwächen in der Aufmerksamkeit und in den Exekutivfunktionen prädiktiv sind für den sozialen Status und mögliche Schwierigkeiten in der sozialen Anpassung [89], denn wenn im Jugendalter in Schule und Beruf ›multitasking‹ und eine höhere Selbstorganisation erwartet werden, machen sich diese Schwächen besonders negativ bemerkbar [54].

Nun zeigen Kinder mit einer Körperbehinderung häufig Beeinträchtigungen in verschiedenen neuropsychologischen Leistungen. Gerade auch bei den Kindern mit einer Spina Bifida muss bedacht werden, dass die Lähmung und ihre Situation, als sichtbar behindertes Kind aufzuwachsen, zu besonderen Entwicklungsbedingungen führen, die sich auf das Selbstbewusstsein, auf die emotionale, soziale und auch kognitive Entwicklung auswirken. Kognition und neuropsychologische Leistungen sind nicht von dieser Entwicklung zu trennen. Aber die Studien zeigen, dass Jugendliche mit einer Spina Bifida ohne einen assoziierten Hydrocephalus wesentlich weniger Probleme haben.

> »In addition they do not have the same difficulties in life as individuals with hydrocephalus and are often high achievers. (…) they [Hydrocephalus] showed a global pattern of impairment on all other tasks as compared to patients with Spina Bifida and matched controls« (Iddon 2004, 115).

Die hier dargelegten Forschungsergebnisse zeigen, dass eine ihrer besonderen Entwicklungsbedingungen die neuropsychologischen Auswirkungen ihres Hydrocephalus sind, denn offenbar sind viele ihrer in Schule und Elternhaus festgestellten Schwächen unmittelbare Folgen ihres Hydrocephalus.

Der besonderen Aufmerksamkeit bedarf dabei das Drittel der Kinder mit einem normalen und einem leicht unterdurchschnittlichen Intelligenzquotienten (70–85 Punkte), denn sie haben im Mittel im Profil gute verbale Fähigkeiten, aber stark beeinträchtigte nonverbale Fähigkeiten [64]. Ihr Leistungsvermögen wird aufgrund ihrer guten verbalen Ausdrucksmöglichkeiten in der Schule oft überschätzt und entsprechend werden ihre Schwierigkeiten in der Aufmerksamkeit, im Lernen und Erinnern sowie des vorausschauenden Planens und Strukturierens unterschätzt.

> »There is a risk that the good verbal abilities that most of them have create expectations of good function in other areas as well, to which the children are unable to live up. They may therefore be misinterpreted as lazy or careless« (Lindquist et al. 2005, 882).

3.4 Forschungsergebnisse zu einer veränderten Morphologie und Physiologie des Gehirns beim kindlichen Hydrocephalus

Kinder mit einem Hydrocephalus zeigen häufig eine Vielzahl an neuropsychologischen Auffälligkeiten und die Forschungsergebnisse legen nahe, dass eine Reihe dieser Auffälligkeiten aus dem Hydrocephalus zu erklären ist. Offenbar beeinflusst der Hydrocephalus per se neben dem schon aufgezeigten Einfluss der Ätiologien und dem Einfluss der Komplikationen die Entwicklung, insbesondere die neuropsychologische Entwicklung.

> »Regardless of aetiology, the increased intracranial pressure causing hydrocephalus may result in secondary brain insults by stretching axons and compressing the white and grey matter, including cortical neurons, which may lead to cognitive and behavioural malfunction« (Lindquist et al. 2008, 596).

Es stellt sich die Frage, welche Änderungen an Hirnstrukturen oder physiologischen Prozessen auszumachen sind, die die Kindesentwicklung beeinflussen.

3.4.1 Erkenntnisse zu einer veränderten Morphologie des Gehirns beim kindlichen Hydrocephalus

Die bildgebenden Verfahren[20], die bei der diagnostischen Abklärung helfen, ob ein Kind einen Shunt oder eine Revision erhalten muss, zeigen häufig anormale Hirnstrukturen. Diese können zum einen der gleichen Ursache wie auch der Hydrocephalus entstammen, können zum zweiten selber die Ursache für die Herausbildung eines Hydrocephalus sein, wie z. B. eine Aquäduktstenose, können aber zum weiteren auch eine Folge des Hirndrucks sein. Bevor ein Kind in seinem Verhalten Hirndruckzeichen zeigt oder auch die Hirnsituation bei einem Fetus oder Säugling als auffällig diagnostiziert und dieser dann operiert werden kann, besteht immer eine Zeitspanne, bei der das Gehirn dem intrakraniellen Druck ausgesetzt ist. Da liegt es nahe, die verschiedenen auf den Bildern zu erkennenden veränderten Hirnstrukturen mit der Entwicklung der Kinder zu vergleichen. Vereinzelt liegen auch Vergleiche zwischen der Morphologie des Hirns und neuropsychologischen Ergebnissen vor.

Folgen des intrakraniellen Drucks/Liquorstaus

Sowohl bei einem Verschlusshydrocephalus als auch nach einer frühkindlichen Hirnblutung kommt es zur Zirkulationsstörung, einem Aufbau eines intrakraniellen Drucks und einem Liquorstau. Während es bei einer frühkindlichen Hirnblutung häufig zunächst in den Subarachnoidalräumen zu einem intrakraniellen Druck kommt [83], weiten sich bei einem Verschlusshydrocephalus (wie bei Spina Bifida und Aquäduktstenosen) als erstes die Ventrikel. In beiden Fällen durchnässt bei länger andauerndem Wasserstau das gesamte Hirngewebe (Parenchym).

Vor allem bei dem Verschlusshydrocephalus erfolgt die Erweiterung (Dilation) der Seitenventrikel ausgehend von den posterioren Teilen des Ventrikels (Okzipitalhörner) und erfasst danach die anterioren Teile [35, 71, 83]. Die Zunahme des Volumens des Liquor cerebrospinalis zeigt sich deutlicher in den posterior als in den anterior gelegenen Hirnregionen, weil die Okzipitalhörner der Seitenventrikel sich schneller weiten als andere Bereiche der Ventrikel [31, 35, 71]. Manchmal sind die Okzipitalhörner der Seitenventrikel der einzige Teil der Seitenventrikel, der sich weitet [31]. Der intrakranielle Druck in den posterioren Regionen trägt zu den häufig festzustellenden Schwächen in der selektiven Aufmerksamkeit bei, denn diese wird von posterioren Regionen reguliert [14, 31]. Da sich beim kindlichen Hydrocephalus aber zugleich oft eine mangelhafte Ausbildung der posterior gelegenen Bereiche des Balkens findet [31],

---

20 Röntgen und Computertomographie (CT), Sonographie und Doppler-Sonographie, Positronen-Emissions-Tomographie, Magnetresonanztomographie (MRT) und diffusionsgewichtete Magnetresonanztomographie (DW-MR) mit der häufigen Variante des DTI für diffusion tensor magnetic resonance imaging. (DTI) ist eine besondere Messung der MRT und zeigt die Diffusionsbewegungen der Wassermoleküle, fiber tracking (FT) stellt dann den Verlauf der Faserbahnen im DTI dar.

ist zwischen dem Einfluss von intrakraniellem Druck, raumfordernden Erweiterungen und reduzierter Balkenanlage nicht zu differenzieren.

Ein lang anhaltender intrakranieller Liquordruck führt zu einer Reduktion von weißer und grauer Hirnsubstanz und es kommt zu einer Kompression des Hirnmantels, vor allem in den seitlichen und hinteren Regionen [14, 71]. Bei älteren Kindern und Erwachsenen sind diese Erweiterungen weniger massiv [71].

Abweichende Hirnentwicklung

Das diagnostische Leitsymptom bei der Erstdiagnose eines kindlichen Hydrocephalus ist die Erweiterung der Ventrikel. Neben erweiterten Ventrikeln mit einer Erhöhung des Liquorvolumens finden sich häufig weitere neuropathologische Veränderungen und Unterschiede in der grauen und weißen Substanz wie eine verringerte kortikale Manteldicke, Kompression der weißen und grauen Hirnsubstanz (vorzugsweise in den hinteren und seitlichen Hirnarealen) und eine mangelhafte Ausbildung des Balkens (corpus callosum) [14, 31, 32, 35, 36, 66, 71].

Neben diesen auf den Bildern deutlich sichtbaren Veränderungen gibt es weitere, diskretere Veränderungen am kindlichen Gehirn, die als direkte Folge des Liquorstaus und der raumfordernden Prozesse und mechanischen Verzerrungen aufgrund des erhöhten Liquorvolumens angesehen werden.

Es finden sich an diskreteren neuropathologischen Veränderungen:
- lokale Zerstörungen am Ependym   [9, 71],
- Verzerrungen zerebraler Blutgefäße   [9, 31, 71],
- Kollabierungen von Kapillaren   [9],
- Degeneration an den Axonen
  und Dendriten   [9, 14, 19, 31, 32, 66, 94, 104, 158],
- verzögerte Myelinisierung   [9, 14, 47, 54, 59, 66, 88, 104, 158],
- und Veränderungen
  an subkortikalen Strukturen   [31, 32, 35, 47, 71, 104].

An physiologischen Veränderungen fallen vor allem ein abnehmender zerebraler Blutfluss und Veränderungen im Hirnstoffwechsel auf [9, 13, 19, 31, 71, 87, 104].

Wenn diese Prozesse in dem sich entwickelnden fetalen oder frühkindlichen Gehirn ablaufen, bleibt nur ein kurzes Zeitfenster, um durch Implantation eines Shuntsystems [19] den pathologischen Veränderungen entgegen zu wirken. Je länger die nicht operierte Situation andauert, desto mehr ist von irreversiblen Schädigungen auszugehen [9, 19, 71].

Veränderungen im Parenchym

Es liegt nahe anzunehmen, dass es bei einer erheblichen Beeinträchtigung des Parenchyms, wie sie durch schwere Hirnblutungen entstehen, zu erheblichen Entwicklungsstörungen kommen kann. Schon Resch (1996) vermutet, dass weniger die anatomische Lokalisation der Blutung der wesentliche limitierende Faktor in der Entwicklung sei, sondern vielmehr die Zerstörung von weißer und grauer Hirnsubstanz. An Veränderungen finden sich vermehrt gefüllte Bläschen im Zellplasma (Vakuolisierung) [104]. Für Kinder mit einem Hydrocephalus ist bekannt, dass raumfordernde Zysten im Parenchym die Entwicklungsprognose des Kindes verschlechtern [49, 63]. Bei ihnen findet sich ein niedrigerer Intelligenzquotient mit schlechten Werten im nonverbalen Handlungsteil [49] und somit zeigt sich ein Bezug zwischen einer auffälligen Hirnentwicklung und auffälligen Testergebnissen.

Dies bestätigt eine aktuelle Untersuchung von Persson et al. (2007), die bei Kindern mit Hydrocephalus eine signifikante Korrelation zwischen dem Ausmaß der Läsionen im Parenchym und dem Ausmaß einer beeinträchtigten Entwicklung zeigt, auch mit entsprechenden graduellen Abstufungen [80]. So hat z. B. ein Drittel der Kinder mit pathologischem grauem Hirnmantel eine optische Atrophie, während die Kinder mit unauffälligem Parenchym keinerlei assoziierte Beeinträchtigungen haben [80].

Veränderungen in der Ventrikelgröße, dem Ependym und dem Liquorvolumen

Zwar ist erwiesen, dass Kinder mit extrem vergrößerten Ventrikeln, zumal wenn diese sich schon früh in der Schwangerschaft zeigen, eine deutlich schlechtere Entwicklungsprognose haben (s. Abschnitt 3.2.3). Aber es kann nicht von einem auffälligen MRT-Bild auf die kognitive Funktion geschlossen werden [37, 52] und es finden sich nur geringe Korrelation zwischen dem Grad der Ventrikelgröße und einer langfristigen intellektuellen Beeinträchtigung [31, 49, 52]. In der Untersuchung von Hoppe-Hirsch et al. (1998) erreichen fast die Hälfte aller Kinder mit ursprünglich moderat erweiterten Ventrikeln einen Intelligenzquotienten von mehr als 90 Punkten, aber immerhin auch noch fast ein Viertel der Kinder mit ursprünglich erheblich erweiterten Ventrikeln. Und es gibt keine zuverlässigen Prognosen über das intellektuelle Niveau, wenn die Ventrikelgröße nach der Shuntoperation abnimmt.

Zu den Korrelationen in den Vergleichen zwischen Bildgebung und neuropsychologischer Testung gehört, dass posterior vergrößerte Seitenventrikel mit einer größeren Überlegenheit des Verbal- gegenüber des Handlungs-IQ korrelieren [36] (ebenso Ito et al. 1997 nach Erickson et al. 2001). Und es gibt eine signifikante Korrelation zwischen dem erhöhten prozentualen Anteil des Liquors in den posterioren Regionen und niedrigen Ergebnissen in der visuomotorischen Geschicklichkeit und den visuell-räumlichen Fähigkeiten [36].

Diese Forschungen weisen darauf hin, dass durch die Dilatation der posterioren Seitenventrikel und Durchnässung des umgebenden Parenchyms kognitive Funktionen beeinträchtigt werden können, und dass die Erweiterungen sich deutlicher auf die Ergebnisse in den nonverbalen Fähigkeiten als auf Ergebnisse in verbalen Teilen des Intelligenz auswirken. Mataro et al. (2001) schlussfolgern einen sehr komplexen Einfluss des Hydrocephalus auf die Hirnentwicklung und besonders die angrenzenden Hirnstrukturen [71].

Kortikale Manteldicke und Volumen der grauen Substanz

Die Bildgebung zeigt bei Kindern mit erweiterten Hirninnen- und Hirnaußenräumen oft eine reduzierte Dicke des kortikalen Mantels. Es wird angenommen, dass die reduzierte Hirnsubstanz eine Folge des langanhaltenden zunehmenden intrakraniellen Drucks auf den Hirnmantel ist. In Analogie zur asymmetrischen Ausdehnung der Ventrikel, ist auch die Reduktion der grauen Substanz in den posterioren Arealen größer [23, 31, 36]. Die meisten Autoren [19, 49, 79] beschreiben keinen Zusammenhang zwischen Manteldicke und Kognition.[21] Die entspricht auch dem Ergebnis eines Forschungskolloquiums [158]. Dagegen interpretieren Erickson et al. (2001) die Forschungslage dahingehend, dass ein reduzierter kortikaler Mantel normalerweise mit einem geringeren Intelligenzquotienten einhergeht. Hinsichtlich der nonverbalen Fähigkeiten gibt es Forschungsergebnisse, die einen Zusammenhang zwischen dem dünneren Hirnmantel und dem damit einhergehenden erhöhten Liquorvolumen im hinteren parietalen Kortex und schwachen visuell-räumlichen Fähigkeiten sehen [36]. Diese gehen einher mit dem Wissenstand, dass im hinteren parietalen Kortex zwar keine bestimmten Areale, aber neuronale Strukturen auszumachen sind, die für diese neuropsychologische Leistung zuständig sind (Bodenburg 2001, 131).

Agenesie des corpus callosum (Balken)

Besonders auffällig zeigt sich in der Bildgebung eine Veränderung des Balkens. Der Balken ist jene Hirnstruktur, die die beiden Hirnhälften miteinander verbindet und ihre Koordination gewährleistet. Seine Fasern verbinden im Wesentlichen identische Rindenareale der jeweiligen Hirnhälften miteinander. Anatomisch liegt dieser breite Faserzug unterhalb des Großhirns, oberhalb des Stammhirns und der Seitenventrikel. Ein Mangel oder eine Fehlbildung des Balkens wird häufig beobachtet (Lösslein & Deike-Beth 2000, 117). Sie kann genetisch bedingt sein, durch eine embryonale Entwicklungsstörung verursacht sein, ist aber auch häufig vergesellschaftet mit anderen neurogenen Fehlbildungen wie Spina Bifida, Mikrocephalie, Hydrocephalus u. a. (Melchers & Lehmkuhl 2000, 622).

Die vorliegenden Forschungsarbeiten zu den Auswirkungen eines mangelhaften oder fehlenden Balkens basieren auf Untersuchungsgruppen, die vornehmlich Kinder mit einem Hydrocephalus und einer Spina Bifida enthielten. Daher dürfen die Resultate nur auf Kinder mit Hydrocephalus und Spina Bifida bezogen werden.

---

21 Chumas et al. et al. (2001) sehen nur bei einer Manteldicke von weniger als zwei Zentimetern einen Zusammenhang zur Kognition.

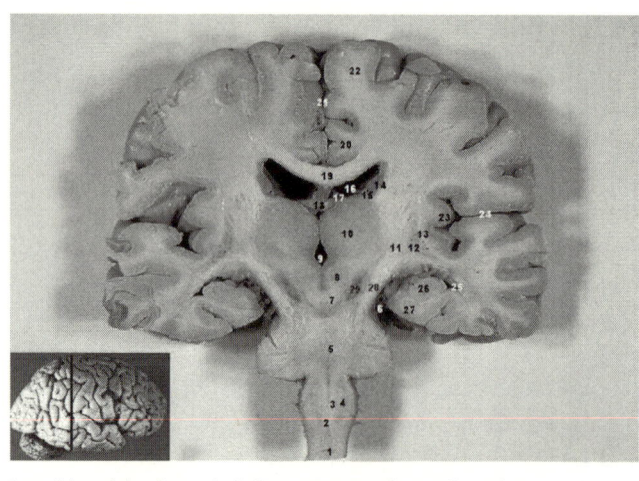

Abbildung: Frontalschnitt des Hirns
05 Cerebellum
09 III. Ventrikel
10 Thalamus
16 Seitenventrikel
17 Plexus Choroideus
18 Fornix
19 Corpus callosum
20 Gyrus Cinguli

http://de.wikibooks.org/wiki/Datei:Human_brain_frontal_(coronal)_section_description.JPG

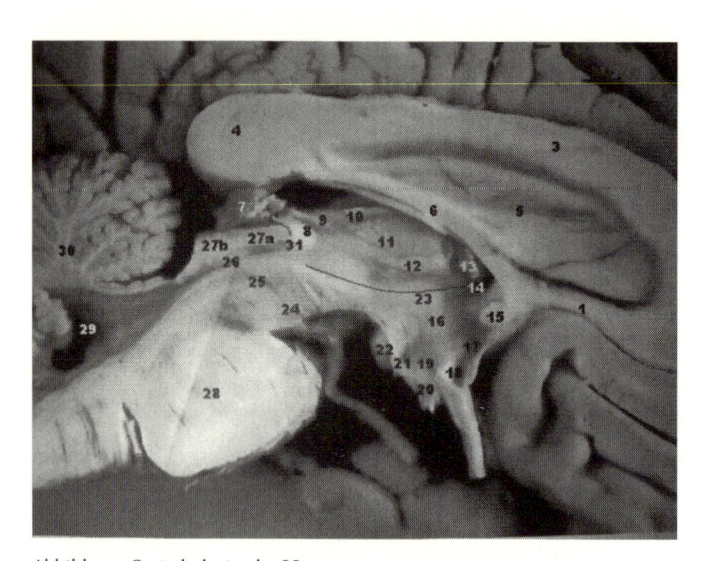

Abbildung: Sagitalschnitt des Hirns
01 Corpus callosum Rostrum
02 Corpus callosum Genu
03 Corpus callosum corpus
04 Corpus callosum splenium
05 Fornix corpus
11 Thalamus
13 Plexus choroideus
14 Foramen interventrikulare
16 Hypothalamus
26 Aquädukt
29 IV. Ventrikel
30 Cerebellum

http://de.wikibooks.org/wiki/Datei:Human_brain_left_midsagitttal_view_closeup_description.JPG

An morphologischen Veränderungen finden sich ein schmaler Balken und eine partiale Agenesie des Balkens, genauer des posterior gelegenen corpus callosum splenium [35, 59], zumindest ist die Pathologie des posterioren Anteils größer [31]. Obwohl dann nur ein Teil des Balkens fehlt, wird häufig von einer Agenesie gesprochen während unter einer Hypoplasie des Balkens eine Unterentwicklung aufgrund einer mangelhaften Myelinisierung verstanden wird [31].

Über neuropsychologische Auswirkungen einer Balkenhypoplasie und einer Balkenagenesie liegen Studien vor [32–38, 53, 59]. Danach gibt es einen direkten und signifikanten Zusammenhang zwischen einer Balkenagenesie und auch Hypoplasie zu auffällig niedrigen Werten im Handlungsteil des Intelligenztests [32, 35, 36]. Genauer wirkt sich eine Balkenfehlanlage sowohl auf die verbalen als auch auf die nonverbalen Leistungen aus, aber die Korrelation zu den nonverbalen Leistungen ist wesentlich stärker [31]. Auch die niedrigen Werte in der selektiven Aufmerksamkeit haben eine signifikante Korrelation zur Balkenmalformation, denn das posteriore Aufmerksamkeitssystem benötigt diesen Transfer zwischen den Parietallappen [31]. Dagegen ist die Daueraufmerksamkeit, die bei Kindern mit einem Aufmerksamkeits-Defizit-Hyperaktivitäts-Syndrom beeinträchtigt ist, unbeeinflusst von der Pathologie des posterioren Balkens. Die Daueraufmerksamkeit wird von anterioren Regionen gesteuert [14]. Dies entspricht der Beobachtung, dass Kinder mit Hydrocephalus und Spina Bifida weniger Probleme mit der Daueraufmerksamkeit als vielmehr Schwierigkeiten in der selektiven Aufmerksamkeit haben.

Es besteht die begründete Vermutung, dass Kinder mit einem Hydrocephalus eine selektive Aufmerksamkeitsstörung aufgrund beeinträchtigter posteriorer Balkenbereiche (corpus callosum splenium) und aufgrund der posterioren Erweiterung ihrer Seitenventrikel haben.

Das corpus callosum wird weiter zur Entwicklung der linguistischen semantischen Dominanz der linken Hemisphäre benötigt, und deshalb sind bei Patienten mit einer Agenesie schlechte syntaktische und semantische Leistungen zu finden (Melchers & Lehmkuhl 2000, 622). Dies könnte erklären, dass bei Kindern mit Spina Bifida häufig eine eloquente Sprache zu beobachten ist, ohne dass immer der Kontext verstanden wird (Heubrock & Petermann 2000, 86). Einen Beleg für diese mögliche Kausalität liefert die Untersuchung von Huber-Okrainec et al. (2005), die nachweisen, dass Kinder mit Spina Bifida und Hydrocephalus und einer Agenesie des corpus callosum erhebliche Probleme haben, Sätze zu verstehen, bei denen für die Semantik der Kontext herangezogen werden muss. Und eine Arbeit von Klaas et al. (1999) über Kinder mit einem fehlenden splenium des Balkens und einem Hydrocephalus in Verbindung mit Spina Bifida oder in Verbindung mit einer Aquäduktstenose erklärt andere Beobachtungen: Durch die Agenesie des Balkens wird die Zeit für den interhemisphärischen Transfer verlängert, was sich aber nur bei visuellen Aufgaben (in Form einer Überlegenheit des linken Gesichtsfeldes) bemerkbar macht, während das beidseitige Hören und die Bewältigung taktiler Aufgaben keine Probleme bereiten. Dies entspricht den

Forschungsergebnissen zur auditiven und taktilen Wahrnehmung, die keine oder nur geringe Einschränkungen finden.

Es ist zu folgern, dass bei Kindern mit Hydrocephalus, und hierunter insbesondere jenen mit einer Spina Bifida, ihre häufig schwachen Leistungen in nonverbalen und in visuell-räumlichen Aufgaben, ihre Beeinträchtigungen in der selektiven Aufmerksamkeit und in der Semantik mit der Balkenagenesie begründet werden.

Myelinisierung

Mit der Myelinisierung wird der Prozess beschrieben, wenn sich an den Axonen der Neurone abschnittsweise das Myelin bildet. Diese Myelinscheide führt zu einer Isolation der Nervenfaser, was u. a. eine höhere Nervenleitgeschwindigkeit zur Folge hat. Dieser Prozess währt Jahre und findet in den frontalen und parietalen Assoziationsfeldern, die für höhere kognitive Leistungen verantwortlich sind, erst im Alter von etwas 15 Jahren seinen Abschluss (Melchers & Lehmkuhl 2000, 616).

Auf Kernspintomographiebildern von Kindern mit einem Hydrocephalus zeigt sich oft eine nicht altersgemäße Myelinisierung der Axone [9, 19, 46, 47, 54, 59, 71, 88]. Zusätzlich zu dieser verspäteten Myelinisierung sind langgezogene Axone, beeinträchtigte Dendriten und eine Kompression der weißen und grauen Substanz zu erkennen [9, 32, 33, 66, 71, 88, 94]. Dieser diffuse weiße Schaden oder ›white matter disease‹ ist ein wesentlicher Grund, bei Kindern mit Hydrocephalus eine NLD (nonverbale learning disability) zu vermuten (s. Abschnitt 6.5).

Die geringere Myelinisierung wird auch für psychomotorische Schwierigkeiten der Kinder und für Beeinträchtigung in der Steuerung der oberen Gliedmaßen verantwortlich gemacht, weil auch die Pyramidalbahnen eine mangelhafte Myelinisierung aufweisen und daher die Bewegungen verlangsamt sind [31, 71, 151].

Es besteht der begründete Verdacht, dass der intrakranielle Druck des Liquors den Prozess der Myelinisierung beeinflusst und verlangsamt und dies in direktem Zusammenhang zu verminderten kognitiven Leistungen steht [31, 32, 66, 71]. Hanlo et al. (1997) finden eine signifikante Korrelation zwischen der Höhe des intrakraniellen Drucks und niedrigen Stufen der Myelinisierung und zwischen der Höhe des Drucks und einem Entwicklungsrückstand.

»The results of the present study suggest, however, that there is a distinct correlation between ICP [Intra cranial pressure] and neurodevelopmental outcome in hydrocephalic infants« (Hanlo et al. 1997, 291).

Die meisten Kinder mit einer stark verzögerten präoperativen Myelinisierung zeigten eine Erholung infolge der Drainage. Die Autoren folgern,
- dass ein zunehmender Druck wegen der verzögerten Myelinisierung sich negativ auf die Entwicklung auswirkt,
- dass diese Verzögerung teilweise reversibel ist,

- und dass das Liquorvolumen von geringer Bedeutung für die neurologische Entwicklung ist [46].

Die geringe Myelinisierung könnte aber auch durch den perinatalen und postnatalen Stress bedingt sein, dem das Neugeborene ausgesetzt wird. Ein Kind mit einem Hydrocephalus, der sich während der Schwangerschaft oder kurz nach der Geburt bildet, wird hohem Stress ausgesetzt, weil eine Narkose mit Operation und eine Trennung von der Mutter erfolgen. Aus Tierversuchen ist bekannt, dass die wiederholte Trennung von der Mutter zu einer signifikant reduzierteren Dichte von Dendriten führte (v. Aster 2005, 25).

Die negativen Auswirkungen einer verringerten Myelinisierung auf kognitive Leistungen sind auch aus der Onkologie bekannt. Durch Bestrahlung nach Hirntumoren bei Kindern kommt es zu einer Verringerung der weißen Substanz und zu einem deutlichen Intelligenzabbau, beides bei hohen Dosen besonders ausgeprägt (Konrad & Gauggel 2001, 82).

Auch wenn die beeinträchtigte Myelinisierung vielfach dokumentiert wurde und auch eine Korrelation zu schwachen Leistungen in Intelligenztests besteht, ist zu bedenken, dass die weiße Substanz für die kognitiven Leistungen weniger wichtig ist als die graue Substanz [31] und daher nach weiteren Auswirkungen des Hydrocephalus auf die Morphologie und Physiologie des kindlichen Hirns geschaut werden muss.

Veränderungen an subkortikalen Strukturen

Es finden sich neben der reduzierten Myelinisierung bei Kindern mit einem Hydrocephalus häufig auch Veränderungen in der für die kognitiven Leistungen besonders wichtigen grauen Substanz. Und hier auch nicht nur in Form eines verdünnten Hirnmantels, sondern auch in Veränderungen in den Großhirnkernen und anderen subkortikalen Strukturen. An morphologischen Veränderungen zeigt die Bildgebung bei ihnen Kompressionen und Formveränderungen. Zumindest die Kompression des paarig angelegten Schweifkerns (Nuclei caudati) und anderer subkortikaler Strukturen wird dem Liquordruck zugeschrieben [31, 71]. Schweifkern und Linsenkern werden in der Embryonalentwicklung durch das Entstehen der längsten Projektionsbahn im Zentralnervensystem großteils getrennt und zwischen den beiden Kernen entsteht die capsula interna. Kinder mit Hydrocephalus und Spina Bifida haben häufig eine auffällig schmale capsula interna in beiden Hemisphären [35].

Es gibt eine Reihe an Studien, die die morphologischen Veränderungen im Gehirn dokumentieren, aber für den weitergehenden Schritt des Vergleichs der auffälligen Hirnbilder mit neuropsychologischen Leistungen der Kinder ist die Studienlage schwach. Und auch aus einem Vergleich würden sich nur Korrelationen ableiten lassen und es wären noch keine Kausalitäten zu formulieren. Dennoch sind diese Forschungen ein wichtiger Weg, die Beeinträchtigungen und Besonderheiten dieser Kinder zu verstehen.

3.4.2 Erkenntnisse zu einer veränderten Physiologie des Gehirns beim kindlichen Hydrocephalus

Die Bildgebung weist auf eine veränderte Morphologie an den die Ventrikel umgebenden Strukturen hin. Diese sichtbaren Veränderungen und die unmittelbare Nähe zum Ventrikelsystem legen die Vermutung nahe, dass der intrakranielle Druck wichtige Strukturen und ihre Regelkreise in ihrer Funktion beeinflusst und beeinträchtigt. Hierbei stehen das limbische System und der Hypothalamus im Fokus des Interesses, denn die Kenntnisse über deren Funktionen lassen viele der bei den Kindern festgestellten neuropsychologischen Schwächen und Besonderheiten aus einer Dysfunktion dieser Strukturen erklären.

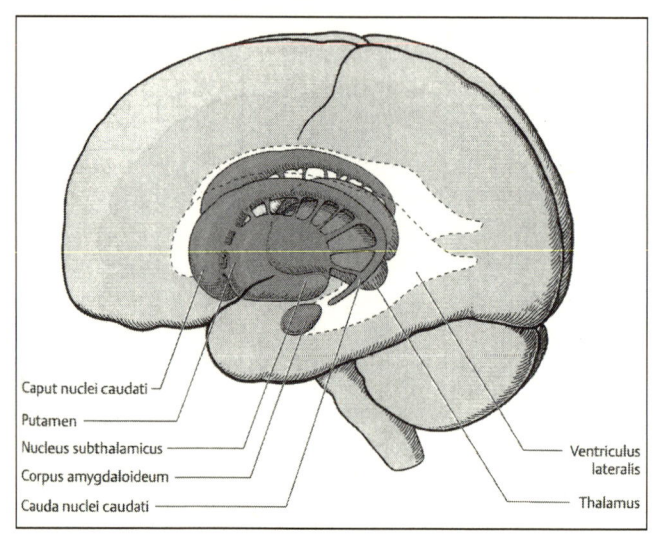

Ansicht der Basalganglien von der Seite im Verhältnis zum Ventrikelsystem (Bähr & Frotscher, 2009, 333)

Theorien über eine veränderte Funktionalität
des limbischen Systems bei Kindern mit Spina Bifida und Hydrocephalus

Ein doppelter Ring an Hirnwindungen umrandet Balken, Zwischenhirn (Thalamus und Hypothalamus) und Basalganglien. Die beiden Hauptkomponenten bilden dabei der Hippokampus und der Mandelkern. Werden Mandelkern und Hippokampus verletzt kommt es zu schweren und dauerhaften Gedächtnisstörungen. Dieser Ring wird als *limbisches System* bezeichnet. Obwohl diese Struktur anatomisch nicht klar abzugrenzen ist und auch die Funktion nicht gänzlich geklärt ist, wird an dem Begriff des limbischen Systems festgehalten, weil eine enge funktionale Zusammenarbeit dieser Strukturen als sicher gilt (Bähr & Frotscher 2009).

Bei Kindern mit Spina Bifida und Hydrocephalus zeigen moderne bildgebende Verfahren
- eine Degenration von Nervenzellen im Hippokampus [104], und
- verringerte Myelinisierung und verringerte Funktionen in den Assoziationsbündeln aus weißen Nervenfasern, die die Strukturen verbinden [108].

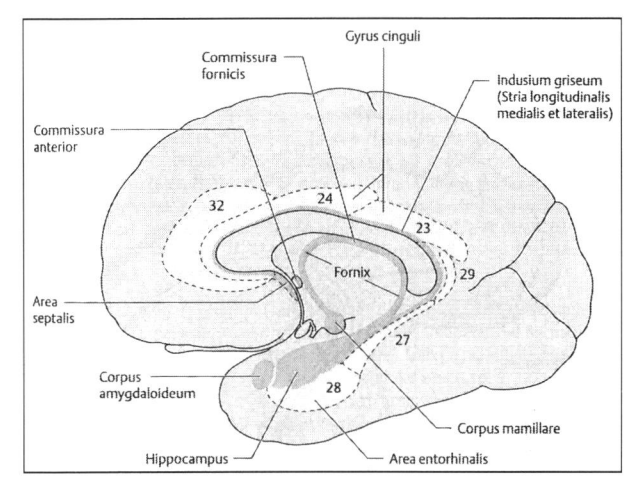

Der limbische Kortex (Bähr & Frotscher 2009, 313)

Bei einer Degenration von Nervenzellen im Hippokampus sind Funktionsbeeinträchtigungen zu vermuten. Zudem ist aus Tierversuchen ist bekannt, dass der Hippokampus besonders empfindlich ist für Schäden durch Hypoglykämie (Unterzuckerung), wie sie beim Hydrocephalus zu beobachten ist.

Bei einem Vergleich der Funktionen des Hippokampus und den Lernerschwernissen der Kinder mit Hydrocephalus und Spina Bifida zeigen sich mehrere Parallelen: Die Recherche des Forschungsstandes ergab u. a., dass Kinder mit Hydrocephalus wenig Probleme im impliziten Lernen, aber große Probleme im expliziten Lernen haben, dass sie Schwächen in der Informationsaufnahme haben und dass Eltern über geringe Orientierungs- und Entscheidungsfähigkeit und hohe Stressempfindlichkeit klagen.

Nach Spitzer (2002) ist der *Hippokampus* zentraler Ausgangspunkt für alles explizites Lernen und Erinnern. Während implizites Lernen auch ohne Hippokampus vonstatten gehen kann, braucht der Mensch für das Lernen von Ereignissen, Namen, Gesichtern und Text- und Sprachinhalten den Hippokampus. So hat der linke Hippokampus die Aufgabe, neues verbales Material mit expliziten Lerninhalten zu Gedächtnisspuren abzuspeichern, und der rechte Hippokampus übernimmt Aufgaben im räumlichen Gedächtnis (Vachha & Adams 2004). Insgesamt ist für das Ortsgedächtnis maßgeblich der Hippokampus verantwortlich (Spitzer 2002). Bei Verletzungen von Hippokampus und Mandelkern können die Betroffenen sich keine neuen

Informationen merken, aber ihre Fähigkeit, Dinge wahrzunehmen, bleibt bestehen (Vachha & Adams 2004).

Ein intakter Hippokampus ermöglicht den Abgleich zwischen aktuell dargebotenen Informationen und früheren Erlebnissen, ein bedeutender Prozess um Entscheidungen treffen zu können. Hier ist die Unfähigkeit von Kindern mit Spina Bifida und Hydrocephalus, effizient auf neue Stimuli zu reagieren, gut dokumentiert (Vachha & Adams 2004). Und auch bezüglich der Stressempfindlichkeit ergibt sich eine Parallele, denn die Neuronen des Hippokampus sind mehr noch als andere Neuronen empfindlich für Stress und Stress vermindert die Funktionen des Hippokampus (Spitzer 2002).

In Anbetracht dieser Forschungsergebnisse und der Funktionen des Hippokampus werden von Vachha und Adams (2006) direkte Zusammenhänge zwischen Zelldegenerationen und Lernerschwernissen angenommen. Ein weiteres Indiz für diesen Zusammenhang ergibt sich aus dem gehäuften Auftreten von Epilepsie. Der Hippokampus ist der krampfbereiteste Anteil des gesamten Gehirns (Bähr & Frotscher 2003). Wenn bedacht wird, dass 25% bis 30% der Kinder mit einem Hydrocephalus eine Epilepsie haben, kann interpretiert werden, dass der Hippokampus besonders anfällig für Auswirkungen des Hydrocephalus ist.

Vachha und Adams (2006) vermuten weiter eine Funktionsbeeinträchtigung am *Mandelkern* (corpus amygdaloideum). Der Mandelkern ist am adäquaten Erkennen und Beurteilen von Gefühlen und Gesichtsausdrücken beteiligt [104]. Frühere Forschungen zeigen eine Schwäche bei Kindern mit Spina Bifida und Hydrocephalus im Erkennen von Gesichtsausdrücken und im Verständnis von Ansagen [97, 104]. Letzteres wäre aber auch mit den geringen semantischen Fähigkeiten zu erklären. Der Mandelkern ist weiter die sensible Struktur, in der die menschlichen Reaktionen von Angst und Furcht gebahnt und gespeichert werden (Spitzer 2002, Vacha 2004). Große Angst kann zwar in Notsituationen rasches Lernen befördern, aber sie verhindert ansonsten die notwendigen Verknüpfungen mit bereits bekannten Inhalten und verhindert die Anwendung des Gelernten (Spitzer 2002). In der Parallelziehung fällt die erhöhte Ängstlichkeit bei Jugendlichen mit Spina Bifida und Hydrocephalus auf [8b].

Vachha und Adams (2008) finden in ihrer Studie darüber hinaus Korrelationen zwischen Lern- und vor allem Gedächtnisstörungen bei Kindern mit Spina Bifida und Hydrocephalus und *verringerter Aktivität in den beiden Faserzügen des limbischen Systems* (Fornix und Cingulum, jeweils paarig). Die Fornix durchzieht genau unterhalb der Seitenventrikel das Gehirn und das Cingulum liegt oberhalb des Balkens, jener interhemisphärischen Struktur, die bei vielen Kindern mit dieser Behinderung nur reduziert ausgebildet ist. Die Ergebnisse von Vachha und Adams werden von Hasan, Dennis und Fletcher 2008 unterstützt. Auch sie untersuchten Kinder mit Spina Bifida und Hydrocephalus und fanden nicht altersgemäß entwickelte weiße Faserbündel in den vier erfassten großen Assoziationszügen. Manche Faserzüge waren nicht nachzuverfolgen (Hasan et al. 2008, 700).

Über die Funktionen der Faserzüge ist wenig bekannt. Hier ist interessant, dass dem Faserzug Cingulum, der unterhalb des Balkens verläuft, wie dem Hippokampus eine wichtige Rolle für das Abspeichern und Hervorrufen semantischer und episodischer (expliziter) Gedächtnisinhalte und für die Aufmerksamkeit zugesprochen werden.

Die beobachteten Abweichungen lassen auf eine anomale Entwicklung der weißen Substanz, also der verzögerten Myelinisierung, schließen. Beim chronischen Hydrocephalus sind darüber hinaus Schäden an der Fornix des Hippokampus zu erkennen, was die Empfindlichkeit des Hippokampus auf den intrakraniellen Druck zeigt. Die Bildgebung zeigt auch eine andauernde Degeneration mit zunehmendem Alter auf, die schon bei Jugendlichen eintritt [47]. Es kann vermutet werden, dass der von Stevenson und Pit-ten Cate (2003) häufig festgestellte Wechsel von der Regel- zur Sonderschule im Jugendalter und die zunehmenden kognitiven und sozialen Schwierigkeiten im Jugendalter von der Degeneration der weißen Faserbündel beeinflusst wird. Vachha und Adams (2004) gehen noch weiter und benennen Charaktereigenschaften, in denen sich Kinder mit Spina Bifida und Hydrocephalus signifikant von nichtbehinderten Kindern unterscheiden: geringe Anpassungsfähigkeit, hohe Ablenkbarkeit, zurückhaltende Herangehensweise, geringe Ausdauer bei Aufgaben, geringe Vorhersagefähigkeit. Und Kinder mit Spina Bifida und Hydrocephalus geraten leicht in Stress und haben Angst die Aufgaben nicht zu schaffen (Vachha und Adams 2004). Und auch die Herausbildung dieser Charaktereigenschaften sei den Veränderungen am limbischen System zuzuschreiben.

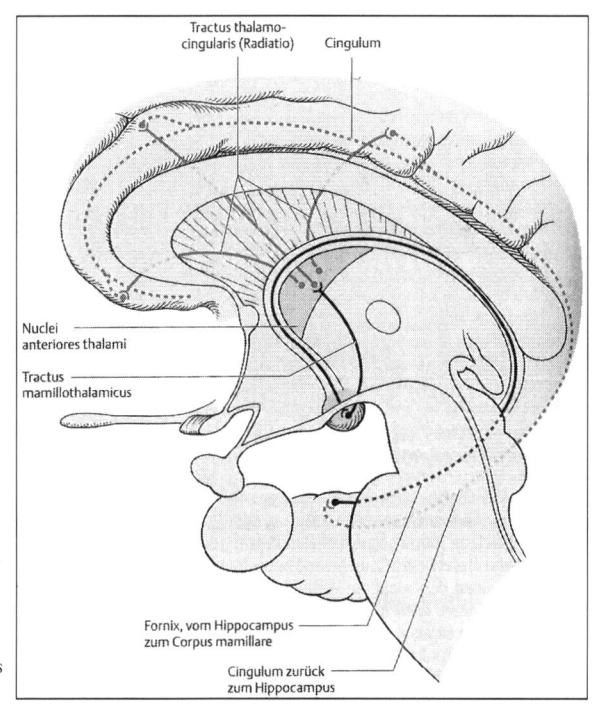

Faserbündel Cingulum und Fornix im Papez-Kreis: Hippocampus-Fornix-Corpus mamillare-Nucleus anterior thalami-Gyrus cinguli-Cingulum-Hippocampus (Bähr & Frotscher 2009, 314)

*Theorien über eine veränderte Funktionalität von Thalamus
und Hypothalamus bei Kindern mit Spina Bifida und Hydrocephalus*

Eine weitere zentrale Struktur in der Integration der Informationen sind Thalamus und Hypothalamus. Beide liegen direkt am III. Ventrikel an und der Thalamus wird von ihm geteilt.

»Disturbances or disruptions in these structures due to HC would not be unexpected« (Vachha & Adams 2004, 6).

Der Hypothalamus steht über zahlreiche afferente und efferente Nervenbahnen in enger Verbindung zu Hippokampus und Mandelkern im limbischen System. Auch bezüglich Thalamus und Hypothalamus lässt sich aus dem Vergleich einiger neuropsychologischer Schwächen auf der einen Seite und den Aufgaben von Thalamus und Hypothalamus auf der anderen Seite auf eine Beeinflussung schließen [31]. Als deutlich signifikante Schwäche bei Kindern mit Hydrocephalus erwies sich die Aufmerksamkeit. Zum Netzwerk der Schaltung der verschiedenen Aufmerksamkeitskomponenten gehören das limbische System und der Hypothalamus [104]. Eine Dysfunktion in dieser Region hat eine Aufmerksamkeitsschwäche zur Folge [104]. Andere Arbeiten zählen speziell die Regelung der selektiven Aufmerksamkeit zu den Aufgaben des Thalamus [31]. Das zentrale Problem in der Aufmerksamkeitsstörung wie es Brewer et al. (2001) zumindest für Kinder mit Spina Bifida und Hydrocephalus belegt haben, ist genau die selektive Aufmerksamkeit [14]. Sie haben Probleme, den Fokus zu finden, auf den sie sich konzentrieren sollten.

Eine abweichende Funktion des Hypothalamus wirkt sich auch auf die Exekutivfunktionen aus [104], weil das Frontalhirn für die Exekutivfunktionen auch auf die Informationen aus Umwelt und Körperperipherie angewiesen ist, die alle über den Hypothalamus reguliert werden.

Der Hypothalamus wirkt des Weiteren auf die zentrale Regulation von:
- Appetit und Sättigung,
- Geschlechtsentwicklung,
- zentralen autonomen Funktionen (Schlaf, Temperatur, Verdauung)
- Gefühlen, Temperament
- und letztlich auch auf die Adaption von Stress.

Auch wenn es keinen Nachweis über den Einfluss des Hydrocephalus auf den Hypothalamus gibt, so sprechen für den von Vachha und Adams (2004) vermuteten direkten Zusammenhang die Erfahrungen, dass sich bei den Kindern mit Hydrocephalus häufig eine verfrühte Pubertät zeigt (Dörr 2009, 163) und sie von sich selber und von ihren Eltern als stressempfindlich eingeschätzt werden. Vielleicht liefert dieser Zusammenhang auch einen Beitrag, das häufig anzutreffende Übergewicht zu erklären. Bezüglich des Temperaments werden Kinder mit Spina Bifida und Hydrocephalus eher als zurückhaltend und hinsichtlich der Aufmerksamkeitsproblematik als sogen. ›stiller‹ ADHS-Typ bezeichnet, während bei Kindern mit isoliertem Hydrocephalus einige Studien eine Hyperaktivität vermuten (s. Abschnitt 3.2.4). Nur bezüglich der zentralen Regulation autonomer Funktion wie Schlaf und Temperatur sind der Autorin keine Auffälligkeiten bei Kindern mit Hydrocephalus bekannt.

Offen bleibt, ob die vermuteten Veränderungen in der Funktionalität des limbischen und hypothalamischen Systems eine Folge der Dilatation der Ventrikel und der anschließenden Kompression von Hirnstrukturen ist oder ob der intrakranielle Druck und das erhöhte Liquorvolumen den Hirnstoffwechsel beeinflussen. Darüber hinaus muss bedacht werden, dass diese ersten Beobachtungen zu einer veränderten Funktionalität von Vachha und Adams und auch die Untersuchung von Hasan, Dennis, Fletcher et al. (2008) bei Kindern gemacht wurden, die ihren Hydrocephalus aufgrund einer Chiari II-Malformation haben. Diese erhebliche Fehlbildung des Zentralnervensystems könnte ebenfalls einen Einfluss auf Funktionen haben. Des Weiteren gilt es dagegen heute als geklärt, dass bei der Entstehung der Spina Bifida auch genetische Faktoren beteiligt sind, und diese können ebenfalls Kognition und Verhalten beeinflussen (s. Abschnitt 3.1.1).

Zerebraler Blutfluss und Metabolismus

Forschungsergebnisse zum zerebralen Blutfluss und zum Metabolismus bei Hydrocephalus lassen vermuten, dass weniger die durch Druck erfolgte Kompression von Hirnstrukturen, sondern vielmehr eine mangelhafte Durchblutung und Veränderungen im Stoffwechsel die Hirnfunktionen negativ beeinflussen. Dies dürfte dann für alle Kinder mit einem Hydrocephalus gleich welcher Ätiologie gelten.

Die drei Reviews von Chumas et al. (2001), Erickson et al. (2001) und Mataro et al. (2001) beschreiben knapp die Forschungsergebnisse zu einer veränderten Durchblutung, veränderten Sauerstoffversorgung des Hirns und Änderungen an den Transmittern.

Demnach finden sich Veränderungen am Blutfluss in dem Sinne, dass Hirnarterien auffällig gestreckt werden und sich der Blutfluss zum Frontalhirn reduziert [31, 71]. Zugleich gibt es eine Abnahme an zerebralen Kapillaren. Dies führt zu einer deutlich mangelnden Blutversorgung, die allein aber die Ischämie nicht erklärt, und es führt zu einem Abfall des Stoffwechsels in den kortikalen Strukturen [19]. Denn die verminderte Sauerstoffzufuhr lässt den Blutzuckerspiegel sinken (Hypoglykämie). Weiterreichende Folgen eines sinkenden Blutzuckerspiegels sind Müdigkeit und Bewusstlosigkeit. Dies sind Folgen, die bei einem Kind mit einem Hydrocephalus immer auch ein Zeichen steigenden intrakraniellen Drucks sein können (s. Abschnitt 2.8). Tierexperimente zeigen auch, dass der Grad der Erholung und Wiederherstellung der zerebralen Änderungen von der Dauer des intrakraniellen Drucks abhängt [19, 101].

Vachha und Adams (2004) und Erickson et al. (2001) weisen auf Tierexperimente, bei denen von den Folgen der Unterzuckerung vor allem der Hippokampus betroffen war, was vermuten lässt, dass es sich hier um eine metabolisch besonders anfällige Region handelt.

Vermutlich kommt es durch den Abfall des Stoffwechsels nicht nur zu einer Unterzuckerung, sondern auch zu Änderungen an den Transmittern [19, 31, 71, 104], denn Tierexperimente zeigen Schäden in den cholinergen, dopaminergen und noradrenergen Systemen [101].

Es kann sein, dass die verringerte Durchblutung und der zu beobachtende ischämische Schaden sich besonders auf die Neuronen auswirken. Die weiße Substanz zeigt trotz oder wegen der verzögerten Myelinisierung eine erhöhte Aktivität im Hirnstoffwechsel und benötigt hierzu die entsprechende Sauerstoffzufuhr.

> »This pattern of increased activity matched areas of decreased myelination, suggesting that the added metabolic burden of myelination made the white matter particularly susceptible to ischemic damage. Again, these changes were not completely reversed by shunting« (Chumas et al. 2001, F152).

Neben dem Druck, der durch den Liquor auf das Gehirn ausgeübt wird, besteht auch der Verdacht, dass die Unterbrechung des Liquorflusses und das vermehrte Volumen die Bildung der Nervenzellen im Gehirn negativ beeinflussen. Reagenzglasversuche zeigen, dass der Liquor offenbar fähig ist, die Vermehrung von normalen Zellen zu verhindern, und Tierexperimente zeigen, dass nach dem Verschluss bei einem Verschlusshydrocephalus die Zellvermehrung abnimmt [69].

Ein Einfluss dieses veränderten Metabolismus auf die Kognition beim Kind ist durch diese Forschungen nicht erwiesen, kann aber vermutet werden.

3.4.3 Zusammenfassung

Es findet sich eine ganze Reihe an strukturellen Änderungen im Gehirn bei Kindern mit einem Hydrocephalus. Es ist nicht geklärt, ob diese Änderungen eine Folge der mechanischen Zerrung und Kompression sind und/oder durch Änderungen in der Durchblutung und/oder durch Änderungen in Metabolismus und Neurotransmission herrühren.

> »The structural and functional alterations appear to occur due to mechanical distortion of the brain, combined with impaired cerebral blood flow and changes in metabolism and neurotransmission« (Mataro et al. 2001, 170).

Zudem gibt es gut begründbare Vermutungen über funktionale Änderungen und erste Nachweise an Veränderungen physiologischer Prozesse, und zum Teil lassen sich Zusammenhänge zu neuropsychologischen Leistungen herstellen.

Schon seit vielen Jahren ist bekannt, dass bei erheblichen Auffälligkeiten in den Hirnstrukturen wie stark vergrößerte Ventrikel, extrem dünne Hirnmäntel, erheblichen Schäden am Ependym und Parenchym sich auch erhebliche kognitive Einschränkungen finden. Auch lassen sich zwischen den der Läsionen im Parenchym und den Werten im Intelligenzquotienten entsprechende graduelle Abstufungen ausmachen.

Interessanter sind aber die diskreteren Veränderungen. Vielfach werden eine verzögerte Myelinisierung und eine Degeneration an Axonen und Dendriten beschrieben.

Von verzögerter Myelinisierung sind auch die großen Assoziationsbündel betroffen, was durch moderne bildgebende Verfahren sichtbar wird. Zwischen diesen Schäden an der weißen Substanz und Lern- und Gedächtnisschwächen besteht eine Korrelation. Manche Autoren sehen auch einen ursächlichen Zusammenhang. Der Verdacht besteht darin, dass der intrakranielle Druck zu verzögerter Myelinisierung und diese zum Entwicklungsrückstand führt. Die bildgebenden Verfahren zeigen weiter auf, dass bei Jugendlichen (untersucht wurden Jugendliche mit Spina Bifida und Hydrocephalus) schon früh eine nicht altersgemäße Degeneration besteht, was auch die Langzeitbeobachtung der gleichen Stichprobe aufweist.

Aus neuropsychologischer Sicht ist eine frühe Implantation eines Shuntsystems wichtig, ebenso sollten Revisionen sofort nach Diagnosestellung erfolgen, weil die Gefahr besteht, dass durch den Hirndruck irreversible Schäden an grauer und weißer Substanz erfolgen [31, 94].

Es finden sich über die verringerte Myelinisierung hinaus Veränderungen in der für die Kognition wichtigeren grauen Substanz des Hirns. Der Schweifkern (Nucleus caudatus) zeigt sich gepresst und der Hirnmantel, vor allem in den hinteren parietalen Bereichen, kann verdünnt sein. Zwischen einem verdünnten Hirnmantel bzw. einem erhöhten Liquorvolumen in den hinteren parietalen Teilen und niedrigen Leistungen in den visuell-räumlichen Fähigkeiten kann ein kausaler Zusammenhang angenommen werden. Zu einer stärkeren Auswirkung auf die posterioren Teile kommt es, weil der durch einen intrakraniellen Druck hervorgerufene Liquorstau sich von posterior nach anterior entwickelt. Die stärkere Involvierung posteriorer Hirnbereiche durch den Druck und Stau wird weiter auch für die Probleme der Kinder in der selektiven Aufmerksamkeit verantwortlich gemacht. Denn die Steuerung der selektiven Aufmerksamkeit erfolgt durch posterior gelegene Hirnbereiche.

Das zentrale Problem der selektiven Aufmerksamkeit ist offenbar durch mehrere Änderungen in den Hirnstrukturen beim Hydrocephalus betroffen, denn sie wird zusätzlich wesentlich von den posterioren Anteilen des Balkens reguliert. Und es findet sich bei vielen Kindern mit Hydrocephalus – insbes. in Verbindung mit einer Spina Bifida – eine mangelhafte Ausbildung des Balkens und zwar des hinteren Teils bis hin zu einer Agenesie des corpus callosum splenium. Weiter liegt die Fähigkeit, den Inhalt und die Bedeutung der Sprache zu verstehen, an einer guten Funktionalität des Balkens. Insofern kann die mangelhafte Ausbildung des Balkens auch verantwortlich sein für die Schwierigkeiten in der Semantik bei vielen der betroffenen Kinder. Wegen der Auswirkungen auf die Fähigkeit der selektiven Aufmerksamkeit und auf die Fähigkeit des semantischen Sprachverständnisses nimmt die Morphologie und Funktionalität des Balkens eine prominente Rolle in der Hirnentwicklung beim kindlichen Hydrocephalus ein.

Neben dem Balken erweist sich eine weitere wichtige Hirnstruktur in seiner Funktion durch einen Hydrocephalus besonders leicht beeinträchtigt: der Hippokampus. Ihm wird eine zentrale Funktion für die Prozesse des Lernens und Erinnerns und für die Orientierungsfähigkeit zugesprochen. Beim Lernen und Erinnern übernimmt der Hippokampus eine wichtige Aufgabe im expliziten Lernen und Erinnern.

Wenn der Hinweis aus den Tierexperimenten sich bestätigt und der Hippokampus besonders schnell durch eine Unterzuckerung in seiner Funktion beschädigt wird, fügt sich dieses Wissen in das Bild, dass Vachha und Adams malen. Sie sehen die großen kognitiven Probleme der Kinder in ihrem Lernen, Erinnern und ihrer Orientierung als Folge einer beeinträchtigten Funktion des Hippokampus. Ihr Modell hat wegen seines hohen Erklärungswertes viel Charme, erweckt aber zugleich ein wenig den Eindruck konstruierter Zusammenhänge. Die Autoren nehmen an, dass die Besonderheiten der Kinder mit Spina Bifida und Hydrocephalus aus einer veränderten Funktion des limbisch-hypothalamischen Systems herrühren. Zwei wesentliche Strukturen des limbischen Systems sind Mandelkern und Hippokampus. Die Schwierigkeit mancher Kinder, den Gesichtsausdruck ihres Gegenübers und den mentalen Status zu erkennen, sehen sie in einer Dysfunktion des Mandelkerns begründet. Forschungen zur Physiologie, vor allem Tierstudien, stützen Teile ihres Modells und belegen, dass der Hippokampus besonders vulnerabel auf die hydrocephale Situation reagiert, was die Lernschwächen der Kinder im expliziten Lernen und Erinnern erhellt, und zwar nicht nur der Kinder mit Spina Bifida und Hydrocephalus, sondern aller Kinder mit Hydrocephalus. Das signifikant häufige Vorkommen einer Epilepsie und die Empfindlichkeit des Hippokampus für Epilepsie unterstützen die Überlegung der besonderen Vulnerabilität des Hippokampus auf den Hydrocephalus.

Und auch die Betrachtung der Aufgaben des Hypothalamus auf der einen Seite und die Auffälligkeiten der Kinder mit Hydrocephalus, und hierunter vor allem jene mit einer zusätzlichen Spina Bifida und somit mit einer Chiari II-Malformation, zeigen verblüffende Hinweise auf eine Dysfunktion des Hypothalamus.

Es kann sein, dass diese Dysfunktionen weniger aufgrund von Kompressionen nach intrakraniellem Druck entstehen, sondern vielmehr aufgrund einer schlechteren Durchblutung wegen der Kompression. Auch sind Veränderungen am Stoffwechsel in Form von Unterzuckerung, vermehrter Vakuolisierung und Veränderungen an den Transmittern zu beobachten.

Von den neuropsychologischen Folgen des intrakraniellen Drucks und/oder der Veränderung im Blutfluss und im Stoffwechsel sind besonders die Kinder betroffen, die schon in der frühen Schwangerschaft einen Hydrocephalus ausbilden unter Ausnahme der Kinder mit einer Spina Bifida.

»The developmental brain is easily damaged by the effects of hydrocephalus during the fetal and infantile stage« (Mori 1995, 346).

Aber auch für die Kinder mit Spina Bifida und Hydrocephalus resümieren Jacobs et al. (2001), dass die Unterbrechung der Entwicklung des Zentralnervensystems durch den Hydrocephalus weitreichende Folgen für die neuropsychologischen Leistungen hat. Und auch Iddon et al. (2004) kommen zu dem Ergebnis, dass für die zum Teil erheblichen schlechten kognitiven Leistungen bei Jugendlichen mit Spina Bifida und Hydrocephalus offensichtlich der Hydrocephalus, der bei ihnen oft verbunden ist mit einer Balkenagenesie und verspäteter Myelinisierung, eher der Grund ist als die Lähmung. Wobei immer zu bedenken bleibt, dass die Körperbehinderung, wenn sie mit wenig Selbstbewusstsein und einer wenig selbstwertfördernden Erziehung einhergeht, auch den Intellekt beeinflusst [55].

Als wesentliches Resümee der Recherche über die neuropsychologischen Fähigkeiten bei Kindern mit Hydrocephalus hatte sich herausgestellt, dass der Hydrocephalus unabhängig von der Ätiologie einen erheblichen Einfluss auf die Entwicklung der neuropsychologischen Leistungen des betroffenen Kindes hat (s. Abschnitt 3.3). Aber über die Korrelationen hinaus eine Kausalität anzunehmen und die Ursache bestimmter neuropsychologischer Schwächen in der veränderten Hirnsituation zu sehen, ist bei kritischer Betrachtung bisher wenig belegt. Dennoch sind diese Bemühungen zum Verständnis der Funktionalität der menschlichen Informationsverarbeitung und zum Verständnis der besonderen Lernvoraussetzungen bei Kindern mit Hydrocephalus wichtig.

4 ÜBERBLICK ÜBER DAS FORSCHUNGSDESIGN

4.1 Recherche des Forschungsstandes

Aus der Recherche des Forschungsstandes ergibt sich eine Vielzahl an Untersuchungsfeldern für eine differenzierte Erforschung der Lernschwierigkeiten bei Kinder mit Hydrocephalus (s. Abschnitt 3.3.4), die der Anlass für diese Studie waren (s. Kapitel 1).

So ergeben sich an Forschungsfragen:
- Lassen sich die vermuteten Kausalitäten zwischen beeinträchtigten Hirnregionen und Aufmerksamkeitsproblemen bestätigen? Finden sich dabei Unterschiede hinsichtlich der Ätiologie des kindlichen Hydrocephalus?
- Finden sich die Verlangsamungen in der kognitiven Verarbeitung bei allen Ätiologien oder lässt sich der Hinweis bestätigen, dass hiervon vor allem Kinder mit Spina Bifida betroffen sind?
- Aus den relativ gut erforschten Schwächen in den Gedächtnisleistungen ergibt sich die Frage: Welche Übungen helfen den Kindern, frühzeitig adäquate Strategien des Abspeicherns und Abrufens zu entwickeln?
- Mit einer Langzeitstudie wäre zu erforschen: Inwieweit zeigen jüngere Kinder mit Hydrocephalus und Spina Bifida im Vergleich mit Gleichaltrigen weniger Beeinträchtigungen als ältere Kinder im Vergleich mit Gleichaltrigen?
- Gehen die aufgezeigten Schwächen in den mathematischen Fähigkeiten von schwachen visuell-räumlichen Fähigkeiten aus? Und machen sie daher andere Intervention erforderlich als bei der Therapie der Rechenschwäche üblich?
- Werden die sprachlichen Leistungen der Kinder durch verbale Schwächen in Semantik und Pragmatik oder durch Schwächen in den Gedächtnisleistungen beeinträchtigt?
- Welche Rolle spielen die Schwächen in den Gedächtnisleistungen und in der Aufmerksamkeit für die Ausbildung der Exekutivfunktionen?
- Wenn Beeinträchtigungen in den visuell-räumlichen Fähigkeiten vorliegen, welchen Einfluss haben diese Beeinträchtigungen auf schulisches Lernen?
- Welche Kompensationsmöglichkeiten entwickeln Kinder mit Hydrocephalus, um den aufgezeigten Beeinträchtigungen in Alltag und Schule zu begegnen?

Die Aufarbeitung der wissenschaftlichen Forschung der letzten fünfzehn Jahre ergibt in einigen Bereichen neuropsychologischer Fähigkeiten ein einheitliches Bild, wirft aber auch eine Reihe an offenen Fragen auf, insbes. wenn nicht nur die ätiologische Gruppe der Kinder mit einem Hydrocephalus plus einer Spina Bifida betrachtet wird.

Es lassen sich auch in einzelnen neuropsychologischen Bereichen Stärken erkennen, wobei allerdings kritisch anzumerken ist, dass diese dann nicht weiter wissenschaftlich verfolgt werden und es keine Studien gibt, die explizit die möglichen Stärken der Kinder zum Forschungsziel haben. Es besteht der Eindruck, dass die Evaluation der relativen Stärken sich nebenbei ergab. Dies kann auch eine Erklärung für die geringe Zahl der bisher nachgewiesenen neuropsychologischen Stärken sein.

Eine differenzierte Untersuchung der gut entwickelten neuropsychologischen Fähigkeiten steht daher noch aus und wäre vor allem hinsichtlich der Entwicklung möglicher Kompensationsstrategien, aber auch hinsichtlich des Selbstbewusstseins der betroffenen Kinder und ihrer Eltern vonnöten.

4.2 Qualitative Vorstudie

Zwar ergeben sich aus der Recherche des Forschungsstandes vielerlei Untersuchungsfelder neuropsychologischer Fähigkeiten, aber es bleibt noch unbeantwortet, welche Lernschwierigkeiten die Eltern der Kinder mit einem Hydrocephalus sehen.

Die Elternsicht soll hier explizit berücksichtigt werden, weil sowohl die Forschung heute die Kenntnisse von Betroffenen gezielt sucht (Bortz & Döring 2006, 343) als auch weil die eigene Berufserfahrung lehrt, dass Eltern oft die Fähigkeiten und Grenzen ihrer Kinder präzise wahrnehmen. Eine Erkenntnis, die auch von Neurochirurgen bei der Beurteilung geschätzt wird, ob beim Kind ein intrakranieller Hirndruck vorliegt (Haberl et al. 2007, 13).

Vor allem aber um dem Anspruch gerecht zu werden, den zu untersuchenden Gegenstand inhaltlich sorgfältig zu erfassen, um darauf aufbauend die Fragestellung zu entwickeln (Bortz & Döring 2006, 46), wird eine empirische Vorstudie in Form einer Elternbefragung durchgeführt. Die eigenen Berufserfahrungen und die elterlichen Beobachtungen, die zu dieser Studie führten, sind wertvoll, aber es sind Beobachtungen Einzelner, die nicht in einem wissenschaftlichen Kontext stehen. Durch eine Elternbefragung soll die zunächst sehr allgemein gehaltene Ausgangsfrage der Eltern nach Untersuchung der Lernschwierigkeiten ihrer Kinder und eines möglichen Zusammenhangs zum Hydrocephalus inhaltlich präzisiert werden.

Die Eltern werden dabei als ›Experten ihrer Situation‹ gesehen und anerkannt, weil sie ihre Situation differenziert und sensibel wahrnehmen und Probleme und Hintergründe benennen können (Langer 2000, 38). Bortz und Döring beschreiben das Experteninterview als ›Sammelbegriff für offene oder teilstandardisierte Befragungen von Experten zu einem vorgegebenem Bereich oder Thema‹ (2006, 314). Das Expertenwissen der Eltern über die Entwicklung ihrer Kinder, um deren Lernschwächen und Lernstärken soll erfasst werden, indem Eltern ausführlich zum Untersuchungsgegenstand ›Lernschwierigkeiten bei Kindern mit Hydrocephalus‹ befragt werden. Es geht darum zu erfahren:
- Wie beschreiben die Eltern das Lernverhalten ihrer Kinder?
- Was benennen die Eltern als ›Lernschwierigkeiten‹?

Die Experteninterviews werden mit Hilfe eines halbstrukturierten Interviewleitfadens geführt, der aus einem Vorgespräch mit vier betroffenen Erwachsenen, zwei Einzelinterviews mit betroffenen Erwachsenen, Hinweisen aus den ASBH-Ratgebern und eigener Berufserfahrung entwickelt wird.

Die qualitative Auswertung der Experteninterviews erfolgt mithilfe der qualitativen Inhaltsanalyse nach Philipp Mayring in mehreren inhaltsanalytischen Schritten. Am Ende ergibt sich ein Kategoriensystem, das die elterliche Wahrnehmung des Lernverhaltens ihrer Kinder mit Hydrocephalus beschreibt. Diese Kategorien benennen ein breites Spektrum an vorkommenden Lernfähigkeiten und Lernschwierigkeiten, noch ohne jede Quantifizierung oder Typisierung. Es ergibt sich eine Spannbreite des Lernverhaltens von Kindern mit Hydrocephalus. Diese Spannbreite zum Lernen bildet eine breite Basis, um eine weiterführende Forschungsfrage zu entwickeln, auf der aufbauend ein Aspekt exakt betrachtet werden soll, der in einem eigenen Untersuchungsschritt quantifiziert wird. Die ausgearbeiteten Kategorien dienen somit nicht nur zur Erfassung eines fundierten Bildes über Lernstärken und Lernschwächen bei Kindern mit Hydrocephalus, sondern vor allem als Basis für die weitere Forschung.

4.3 Synopse

Wenn zu den neuropsychologischen Stärken und Schwächen von Kindern mit einem Hydrocephalus sowohl eine Ausarbeitung der Elternsicht als auch eine Ausarbeitung des Forschungsstandes vorliegen, ergibt sich die Chance eines Vergleichs. Es liegen nicht zu allen von den Eltern angesprochenen Kategorien des Lernens wissenschaftliche Studien vor und es gibt Studien, die gänzlich andere Leistungen untersuchen. Aber es zeigen sich mehrere Kategorien und Fähigkeiten, die einen Vergleich der Aussagen möglich machen. Dabei zeichnet sich ein hohes Maß an Übereinstimmung zwischen den Forschungsergebnissen und der elterlichen Wahrnehmung ab.

Differenzen zeigen sich hinsichtlich der visuellen Wahrnehmung. Während die Eltern eine Vielzahl an Alltagsbeispielen aufzählen, die sich auf Probleme ihrer Kinder in der visuellen Wahrnehmung zurückführen lassen, ist hier die Forschungslage uneinheitlich. Auch mangelt es an einer deutschen Untersuchung, die Kinder mit einem Hydrocephalus unterschiedlicher Ätiologie umfasst.

4.4 Hauptstudie: Quantitative Untersuchung visuell-räumlicher Fähigkeiten

Die Entscheidung, diese neuropsychologische Fähigkeit in den Mittelpunkt zu setzen, ist weiter darin begründet, dass es eine neuropsychologische Fähigkeit mit einer großen Bedeutung für Lernleistungen und Schulerfolg ist (Meyer 2003, 24). Es erfolgt daher eine differenzierte Darstellung der ›visuell-räumlichen Fähigkeiten‹ einschließlich eines ausführlichen Bildes der Relevanz dieser neuropsychologischen Leistung für das schulische Lernen (Kapitel 6).

Bei der theoretischen Betrachtung der visuell-räumlichen Fähigkeiten wird immer wieder ein Bezug zu den biologischen Grundlagen hergestellt. Auf die theoretische Betrachtung folgt eine empirische Untersuchung visuell-räumlicher Fähigkeiten bei Kindern mit Hydrocephalus. Ziel dieses zweiten empirischen Teils in der Gesamtstudie ist herauszuarbeiten, wie gut die Leistungen der betroffenen Kinder in den visuell-räumlich-konstruktiven Fähigkeiten sind und wie die Eltern die visuell-räumlichen Leistungen ihrer Kinder beurteilen.

Es stellt sich die Frage der Häufigkeit möglicher Einbußen und der Signifikanz. Dazu werden ausreichend viele Kinder mit Hydrocephalus im Schulalter auf ihre visuell-räumlichen-konstruktiven Fähigkeiten mithilfe eines standardisierten Verfahrens untersucht und die Daten quantitativ ausgewertet.

Mit dem Vorgehen, zunächst mit einer qualitativen Inhaltsanalyse valide ein Spektrum an Lernverhalten zu eruieren, anschließender Fokussierung auf einen Parameter und darauf aufbauender quantitativer Erhebung dieses Parameters, folgt die Studie einer klassischen Kombination von qualitativer und quantitativer Forschung, bei der die qualitative Forschung der Hypothesengewinnung dient (Mayring 2001).

Die Testung der Kinder wird mit einem Anamnesebogen und einer Elternbefragung kombiniert. Der hierfür entworfene Elternfragebogen umfasst die in der Literatur erwähnten Verhaltensweisen aus dem Alltagsleben, zu deren Gelingen visuell-räumliche Fähigkeiten vonnöten sind, und Ergebnisse aus der qualitativen Vorstudie (s. Abschnitt 7.1.2). Denn von praktischer Bedeutung für die Familien ist sowohl die Frage, ob und inwieweit die Kinder Schwächen in ihren räumlich-konstruktiven Fähigkeiten haben, als auch, wo sich bei den betroffenen Kindern die Schwierigkeiten im Alltag bemerkbar machen und wie diese Kinder besser gefördert werden können. Dazu werden die Ergebnisse aus dem Anamnese- und Elternfragebogen mit den Ergebnissen aus den Testverfahren statistisch verglichen und interpretiert.

Den Schwerpunkt bildet die Forschungsfrage:

Zeigen sich bei Kindern mit Hydrocephalus häufiger als bei anderen Kindern Einbußen in den visuell-räumlich-konstruktiven Fähigkeiten und wie äußern sich diese im Alltag?

Bei der Verfolgung dieser Frage soll die Ätiologie des Hydrocephalus beachtet werden und die Ergebnisse sollen hinsichtlich des Schulniveaus, das die Kinder erreichen, differenziert werden.

4.5 Diagnoseleitfaden und Prävention

Die Herangehensweise der Kombination aus Elternbefragung und Testung der Kinder hat einen präventiven Charakter, denn aus den Alltagsbeobachtungen der Eltern von Kindern mit gut entwickelten und mit nicht gut entwickelten visuell-räumlich-konstruktiven Fähigkeiten lässt sich ein Leitfaden zur Früherkennung entwickeln.

Sollten sich einige Verhaltensweisen im Alltag als spezifisch für visuell-räumliche Einbußen erweisen, ist abschließend ein Diagnoseleitfaden zu entwickeln, der schon für ein Kind mit einem Hydrocephalus zu Beginn des Schulalters vorsieht, durch gezielte Beobachtung des Spielverhaltens zur Früherkennung möglicher Einbußen in den visuell-räumlichen Fähigkeiten zu gelangen.

Ablaufmodell des Forschungsvorgehens

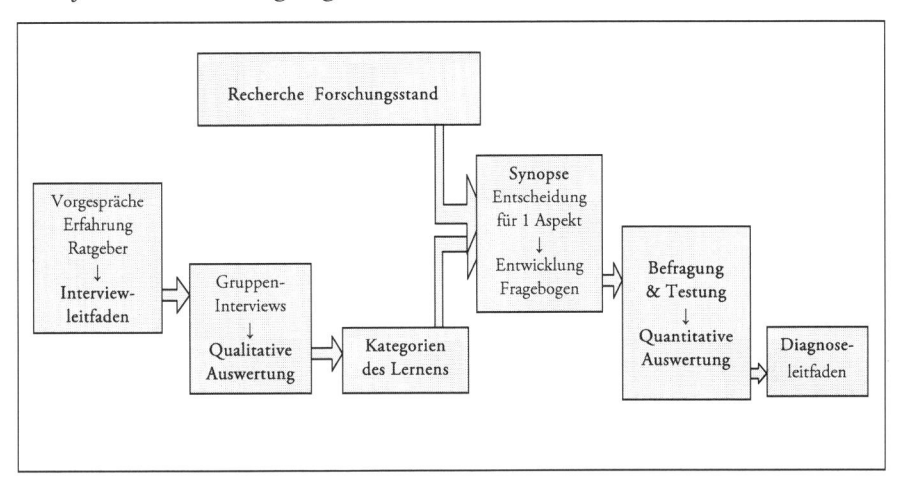

5 QUALITATIVE VORSTUDIE[1]

Die Recherche des Forschungsstandes (Kapitel 3) hat gezeigt, dass einige neuropsychologische Leistungen bei Kindern mit Hydrocephalus recht gut untersucht und mehrfach bestätigt worden sind. Demnach haben die Kinder häufig Schwächen in der Aufmerksamkeit und in den Lern- und Gedächtnisleistungen, die vor allem das explizite Lernen und Erinnern betreffen. Darüber hinaus bestehen vermutlich in den visuell-räumlichen Fähigkeiten und nachgewiesen in den Exekutivfunktionen (darunter auch in der sozialen Problemlösung) erhebliche Probleme (s. Abschnitt 3.3.4).

Dies sind wichtige Ergebnisse, die manche der elterlichen Sorgen, die den Anlass für diese Studie gaben, mit wissenschaftlich gewonnen Erkenntnissen bestätigen (s. Kapitel 1). Von diesen Forschungsergebnissen soll nicht allein auf das Spektrum des Lernverhaltens bei Kindern mit Hydrocephalus geschlossen werden. Die schon bekannten elterlichen Aussagen umfassen ein weitreichenderes Spektrum, wie bspw. mangelnde Zeitvorstellungen, geringe Belastbarkeit oder unklare Zeitvorstellungen.

Um den großen Erfahrungsschatz, das Expertenwissen der Eltern zu nutzen, sollen die Eltern nicht nur zu diesen Bereichen, mit denen die neuropsychologische Forschung sich beschäftigt, befragt werden, sondern es soll ihnen die Möglichkeit gegeben werden, sich zu den ihnen wichtig erscheinenden Aspekten des Lernens bei ihren Kindern zu äußern. Aus dem Grund fällt die Wahl auf die Form einer ›offenen, halbstandardisierten Befragung‹ (Bortz & Döring 2006, 308), die den Vorteil hat, dass dem Befragten viel Raum gegeben wird (Bortz & Döring 2006, 308). Dabei besteht der Anspruch, dass diese qualitative Datenerhebung Gütekriterien erfüllen muss, nachvollziehbar sein soll und mit wissenschaftlichen Methoden ausgewertet werden soll.

5.1 Entwicklung eines halbstrukturierten Interviewleitfadens

Neben dem Ziel, den Befragten viel Raum zur Entfaltung ihrer Erfahrungen zu geben, besteht die Vorgabe, dass sich innerhalb der begrenzten Interviewzeit ausschließlich zum Thema ›Lernen‹ geäußert wird. Mit einem halbstrukturiertem Interviewleitfaden wird sowohl Raum gelassen als auch ein Thema vorgegeben.

Grundlage des halbstrukturierten Interviewleitfadens bilden die Forschungserkenntnisse über die kognitiven Fähigkeiten bei Kindern mit Hydrocephalus. Um darüber hinaus in einem Interviewleitfaden Gesprächsanregungen zum großen The-

---
[1] Der hier erwähnte ›Interviewleitfaden‹, die Einzelgespräche und das Gruppengespräch mit betroffenen Erwachsenen sowie die Ergebnisse der qualitativen Vorstudie stehen unter http://www.athena-verlag.de/controller.php?cmd=detail&titelnummer=472 zum kostenlosen Download zu Verfügung.

menbereich ›Lernen‹ zu geben, werden betroffene Erwachsene nach ihren Lebenserfahrungen gefragt, und es werden Angaben aus Elternratgebern der ASBH genutzt.[2]

Diese Aussagen ergeben die Themenbereiche in dem halbstrukturierten Interviewleitfaden für die qualitative Vorstudie.

Zwei Einzelgespräche mit betroffenen Erwachsenen zeigen eine Vielfalt an persönlichen Lernerfahrungen auf. Ein Einzelgespräch wird protokolliert und das andere transkribiert, und beide Aufzeichnungen werden von den Gesprächspartner kommunikativ validiert.

Es werden des Weiteren vier betroffene Erwachsene zu dem Gespräch gebeten. Diese vier Gesprächspartner (drei Männer, eine Frau) bilden den Kern einer sich schon ca. zehn Jahre treffenden Stammtischrunde und sind ebenso viele Jahre der Interviewerin bekannt. Alle haben eine Ausbildung absolviert und sind berufstätig. Während des Gesprächs machte die Interviewerin Notizen, die am Ende des Gesprächs gemeinsam besprochen und zum kurzen Protokoll verfasst wurden.

Die Initialfrage lautet:

> Könnt ihr aus eurer Erfahrung heraus sagen, ob ihr euch in eurem Lernen und allem was mit dazu gehört, von nichtbehinderten Klassenkameraden oder Arbeitskollegen unterscheidet?

Die vier Gesprächspartner nennen als wesentliche Aspekte:
- Räumliches Vorstellungsvermögen fällt schwer (z. B. Geometrie)
- Langzeitgedächtnis ist wesentlich besser als Kurzzeitgedächtnis
- Orientierung fällt schwer
- Verschiedene motorische Aufgaben zu koordinieren ist schwer
- Es passieren mehr Fehler unter Zeitdruck und sie seien langsamer als andere
- Konzentration (es ist volle Konzentration auf eine Sache nötig, keine zwei Dinge gleichzeitig machbar)
- Stress führt zur Blockade

Aus den Informationen der Elternratgeber lassen sich Unterschiede im Lernen von Kindern mit Hydrocephalus im Vergleich zu nichtbehinderten Kindern wie folgt knapp zusammenfassen:
- Konzentrationsschwäche und leichte Ablenkbarkeit
- Schwierigkeiten in der geteilten Aufmerksamkeit
- Geringe Belastbarkeit
- Verminderte Gedächtnisleistungen
- Ausgezeichnete Merkfähigkeiten in Einzelbereichen
- Gute sprachliche Fähigkeiten
- Schwierigkeiten im Umgang mit Zahlen

---

2 ASBH (Hrsg) (2004). Hydrocephalus und du. ASBH Ratgeber 14. Dortmund: ASBH ASBH (Hrsg) (2006). Ihr Kind mit Hydrocephalus. Dortmund: ASBH

- Probleme in der Raumwahrnehmung und Orientierungsfähigkeit
- Geräuschempfindlichkeit
- Geringes Neugierverhalten

Der halbstrukturierte Interviewleitfaden umfasst Fragen aus vier Quellen (drei Reviews, zwei Einzelgespräche, ein Gespräch mit vier betroffenen Erwachsenen, Informationen aus Elternratgebern) zu folgenden Themen: Aktiviertheit, Konzentrationsfähigkeit, Reizüberflutung, Aufmerksamkeit, Kurzzeit- und Langzeitgedächtnis, Vergesslichkeit, Leistungsschwankungen, Merkfähigkeit, visuelles Gedächtnis, Abstraktionsfähigkeit, Sprache, Rechenfähigkeit, allgemeines Interesse, Motivation, Kreativität, Verlangsamung, Stress, Ängstlichkeit, Aufregung, Umgang mit Schwächen, Orientierung, räumliches Denken, Strukturiertheit, Sehen, Hören, taktile Wahrnehmung, Motorik und Koordination, Einschätzungsvermögen, Impulsivität, Potentiale, gewünschte Lernbedingungen.

5.2 Qualitative Vorstudie und Wahl einer Methode zur Auswertung

Dieser halbstrukturierte Interviewleitfaden dient als Grundlage der beiden Gruppengespräche. Zum ersten Gespräch wurden im September 2005 sechs Mütter eingeladen. Das Gespräch wurde aufgezeichnet und transkribiert (s. Anlage 10.1). Im März 2006 fand ein weiteres Expertengespräch mit fünf Müttern statt. Hiervon liegt ebenfalls eine Transkription vor (s. Anlage 10.2).

Methodisch gesehen handelt es sich um ein halbstrukturiertes Gruppeninterview von Experten. Die Form der Halbstrukturiertheit erfüllt für eine fundierte Erfassung des Untersuchungsgegenstandes zwei wichtige Aspekte: Erstens werden Abschweifungen zu anderen Themen leichter vermieden. Sie grenzt die Inhalte des Gesprächs auf den Untersuchungsgegenstand ›Lernen‹ ein, ohne dass zweitens die Vielfalt der Ideen und Anregungen verloren geht. Denn es handelt sich um eine ›Technik des Fragens anhand eines vorbereiteten, aber flexibel einsetzbaren Fragenkatalogs‹ (Bortz & Döring 2006, 314).

Um zu einer fundierten inhaltlichen Aussage zu gelangen, wird nach einer Methode gesucht, die es ermöglicht, die wesentlichen Inhalte der beiden Gruppeninterviews herauszuarbeiten und hierbei systematisch und nachvollziehbar vorgeht. Konkret sollen sämtliche von den Müttern erwähnten Verhaltensweisen und Eigenschaften ihres Kindes bezüglich seines Lernens erfasst und sortiert werden und am Ende sollen die bei diesen Kindern anzutreffenden Lernaspekte herauszukristallisieren sein. Unter den verschiedenen qualitativen Verfahren fiel die Entscheidung auf die qualitative Inhaltsanalyse nach Philipp Mayring, weil dieses Verfahren systematisch und strukturiert Textteile bestimmten Bedeutungsaspekten zuordnet (Rustemeyer 1992). Das ganze Datenmaterial wird so einer aufwendigen Feinanalyse unterzogen und

»(…) zielt auf ein elaboriertes Kategoriensystem ab, das die Basis einer zusammenfassenden Deutung des Materials bildet« (Bortz & Döring 2006, 332).

Mayring bezeichnet die qualitative Inhaltsanalyse als »Verfahren systematischer qualitativ orientierter Textanalyse« (Mayring 2003, 42).

Bei der Entscheidung für diese Methode sind zusammengefasst folgende Aspekte ausschlaggebend: Die Methode gibt zunächst der Vielfalt Raum und erlaubt es, die Fragestellung relativ offen zu lassen, verfügt dann aber über ein Verfahren zur Entwicklung von Kategorien, bei dem detailliert die Richtung der Fragestellung, die Analysetechniken und die Analyseschritte benannt werden. Die Strukturierung des Datenmaterials aufgrund dieser festgelegten Ordnungskriterien führt zu Transparenz, Nachvollziehbarkeit und methodischer Kontrolle der Auswertung.

5.3 Qualitative Inhaltsanalyse nach Philipp Mayring

5.3.1 Bestimmung des Ausgangsmaterials

Das Material für die qualitative Inhaltsanalyse sind zwei Gruppeninterviews mit insgesamt elf Müttern von Kindern mit einem Hydrocephalus. Das erste Interview fand am 7.9.2005 in den Räumen der ASBH Hamburg statt, und das zweite Interview war am 22.3.2006 bei einer der Teilnehmerinnen zu Hause. Beide Gespräche wurden aufgenommen.

Analyse der Entstehungssituation (›setting‹)

Für das erste Gespräch wurden mehrere Mütter aus der ASBH Hamburg e. V. (Arbeitsgemeinschaft Spina Bifida und Hydrocephalus Hamburg) angesprochen. Es war nicht das Ziel, ausschließlich Mütter – und keine Väter – zu interviewen. Aber da im Alltag der Beratungstätigkeit der Interviewerin bei der ASBH sich vor allem die Mütter an die Beraterin/Interviewerin wenden, besteht häufig ein engeres Verhältnis zu den Müttern. Nach Berufserfahrung der Interviewerin entwickelt sich – auch bei auf gesellschaftlicher Ebene sich ändernden Familienrollen – bei Paaren durch die Geburt eines Kindes mit Behinderung eher ein traditionelles Rollenverständnis, bei dem die Mutter die Fürsorge für das Kind mit der Behinderung übernimmt.

Der Einladung folgten sechs Mütter. Bei der Entscheidung, an welche Frauen die Bitte um ein Gespräch herangetragen werden sollte, spielten folgende Überlegungen eine Rolle:
- Es sollten die unterschiedlichen Ätiologien eines Hydrocephalus berücksichtigt werden. Da manche Ursachen recht selten vorkommen, sollten zumindest Mütter vertreten sein, die ein Kind mit einem isolierten Hydrocephalus haben und Mütter von Kindern mit der Doppelbehinderung Spina Bifida und Hydrocephalus.
- Die unterschiedliche geistige Entwicklung der Kinder sollte berücksichtig werden. Dies erfolgte nach der Beschulung des Kindes. Die Kinder der angesproche-

nen Mütter werden in der Schule nach den Lehrplänen der Regelschule oder der Förderschule unterrichtet.
- Die Kinder sollten mindestens ein Jahr beschult sein, damit sich das Lernverhalten mit möglichen Lernschwierigkeiten schon hat zeigen können.
- Wesentliches Kriterium war, Mütter zu bitten, die reflektiert und sachbezogen über das Lernverhalten ihres Kindes diskutieren können. Das geplante Gespräch bot nicht die Möglichkeit auf persönliche Lebenszusammenhänge und Emotionen einzugehen. Es wurden also nur Mütter gefragt, die sich schon viel untereinander und auch mit der Interviewerin über ihre Situation als Mutter eines Kindes mit Behinderung ausgetauscht hatten und daher das Bedürfnis, über sich und ihre Lebenssituation berichten zu möchten, schon weitgehend befriedigt hatten.

Die Teilnehmerinnen kannten sich teilweise gut, teilweise flüchtig und teilweise gar nicht. Die Interviewerin kannten die Teilnehmerinnen seit sieben bis zwanzig Jahren.

Die Gesprächsteilnehmerinnen des zweiten Gruppengesprächs dagegen wurden nicht einzeln angesprochen, sondern sind eine sich seit vielen Jahren regelmäßig treffende Selbsthilfegruppe innerhalb der ASBH Hamburg. Das Selbsthilfekonzept der ASBH beruht u. a. auf sich monatlich treffenden Elterngruppen mit feststehenden Gruppenmitgliedern. So war diese Gruppe vor fast zwanzig Jahren von der Interviewerin gegründet worden. Die Interviewerin hat auch in den ersten ca. fünf Jahren an den Gruppengesprächen teilgenommen. Die Zusammensetzung der Gruppe hatte sich anfangs noch ein wenig geändert, aber seit mehr als zehn Jahren ist es ein regelmäßiges Treffen fünf miteinander sehr vertrauter und befreundeter Mütter. Hier war vor allem das wichtige Kriterium, dass die Mütter – da sie sich schon vielfach über ihre Emotionen und Probleme ausgetauscht hatten – sachbezogen und reflektiert über ihr Kind berichten können, erfüllt.

Bei beiden Gesprächen wurde zu Beginn an jede Gesprächsteilnehmerin der halbstrukturierter Interviewleitfaden verteilt. Er sollte aber nur als Anregung und nicht als Gesprächsleitfaden dienen und deshalb hat die Interviewerin ihn auch nicht benutzt, um das Gespräch zu lenken. Mit dem Interviewleitfaden sollten Anregungen zu dem Thema des Gesprächs gegeben werden. Jedes Gespräch sollte seinen eigenen Verlauf und eigene Schwerpunkte entwickeln können. Ziel war, durch ein offenes Vorgehen eine große Vielfalt an Aussagen über das Lernverhalten der Kinder zu erhalten und nicht für vorgegebene Aspekte Bestätigungen oder Verneinungen zu erhalten. Die beiden Gespräche nahmen folglich auch einen unterschiedlichen Gesprächsverlauf. Die Mütter aus dem ersten Gespräch (September 2005) machten sich zunächst jede für sich Notizen zu den Aspekten aus dem halbstrukturierten Fragebogen, auf die sie am Ende des Gesprächs zurückkamen um zu kontrollieren, ob sie alles, was ihnen eingangs eingefallen, im Laufe des Gesprächs erwähnt hatten.

Die Stimmung war in beiden Gesprächen den anderen sehr zugewandt, am Gesprächspartner interessiert, konzentriert und sowohl teilweise ernst als auch fröhlich.

Der halbstrukturierte Interviewleitfaden

Schon bei der Zusammensetzung der beiden Gesprächsgruppen wurde beachtet, dass der Inhalt der Gespräche sich tatsächlich im Wesentlichen auf das Lernen und Lernverhalten der Kinder mit Behinderung beziehen wird. Um diese Ausrichtung zu verstärken und um zu vermeiden, dass die Gesprächsteilnehmerinnen auf andere Themen abschweifen, wurde der entwickelte halbstrukturierte Interviewleitfaden benutzt.

Formale Charakteristika des Materials

Beide Gespräche wurden wörtlich transkribiert. Das erste Gespräch umfasst 140 Minuten (1774 Zeilen). Das zweite Gespräch umfasst 110 Minuten (1098 Zeilen). Der halbstrukturierte Interviewleitfaden wurde jeweils zu Beginn des Gesprächs verteilt mit dem Hinweis, dass er eine Anregung zum Gespräch liefern soll. Das erste Gespräch wurde am 7.9.2005 mit dem Tonnehmer einer Videokamera aufgenommen und das zweite Gespräch am 22.3.2006 mit einem digitalen Tonträger.

Es wurden die üblichen Transkriptionsregeln angewandt. Da das Ziel eine Analyse von Aussagen der Gesprächsteilnehmerinnen zum Lernen und Lernverhalten ihrer Kinder ist und es nicht um das emotionale Erleben oder die Bewertung von Erlebtem geht, wurden die Länge der Gesprächspausen, mögliche Verzögerungen in einer Antwort oder Betonungen nicht extra ausgewiesen. Die Transkription ist eine wörtliche Wiedergabe des Gesprochenen.

5.3.2 Fragestellung und Analysetechniken

Die qualitative Inhaltsanalyse dient in dieser Studie dazu, ein Bild der Lernstärken und Lernschwächen von Kindern mit Hydrocephalus zu erhalten. Zusätzlich sollen Hinweise gewonnen werden, in welchen Bereichen mögliche Lernschwierigkeiten von Kindern mit Hydrocephalus liegen. Es handelt sich um eine Vorstudie, nach deren Auswertung entschieden werden wird, welche Parameter weiter verfolgt werden.

Die Fragestellungen an die Auswertung der Gespräche lauten:

Was sagen Eltern über das Verhalten ihres Kindes, insbesondere das Lern- und Arbeitsverhalten, aber auch das Spielverhalten?

Was sagen Eltern, in welchen kognitiven und exekutiven Funktionen sich ihr Kind von anderen Kindern unterscheidet?

Ziel der Analyse ist, Aussagen von Müttern über ihr Kind zu Kategorien zusammenzufassen. Die Kategorien bilden dann in pointierter, systematisch gewonnener Form die elterliche Wahrnehmung des Lernverhaltens ihres Kindes ab. Dazu wird der Text in definierten Analyseeinheiten zunächst den einzelnen Gesprächsteilnehmerinnen zugeordnet. Im nächsten Schritt werden zur besseren Übersicht die Analyseeinheiten Aspekten zugeordnet, die sich aus dem Ablauf des Gesprächs, dessen Richtung durch den Interviewleitfaden initiiert worden war, ergaben. Weiter werden die Analyseeinheiten sprachlich überarbeitet und immer weiter zusammengefasst und geordnet. Die drei Grundverfahren sind die Zusammenfassung, die Strukturierung und die Explikation.

Die tragende Technik ist die *Zusammenfassung*. Dazu werden die Aussagen auf ein einheitliches Sprachniveau umformuliert (Paraphrasierung), auf ihren wesentlichen Inhalt gekürzt (Reduktion), verallgemeinert (Generalisierung) und gemäß der Fragestellung gebündelt (Integration) und schließlich in zentrale Aussagen gefasst.

Es wird aber nicht nur eine Zusammenfassung, sondern auch eine *Strukturierung* als weitere Technik angewandt. Die Technik der Strukturierung bezeichnet Mayring als die ›wohl zentralste inhaltsanalytische Technik‹ (Mayring 2003, 82). Zur Analyse der Mütteraussagen wird hier eine inhaltliche Strukturierung vorgenommen, weil es darum geht, bestimmte Inhalte aus dem Material herauszufiltern. Hierbei werden die gekürzten, gebündelten und verallgemeinerten Aussagen in inhaltliche Aspekte integriert, und wenn diese Aspekte zusammengefasst oder neu geordnet oder differenziert werden, wird auch das Material strukturiert. Diese Strukturierung ist inhaltlicher Natur, kann aber in der Theorie der qualitativen Inhaltsanalyse auch formal, typisierend und skalierend sein. Aus den den verschiedenen Aspekten zugeordneten Aussagen entwickeln sich die Kategorien.

In dem Schritt der Zuordnung der Aussagen in ein vom Forscher errichtetes Ordnungssystem besteht in dem qualitativen Verfahren von Philipp Mayring eine höhere Subjektivität als die Techniken der Zusammenfassung oder Explikation erfordern. Um trotz dieser Subjektivität die Gütekriterien einer hohen Validität und Reliabilität zu erfüllen, wird festgelegt, wann ein Materialbestandteil unter eine Zuordnung fällt:

1. Es wird transparent gemacht, welche Kontexteinheiten welchem Aspekt zugeordnet werden. Hier sichtbar an dem Schritt von der Auswertungseinheit (Transkription des gesamten Gesprächs) zur Kontextanalyse (Tabelle 1) und an dem Schritt der Rücküberprüfung, Bündelung und Neukonstruktion von Aspekten (Tabelle 6).
2. Es werden die Aussagen, die sich im Gespräch aufeinander bezogen, dem gleichen Aspekt zugeordnet.
3. Es werden Regeln (Kodierregeln) formuliert, um eindeutige Zuordnungen vornehmen zu können. Hier wird die Regel errichtet, dass bei nicht eindeutigen Zuordnungen eine Kodiereinheit auch zwei Aspekten zugeordnet werden kann, weil es als vorrangig angesehen wird, die Semantik der Aussage zu erhalten und zu interpretieren. Da keine Auszählungen oder Gewichtungen vorgenommen werden sollen, ist die zweifache Zuordnung unschädlich.

Nach Mayring hat sich die Benennung von ›Ankerbeispielen‹ bewährt (Mayring 2003, 83). Diese Bewährung ergibt sich vor allem bei großen Datenmaterialien, bei deduktiv erstellten Kategorien und wenn ein Ausprägungsgrad erfasst werden soll. Alle drei Gründe kommen in der hier vorliegenden Inhaltsanalyse nicht zum Tragen, und der

Versuch, mit Ankerbeispielen zu arbeiten, erwies sich eher hinderlich als dienlich, und daher wurde diese Möglichkeit verworfen.

Die dritte qualitative Technik, die nach Mayring bei einer qualitativen Inhaltsanalyse zum Tragen kommt, ist die *Explikation*. Dabei geht es darum, jene Kodiereinheiten, die nicht selbsterklärend sind, kurz zu erläutern um sie überhaupt einer Interpretation zugänglich machen zu können. Die Kodiereinheit wird dann um eine Erklärung (Explikation), die sich aus dem Text ergibt, erweitert. Eine Explikation ist bei dieser Art der zusammenfassenden Inhaltsanalyse aus dem Gespräch heraus möglich, weil es Aussagen sind, bei denen die Teilnehmerin sich auf Aussagen einer Vorrednerin bezieht, wie z. B. bei der Kodiereinheit ›ja‹ oder ›das ist bei uns nicht so‹. Es wird also eine enge Kontextanalyse vorgenommen, die Mayring (2003, 77) von der weiten Kontextanalyse, bei der weiteres Material hinzugezogen wird, unterscheidet.

Die Explikationen werden bei der Errichtung der Kontextanalyse (Tabelle 1) vorgenommen und durch Kursivschrift kenntlich gemacht.

5.3.3 Entwicklung von Kategorien

Im Zentrum der qualitativen Inhaltsanalyse steht die Entwicklung eines *Kategoriensystems* (Mayring 2003, 43). Dabei werden die Aussagen, die inhaltsanalytisch, also durch Paraphrasierung, Reduktion, Generalisierung und Integration gewonnen werden, zu Kategorien entwickelt. Durch die Zuordnung zu Kategorien gelingt es, das Material zu systematisieren und interpretierbar zu machen. Das Kategoriensystem erleichtert die Vergleichbarkeit der Ergebnisse und die Abschätzung der Reliabilität.

Grundsätzlich gibt es zwei verschiedene Möglichkeit der Konstruktion von Kategorien. Sie können nach Mayring (2000) vorgegeben sein (deduktiv) oder sie entwickeln sich aus dem Material (induktiv).

Bei der *deduktiven Konstruktion der Kategorien* werden die Kategorien aus Modellen, aus Voruntersuchungen oder aus Theoriekonzepten heraus entwickelt. Anschließend wird das inhaltsanalytisch zu untersuchende Material auf diese Kategorien hin untersucht und ihnen zugeordnet. Da die deduktive Konstruktion der Kategorien im Unterschied zur induktiven Konstruktion keine Weiterentwicklung oder Umstrukturierung der Kategorien innerhalb der Inhaltsanalyse vorsieht, ist es für die Reliabilität von hoher Relevanz, dass die Zuordnung (Kodierung) der Analyseeinheiten zu den Kategorien eindeutig und nachvollziehbar erfolgt. Deshalb wird ein Kodierleitfaden entwickelt, der festlegt unter welchen Bedingungen die Zuordnung einer Kategorie zu einer Textstelle zulässig ist (Mayring 2001). Er enthält eine Definition der Kategorien, verlangt Ankerbeispiele und stellt Zuordnungsregeln (Kodierregeln) auf.

Die *induktive Entwicklung der Kategorien* dagegen leitet die Kategorien aus dem Material ab. Es werden relevant erscheinende übergeordnete Auswertungsgesichtspunkte herausgearbeitet, die aber einer Entwicklung unterliegen. So können die induktiv gewonnen Kategorien nach einem Teil der Materialsichtung revidiert oder in einem weiteren Analyseschritt überarbeitet und neu konstruiert werden. Es ist ein zirkulärer Prozess, der einem definierten Ablaufmodell folgt.

> »Ein Ablaufmodell, in dessen Rahmen die Definition eines Selektionskriteriums, die schrittweise Materialbearbeitung und die Revision der neu entwickelten Kategorien zentral sind« (Mayring 2001, 5).

Das konkrete Ablaufmodell legt der Forscher fest und offen (s. Abschnitt 5.3.5).

Nach Mayring (2003) ist die induktive Vorgehensweise für die qualitative Inhaltsanalyse sehr fruchtbar, denn sie strebt nach einer

> « (…) gegenstandsnahen Abbildung des Materials ohne Verzerrungen durch Vorannahmen des Forschers, eine Erfassung des Gegenstandes in der Sprache des Materials« (Mayring 2003, 75).

In dieser Studie wird mit der induktiven Entwicklung der Kategorien gearbeitet. Eine deduktive Kategorienkonstruktion würde Lernmodelle oder Theorien zum Lernen bei Kindern mit Hydrocephalus voraussetzen und das Material (die Gruppengespräche) könnte dann diesen Modellen zugeordnet, überprüft, inhaltlich ausgefüllt oder quantifiziert werden. Abgesehen von dem Modell der nonverbalen disability, das sich allgemein auf Kinder mit nonverbalen Schwächen bezieht, finden sich keine Modelle zum Lernen bei Kindern mit Hydrocephalus. Zudem erfordert das Ziel dieser Inhaltsanalyse eine induktive Kategorienentwicklung:

> Ziel dieser qualitativen Inhaltsanalyse ist es, das Spektrum des Lernverhaltens der erfassten Kinder systematisiert und nachvollziehbar darzustellen. Aus dem Material sollen die wesentlichen inhaltlichen Dimensionen ihres Lernverhaltens herausgearbeitet werden, präziser gesagt der elterlichen Wahrnehmung des kindlichen Lernverhaltens.

Diese Dimensionen bilden dann das Kategoriensystem.

> »Das Ergebnis ist ein System an Kategorien zu einem bestimmten Thema« (Mayring 2003, 76).

Um die Kategorien aus dem Material zu entwickeln wird das Material mehrfach gebündelt und neu integriert (s. 5.3.5). Diese Schritte sind der Kern der strukturierenden Inhaltsanalyse. Als Strukturierungshilfe dienen hier Zuordnungsbereiche, die in den jeweiligen Zwischenschritten als ›Aspekte‹ bezeichnet werden und im letzten Schritt der Inhaltsanalyse zu Gunsten der Kategorien aufgegeben werden. Es wäre im Einklang mit der qualitativen Inhaltsanalyse, diese Aspekte auch schon als erste induktiv gewonnene Kategorien zu bezeichnen. Dies wäre allerdings sprachlich verwirrend, denn die induktiven Kategorien stehen am Ende der Analyse. Diese hier gewählten Zuordnungsaspekte sind noch keine gewonnenen Inhalte, sondern ergeben sich zunächst aus dem Gesprächsverlauf und dienen der besseren Übersichtlichkeit. Es handelt sich um reine Strukturierungshilfen und deshalb wird sprachlich differenziert zwischen ›Aspekten‹ und den in den letzten Schritten der Analyse induktiv gewonnenen ›Kategorien‹.

Weitere Analyse

Nachdem die Kategorien als Ergebnis der Inhaltsanalyse vorliegen, kann die weitere Analyse verschiedene Wege gehen (Mayring 2001 und 2003, 76). So kann das ganze Kategoriensystem entsprechend der Fragestellung interpretiert werden, es können Häufigkeiten bestimmt, Ausprägungsgrade festgestellt, Maße der zentralen Tendenz oder auch Hauptkategorien gebildet werden.

Hier werden als weiterer Weg der qualitativen Inhaltsanalyse die wesentlichen Parameter des Lernverhaltens bei Kindern mit Hydrocephalus herauskristallisiert und beschrieben. Zur nachfolgenden Interpretation werden diese induktiv inhaltsanalytisch gewonnenen Parameter des Lernverhaltens mit den Erkenntnissen aus der Literaturrecherche (s. Kapitel 3) verglichen. Es handelt sich um eine Synopse zwischen Ergebnissen aus der qualitativen Inhaltsanalyse und Forschungsergebnissen aus Hirnforschung und Neuropsychologie zum Lernen von Kindern mit Hydrocephalus.

5.3.5 Festlegung des konkreten Ablaufmodells

Bestimmung der Analyseeinheiten

Nach Mayring legt die *Auswertungseinheit* fest, welche Textteile nacheinander ausgewertet werden. Die erste Auswertungseinheit ist hier also das vollständige Gespräch vom September 2005, und die zweite Auswertungseinheit ist das vollständige Gespräch vom März 2006. Bei der Technik der zusammenfassenden Inhaltsanalyse fallen Auswertungseinheit und Kontexteinheit zusammen, weil der zusammenzufassende Gesprächsinhalt der Kontext ist (Mayring 2003). Da in den Gesprächen aber nicht nur über die Fragestellung diskutiert wurde, sondern sich auch weitere Themen und Abschweifungen ergaben, wird hier zwischen Kontexteinheit und Auswertungseinheit differenziert. Dazu wird die Auswertungseinheit (hier jeweils das gesamte Gespräch) um jene Aussagen, die die Fragestellung in keiner Weise tangieren, bereinigt, und es entsteht die Kontexteinheit.

Bei der Analyse der Auswertungseinheit werden nicht mit in die Kontexteinheit übernommen:
- alle Aussagen zum Ablauf des Abends,
- Aussagen der Interviewerin,
- Aussagen über Geschwisterkinder, die nicht im Vergleich zu dem Kind mit der Behinderung geäußert wurden,
- Aussagen, die allgemein auf Kinder zutreffen
- und persönliche Erlebnisse, die nicht im Zusammenhang zum Lernverhalten des Kindes stehen.

Die Kontexteinheit umfasst folglich innerhalb der Auswertungseinheit alle Textbestandteile, in denen die Gesprächsteilnehmerinnen eine Aussage über die Fähigkeiten oder das Verhalten ihrer Kinder machen. Dabei werden bewusst auch Aussagen, die augenscheinlich über den Bereich des Lernens und des Lernverhaltens und damit über die Fragestellung hinausgehen, zunächst mit einbezogen. Sie sollen in den ersten sechs Analyseschritten mit berücksichtig werden. Die qualitative Inhaltsanalyse der Gruppengespräche ist eine Vorstudie, die dazu dient, Aspekte des Lernens von Kindern mit Hydrocephalus zu eruieren. Dabei ist es wichtig, durch einen weit gefassten Begriff des Lernens und des Lernverhaltens zunächst möglichst viele Aspekte mit einzufassen. Die Spezifizierung der Fragestellung innerhalb dieser Gesamtstudie erfolgt nach der Vorstudie und nach der Literaturrecherche zum Forschungsstand und der theoretischen Diskussion.

Die inhaltlich zusammengehörende Aussage – sei es eine knappe Äußerung oder mehrere Sätze – bildet die Kodiereinheit, die einer Kategorie zuzuordnen ist. Da in einem Gruppengespräch auch durch Bestätigungen und Verneinungen in Bezug auf Äußerungen der anderen Gesprächsteilnehmerinnen Aussagen über das eigene Kind gemacht werden, sind die kleinsten Kodiereinheiten Ausdrücke wie ›ja‹, ›nein‹, ›nee‹.

Festlegung der Analyseschritte[3]

Erster Schritt (Tabelle 1):

*Festlegung der Kodiereinheiten und Strukturierung
anhand von Aspekten (Kontextanalyse)*

Nach der Transkription werden in einem ersten Schritt tabellarisch alle Aussagen einer jeden Mutter über ihr Kind in eine Spalte gefasst, d. h.: Die Kodiereinheiten der Kontexteinheit der jeweiligen Gesprächsteilnehmerinnen werden festgelegt und sortiert, indem die Aussagen ersten inhaltlichen Aspekten zugeordnet werden. Die nicht selbsterklärenden Kodiereinheiten erhalten eine Erklärung durch eine Explikation, die in Klammern gesetzt wird und kursiv gedruckt erscheint. Die Zuordnung der Kodiereinheiten zu den Aspekten ergibt sich im Wesentlichen aus dem Gesprächsfluss. So wurde z. B. in dem einen Gespräch zunächst über die Konzentrationsfähigkeit der Kinder gesprochen, in dem anderen war das erste Thema – und somit der erste inhaltliche Aspekt – die sprachliche Entwicklung der Kinder. Diese Zuordnungsaspekte werden aus dem Material, also induktiv, gewonnen. Neben den spontanen und durch die Meinungen der anderen Gesprächsteilnehmer angeregten Aussagen der Mütter ergeben sich aus dem halbstrukturierten Interviewleitfaden weitere Aspekte des Lernens. Dieser Interviewleitfaden lag den Teilnehmerinnen vor. Deshalb finden sich einige

---

3 Alle elf Analyseschritte sind jeweils in einer Tabelle dokumentiert. Die insgesamt elf Tabellen stehen unter http://www.athena-verlag.de/controller.php?cmd=detail&titelnummer=472 zum kostenlosen Download zu Verfügung.

der Bereiche aus dem Interviewleitfaden im Gespräch und im ersten Analyseschritt wieder.

In diesem ersten Analyseschritt werden die Aussagen der Mütter wortgetreu zitiert. Es wird noch keine Reduktion und keine Verallgemeinerung vorgenommen, nur die tabellarische Zuordnung zum Kind und zu einem inhaltlichen Bereich. Es werden alle Aussagen übernommen, die sich auf das Lernverhalten, auf kognitive und exekutive Funktionen, auf soziale Kontakte, auf das Spielverhalten, Selbsteinschätzung, auf mögliche Potentiale und Grenzen beziehen.

Zweiter Schritt (Tabelle 2):

Paraphrasierung

Alle Bestandteile der Kodiereinheit, die nur wenig inhaltstragend sind wie Ausschmückungen, Wiederholungen und Verdeutlichungen, werden gestrichen. Die inhaltstragenden Textstellen werden auf eine einheitliche Sprachebene gebracht und in eine grammatikalische Kurzform umgewandelt. Mit diesem Analyseschritt wird die wörtliche Rede aufgelöst, aber der Inhalt der Aussage bleibt unverändert. Auch die Explikationen bleiben unverändert, d. h. als Explikation an der Kursivschrift erkennbar.

Dritter Schritt (Tabelle 3):

Generalisierung auf ein Abstraktionsniveau

Eine jede Aussage wird auf ihren wesentlichen Inhalt gekürzt und verallgemeinert. Der wesentliche Inhalt soll prägnanter werden und wird deshalb bei Bedarf in anderen Worten formuliert, bleibt meist aber eng an der originalen Wortwahl. Paraphrasen, die schon auf dem angestrebten Abstraktionsniveau liegen, bleiben unverändert. Bei Aussagen, die mit einer Explikation versehen waren, wird die Explikation zur Formulierung der Generalisierung genutzt und damit als Explikation aufgelöst.

Vierter Schritt (Tabelle 4):

Erste Reduktion

Alle generalisierten Paraphrasen, die bedeutungsgleich sind, werden gestrichen. Darunter fallen auch unterschiedliche Äußerungen, die aber auf einen ähnlichen Inhalt zielen. Dies ist zulässig, weil letztlich keine Betonungen oder Gewichtungen, die die Gesprächsteilnehmerinnen im Gespräch geäußert haben, ausgewertet werden sollen und es ist geboten, um zu einer zusammenfassenden Inhaltsanalyse zu kommen. Die vorgenommenen Streichungen werden kenntlich gemacht.

Fünfter Schritt (Tabelle 5):

Streichung der reduzierten Stellen

Dieser Schritt beinhaltet nur den tatsächlichen Fortfall der Aussagen, die im vierten Schritt der ersten Reduktion gestrichen, aber noch sichtbar gewesen waren.

Sechster Schritt (Tabelle 6):

Rücküberprüfung, Bündelung und Neukonstruktion der Aspekte

In diesem Schritt wird zum zweiten Mal mit der Technik der Strukturierung gearbeitet. Es findet eine Rücküberprüfung der Zuordnungsaspekte anhand des durch die Schritte 2 bis 5 gewonnenen Materials statt. Mithilfe der Technik der Strukturierung werden die Aussagen neu gebündelt und die Aspekte werden neu konstruiert. Dabei bleiben die bisher gewonnenen Aussagen unverändert.

Siebter Schritt (Tabelle 7):

Bildung von Kategorien

Die bisher gewonnen Aussagen sind durch den Sechsten Schritt in einem neuen Ordnungssystem strukturiert. Nun werden sie zum zweiten Mal generalisiert (analog dem dritten Schritt) und bedeutungsähnliche Aussagen werden zusammengefasst und verkürzt (analog dem vierten Schritt). Es entstehen Kategorien, die zusätzlich zu den Aussagen in der Tabelle verzeichnet werden und durch Kursivschrift kenntlich gemacht werden.

Bei diesem Analyseschritt wird zudem eine letzte Reduzierung vorgenommen, indem jene Aspekte, die bei Rückkoppelung zur Fragestellung keinen direkten Bezug auf Lernen enthalten, fallen gelassen werden. In der Kontextanalyse der Tabelle 1 waren bewusst zunächst die Kriterien sehr weit gefasst worden, d. h. es wurden nur wenige Aussagen, die sich eindeutig nicht auf das Kind mit der Behinderung bezogen und keinerlei Bezug zum Lernen vermuten ließen, nicht von der Auswertungseinheit in die Kontextanalyse übernommen. Es sollten über möglichst viele Analyseschritte auch Aspekte, die sich nur marginal auf das Lernen beziehen, erhalten bleiben. Dies Vorgehen eröffnet einem bei einer späteren Interpretation der gesamten Forschungsergebnisse einen Rückgriff auf vielleicht nur augenscheinlich marginale und letztlich doch relevante Aspekte.

Achter Schritt (Tabelle 8):

Darstellung der Kategorien (fallspezifisch)

Die Aussagen werden fallen gelassen und es bleiben die Kategorien stehen. Diese repräsentieren fallspezifisch die Aussagen einer Mutter über das Lern- und Arbeitsverhalten ihres Kindes, über kognitive und exekutive Funktionen und das Spiel.

Neunter Schritt (Tabelle 9):

Darstellung der entwickelten Kategorien aus beiden Gesprächen

Die vorherigen vier parallelen Tabellen (Mädchen September, Jungen September, Mädchen März, Jungen März) werden auf einem Blatt zu einer Tabelle zusammengefasst und die Kategorien der zwei Gespräche werden in eine einheitliche Abfolge gebracht.

Zehnter Schritt (Tabelle 10):

Darstellung der entwickelten Kategorien

Die Einteilung in vier parallele Tabellen wird aufgehoben, und es erfolgt eine Trennung in Aussagen über Kinder mit der Doppelbehinderung Spina Bifida und Hydrocephalus und in Aussagen über Kinder mit einem isolierten Hydrocephalus, denn diese Arbeit beansprucht, bei der Betrachtung der neuropsychologischen Fähigkeiten die verschiedenen Ätiologien eines Hydrocephalus zu berücksichtigen, zumindest zwischen einem Hydrocephalus in Verbindung mit einer Spina Bifida und einem isolierten Hydrocephalus zu differenzieren (vgl. Abschnitt 3.1.1).

Elfter Schritt (Tabelle 11):

Bildung von Kategorien gemäß neuropsychologischer Leistungsbereiche

Die Fallspezifität der Kategorien wird aufgehoben, Mehrfachnennungen werden nochmals zu einer Kategorie reduziert. Alle Kategorien werden unter der Strukturierungshilfe der Aspekte zu neuropsychologischen Leistungsbereichen geordnet. Die Strukturierungshilfe hat ihre Aufgabe erfüllt und wird aufgegeben. Es entsteht ein Bild über Lernstärken und Lernschwächen von Kindern mit Spina Bifida und Hydrocephalus und über Lernstärken und Lernschwächen von Kindern mit isoliertem Hydrocephalus. In seiner Darstellung entspricht es der in der Neuropsychologie üblichen Einteilung. Ausformuliert ist es das Ergebnis der qualitativen Vorstudie und bildet den Abschnitt 5.5. dieses Kapitels.

5.4 Gütekriterien

Forschungsergebnisse müssen nachvollziehbar und überprüfbar sein. Es stellt sich die Frage, ob und inwieweit die klassischen Gütekriterien der Objektivität, Validität und Reliabilität angesichts des Forschungsansatzes der qualitativen Forschung – nämlich Bedeutungsgehalte zu erfassen – eine andere Gewichtung erhalten oder obsolet sind und andere Kriterien entwickelt werden müssen.

Diese Diskussion um die Gütekriterien qualitativer Forschung ist so umfassend und wird so kontrovers geführt wie die Diskussion um die qualitative Forschung selbst und führt dazu, dass selbst Autoren umfangreicher Lehrbücher zur Aussage kommen:

»Wir beschränken uns auf einige Anmerkungen zu dem mitunter spannungsgeladenen Verhältnis zwischen qualitativer und quantitativer Forschung« (Bortz & Döring 2006, 295).

Bortz & Döring (2006, 334) selber operationalisieren Gütekriterien qualitativer Forschung in Anlehnung an die Gütekriterien der quantitativen Forschung wie folgt:
- Objektivität im Sinne, dass die Ergebnisse intersubjektiv nachvollziehbar sein müssen,
- Reliabilität im Sinne, dass die Ergebnisse reproduzierbar sein müssen,
- Validität im Sinne, dass die Ergebnisse sich plausibel aus den Daten ergeben (interne Validität) und im Sinne, dass die Ergebnisse verallgemeinerbar sind (externe Validität).

Steinke (2007, 318) beschreibt diese Position als eine der drei Grundpositionen bezüglich der Gütekriterien qualitativer Forschung, präziser als jene Position, die die Übertragbarkeit der klassischen Gütekriterien fordert. Weiter skizziert sie die beiden anderen Positionen als zum einen jene, die gänzlich eigene Kriterien für qualitative Forschung beanspruchen und zum zweiten jene, die eine Benennung von allgemeingültigen Kriterien für qualitative Forschung ablehnen.

In Abgrenzung zu diesen drei Grundpositionen und die aktuelle Diskussion fortführend schlägt Steinke (2007, 320) eine Reihe an ›Kernkriterien zur Bewertung qualitativer Forschung‹ vor. Diese sollen hier knapp vorgestellt und das Vorgehen dieser qualitativen Vorstudie (Auswertung von Expertengesprächen nach der qualitativen Inhaltsanalyse von Philipp Mayring) an diesen Kernkriterien diskutiert werden.

Kernkriterien zur Bewertung qualitativer Forschung

Ausgangspunkt für die Formulierung von Kernkriterien sind drei grundsätzliche Überlegungen (Steinke 2007, 320):
- Qualitative Forschung kann nicht ohne Bewertungskriterien bestehen, um nicht Beliebigkeit und Willkür zuzulassen.
- Quantitative Kriterien sind für die Bewertung qualitativer Forschung nicht geeignet, weil sie sich auf anderen Methoden und Wissenschaftstheorien begründen. Zugleich bieten ihre grundsätzlichen Überlegungen und Ansprüche zahlreiche

Anregungen für die Entwicklung von Kriterien für qualitative Forschung. Die Begriffe der Gütekriterien der quantitativen Forschung sollen allerdings nicht verwendet werden, weil sie unterschiedliche Konnotationen besitzen und die Bedeutung der neuen Begriffe ein eigenes Profil erhalten sollen.
- Kriterien qualitativer Forschung müssen ihrem Profil (dem jeweiligen Ziel, den wissenschaftstheoretischen und methodologischen Ausgangspunkten) angemessen entsprechen. Es geht nicht um einzelne Kriterien, mit der dann jede qualitative Forschung bewertet wird, sondern um einen Kriterienkatalog, der operationalisierbar sein muss.

»Eine abschließende Kriteriendiskussion lässt sich nur unter Berücksichtigung der jeweiligen Fragestellung, Methode, Spezifik des Forschungsfeldes und des Untersuchungsgegenstandes führen« (Steinke 2007, 323).

Dem damit aufgeworfenen Widerspruch zum Anspruch von allgemeingültigen Kriterien wird durch ein zweistufiges Verfahren begegnet, nämlich der Formulierung ›breiter‹ Kriterien, deren Modifizierung in einem zweiten Schritt untersuchungsspezifisch erfolgt.

Die Kernkriterien sind nach Steinke folgende:
1. Intersubjektive Nachvollziehbarkeit
2. Indikation des Forschungsprozesses
3. Empirische Verankerung
4. Limitation
5. Kohärenz
6. Relevanz
7. Reflektierte Subjektivität

Für die Bewertung einer Studie ist die Anwendung von nur einem oder zwei dieser vorgestellten Kriterien nicht ausreichend.

»Auf der Grundlage mehrerer Kriterien sollte entscheidbar sein, ob das ›bestmögliche‹ Ergebnis erzielt wurde« (Steinke 2007, 331).

ad 1.   Intersubjektive Nachvollziehbarkeit

Im Unterschied zur quantitativen Forschung, die einen Anspruch auf Replikation postuliert, der für die qualitative Forschung wegen der begrenzten Standardisierung nicht einzulösen ist, stellt sich jedoch der Anspruch auf eine intersubjektive Nachvollziehbarkeit. Dazu bieten sich mehrere Möglichkeiten der praktischen Umsetzung an:
- Präzise Dokumentation des Forschungsprozesses durch Dokumentation des Vorverständnisses, der Erhebungsmethoden und des Erhebungskontextes (z. B. Leitfadeninterview), der Transkriptionsregeln, der Daten, der Auswertungsmethoden, der Informationsquellen, der Entscheidungen und ihrer Probleme und der Kriterien der Arbeit.

- Interpretation in Gruppen um Intersubjektivität und Nachvollziehbarkeit herzustellen.
- Anwendung kodifizierter Verfahren, weil die Befolgung kodifizierter Regeln die intersubjektive Nachvollziehbarkeit erleichtert.

Die hier vorgenommene qualitative Auswertung der Experteninterviews entspricht durch die präzise Dokumentation in elf tabellarischen Schritten, der genauen Beschreibung des Vorverständnisses, der Herangehensweise, der Erhebungsmethoden, des Erhebungskontextes, der Transkriptionsregeln, des Datenmaterials, der Informationsquellen und der Auswertungsmethode diesem Anspruch der intersubjektiven Nachvollziehbarkeit. Eine Interpretation in Gruppen erfolgte nicht, weil sie praktisch nicht umsetzbar gewesen wäre. Dagegen ist neben der präzisen Dokumentation die dritte Möglichkeit der Umsetzung der intersubjektiven Nachvollziehbarkeit – die Anwendung kodifizierter Verfahren – durch die Wahl der qualitativen Inhaltsanalyse nach Philipp Mayring gegeben.

ad 2.   Indikation des Forschungsprozesses

Es sollen nicht nur Erhebungs- und Auswertungsmethoden und nicht nur die Gegenstandsangemessenheit der Methode beurteilt werden, sondern der gesamte Forschungsprozess mit der Angemessenheit des qualitativen Vorgehens. Dies bedeutet im Einzelnen, sich den Fragen zu stellen, ob das gewählte qualitative Vorgehen angemessen ist, ob Erhebungs- und Auswertungsmethode dem Untersuchungsgegenstand angemessen sind, ob den Äußerungen der Untersuchten genügend Spielraum gelassen wurde, ob der Forscher ausreichend lange im Feld anwesend war, ob die Texte durch die Anwendung der Transkriptionsregeln lesbar und interpretierbar sind, ob die Untersuchungssituation sinnvoll ausgewählt wurde, ob die Methoden der Erhebung und der Auswertung zueinander passen, und ob die Bewertungskriterien dem Gegenstand, der Methode und der Fragestellung angemessen sind.

Der hier beschriebene Forschungsprozess – beginnend mit dem Gespräch mit den erwachsenen Betroffenen, über die veröffentlichten eigenen Berufserfahrungen und veröffentlichten Erfahrungen von Sozialarbeiterinnen, die dokumentierte Entwicklung des Interviewleitfadens mit seiner Offenheit für die Entwicklung der Gespräche, die Darlegung der Transkriptionsregeln und die gute Lesbarkeit der Texte, die stimmige Untersuchungssituation, die Datenerhebung durch Tonmitschnitt bis hin zu der Entscheidung für ein induktives und streng regelgeleitetes Auswertungsverfahren – entsprechen dem Anspruch einer gelungenen Indikation des Forschungsprozesses.

ad 3.   Empirische Verankerung

Die empirische Verankerung umfasst nach Steinke (2007, 328), dass in der qualitativen Forschung die Bildung und Überprüfung von Hypothesen in dem Datenmaterial, also empirisch, begründet ist. Zur Prüfung der empirischen Verankerung sieht sie die

Verwendung kodifizierter Verfahren, die Überprüfung auf hinreichende Textbelege, die analytische Induktion zur Verifizierung und Falsifikation von Theorien, die Überprüfung von abgeleiteten Prognosen und die kommunikative Validierung vor.

Bei dieser qualitativen Vorstudie ging es nicht um eine Bildung und Überprüfung von Hypothesen, sondern um die Bildung von Kategorien, mit denen das Spektrum des Lernverhaltens von Kindern mit Hydrocephalus aufgezeigt werden sollte. Ziel war nicht eine Verifikation oder Falsifikation von Theorien und auch keine Überprüfung von Prognosen. Aber auch diese Kategorien wurden mithilfe eines kodifizierten Verfahrens entwickelt, und vor allem wurden sie kommunikativ validiert: Alle elf Mütter der zwei Gesprächsgruppen haben die Transkription und alle Tabellen erhalten, mithin also einen Seitenumfang von ca. 100 Seiten. So konnten sie nachvollziehen, aus welcher ihrer Aussagen welche Kategorie abgeleitet wurde. Auf Nachfrage gab es keine Verständnisfragen, keine Einwände, und es mussten daher keine Änderungen vorgenommen werden. Die meisten Mütter antworteten, indem sie sagten, sie können es nachvollziehen, und die Kategorien bilden ihr Kind ab. Eine Mutter kommentierte mündlich »so komprimiert zu lesen, ist es schon sehr hart, aber es ist so« und eine Mutter schilderte in einem Brief, in welchen Bereichen ihre Tochter sich in der Zeit, die zwischen dem Gruppeninterview und ihrem Lesen der Auswertung lag, verändert habe. Diese kommunikative Validierung der qualitativen Forschung ist hier das stärkste Gütekriterium.

ad 4. Limitation

Durch ein Herangehen an die möglichen Grenzfälle (Analyse abweichender und extremer Fälle oder Darlegung von Minimum und Maximum der Ausprägung) sollen die Grenzen der entwickelten Theorie bestimmt werden.

Dieses Kernkriterium hat für diesen qualitativen Teil der Forschung geringe Relevanz, weil nicht Entwicklung oder Überprüfung einer Theorie im Mittelpunkt stehen. Dennoch hat das Kriterium auch hier seine Bedeutung: Trotz des Ziels, eine Bandbreite des Lernverhaltens bei Kindern mit einem Hydrocephalus erhalten zu wollen, sollten sich die Kategorien nicht allein durch Extremfälle herausbilden. Denn aus der Interpretation der Kategorien ergibt sich der Parameter, der in dem zweiten Teil der Forschung quantitativ überprüft wird. Als Extremfälle gelten hier Kinder mit erheblichen Einschränkungen im Lernen, Kinder mit einer geistigen Behinderung, und Kinder mit einer Hochintelligenz. Da nur bei einem Kind aufgrund des Kriteriums der Beschulung eine geistige Behinderung vermutet werden kann, verfälschen die Aussage seiner Mutter nicht die inhaltliche Bedeutung der Kategorien. Zudem findet auch keine quantifizierende Gewichtung der Elternaussagen statt.

ad 5.   Kohärenz

Die Kohärenz stellt die in der qualitativen Forschung entwickelte Theorie in den Mittelpunkt, die in sich konsistent sein sollte und sich der Frage stellen muss, ob die generierte Theorie in sich kohärent ist, ob Widersprüche diskutiert werden und ob ungelöste Fragen offen gelegt werden.

Eine Kohärenz in diesem Sinne findet sich hier schon allein deshalb nicht, weil das Ziel nicht eine Theorieentwicklung war. Allerdings wird in der Interpretation der Daten, genauer hier der Kategorien, offen gelegt, welche Kategorien besondere Beachtung finden und als in Beziehung zueinander stehend gesehen werden und welche nicht weiter verfolgt werden.

ad 6.   Relevanz

Jede Fragestellung hat eine ihr eigene Relevanz und stellt in irgendeiner Form einen Beitrag zur Wissenschaft dar. Darüber hinaus muss nach Steinke aber gefragt und erläutert werden, inwieweit die Forschung einen pragmatischen und praktischen Nutzen hat:

»Werden durch die Theorie neue Deutungen zur Verfügung gestellt?«
»Sind die Ergebnisse verallgemeinerbar?«
»Beinhaltet die Theorie Erklärungen für das interessierende Phänomen?«
(Steinke 2007, 330)

Da es sich bei der qualitativen Forschung um eine Vorstudie handelt, ist die Frage der Relevanz nur im Zusammenhang mit dem gesamten Forschungsprojekt zu beantworten. Von einer hohen Relevanz des Forschungsprojekts zumindest für die betroffenen Familien ist auszugehen, denn das Projekt wurde von Eltern initiiert. Erst nach Abschluss des zweiten empirischen Teils werden die Antworten auf die Fragen nach der Verallgemeinerbarkeit und vor allem auf die Fragen nach einer neuen Deutung des Lernverhaltens dieser Kinder zu diskutieren sein. Für den Teil der qualitativen Inhaltsanalyse bleibt festzuhalten, dass eine Relevanz gegeben ist, weil er einer weitergehenden Forschung dient und ein Erklärungsansatz für Lernschwierigkeiten herausgearbeitet wird, der einer weiteren Überprüfung standhalten muss.

ad 7.   Reflektierte Subjektivität

Qualitative Forschung muss die Rolle der Subjektivität des Forschers thematisieren und reflektieren, weil in Abhängigkeit vom Forschungsprojekt die Subjektivität des Forschers die Datenerhebung und Datenauswertung erheblich beeinflussen kann. Vor allem bei manchen Formen der Datenerhebung wie in der Aktions- oder Feldforschung, aber auch in allen ausführlichen Interviews ist der Forscher Teil der Interaktion. Diese Subjektivität stellt zum einen ein Problem bei der Verallgemeinerung der Erkenntnisse dar, bietet aber zugleich eine große Quelle für qualitative Forschung, weil durch die persönliche Beziehung und Öffnung der Klienten/Informanden Inhalte der Forschung zugänglich gemacht werden, die anderen Forschungsmethoden verschlossen bleiben.

Steinke fordert vom Forscher eine Reflexion der Untersuchungssituation, der Vertrauensbeziehung zwischen Forscher und Informand und seiner Rolle.

In kritischer Betrachtung der eigenen Rolle ist zu sagen, dass die Untersuchungssituation und der Gesprächsverlauf offen gestaltet waren. Der Interviewleitfaden wurde nicht Punkt für Punkt besprochen und es blieb genug Raum für die Interviewpartnerinnen, ihre Ideen und Meinungen einzubringen. Bei der Auswertung der Gespräche wurde auf eine Selbstbeobachtung verzichtet und die eigene Rolle nicht thematisiert, weil ihr Einfluss auf das Ergebnis – die Kategorienbildung zum Lernverhalten – als nicht wesentlich betrachtet werden.

Die Rolle der Untersucherin beschränkte sich vor allem auf eine moderierende Rolle. Alle Interviewpartnerinnen kannten die Untersucherin über viele Jahre und waren freiwillig zu dem Gespräch gekommen. Es bestand in beiden Gruppen eine vertrauensvolle Beziehung sowohl untereinander als auch zur Untersucherin, aber keine abhängige Beziehung.

5.5 Ergebnisse der qualitativen Vorstudie

Aus der inhaltsanalytischen Auswertung nach dem Verfahren der qualitativen Inhaltsanalyse von Philipp Mayring ergibt sich ein Bild mit vielerlei Lernstärken und Lernschwächen von Kindern mit Hydrocephalus, so wie diese von ihren Müttern wahrgenommen werden. Mithilfe der inhaltsanalytischen Schritte werden schrittweise aus den mütterlichen Beschreibungen Kategorien des Lernens von Kindern mit Hydrocephalus herausgearbeitet. Jede Weiterentwicklung und damit jeder Schritt der Inhaltsanalyse ist durch eine Tabelle belegt. Die letzte dieser Tabellen besteht aus einer Aufzählung der Kategorien und ist das Ergebnis der inhaltsanalytischen Schritte. Diese Kategorien werden hier dargestellt. Dabei orientiert sich die Darstellung an einer üblichen neuropsychologischen Einteilung (vgl. Abschnitt 3.3.3.1 und 6.1.1).

Nach der bloßen Auflistung jeder einzelnen gewonnenen Kategorie folgt eine Beschreibung und Diskussion der Lernstärken und Lernschwächen, illustriert durch Zitate der Mütter.[4]

---

4 Dabei wird das erste Gesprächsprotokoll (vom September 2005) mit der Ziffer 1 und das zweite Gesprächsprotokoll (vom März 2006) mit der Ziffer 2 abgekürzt. Und durch einen Schrägstrich getrennt wird die Zeilennummer angegeben.

5.5.1 Kategorien der Aufmerksamkeit und Konzentration

Ergebnis der Inhaltsanalyse

Kinder mit Spina Bifida und Hydrocephalus:
- Konzentrationsfähigkeit nur für eine Sache zur Zeit
- Bei Überforderung erfolgen (innerer) Rückzug und Tatenlosigkeit
- Bei Reizüberflutung besteht ein Bedarf an ›Abschalten‹
- Bedarf an stupiden Aufgaben und Wiederholungen
- Erschöpfung durch Konzentration und Bedarf an Pausen
- Überfordert, sich mehrere Aufgaben zu merken
- einfache Rechnung nur durch Visualisierung zu lösen (Konzentrationshilfe?)

Kinder mit isoliertem Hydrocephalus:
- Konzentrationsschwächen
- Keine Konzentrationsfähigkeit für mehrere Dinge zugleich
- Leicht ablenkbar
- braucht Konzentrationshilfen wie Reizarmut und Aufforderung/Anstoß
- Rückzug bei Reizüberflutung/Überforderung
- Rückzug und ›Abschalten‹ bei Reizüberflutung, brauchte das ›Abschalten‹ durch Schaukeln
- zieht sich innerlich und auch räumlich zurück
- Fähigkeit in eine Beschäftigung zu ›versinken‹
- hoher Bedarf an Pausen
- Bedarf an Wiederholungen

Beschreibung der Kategorien der Aufmerksamkeit und Konzentration

Ohne Einschränkungen schildern alle Mütter ihre Kinder als konzentrationsschwach.

»*Ja, schlechte Konzentration, besser kleine Klasse*« *(1/1088).*

Die Konzentrationsschwäche zeigt sich darin, dass ihre Kinder sich nur auf eine Aufgabe zurzeit konzentrieren können. Aus der Sicht des Kindes wird wiedergegeben:

»*Entweder höre ich da zu oder ich muss aufschreiben*« *(1/517).*

Die Kinder seien sehr leicht ablenkbar und können sich bei neu hinzukommenden Reizen nicht entscheiden, welchem Reiz sie folgen.

»*Also das (Unwichtiges missachten) ist bei unseren nicht der Fall*« *(1/150).*

Dies weist auf Schwächen in der selektiven Aufmerksamkeit hin. Im Alltag führt dies dazu, dass zur Erledigung ihrer Hausaufgaben Ruhe und Leere auf dem Schreibtisch herrschen müssen, weil schon Dinge, die auf dem Tisch liegen, die Aufmerksamkeit des Kindes auf sich ziehen.

»*Bei P. ist der Schreibtisch leer. Da darf gar nichts liegen, nichts, gar nichts*« *(1/159).*

Wenn keine Ablenkung geschieht, haben manche der Kinder die Fähigkeit, sich lange einer Sache widmen zu können, in einer Beschäftigung zu ›versinken‹. Die Fähigkeit zur Daueraufmerksamkeit ist bei diesen Kindern gut ausgebildet.

>>*Der geht in sein Zimmer, der ist drei Stunden weg*<< *(1/1370).* >>*S. auch, stundenlang*<< *(1/1380).*

Andere der Kinder brauchen aber auch immer wieder die Aufforderung oder den Anstoß, die zu erledigende Sache weiter zu verfolgen.

>>*Bei S. war es früher immer so, dass ich mich wirklich mit dahin setzen musste. Wenn ich da war, dann hat sie sie auch gemacht. In dem Moment wenn ich weggehe (…) habe ich das Gefühl, die ist kein Schritt weiter gekommen, guckt aus dem Fenster und in die Luft*<< *(1/213).*

>>*Die könnte eine Stunde oder länger sitzen und aus dem Fenster gucken und nicht ein Satz würde auf das Papier gebracht werden*<< *(1/219).*

Es besteht nach den Mütteraussagen weiter nicht die Fähigkeit zur geteilten Aufmerksamkeit, denn ihre Kinder können sich nicht mehreren Dingen oder Aufträgen gleichzeitig widmen. Die Mütter berichten im Zusammenhang mit der Aufmerksamkeit zugleich von einer Überforderung ihres Kindes. Dies ist in dem Sinne zu verstehen, dass durch die geringe Fähigkeit zur geteilten und zur selektiven Aufmerksamkeit ihre Kinder schnell eine Reizüberflutung empfinden und dies sich in einer Überforderung zeigt. Bei dieser Überforderung durch Reizüberflutung ziehen sich ihre Kinder innerlich oder auch äußerlich, nämlich räumlich, zurück.

>>*Sie ist nicht wirklich präsent. Ich habe das an ihrem Geburtstag gemerkt. Sie war mittendrin, aber entweder war die Reizüberflutung da, und dann ein neues Gefühl, wie, dass die Übersicht fehlt. … alle waren am Lachen und am Tun und sie saß mittendrin wie Glas um sie herum*<< *(1/179).*

>>*Aber er zieht sich dann körperlich zurück, er geht dann weg. Wenn es zu viel wird und er sich … konzentrieren muss, dann geht er weg*<< *(1/198).*

Die Mütter glauben, dass ihre Kinder den Rückzug brauchen, um sich zu erholen.

>>*Also P. ist auch ganz schnell müde und muss auch viele Pausen machen … zieht sich dann zurück und möchte auch alleine sein. Ne, dann duldet er auch keinen Freund, auch uns nicht, also er braucht immer so seine Ruhephasen, schon immer*<< *(2/752).*

Manchmal vielleicht auch, um sich wirklich einer einzigen Aufgabe widmen zu können. Dies könnte erklären, dass ein Kind in den ersten Schuljahren nur mit geschlossenen Augen rechnen konnte.

>>*Also sie musste immer die Augen zumachen, um irgendwie auf das Ergebnis zu kommen*<< *(2/60).*

Mehrere Mütter schildern den Rückzug als Bedürfnis des Kindes, bei Reizüberflutung und Überforderung ›abzuschalten‹. Das Kind zieht sich zurück, beschäftigt sich mit Nichts und ist tatenlos. Vielleicht ist auch das Bedürfnis mancher der Kinder an Wiederholungen dahingehend zu interpretieren. Mehrere Kinder zeigen Freude und ein

Bedürfnis an stupiden Aufgaben, wie an einfachen Steckspielen oder an monotonen Bewegungen wie Schaukeln.

»Er brauchte jeden Tag mindestens eine Stunde oder anderthalb im Garten in seiner Schaukel« (2/367).«

»Da ging sie schon zur Schule, dass sie sich mit Sachen beschäftigt hat, die so langweilig waren ... da musste man aufpassen, dass sie nicht den ganzen Tag das Gleiche macht, das war furchtbar gewesen ... sie saß da und war immer nur am Stecken, stundenlang ... diese stupiden Sachen halt, immer das Gleiche« (2/331–354).

Es entsteht bei allen Kindern eher als bei anderen Kindern der Bedarf einer Ruhepause. Es sieht so aus, als lasse die Energie, die sie brauchen, um ihre Konzentration aufrecht zu erhalten, sie schnell erschöpfen und erholungsbedürftig werden.

Hier zeigen sich keine Unterschiede zwischen Kindern mit einem Hydrocephalus und einer Spina Bifida und den Kindern mit isoliertem Hydrocephalus.

Aus neuropsychologischer Sicht lässt sich aus der hier vorliegenden Inhaltsanalyse schlussfolgern:
- Die selektive Aufmerksamkeit scheint erheblich beeinträchtigt zu sein.
- Die Fähigkeit zur geteilten Aufmerksamkeit scheint ebenfalls erheblich beeinträchtig zu sein.
- Die Fähigkeit zur Daueraufmerksamkeit könnte gut entwickelt sein.

Es stellt sich die Frage, weshalb die Aufmerksamkeit ihnen so viel Energie abverlangt, dass der große Bedarf an Ruhepausen entsteht.

5.5.2 Kategorien der kognitiven Verarbeitungsgeschwindigkeit

Ergebnis der Inhaltsanalyse

Kinder mit Spina Bifida und Hydrocephalus:
- Verlangsamung (alle Kinder)

Kinder mit isoliertem Hydrocephalus:
- Verlangsamung (alle Kinder)

Beschreibung der Kategorien der kognitiven Verarbeitungsgeschwindigkeit

Alle Mütter beschreiben einheitlich eine Verlangsamung ihres Kindes. Hier zeigt sich kein Unterschied zwischen Kindern mit einem Hydrocephalus in Verbindung mit einer Spina Bifida und jenen ohne eine Spina Bifida. Für die Aufnahme von Informationen, für die Überlegungen und für die Antworten und Handlungen benötigen diese Kinder mehr Zeit als andere Kinder. Dies berichten auch die Mütter, deren Kinder eine Realschule oder ein Gymnasium besuchen. *»Also langsam ist T. auch in vielen Sachen« (2/276).*

Neuropsychologisch ist die kognitive Verarbeitungsgeschwindigkeit eine Komponente der Aufmerksamkeit und insofern ist zu sagen, dass die Kinder in allen Bereichen der Aufmerksamkeit Beeinträchtigungen zeigen, nur nicht in der Daueraufmerksamkeit.

5.5.3 Kategorien des Gedächtnisses

Ergebnis der Inhaltsanalyse

Kinder mit Spina Bifida und Hydrocephalus:
- sehr gute einzelne Merkleistungen
- schlechtes visuelles Gedächtnis
- hat visuelles Gedächtnis

Kinder mit isoliertem Hydrocephalus:
- Auswendig lernen gelingt leicht
- Auswendiglernen braucht Zeit, aber dann sehr gute Gedächtnisleistungen
- gute Gedächtnisleistungen bei Interesse und durch Üben
- Es besteht ein gutes Langzeitgedächtnis, aber ein schlechtes Kurzzeitgedächtnis
- schlechte Merkfähigkeiten in Gedächtnisspielen
- Das Gedächtnis für Gehörtes ist relativ besser als für Gelesenes
- schnelles und sehr gutes Behalten des Gehörten
- gute Lernleistungen vor allem durch gutes Zuhören
- Gedächtnis für Gesehenes ist relativ schlechter als für Gehörtes, aber gute Langzeitergebnisse

Beschreibung der Kategorien des Gedächtnisses

Vor allem die Mütter der Kinder mit einem isolierten Hydrocephalus berichten, dass ihre Kinder sehr gute Leistungen zeigen, wenn sie für die Schule etwas auswendig lernen müssen. Diese Dinge sind dann auch für lange Zeit reproduzierbar. Voraussetzung hierfür sind das Interesse ihres Kindes und die Übung. Den meisten der Kinder gelingt auch das Auswendiglernen schon leicht, andere brauchen aber auch hierzu mehr Übung und Zeit.

> »Aber bei anderen Dingen habe ich auch oft das Gefühl, das ist erst nach Tagen, so jetzt ist es hinten eingesackt. So, dass du zuerst denkst: Er hat das überhaupt nicht mitgekriegt« (1/589).

Letztlich bestehen sehr gute Leistungen im Behalten, die für die Eltern sehr beeindruckend sind.

> »Dann kommt er nach Hause und dann sagt er ›ich muss ein Gedicht auswendig lernen, brauche ich aber gar nicht‹. Das kommt, weil er eine Klasse wiederholt. ›Habe ich doch letztes Jahr schon‹ und dann sagt er dir das auf.« (1/610)

Beeindruckend sind auch überraschend hohe Merkfähigkeiten in Einzelbereichen, die ihre Kinder zeigen können.

> »… das 1 x 1 und auch das große 1 x 1 konnte er gut auswendig lernen, das konnte er perfekt« (2/52).

> »P. wusste die ganzen Schuhgrößen von den ganzen Fußballspielern.« (2/137).
>
> »In der Prüfung musste er 500 Pflanzen und Bäume benennen und davon auch die lateinischen Ausdrücke. Da hat er null Probleme damit, null Probleme« (2/140).

Den guten Leistungen im Langzeitgedächtnis stehen die von den Müttern beklagten sehr schlechten Leistungen im Kurzzeitgedächtnis gegenüber.

> »J. mochte nicht Memory nicht, kennt ihr ›Paternoster‹? Da muss man sich merken, welche Figur in welchem Stockwerk gerade ist. ›Memory‹ und ›Paternoster‹ konnte er nicht und mochte er nicht, konnte er sich nicht merken« (2/385).

Ihre Kinder können nicht nur schlecht behalten, sondern sich auch nicht mehrere Dinge gleichzeitig merken.

> »Und was ich auch bestätigen kann, drei Sachen hintereinander machen. Man kann nicht sagen, mach das und das und das, immer eins zurzeit« (2/105).«
>
> »Nee, also bei T. ist das aber auch, dass das sie sagt es wird ihr zu viel. Also, ›das ist soviel auf einmal, dass kann ich mir nicht alles merken‹, oder so« (2/883).
>
> »… dass ich manchmal Dinge auch weglasse, … sodass nicht so viel auf einmal kommt. Nicht so viele Dinge,… an die er auf einmal denken muss« (2/897).

Mehrere Mütter erzählen, dass ihre Kinder Gehörtes in Relation zu visuell dargebotenen Informationen besser behalten können. Durch Zuhören erreichen vor allem Kinder mit isoliertem Hydrocephalus ein schnelles und gutes Behalten mit entsprechend guten Lernleistungen.

> »Er wusste, was ich vorher gelesen hatte, das konnte er sich sofort einprägen« (2/180).
>
> »… ich glaube auch, bei uns ist es so, dass er sich besser Sachen merken kann durch Hören. Wenn ich ihm Sachen vorlese, dann kommt es irgendwie besser an …« (1/443).

Bei Kindern mit Spina Bifida fällt deren Müttern weniger das gute auditive Gedächtnis als vielmehr das schlechte visuelle Gedächtnis auf.

> »… irgendwann mitten im Film merkt (sie), dass sie den schon geguckt hat und … ich weiß schon lange, das wir den schon einmal gesehen haben« (1/454).

Neuropsychologisch weist dies auf eine mangelhafte visuelle Synthesefähigkeit hin.

5.5.4 Kategorien der visuell-räumlichen Fähigkeiten

Ergebnis der Inhaltsanalyse

Kinder mit Spina Bifida und Hydrocephalus:
- zunächst kein Lernen der analogen Uhr
- keine Fähigkeiten zur mentalen Rotation
- Zeichnungen und Handschrift durch Ergotherapie ausreichend groß und gut lesbar
- geringe Schreibmotivation

- Koordination beim Schreibmaschineschreiben ist gut, fraglich, ob Fähigkeit vom Blatt zu tippen
- keine räumliche und sehr schlechte Orientierung (mehrfach)
- Orientierung an markanten Ecken (mehrfach)

Kinder mit isoliertem Hydrocephalus:
- Uhrzeiten erst durch digitale Uhr erlernt
- Zeichnungen und Schrift unauffällig
- große Schrift und schlechte Handschrift (mehrfach)
- starke feinmotorische Störungen
- komplexe motorische Koordination schwer
- motorische Koordination schlecht
- Geschwindigkeit in der Koordination schwer herzustellen
- Bei der Orientierung auf dem Blatt bestehen Schwierigkeiten in Wahrnehmung und/oder Verarbeitung und/oder Ausführung
- kein Bauen nach Plan
- große Probleme mit Lego oder kein Spiel mit Lego
- keine mentale Rotation
- kein Umsetzen von Anleitungen
- kann alltagspraktische räumliche Aufgaben bewältigen
- kann nach Plan bauen, aber kein gedankliches Umsetzen von Anleitungen
- mangelnde Kreativität beim räumlichen Spiel
- Spiel mit Figuren und Aufbau von Szenarien
- kein Verstehen von digitalen Programmen
- spielt ungern Gesellschaftsspiele
- wenig Interesse und wenig Fähigkeiten bei Gesellschaftsspielen
- keine räumliche und sehr schlechte Orientierung (mehrfach)
- Orientierung an markanten Ecken, dabei kein Erkennen von Fehlern
- keine Fähigkeit, einen Plan zu lesen
- keine Probleme in der Orientierung (ein Kind)

Beschreibung der Kategorien der visuell-räumlichen Fähigkeiten

Die Fähigkeiten der visuellen Raumwahrnehmung oder auch der visuell-räumlichen Fähigkeiten sind in der Bevölkerung als eigenständige neuropsychologische Leistungen wenig bekannt (Kerkhoff 2006 b, 325). Insofern sind die visuell-räumlichen Fähigkeiten im Interview nur indirekt durch Beschreibung einzelner Fähigkeiten des Alltags zu erschließen. Dieses ist dann vor allem das Gelingen oder Misslingen von Handlungen, die ein räumliches Denken erfordern. Aber es gehört auch die Orientierung im Raum dazu, die relativ gut von Eltern beschrieben werden kann.

Eine typische räumlich-visuelle Fähigkeit ist das Erkennen der Zeigerstellungen auf einer analogen Uhr. Die meisten Kinder der interviewten Mütter erlernten die Uhrzeiten anhand einer analogen Uhr, weil dies der traditionelle Weg ist, allerdings mit großen Mühen.

»Man fängt mit der normalen Uhr an, weil man denkt, dass die leichter ist. Ist eigentlich nicht so.« (1/319).

Aber sowohl einzelne Mütter von Kindern mit Spina Bifida als auch von Kindern mit isoliertem Hydrocephalus erinnerten, dass ihre Kinder die Uhrzeiten nur durch die digitale Anzeige erlernen konnten.

»Apropos Uhr. Die konnte er eigentlich auch nicht. Deshalb hat er zu Weihnachten eine Digitaluhr gekriegt und das so wie von heute auf morgen, konnte er auf einmal so was wie viertel vor drei und zehn nach zwei und solche Sachen. Also wirklich ganz komisch.« (1/293)

»Mhm, das war bei J. genauso. Die konnte auch lange die Uhr nicht lesen und erst digital mit dem Wecker« (1/306).

Als Teil der visuell-räumlichen Wahrnehmung ist die Zeitwahrnehmung zu sehen, weil das Zeitempfinden und die Einteilung von Zeit eine räumliche Dimension haben (vgl. Abschnitt 6.4.3). Mütter von Kindern mit isoliertem Hydrocephalus berichten, dass ihre Kinder ein auffällig schlechtes Zeitgefühl haben und sich nicht selbstständig die Zeit einteilen können. Dies betrifft kurze Zeiteinheiten, was die Familiensituation besonders belastet, wenn das Kind zu einer festgelegten Uhrzeit aus dem Haus muss.

»Aber wenn ich nicht gucken würde, würde er eine Stunde später immer noch nicht fertig sein« (1/265).

Das schlechte Zeitempfinden betrifft aber auch die Einteilung der Zeit über die Woche hinweg.

»Sie hat nicht den Überblick: ›Ich muss es zu dem und dem Zeitpunkt machen‹« (1/428).

»Das (Zeitgefühl) ist nicht vorhanden« (1/230).

Und die nächste Mutter ergänzt:

»noch nicht einmal bei Wochentagen, also kann er nicht« (1/231).

»… da war sie, weiß ich nicht, mit 14, 15, 16 und dann hab ich zu ihr gesagt, du, wenn du 10 Tage weg bist, dann musst auch dreimal deine Haare waschen wenigstens. Und dann sagt sie doch zu mir: ›Ja, dann mache ich das doch die ersten drei Tage gleich, dann habe ich es hinter mir.‹ Das hat sie nicht verstanden, mit dem Abstand« (2/704).

Bei Einbußen in den visuell-räumlichen Fähigkeiten mangelt es an der Fähigkeit zur mentalen Rotation und an dem Verständnis räumlicher Bezüge. In der Schule können sich früh Buchstabenverwechslungen zeigen und die Kinder können nicht die räumliche Richtung verstehen, die in einer Textaufgabe beschrieben wird.

»Bei den lateinischen Wörtern ist vielleicht mal ein Buchstabe verwechselt oder verdreht« (2/144).

»Ich glaube, bei Textaufgaben hat J. auch Schwächen gehabt« (2/76).

Am deutlichsten zeigen sich visuell-räumlichen Fähigkeiten in ihrer Teilleistung, die erforderlich ist, wenn räumlich gearbeitet werden muss. Dies beginnt mit dem Malen von Buchstaben, der Orientierung auf dem Blatt (bei dem die richtigen Zeilen gefunden werden müssen), dem Abschreiben von der Tafel, dem Spielen mit einem Brettspiel (bei dem Linienführungen und räumliche Bezüge erkannt werden müssen) und endet in der Koordination von komplexen motorischen Handlungen, insbesondere wenn diese ein Denken in der dritten Dimension erfordern (s. Abschnitt 6.1). Und eine komplexe visuelle Raumwahrnehmung verlangt die Orientierung im Raum.

Zu diesen Bereichen haben die Mütter zahlreiche Aussagen gemacht, insbesondere die Mütter der Kinder mit einem isolierten Hydrocephalus. Bei der Orientierung auf dem Arbeitsblatt bestehen große Probleme in der Wahrnehmung, der Verarbeitung und der korrekten Ausführung.

> *»Er irrt auf diesem Blatt rum und hat nicht die Möglichkeit zu orientieren« (1/525).*

Und beim Abschreiben von der Tafel scheint es so, als verlören sie auf dem Weg von der Tafel zum Blatt Worte und Sätze.

> *»Kann das sein, dass die Kinder Schwierigkeiten haben, von der Tafel abzuschreiben und auf das Papier zu bringen?« (1/507).*

Manche Eltern berichten weiter, dass es ihren Kindern nicht gelingt, einen Plan zu lesen.

Die Handschrift der Kinder wurde vor allem von den Müttern der Kinder mit isoliertem Hydrocephalus als groß, ungelenk und schlecht beschrieben.

> *»Also M. hat von Anfang an Probleme gehabt, weil er so groß schreibt. Er kann gar nicht die Zahlen in die Lücken schreiben« (1/531).*

> *»Was muss er jetzt schreiben? Normschrift, weil man seine Schrift nicht lesen kann. Das sind Druckbuchstaben. Da hat man eine Chance, das zu lesen« (2/257).*

Nur einzelne Kinder haben eine unauffällige Schrift oder die Schrift konnte durch Ergotherapie verbessert werden. Auch wenn ein Kind ungern schreibt und daher die Schulleistungen im Fach Deutsch schlecht ausfallen, kann dies an den Schwierigkeiten liegen, die das Malen der Buchstaben bereiten. Die Mütter benennen die Bemühungen ihrer Kinder:

> *»Er kann das zwar von der Sache her, aber er schafft nicht so viel zu schreiben. Weil irgendwann am Ende, da entgleitet ihm die Schrift und er kann das einfach nicht mehr« (1/363).*

Oder eine andere Mutter:

> *»Nur schade eben, dass er so schlecht schreiben kann. Er war immer ein großer Geschichtenerzähler in der Grundschule, aber nur weil der Zivi es für ihn geschrieben hat« (1/642).*

Und die nächste Mutter bestätigt:

> *»Das haben wir immer noch. M. könnte auch immer ganz tolle Sachen schreiben. Er versucht jetzt aber immer, weil er nicht so flüssig schreiben kann, alles möglichst kurz zu schreiben und möglichst viel wegzulassen. Das ist in einem Fach wie Deutsch absolut tödlich« (1/645).*

Eine Mutter benannte das schlechte Schriftbild mit feinmotorischen Störungen. Feinmotorische Störungen können bei Kindern mit Hydrocephalus vorliegen. Ursache kann aber auch eine fehlerhafte Konstruktion der Buchstaben durch eingeschränkte visuell-räumliche Fähigkeiten sein. Die Mutter eines Gymnasiasten beschreibt die eingeschränkten räumlich-konstruktiven Fähigkeiten:

»*Die Sachen kann J. alle, auch das Motorische, aber Anleitungen lesen, das Umsetzen, irgendwas installieren*« *(2/458).*

Den Eltern fallen vor allem die Schwierigkeiten ihrer Kinder im Schulfach Geometrie auf, das besonders hohe Anforderungen an räumlich-konstruktives Arbeiten stellt.

»*... wenn er dann Dreiecke mit Winkeln zeichnen soll, da verzweifelt er schier daran*« *(1/1742).*

»*Das (Geometrie) ist eine Katastrophe*« *(1/449).*

Kindern mit Einbußen in den visuell-räumlich-konstruktiven Fähigkeiten fällt dann auch die Koordination komplexer motorischer Handlungen schwer, die eine visuelle Kontrolle und ständige Neuausrichtung erfordern (s. Abschnitt 6.4.3). Dies zeigt sich im Sport und insbesondere, wenn eine zügige Handlung verlangt wird wie beim Erlernen des Spielens eines Musikinstrumentes. Diese Schwierigkeit wird ebenfalls benannt.

»*P. wollte Keyboard spielen, das ist ganz schwer für ihn, ganz schlimm*« *(1/678).*

Der gleiche Junge lernte auch erst mit sieben Jahren Fahrrad fahren und beim Schwimmen verweigert er sich auch noch mit fast zehn Jahren (1/1748–1753). Auch andere Kinder ziehen sich bei komplexen motorischen Aufgaben zurück, trotz guter motorischer Entwicklung:

»*Fußball und Basketball und solche Sachen. Da kann er einfach nicht mithalten und sich ganz früh zurückgezogen ... (und) hat mal gesagt, ›ob ich mal dahin komme, dass ich keine Angst mehr vor dem Ball habe?‹ ... Das würde er sich so sehr wünschen*« *(1/1118–1130).*

»*... gerade in Sport ist sie nicht gut*« *(1/1138).*

Besonders deutlich werden Schwierigkeiten in den visuell-räumlichen Leistungen im Spiel, und zwar beim Umsetzen von Aufbauanleitungen, beim Bauen in der dritten Dimension. Übereinstimmend berichten die Mütter der Kinder mit isoliertem Hydrocephalus, dass ihre Kinder nicht nach Plan bauen können und Anleitungen nicht umsetzen können. Alltagspraktische räumliche Aufgaben können teilweise gut bewältigt werden. Deutlich zeigen sich Schwierigkeiten, Spielzeug nach einem Plan aufzubauen, also die räumlich-konstruktive Handlung zu vollziehen.

»*... also gut, er spielt mit Lego, aber er würde nie etwas nachbauen*« *(1/1372),* denn

»*Das würde er nicht hinkriegen*« *(1/1736).*

»*Mit Lego kann er nicht spielen, das kann er nicht*« *(2/427).*

»*Und abgesehen von der Unfähigkeit, mit Lego umzugehen*« *(2/443).*

»Er kann auch nicht diese Überraschungseier zusammensetzen. Und da ist ja auch ein Plan dabei« (2 /434).

»Die kleinsten Sachen (zum Nachbauen) aus dem Adventskalender. So einen hatte er nämlich letztens. Das war kein schöner Adventskalender, überhaupt nicht, nee.« (1/1738).

Bei den älteren Kindern finden sich weitere Alltagsbeispiele:

»Da hat er noch heute Schwierigkeiten, wenn er beim Auto die Tür aufschließen soll. Er schließt in die falsche Richtung. Ganz komische Sache« (2 /436).

Und die gleiche Mutter über ihren Sohn:

»... also Glühlampen austauschen, ob nun im Zimmer oder am Auto. Das ist nicht drin« (2/449).

»Also bei T. war der Wasserhahn an ihrer Waschmaschine ein großes Problem ... Ich habe ihr jetzt eine Zeichnung gemacht ... Das geht schon nicht, das Umsetzen ... Das hängt schon mit ihrem Hydrocephalus zusammen« (2/469–489).

Beim Spiel zeigen sich weiter eine geringes Interesse und eine geringe Fähigkeit mit Gesellschaftsspielen zu spielen.

»Ja, nur mit Überreden« (1/1409).

Ihre Kinder spielen dagegen lieber mit Figuren und viel mit sich alleine, wobei auch hier bezüglich des Spiels im Raum über mangelnde Kreativität geklagt wird.

Bis auf eine Mutter berichten alle, also auch die Mütter der Kinder mit einer Spina Bifida, von erheblichen Problemen bei der Orientierung in Räumen und im Gelände.

»Und sie hat aber keine Orientierung« (1/961).

»Wir müssten das zehnmal trainieren, dann könnte sie den Weg« (1/1004).

Es fehlt die Vorstellung von Entfernungen, möglichen Abkürzungen und dem Raum. Ihre Kinder würden sich stattdessen an markanten Ecken orientieren. Unterlaufen dabei Fehler, weil manche Landmarken sich ähneln, bestehen Schwierigkeiten den Fehler zu verstehen.

»Mit den Ecken, das stimmt. Wir waren im Urlaub ... Da war eine markante Ecke. J. (seine Schwester) hat dann gleich gesagt ›so ein Quatsch, wir sind doch im Urlaub‹. Und er blieb stur: ›Das ist doch da vorne!‹ «(1/1034).

»Das hat S. auch ganz oft« (1/1042).

Neuropsychologisch weisen diese Aussagen auf erhebliche Probleme in den visuellräumlichen Fähigkeiten hin, insbesondere in den visuell-räumlich-konstruktiven Fähigkeiten.

5.5.5 Kategorien der schulischen Fertigkeiten

Ergebnis der Inhaltsanalyse

Kinder mit Spina Bifida und Hydrocephalus:
- geringe Zahlenvorstellungen
- bessere Mathematikleistungen durch vorheriges PC-Spiel, das ständiges Wiederholen erfordert
- Schwierigkeiten in Mathematik ab Klasse 4
- Wenn die Vorstellung für die Zahlenräume fehlt, gelingt auch kein Auswendiglernen

Kinder mit isoliertem Hydrocephalus:
- Vorstellungskraft für Zahlen fehlt
- Rechenschwäche
- Kind arbeitet lieber mit Buchstaben als Zahlen
- Schwierigkeiten in Mathematik ab Klasse 5
- große Schwäche in Mathematik und Schwierigkeiten in alltagsfernen Fächern
- braucht ›warmrechnen‹
- große Schwierigkeiten in Geometrie
- Begabung in Mathematik, zugleich Schwächen bei Textaufgaben

Beschreibung der Kategorien der schulischen Fertigkeiten

Die Kategorien der schulischen Fertigkeiten umfassen nach ICD-10 Definition der WHO die Fertigkeiten Schreiben, Lesen, Rechnen. Die schulischen Fertigkeiten werden, zumindest wenn sie beeinträchtigt sind, als eigenständige Entwicklungsstörungen angesehen. Die Ursachen können vielfältig sein (vgl. bezüglich der Rechenschwäche Abschnitt 6.4.3).

Die Themenbereiche des Erwerbs der Fähigkeiten des Lesens und des Schreibens werden von den Müttern nicht benannt, sodass anzunehmen ist, dass sie in diesen Bereichen keine Schwierigkeiten bei ihren Kindern erleben. Und es kann für fast alle der hier beschriebenen Kinder gesagt werden, dass sie sich lieber mit Buchstaben als mit Zahlen beschäftigen.

»Eine Zeitlang haben wir gerne Rommicub gespielt und da wollte M. das immer mit den Buchstaben und ich das mit den Zahlen, das ist auch ganz bezeichnend« (2/392).

Denn beim Rechnen sehen die Äußerungen der Eltern anders aus. Übereinstimmend berichten alle Mütter von Rechenschwächen ihrer Kinder. Diese zeigen sich spätestens am Ende der Grundschulzeit.

»… in der weiterführenden Schule oder der Beobachtungsstufe fing es an mit Matheschwierigkeiten und ist bis zum Schluss geblieben« (2/54).

Als Ursache sehen einige Mütter, dass die Vorstellungskraft für die Zahlen fehle.

»Also das (die Vorstellungskraft) fehlt total bei P., das fehlt total« (1/505).

Hier ergibt sich dann ein Zusammenhang zu den eingeschränkten visuell-räumlichen Fähigkeiten, weil die räumliche Dimension der Zahlenverarbeitung von den Eltern benannt wird. Dieser Bezug wird weiter durch die Schwierigkeiten in der Geometrie unterstützt. Geometrieaufgaben erfordern in hohem Maße die Fähigkeit zur visuell-räumlichen Konstruktion. Auch die eine Mutter des Kindes, das als Gymnasiast gute Leistungen in Mathematik zeigt, benennt Schwierigkeiten in Textaufgaben. Textaufgaben sind für Kinder mit visuell-räumlichen Schwächen eine hohe Herausforderung, weil sie oft Präpositionen mit räumlichen Bezügen enthalten (s. 6.4.3).

»Es springt ihm nicht gleich aus einer Textaufgabe die Frage oder so die Zusammenhänge entgegen« (2/80).

Manche Kinder brauchen jedes Mal aufs Neue die Einübung in die Rechenaufgaben (›warmrechnen‹).

»Also zum Rechnen fällt mir noch ein, dass ich immer so bei ihm festgestellt habe, dass man ihn warmrechnen muss« (1/558).

Und eine andere Mutter:

»... dass er erst die einfachen macht und die anderen bleiben erst einmal hinten weg. Wenn dann zwei, drei gelaufen sind, dann geht das andere oftmals auch« (1/565).

Diese Funktion erfüllen bei einem Mädchen auch Computerspiele.

»Da muss man ja immer wieder auf null zurück und immer wieder von vorn anfangen ... und wieder endlos von vorn anfangen. Wenn sie das spielt, dann ist sie besser in Mathe« (1/471).

Es gibt auch den Hinweis, dass das Rechnen vielleicht deshalb schwerer fällt, weil es für das Kind zu abstrakt sei, weil in allen alltagsfernen Fächern Schwierigkeiten bestehen. Und es gibt den Hinweis, dass selbst durch die gute Fähigkeit des Auswendiglernens die mangelnde Zahlenvorstellung nicht mehr kompensiert werden kann.

»Aber es hilft nicht, wenn sie sich 100mal das 1 x 6 aufsagt. Das bleibt trotzdem nicht im Gedächtnis. Beim 1 x 6 ist die Grenze erreicht, geht nicht. 1 x 10 geht noch, 1 x 5, 1 x 3, 1 x 4, ist alles noch drin, das geht noch. Aber dann werden die Zahlen krumm. Dann ist da nichts mehr, wo man einen Anker haben kann« (1/489–494).

5.5.6 Kategorien des Sprachverständnisses und des Sprechens

Ergebnis der Inhaltsanalyse

Kinder mit Spina Bifida und Hydrocephalus:
- überdurchschnittliche sprachliche Fähigkeiten und gute
- Fremdsprachenkenntnisse
- Floskelsprache

Kinder mit isoliertem Hydrocephalus:
- altersgemäße, klare, elaborierte Sprache
- frühe und gute sprachliche Fähigkeiten
- Sprachlich gewandt, sogar eloquent, kennt den Inhalt

- keine Floskelsprache
- Floskelsprache
- Schwächen können sprachlich vertuscht werden

Beschreibung der Kategorien des Sprachverständnisses und des Sprechens

Alle Mütter berichten übereinstimmend, dass ihre Kinder altersgemäß oder besonders früh ihre Sprache entwickelten und eher über überdurchschnittliche Sprachfähigkeiten verfügen. Es ist eine klare, verständliche und manchmal elaborierte Sprache. Dies spricht dafür, dass Syntax und Pragmatik besonders gut ausgebildete Fähigkeiten sind.

»Aber sie konnte sich mit 2 ½ Jahren grammatisch super perfekt ausdrücken« (2/171).

Inwieweit die Kinder auch jeweils die Semantik, den Sinngehalt der Sätze und des Inhalts, verstehen, ist strittig. Die Mütter der Kinder mit einem isolierten Hydrocephalus – bis auf eine Ausnahme – betonen, dass ihre Kinder den Bedeutungsgehalt sehr wohl richtig verstehen.

»Ich kenne es nicht, dass er es mit Worthülsen oder Floskeln gemacht hat« (2/44).

»Ja genau, auch sehr großen Wortschatz« (1/623).

Und es beginnt ein Dialog:

»Ich kenne das auch, wenn er wütend wird. Dann redet er so, ich sage mal geschwollen« (1/624).

»Altklug oder wie immer du das nennen willst« (1/627). »Ganz schlimm, ganz schlimm« (1/628). »Das scheint aber was Typisches zu sein« (1/629). »Und schnell, und alles was im Wörterbuch« (1/630). »Und die werden aber auch richtig angewendet« (1/631). »Ja« (1/632). »Also im richtigen Zusammenhang, nicht dass man denkt aufgeschnappt« (1/633).

Dagegen meinen die Mütter der Kinder mit einer Spina Bifida, dass ihre Kinder den Bedeutungsgehalt nicht immer richtig verstehen und daher die Bezeichnung Floskelsprache zutrifft.

»Also N. benutzt sie (Floskeln) häufig und auch nicht wenig« (1/828).

Diese sprachlichen Fähigkeiten helfen den Kindern, Schwächen zu kompensieren.

»Was P.(…) gut konnte, wenn er irgendwelche Schwächen hatte, das konnte er so gut vertuschen« (2/199).

Schwächen können so sprachlich überspielt werden und die sprachlichen Fähigkeiten helfen ihnen beim Lösen von Problemen.

»Wenn sie irgendwie in Schwierigkeiten ist oder so, findet sie immer einen Weg, sie spricht ja auch Leute an, das macht ihr alles nichts aus« (2/980).

»Er hat sich dann, als er zurück wollte verlaufen … Dann hat er aber gefragt … und hat es geschafft« (1/950).

5.5.7 Kategorien der höheren kognitiven Funktionen

Ergebnis der Inhaltsanalyse

Kinder mit Spina Bifida und Hydrocephalus:
- hoher Bedarf an Strukturierung im Alltag, es fehlt der Überblick
- Folge ist erhebliche Unordnung und Entscheidungsunfähigkeit
- Unordnung und Pedanterie
- eingeschränktes logisches Denken
- Lösungsstrategie über Sprache

Kinder mit isoliertem Hydrocephalus:
- große Probleme in Selbstorganisation und Strukturierung des Alltags
- hoher Bedarf an externer Strukturierung
- Reduktion der Ablenkungen hilft zur Strukturierung
- mangelnde Struktur führt zu Unordnung, zugleich besteht Pedanterie im Detail
- häufige Gedankensprünge
- Lösungsstrategie nicht selber erarbeiten, sondern erfragen
- insgesamt weniger Intelligenz als beim Zwilling

Beschreibung der Kategorien der höheren kognitiven Funktionen

Die Kategorien der höheren kognitiven Funktionen sind auch als Exekutivfunktionen zu bezeichnen. Unter den Exekutivfunktionen werden alle kognitiven Prozesse des vorausschauenden, planerischen Handelns, der Flexibilität im Denken und alle höheren Denkprozesse wie der der Lösungsstrategie bei Problemen verstanden (Bodenberg 2001, 155). Ein wesentliches Element hierbei ist, seinem Handeln eine Struktur geben zu können. Auf das Thema ›Strukturierung‹ und ›Selbstorganisation‹ sind beide Gesprächsgruppen näher eingegangen, was anzeigt, dass das Thema für die Mütter problembesetzt ist. Sowohl die Mütter der Kinder mit einer Spina Bifida auch als die Mütter der Kinder mit einem isolierten Hydrocephalus beklagen große Probleme in der Selbstorganisation und Strukturierung des Alltags. Ihren Kindern fehlt der Überblick, es kommt zur Entscheidungsunfähigkeit und zur Unordnung.

> »Er kann das einfach nicht überschauen. Also wenn er den ganzen Tag den Leuten sagen soll, was sie machen sollen. Dann ist er einfach überfordert.« (2/109).

Eine andere Mutter beschreibt die Schulschwierigkeiten:

> »Er setzt manchmal Dinge voraus, die er nicht voraussetzen kann. Er springt, das bildet sich auch in der Satzbildung ab, auch in der Zeichensetzung, es fehlen Punkte, Kommas an falschen Stellen. Auf dieser strukturellen Ebene hat er Schwierigkeiten« (2/84).

> »Er hat eine Schwäche im Zusammenhänge herstellen und Voraussetzungen für etwas zu überlegen. Da hat er Schwierigkeiten« (2/79).

Die Schwierigkeit, dem schulischen Arbeiten eine Struktur zu geben, zeigt sich auf allen Ebenen.

»*Das liegt ihm nicht so sehr, strukturiert etwas vorzutragen. Obwohl er ganz klug ist und ein großes Allgemeinwissen hat. Und so viele, so elaborierte Sprache, Sprachwendungen, Begriffe kennt. Ne, das kriegt er nicht so gut hin*« *(2/826).*

Schwierigkeiten in der Strukturierung zeigen sich auch, wenn Ordnung in den eigenen Sachen eingehalten werden muss. Zugleich erfordert diese Form von Ordnung halten auch visuell-räumlich Fähigkeiten, denn zum Aufräumen und Platzieren von Dingen muss ein räumlicher Überblick, müssen räumliche Zuordnungen geschaffen werden.

Die Unordnung wird stark betont.

»*Da fehlt ihm der Überblick, … Hat da seine fünf Sinne nicht ganz aufmerksam beisammen. Und er tut sich sehr schwer, in der Schultasche und an seinem Arbeitsplatz Ordnung zu halten.*« *(2/534).*

»*J. müsste im Alter von 17 auch eine eigene Ordnung haben … Und das ist nicht voll entwickelt bei J.*« *(2/677 und 683).*

Sehr deutlich wird das Problem der Unordnung bei den Jugendlichen mit eigenem Haushalt.

»*T. möchte gerne, weiß aber nicht, wo sie anfangen soll. In der Wohnung ist es derart chaotisch*« *(2/560).*

»*Das ist bei M. auch. Ich habe schon zu ihrer Betreuerin gesagt, ›sie braucht eine Anleitung, ne, wo sie anfangen soll und was gemacht werden soll‹. So einfach vor diesem Wust sitzen, das funktioniert nicht.*« *(2/562).*

Die strukturellen Schwierigkeiten im Denken und im Handeln ergeben für Eltern den Eindruck eines Chaos.

»*Chaotisch ist J.*« *(2/529).*

»*Oh, P. auch*« *(2/530).*

Zugleich gibt es eine Neigung zur Pedanterie im Detail.

»*Alles muss ganz akkurat und so sein*« *(2/624).*

»*Dabei ist er eigentlich so ein Buchhaltertyp, insofern als er all die Jahre, kaum konnte er schreiben, hat er Listen gemacht.*« *(2/543).*

»*Wust ohne Ende. Ohne Ende … und auf der anderen Seite ist sie so ordentlich. Muss alles zu. Schubladen zu, Reißverschluss alles hoch, pedantisch. Es muss alles zu und irgendwie, das passt doch nicht so zusammen, oder?*« *(2/611 und 619).*

Die Kinder brauchen daher zur Alltagsbewältigung Strukturierungshilfen.

»*Und diese Unordnung wird bei ihr dann irgendwann zu viel, und dann ist sie wieder überfordert. Also ich fahr mal ab und zu hin und dann machen wir das zusammen. Meine Güte, sie ist dann immer ganz froh und sagt ›… ich weiß nicht, wie ich das mal hinkriegen soll …‹ Ich weiß nicht, was das ist*« *(2/626).*

Manche Mütter bemerken auch, dass ihre Kinder mehr als andere Kinder und für sie nicht nachvollziehbare Gedankensprünge machen, was darauf hinweisen kann, dass sie in ihrem planerischen Denken anders als ihre Mütter vorgehen.

»*Das habe ich ganz oft, dass er so Gedankensprünge macht, auf einmal.*« *(1/165).*

Auch das geringe Interesse an Gesellschaftsspielen, das in geringen visuell-räumlichen Fähigkeiten begründet sein kann, kann ebenso ein Hinweis auf Schwierigkeiten im problemlösenden Denken sein. Einige Mütter äußern, dass ihre Kinder nach ihren Beobachtungen ein eingeschränktes logisches Denken oder insgesamt eine geringere Intelligenz als die Geschwister hätten.

»*Also, das logische Denken, würde ich sagen, ist bei ihr schon eingeschränkt*« *(2/103).*

Zu den Exekutivfunktionen gehören auch die Lösungsstrategien. Soweit die Mütter sich hierzu geäußert haben, teilen sie mit, dass ihre Kinder ihre Schwierigkeiten im Alltag vor allem über Sprache lösen, also z. B. bei Orientierungsproblemen nach dem Weg fragen.

»*Ja, er würde es lösen über das Verbale. Er würde Leute fragen und sich eine Erklärung von da holen, aber nicht von sich selbst. Ich denke, da ist schon ein Unterschied.*« *(1/1075).*

5.5.8 Kategorien des Antriebs, der Motivation und der Kreativität

Ergebnis der Inhaltsanalyse

Kinder mit Spina Bifida und Hydrocephalus:
- grundsätzlich wenig Interesse, wenig Ehrgeiz, wenig Antrieb und schwer zu motivieren
- Ehrgeiz entwickelt sich nur bei großem Interesse
- entwickelt Fähigkeiten, wenn Interesse vorhanden

Kinder mit isoliertem Hydrocephalus:
- Gewisse Antriebsarmut und nur bei großem Interesse entwickelt sich ein Ehrgeiz
- Ehrgeiz nur bei wenigen ausgewählten Zielen
- bei hoher Motivation auch hohe Leistungsbereitschaft
- geringe Fähigkeiten im Formulieren
- wenig Phantasie

Beschreibung der Kategorien des Antriebs, der Motivation und der Kreativität

Übereinstimmend schildern die Mütter, dass ihre Kinder eher als antriebsarm und mit wenigen Interessen ausgestattet zu bezeichnen wären. Nur bei Dingen, die sie sehr interessieren, entwickelt sich ein Ehrgeiz. Sie brauchen zum Erreichen guter Leistungen eine hohe Motivation und Anreize, sind aber eher schwer zu motivieren.

»*und wenig ehrgeizig*« *(2/531).*

> *»Da ist kein Ehrgeiz. Und sie ist auch ganz schwer für was zu begeistern. … Sie hat keinen eigenen Antrieb, Hausaufgaben alleine anzufangen«* (1/319 und 330).

Bei einer Motivation zeigt sich auch eine hohe Leistungsbereitschaft und bei Interesse entwickeln sich neue Fähigkeiten. Die Mütter sehen hier einen auffallenden Unterschied zu anderen Kindern. Einen Unterschied zu ihren anderen Kindern sehen einige Mütter auch bezüglich der Kreativität und der Phantasie. So hätten ihre Kinder mit dem Hydrocephalus geringe Fähigkeiten im Formulieren und Schwierigkeiten, sich schriftlich sprachlich auszudrücken.

5.5.9 Kategorien des Sozialverhaltens und des Selbstvertrauens

Ergebnis der Inhaltsanalyse

Kinder mit Spina Bifida und Hydrocephalus:
- kaum soziale Kontakte, weil von anderen Kinder gemieden
- kaum Freunde
- kontaktfreudig und Fähigkeit, auf Andere zuzugehen
- keine Fähigkeit zur Selbsteinschätzung
- manchmal Selbstüberschätzung, merkt aber Unzulänglichkeiten
- Selbstvertrauen und Selbstständigkeit durch die Benutzung von öffentlichen Verkehrsmitteln bekommen

Kinder mit isoliertem Hydrocephalus
- kontaktscheu
- wenig Sozialkontakte, eher scheu
- zurückhaltend
- kein Spielen mit anderen Kindern
- Rollenspiele werden allein gespielt
- kontaktfreudig
- kein Selbstvertrauen und wenig Selbstbewusstsein
- Selbsteinschätzung heute realistischer, früher Überschätzung der eigenen Fähigkeiten

Beschreibung der Kategorien des Sozialverhaltens und des Selbstvertrauens

Die Mütter der Kinder mit einem isolierten Hydrocephalus schildern, bis auf eine Ausnahme, ihre Kinder als zurückhaltend und kontaktscheu.

> *»M. hat überhaupt keinen Freund«* (1/1101).

> *»P. auch nicht. … Ich glaube, er verabredet sich auch nicht, weil er sich nichts zutraut«* (1/1102 und 1105).

Sie spielen auch kaum oder gar nicht mit anderen Kindern, selbst Rollenspiele werden mit sich selbst oder mit Figuren gespielt. Dagegen werden die Kinder mit einer Spina

Bifida als kontaktfreudig und ausgestattet mit der Fähigkeit auf andere Menschen zuzugehen beschrieben, aber dennoch ohne Freundschaften zu anderen Kindern.

Mehrheitlich wird von geringem Selbstvertrauen und Selbstbewusstsein gesprochen und dass die meisten Kinder sich als Kinder nicht richtig selbst einschätzen können.

>>S. unterschätzt sich eher. ... Sie denkt von vornherein, das geht schief<< (1/386).

>>Und es gibt viele Bereiche, wo sie sich nicht richtig einschätzen kann<< (1/410).

Bei einigen Kindern gibt es eher die Tendenz zur Überschätzung von sich und den eigenen Fähigkeiten.

>>Er hat sich selber immer höher eingeschätzt als er in der Schule so war<< (1/380).

Einige Kinder gewannen im Laufe der Jahre sowohl an der Fähigkeit zur Selbsteinschätzung als auch an Selbstvertrauen, auch durch gelungene Alltagsbewältigung wie den Umgang mit öffentlichen Verkehrsmitteln.

5.5.10 Kategorien des Stressempfindens

Ergebnis der Inhaltsanalyse

Kinder mit Spina Bifida und Hydrocephalus:
- Hohe Stressempfindlichkeit
- Schnelles Empfinden von Druck und Stress
- Reaktion ist Blockade

Kinder mit isoliertem Hydrocephalus
- Hohe Stressempfindlichkeit und Unfähigkeit, konstruktiv zu sein
- Schnelles Empfinden von Druck und Stress
- Reaktion ist Blockade
- Reaktion sind Hirndrucksymptome

Beschreibung der Kategorien des Stressempfindens

Die Mütter sind der Meinung, dass ihre Kinder sich schnell überfordert fühlen und sich dann zurückziehen. Wenn dieser Rückzug nicht möglich ist, weil vom Kind eine Antwort oder Reaktion erwartet wird, geraten die Kinder nach einhelligen Äußerungen der Mütter in eine Stresssituation.

>>J. hat ganz doll unter Stress gelitten, hat nichts zustande gekriegt unter Stress<< (2/291).

Sie reagieren sehr schnell auf Druck mit dem Empfinden von Stress.

>>Ja, diesen Druck darf man dann so gar nicht ausüben. Das ist bei uns genauso. Dann ist alles verloren, dann ist alles verloren<< (1/243).

Dies äußert sich, indem sie sich dann blockieren und/oder versagen.

>>Ja, das (gänzliche Blockade) kann ich bestätigen<< (2/770).

Manche Kinder reagieren auch mit Hirndrucksymptomen.

> *»Dass sie dann zusammenbricht … und im Krankenhaus liegt mit Tropf und Kopfschmerz«* (1/778).

Eine Ursache des schnellen Entstehens von Stress könnten die Schwierigkeiten sein, konstruktiv vorzugehen und seinem Arbeiten eine Struktur zu geben.

> *»Und dann wird er auch richtig stinkig und unleidlich. Und kann keinen konstruktiven Anfang mehr finden«* (2/796).

5.5.11 Kategorien der Leistungsschwankungen

Ergebnis der Inhaltsanalyse

Kinder mit Spina Bifida und Hydrocephalus:
- Auffallende Leistungsunterschiede
- Leistungsunterschiede für Dritte schwer nachzuvollziehen

Kinder mit isoliertem Hydrocephalus
- große Leistungsschwankungen, besonders in Mathematik
- kein Zusammenhang zwischen Leistung und Shunt
- Zusammenhang zwischen Müdigkeit nach Sport und Shunt

Beschreibung der Kategorien der Leistungsschwankungen

Viele Mütter berichten, dass Ihnen Leistungsschwankungen auffallen, die über ein übliches Maß hinausgingen. Dinge, die das Kind an einem Tag gelernt und gekonnt hatte, sind an einem anderen Tag nicht mehr reproduzierbar.

> *»… wenn ich mit ihr Mathe mache, … Wenn ich heute das Gefühl habe, sie kann es jetzt, am nächsten Tag weiß sie es nicht mehr«* (1/433).

Diese Leistungsschwankungen bestehen vor allem Mathematikunterricht. Es wird bedauert, dass diese Leistungsschwankungen von Dritten, hier sind vor allem Lehrer gemeint, nicht gesehen und akzeptiert werden.

> *»Also, das finde ich sowieso ganz schwierig mit den Lehrern, also, dass sie unterstellen, dass sie mehr könnten als sie tun«* (1/866).

> *»Ja, da hast du ganz recht, dass immer unterstellt wird ›eigentlich könnte er ja, aber er will ja nicht‹.«* (1/869).

Ein Zusammenhang zu möglicherweise schwankenden Höhen intrakraniellen Drucks und den Leistungen wird nicht gesehen, nur eine Mutter kann sich vorstellen, dass die Müdigkeit nach dem Sportunterricht mit dem Shunt zusammenhängt.

> *»Das einzige ist, was M. manchmal sagt, wenn sie Sport gemacht haben, … dass er danach ganz müde ist, ganz müde.«* (1/719).

5.6 Synopse

Die Ergebnisse der qualitativen Vorstudie gehen zunächst vollkommen einher mit den in der Einleitung skizzierten Schilderungen, die den Anlass zu dieser Studie gaben (s. Abschnitt 1.2). Auch die für diese Studie interviewten Mütter schildern bei ihren Kindern Schwierigkeiten in der Konzentration, der Aufmerksamkeit, dem Gedächtnis, der Belastbarkeit, der Stressempfindlichkeit, der Orientierung sowie im Rechnen, in der Strukturierung, in der Zeitempfindung, in der Aufrechterhaltung von Leistung und in der Kreativität. Gute Leistungen werden in einzelnen Merkfähigkeiten und in dem Behalten von gehörtem Material gesehen. Hier erwähnen die interviewten Mütter zusätzlich Fähigkeiten in der Daueraufmerksamkeit und in Einzelmerkleistungen.

Es steht hier aber nicht ein Vergleich mit den Initialfragen zur Diskussion, sondern die hier vorzunehmende Synopse richtet sich auf einen Vergleich der Ergebnisse dieser qualitativen Vorstudie mit den Ergebnissen aus der Recherche zum Forschungsstand: Die Aussagen der elf Mütter zum Stichwort ›Lernen‹ thematisieren viele der in Forschungsarbeiten untersuchten neuropsychologischen Leistungen. Darüber hinaus finden sich Aussagen über Persönlichkeitseigenschaften ihres Kindes und sein Verhalten. Es handelt sich hierbei um Verhaltensbereiche, die einen großen Einfluss auf den Lernerfolg haben. Manche waren als Stichwort durch den halbstrukturierten Fragebogen vorgegeben, so z. B. die Frage nach der Stressempfindlichkeit, andere entwickelten sich durch die Assoziationen der Mütter zum Thema ›Lernen‹, wie z. B. der Bedarf an stupiden Wiederholungen oder der Rückzug des Kindes bei Überforderung.

5.6.1 Soziale, emotionale und psychische Bereiche des Lernens

Persönlichkeitseigenschaften und Verhaltensbereiche der sozial-emotionalen Fähigkeiten und des psychischen Befindens haben einen unmittelbaren Einfluss auf das schulische Lernen. Die Sichtung der aktuellen Forschungsergebnisse zu Kindern mit Hydrocephalus ergab, dass diese Bereiche leider noch weniger untersucht sind als die neuropsychologischen Leistungen.

Der Literaturrecherche ist zusammengefasst Folgendes zu entnehmen (s. Abschnitt 3.2.4):

- Kinder mit der Doppelbehinderung Hydrocephalus und Spina Bifida haben besonders große Anpassungsschwierigkeiten und sind besonders oft Opfer von Mobbing in der Schule.
- Kinder mit Spina Bifida und Hydrocephalus sind in ihrem emotionalen Erleben stark auf ihre Familie bezogen (›overfamiliar‹) und werden von ihren Eltern weniger kritisch gesehen und weniger streng erzogen als andere Kinder mit einem Hydrocephalus.
- Bei der psychischen Entwicklung gibt es bei Kindern mit Spina Bifida und Hydrocephalus Aussagen über ein erhöhtes Vorkommen von Depressionen.

- Und alle Kinder mit einem Hydrocephalus zeigen mehr Verhaltensprobleme als nichtbehinderte Kinder. Dabei handelt es sich um emotionale Schwierigkeiten, um Hyperaktivität und die Beziehung zu Gleichaltrigen.
- Diese Schwierigkeiten bestehen auch in der Schule und nehmen mit dem Alter zu.
- Kinder und Jugendliche mit einem Hydrocephalus zeigen niedrige Werte für ein geringes Selbstwertgefühl.
- Betroffene berichten, dass sie nicht mit unerwarteten Situationen umgehen können und schnell Stress empfinden.
- Die Kinder und Jugendlichen mit einem Hydrocephalus haben häufig Kontaktschwierigkeiten und Schwierigkeiten, Gesichtsausdruck und Stimmung ihres Gegenübers zu interpretieren.
- Liegt zugleich bei den Kindern eine Lernbehinderung vor, haben sie ein höheres Risiko, eine Hyperaktivität oder autistische Züge zu entwickeln und es zeigen sich besonders häufig Verhaltensschwierigkeiten.

Von diesen Themenfelder benennen die interviewten Mütter die Kontaktschwierigkeiten ihrer Kinder, die hohe Stressempfindlichkeit und das geringe Selbstwertgefühl. Zu den anderen Themen existieren keine Aussagen, was nicht bedeutet, dass die Mütter diese Schwierigkeiten nicht erleben. Sie werden nur in dem Gespräch nicht benannt.

Die Mütter bestätigen mit ihren Aussagen die Forschungsergebnisse über die erheblichen Kontaktprobleme der Kinder zu gleichaltrigen Kindern und Jugendlichen. Dabei sehen sie vor allem ihre Kinder als von sich aus kontaktscheu, aber auch als gemieden von anderen Kindern. Und obwohl manche meinen, dass ihre Kinder sich selbst eher über- als unterschätzen würden, sprechen sie von geringem Selbstvertrauen. Dies ist auch ein Ergebnis der englischen Studien von Stevenson und Pit-ten Cate (2003), eine der wenigen Forschungen zu den sozial-emotionalen Aspekten der Kindheit und Adoleszenz bei Kindern mit Hydrocephalus.

Das Thema der hohen Stressempfindlichkeit wird in keiner der durchgesehen Studien erwähnt. Es wird aber eindringlich von Seiten der erwachsenen Betroffenen und in den Elternratgebern geschildert (Relfe 2004). Und hier wird es durch die Interviews bestätigt.

Die qualitative Auswertung der Gespräche mit den Müttern ergibt darüber hinaus Aspekte des Lernens, in denen die Mütter einen Unterschied zu anderen Kindern sahen: Das ist der Bereich des Antriebs, der Motivation und Kreativität und es ist der Bereich der Leistungsschwankungen.

Die Mütter sehen mit kritischem Blick, dass ihre Kinder wenig Antrieb zeigen. Ein Ehrgeiz entwickelt sich nur bei sehr hoher Motivation. Die Motivation muss sich vom Kind selbst, intrinsisch entwickeln. Dann können sich zum Teil erstaunliche Leistungen und Ehrgeiz entfalten. Von Eltern oder Lehrern vorgenommene, also extrinsische Motivationen, fußen dagegen nicht. Sie sehen bei ihren Kindern auch nur geringe

Kreativität, was sich in Alltag und Schule zeige. Diese Bereiche sind bisher offenbar von der wissenschaftlichen Forschung nicht verfolgt und nicht auf ihren Zusammenhang zum Hydrocephalus untersucht worden.

Der Bereich der von den Müttern deutlich wahrgenommen *Leistungsschwankungen* wird ebenfalls in keiner der vorliegenden Studien untersucht. Forschungen hierüber sind anzustreben, denn die Mütter beklagen in diesem Zusammenhang auch, dass die schwankenden Leistungen ihrer Kinder zu Fehleinschätzungen durch die Lehrer führen, weil die Lehrer davon ausgehen würden, dass ein einmal gezeigtes Leistungsniveau von einem Schüler reproduzierbar ist.

5.6.2 Neuropsychologische Leistungsbereiche des Lernens

In den Interviews finden sich zahlreiche Aussagen der Mütter, die die Schwierigkeiten und Beeinträchtigungen ihrer Kinder in mehreren neuropsychologischen Leistungen beschreiben und mit diesen Beschreibungen die Ergebnisse mehrerer Studien untermauern (vgl. Abschnitt 3.3.3).

Die Mütter benennen die Themenbereiche:
- Aufmerksamkeit und Konzentration
- Kognitive Verarbeitungsgeschwindigkeit
- Gedächtnis
- Visuell-räumliche Fähigkeiten
- Schulische Fertigkeiten
- Sprache und Sprachverständnis
- Exekutivfunktionen

Aufmerksamkeitsleistungen

Der Bereich der Aufmerksamkeitsleistungen gehört zu den am besten erforschten neuropsychologischen Leistungen bei Kindern mit Hydrocephalus. Sie bescheinigen ihnen deutliche Minderleistungen in der Aufmerksamkeit. Genauer sind die Kinder mit Hydrocephalus und Spina Bifida untersucht. Demnach ist für diese Kinder festzuhalten, dass sie große Probleme in der selektiven und auch in der geteilten Aufmerksamkeit haben, sodass von einem Aufmerksamkeitsdefizit gesprochen wird. Die Störungen in der Aufmerksamkeit werden als zentrales und auch die Bereiche des planerischen Denkens negativ beeinflussende Schwierigkeit der Kinder angesehen. Als relative Stärke zeigte eine Studie die Fähigkeit zur Daueraufmerksamkeit.

Die Dimensionen der Aufmerksamkeit werden von den Müttern mit Ablenkbarkeit und Konzentrationsschwierigkeiten ausführlich und plastisch beschrieben. Sie entsprechen gänzlich den Ergebnissen der Forschungen. Darüber hinaus sehen die Mütter einen direkten Zusammenhang zur Erschöpfung und dem Bedürfnis nach Ruhe und stupiden Beschäftigungen ihrer Kinder.

Kognitive Verarbeitungsgeschwindigkeit

Die Fähigkeit zur unmittelbaren Informationsaufnahme und die kognitive Verarbeitungsgeschwindigkeit sind ausschließlich bei Kindern mit Hydrocephalus und Spina Bifida untersucht. Hier bestätigen aber auch alle Mütter der Kinder mit einem isolierten Hydrocephalus die Forschungsergebnisse, dass die Kinder in der Aufnahme von Informationen und in ihren Reaktionen verlangsamt sind.

Gedächtnis

Die Forschungen sprechen dafür, dass Kinder mit einem Hydrocephalus eine beeinträchtigte Entwicklung von Strategien des effektiven Speicherns und Abrufens von verbalem und visuell-räumlichem Material haben. Hiervon ist im Wesentlichen das deklarative (explizite) Lernen und Erinnern betroffen. Für Kinder mit einer Spina Bifida und einem Hydrocephalus ist zudem belegt, dass sie über ein schlechtes Arbeitsgedächtnis verfügen. Die Auswertung der mütterlichen Beschreibungen unterstreicht diese Forschungsergebnisse. Eltern fallen im Alltag vor allem die Grenzen des Arbeitsgedächtnisses auf, wenn sie durchgängig von den Schwierigkeiten ihrer Kinder berichten, sich mehrere Dinge gleichzeitig zu merken. Die Wahrnehmung der Mütter und die Forschung beschreiben beide, dass es manchen Kindern leichter fällt, sich auditiv dargebotenes als visuell dargebotenes Material sich zu merken. Methodisch schwieriger zu erfassen, aber von Vachha & Adams (2005) beschrieben, sind die Fähigkeiten der Kinder, sehr gute Merkleistungen in Einzelbereichen zu bringen, die die Kinder sehr interessieren, und die Fähigkeiten der Kinder im Langzeitgedächtnis von auswendig Gelerntem.

Visuell-räumliche Fähigkeiten

Obwohl die visuell-räumlichen Fähigkeiten ein relativ häufig erforschter Bereich sind, zeigt sich ein uneinheitliches Bild dieser neuropsychologischen Leistung. Es sind vor allem Untersuchungen an der Gruppe der Kinder mit Hydrocephalus und Spina Bifida, die auf Minderleistungen in visuell-räumlichen Fähigkeiten hinweisen, für Kinder mit einem isolierten Hydrocephalus liegen kaum Untersuchungen vor.

Die Beobachtungen der Mütter zeigen allerdings eine Vielzahl an kleinen und großen Schwierigkeiten im Alltag und in der Schule auf, die auf Beeinträchtigungen in visuell-räumlichen Fähigkeiten zurückführbar wären. So berichten mehrere Mütter von Problemen ihrer Kinder in der mentalen Rotation, vom schlechten Zeitempfinden, von Problemen Pläne (Baupläne, Fahrpläne) zu lesen, von Problemen bei mathematischen Textaufgaben und bei der Orientierung auf dem Arbeitsblatt und von der Unlust, Brettspiele zu spielen. Weiter schildern die Mütter zahlreiche Erlebnisse aus Schule und Alltag, die an Schwierigkeiten in räumlich-*konstruktiven* Leistungen liegen könnten. So berichten sie über eine ungelenke Handschrift, Schwierigkeiten die analoge Uhr zu lesen, Schwierigkeiten in der Geometrie und beim dreidimensionalen Konstruieren. Auch die Schwierigkeiten in der Koordination von Auge und Hand können nicht nur feinmotorisch, sondern auch visuell-räumlich bedingt sein. Deutlich sichtbar werden visuell-räumliche Beeinträchtigungen in der Orientierung im Raum. Diese Fähigkeit wird aufgrund der methodischen Probleme wenig untersucht (Kerkhoff & Münßinger 2002, 37), und es ist wenig darüber bekannt, dafür aber im Familienalltag schnell auffällig. Bis auf eine Mutter berichten alle Mütter über erhebliche Probleme in der Orientierung. Ihre Kinder würden sich Wege anhand von Landmarken merken und hätten kaum eine Vorstellung vom Raum und den Wegen.

Schulische Fertigkeiten

Die Forschung zeigt zwar auf, dass häufig Probleme in Arithmetik und Geometrie bestehen, ist aber uneins, ob es eher eine Verzögerung des Lernprozesses ist oder ob es an einer Beeinträchtigung der visuell-räumlichen Fähigkeiten liegt. Auch die Mütter berichten mehrheitlich von größeren Schwierigkeiten in Mathematik als im Lesen oder Schreiben. Allerdings schreiben auch manche Kinder ungern, was ebenfalls an ihren möglichen Problemen in der räumlich-konstruktiven Leistung liegen könnte, die durch die großen Probleme der Kinder im Fach Geometrie belegt werden, denn diese erfordern exaktes räumlich-konstruktives Handeln. Sowohl Mütter von Kindern mit isoliertem als auch Mütter von Kindern mit Hydrocephalus und Spina Bifida berichten, dass ihren Kindern die Vorstellungskraft für Zahlenräume fehlt. Es gibt darüber hinaus den Hinweis, dass ein Übungseffekt (›warmrechnen‹) stattfindet, der allerdings täglich erneuert werden muss. Dieser beobachtete Effekt wäre integrierbar in die Meinung, dass visuell-räumliche Leistungen weniger kulturell erlernbar seien, sondern vielmehr stets neu aktivert werden müssten (Riva 1994).

Sprache und Sprachverständnis

Forschungen zum Spracherwerb liegen nicht vor. Die Mütter berichten übereinstimmend von einem altersgemäßen bzw. frühen und gutem Spracherwerb. Es gibt aber zahlreiche Forschungen zur Syntax, Pragmatik und Semantik der Sprache. Hierbei zeigen viele Tests gute verbale Kenntnisse aufgrund von gutem Einzelwortverständnis. Differenziertere Forschungsergebnisse weisen zwar auf einen korrekten Gebrauch der Sprache und auf einen guten Wortschatz hin, aber auch auf Mängel im pragmatischen Gebrauch (vor allem in der freien Rede) und vor allem auf Mängel im Verständnis des vollen Sinngehaltes. Wobei auch dieses nicht ganz geklärt ist, weil an der schlechten Reproduzierbarkeit und Deutung auch die mangelhaften Gedächtnisstrategien Schuld sein könnten.

Die Erkenntnisse über die zwar eloquent wirkende, aber letztlich mit pragmatischen und semantischen Schwächen behaftete Sprache beziehen sich vornehmlich auf Kinder mit einer Spina Bifida und einem Hydrocephalus und weniger auf Kinder mit einem isolierten Hydrocephalus, was der qualitativen Vorstudie entspricht. Auch hier sehen vor allem die Mütter der Kinder mit einer Spina Bifida eine Floskelsprache, die meisten anderen betonen, dass ihre Kinder den Sinngehalt erfassen und die Worte richtig gebrauchen. Die Mütter der Kinder mit einem isolierten Hydrocephalus sehen deutlich mehr sprachliche Qualitäten als die Forschungsergebnisse, die sich allerdings vornehmlich auf Kinder mit Hydrocephalus und Spina Bifida beziehen.

Exekutivfunktionen

Probleme in den Exekutivfunktionen sind sowohl für Kinder mit einem isolierten als auch für Kinder mit einem Hydrocephalus und einer Spina Bifida gut dokumentiert (vgl. 3.3.3.4). Auch die Mütter sehen Probleme im logischen Denken, setzen den Schwerpunkt aber eindeutig auf die Überlegung, dass ihren Kindern die Fähigkeit zur Strukturierung fehlt. Ihre Kinder brauchen zur Bewältigung ihres Alltags und zur Einhaltung von Ordnung in den Schulsachen und im Zimmer immer wieder erhebliche Hilfen zur Strukturierung. Wobei die Ordnungsschwierigkeiten im Ranzen und im Zimmer auch visuell-räumlich bedingt sein können, denn zum Aufräumen ist räumliches Denken eine Voraussetzung. Bei der Diskussion über die Schwierigkeiten im planerischen Handeln zeigt sich aber auch eine Kompensationsmöglichkeit: Wenn neben den guten verbalen Fähigkeiten keine Kontaktscheu besteht, lösen die Kinder ihre Schwierigkeiten in planerischen Aufgaben und auch in der Orientierung durch Nachfragen.

Schlussfolgerungen

Es gibt große Übereinstimmung bezüglich der Aspekte des Lernens bei Kindern mit Hydrocephalus zwischen den Forschungen der letzten Jahre und der Wahrnehmung von elf interviewten Müttern.
Die Übereinstimmungen finden sich bei folgenden Aspekten:
- Die Kinder haben nur ein geringes Selbstwertgefühl und sind eher kontaktscheu.
- Es bestehen schlechte Leistungen in der selektiven und der geteilten Aufmerksamkeit, aber gute Leistungen in der Daueraufmerksamkeit, sofern Reizarmut herrscht.
- Es findet sich eine Verlangsamung in der kognitiven Verarbeitungsgeschwindigkeit.
- Die Kinder verfügen über gute Einzelwortkenntnisse.
- Die Kinder zeigen schlechte Leistungen im Arbeitsgedächtnis.
- Manche lernen relativ besser durch auditiv als durch visuell dargebotenes Material.
- Die verbalen Fähigkeiten sind größer als die nonverbalen Fähigkeiten. Es bestehen besonders große Schwierigkeiten in Arithmetik und Geometrie.
- Die Mütter erleben geringere exekutive Leistungen, wie es durch Studien belegt wird.

Differenzen finden sich hinsichtlich:
- Es bestehen Unterschiede im Ausmaß möglicher eingeschränkter visuell-räumlicher Fähigkeiten. Die Mütter benennen viele Alltagsfolgen, während die Forschungen hier uneins sind.
- Beim Sprachverständnis sehen die Mütter, bis auf die Mütter der Kinder mit einer Spina Bifida, keine Mängel in der Pragmatik und Semantik.

Ergänzend zu den Forschungsergebnissen der Studien berichten die Mütter:
- Ihre Kinder durchlebten einen frühen und guten Spracherwerb.
- Die Kinder sind sehr stressempfindlich, was bisher nur durch Erfahrungsberichte von Betroffenen und Sozialarbeitern her bekannt war.
- Die Mütter berichten von Antriebsarmut, wenig Kreativität und dass sich Ehrgeiz nur bei hoher intrinsischer Motivation zeige.
- Sie erleben bei ihren Kindern erhebliche Leistungsschwankungen.
- Ihre Kinder haben ein hohes Bedürfnis nach Erholung und Pausen und ziehen sich bei Überforderung zurück.
- Die Kinder zeigen gute Merkleistungen in einzelnen Bereichen und gute Leistungen im Auswendiglernen.
- Hinsichtlich der Rechenschwäche erwähnen einige Mütter, dass ihren Kindern die Vorstellungskraft für die Zahlenräume fehlt, aber auch dass sie einen Übungseffekt erleben.
- Sie erleben die Einschränkungen in den Exekutivfunktionen vor allem in dem Strukturierungsbedarf ihrer Kinder im Alltag. Neben den großen Strukturierungsproblemen besteht eine Liebe zur Ordnung im Detail.
- Die Mütter benennen als häufig gewählte Kompensationsstrategie ihrer Kinder bei Problemen die verbalen Fähigkeiten.

6   VISUELL-RÄUMLICHE FÄHIGKEITEN

Die qualitative Vorstudie hat – wie die Synopse zeigt – im Wesentlichen die Ergebnisse der Recherche zahlreicher Studien über Kinder mit Hydrocephalus aus den vergangenen fünfzehn Jahren bestätigt. Demnach gibt es eine Vielzahl an neuropsychologischen Einbußen und sozial-emotionalen Hindernissen, die Kindern mit Hydrocephalus das Lernen erschweren können. Zu den gut untersuchten und bedeutsamen Lernerschwernissen gehören vor allem die Schwierigkeiten in der Aufmerksamkeit, die vermutlich direkt auf die Ventrikelerweiterung zurückzuführen sind (vgl. Abschnitt 3.3), die ineffizienten Strategien des Codierens und Encodierens von Gedächtnisinhalten, die Mängel in der Pragmatik und Semantik (vornehmlich bei Kinder mit einer Spina Bifida) und die Schwierigkeiten in den Exekutivfunktionen. Auch dürften bei vielen Kindern mit Hydrocephalus Schwächen in den visuell-räumlichen Fähigkeiten anzutreffen sein. In diesem Bereich sind die Forschungsergebnisse unterschiedlich und es fehlen Untersuchungen an Kindern mit unterschiedlicher Ätiologie ihres Hydrocephalus aus Deutschland bzw. unserem Kulturkreis. Dies ist ein Beweggrund, die Untersuchung visuell-räumlicher Fähigkeiten in den Mittelpunkt dieser Studie zu setzen. Ausschlaggebend ist aber vielmehr, dass diese Fähigkeit eine hohe Bedeutung für die Lernleistungen, den Schulerfolg (Meyer 2003, 24) und die Selbstständigkeit hat (Prosiegel 2002, 73). Aus der Literatur sind vielfältigen Auswirkungen dieser Fähigkeit auf das Gelingen schulischer Aufgaben abzuleiten (s. Abschnitt 6.4.2. & 6.4.3). Diese Auswirkungen erhalten eine zusätzliche Relevanz, weil sie im Regelfall nicht als Folge beeinträchtigter räumlich-visueller Leistungsfähigkeiten erkannt werden. Bei Kindern, denen es nicht gelingt, bspw. Mengen abzuschätzen, Zahlen untereinander zu schreiben oder die Zeigerstellung der Uhr zu erkennen, werden im Alltag selten Einbußen in visuell-räumlichen Fähigkeiten vermutet. Zahlreiche Beschreibungen der Eltern aus der qualitativen Vorstudie geben Hinweise, dass bei ihren Kindern mit Hydrocephalus in diesem Bereich erhebliche Schwierigkeiten bestehen könnten (s. Abschnitt 5.5). Keine der Mütter hat hier einen Bezug zu möglicherweise eingeschränkten visuell-räumlichen Fähigkeiten hergestellt. Dieses Praxisbeispiel aus der qualitativen Vorstudie unterstreicht die Aussage von Kerkhoff von der hohen ›Alltagsrelevanz‹ (Kerkhoff 2000, 428) insbes. der Teilleistung der visuell-räumlich-konstruktiven Fähigkeit:

> »Da räumlich-konstruktive Leistungen Bestandteil vieler komplexer Handlungsabläufe im Alltag sind, verursachen Störungen solcher Teilleistungen erhebliche Alltagsprobleme (etwa beim Lesen eines Plans, Paket packen, Transfers vom Bett zum Stuhl oder ins Bad, Ankleiden)« (Kerkhoff 2000, 429).

Die hohe Relevanz und die zugleich mangelnde Kenntnis bei Eltern und Lehrern über die Bedeutung dieser Fähigkeit bilden das wesentliche Motiv, diesen Aspekt in einer zu quantifizierenden Untersuchung weiter zu verfolgen.

Im Folgenden wird nach einer knappen Standortbestimmung von visuell-räumlichen Fähigkeiten und von Kindern mit Behinderung in der Neuropsychologie die neuropsychologische Leistung der visuell-räumlichen Fähigkeiten ausführlich beschrieben. Im zweiten Abschnitt folgt ein Blick auf die zugrunde liegenden biologischen und neurologischen Strukturen und danach auf die Entwicklung von visuell-räumlichen Fähigkeiten. Einen Schwerpunkt dieses Kapitels (Abschnitt 6.4.1) bilden die Auswirkungen eingeschränkter visuell-räumlicher Fähigkeiten mit einem besonderen Augenmerk auf die Auswirkungen eingeschränkter visuell-räumlich-konstruktiver Fähigkeiten. Und es wird die Bedeutung der visuell-räumlichen Fähigkeiten für das Kind und sein Lernen dargestellt. Als eine typische pathophysiologische Entwicklung wird hierbei die Rechenschwäche angesehen.

Schwächen in den visuell-räumlichen Fähigkeiten, einschließlich der Rechenschwäche, werden als wesentlichen Kennzeichen einer sogen. nonverbalen Entwicklungsstörung gesehen. Deshalb widmet sich der letzte Abschnitt dem im angloamerikanischen Raum viel diskutiertem Modell der Nonverbal Learning Disability (Abschnitt 6.5). Eine Zusammenfassung schließt dieses Kapitel ab.

6.1 Die neuropsychologische Leistung der visuell-räumlichen Fähigkeiten

Unter dem Begriff der visuell-räumlichen Fähigkeiten werden in der Neuropsychologie die Prozesse der visuellen Wahrnehmung von Raum, der Verarbeitung, der Repräsentation sowie des räumlichen Handelns und Orientierens verstanden (Schumann-Hengsteler 2006). Sie bilden die grundlegende Fähigkeit zum Umgang und Nutzen visueller Reize.

6.1.1 Visuell-räumliche Fähigkeiten in der Neuropsychologie und Kinder mit Behinderung

Die Neuropsychologie hat sich als Teildisziplin innerhalb der Psychologie in den letzten Jahrzehnten zunehmend etabliert. Das ihr zugrunde liegende Bedürfnis der Psychologie, funktionelle Defizite auf Veränderungen des Zentralnervensystems zurückzuführen, hat weitreichende Wurzeln. So gibt es schon frühe Schilderungen schwer Schädel-Hirn verletzter Patienten und ihrer schädigungsbedingten Wahrnehmungs- und Aktivitätsstörungen. Ihren Ausgangspunkt als eigenständige und zunehmend beachtete Disziplin verdankt sie zum einen der traurigen Tatsache zahlreicher Kriegsverletzter des 1. Weltkrieges als auch den Möglichkeiten der bildgebenden Verfahren seit den siebziger Jahren des vorigen Jahrhunderts. Heute forscht die wissenschaftliche Neuropsychologie nach den Zusammenhängen des menschlichen Denkens und Verhaltens mit den neuronalen Grundlagen (Goldenberg 2002, 1). Die Erkenntnisse, dass auch Verhaltensauffälligkeiten und Lernschwierigkeiten durch Fehlentwicklungen, Erkrankungen oder Verletzungen des Hirns entstehen – und dies in hoher Prävalenz – führten und führen zu einer dynamischen Entwicklung in der angewandten Neuropsychologie (Gauggel 2003, 4; Heubrock 2001a, 68).

Schwerpunkte der klinischen Neuropsychologie sind Diagnose und Therapie der Auswirkungen, die – vor allem erworbene – Hirnschädigungen auf die kognitiven Funktionen des Menschen haben. Die Hirnschädigungen können Traumata nach Unfällen oder Folge von Erkrankungen (z. B. Nervenerkrankungen, Schlaganfälle, Hirnblutungen) sein. Die untersuchten kognitiven Funktionen sind vornehmlich:
- Aufmerksamkeit und Konzentration,
- Lernen und Gedächtnis,
- Wahrnehmung (allen voran visuelle Wahrnehmung, aber auch akustische, kinästhetische und taktile Wahrnehmungen),
- Visuelle Raumwahrnehmung,
- Sprache und Sprechen,
- Halbseitenaufmerksamkeit,
- Antrieb und höhere kognitive Funktionen wie Planen, Problemlöse- und Denkfähigkeit (Bodenburg 2001).

Zur klinischen Neuropsychologie gehört nicht nur eine differenzierte Diagnostik, sondern auch die Untersuchung der Erkrankung oder Verletzung des Hirns auf das Verhalten und Erleben des Menschen (Goldenberg 2002, 1). Ziel klinischer Neuropsychologie ist die Wiedererlangung von Fähigkeiten. Weiter beschäftigt sich die klinische Neuropsychologie mit den Schwierigkeiten bei der Krankheitsbewältigung, deren Therapie vom neuropsychologischen zum psychotherapeutischen Arbeiten überleitet (Bodenburg 2001).

Die visuell-räumlichen Leistungen und ihre Störungen bilden ein kleines Teilgebiet der klinischen Neuropsychologie. Dies resultiert vor allem daraus, dass andere neuropsychologische Störungen wesentlich häufiger auftreten, so vor allem die Aufmerksamkeits-, Gedächtnis- und Konzentrationsstörungen (Bodenburg 2001). Gleichwohl sind sie eine Dimension der Intelligenz, denn als Basis der kognitiven Funktion des räumlichen Denkens werden sie in den allgemeinen Intelligenztests mit überprüft.

Das Schattendasein visuell-räumlicher Fähigkeiten kann aber auch damit zusammenhängen, dass Beeinträchtigungen in ihnen weniger auffallen bzw. der Patient seine Schwierigkeiten nicht einem Mangel in räumlichen Leistungen zuschreibt und nicht als solche benennt (Kerkhoff 2000, 427; Zihl 1997, 213). Es besteht beim Betroffenen und seinem Umfeld wenig Bewusstsein dafür, dass die zu beobachtenden Alltagsprobleme in einer Einschränkung der visuell-räumlichen Fähigkeiten liegen. So kann es sein, dass nach dem Traumata aufgetretene Schwierigkeiten beim Anziehen vom Betroffenen als Folge seiner Konzentrationsstörung angesehen werden und nicht gesondert berichtet werden, obwohl dem Ankleideproblem eine Einschränkung in den räumlich-konstruktiven Fähigkeiten als besondere Teilleistung der visuell-räumlichen Fähigkeiten zugrunde liegt (Kerkhoff 2000, 427).

Eine weitere Erschwernis zur Diagnostik kommt bei *Kindern mit Behinderung* durch den Fakt der Behinderung hinzu: Angeborene oder perinatal erworbene neuropsychologische Funktionsstörungen werden oft nicht differenziert untersucht und behandelt, weil die teilweise begrenzten Fähigkeiten der Kinder als allgemeine Entwicklungsverzögerung, daher als behinderungsbedingt eingeordnet und als hinzunehmen angesehen werden. Dieser Praxisbeobachtung entspricht der Sachverhalt, dass die Zahl der Studien, die sich mit der Neuropsychologie von Kindern mit angeborenen oder frühkindlich erworbenen Hirnschädigungen befasst, sehr gering ist.

Kinder, auch Kinder mit diagnostizierter Behinderung, werden nur selten einem klinisch erfahrenen (Kinder-)Neuropsychologen vorgestellt, obwohl Eltern und Fachleute den Bedarf betonen. Die Versorgungslage, insbes. an ambulanter Diagnostik und Therapie, wird als sehr ungünstig beschrieben (Heubrock & Petermann 2001b, 208). Dies liegt zum einen an der geringen Zahl neuropsychologischer Zentren für Kinder in Deutschland und zum anderen daran, dass in der Zuweisungspraxis der Zufall eine größere Rolle spielt als der Bedarf (z. B. freie Kapazitäten, Kenntnis des zuweisenden Pädiaters über neuropsychologische Rehabilitationsmöglichkeiten) (Heubrock & Petermann 2001b, 210). Eine weitere Hürde besteht darin, dass die gängige Zuweisungspraxis zur differenzierten Diagnostik über den Verdacht auf eine Teilleistungsstörung oder eine ›umschriebene Entwicklungsstörung‹ gemäß ICD-10 erfolgt. Eine ›umschriebene Entwicklungsstörung‹, worunter die umschriebenen Entwicklungsstörungen des Lesens, Schreibens und Rechnens fallen, darf nach ihrer Definition nicht Ausdruck einer Grunderkrankung sein und wird als abhängig von der biologischen Reifung des Zentralnervensystems gesehen (Warnke 2008, 527). Diese Definition einer umschriebenen Entwicklungsstörung erfüllen Kinder mit Behinderung nicht, weil ihre Schulschwierigkeiten durchaus Folge ihrer Grunderkrankung sein können. Und die für eine Teilleistungsstörung erforderlichen Kriterien erlangen Kinder mit einer Intelligenzminderung nicht, weil bei einer Teilleistungsstörung immer von durchschnittlichen Leistungen in den anderen neuropsychologischen Leistungen ausgegangen wird (Warnke 2008, 528). Dies steht im Widerspruch zu dem Förderbedarf, den Kinder mit Intelligenzminderung ebenso wie andere Kinder haben und steht im Widerspruch zu den therapeutischen Möglichkeiten, die sich ergeben könnten, wenn die Erkenntnisse über die Plastizität und enorme Lernfähigkeit des Gehirns kleiner Kinder bedacht werden (Melchers & Lehmkuhl 2000).

Es bleibt zu resümieren und bei den weiteren Ausführungen zu bedenken, dass Kinder mit Behinderung in der klinischen Neuropsychologie unterrepräsentiert sind und der Schwerpunkt der Forschung sowie der Rehabilitation und Therapie erwachsene Menschen mit erworbenen Ausfällen in der Kognition sind.

Weiter bleibt zu resümieren und zu bedenken, dass die Terminologie im Allgemeinen von ›Störungen‹ und nicht von ›Leistungen‹ spricht. Dies ist vor dem Hintergrund, dass die klinische Neuropsychologie sich mit den Ausfällen oder auffälligen Minderleistungen neuropsychologischer Leistungen beschäftigt, erklärbar. Aber in einer heute kompetenzorientierten Psychologie und Pädagogik wäre ein sprachlicher Wandel hin zu Fähigkeiten und Leistungen eine sinnvolle Schlussfolgerung. Dieser Wandel würde das Kind von der Bürde eines Symptomträgers befreien und würde den Blick auf die Entwicklungs- und Kompensationsmöglichkeiten richten.

6.1.2 Beschreibung der neuropsychologischen Leistung der ›visuell-räumlichen Fähigkeiten‹

Für die Wahrnehmung von Distanzen und Positionen, für die gedanklichen Vorstellungen von Lageveränderungen von Personen oder Objekten, für sein Verhalten und seine Orientierung im Raum benötigt der Mensch räumliche Wahrnehmungsfähigkeiten. Ohne die Fähigkeit zur räumlichen Orientierung könnten Dinge nicht benutzt oder wiedergefunden, auf Menschen nicht zugegangen und sich nicht zielgerichtet im Raum bewegt werden. Die Perzeption bezieht sich hierbei auf visuelle, taktile, kinästhetische und akustische Modalitäten, wobei in der Forschung und auch in der klinischen Neuropsychologie die visuell-räumlichen Leistungen die vorherrschende Rolle spielen, was vor allem durch die Dominanz der visuellen Wahrnehmung beim Menschen gegenüber anderen Wahrnehmungen zu erklären ist.

Die visuell-räumlichen Fähigkeiten beginnen bei der Wahrnehmung, gehen über in eine kognitive Verarbeitung und beinhalten weiter die motorische Reaktion einschließlich ihrer perzeptiven und kognitiven Kontrolle und ggf. Korrektur der motorischen Reaktion.

Einschränkungen in den visuell-räumlichen Fähigkeiten führen zu zahlreichen Problemen im Alltag. So können schon Schwierigkeiten in der richtigen Wahrnehmung des Sinneseindrucks zu Fehleinschätzungen bei Entfernungen und Lage von Objekten führen. Die Entfernung des sich nahenden Autos wird falsch eingeschätzt, an Gegenständen auf dem Tisch wird vorbeigegriffen, die Mitte des Brotes wird beim Teilen nicht erkannt. Alle diese Leistungen können auch beeinträchtigt sein, wenn die den kognitiven Prozessen vorgeschaltete sensorische Ebene in ihrer Funktion eingeschränkt ist und Sehbehinderungen bestehen. Und sie können ebenfalls durch Hirnläsionen wie z. B. Schlaganfälle bedingt sein. Hier geht es um die Beobachtung, dass auch bei intakter Sensorik und Ausschluss von erworbenen Hirnläsionen die visuellräumlichen Fähigkeiten eingeschränkt sein können.

Schwierigkeiten in der kognitiven Verarbeitung führen zu Problemen, wenn gedanklich ein Gegenstand umgesetzt oder gedreht werden soll, in der Vorstellung ein Wasserhahn gedreht wird oder die Stühle anders angeordnet werden sollen. Eine Einschränkung in den räumlichen Leistungen, die eine motorische Reaktion erfordert, liegt vor, wenn Geräte, Sachen oder Spielzeug nicht richtig zusammengebaut oder angeordnet werden können. Und schließlich gibt es räumliche Leistungen, die für die Orientierung des Menschen in seiner Umgebung notwendig sind.

Visuell-räumliche Leistungen sind kognitive Prozesse und setzen eine einwandfreie Funktion des Sinnesorgans, seiner sensiblen Nervenbahnen und eine einwandfreie

Reizdiskriminierung des Sinneseindrucks in den dazugehörigen Hirnarealen voraus. Die Fähigkeit des ›Sehens‹ ist voll entwickelt und in seiner Funktion nicht eingeschränkt. Einschränkungen in den visuell-räumlichen Fähigkeiten werden häufig nicht erkannt und daher nicht therapiert, obwohl sie für das Alltagsleben, für die schulische und berufliche Eingliederung der betroffenen Menschen von erheblicher Bedeutung sind (Prosiegel 2002, 73).

Historische Entwicklung

Frühe Theorien über visuell-räumliche Leistungen sind – wie insgesamt bis heute in der Neuropsychologie – von Störungsbildern ausgegangen. Aus einzelnen zu beobachtenden Funktionsausfällen wurden theoretische Modelle über die neuropsychologische Funktion entwickelt. Die Probleme mancher Menschen bei der Umsetzung räumlicher Aufgaben in eine Handlung wurden schon 1934 von Kleist beschrieben. Er prägte den Begriff der »konstruktiven Apraxie«. Und meinte damit das Unvermögen, den mentalen Vorstellungen gemäß die Handlung zu vollziehen, sodass eine Fehlhandlung erfolgte. Damit verbunden war schon die Idee, dass der Transfer von der wahrgenommenen visuellen Information in die Handlung erschwert ist. Später wurde hierfür der Begriff der *Raumagnosie* eingeführt und als Ursache für diese Störungen rechtshemisphärische Läsionen angesehen, während linkshemisphärische Störungen zu einer motorischen Apraxie führen würden. Diese Unterscheidung ist umstritten. Aber die Idee, dass linke und rechte Hemisphäre unterschiedliche räumliche Leistungen erbringen, wurde und wird weiter verfolgt (Kerkhoff 2000, 421).

Diagnostik

Einschränkungen und Teilleistungsschwächen in visuell-räumlichen Fähigkeiten führen zwar zu beträchtlichen Schwierigkeiten im Alltag, werden aber nur selten als Verursacher dieser Alltagsprobleme in Erwägung gezogen (Kerkhoff 2006a, 182). So besteht die größte Schwierigkeit in der Diagnostik, dass der Verdacht auf eine Schwäche in den visuell-räumlichen Fähigkeiten überhaupt erst einmal geäußert wird. Anschließend stehen zur neuropsychologischen Überprüfung eine Reihe an Verfahren, einschließlich einzelner Untertests aus Intelligenzmessverfahren, zur Verfügung.[1] Die meisten Tests untersuchen die Teilleistungen der räumlichen-perzeptiven und räumlich-kognitiven Fähigkeiten.

Zur Prüfung der räumlich-konstruktiven Fähigkeiten reduzieren sich die Verfahren auf unterschiedliche Varianten von ›Puzzle‹- Aufgaben (z. B. Mack & Levine, Mosaiktest von Kerkhoff, Vizual Organization Test, und Untertests aus HAWIK, Münchner Funktioneller Entwicklungsdiagnostik, McCarthy Skalen, Snijders & Snijders-Oo-

---

[1] Es kann verwiesen werden auf die Aufzählungen in Bodenburg (2001, 135), Kerkhoff (2000, 425 ff.), Lösslein & Deike-Beth (2000, 187 ff.), Niedeggen (2008, 565), Prosiegel (2002, 80 f.).

men) oder auf Abzeichentests (z. B. Benton-Test[2], Göttinger Formreproduktionstest, Rey-Osterrieth-Figur, Gailinger Abzeichentest). Ein neues Verfahren, entwickelt aus dem Gailinger Abzeichentest von Wais, ist der Abzeichentest für Kinder (Heubrock, Eberl & Petermann 2004).

Ein wesentliches Problem vieler dieser Verfahren sind geringe Testgütekriterien, weil insbesondere bei den Zeichenaufgaben der Auswerter die Zeichnungen interpretieren muss. Sowohl Lösslein und Deike-Beth (2000) als auch Kerkhoff (2000) empfehlen deshalb auch mangels ausreichender standardisierter Verfahren die Interpretation freier Zeichnungen. Sehr wichtig ist daher auch die Verhaltensbeobachtung (sofern möglich) und die Fremdanamnese durch Befragung von Angehörigen oder Pflegepersonal (Kerkhoff & Münßinger 2002). Eine Eigenanamnese ist weniger aufschlussreich, weil dem Betroffenen seine Einschränkungen in den visuell-räumlichen Fähigkeiten selten im ganzen Ausmaß bewusst sind. Kerkhoff hat einen Fragenbogen, die ›Checkliste Räumlicher Alltagsprobleme‹, für erwachsene Patienten entwickelt, der allerdings unveröffentlicht ist.

Differenzierung

Räumlich-perzeptive Leistungen umfassen über die reine visuelle Sinneswahrnehmung hinausgehendes Erkennen der Lage der Dinge im Raum zueinander. Sie werden auch visuelle Raumwahrnehmung genannt (Bodenburg 2001). Die ›höheren‹ Leistungen der klassischen räumlich-kognitiven Fähigkeiten werden nach einer Metaanalyse von Linn und Petersen (1985, nach Wiedenbauer 2006) unterteilt in mentale Rotation, räumliche Veranschaulichung und räumliche Orientierung. In weiterer Differenzierung und auf den räumlich-kognitiven Leistungen aufbauend sind die räumlich-konstruktiven Leistungen hinzuzufügen (Kerkhoff 2000 & 2006a, Bodenburg 2001, Kerkhoff und Münßinger 2002, Heubrock 2000 & 2004, Niedeggen 2008, 560). Diese umfassen alle visuellen Raumoperationen, die ein manuelles Konstruieren oder Zusammenfügen erfordern. Sie sind als eigenständige Dimension der visuell-räumlichen Fähigkeiten zu sehen. Während räumlich-perzeptive, -kognitive und -konstruktive Leistungen aufeinander aufbauend sind, sind die visuell-räumlich-topographischen Leistungen eine eigenständige neuropsychologische Fähigkeit. Hierbei handelt es sich um die Fähigkeit der Orientierung im dreidimensionalen Raum.

Somit lassen sich vier Dimensionen aufeinander aufbauender mentaler Raumoperationen unterscheiden:
- räumlich-perzeptive Leistungen
- räumlich-kognitive Leistungen

---

2 Bei Testverfahren wie dem Benton-Test, bei dem der Proband Linien fortzuführen hat, ist es strittig, ob eher die perzeptive oder die konstruktive Leistung geprüft wird. So ordnen Lösslein & Deike-Beth (2000) den Benton-Test zu den konstruktiven, Kerkhoff (2000) zu den räumlich-perzeptiven Leistungen.

- räumlich-konstruktive Leistungen
- räumlich-topographische Leistungen

Kerkhoff (2000) definiert darüber hinaus zwei weitere visuell-räumliche Leistungen respektive Störungen: eine vom Beobachter abhängige Beeinträchtigung seiner Wahrnehmung von den Relationen zwischen sich und anderen Objekten des Raums (egozentrische räumliche Störungen) und ein von der Beobachterperspektive unabhängiges Defizit in der Wahrnehmung der Relation zwischen verschiedenen Objekten im Raum (allozentrische räumliche Störungen). Auch Hegarty und Waller (2005, nach Wiedenbauer 2006) fordern die Berücksichtigung des Verhaltens im Umgebungsraum als vierte Dimension. Diese zwei besonderen Formen der visuellen Raumwahrnehmung sind aber auch als Teil räumlich-perzeptiver Leistungen zu sehen und erweitern daher nicht das Leistungsspektrum der visuell-räumlichen Fähigkeiten. Bei Kindern mit Einbußen in visuell-räumlichen Fähigkeiten werden parallel Einbußen im Arbeitsgedächtnis für visuell-räumliche Eindrücke beschrieben und als räumlich-mnestische Störungen bezeichnet (Schröder 2010, 46). Es kann davon ausgegangen werden, dass das Arbeitsgedächtnis für die Verarbeitung der visuell räumlichen Fähigkeiten eine wesentliche Rolle spielt (Kerkhoff 2006b, 325; Kerkhoff 2000, 411, 424), aber auf eine weitere Differenzierung in eine räumlich-mnestische Fähigkeit wird hier verzichtet. Genauer betrachtet umfassen die vier Dimensionen der visuell-räumlichen Fähigkeiten folgende Einzelleistungen:[3]

Räumlich-perzeptive Leistungen sind das Erkennen von:
- subjektiven Hauptraumachsen (die Vertikale und Horizontale erkennen, d. h. im Test die Fähigkeit, schräg orientierte Balken exakt einzustellen)
- Orientierung (Winkelschätzung, die Größe und Neigung von Winkeln zu schätzen)
- Länge/Größe (Längen und Größen von Objekten schätzen)
- Distanz (Entfernung zwischen Objekten schätzen)
- Position (die räumliche Beziehung mehrerer Objekte zueinander zu schätzen)
- Konturen (real, illusionär) und Formen (Formen erkennen)
- Halbierung (die Fähigkeit, die Mitte von Linien zu erkennen), subjektive Geradeausrichtung

Das neuropsychologische Verständnis von räumlicher Wahrnehmung setzt die elementaren Wahrnehmungsfunktionen wie Gesichtsfeld, Sehschärfe oder Farbdiskriminierung voraus. Räumlich-perzeptive Leistungen umfassen kognitive Wahrnehmungsfunktionen, z. B. zu erkennen wie die Dinge und Personen in einem Raum zueinander stehen und wie sie angeordnet sind. Es geht darum, die Hauptraumachsen nicht nur

---

3   Die Beschreibung der vier Dimensionen der visuell-räumlichen Fähigkeiten erfolgt nach: Bodenburg (2001, 131–140), Heubrock & Petermann (2000, 238 ff.), Kerkhoff (200, 411 ff.), Kerkhoff & Münßinger (2002, 32–47), Kerkhoff (2006, 177 ff.), Prosiegel (2003, 73–80), Schumann-Hengsteler (2006, 51–96), Zihl (1997, 279 ff.).

zu sehen, sondern kognitiv zu erfassen. Die Positionen der Personen und der Dinge müssen richtig erkannt werden. Die Distanzen und Entfernung müssen geschätzt werden können. Weiter müssen Längen, Größen und Mengen erfasst werden und ihr Verhältnis richtig geschätzt werden können. So muss z. B. die Hälfte eines Brotes als Hälfte, eine Teilmenge in einem Wasserglas als Teilmenge und die Mitte eines Durchgangs richtig erkannt werden. Menschen mit räumlich-perzeptiven Beeinträchtigungen können nicht ›sehen‹, inwieweit das Bild an der Wand schief hängt. Weiter müssen Abstände und Winkel erkannt werden und es müssen Konturen und Formen erkannt werden können.

Menschen mit Schwierigkeiten in räumlich-perzeptiven Fähigkeiten sind unsicher beim Greifen von Gegenständen, in der Abschätzung von Tiefen (z. B. Treppenstufen), beim Durchschreiten eines Raumes und im Straßenverkehr. Sie finden im Buch oder auf einem Papier nicht die richtige Zeile und können Zahlen nicht sauber untereinander schreiben. Wenn Winkel und Abstände nicht richtig wahrgenommen werden können, fällt es schwer, die Zeigerstellung der analogen Uhr zu verstehen. Diese Kinder erlernen die digitale Uhr leichter als die analoge Uhr.

Räumlich-kognitive Leistungen sind:
- Mentale Rotation und mentaler Perspektivenwechsel
- Räumliche Konstanz (Größe und Menge in Variation erkennen)
- Transformation: über räumliche Ebenen, nach Maßstab
- Spiegelung an einer Achse

Die entscheidende räumlich-kognitive Leistung ist, sich etwas aus einer anderen Perspektive vorzustellen: Wie herum muss der Schlüssel an der Beifahrertür im Unterschied zur Fahrertür gedreht werden? Wie muss der auf links liegende Stoff oder Teppichfußboden zugeschnitten werden? Zu den räumlich-kognitiven Leistungen gehören alle Aufgaben, die mit mentalen Rotationen zu tun haben (z. B. sich gedanklich einen Gegenstand von einer anderen Seite oder aus der Vogelperspektive vorzustellen) und auch sich einen Gegenstand in einer anderen Größe oder mit veränderten Proportionen vorstellen zu können. Auch alle Spiegelungsaufgaben verlangen einen mentalen Perspektivenwechsel. Der wesentliche Unterschied zu den räumlich-perzeptiven Leistungen ist die gedankliche räumliche Transformation eines Reizes.

Menschen mit Einschränkungen in den räumlich kognitiven Fähigkeiten haben Schwierigkeiten, Stadtpläne zu lesen oder Grundrisse zu verstehen. Es gelingt ihnen nicht, eine ›Vogelperspektive‹ einzunehmen oder sich den Verlauf einer Linie vorzustellen. Schulkindern mit Einschränkungen in den räumlich-kognitiven Leistungen gelingt es nicht, sich die Spiegelungen in geometrischen Aufgaben vorzustellen.

Räumlich-konstruktive Leistungen sind:
- Zeichnen (zweidimensional, dreidimensional, perspektivisch)
- Konstruieren einer Gesamtfigur aus einzelnen Elementen
- Teil-Ganzes-Analyse

- Mentales Segmentieren
- Erkennen der Grundstruktur in einer komplexen Figur (Koordinatensystem)

Räumlich-konstruktive Leistungen sind die Fähigkeit, zwei- oder dreidimensionale Objekte zu zeichnen oder nachzubauen. Im Unterschied zu den räumlich-perzeptiven und den räumlich-kognitiven Leistungen, die ein richtiges Erkennen beinhalten, sind die räumlich-konstruktiven Leistungen um die manuelle Tätigkeit erweitert. Die Literatur lehnt sich übereinstimmend an die Definition von Kerkhoff 1988 an: Demnach wird als räumlich-konstruktive Leistung in der Kognitiven Psychologie und Neuropsychologie die Fähigkeit bezeichnet,

> »(...) einzelne Elemente einer Figur unter visueller Kontrolle zur richtigen Gesamtfigur zusammenzufügen« (Kerkhoff 1988, 197).

Es handelt sich um eine komplexe kognitive Funktion, für die die räumlich-perzeptiven und die räumlich-kognitiven Fähigkeiten vorhanden sein müssen. Entscheidendes Moment für die räumlich-konstruktive Fähigkeit ist der manuell-konstruierende Akt. Die manuellen Tätigkeiten reichen hierbei vom Zeichnen einer Figur über das Zusammenlegen von Papierschnipseln oder Puzzlestücken bis hin zum dreidimensionalen Zusammenbau von Geräten oder Möbeln. Bei räumlich-konstruktiven Leistungen müssen Arme und Hände nach jenen Vorstellungen handeln, die durch mentale Operationen wie Drehungen, Spiegelungen oder Perspektivenwechsel entstehen.

Einem Menschen mit einer Schwierigkeit in seinen räumlich-konstruktiven Leistungen gelingt nicht die beabsichtigte räumliche Konstruktion. Häufig ist offenbar schon die räumlich-perzeptive Leistung beeinträchtigt (Kerkhoff 2006 b, 325), aber es kann auch sein, dass der Betroffene dank guter räumlich-perzeptiver Leistungen seinen Konstruktionsfehler erkennt, aber nicht spontan danach richtig handeln kann.

Räumlich-konstruktive Schwierigkeiten sind nicht Folge sensorischer Probleme und auch nicht Folge motorischer Schwächen. Sensorische und/oder motorische Probleme können gerade bei Menschen mit Hirnfunktionsstörungen und einschließenden Störungen der räumlich-konstruktiven Leistung assoziiert sein und verstärken dann die Ausprägung. Zur Differenzierung werden daher valide Testinstrumente benötigt.

Im Alltag zeigen sich Schwierigkeiten, wenn Figuren manuell zusammengefügt werden sollen, wenn Kinder mit Lego® bauen, beim Schnüren eines Pakets, beim Zusammenlegen von Kleidung und auch beim richtigen Anziehen, beim Tisch decken, beim Schleife binden und vielen weiteren Alltagshandlungen.

Räumlich-konstruktive Leistungen sind eine eigene visuell-räumliche Leistung und gehen in ihrer Komplexität über die räumlich-perzeptiven und räumlich-kognitiven Leistungen hinaus. Für räumlich-konstruktive Leistungen benötigt der Mensch korrekte räumlich-perzeptive und räumlich-kognitive Fähigkeiten. Dies hat zur Folge, dass räumlich-konstruktive Leistungen isoliert eingeschränkt sein können, während Menschen mit Einschränkungen in der perzeptiven und kognitiven visuellen Raumwahrnehmung in der Regel auch verringerte Leistungen in ihren räumlich-konstruktiven Fähigkeiten haben (Bodenburg 2001, 132).

Räumlich-konstruktive Störungen werden auch als visuokonstruktive Störungen oder auch konstruktive Apraxie bezeichnet, wobei nach Prosiegel (2002, 78) der Begriff der konstruktiven Apraxie vermieden werden sollte, weil es sich nicht um eine Apraxie handelt.[4]

Räumlich-topographische Leistungen sind:
- Bestimmen der eigenen Position im dreidimensionalen Raum (mental und real)
- Automatisches und willkürliches Auffrischen (›Updating‹) der eigenen Position über sensorische, propriozeptive und vestibuläre Sinneseindrücke
- Mentale Repräsentation von Wegen und Positionen auf einer ›Kognitiven Landkarte‹

Die räumlich-topographischen Leistungen beziehen sich im Unterschied zu den anderen Dimensionen visuell-räumlicher Fähigkeiten immer auf den dreidimensionalen Raum und bedeuten, dass der Mensch sich im realen aber auch im vorgestellten Raum zurechtfinden und zielgerichtet fortbewegen kann. Sie helfen ihm, neue Wege zu lernen und anhand von Landmarken Wege wiederzuerkennen. Sie umfassen auch die Fähigkeit, aus einer anderen Richtung den (Rück-)Weg wieder zu finden und sich einen Weg mental vorstellen zu können. Dies schließt die Fähigkeit ein, eine Verknüpfung mehrerer Positionen im vorgestellten Raum mental vornehmen zu können. So werden z. B. Abkürzungen mental entwickelt. Zu den mentalen Leistungen gehört weiter, die Zeichnungen der Stadtpläne und Landkarten auf den realen Raum zu übertragen, d. h. im Arbeitsgedächtnis zu manipulieren sowie die visuell wahrzunehmende Umgebung als mentale Karte oder sprachliche Beschreibung im Gedächtnis zu behalten. Es ist die Fähigkeit, sich in neuer Umgebung zu orientieren, sie räumlich entsprechend ihrer Landmarken zu erfassen, sie zu organisieren und sich eine Vorstellung über Wege und Umgebung in einem größeren geographischen Raum zu machen. Damit geht auch diese Fähigkeit über die perzeptiven und kognitiven Raumwahrnehmungen hinaus.

Menschen mit Schwierigkeiten in den räumlich-topographischen Leistungen gelingt nicht das Erkennen von Landmarken oder gar von Orten, sie verwechseln Landmarken oder erliegen einem scheinbaren Erkennen. Sie bemerken nicht mögliche Abkürzungen und können sich den Rückweg nicht konstruieren. Als Ursache wird

---

4   Eine Apraxie ist eine Störung eines Handlungsablaufes. Dem Betroffenen gelingt es nicht, Einzelbewegungen zu einer Handlungsfolge zu organisieren. Es kommt zur falschen Reihenfolge oder zu Bewegungsentstellungen (Lehmkuhl & Fricke 2007, 271). Dagegen erfolgt bei einer räumlich-konstruktiven Störung keine ungewollte Handlung. Die Ursache der motorischen Fehlbewegung ist hier nicht eine fehlerhafte kognitive Steuerung der Motorik, sondern die kognitive Unfähigkeit, entscheiden zu können, welche motorische Handlung erfolgen soll.

vermutet, dass aufgrund von Defiziten in der visuellen Raumwahrnehmung die Informationen nicht korrekt gespeichert werden konnten.

Bodenberg (2001, 136) beschreibt in Anlehnung an Benton und Tranel (1993), dass es den Betroffenen u. a. nicht gelänge, bekannte Wegstrecken zu beschreiben.

Räumlich-topographische Störungen werden auch als topographische Agnosie oder als räumliche Orientierungsstörung bezeichnet, wobei unter diese Begrifflichkeit ausgeprägtere Orientierungsstörungen fallen, die von zerebralen Sehstörungen oder amnestischen Störungen herrühren. Orientierungsprobleme, die von visuell-räumlichen Störungen herrühren, führen nicht zu einer Unfähigkeit, sich zurechtzufinden (Prosiegel 2002, 183).

Die Beziehungen der vier Dimensionen der visuell-räumlichen Fähigkeiten

Alle diese vier Dimensionen der visuell-räumlichen Fähigkeiten können unabhängig voneinander gestört sein (Bodenburg 2001), wobei die räumlich-konstruktiven Leistungen eine funktionelle visuell-perzeptive und eine funktionelle visuell-kognitive Fähigkeit benötigen, um sich als eigenständige Leistung zu äußern. Einschränkungen in den räumlich-perzeptiven oder den räumlich-kognitiven Leistungen haben immer auch einschränkende Auswirkungen auf die räumlich-konstruktiven Leistungen zur Folge, aber umgekehrt beeinflussen Einschränkungen in den räumlich-konstruktiven Leistungen nicht die räumlich-perzeptiven und die räumlich-kognitiven Fähigkeiten. Räumlich-topographische Störungen sind nicht notwendigerweise mit räumlich-perzeptiven oder räumlich-konstruktiven Einschränkungen verknüpft.

Inzidenz

Da Einschränkungen in den visuell-räumlichen Fähigkeiten von den Betroffenen selber oftmals nicht bemerkt werden und ihre erhebliche Alltagsrelevanz nicht bekannt ist, bilden sie i.d.R. keinen Zuweisungsgrund für eine neuropsychologische Diagnostik oder Therapie. Sie sind auch im Kinderbereich keine Zuweisungsdiagnose nach einem internationalen Klassifikationsschlüssel. Daher sind empirisch gesicherte Angaben über die Inzidenz nicht verfügbar (Muth 2001, 15). Schröder gibt nach Durchsicht von Studien für Kinder eine Prävalenz von um die 1% an (Schröder 2010, 31).

Nach Kerkhoff (2000, 412) sind Einbußen in den ersten drei Dimensionen *nach* Hirnschädigungen häufig beschrieben worden. Über Einbußen in den räumlich-topographischen Leistungen sei dagegen weniger bekannt (s. o). Demnach haben 30%–50% der Patienten mit erworbenen linkshemisphärischen Hirnschädigungen und bis zu 50%–70% der Patienten mit erworbenen rechtshemisphärischen Hirnschädigungen Störungen in den räumlich-perzeptiven, -kognitiven und räumlich-konstruktiven Leistungen, jeweils auf die visuelle Sinnesmodalität bezogen (Kerkhoff 2006a, 177). Bei der Aussage über die Inzidenz sollte bedacht werden, dass sie auf den Erfahrungen der klinischen Neuropsychologie mit erwachsenen Patienten nach erworbenem Hirnschaden fußen und weiter einschränkend, dass räumlich-topographischen Fähigkeiten im Klinikalltag vermutlich nur selten untersucht werden.

»Für die Diagnostik von räumlich-topographischen Störungen existieren bislang kaum klinisch praktikable Verfahren« (Kerkhoff 2000, 427).

Unbekannt ist, in welchem Ausmaß auch Einbußen in den taktilen und akustischen Modalitäten auftreten. Räumlich-topographische Störungen sind im Vergleich dazu eher selten und nicht notwendigerweise mit räumlich-perzeptiven oder räumlich-konstruktiven Defiziten verknüpft (Kerkhoff 2000, 414).

Die Aussage entspricht nicht der eigenen Berufserfahrung aus den Begegnungen mit Menschen mit Hydrocephalus und den Veröffentlichungen aus der Beraterpraxis (Holgate 2004b, 51–57). Diese weisen eher auf ein häufiges Vorkommen räumlich-topographischer Schwierigkeiten bei Menschen mit Hydrocephalus hin.

Taktile und akustische Raumwahrnehmung

Im Unterschied zu den visuell-räumlichen Fähigkeiten werden die taktil-räumlichen und akustisch-räumlichen Fähigkeiten kaum untersucht. Jedoch spielen sie bei der Orientierung im Raum und bei der Interaktion sensomotorischer mit räumlichen Leistungen eine erhebliche Rolle (Kerkhoff 2000, 420). So hat die akustische Raumwahrnehmung im Alltag eine besonders relevante Rolle für die Ortung von Schallquellen und die taktile Raumwahrnehmung bei der Ausrichtung des eigenen Körpers. Erforscht scheint bisher einzig das Auftreten von akustischen Lokalisationsdefiziten nach rechts-posterioren Hirnschädigungen (Kerkhoff 2000, 420).

Für Menschen mit Hydrocephalus wären Untersuchungen der akustischen Wahrnehmung von Relevanz, weil aus Alltagserfahrungen der Eltern, Berichten von Sozialarbeitern (Holgate 2004c, 49–50; Bayston 2006, 11–13) und eigener Berufserfahrung eine extreme Geräuschempfindlichkeit vermutet werden kann.

6.2 Zugrunde liegende neurologische Strukturen

Die vorliegende Studie möchte den Schritt wagen und nach Zusammenhängen zwischen den Auswirkungen eines Hydrocephalus und möglichen Einschränkungen in visuell-räumlichen Fähigkeiten bei Kindern suchen. Auf welche Art und Weise eine durch den Hydrocephalus veränderte Hirnsituation sich auf neuropsychologische Leistungen auswirkt, bleibt ungeklärt. Nach Recherche des Forschungsstandes ist zwar davon auszugehen, dass viele Studien unmittelbare Auswirkungen feststellen, aber es bleibt offen, ob raumfordernde Prozesse, intrakranieller Druck, veränderter Blutfluss oder ein veränderter Stoffwechsel die Ausbildung manch neuropsychologischer Leistung beeinträchtigt. Es ist gut vorstellbar, dass schon geringe Veränderungen in der Versorgung und Störungen des Stoffwechsels und/oder geringe Druckgradienten das empfindliche Gleichgewicht im sich aufbauenden Gehirn stören (Haberl et al. 2007,

3). Trotz beeindruckender Plastizität des Hirns ist es zugleich sehr vulnerabel und gerade Hirnschädigungen im 1. Lebensjahr führen leichter zu bleibenden Hirnschädigungen als spätere Verletzungen (Stiles 2007, 264; Lehmkuhl & Melchers 2001). Da ist es plausibel, dass auch diese frühen Einflüsse Auswirkungen haben.

Auch für die hier im Vordergrund stehende neuropsychologische Leistung der visuell-räumlichen Fähigkeiten ist ein Einfluss des Hydrocephalus denkbar, aber bisher nicht kausal belegt. Dabei verfügt die Wissenschaft über hinreichende Erkenntnisse über die visuell-räumliche Verarbeitung, zumindest der räumlich-perzeptiven Verarbeitungswege im Gehirn (Kerkhoff 2006a, Niedeggen 2008). Es werden daher im Folgenden Grundzüge über die den visuell-räumlichen Fähigkeiten zugrunde liegenden neurologischen Strukturen dargestellt.

›Höhere‹ visuelle Funktionen

Aufbau und Funktion des Sinnesorgans ›Auge‹, der Sehnervenbahn und der primären Sehrinde im Okzipitalbereich des Neokortex sind wissenschaftlich erforscht und werden hier als bekannt vorausgesetzt.

Hinsichtlich weiterer Überlegungen ist bezüglich des Neuronenverlaufs bis zur primären Sehrinde hinzuzufügen, dass hier zwei verschiedene Neuronentypen vorkommen. Die phylogenetisch älteren, mit einer dickeren Myelinschicht umhüllten und daher schneller leitenden Axone werden wegen ihrer größeren Ganglienzellen magnozellulär (M-Ganglienzellen) genannt. Die Axone mit kleineren Ganglienzellen werden parvozellulär (P-Ganglienzellen) genannt und sie machen 80% der retinalen Axone aus. Während das P-System ausschließlich zur Sehrinde und weiter in Richtung des inferior temporalen Kortex projiziert, verlaufen die M-Fasern sowohl über die Sehrinde als auch über peripheren, neben dem Hauptnervenstrang und unter Auslassung der Area 17 (des primären visuellen Kortex) verlaufenden Bahnen in posterior parietal liegende Regionen. Sie sind zugleich die phylogenetisch älteren Nervenbahnen. Es sind die Nervenfasern, die u. a. das Bewegungssehen organisieren. Die Existenz der M-Fasern gibt die Erklärung, dass auch Menschen mit Schädigungen an der Sehrinde sich im Raum orientieren können, aber im Nahbereich Objekte nicht erkennen können. Während eine Störung an den M-Fasern es den Augen erschwert, in Ruhestellung zu bleiben und u. a. zu einer Lese-Rechtschreibschwäche führen kann (Landerl 2009, 400).

Das Hirnareal 17 (Brodmann Area 17 oder visuelles Feld V1) am Hinterhauptspol bildet den primären visuellen Kortex, die primäre Sehrinde. Sie beginnt am Okzipitalpol und erstreckt sich beidseits entlang der inneren Seite der Großhirnrinde nach vorne. Darüber hinaus gibt es weitere Komplexe aus mehreren visuellen Arealen, sogen. visuelle Felder (V1 bis V8), die an der kortikalen Verarbeitung der visuellen Reize beteiligt sind und jeweils bevorzugt bestimmte visuelle Reize verarbeiten. Neuere Untersuchungen mit bildgebenden Verfahren lassen auf noch wesentlich mehr visuelle Areale deuten (Engel 2008, 57). Diese starke Parzellierung benötigt zur Integration der visuellen Verarbeitung dann wiederum ausgedehnte Neuronenverbände, die miteinander kommunizieren, sodass letztlich die über das Auge erhaltenen Sinneseindrücke zu einem Bild transformiert werden können.

Alle diese über den sensorischen Weg der Wahrnehmung visueller Reize vom Auge bis zur primären Sehrinde am Hinterhauptspol hinausgehenden Leistungen der Zuordnung, Interpretation, Verarbeitung und Reaktion auf visuelle Reize sind allerdings nur modellhaft zu erklären. Untermauert werden die Vorstellungen über die ›höheren‹ visuellen Funktionen durch die Erkenntnisse, welche Funktionen nach bestimmten Läsionen beeinträchtigt sind.

6.2.1   Modell der Verarbeitungswege visuell-räumlicher Wahrnehmung

Diese höheren visuellen Funktionen der Perzeption, mit denen der Mensch den Raum erfasst (z. B. Positionen oder Objekte erkennt), sich orientiert und sein Handeln visuell kontrolliert, bilden keine geschlossene Einheit. Es sind neuronale Strukturen, die aus physiologisch verschiedenartigen Nervenzellverbänden bestehen und sich in Verlauf und Zielregionen unterscheiden, was auch anatomisch zu erkennen ist. Für diese nachgeschalteten oder höheren kortikalen Funktionen wird übereinstimmend ein Konzept der *Zweiteilung visueller Informationsverarbeitung* beschrieben[5], welches dann die Wahrnehmung und kognitive Verarbeitung der hier im Fokus stehenden visuell-räumlichen Fähigkeiten einschließt. Diese Informationswege werden als das kortikale und behaviorale System angesehen, das die grundlegenden Funktionen der räumlichen Kognition stützt (Stiles 2007, 245).

»Eine Fülle klinischer Befunde sind mit diesem Modell einer komplementären Arbeitsteilung im visuellen System vereinbar« (Kerkhoff 2000, 424).

Die Zweiteilung bezieht sich auf zwei teilweise getrennte Verarbeitungsbahnen im Kortex, die von der primären Sehrinde (Area 17 oder V1 (visuelles Feld 1)) ausgehen. Sie münden in kortikalen visuellen Arealen im Parietal- bzw. im Temporallappen.

---

5   Diese Ausführungen orientieren sich an: Birbaumer (2003, 473 ff.), Bodenburg (2001, 131 ff.), Kerkhoff (2000, 2006a, 2006b), Niedeggen (2008, 557–567), Prosiegel (2002, 81 ff.), Zoelch & Kerkhoff (2007)

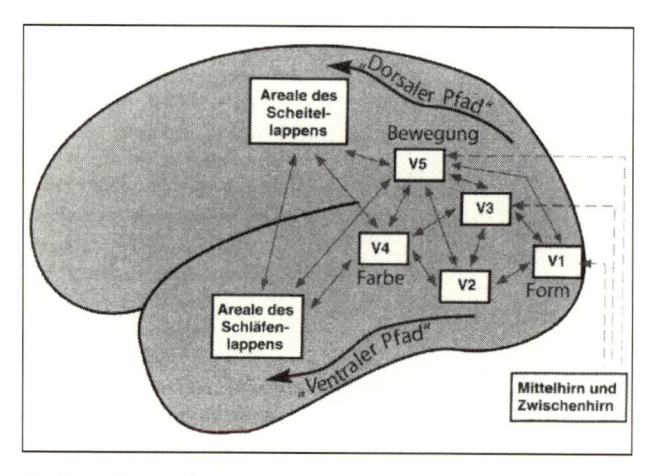

»In diese schematische Seitenansicht eines Gehirns sind die wichtigsten visuellen Hirnrindenareale und ein Teil der zwischen ihnen bestehenden Verbindungen eingetragen. (…) Stark vereinfacht sind hier die drei Objektmerkmale ›Form‹, ›Farbe‹ und ›Bewegung‹ Arealen zugeordnet, in denen sie wahrscheinlich bevorzugt verarbeitet werden. (…) Basierend auf der Art ihrer Verknüpfung und funktioneller Charakteristik können die Areale 2 verschiedenen Verarbeitungspfaden zugeordnet werden, dem sogen. ›dorsalen‹ Pfad und dem sogen. ›ventralen‹ Pfad. Zum ›dorsalen‹ parietalen Pfad gehört u. a. das Areal V 5, zum ›ventralen‹ temporalen Pfad V4.« (Engel 2006, 57).

Ventrale visuelle Route zum Temporallappen

Das eine System verläuft von der Area 17 ventral in die Areale des unteren Temporallappens (genauer in das visuelle Feld V4, inferotemporaler Kortex). Es wird als ›Was‹-Pfad bezeichnet, weil es sich primär mit der Mustererkennung befasst, also der Analyse von Farben, Formen, Objekten, Gesichtern und komplexen räumlich-topographischen Szenen. Bei der ›Was-Analyse‹ steht die Perzeption der Objekte im Vordergrund und nicht ihr räumlicher Bezug zueinander. Die Afferenzen zur ventralen Route kommen überwiegend von Ganglienzellen des Typs P. Sie unterscheiden sich nochmals in Zellen, die maximal sensitiv für Farben respektive maximal sensitiv für Formen sind.

Dorsale visuelle Route zum Parietallappen

Das andere System projiziert vor allem nach dorsal, also in den parietalen Kortex (Area 5 und 7 des superioren Parietallappen) und auch teilweise in den oberen Temporallappen (Zoelch & Kerkhoff 2007, 204). Es wird als ›Wo‹-Pfad bezeichnet, weil es vor allem der Analyse visuell-räumlicher Informationen dient, also der Analyse von Bewegung, Tiefe, Position, Raumachsen, Orientierung und dreidimensionalen Merkmalen von Objekten. Im oberen Parietallappen werden zudem auch räumlich-kognitive Leistungen vollbracht, denn diese Region reagiert auch bei mentalen Rotationsaufgaben (Kerkhoff 2006 b, 324). Bei der ›Wo-Analyse‹ geht es auch um zielgerichtete motorische Aktionen im Raum. Die Afferenzen zur dorsalen Route kommen überwiegend von Ganglienzellen des Typs M. Diese sind maximal sensitiv für Bewegung und Richtung. Es handelt sich um die phylogenetisch älteren, dickeren und schnelleren Axone.

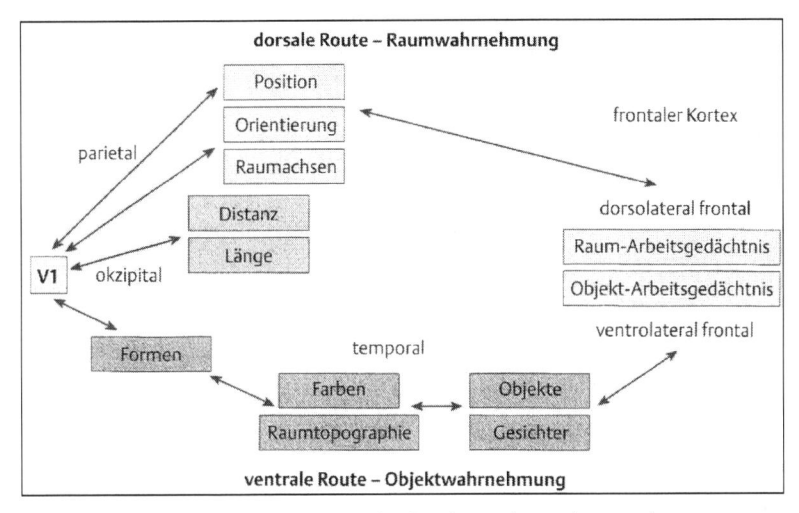

»Übersicht über die anatomische Parzellierung der dorsalen und ventralen Projektionssysteme, ausgehend vom primären visuellen Kortex (V1) in Richtung des Parietal- und Temporallappens. Von dort setzen sich die Projektionen in distinkte Areale des frontalen Kortex fort, die für räumliche oder objektbezogene Arbeitsgedächtnisleistungen wichtig sind. (…).« (Zoelch & Kerkhoff 2007, 204)

Diese beiden visuellen Projektionssysteme sind anatomisch und funktional eng verknüpft, denn zwischen ihnen gibt es zahlreiche neuronale Verbindungen. Sie interagieren vielfach miteinander und überlappen sich sogar teilweise (Stiles 2007, 247). Beide Systeme enden letztlich weder im Temporal- noch im Parietallappen, sondern führen zu gemeinsamen und benachbarten Regionen des frontalen Kortex, die auf visuell-räumliche und auf objektspezifische Arbeitsgedächtnisprozesse spezialisierten visuellen Verarbeitungszentren (Kerkhoff 2006b, 317).

Es ergeben sich somit bei diesem Modell der visuellen Wahrnehmung und Verarbeitung drei große Bereiche, die vulnerabel sind und bei denen nach Läsionen unterschiedliche Ausfälle zu diagnostizieren sind:
- die primäre Sehrinde (V 1),
- die ventrale visuelle Route,
- und die dorsale visuelle Route.

Es wird vermutet, dass die dorsale visuelle Route eine größere Vulnerabilität besitzt als die ventrale Route und Einflüsse auf ihre Entwicklung verhältnismäßig häufig zu visuell-räumlichen und visuo-motorischen Defiziten führen (Zoelch & Kerkhoff 2007, 205).

Hinweise auf die Funktion und Vulnerabilität ergeben sich aus den Funktionsausfällen nach Läsionen, wie z. B. Infarkten, und aus der Bildgebung: Deafferenzen in der Sehbahn und direkte Schädigungen in der *primären Sehrinde* führen zu Einschränkungen im Sehen und im Gesichtsfeld. Diese können sich in einer Reduktion der Helligkeits- und Kontrastwahrnehmung äußern, aber auch bis zum kompletten Ausfall der visuellen Wahrnehmung reichen (kortikale Blindheit).

Bei Schädigungen in der *ventralen visuellen Route*, die vom Hinterhauptspol in den temporalen Bereich des Gehirns führt, sind häufig Störungen in der Farbwahrnehmung zu vermerken. Sie werden nur noch in Graustufen erkannt. Weiter kommt es zu Defiziten in dem Erkennen von Gesichtern und Formen. Dahinter werden mangelhafte Analysen oder auch ein mangelhafter Abgleich mit gespeichertem Material vermutet. Die ventrale visuelle Route wird daher auch die *Route der visuellen Objektwahrnehmung* genannt.

Schädigungen der *dorsalen visuellen Route*, die vom Hinterhauptspol vor allem in den parietalen Bereich des Gehirns reicht, führen eher zu visuell-*räumlichen* Störungen als vergleichbare Läsionen innerhalb der ventralen visuellen Route. Hierbei sind die Auswirkungen auf die räumlich-perzeptiven Leistungen sehr gut belegt. Aber es finden sich nach Läsionen im dorsalen Strom auch Auswirkungen auf räumlich-kognitive Leistungen, und es manifestieren sich räumliche Störungen insbesondere dann, wenn sie mit einer Handlung verknüpft sind, was die Bedeutung der dorsal-visuellen Route für räumlich-konstruktive Leistungen zeigt (Kerkhoff 2000, 424). Niedeggen spricht von selektiven Störungen in der Analyse der visuell-räumlichen Fähigkeiten bei Läsionen in der dorsalen visuellen Route, schließt aber gezielt hierunter alle vier Teilleistungen der visuell-räumlichen Fähigkeiten ein (Niedeggen 2008, 560).

Wesentlich seltener, aber ebenfalls bei einer Verletzung der dorsalen visuellen Route (Area 5) zu beobachten, sind Defizite in der Bewegungswahrnehmung (Niedeggen 2008, 560). Die dorsale visuelle Route wird daher auch als *Route der visuellen Raumorientierung* bezeichnet.

Eine weitere Forschungsmöglichkeit der Neuropsychologie ergibt sich aus den Weiterentwicklungen der bildgebenden Verfahren in der Medizin, vor allem der funktionellen Magnet-Resonanz-Tomographie (fMRT). Diese Bilder zeigen inzwischen differenziert die Hirnaktivitäten bei kognitiven Anforderungen. Ein wesentlicher Vorteil dieser Herangehensweise liegt darin, dass im Unterschied zur Läsionsforschung aus den zerebralen Aktivitätsmustern gesunder Menschen, in der Regel Erwachsenen, die Erkenntnisse gewonnen werden. Im Hinblick auf die Bewältigung von räumlichen Lokalisationsaufgaben, also dem Erkennen, Einschätzen und Greifen von Objekten, werden weit verzweigte neuronale Netzwerke aktiviert und die fMRT-Aufnahmen bestätigen die Zuordnung der Aktivitätsmuster zur dorsalen Route. Die Aktivitätszentren liegen überwiegend rechtshemisphärisch in frontalen Hirnarealen. Das dorsale fronto-parietale System spielt, im Einklang mit diesen Ergebnissen, bei visuell geleiteten motorischen Aktionen eine wichtige Rolle.

Aus den Befunden für die vier Dimensionen der visuell räumlichen Fähigkeiten ergibt sich folgendes Bild über die morphologischen und physiologischen Grundlagen.

6.2.2 Neuronale Grundlagen der vier Dimensionen der visuell-räumlichen Fähigkeiten

Visuell-räumlich-perzeptive Fähigkeiten und ihre neuronalen Grundlagen

Die räumlich-perzeptiven Fähigkeiten und ihre Störungsformen sind gut untersucht und weitgehend mit dem Modell eines dorsalen und ventralen visuellen Systems der visuellen Perzeption des Raums vereinbar. Zu den räumlich perzeptiven Leistungen werden das Erkennen der subjektiven Hauptraumachsen und das Schätzen von Winkeln, Längen, Distanzen, Linien und Positionen gezählt. Es konnten im Tierversuch einzelne verantwortliche Neuronen ausfindig gemacht werden (Kerkhoff 2006b).

Die Ursachen der Störungen lassen sich in sehr unterschiedlichen Bereichen der visuell-*dorsalen* Route ausmachen, so temporoparietal, periotemporal, lateral intraparietal, okzipitoparietal, okzipitotemporal, seltener frontale Läsionen, aber ferner Läsionen an Stammganglien und Thalamus. Es ist zu folgern, dass einzelne Läsionen unterschiedlicher parietookzipitaler Hirnregionen zu räumlich-perzeptiven Störungen führen. Bei mehreren perzeptiven Schätzungsleistungen zeigten rechtshemisphärische Störungen stärkere Ausfälle als linkshemisphärische Störungen, so bei der Hauptraumachse, bei der Winkelschätzung und der Positionsschätzung. Bei den anderen Schätzleistungen findet sich keine Hemisphärendominanz (Kerkhoff 2006b, 319).

Visuell-räumlich-kognitive Fähigkeiten und ihre neuronalen Grundlagen

So differenziert zum Teil Aussagen über die biologischen Grundlagen räumlich-perzeptiver Leistungen gemacht werden, so enttäuschend sind hierüber die Erkenntnisse über räumlich-kognitive menschliche Fähigkeiten:

> »Über die physiologische Grundlage räumlich-kognitiver Störungen ist wenig bekannt. Die klinische Erfahrung zeigt, dass parietale Läsionen auch andere räumlich-kognitive Leistungen beeinträchtigen, ohne dass ein räumlich-perzeptives Defizit vorliegen muss (…). Klinische und funktionelle Studien mit bildgebenden Verfahren deuten auf die Bedeutung parietaler und parietookzipitaler Hirnregionen beider Hemisphären hin« (Kerkhoff 2006b, 324).

Eine Lokalisation für räumlich-kognitive und räumlich-konstruktive Operationen innerhalb der dorsalen Route ist bisher nicht erfolgt (Niedeggen 2008, 562). Läsionsbefunde und bildgebende Verfahren weisen bei Rotationsaufgaben auf Aktivitäten in verschiedenen Hirnregionen, vor allem dem (oberen) Parietallappen, aber auch in den frontalen Augenfeldern und Arealen des mittleren Temporallappens hin (Kerkhoff 2006b, 324).

Visuell-räumlich-konstruktive *Fähigkeiten und ihre neuronalen Grundlagen*

Noch unbekannter ist die Physiologie räumlich-konstruktiver Leistungen. Die Beziehungen zwischen der Leistung, ihrer Störung und den Läsionsarten sind bisher kaum untersucht, und es besteht noch erheblicher Forschungsbedarf (Prosiegel 2002 81).

»Die zugrunde liegenden neuropsychologischen und neurophysiologischen Mechanismen sind derzeit nicht hinreichend geklärt« (Kerkhoff 2006b, 325).

Ausgehend von der Vermutung der gestörten Koordinatentransformation schließt Kerkhoff auf eine Beteiligung parietofrontaler Hirnregionen (Kerkhoff 2006a, 181). Es ist bisher nur bekannt, dass räumlich-konstruktive Störungen durch ganz unterschiedliche Hirnläsionen verursacht werden können. Sie treten nach Läsionen frontaler und parietaler Hirnregionen und gleichermaßen nach rechts- und nach linkshemisphärischen Läsionen auf (Kerkhoff 2006b, 325).

Die Schwierigkeiten, neuronale Grundlagen für räumlich-konstruktive Störungen zu finden, können auch darin begründet sein, dass diese Leistungen auf mehreren kognitiven Fähigkeiten fußen. Allerdings gibt es eine Reihe an Forschungen über die neurologischen Strukturen, die einer Rechenstörung zugrunde liegen, und die Rechenfähigkeit benötigt als wesentliche Grundlage gute visuell-räumliche, nach Heubrock & Petermann gar gute visuell-räumlich-konstruktive Fähigkeiten (Heubrock & Petermann 2000, 239).

Visuell-räumlich-topographische *Fähigkeiten und ihre neuronalen Grundlagen*

Räumlich topographische Fähigkeiten scheinen auf Verarbeitungswegen und -zentren von hippokampalen und parahippokampalen Arealen zu beruhen, denn die Störungen dieser Fähigkeiten treten nach hippokampalen Läsionen und parahippokampalen Läsionen auf (Kerkhoff 2006b, 325 & Kerkhoff 2006a, 183). Dabei ist es unerheblich, ob die Läsion rechts- oder linkshemisphärisch ist.

Bildgebende Verfahren bestätigen die Aktivierung in hippokampalen und parahippokampalen Arealen der rechten und linken Hirnhälfte bei Navigationsaufgaben. Die visuellen Verarbeitungswege entlang von Hippokampus und Parahippokampus werden der visuell ventralen Route zugeordnet. Und damit unterscheiden sich die Aktivitätsmuster deutlich von denen bei räumlich-perzeptiven und räumlich-kognitiven Aufgaben, die typische Aktivitätsmuster in der dorsalen visuellen Route erkennen lassen.

Es können auch Schädigungen der dorsalen visuellen Route zu topographischen Orientierungsstörungen führen. Aber diese treten dann im Zusammenhang mit einem Neglect oder anderen schweren Syndromen auf, die bisher weder in Elternberichten noch in der Literatur im Zusammenhang mit einem Hydrocephalus erwähnt werden. Sofern bei Kindern mit Hydrocephalus Einschränkungen in den räumlich-topographischen Leistungen zu beobachten sind, so dürften sie eine Störung in der ventralen visuellen Route betreffen.

Die physiologischen Grundlagen der räumlich-topographischen Leistungen unterscheiden sich damit deutlich von jenen der räumlich-perzeptiven und der räumlich-kognitiven Leistungen. Letztere zeigen in den bildgebenden Verfahren eindeutig Aktivierungsmuster in verschiedenen Hirnregionen der dorsalen visuellen Route (Kerkhoff 2006a, 183). Und vermutlich unterscheiden sie sich auch deutlich von den physiologischen Grundlagen der räumlich-kognitiven und -konstruktiven Fähigkeiten.

Zusammenfassung aus den Läsionsbefunden und der Bildgebung
Die Befunde aus der Läsionsforschung und der Bildgebung über festgestellte Störungen in den räumlich-perzeptiven Fähigkeiten sind weitgehend mit dem Modell der dorsalen und ventralen visuellen Route vereinbar. Bei den anderen visuell-räumlichen Leistungen ist dies nicht sicher zu sagen. Es ist aber nach heutigem Wissensstand davon auszugehen, dass Läsionen der dorsalen visuellen Route zu spezifischen räumlich-perzeptiven Einbußen führen, die vor allem in den Schätzaufgaben von Winkeln, Entfernungen, Längen, Distanzen und Positionen sowie dem Erkennen der Hautraumachsen benötigt werden. Sie führen nicht zu Einbußen in der Form-, Farb-, Objekt- oder Gesichtererkennung. Zugleich lassen die Unterschiede zwischen einzelnen visuell-räumlichen Leistungen und ihren jeweiligen zuzuordnenden neurologischen Bahnen und Regionen weitere funktionale Spezialisierungen innerhalb der dorsalen visuellen Route erkennen (Kerkhoff 2006a, 180 & 2006b, 317f). Leider stehen die zahlreichen Einzelergebnisse der Bildgebung zur dorsalen Route noch unverbunden nebeneinander, abgesehen von der gut erklärbaren Verarbeitung der visuell-perzeptiven Leistungen. Und es mangelt an einem neuroanatomischen oder kognitionspsychologischen Modell zur kognitiven Funktion aller vier Dimensionen visuell-räumlicher Leistungen und ihrer Beeinträchtigungen (Niedeggen 2008, 562).

Erkenntnisse der Bildgebung: Repräsentationen innerhalb der dorsalen visuellen Route
Die dorsale Route ist offenbar sehr umfassend für die kognitive Verarbeitung visuell-räumlicher Informationen zuständig, denn auch die visuell-räumliche Aufmerksamkeit wird ihr zugeordnet (Willmes 2006, 412). Die dorsale Route führt durch den superioren Parietallappen und in den posterioren Anteilen dieses superioren Parietallappens wird die räumliche Aufmerksamkeit lokalisiert.

> »Die posterioren Anteile des superioren Parietallappen sind stark mit visuellen Aufmerksamkeitsprozessen verknüpft, die wiederum zur visuellen Verarbeitung von Zahlen beitragen« (Willmes 2006, 412).

Die posterioren Bereiche des Parietallappens spielen auch eine Schlüsselrolle beim Wechsel der Aufmerksamkeitsfokussierung (Stiles 2007, 254). Menschen, die eine Läsion des Parietallappens erlitten, zeigen Schwierigkeiten beim Aufmerksamkeitswechsel und verlangsamte Reaktionszeiten. Diese Forschungsergebnisse sollen hier erwähnt werden, weil Literaturrecherche und die qualitative Auswertung der Elterninterviews Schwächen der Kinder mit Hydrocephalus in der selektiven Aufmerksamkeit belegen.

Neben dem superioren Parietallappen, der die dorsale Route beherbergt, liegt der inferiore Parietallappen, und zwischen den beiden großen Windungen (gyri) liegt eine Furche, der intraparietale Sulcus. Diese drei parietalen Regionen sind entscheidend für die visuell-räumliche Wahrnehmung und auch für die Zahlenverarbeitung verantwortlich, denn der Parietallappen ist auch Sitz des visuell-räumlichen Zahlensystems.[6] So wird der superiore Parietallappen auch aktiv, wenn das Schätzen und Überschlagen von Größen gefordert ist. Und der IPS, der intraparietalen Sulcus, wird aktiv beim Erkennen von Größen, Mengen, Rotationen und dem Erkennen der Wertigkeit einer einzelnen Zahl anhand ihres Platzes in einer großen Zahl (Beispiel: die Zahl ›3‹ hat in 23 einen anderen Wert als in 301). Hier wird zusätzlich die Repräsentation der zeitlichen Ordnung vermutet (Willmes 2006, 412).

> »(…) auch für die Zeitwahrnehmung sowie für generelle Aufmerksamkeitsprozesse ist die Integrität des IPS essentiell« (Kaufmann & Nuerk 2007, 389).

Seitlich neben diesem Sulcus, in den inferioren Gebieten des Parietallappens, wird weiter die Semantik der Wörter kognitiv bearbeitet (v. Aster 2008, 593). Letztlich ist auch das Arbeitsgedächtnis involviert, denn die dorsale und ventrale visuelle Route projizieren weiter bis in distinkte Regionen des frontalen Kortex, die für Arbeitsgedächtnisleistungen relevant sind (Kerkhoff 2006 b, 317). Alles Bereiche, die von den Eltern als besondere Schwäche ihrer Kinder benannt werden.

Hemisphärendominanz

Es gibt gut belegbare Funktionsunterschiede zwischen der rechten und linken Hemisphäre. Dazu gehört, dass nonverbale Leistungen und darunter vor allem die räumlichen Leistungen eine Domäne der rechten Hemisphäre sind (z. B. Prosiegel 2002, 81; Heubrock 2000). In diesem Zusammenhang wird diskutiert, dass es durch Läsionen/ Traumata oder bei Kindern auch durch Hirnreifungsstörungen zu einer Dysfunktion der rechten Hemisphäre kommen kann und diese zu einer Vielzahl nichtsprachlicher neuropsychologischer Beeinträchtigungen führen, zu denen dann u. a. ausgeprägte räumlich-konstruktive Störungen zählen (Heubrock & Petermann 2000, 241). Andere Autoren wenden sich von der Hemisphärendiskussion in Bezug auf die räumlich-konstruktiven Fähigkeiten (nicht bezüglich der räumlich-perzeptiven und -kognitiven Fähigkeiten) gänzlich ab:

> »Räumlich-konstruktive Störungen sind weder theoretisch noch empirisch ein homogenes Störungsbild, sondern treten nach Hirnschädigungen unterschiedlichster Lokalisation auf. Sie sind etwa gleich häufig nach rechts- wie nach linksseitigen Läsionen …« (Kerkhoff 2000, 411).

---

6 Auf die neurologischen Grundlagen für die Zahlenverarbeitung wird weiter im Abschnitt 6.5.1. eingegangen.

Oder anders ausgedrückt ist zu formulieren, dass linkshemisphärische Läsionen ähnliche Defizite bringen (Kerkhoff 2006b, Zihl 1997, 226). Schon bei den relativ am besten erforschten visuell-räumlichen Teilfähigkeiten, den räumlich-perzeptiven Leistungen, zeigen sich meist bilaterale Beteiligungen, wobei rechtshemisphärische Läsionen weitreichendere Auswirkungen haben. Rechtshemisphärische Schädigungen haben insofern weitreichendere Folgen, weil das dorsale System der visuellen Raumorientierung, der ›Wo‹-Pfad, beim Menschen stärker in der rechten Hemisphäre repräsentiert ist (Kerkhoff 2006b, 318). Die Ursache wird in der phylogenetischen Entwicklung der Sprache gesehen. Die Sprachzentren manifestierten sich im Wesentlichen linkshemisphärisch und führten zu einer teilweisen Verlagerung der visuell-räumlichen Leistung auf die rechte Hemisphäre (›crowding effect‹). Insofern ist von einer Dominanz der rechten Hirnhälfte bei visuell-räumlichen Leistungen zu sprechen.

6.2.3 Schlussfolgerungen

Im Hinblick auf die Diskussion der Ergebnisse aus der qualitativen und quantitativen Untersuchung über das Lernverhalten bei Kindern mit Hydrocephalus und ihre visuell-räumlichen Fähigkeiten lässt sich festhalten:

- Die in der Literatur veröffentlichen Forschungsergebnisse ergeben sich aus der Betrachtung von Hirnläsionen bzw. aus der Suche nach den Ätiologien von Funktionsausfällen bei Erwachsenen. Bei Kindern muss neben den erworbenen Schädigungen durch Erkrankung und Traumen auch an prä- oder perinatal entstandene Hirnfunktionsstörungen gedacht werden (Heubrock & Petermann 2000, 37). Dann liegt keine lokalisierbare Läsion vor, sondern eine Fehlentwicklung oder Mangelversorgung des Hirns. Dies erschwert die Zuordnung möglicher Beeinträchtigungen zu biologischen Grundlagen.
- Die klassische Vorgehensweise in der Neuropsychologie, die von Störungen ausgeht, erschwert die Sicht auf die Fähigkeiten.
- Die Forschungen belegen, dass räumlich-perzeptive und räumlich-kognitive Fähigkeiten voneinander unabhängig organisiert sind und entsprechende Einschränkungen voneinander abweichen können (Kerkhoff 2006b, 324).
- Räumlich-konstruktive Einbußen dagegen haben ihre Ursache häufig in räumlich-perzeptiven Störungen, sowie in Planungsstörungen und Defiziten im Arbeitsgedächtnis (Kerkhoff 2006 b, 324).
- Das Modell der zwei visuellen Hauptinformationswege einer dorsalen und einer ventralen visuellen Route ist durch Forschungen bestätigt.
- Von den zwei Hauptinformationswegen ist die dorsale visuelle Route für diese Studie relevant. Sie führt von der primären Sehrinde vor allem in parietale Hirnareale und weiter in den frontalen Kortex. Die postulierte Spezialisierung der zwei Routen ordnet die visuell-*räumlichen* Wahrnehmungsleistungen dem visuell-dorsalen System zu (Kerkhoff 2006a, 180).

- Für die dorsale visuelle Route ist die Bedeutung einer Hirnregion, nämlich des Parietallappens (ventral und lateral, intraparietal und superior) gut belegt. Diese Hirnregion hat eine zentrale Rolle in der Zahlenverarbeitung und ist weiter wichtig für die Aufmerksamkeitsfokussierung, die Semantik und das Arbeitsgedächtnis.
- Diese parietalen Hirnareale verarbeiten viele räumlich-perzeptive Leistungen und sind an der Verarbeitung räumlich-kognitiver und räumlich-konstruktiver Leistungen vermutlich beteiligt.
- Schädigungen an der dorsalen Route der visuellen Raumorientierung wirken:
  - auf räumlich-perzeptive Leistungen (Erkennen der Raumachsen, Schätzen von Längen, Distanzen, Positionen, Winkeln, Linien)
  - auf räumlich-kognitive (Rotationen)
  - und auch auf räumlich-konstruktive Leistungen.
- Einschränkungen in räumlich-topographischen Leistungen (gestörte Aktualisierung und gestörte räumliche Vorstellung der eigenen Raumposition) werden Beeinträchtigungen in der ventralen visuellen Route zugeschrieben. Nur die egozentrischen (beobachterbezogenen) Raumleistungen innerhalb der räumlich-topographischen Leistungen werden der dorsalen visuellen Route zugeschrieben.

6.3 Aspekte zur Entwicklung visuell-räumlicher Fähigkeiten

Die *visuell-räumlich*en Fähigkeiten bilden den wesentlichen Bestandteil des räumlichen Denkens. Die Verarbeitungen von taktilen, akustischen und kinästhetischen Informationen vervollständigen das Bild der räumlichen Fähigkeiten oder auch räumlichen Kognition.

Der Dominanz des visuellen Systems beim räumlichen Denken entsprechend richtet sich die Mehrheit der entwicklungspsychologischen Studien auf die Verarbeitung von visuell zugänglicher räumlicher Information (Schumann-Hengsteler 2006, 95). Und auch bezüglich der Forschungen zur Entwicklung des räumlichen Denkens beim Kind finden sich zahlreiche Studien und widmen sich den Aspekten des Raumes und des Räumlichen in der Kindesentwicklung. Aber die einzelnen Forschungstraditionen und auch Fragestellungen bleiben unverbunden nebeneinander stehen. Integrative Arbeiten zur Entwicklung von visuell-räumlichen Kapazitäten, Enkodierstrategien, mentalen Transformationen und dem Aufbau von räumlichem Wissen fehlen (Schumann-Hengsteler 2006, 95). Die im Unterschied zum Erwachsenenbereich vergleichsweise geringe Forschung über die Entwicklung kann in methodischen Problemen begründet sein, die zu den Problemen der Konstruktvielfalt und Definitionen, die die Fähigkeiten des räumlichen Denkens mit sich bringen, hinzukommen (Quaiser-Pohl 2001, 241). Größtes methodisches Problem sind hierbei die normalen Entwicklungsunterschiede gleichaltriger Kinder.

6.3.1 Neuropsychologisches Verständnis von der kognitiven Entwicklung des Kindes

Die heutige Sicht der ontogenetischen Entwicklung geht von einem Wechselspiel zwischen Anlage und Umwelt aus. Das Kind mit seinen genetischen Anlagen wächst in einer physikalischen und sozialen Umwelt auf, deren Reize es für die Entwicklung seiner Fähigkeiten braucht. Die Einmaligkeit eines jeden menschlichen Genoms begegnet einer Einmaligkeit eines physikalischen und sozialen Umfeldes (Singer 2002).

Zum Zeitpunkt der Geburt sind viele Nervenzellen angelegt, aber der rasche Ausbau und die überragende Mehrheit der Synapsenverbindungen vollziehen sich postnatal. Welche Verbindungen entstehen und vor allem welche bei den Umstrukturierungen und beim Abbau der nicht genutzten Synapsen bestehen bleiben, hängt von der Art und Intensität der Aktivierung einzelner Nerven, Faserbündeln und Hirnareale ab. Bei dieser Aktivierung mit nachfolgendem physiologischen Auf- und Umbau des Gehirns spielen die Sinnessignale aus der sozialen und physikalischen Umwelt eine entscheidende Rolle. Das Gehirn passt sich durch Änderung der Synapsenstärke, durch Abbau wenig benötigter und Aufbau neuer Synapsen und dem Wachstum von Neuronen den Anforderungen an. Es entstehen sogen. neuronale Funktionskreise oder kortikale Karten und eine ständige Veränderung der neuronalen Repräsentation. Lernen ist neuropsychologisch und biologisch betrachtet eine Veränderung in der Stärke der synaptischen Verbindung zwischen Nervenzellen (Spitzer 2002).

> »Neuronen sind so aufgebaut, dass sich ihre synaptischen Verbindungen langsam ändern. Immer dann, wenn Lernen stattfindet, ändern sich die Stärken einiger Synapsen ein klein wenig« (Spitzer 2002, 75).

Die Stärke der Synapse nimmt durch Lernen zu. Jede Erfahrung, also jedes Lernen schlägt sich in kleinen Schritten nieder und durch Wiederholungen wird die Struktur dieser Erfahrung gefestigt. So kommt es langsam zu einer sich ändernden Repräsentation. Dieser Prozess wird als Neuroplastizität bezeichnet. Die Neuroplastizität des Gehirns ist lebenslang aktiv. Am ausgeprägtesten ist sie aber in der Kindheit, denn solange der Synapsenumbau nicht abgeschlossen ist, ist die Lernbereitschaft des Gehirns, seine neuronalen Funktionskreise, die für einzelne Funktionen vorgesehen sind, zu aktivieren am größten.

> »Allein dadurch, dass Synapsenstärken im Netzwerk langsam in Abhängigkeit von der Lernerfahrung verändert werden, kommt es dazu, dass das Netzwerk eine Regel kann« (Spitzer 2002, 73).

Das Gehirn lernt die Regeln, wenn es sie im Handeln benutzt und am erfolgreichsten in der Kindheit, denn junge Hirne sind wahre »Lernmaschinen mit einem gewaltigen Ausmaß an Plastizität« (Spitzer 2002). Wegen dieser Chance auf neuronale Umstrukturierung – und damit Nutzen und Aufbau von genetisch angelegten Funktionskreisen – ist das wiederholte Üben von neuropsychologischen Fähigkeiten, die sich verzögert entwickeln, im Kindesalter noch sinnvoll.

Dieser Organisationsprozess des Gehirns vollzieht sich im Wechselspiel zwischen den Anregungen aus der Hirnreifung und der Umwelt, die gestaltbar ist. Unter Wechselspiel wird hierbei verstanden, dass dem Gehirn eine aktive Rolle zugesprochen wird, denn nicht jeder Umweltreiz wird angenommen und in die bestehenden Strukturen integriert, bzw. zum Aufbau neuer Verbindungen genutzt. Singer (2002) bezeichnet dies als die ›Selbstorganisation‹ des Gehirns. Die Sinnesreize wirken nur dann strukturierend auf die Entwicklung des Gehirns ein, wenn sie Folge einer aktiven Interaktion mit der Umwelt sind. Lernen wird dabei verstanden als Entstehung und Veränderungen neuronaler Repräsentationen. Diese umfassen alle Sinneseindrücke, alle Emotionen, weiter alle neuropsychologischen Fähigkeiten, die Steuerung der Motorik und alle Persönlichkeitseigenschaften wie z. B. Werte (Spitzer 2002, 13).

Demnach ist aus neuropsychologischer Sicht unter Lernen die Fähigkeit des Nervensystems zu verstehen, auf sensorische Erfahrungen adaptiv zu reagieren. Dabei sorgt die synaptische Plastizität für die Veränderungen in der neuroanalen Repräsentation (Heubrock & Petermann 2000, 26). Lernen ist somit der Prozess des neuronalen Aufbaus und der ständigen neuronalen Umstrukturierung des Hirns (Spitzer 2002; v. Aster 2003 b, 36; Kucian 2005, 58).

> »Das, was wir unter dem Begriff Lernen verstehen, ist mit plastischen Veränderungen der neuronalen Struktur des Gehirns verbunden« (Kucian & v. Aster 2005, 64).

Das Verständnis der neuronalen Hirnentwicklung und damit der Basis des Lernens entwickelt sich ständig durch Erkenntnisse der neuropsychologischen Forschung weiter.

Zu den wichtigsten Erkenntnissen gehört:
- Es wird heute von einer viel weitreichenderen Plastizität des Hirns ausgegangen als noch in den 1980er-Jahren (Sterr 2008, 45). Während früher unter Plastizität nur eine unterschiedliche Entwicklung in bestimmten sensiblen Phasen verstanden wurde, ist heute durch Forschungen belegt, dass über die Kindheit hinaus kontinuierlich strukturelle und funktionale Anpassungen stattfinden (Sterr 2008, 45).
- Das Gehirn eines Kindes verfügt über eine wesentlich größere Plastizität, also Lernbereitschaft, als Gehirne von Jugendlichen und Erwachsenen (Spitzer 2002).
- Es wird heute davon ausgegangen, dass die frühe postnatale visuelle Entwicklung subkortikal dominant verläuft, sich dann zunächst die visuell ventrale Route (Gesichterkennung der Mutter) und etwas zeitverzögert die visuell dorsale Route bildet, und somit kortikale Module die Kontrolle über das visuelle Verhalten übernehmen (Zoelch & Kerkhoff 2007, 203).
- Neuronale Entwicklung mit Ausbau und Abbau von Synapsen und Neuronen und die Übertragung der Informationen folgt nach dem Prinzip der Bahnung und Hemmung. Es wird vermutet, dass die Relevanz der Hemmung so groß ist, dass von Entwicklungsfortschritten durch Hemmungseffizienzen gesprochen wird (Schumann-Hengsteler 2006, 70).

6.3.2 Entwicklung des räumlichen Denkens

Die Modelle zum Aufbau räumlicher Repräsentationen beim Kind beziehen sich ursprünglich meist auf Piaget (Schumann-Hengsteler 2006, 53). Sein sechzig Jahre altes Modell des Lernens durch Reifung und Äquilibrierung sowie der vier Stadien in der kognitiven Kindesentwicklung (Stadium der sensomotorischen Funktionen, Stadium der präoperationalen Funktionen, Stadium des konkret operationalen Denkens, Stadium des formal operationalen Denkens) hat in seinen Grundzügen immer noch Bestand, weil die neueren Forschungsergebnissen über den Ablauf der zerebralen Entwicklung mit der von Piaget beschriebenen kognitiven Entwicklungsstufen korrespondieren. So ist inzwischen erwiesen, dass motorische Reaktionen vor der Entwicklung höherer Wahrnehmungsfähigkeiten entstehen, denn die Neurone der tiefen Kortexschichten myelinisieren zuerst und bilden die Basis der efferenten Reaktion. Piaget ging ebenfalls davon aus, dass sich die Wahrnehmungsfunktionen anhand der Muster der motorischen Reaktionen bilden. Ein weiteres Beispiel ist die Unterscheidung des Stadiums präoperationalen von dem des konkret operationalen Denkens. Diese Stadien des Kleinkindes und des Grundschulkindes unterscheiden sich durch wesentliche Verhaltensveränderungen, die auf eine Umgestaltung der neuropsychologischen Funktionen in der Aufmerksamkeit und in den Exekutivfunktionen zurückzuführen sind. Hier finden sich neurophysiologische Veränderungen im Frontallappen. Auch die schon von Piaget angegebene lange Entwicklung bis zum abstrakt-logischen Denken entspricht den heutigen Kenntnissen einer erst im Jugendalter abgeschlossenen Myelinisierung der Axone im Frontallappen (Mietzel 2002, 223), (Absatz nach Melchers & Lehmkuhl 2000, 620 f.).

Zu den wesentlichen Modifizierungen des Modells von Piaget gehört allerdings, dass die kognitiven Subsysteme (wie räumliches Denken, Sprache, planerisches Denken, Gedächtnis) sich unterschiedlich entwickeln, sodass inzwischen nicht mehr von kognitiven Stufen, sondern von den kognitiven Entwicklungen der Bereiche gesprochen wird (Dammasch 2004). Kognitive Entwicklung geht nicht einheitlich vonstatten (Stiles 2007, 253).

Die Frage der Lokomotion

Zentraler Punkt in Piagets Modell der Entwicklung des räumlichen Denkens ist die Bewegung. Er geht davon aus, dass die Kinder Raum erfahren, indem sie kinästhetische und motorische Erfahrungen mit optischen Erfahrungen in Zusammenhang bringen (Schumann-Hengsteler 2006, 54). Dem folgen andere namhafte Modelle (z. B. Siegel & White, Wygoski, Shemayakin, Hat, Lewins, Gauvins, Quaiser-Pohl, nach Schumann-Hengsteler 2006, 81 f.). Alle messen der Eigenbewegung eine zentrale Bedeutung zu. Die Frage der zentralen Rolle der Eigenbewegung ist für diese Studie von besonderer Bedeutung, weil in der Stichprobe fast die Hälfte aller Kinder eine erhebliche Beeinträchtigung ihrer Motorik hat.

Aus der Relevanz der Eigenbewegung zur Entwicklung des räumlichen Denkens wird vielfach im Umkehrschluss geschlossen, dass mangelnde Eigenbewegung der Grund für mangelhaftes räumliches Denken sei. Durch die fehlende oder sehr spät einsetzende Eigenbewegung des Kindes mit Köperbehinderung, somit dem Fehlen des Erlebnisses von Höhe und Tiefe, von Nähe und Ferne käme es zu sehr reduzierten Raumerfahrungen und damit zu geringeren Leistungen in allen Dimensionen des räumlichen Denkens. Auch eine später einsetzende Lokomotion des Kindes hebe die mangelnde Raumerfahrung früher Jahre nicht auf. Damit bieten die Entwicklungstheorien von Piaget und von Wygorski zum räumlichen Denken bei Kindern einen hohen Erklärungswert, wenn bei Kindern mit einer Körperbehinderung Mängel im räumlichen Denken festgestellt werden, z. B. wie in Wiedenbauer 2006.

Dagegen steht die Sichtweise anderer Forschungsrichtungen, die den Aufbau des Raumwissens nicht als abhängig von der eigenen motorischen Aktivität sehen. Hier gibt es Stimmen, die die Ausreifung visuell-perzeptiver Funktionen vor der Ausreifung der motorischen Fähigkeiten mit einer nachfolgenden Koordination sehen (Cratty nach Leyendecker 2005, 74) und Stimmen, die in den Reifungsprozessen selber den entscheidenden Entwicklungsaspekt vermuten (Bower, Diamond nach Schumann-Hengsteler 2006, 54 ff. und nach Stiles 2007, 251). Danach spielen Reifungsprozesse des frontalen Kortex eine Rolle und zwar in dem Sinne, dass Raumwissen und Rückgriff auf Raumwissen auch eine Frage noch zu wachsender, sich auszubildender kortikaler Hemmung ist. Zum Beispiel zögern bei der klassischen Suchaufgabe[7] von Piaget die einjährigen Kinder länger als die jüngeren Kinder, bevor sie zum falschen Versteck greifen. Dies kann dahingehend interpretiert werden, dass, wenn neue Suchrichtungen vom Kind verlangt werden, eine Inhibitionsfähigkeit der vorherigen Handlungen mit dem Altern heranreift. Bei über einjährigen Kindern ist die kortikale Inhibition, den zuvor gelernten Weg nicht einzuschlagen, ausgereift. Die Thesen von Reifung und Inhibition werden durch Ergebnisse metabolischer Studien gestützt. So findet sich eine Erhöhung des Stoffwechsels im frontalen Kortex – und nur da – genau in der Zeit, wenn eine Verbesserung der Suchaufgabe zu beobachten ist (Stiles 2007, 252). Allerdings zeigt sich auch wiederholbar, dass Kinder, die früh mobil sind, die Suchaufgabe eher lösen. Viele Studien weisen nach, dass die neuronale Entwicklung durch Erfahrungen und Lernprozesse des Kindes voranschreiten, was sich nicht nur aus Reifungsprozessen erklären lässt. Es stellt sich die Frage:

»Wenn umweltabhängige Erfahrungen tatsächlich die Entwicklung frontaler Hirnregionen beeinflussen können, was sind dann die Konsequenzen früher oder später Stimulation für die Entwicklung des restlichen neurokognitiven Systems?« (Stiles 2007, 253).

---

7   Die klassische Suchaufgabe von 1952 besteht darin, dass Kinder im Alter von 8 bis 12 Monaten sehen, wie vor ihren Augen ein Gegenstand in einer von zwei Schachteln versteckt wird. Wird der Gegenstand zunächst zwei oder dreimal in der Schachtel A versteckt, greifen die Kinder auch beim nächsten Durchgang zur Schachtel A, obwohl für sie sichtbar der Gegenstand unter die Schachtel B gelegt wurde.

Nach Piaget wird beim Kleinkind der Wechsel von der egozentrischen zur allozentrischen Raumsicht durch die Lokomotion des Kindes bedingt. Auch hier gibt es Befunde, die diese Sicht nicht stützen und die Bedeutung des Außenraumes und der passiven Positionsveränderung des Kindes aufzeigen. Zwar korreliert Lokomotion positiv mit räumlicher Entwicklung, aber eine Kausalität ist neben den verschiedenen Forschungsergebnissen auch aus methodischen Gründen nicht herzustellen, z. B. sind nicht-krabbelnde Kinder meist jünger bzw. unreifer als krabbelnde Kinder (Hengsteler 2006, 58).

Die unterschiedlichen Forschungsergebnisse und Theorien lassen nur den Schluss einer Verzahnung von der Entwicklung visuell-räumlicher Fähigkeiten mit Bewegung in aktiver, passiver und/oder beobachtender Form zu.

»Wahrnehmung und Bewegung stehen in einem engen Zusammenhang, der allerdings weder untrennbar ist, noch dazu führt, dass sich beide Funktionen parallel entwickeln« (Leyendecker 2005, 76).

Meilensteine des räumlichen Sehens[8]

Es ist gut erforscht, in welchem Alter ein nicht in seiner Bewegung eingeschränktes Kind die verschiedenen Dimensionen der visuell-räumlichen Fähigkeiten entwickelt. Im ersten Lebensjahr entwickelt sich die Orientierung im Raum, vom Richtungsgreifen des Halbjährigen bis zum Richtungskrabbeln des Einjährigen. Dies heißt auch, dass Positionen erkannt, gespeichert und abgerufen werden können. Mit einem Jahr entwickelt sich die Formkonstanz, ein Gegenstand wird aus unterschiedlichen Blickwinkeln und Entfernungen als der Gleiche identifiziert. Also besteht ein visuell-räumliches Arbeitsgedächtnis und die Positionen und Konstellationen von Objekten können verarbeitet werden. Mit anderthalb bis zwei Jahren kommt das mentale Vorstellungsvermögen hinzu, das wesentliches Element der räumlich-kognitiven Fähigkeit ist. Mit drei Jahren bestehen einfache räumlich-konstruktive Fähigkeiten, und die wichtigsten räumlichen Präpositionen werden verstanden. Auch verfügen schon Dreijährige über ein einfaches Routenwissen, indem sie sich an Landmarken orientieren. Bis zum Alter von vier Jahren gelingt das Abzeichnen einschließlich der Winkelwahrnehmung. Fünfjährigen Kindern gelingt die ganzheitliche Erfassung von Objekten. Dazu gehört auch die in diesem Alter fortschreitende Mustererkennung der Buchstaben. Mit fünf und sechs Jahren wird eine Ausrichtung des Buchstabens nach oben nicht mehr mit der Ausrichtung nach unten (b und p oder d und q) vertauscht, und es finden sich nur noch horizontale Vertauschungen (d und b) (Oerter & Dreher 2008, 481). Diese Buchstabenverwechslungen und auch spiegelbildliches Schreiben können sich zwar bis in das erste und zweite Grundschuljahr halten, finden sich aber bei siebenjährigen Kindern kaum noch (Heubrock & Petermann 2000). Schätzfehler

---

8 Die Darstellung erfolgt, wenn nicht anders angegeben, nach Lösslein & Deike-Beth 2000 und nach Schumann-Hengsteler 2006.

bei Größen und Entfernungen treten noch bis zum Beginn der Grundschulzeit auf (Muth et al. 2001, 12). Fünfjährige verstehen alle orts- und bewegungsbeschreibenden Präpositionen (›vor-zurück‹ im Unterschied zu ›vor-hinter‹), wobei das Zeichnen von Wegen ihnen leichter fällt als die Verbalisierung. Aber in diesem Alter besteht schon ein erstes Verständnis von Landkarten, obwohl im realen Raum Entfernungsschätzungen schwerfallen. Erst mit dem Vorschulalter beginnen Kinder, ihre zunächst nur als Routenwissen erworbenem Informationen in eine zwei- oder dreidimensionale Gesamtkonstellation zu transformieren. In der heutigen Entwicklungspsychologie wird angenommen, dass das visuell-räumliche Gedächtnis sich im Wesentlichen im Kindesalter entwickelt und bei Jugendlichen nur noch geringe Leistungszuwächse zu verzeichnen sind (Mietzel 2002, 223; Schumann-Hengsteler nach Schneider & Büttner 2002, 499). Besonders zwischen dem vierten und fünften Lebensjahr sind sehr große Zuwächse zu erkennen (Mietzel 2002, 223), wobei dabei auch diskutiert, dass die Entwicklung nicht gleichförmig verläuft und es vielleicht kritische Perioden gibt (Wilkening & Krist 2002, 412).

Die bei Beschreibungen von Entwicklung gern benutzte Formulierung von ›Meilensteinen‹ weist auf ein erhebliches Problem in der individuellen Diagnostik eines Kindes und auf methodische Probleme bei Erhebungen dieser Meilensteine hin: Entwicklungen von Kindern unterliegen erheblichen Spannweiten. Es ist bekannt, dass in einer regulären Entwicklung ein nächster Meilenstein erreicht werden wird, aber in welchem Alter das Kind diesen Entwicklungsschritt bewältigt, ist sehr unterschiedlich. Es kann daher von einem Nicht-erreichen zu einem bestimmten Untersuchungszeitpunkt noch nicht auf ein generelles Nicht-erreichen (ein Defizit) und auch nicht zwangsläufig auf eine Entwicklungsverzögerung geschlossen werden. Es muss bei jeder Untersuchung der visuell-räumlichen Fähigkeiten berücksichtigt werden, dass Differenzen zur Altersnorm auch entwicklungsbedingt sein können (Muth 2001, 12).

Entwicklung der visuellen Verarbeitungswege[9]

Auch die Erforschung der Entwicklung der zwei visuellen Verarbeitungswege scheint schwierig zu sein. Das Modell bietet einen hohen Erklärungswert und wird durch zahlreiche Erkenntnisse aus Forschungen anhand des erwachsenen, also ausgereiften, Gehirns bestätigt. Aber der aktuelle konkrete Wissensstand über die Entwicklung der visuellen Verarbeitungswege beim Kind ist noch sehr gering (Stiles 2007, 247; Zoelch & Kerkhoff 2007, 220).

Auch wenn bisher wenige Studien zur Entwicklung der visuellen Hauptinformationswege bei Säuglingen und Kleinkindern vorliegen, so weisen die Befunde darauf hin, dass diese neuronalen Systeme bereits früh im Entwicklungsverlauf funktional, aber nicht von Anfang an voll funktionsfähig sind. Bei der Ausbildung der visuellen Verarbeitungssysteme wird wie auch bei anderen Spezifizierungen kortikaler Struktu-

---

9 Die Darstellung erfolgt nach Stiles 2007 und nach Zoelch & Kerkhoff 2007.

ren angenommen, dass eine kortikale Region anfangs nur eine eingeschränkte Funktion innehat und im Laufe der Entwicklung eine Funktionsspezialisierung erhält (sogen. ›partielle kognitive Funktion‹).

Für die kortikalen Verarbeitungen von Mustern und Objekten, von Farben und Formen, die alle der ventral visuellen Route zugeordnet werden, liegen viele Einzelergebnisse vor, aus denen sich vor allem Erkenntnisse über die Kompensation von Einschränkungen ziehen lassen. Die *dorsal visuelle* Route verarbeitet Informationen über Bewegungsaspekte und räumliche Lokalisation mit allen ihren dazu nötigen perzeptiven Schätzleistungen. Hier dokumentieren die Ergebnisse der Studien, die sich mit der räumlichen Lokalisation beschäftigen, weit verzweigte Veränderungen im dorsalen System im Laufe der Kindesentwicklung. An den Ergebnissen der Studien bildet sich eher die Komplexität des neuronalen Systems in seiner Entwicklung ab, als dass sie zu vereinheitlichenden Erkenntnisse führen.

Zu den wenigen bekannten Forschungsergebnissen gehört, dass die dorsale, magnozelluläre dominierte Route sich etwas später entwickelt als die ventrale, parvozellulär dominierte Route. So ist vermutlich im Alter von sechs Monaten die ventrale Route zumindest partiell funktionsfähig, und das Kind kann Muster und Gesichter schon relativ gut erkennen. Dagegen ist die dorsale Route, über die die meisten visuell räumlichen Aufgaben verarbeitet werden, vermutlich mit sechs Monaten noch nicht funktionsfähig. Möglicherweise sind demzufolge die frühen Auge-Hand-Bewegungen subkortikal organisiert. Und erst ab dem sechsten Lebensmonat kommt es zu einer schubweisen Kortikalisierung in der Visuomotorik und Reifung der dorsalen visuellen Route. Mit dem achten Lebensmonat gelingt den Kindern dann ein präzises Greifen nach bewegten Objekten. Bei dem hierzu notwendigen Stereosehen und der Tiefenwahrnehmung dreidimensionaler Objekte spielt offenbar die Reifung des anterioren intraparietalen Sulcus eine wesentliche Rolle.

Ein interessantes Beispiel für die Entwicklung der *dorsal visuellen Route* ist die Entwicklung der räumlichen Aufmerksamkeitsfokussierung (Stiles 2007, 248). Dies ist wie die Zahlenverarbeitung im Parietallappen lokalisiert, genauer im posterior superioren Sulcus des Parietallappens und damit in dem Areal, in dem auch das Schätzen und das rechnerische Überschlagen repräsentiert wird. Eine Untersuchung bei Kindern mit parietalen Läsionen, die sie perinatal erworben hatten, ergab allerdings, dass sie keine der bei den Erwachsenen erwiesenen spezifischen Defizite hatten.

Die Studie lässt vermuten, dass das neuronale System der Aufmerksamkeit einem Entwicklungsprozess unterliegt, wobei zunächst (linkshemisphärische) frontale Regionen und später erst parietale Regionen für die Aufmerksamkeitszuwendung im Raum wichtig sind. Weiter ist über die Spezifizierung der visuellen Routen bekannt, dass unreife frontale Hirnareale und eingeschränkte lokomotorische Erfahrungen die kognitive-behaviorale und die neuronale Entwicklung beeinträchtigen können. Die Ausbildung der visuell-räumlichen Fähigkeiten reicht bis in das Jugendalter, in dem erst Routen- und Landkartenwissen voll ausgebildet werden.

6.4 Beeinträchtigungen in den visuell-räumlichen Fähigkeiten

Die visuell-räumlichen Leistungen sind in Relation zu anderen neuropsychologischen Leistungen ein wenig untersuchter Bereich (Prosiegel 2002, 73). Dies gilt insbesondere für das räumliche Denken bei Kindern (Quaiser-Pohl 2001, 241). Zu den bekannten Untersuchungsergebnissen zählen die reliablen Geschlechtseffekte. Dabei werden die signifikant besseren räumlichen Fertigkeiten und räumliches Wissen bei Jungen sowohl als biologisch determiniert angesehen als auch auf die größeren Bewegungsräume von Jungen in unserem Kulturkreis zurückgeführt (Schumann-Hengsteler 2006, 76).

Die schwache Forschungslage steht im deutlichen Widerspruch zu der Bedeutung dieser Leistungen im Alltag und für den Erwerb schulischer Fähigkeiten (Prosiegel 2002, 73; Kerkhoff 2006a): Welche Folgen ergeben sich für den Alltag und die schulischen Fertigkeiten, wenn Einschränkungen in den visuell-räumlichen Fähigkeiten vorliegen?

Eine Reihe an alltagsrelevanten Problemen lässt sich aus leicht nachvollziehbaren Überlegungen und Beobachtungen zu eingeschränkten visuell-räumlichen Fähigkeiten ableiten. Überlegungen zum Einfluss auf höhere kognitive Leistungen, wie den Erwerb schulischer Fähigkeiten, sind dagegen nur theoretisch herzuleiten, weil hierbei viele neuropsychologische Leistungen zusammenspielen. Dennoch geht die Literatur davon aus, dass beim Erwerb des Lesens und Schreibens die visuell-räumlichen Fähigkeiten eine untergeordnete Rolle spielen, während sie beim Erwerb der Rechenfähigkeit von zentraler Bedeutung sein sollen (Lorenz 2003, 152).

Für diese Untersuchung stellt sich konkret die Frage, inwieweit die Auswirkungen eingeschränkter visuell-räumlicher Fähigkeiten einige der elterlichen Verhaltensbeobachtungen, die sich in den Ergebnissen der qualitativen Vorstudie und der quantitativen Befragung niedergeschlagen haben, erklären können, und inwieweit eine Beeinträchtigung in den visuell-räumlichen Leistungen den Lernerfolg der Kinder mit einem Hydrocephalus erschwert.

6.4.1 Auswirkungen beeinträchtigter visuell-räumlicher Fähigkeiten

Der Einteilung von Kerkhoff in die vier visuell-räumlichen Grundfähigkeiten folgend sind der Literatur einige konkrete Beispiele für Folgen beeinträchtigter visuell-räumlicher Fähigkeiten zu entnehmen:

Visuell-räumliche Fähigkeiten

Folgen einer Beeinträchtigung in den visuell-räumlich-perzeptiven Leistungen[10]

- Zeilen können beim Lesen nicht mehr eingehalten werden und in längeren Texten werden Absätze nicht wieder gefunden [3, 5]. Auch die räumliche Anordnung von Wörtern kann nicht eingehalten werden [7].
- Wenn Spalten und Zeilen nicht eingehalten werden können und verwechselt werden, ergeben sich Schwierigkeiten im Lesen von Tabellen, Stundenplänen und Stadtplänen [3, 7].
- Die Geradeausrichtung beim Gehen oder Rollstuhl fahren bereitet Schwierigkeiten, wenn die subjektive Mitte auf der Horizontalachse schwer einzuschätzen ist. Diese Menschen müssen ständig Abstandskontrollen zu beiden Seiten unternehmen, um selber mittig zu bleiben [3, 5].
- Abstände und Entfernungen werden falsch eingeschätzt [3, 7], meist eher unter- und nur gelegentlich überschätzt. Dann wird z. B. die Schlange an der Kasse im Supermarkt falsch eingeschätzt, das herankommende Auto näher eingeschätzt als es ist, aber auch die Treppenstufe wird geringer eingeschätzt als sie ist [5].
- So kann das eigenständige Auto fahren erheblich erschwert oder unmöglich werden [3].
- Jegliche Beurteilung von Distanzen, Winkeln, Entfernungen, Größen fällt schwer [3].
- Gestörte Positionsschätzungen führen zu vielfältigen Fehlern, wie z. B. das fehlerhafte Ausfüllen von Kontoüberweisungen [3] oder im Rechnen, bis hin zur Rechenstörung [1].
- Bei gestörter Winkelschätzung besteht die Schwierigkeit, die analoge Uhr zu lesen, denn Voraussetzung zum Erkennen der Uhrzeit ist die richtige Einschätzung des Winkels zwischen dem großen und dem kleinen Zeiger, und genau diese Winkelabschätzung gelingt den Kindern dann nicht [1, 3, 6, 7]. Dagegen kann die digitale Uhr gelesen werden [7].
- Ein Vorbeigreifen scheint meist auf einer Störung der Position bzw. der Distanz zu beruhen. Die Hand greift dahin, wo sich das Objekt zu befinden scheint, aber nicht wirklich befindet. Oder der Abstand wird richtig perzeptiv erkannt, aber die Auge-Hand-Koordination ist gestört [1].
- Eine eingeschränkte Fähigkeit, sich einen Überblick zu verschaffen, führt dazu, dass die Details und Bezüge in einem Bild nicht erkannt werden können [1, 5]. Die Vorlage wird unsystematisch abgesucht und Suchaufgaben in Bildern misslingen. Straßenkarten oder Landkarten in den Schulbüchern können dann nicht gelesen werden.[11]

---

10 Die Auflistung erfolgt nach: 1 = Prosiegel 2002, 74 ff., 2 = Kerkhoff 2000, 411 ff., 3 = Kerkhoff & Münßinger 2002, 32 ff., 4 = Kerkhoff 2006 a, 177 ff., 5 = Zihl 1997, 216 ff., 6 = Heubrock & Petermann 2000, 231 ff., 7 = Muth 2001, 10

11 Autoren, die nicht der hier übernommenen Einteilung in vier einzelne visuell-räumliche Leistungen folgen, nennen diese rezeptive Fähigkeit visuelle Exploration oder räumliche Orientierung (z. B. Prosiegel 2002; Zihl 1997).

- Das Problem tritt dann auch bei der Orientierung am Bildschirm auf [3].
- Diese visuell-räumliche Exploration findet auch statt, wenn ein Mensch einen Raum betritt und sich einen Überblick verschafft. Dies kann durch eine Einschränkung in den visuell-räumlichen Fähigkeiten erheblich beeinträchtigt sein [3].
- Es wird vermutet, dass in eingeschränkten räumlich-perzeptiven Fähigkeiten auch eine Ursache für einen gestörten Blickkontakt liegt. Die Fähigkeit zu bemerken, dass jemand den Blickkontakt oder das Gespräch sucht, ist verringert. Es kann auch sein, dass der Blick sich wieder schnell abwendet oder extrem lange verhaftet, was als Distanzlosigkeit interpretiert wird (Kerkhoff & Münßinger 2002, 33 [3]). Weiter kommt es vor, dass die Menschen dann im Umgang mit anderen Menschen nicht die angemessene räumliche Distanz einhalten (Kerkhoff & Münßinger 2002, 33 [3], Muth 2001, 10, 20 [7]).

Folgen einer Einschränkung in den visuell-räumlich-kognitiven Leistungen
- Bei Störungen in der Fähigkeit, mental einen Perspektivenwechsel zu leisten, gelingt es dem Menschen nicht, sich einen Gegenstand von einer anderen Seite als seiner Betrachterseite oder aus der Vogelperspektive vorzustellen [1, 3].
- Es gelingt auch nicht, sich einen Plan oder Grundriss vorzustellen [3].
- Wenn die mentale Manipulation der Vorlage (z. B. gedankliche Drehung) nicht gelingt, können keine Spiegelungen gelingen, wie sie z. B. im Geometrieunterricht verlangt werden [1, 6].
- Die mentale Rotation wird auch benötigt, um sich einen Rückweg vorzustellen [3].
- Mengen können nicht abgeschätzt oder verglichen werden, und es ist nicht vorstellbar, wie viel Platz die Menge in einem anderen Gefäß brauchen würde [3].
- Richtungsweisende Präpositionen werden nicht in ihrer Richtungsweisung verstanden.
- Dies hat unmittelbare Auswirkungen auf eine Vielzahl an schulischen Textaufgaben, insbesondere in der Mathematik.

Folgen einer Einschränkung in den visuell-räumlich-konstruktiven Leistungen
- Einschränkungen in räumlich konstruktiven Leistungen äußern sich in einem falschen Zusammenlegen oder Bauen von Einzelteilen zu einer Gesamtfigur, und zwar sowohl im zweidimensionalen als auch im dreidimensionalen Bereich. Es gelingt nicht, komplexe oder geometrische Figuren abzuzeichnen [1, 3, 6, 7].
- Deshalb malen die Menschen meist ungern und können oft schon einfache Objekte nicht abzeichnen [7].
- Es bestehen Schwierigkeiten beim Ausschneiden und Basteln [7].

- Es gelingt auch nicht, Papierschnipsel, Puzzle, Würfel oder Legospielzeug zusammen zu setzen [2, 7].
- Die Zeile beim Schreiben kann nach rechts unten oder rechts oben abdriften [1, 5].
- Der Seitenrand im Schulheft und die Hilfslinien werden nicht eingehalten [7].
- Beim Schreiben werden Buchstaben ausgelassen [7].
- Beim Schreiben – aber nicht beim Lesen – werden sich ähnelnde Buchstaben vertauscht, wie z. B. ›b‹ und ›d‹ [7].
- Beim schriftlichen Rechnen gelingt nicht die räumliche Anordnung von Zahlen und das Untereinanderschreiben von Zahlen [5, 6].
- Räumlich-konstruktive Leistungen gehören zu vielen komplexen Handlungsabläufen im Alltag, und jegliche Einschränkung verursacht Probleme, so das Packen eines Pakets oder auch jeder Transfer eines Rollstuhlfahrers [3, 4].
- Auch das Halbieren eines Brotes, das Teilen der Schokolade etc. wird erschwert [2].
- Weiter entstehen Schwierigkeiten beim Falten der Kleidung, der Handtücher und der Servietten sowie beim Aufteilen von Mengen [3].
- Bei schweren Einschränkungen finden sich Probleme beim Ankleiden (z. B. wird verkehrt herum in den Pullover geschlüpft) oder beim Essen (z. B. wird mit der stumpfen statt der scharfen Messerseite geschnitten) [1, 3].
- Es wird also jegliches handwerkliche Arbeiten erschwert [3].
- Das Ordnen und Aufräumen des Schreibtisches oder des Zimmers gelingt den Menschen nur schwer [3].

Folgen einer Einschränkung in den visuell-räumlich-topographischen Leistungen

- Bei mangelhafter topographischer Orientierung fällt es dem Menschen schwer, die Umgebung anhand ihrer Landmarken zu erfassen. So wird es erschwert, ein Vertrautheitsgefühl mit einer Umgebung zu entwickeln oder eine vertraute Umgebung wiederzuerkennen [1, 4].
- Es fällt schwer, sich eine Vorstellung über die Wege, Umwege oder Abkürzungen im größeren geographischen Raum zu machen [1, 2, 3, 4].
- Es kann schon schwer fallen, den eigenen Standort in einer vertrauten Umgebung zu bestimmen [3].
- Deshalb verlaufen sich diese Menschen leichter als andere [2] und lernen neue Wege nur schwer [2].
- Kinder müssen den Schulweg häufig üben und können ihn sich nicht rekonstruieren [7].
- Bei der Orientierung mithilfe von Landkarten oder Stadtplänen gelingt es nicht, die topographische Beziehung mental zu verarbeiten, sich den Weg von der Zeichnung des Plans in der Realität vorstellen zu können [1]. Dies misslingt auch

dann, wenn die Karte richtig gelesen werden kann, also keine räumlich-perzeptive Einschränkung vorliegt.
- Weiter fällt es sehr schwer, sich die räumliche Gegebenheit der Umgebung sich als mentale Karte zu merken, also eine Vorstellung im Kopf darüber zu entwickeln und zu behalten, wie in dieser Umgebung der Verlauf der Wege ist [1, 3].
- Auch die sprachliche Beschreibung eines Weges (z. B. einer Anfahrt) bleibt nur schwer im Gedächtnis haften [1].

Einbußen in den visuell-räumlichen Fähigkeiten haben vielerlei Auswirkungen auf schulisches Lernen, aber auf eine differenzierte Diagnostik darf nicht verzichtet werden, denn manche der hier beschriebenen Auswirkungen können auch andere Gründe haben. So kann
- eine Links-Rechts-Verwechslung eine räumlich-sprachliche Ursache haben, weil den Kindern die Verknüpfung von Sprache und Raum misslingt,
- die Schwierigkeit im Anziehen auch Unkonzentriertheit sein,
- das Üben von Wegen ein Gedächtnisproblem sein,
- der Verlust von Wörtern auf dem Weg von der Tafel ins Heft auch eine Konzentrationsfrage sein,
- die ungelenke Handschrift ein feinmotorisches Problem sein.

6.4.2 Bedeutung räumlicher-konstruktiver Beeinträchtigungen für das Kind und sein schulisches Lernen[12]

Beeinträchtigungen der visuell-räumlich-konstruktiven Fähigkeit

Alle hier dargestellten Schwierigkeiten können bei Menschen mit Einschränkungen in visuell-räumlichen Fähigkeiten auftreten, wobei sich interindividuell sehr unterschiedlich akzentuierte Symptome zeigen (Muth, Heubrock & Petermann, 2001). Der tragende Gedanke dabei ist, dass diese Einschränkungen nicht sensorisch bedingt sind, sondern die räumliche Konstruktion nicht gelingt (Kerkhoff 2006a, 181). Danach nehmen die betroffenen Menschen die einzelnen visuellen Stimuli korrekt wahr, können sie jedoch nicht in einen sinnvollen visuell-räumlichen Kontext integrieren.

Bei Erwachsenen werden räumlich-konstruktive Probleme vor allem nach erworbenen rechtshemisphärischen Hirnschädigungen beschrieben. Seit den 1980er-Jahren wird davon ausgegangen, dass eine entsprechende Störung sich bei Kindern auch als angeborene räumliche Strukturierungsstörung zeigen kann. Damit wurde in Abgrenzung zu der erworbenen bzw. abhanden gekommen Fähigkeit (Apraxie) die Bezeichnung der ›räumlich-konstruktiven Störung‹ eingeführt (angloamerikanisch: visual-spatial-disability). Sie wird zwischenzeitlich in der klinischen Neuropsychologie bei Kindern und bei Erwachsenen benutzt. Denn obwohl die perzeptiven, kognitiven und konstruktiven räumlichen Fähigkeiten aufeinander aufbauen und auch jeweils

---

12 Die Beschreibung erfolgt in Anlehnung an Kerkhoff & Münßinger 2002; Muth, Heubrock, Petermann 2001; Heubrock & Petermann 2000.

einzeln eingeschränkt sein können, zeigen sich im Alltag die Einschränkungen an der Handlungskomponente, den räumlich-konstruktiven Momenten und Problemen. Es wird deshalb beschrieben als

»(…) heterogenes Störungsbild mit hoher klinischer und Alltagsrelevanz« (Kerkhoff 2006b, 325).

Die Einbußen in den räumlich-konstruktiven Leistungen können dabei auch fehlerhaftes Einschätzen von Winkeln, Distanzen und Mengen sowie die fehlerhaften räumlich-kognitiven Operationen wie Drehungen und Klappungen enthalten. Aber ebenso kann es sein, dass den Menschen mit einer räumlich-konstruktiven Einschränkung die visuelle Analyse gut gelingt, sie können allerdings nicht die Ergebnisse ihrer Analyse in die Handlung umsetzen, also der Analyse gemäß aktiv konstruieren. Bei den Konstruktionsversuchen kommt es dann zu charakteristischen Fehlern in der räumlichen Gestaltung, sei es beim Malen, Zeichnen, Schreiben, Werken oder Nachlegen und zwar ohne dass die praktischen Fähigkeiten der jeweiligen Personen eingeschränkt wären (Heubrock & Petermann 2000). Das tragende Merkmal dieser Störung ist, dass die räumlichen Beziehungen zwischen den Objekten oder Personen in der Vorstellung vermutlich schon nicht richtig erfasst werden, auf jeden Fall bei der Wiedergabe nicht richtig reproduziert werden können. Das Ausmaß der mangelnden Reproduktion kann sehr unterschiedlich sein, von falschen Richtungen und Größen bis hin zum Gestaltzerfall, bei dem die ursprüngliche Figur nicht wiederzuerkennen ist (Muth 2001, 8).

»Die zentralen Störungsmechanismen sind noch unzureichend geklärt. Möglicherweise stellt die Koordinatentransformation räumlich-perzeptiver Informationen in *Handlungen* ein Kernproblem konstruktiver Störungen dar« (Kerkhoff 2006b, 325).

Auf die besondere Problematik der Beschreibung von neuropsychologischen Leistungen als ›Störungen‹ sei hier nochmals hingewiesen.[13]

Komorbiditäten[14]

Obwohl räumlich-konstruktive Beeinträchtigungen sich auch bei guten räumlich-perzeptiven Leistungen zeigen können, sind sie häufig von räumlich-perzeptiven Defiziten begleitet. Die Konstruktion der Zeichnung oder das Packen des Paktes fällt dann schon allein deshalb schwer, weil die Größen, Winkel, Positionen der Zeichenvorlage oder des Paketpapieres nicht richtig kognitiv wahrgenommen werden (Heubrock & Petermann 2000, 238; Kerkhoff 2006b, 325; Zihl 1997, 227). Auf die Abhängigkeit räumlich-konstruktiver Leistungen von räumlich-perzeptiven Leistungen weisen auch die Forschungen über die visuellen Verarbeitungswege hin (s. Abschnitt 6.2.4).

---

13 Zur Problematik des Störungsbegriffs s. Abschnitt 6.1.1.
14 Als Komorbiditäten werden typische Zusatzerkrankungen bezeichnet, die aber im Unterschied zu einer Parallelerkrankung eine ursächliche Verknüpfung zur Haupterkrankung haben.

Sie interagieren offenbar aber auch mit Einbußen bzw. Fähigkeiten im Kurzzeit- und Arbeitsgedächtnis und mit Einbußen bzw. Fähigkeiten in den exekutiven Funktionen, also dem vorausschauenden und planerischen Denken (Kerkhoff 2006b, 325; Kerkhoff 2000, 411, 424). Hier besteht noch erheblicher Forschungsbedarf (Kerkhoff 2000, 424). Diese Vermutung von Kerkhoff erhält eine besondere Bedeutung, weil die Ergebnisse der qualitativen Vorstudie auf erhebliche Probleme der Kinder mit Hydrocephalus nicht nur in visuell-räumlichen Leistungen, sondern auch in Leistungen des Arbeits- und Kurzzeitgedächtnisses und in den Exekutivfunktionen hinweisen.

Bei einer kleinen Stichprobe des Bremer sozialpädiatrischen Zentrums zeigte sich nach ausführlicher Diagnostik bei 20% der zugewiesenen Kinder als Basisstörung eine räumlich-konstruktive Störung. Diese Kinder wiesen zwar auch assoziierte Beeinträchtigungen in anderen neuropsychologischen Fähigkeiten auf (Merkfähigkeit, Aufmerksamkeit, Psychomotorik), aber diese waren nicht so bedeutsam, dass sich signifikante Zusammenhänge ergeben hätten. Einzig zu einer reduzierten Intelligenz zeigte sich eine Signifikanz (Muth 2001, 17). Zwar zeigen sich nicht zu diesen einzelnen neuropsychologischen Fähigkeiten Komorbiditäten, wohl aber zu den umschriebenen Entwicklungsstörungen der Legasthenie und der Dyskalkulie (Heubrock & Petermann 2000, 231, 238; Muth 2001, 15).

Lernerschwernisse aufgrund räumlich-konstruktiver Beeinträchtigungen

Aus der Vielzahl der beschriebenen Auswirkungen visuell-räumlicher Beeinträchtigungen lässt sich ein Bild der möglichen Lernerschwernisse malen: Häufig fällt als erstes eine unförmige Handschrift auf, und dass die Zeilen beim Schreiben nach rechts oben oder rechts unten wandern. Selbst Hilfslinien helfen dann nicht, ihren Zweck zu erfüllen. Den Kindern fällt es schwer, den Heftrand einzuhalten. Beim Schreiben werden ähnlich aussehende Buchstaben verwechselt. Das Lesen dieser Buchstaben gelingt aber den meisten Kindern dennoch. Die Kinder haben große Probleme, die Zahlen und Buchstaben korrekt zu platzieren. Dies erweist sich vor allem beim schriftlichen Rechnen als handicap, denn jedes Verrutschen in der Zeile, Spalte oder Position verändert das Ergebnis. Im Mathematikunterricht wirken sich auch die Einschränkungen im Schätzen, im Größenverständnis, beim gedanklichen Übertragen und ›Leihen‹ von Zahlen und in der Anordnung der Zahlen auf dem Blatt besonders stark aus (Heubrock & Petermann 2000, 233). Den Kindern gelingt nicht das Einschätzen, meist auch nicht das Abmessen und selbst das Lösen einfacher Spiegelungs- oder Klappungsaufgaben nicht. Beim Abzeichnen einfacher geometrischer Muster passieren gravierende Fehler in der Reproduktion der Größe, Richtung und der Führung diagonaler Linien.

Die Kinder haben im Heft und im Buch Probleme, die richtige Zeile zu finden, was besonders ein Abschreiben aus dem Buch erschwert. Insgesamt ist die Orientierung im Buch schwer, besonders, wenn es Seiten mit zahlreichen verschiedenen Einzeldarstellungen sind. Genauso ist das Lesen von Tabellen und Stundenplänen eine Schwierigkeit. Manchen Kindern gelingt das Abschreiben von der Tafel nur mit größter Mühe und Konzentration, weil sowohl auf der Tafel als auch im Heft das Objekt und seine Position jedes Mal neu ermittelt werden müssen (Milz 2006, 104).

Wegen dieser Orientierungs- und Positionierungsprobleme gestaltet sich jegliches Abzeichnen für das Kind schwerer als freies Malen. Dies fällt vor allem bei geometrischen Figuren auf, weil sie ein korrektes Erfassen der Längen, Abstände und Winkel erfordern. Es ist zu betonen, dass den Kindern häufig – bei gleichzeitiger perzeptiver Einschränkung weniger – die sprachliche Beschreibung der Vorlagen, die abzuzeichnen sind, in ihren räumlichen Dimensionen gelingt. Und es ist zu betonen, dass die Feinmotorik sie nicht in der Ausführung behindert (Heubrock 2004, 8). Aber wenn die Aufgabe auch die mentale Rotation erfordert, ist das Kind überfordert (z. B. bei Spiegel- und Klappungsaufgaben in der Geometrie, aus einer anderen Perspektive zeichnen). Es versteht die Aufgabe, kann sie aber nicht in eine Handlung umsetzen, und die geometrischen Konstruktionen und Perspektivzeichnungen misslingen. Auch schon beim freien Malen taucht die Schwierigkeit auf, die Größenverhältnisse zu berücksichtigen.

Die Kinder haben erhebliche Schwierigkeiten, eine analoge Uhr zu lesen, weil sie nicht die Winkelabstände zwischen den Zeigern erkennen und einschätzen können. Es müssen aber nicht nur die Winkel zwischen den Zeigern exakt erkannt werden können, sondern häufig auch Platzhalter in Ziffern uminterpretiert werden und Kenntnis über die Bewegungsrichtung der Zeiger bestehen.

»Das Ablesen der Analoguhr setzt also wesentlich mehr raumanalytische und räumlich-konstruktive Fähigkeiten voraus als das Ablesen der Digitaluhr und erklärt auch, warum Kinder mit einer räumlich-konstruktiven Störung in der Regel eine Digitaluhr bevorzugen« (Muth 2001, 18).

Erhebliche Schwierigkeiten oder gar die Unfähigkeit eines Kindes, die analoge Uhr zu lesen, wurde deshalb schon als Leitsymptom für das Vorhandensein visuell-räumlicher Einschränkungen angesehen (Heubrock & Petermann 2000, 238).

Die Schwierigkeit, Winkel, Positionen und Längen differenziert wahrzunehmen, veranschaulicht weiter das Problem, das die Kinder haben, wenn sie mit Karten und Zeichnungen, Tabellen und Zuordnungen auf Arbeitsblättern arbeiten sollen. Die Anordnung der Straßen, Flüsse und Ländergrenzen zueinander auf Landkarten ist bei räumlich-perzeptiven Einschränkungen nicht zu erkennen, und die Reproduktion ist selbst bei guter visueller Analyse, aber geringen räumlich-konstruktiven Fähigkeiten nicht möglich.

Die Schwierigkeiten im Schätzen von Mengen und Entfernungen werden in vielen Schulfächern zur Barriere. Nicht nur in Mathematik und Naturwissenschaften wird mit Größen und Mengen hantiert, sondern auch in den sprachlichen, gesellschaftlichen und künstlerischen Fächern. Im Straßenverkehr führt das Unterschätzen von Entfernungen eher zu einem zögerlichen als zu einem gefährdenden Verhalten. Anders ist es bei der Unterschätzung von Tiefen.

Die Verwechslung von Ortsbezeichnungen (rechts/links-Verwechslungen) erschwert nochmals die Orientierung im Buch und auf der Tafel und ggf. auch im Schulgebäude. Oft gehen die Kinder Umwege, weil Abkürzung oder Rückweg nicht vorstellbar sind. Die Orientierung in manchen Schulgebäuden und auch auf Wegen außerhalb von Gebäuden gelingt den Kindern dann nur mithilfe von Landmarken (markanten Stellen). Die räumliche Orientierung misslingt nicht nur auf dem Arbeitsblatt oder im Heft, sondern auch im Ranzen und auf dem Tisch. Zu Hause setzt sich die Schwierigkeit, die Dinge in ihrer räumlichen Anordnung wahrzunehmen und richtig zu platzieren, in einer Unordnung im Zimmer fort. Die Kinder sind auch nicht in der Lage, alleine aufzuräumen, obwohl sie unter der Unordnung leiden (Muth 2001, 18).

Sofern bei handwerklichen Fähigkeiten, z. B. im Kunst- oder Werkunterricht, ein Konstruieren nach Vorlage verlangt wird, kommen die Kinder an ihre Grenzen. Ein Bauen in die dritte Dimension (z. B. mit Steinen aus Duplo˙) oder gar ein Bauen nach Plan, wie es z. B. Modelle aus Lego˙ oder aus Überraschungseiern˙ erfordern, vermeiden die Kinder, weil es sie überfordert.

Kinder mit einer Beeinträchtigung der räumlich-konstruktiven Fähigkeit haben insbesonders große Probleme, wenn die gestellte Aufgabe räumliche Komponenten, also Schätzungen von Mengen und Distanzen oder *Präpositionen*, enthält (Fritz 2000 b, 700). So enthalten Textaufgaben im Mathematikunterricht zur Umsetzung vom Wort in die Rechnung präpositionale Beziehungen (vor, hinter, über, nach, neben …). Dann verlangt die Aufgabe eine räumliche Vorstellungskraft und eine räumlich-kognitive Operation, die den Kindern nur schwer gelingt. Die Kinder brauchen mehr Zeit als andere Kinder, den Inhalt der präpositionalen Angabe zu verstehen. Aber das Verständnis von Präpositionen wird in vielen Unterrichtsfächern vorausgesetzt.

So hat bspw. die Präposition ›vor‹ unterschiedliche richtungsanzeigende Bedeutungen: ›vor-hinter‹ einem Gegenstand, aber ebenso ›vor‹ in dem Sinn, dass etwas noch weiter vom Betrachter entfernt ›vor‹ diesem Gegenstand steht. So kann die Anweisung, z. B. ›vor‹ einem anderen Fahrzeug am Straßenrand einzuparken, sich sowohl auf die Parklücke beziehen, die ›vor‹ der vorderen Stoßstange des schon parkenden Autos ist, als auch auf die Parklücke, die sich an der hinteren Stoßstange befindet, denn für den herankommenden Betrachter ist diese Lücke ›vor‹ dem schon parkenden Wagen. Zusätzlich hat ›vor‹ eine zeitliche Bedeutung, die üblicherweise im Sinn eines Zahlstrahls verstanden wird und somit eine räumliche Komponente erhält (klassisches Beispiel: Lebt Karl der Große vor oder nach Christus?). Wenn der Betrachter die Geburt Christi als ganz fern ansieht, dann ist die Geburt Karls zwischen Christus und dem Betrachter und damit steht Karl – aus Betrachtersicht – vor Christus. Die Antwort des Schülers mit eingeschränkten visuell-räumlichen Fähigkeiten kann also durchaus lauten, dass Karl der Große *vor* Christus gelebt hat. An dem Beispiel wird auch deutlich, dass Fragen mit räumlichen Bezügen nicht nur im Mathematikunterricht vorkommen. Für diese Schüler sind allerdings mathematische Textaufgaben mit räumlichen Komponenten besonders schwer zu verstehen.[15] Nicht nur das Verständnis, auch die Beschreibung von räumlichen Bezügen, Mengenverhältnissen und Wegen fällt schwer.

Dies kann sich weiter auf alle serialen Angaben beziehen. Wenn die Bedeutung und die Beziehung der Wörter wie z. B. ›benachbart‹, ›getrennt‹, ›kontinuierlich‹ nicht erfasst wird, entstehen Schwierigkeiten beim Verständnis von Abfolgen, wie sie in Bildgeschichten, Textaufgaben und Arbeitsanweisungen enthalten sind (Milz 2006, 111).

Weiter ist das Bewegen in Räumen im *Sportunterricht* erschwert, zumindest wenn mehrere räumliche Komponenten gleichzeitig beachtet werden müssen. Beim Ballspiel muss ein Kind die eigene Position zum Ball, den Abstand zum Tor oder Korb und die Entfernung zu den Mitspielern einschätzen (Lösslein & Deike-Beth 2000, 113). Kinder, denen das aufgrund ihrer mangelnden räumlichen Fähigkeiten nicht gelingt, wählen dann den egozentrischen Weg des Alleingangs im Sturm auf das Tor (Muth 2001, 20). Insofern können räumlich-konstruktive Schwächen auch zu sozialen Problemen führen. Manche Kinder können im Spiel die Handlungen des anderen Kindes nicht verstehen und eigene Handlungen misslingen ihnen. Dies kann unangemessenes Verhalten nach sich ziehen (Heubrock 2001, 107; Muth 2001. 29).

Auch Fehleinschätzungen von Positionen und Entfernungen bis hin zur Einschätzung von Beziehungen führen zu sozialen Problemen. Wenn das Kind nicht einschätzen kann, von wem welche Interaktion in welche Richtung ging, wie bspw. in Gruppensituationen, sind sie überfordert und es können Konflikte entstehen (Heubrock & Petermann 2000. 366). Weiter kann es in den täglichen vielfachen Begegnungen mit Mitmenschen Kindern mit einer räumlich-konstruktiven Störung schwer fallen, die kulturell übliche *Distanz* einzuhalten, und zwar mit einer Unterschreitung der üblichen Nähe. Sie sitzen zu dicht am Tischnachbarn oder beanspruchen den ganzen Tisch für sich, weil sie nicht erkennen, wo die Hälfte ist. Dies führt zu Konflikten mit Klassenkameraden, die das betroffene Kind/der betroffene Jugendliche nicht nachvollziehen kann (Muth 2001, 20 Münßinger & Kerkhoff 2002, 33, Heubrock 2004, 6). Münßinger und Kerkhoff schreiben an gleicher Stelle, dass nach klinischen Beobachtungen Patienten mit gestörter Raumauffassung ein auffälliges sozial-kommunikatives Verhalten zeigen können. Dies äußere sich in unterschiedlichen Störungen des Blickkontaktes.

Denken in Zeiträumen und die Einteilung von Zeit hat ebenfalls eine räumliche Komponente. Was gestern war, liegt ›hinter‹ uns, was am Nachmittag zu erledigen ist, liegt ›vor‹ dem Schüler oder ihm wird gesagt, er solle diese Aufgabe ›nachher‹ machen. Dabei kann die Präposition ›vorher‹ sich durchaus auf die Vergangenheit beziehen, aber auch auf die erste der vor dem Kind liegenden Hausaufgaben. Schwierigkeiten in der Zeitwahrnehmung und dem eigenen Planen und Einteilen von Zeiten werden

---

15 Eine aufschlussreiche Aufzählung von Textaufgaben aus dem Untertest ›Rechnerisches Denken‹ des HAWIK-R mit und ohne räumlicher Komponente findet sich bei Heubrock & Petermann 2000, 240.

allerdings in der Literatur nicht explizit in Zusammenhang mit visuell-räumlichen Einbußen gebracht. Lösslein und Deike-Beth sowie Münßinger und Kerkhoff benennen ›fehlende Orientierung in der Zeit‹ bzw. ›Zeitwahrnehmungsstörungen‹. Beide Autorengruppen beziehen diese aber auf Patienten, deren visuell-räumliche Schwierigkeiten aufgrund eines Neglects oder einer Hemianopsie bestehen[16] (Lösslein & Deike-Beth 2000, 113; Münßinger & Kerkhoff 2002, 36). Da aber die Mütter in der qualitativen Vorstudie von einem ›schlechten‹ Zeitgefühl und mangelhafter Zeiteinteilung ihrer Kinder sprechen, soll dieser Aspekt weiter verfolgt werden. Wobei das von den Müttern beschriebene ›schlechte‹ Zeitgefühl nicht in begrenzten visuell-räumlichen Fähigkeiten, sondern durchaus in anderen neuropsychologischen Bereichen wie z. B. Einschränkungen in den exekutiven Funktionen begründet sein kann.

Weitere mögliche Schulschwierigkeiten können benannt werden, obwohl auch sie in der Literatur nur am Rande erwähnt werden und auch anderen neuropsychologischen Leistungsbereichen zugeordnet werden können. Eltern und Betroffene berichten von Schwierigkeiten, mehrere Dinge parallel zu erledigen wie sie von Neglect-Patienten bekannt sind (Münßinger und Kerkhoff 2002, 35).

Visuell-räumliche Schwächen machen sich in einer erschwerten Auge-Hand-Koordination bemerkbar. Eltern und Betroffene berichten in der Vorstudie von den Problemen bei der Koordination komplexer motorischer Handlungen und von Problemen in der Koordination von Auge und Hand, also z. B. den erheblichen Schwierigkeiten vom Blatt und Notenblatt ablesend mit dem Computer zu schreiben oder auf dem Klavier zu spielen oder auch von der Tafel in das Heft abzuschreiben oder den Ball gezielt zu werfen. Da die Bewältigung dieser Aufgaben räumliche Komponenten beinhaltet und von den Betroffenen und Eltern als Beeinträchtigung erlebt wird, soll sie beachtet werden.

Die Vielzahl der Schwierigkeiten, die sich für ein Kind mit räumlich-konstruktiven Einbußen ergeben können, lassen Heubrock und Petermann zu folgendem Schluss kommen:

»Räumlich-konstruktive Störungen haben sich bei vielen neurologischen Erkrankungen des Kindesalters als eine besonders häufige und schwerwiegende neurologische Beeinträchtigung erwiesen« (Heubrock & Petermann 200, 280).

Entwicklungskomponente

Es ist stets zu berücksichtigen, dass Kinder sich in Entwicklung befinden und ihre Fertigkeiten, auch ihre räumlich-konstruktiven Fertigkeiten, erst allmählich ausbilden, denn

---

16 Die Hemianopsie bezeichnet den Ausfall der Sehfunktion in einer Gesichtshälfte. Mit Neglect wird ebenfalls die Vernachlässigung einer Gesichts- oder Körperhälfte benannt, diese hat aber ihre Ursache in einer zerebralen Aufmerksamkeitsstörung und bezieht sich nicht nur auf die visuellen Reize (Münßinger & Kerkhoff 2002, 34, 36).

»… ein Fehler ist erst dann ein Fehler, wenn er von altersbezogenen Norm- oder Erwartungswerten abweicht« (Heubrock 2004, 6).

Bis zum Beginn der Grundschulzeit verwechseln Kinder noch häufig rechts und links, machen ungenaue Angaben über Entfernungen und Größen und zeichnen mit unrealistischen Größenverhältnissen. Kinder bis sieben Jahre machen noch häufig ›Fehler‹ beim Abschreiben, Verwechseln und Vertauschen Buchstaben oder müssen mit dem Finger die Zeile festhalten (Heubrock & Petermann 2000, 234; Muth 2004, 12).

Zu bedenken ist, dass bei allen konstruierenden Handlungen (Schreiben, Zeichnen, Bauen, Ausschneiden, Basteln) auch andere Leistungen einfließen und notwendig sind. Das beginnt mit guter Sehfähigkeit und Feinmotorik und schließt auch Konzentration und Motivation mit ein. Von der misslungenen Weihnachtsbastelei darf nicht auf eine Schwäche in den räumlich-konstruktiven Fähigkeiten geschlossen werden. Für den weiteren Entwicklungsverlauf des Kindes ist es wichtig, die der Unlust und den Schwächen zugrunde liegende ursächliche Störung oder Einschränkung zu diagnostizieren, von anderen möglichen Ursachen abzugrenzen und das Ausmaß der räumlich-konstruktiven ›Störung‹ auszumachen (Heubrock 2004, 8).

Als frühe Indikatoren einer räumlich konstruktiven Schwäche aber lassen sich im Kindergartenalter ausmachen: Die Unlust zu malen, das Vermeiden vom Spiel mit Lego® oder Puzzles und Schwierigkeiten in der räumlichen Orientierung (Heubrock & Petermann 2000, 234).

Erleichterungen und Kompensationsstrategien

Wenn die Beeinträchtigung erkannt und nach sorgfältiger Diagnostik auf eine räumliche-konstruktive Einbuße zurückzuführen ist, sollten dem Kind neben einer Therapie (s. Abschnitt 6.6) in der Schule Erleichterungen und Kompensationsmöglichkeiten angeboten werden. Dazu gehören Hefte mit großen Kästchen und klar strukturierte Arbeitsblätter, die nur das Wesentliche enthalten und auf weitere visuelle Reize (wie z. B. Bildchen) verzichten. Tabellen sollten große Zeilenabstände erhalten oder ihre Aussagen in Text transformiert werden. Wenn es Schülern nicht gelingt, mit Landkarten zu arbeiten, können sie bei ausreichender räumlich-perzeptiver Wahrnehmung Grenz- oder Flussverläufe beschreiben statt einzuzeichnen. Sollte die räumlich-perzeptive Fähigkeit eingeschränkt sein, muss ausprobiert werden, welche Karten ihnen eine Hilfe bieten und welche nur Verwirrung hervorrufen. Auch hier gibt es dann die Möglichkeit eines beschreibenden Textes. Manchen Kindern hilft es, wenn sie frontal zum Lehrer und zur Tafel sitzen, weil sie dann einen geraden Weg von der Tafel zum Heft haben und die Auge-Hand-Koordination ihnen leichter fällt (Milz 2006, 123).[17]

---

17 Aus der eigenen Verhaltensbeobachtung beim Testen für diese Studie ist zu ergänzen, dass ältere Kinder eigene Kompensationsmöglichkeiten entwickeln. Sie benutzen in der Geometrie und bei Abzeichenaufgaben ihre Finger als Maßstab und messen die gleiche Strecke auf dem Arbeitsblatt wieder ab. So entfällt das Schätzen der Länge. Die qualitative Vorstudie ergab, dass Kinder, die

Ein entscheidender Unterschied zu Erwachsenen besteht darin, dass sich bei Kindern Kompensationsmechanismen leichter entwickeln können. Zwar ist bekannt, dass im Säuglings- und Kleinkindalter erworbene schwere Hirnschädigungen von Kindern häufig schlechter kompensiert werden können als später erworbenen Hirnschädigungen (Stiles 2007, 261; Melchers & Lehmkuhl 2001, 623), aber Übereinstimmung herrscht auch dahingehend, dass Kinder mit frühen fokalen Hirnschädigungen eine funktionale Genesung erleben können. Es gibt sogar Kinder, die solch erhebliche Leistungszuwächse zeigen, dass sie in räumlich-konstruktiven Aufgaben maximal mögliche Leistungen erreichen. Allerdings handelt es sich hierbei meist nur um scheinbar gute Leistungen, weil die dahinter stehenden Verarbeitungsstrategien anhaltende Defizite aufweisen. Offenbar führen frühe Hirnschädigungen zu Beeinträchtigungen der räumlichen Informationsverarbeitung, die durchaus im Laufe der Entwicklung kompensiert werden können. Die Kompensation beruht aber auf ineffizienten Strategien und enthält anhaltende subtile Leistungsdefizite (Stiles 2007).

Sekundärfolgen

Es gibt keine Untersuchungen über Sekundärfolgen bei Kindern mit räumlich-konstruktiven Einbußen, obwohl die Alltagsrelevanz dieser ›Störung‹ betont wird (Kerkhoff 2000, 427, Prosiegel 2002, 73). Vorstellbar ist als unmittelbare Folge in der Schule, dass das Kind viel Konzentration für korrekte visuell-konstruktive Leistungen braucht. Es geht viel Zeit und Aufmerksamkeit in dem Bemühen verloren, sauber räumlich-konstruktiv zu arbeiten, also eine saubere Handschrift, fehlerfreies Abzeichnen, Zuordnungen von Zeilen, und Lesen von Karten und Tabellen zu zeigen. Wenn sehr viel Aufmerksamkeit in das ihnen abverlangte saubere konstruktive Arbeiten fließen muss, entstehen Probleme in der Daueraufmerksamkeit (Konzentration). Daraus ist zu folgern, dass viele Aufgaben von Frust und Unlust begleitet werden, weil die Kinder die Erfahrung gemacht haben, dass sie ihnen auch mit viel Mühe eher misslingen als gelingen, insbes. im Abzeichnen und Geometrie. Die Kinder sind selber äußerst unzufrieden mit ihrem konstruierten Produkt, sei es in der Grundschule das Ausschneiden oder Basteln oder sei es das Zeichnen von Landkarten in den höheren Klassen. Wenn die visuelle Analyse gelingt, sehen sie ihre eigenen Fehler und sind zugleich unfähig, sie zu korrigieren (Heubrock & Petermann 2000, 280).

Die im Laufe der Schulstunde nachlassende Fähigkeit zur Daueraufmerksamkeit erhöht die Ablenkbarkeit des Kindes. Heubrock und Petermann (2001) sehen daher die Aufmerksamkeitsstörung als Folge der räumlich-konstruktiven Störung.

Wenn dem im angloamerikanischen Raum verbreiteten Konzept in der Kinderneuropsychologie gefolgt wird, welches die neuropsychologischen Fähigkeiten zunächst in verbale und nonverbale Leistungen unterscheidet (s. Abschnitt 6.5.1), lassen sich

---

den Streckenplan des Nahverkehrs nicht ›lesen‹ können, Passanten fragen. Ebenso verfahren sie bei Orientierungsschwierigkeiten.

für Einschränkungen in den räumlich-konstruktiven Fähigkeiten als Teil der nonverbalen Fähigkeiten eine Vielzahl an Sekundär- und Tertiärfolgen aufführen. Kinder mit Einbußen in den nonverbalen Fähigkeiten haben Probleme in der visuellen Analyse, der visuell-figuralen Merkfähigkeit, der visuellen Aufmerksamkeit und der kognitiven Strategiebildung. Dies kann zu visuell bedingten Lesestörungen und zu Rechenstörungen führen. Psychosoziale Tertiärfolgen wären dann soziale Anpassungsstörungen, Fixierungen auf Alltagsroutinen, Fehleinschätzungen sozialer Beziehungen und auch internalisierende Verhaltensstörungen wie Depression, ängstliches Vermeiden und Verweigerung (Muth 2001, 13).

Folgen für den Erwerb der schulischen Fertigkeiten Lesen, Schreiben, Rechnen

Die Literatur beschreibt einen deutlichen Zusammenhang zwischen Schwächen in den visuell-räumlichen Leistungen und einer Rechenschwäche:

»Die Störungen im visuellen Bereich als Hauptverursachungsfaktor für Rechenschwäche führen zu Schwierigkeiten der Vorstellung räumlicher Beziehungen und der 1-1-Zuordnung« (Lorenz 2003, 152).

Konkreter auf die Teilleistung der visuell-räumlich-konstruktiven Leistungen beziehen sich Heubrock et al. (2004) und schreiben, dass

»(…) Störungen der räumlich-konstruktiven Leistungen (…) als entscheidende Vorläufer für Störungen in den Bereichen Lesen, Schreiben und Rechnen angesehen werden« (Heubrock et al. 2004, 5).

Hinter diesen Annahmen steht das Wissen,

»(…) dass sich Schwächen im Erfassen räumlicher Beziehungen auf den sprachlichen wie auf den mathematische Bereich auswirken können« (Milz 2006, 111).

Nach Milz ist mathematisches Denken ein Denken in Räumen (ebd.). Der Zusammenhang zwischen visuell-räumlich-(konstruktiven) Fähigkeiten und einer Rechenschwäche ist hier von besonderer Bedeutung, weil die qualitative Vorstudie ergab, dass die Eltern geringe Fähigkeiten im Rechnen, vor allem in abstrakteren Rechenprozessen und mathematischen Textaufgaben, beklagen. Deshalb wird auf die schulische Fähigkeit des Rechnens im folgenden Abschnitt gesondert eingegangen.

Bei der Betrachtung der Zusammenhänge zwischen eingeschränkten visuell-räumlichen Fähigkeiten und eingeschränkter Rechenfähigkeit bleibt unbehelligt, dass der Prozess des Erwerbs der schulischen Fertigkeiten durch eine Vielzahl an Faktoren in einer Kindesentwicklung behindert respektive gefördert werden kann.

Das wachsende Interesse der Kinderneuropsychologie an einer intensiveren Betrachtung visuell-räumlicher Fähigkeiten in den letzten Jahren ist daher vor allem in der Beachtung der Rechenstörung begründet. Die umschriebene Entwicklungsstörung ›Legasthenie‹ hat dagegen meist phonologische Beeinträchtigungen zur Ursache (Fussenegger 2006, 167). Aber auch bei einigen lese- und rechtschreibschwachen Kindern wird angenommen, dass ihre Leseschwierigkeiten von Einbußen in ihren visuell-räumlichen Leistungen herrühren. Diesen Kindern misslingt die visuelle Analyse der Buchstaben und Texte (Melchers & Preuß1994a; Muth 2001, 13; Heubrock & Petermann 2000, 231). Ihr Anteil *innerhalb* der Kinder mit einer Legasthenie wird auf 5% bis 10% geschätzt (Muth 2001, 15).

Insgesamt wird der Anteil der Kinder mit einer Lese- Rechtschreibschwäche mit 7% bis 8% bei Achtjährigen und mit 4% bei jungen Erwachsenen angegeben (Hasselhorn 2006, 210). Beim Anteil der Kinder mit einer Rechenstörung (Dyskalkulie) wird von 5% bis 8% aller Schulkinder ausgegangen (Hasselhorn 2006). Die Rechenstörung kann mit der Lese-Rechtschreib-Schwäche gemeinsam, aber auch unabhängig auftreten (Heubrock &Petermann 2000, 236). Ein Drittel der Kinder mit einer Lese-Rechtschreibschwäche ist auch rechenschwach, aber die Hälfte (Aster 2003 b) bis fast Zweidrittel (Hasselhorn 2006, 213) der rechenschwachen Kinder zeigt auch eine Lese-Rechtschreibschwäche. Während bei der Lese-Rechtschreibschwäche Jungen häufiger betroffen sind, hält sich das Geschlechterverhältnis bei der Rechenschwäche und auch beim gemeinsamen Auftreten der Schwächen die Waage (Hasselhorn 2006, 213). Auch wegen dieser geschlechtsspezifischen Risikowahrscheinlichkeit geht die heutige Forschung davon aus, dass es sich bei der Rechenschwäche, der Lese- Rechtschreibschwäche und auch der Komorbidität jeweils um funktional eigenständige Lernstörungen handelt (Hasselhorn 2006, 213). Und es wird von einer neurogenen Beteiligung an schulischen Lernschwierigkeiten ausgegangen (Spitzer 2002). Obwohl also die Entwicklungsstörungen des Lese-Schreiberwerbs und des Rechenerwerbs in etwa gleich häufig sind, sind die Rechenstörungen hinsichtlich der Mechanismen ihres Entstehens weniger gut erforscht als die Legasthenien (Aster 2008, 590).

6.4.3 Einfluss der visuell-räumlichen Fähigkeiten auf die Rechenfähigkeit

Die Forschungslage der Frage, welche Rolle die visuell-räumlichen Grundkapazitäten beim Erwerb schulischer Basisfunktionen spielen ist, noch in den Anfängen. Während Studien über den Leseerwerb nicht eine zentrale Bedeutung visuell-räumlicher Fähigkeiten vermuten lassen, gilt es als belegt, dass räumliche Störungen die Zahlenverarbeitung und das Rechnen entscheidend beeinträchtigen können (Nuerk 2006, 149). Und auch im höheren Schulalter besteht ein bedeutsamer statistischer Zusammenhang zwischen Mathematikleistungen und den Fähigkeiten in visuell-räumlichen Syntheseleistungen, wie z. B. den mentalen Rotationen (Casey, Nuttall & Pezaris 1997 nach Weinhold-Zulauf et al. 2003).

Aufgrund dieses anzunehmenden Zusammenhangs ist auch das wachsende Interesse der Pädagogik und Kinderneuropsychologie an den visuell-räumlichen Fähigkeiten zu erklären. Dies führte dazu, dass inzwischen die Rechenschwäche von den möglichen Folgen eingeschränkter visuell-räumlicher Fähigkeiten am besten erforscht ist.

Die heutige Kognitions- und Neuropsychologie geht davon aus, dass zum Aufbau der numerischen Fähigkeiten sowohl

- motorische und
- sprachliche als auch
- visuell-räumliche Prozesse notwendig sind (v. Aster 2008, 590).

Bei Letzteren bilden ein nichtsprachliches Verständnis von Zahlen und die räumliche Vorstellungskraft die Basis höherer Rechenprozesse (v. Aster 2003). Ergebnisse aus der Hirnforschung bestätigen den engen Zusammenhang zwischen den Rechenfähigkeiten und den visuell-räumlichen Fähigkeiten:

> »Läsionsstudien deuten neuerdings auf erstaunliche Gemeinsamkeiten zwischen räumlicher und numerischer Repräsentation hin« (Nieder 2006, 399).

Bei dem Erfassen von Mengen, beim Schätzen, bei Größenvergleichen, bei Zahlenraumvorstellungen und bei der Überlegung der Richtungen der Rechenoperationen sind visuell-räumlich-kognitive Prozesse notwendig. Auch wird die Reihenfolge der Zahlen im Gehirn in Form eines Zahlenstrahls repräsentiert, der links die negativen Zahlen und rechts die positiven Zahlen anordnet. Neben diesen räumlichen sind sprachlich-syntaktisch-kognitive Operationen notwendig. So muss das gesprochene Zahlwort in eine arabische Ziffer umgewandelt werden können und umgekehrt (v. Aster 2008, 591).

Wenn eine dieser Fähigkeiten unzureichend ausgebildet ist, kann eine Rechenschwäche entstehen. Bei Kindern mit visuell-räumlichen Schwächen kann also mit Auswirkungen auf die Rechenfähigkeit gerechnet werden. Und in diesem Sinne postulieren Heubrock und Petermann (2000, 238), dass bei Kindern mit frühkindlicher Hirnstörung die Dyskalkulie eine Folge einer visuell-räumlich-konstruktiven Störung ist und bei einem Kind mit einer Rechenschwäche in erster Linie die Grundstörung diagnostiziert werden muss (Heubrock & Petermann 2000, 239). Bei einer zugrundeliegenden visuell-räumlich-konstruktiven Störung muss (zunächst) diese behandelt werden (s. Abschnitt 6.6). Nicht zugelassen ist der Umkehrschluss, der bei rechenschwachen Kindern stets auf eingeschränkte visuell-räumliche Fähigkeiten schließen würde. Aber auch nicht alle Kinder, die visuell-räumliche Verarbeitungsprobleme aufweisen, entwickeln eine Rechenschwäche (v. Aster 2008, 592).

Erscheinungsbild

Rechenprozesse sind sehr komplex, und die zu beobachtenden Rechenprobleme und die angewandten – ineffektiven – Lösungsstrategien der Kinder sind sehr unterschiedlich.[18]

> »Tatsächlich kann der Erwerb mathematischer Kompetenzen sehr unterschiedlich erschwert sein. Dies schließt eine vereinheitlichende Charakterisierung der Rechenstörung faktisch aus« (Fritz 2005, 714).

---

18 Ausführliche Darstellungen finden sich bei Fritz (2000).

Es gibt schon aufgrund des vielschichtigen Erscheinungsbildes nicht *die* Rechenstörung und auch bei anderen Lernschwierigkeiten sind ineffektive Arbeitsweisen bekannt (Fritz 2005, 688). Eine Folge des unterschiedlichen Erscheinungsbildes der Dyskalkulie sind verschiedene Versuche der Einteilungen, von denen hier die Einteilung gewählt wird, in die sich das heutige Konzept der Zahlenverarbeitung integrieren lässt. Demnach finden sich drei Subtypen (v. Aster 2008, 596):

- Kinder mit erheblichen Abweichungen in nahezu allen überprüfbaren numerischen Fertigkeiten (tiefgreifender Typ),
- Kinder, die erhebliche Probleme beim Kopfrechnen, beim Vorwärts- und Rückwärtszählen haben (sprachlicher Typ),
- Kinder mit Problemen beim Übertragen von Zahlwörtern in die arabische Kodierung, also die arabische Zahl zu lesen und nach Diktat zu schreiben (arabischer Typ).

Die Rechenschwäche des ›sprachlichen Typs‹ entsteht vor allem infolge von Sprachentwicklungs- und Aufmerksamkeitsstörungen und die des ›arabischen Typs‹ findet sich vor allem bei mehrsprachig aufgewachsenen Kindern. Kindern mit der Rechenschwäche des ›tiefgreifenden Typs‹ gelingt nicht der Aufbau abstrakter Zahlenraum- oder Zahlenstrahlvorstellungen (v. Aster 2008). Sie liegen per Definition in all ihren Rechenleistungen mindestens 1,5 Standardabweichungen unter dem Mittelwert. Einbußen in den visuell-räumlichen Fähigkeiten können die Entwicklung dieser Zahlenvorstellungen behindern (Nuerk 2006, 149; v. Aster nach Fritz et al. 2005, 694).

Komorbiditäten

Selten tritt Dyskalkulie alleine auf. Entwicklungsstörungen im Sprechen, Lesen und Schreiben gehen oft mit Störungen der Zahlenverarbeitung einher (v. Aster 2005, 20). Dies ist durch das Wissen um die Entwicklung der neuronalen Repräsentation von Zahlen erklärbar. In diesem Prozess müssen gesprochene Zahlwörter in einer arabischen Zahlensyntax im Gedächtnis abgespeichert werden. Die Komorbidität mit einer Lese-Rechtschreibstörung wird mit 50% (v. Aster 2003b) und bis zu mehr als 60% der Fälle angegeben (Hasselhorn 2006) (s. Abschnitt 6.4.2). Auch Sprache, Wahrnehmung, räumliche Konstruktion, Gedächtnis und exekutive Funktionen sind maßgeblich an der erfolgreichen Bewältigung von Rechenaufgaben beteiligt (Jacobs et al. 2003, 209). Es ist aber ungeklärt, inwieweit diese Beeinträchtigungen eine kausale Rolle in der Entwicklung von Rechenstörungen spielen (Fussenegger 2006, 165). Ebenso ist bisher nicht bekannt, inwieweit Dyskalkulie und Lese-Rechtschreibschwächen isolierte Schwächen sind oder auch gemeinsame Ursachen haben. Aktuelle Forschungen betonen die Spezifität der einzelnen Entwicklungsstörung (Nuerk 2006, 152, Fussenegger 2006, 169). Die Feststellung zusätzlicher Teilleistungsstörungen ist für Diagnose und Therapie wichtig. Dies betrifft auch die Sekundärfolgen wie zunehmende Schulunlust, Angst und Depression, die bei einer Dyskalkulie häufiger als bei einer Lese-Rechtschreibstörung anzutreffen sind (Petermann & Lembcke 2005, v. Aster & Lorenz 2005, 22).

Entwicklung

Die Entwicklungspsychologie geht beim Erwerb numerischer Kompetenzen von einem angeborenen Zahlensinn aus, denn schon Säuglinge besitzen ein evolutionär ursprüngliches Quantifizierungssystem, das unabhängig von Sprache arbeitet und Mengen bis zu vier Objekten differenzieren kann (Nieder in Karnath 2006, 393; Landerl 2006, 147; Jacobs et al. 2003, 204), was auch für Säugetiere gilt (Kucian 2005, 63). Mit der Sprachentwicklung und dem Hantieren mit Objekten werden Zählprinzipien und einfache Zählstrategien gelernt. Diese Entwicklung ist eng an den Gebrauch der Finger gebunden (v. Aster 2008, 594). Erst mit dem Schulalter greifen die kulturell vermittelten mathematischen Kompetenzen wie der Gebrauch arabischer Zahlen, die eine eigene stellenwertbezogene Syntax besitzen und sich erheblich von den linguistischen Zahlwörtern unterscheiden. Für deutschsprachige Kinder ergibt sich das zusätzliche Problem der Zehner-Einer-Inversion.[19] Zur Bearbeitung von Rechenprozessen benötigt das Kind zunehmend mehr Kapazitäten in seinen Aufmerksamkeits- und Arbeitsgedächtnisfunktionen. Mit dem Erlernen der arabischen Notationen konstruiert sich die innere Zahlenrepräsentation des Schulkindes neu. Aus den konkreten Mengenvorstellungen wird ein abstrakter Zahlenraum und ein innerer Zahlenstrahl bildet sich mithilfe einer repräsentationalen Umstrukturierung (v. Aster 2008, 594).

Stabilität der Rechenschwäche und Früherkennung

Soweit bisher untersucht, zeigt sich die Rechenschwäche auch noch nach Jahren als stabil und als persistente Entwicklungsstörung (Schweiter 2005a; v. Aster 2008, 597; Nuerk 2006, 151; Kaufmann 2007, 385). Umso wichtiger ist die Früherkennung, zum einen um alle therapeutischen Möglichkeiten auszuschöpfen und zum anderen, um psychisch belastende Sekundärfolgen zu vermeiden. Ein einfacher Hinweis ergibt sich schon, wenn es Kindern nicht gelingt, die Zahl ihrer Finger mit einem Zahlwort zu verbinden. Werden bei Kindergartenkindern die Fähigkeiten des Mengen- und Längenvergleiches, des Einordnens in eine vorgegebene Reihe und das Zahlenwissen einschließlich erster Zählfähigkeiten überprüft, zeigt sich, dass das Mengen- und zahlenbezogene Vorwissen ein spezifischer Risikofaktor einer Rechenschwäche ist (Krajewski 2005, 157). Darüber hinaus liegen zur Überprüfung der numerischen Fähigkeiten bei Kindern eine Reihe an diagnostischen Verfahren vor.[20] Bei Kindern,

---

19 Für eine gute Übersicht über die ›Entwicklungsschritte der Rechenfähigkeit bei Kindern‹ siehe Jacobs & Petermann (2003). Dyskalkulie, Forschungsstand und Perspektiven. In: Kindheit und Entwicklung 12 (4)

20 Eine Auflistung der Verfahren zur Erfassung mathematischer Kompetenzen findet sich bei Fritz, Ricken, Schlottke (2005). Rechenstörung. In: Enzyklopädie der Psychologie. Göttingen: Hogrefe.

bei denen Einbußen in den visuell-räumlichen Fähigkeiten als Ursache ihrer Rechenschwäche vermutet werden, bietet die Überprüfung des SNARC-Effektes[21] eine diagnostische Möglichkeit der Früherkennung, weil er sich bei Kindern mit visuellräumlichen Verarbeitungsdefiziten gar nicht oder verspätet etabliert (v. Aster 2008, 593). Eine Diagnose einer umschriebenen Rechenstörung ist erst ab dem Ende des zweiten Grundschuljahres möglich (Esser & Wyschkorn 2000, 422, nach Heubrock & Petermann 2000, 234).

Es ist belegt, dass die Lernzuwächse in den mathematischen Leistungen signifikant im letzten Kindergartenjahr anwachsen, insbesondere bei Jungen.

»Angesichts dieser Befunde lässt sich das Jahr vor Schuleintritt als eigentliche ›sensible Periode‹ für die Entwicklung mathematischer Fähigkeiten bezeichnen« (Weinhold-Zulauf, Schweiter & v. Aster 2003, 229).

Da die Rechenfertigkeiten als trainierbar eingeschätzt werden, sollten Möglichkeiten der Früherkennung ausgeschöpft werden, um Rechenschwächen vorzubeugen. Die Interventionen sollten vor allem mit Materialien zur Veranschaulichung arbeiten (Krajewski 2005, 157).

Ursachen

Als allgemeine Ursachen werden genetische Dispositionen, frühkindlich bedingte Hirnreifungsstörungen, psychosoziale und schuldidaktische Faktoren diskutiert. Die Hirnreifungsstörungen werden als verantwortlich für Schwächen in den räumlichkonstruktiven Fähigkeiten gesehen (Heubrock & Petermann 2000).

Konkret wird heute davon ausgegangen, das neben dem Transfer aus und in die Sprache zur Entwicklung der Rechenfähigkeit drei Basisfunktionen (visuell-räumliche Fähigkeiten, taktil-kinästhetische und psychomotorische Fähigkeiten) nötig sind. Sie sind die wesentlichen Bausteine in der Entwicklung und Differenzierung neuronaler Netzwerke für die Verarbeitung von Zahlen und Quantitäten sind (v. Aster 2008, 592). Und es wird angenommen, dass der Dyskalkulie ein Defizit in diesen basisnumerischen Verarbeitungen zugrunde liegt (Fussenegger 2006, 168). Zugleich muss betont werden, dass auch bei Schwächen in allen drei Fähigkeiten Kinder gute Rechenleistungen entwickeln können und umgekehrt viele Kinder mit Rechenschwächen keine Schwächen in diesen Basisleistungen zeigen (v. Aster 2008, 592). Auch bei aller Affinität zwischen Rechenschwäche und visuell-räumlichen Leistungen gilt:

Eine Übersicht über Rechentests findet sich bei Jacobs & Petermann (2003). Dyskalkulie – Forschungsstand und Perspektiven. In: Kindheit und Entwicklung 12 (4), 207.

21 Der SNARC-Effekt (Spatial Numerical Association of Response Codes) bedeutet, dass Probanden bei der Entscheidung ob eine Zahl zwischen 0 und 10 eine gerade oder ungerade Zahl ist, bei kleinen Zahlen schneller mit der linken und bei größeren Zahlen schneller mit der rechten Hand sind. Der SNARC Effekt gilt als Hinweis auf eine gelungene Ausbildung des mentalen Zahlenstrahls mit seiner Zahlenanordnung von links nach rechts.

»Raum ist nicht gleich Zahlenraum und Sprache ist nicht gleich Zahlenwortreihe« (v. Aster 2003 b, 39).

Trotz der Verantwortlichkeit einer mangelnden Entwicklung relevanter Basisfunktionen bei der Entstehung der Dyskalkulie ist für den Schulalltag davon auszugehen, dass es zu einem Wechselspiel mit psychosozialen Faktoren kommt.

»Gerade bei Kindern mit schwachen Leistungen muss davon ausgegangen werden, dass spezifische Lernerfahrungen, geringe Motivation und negatives Selbstkonzept einen jeweils erheblichen Anteil am Zustandekommen ihrer negativen Leistungsentwicklung haben« (v. Aster 2008, 591).

Neuronale Grundlagen

Der Umgang mit Zahlen und Mengen beruht auf funktional eigenständigen kortikalen Netzwerken, deren Entwicklung von dem Zusammenspiel von Anlage und Umwelt abhängt (v. Aster 2008, 590). Dehaene postulierte 1992 drei kortikale Netzwerke der Zahlenverarbeitung (›Triple Code Modell‹), das heute als anerkanntes Modell gilt. Danach gibt es drei Funktionseinheiten, in denen Zahlen in ihren unterschiedlichen Kodierungen repräsentiert sind:
- als (deutsches) Zahlwort,
- als arabische Zahl und
- als analoger Ort auf einem inneren, logarithmisch skalierten Zahlenstrahl.

Das *Zahlenwort* wird mit seinem linguistischen und auditiv-sprachlichen Zahlenverständnis beim Abzählen, beim Abspeichern von numerischem Faktenwissen (z. B. Geschichtszahlen, 1 × 1) und zum exakten Rechnen gebraucht. Die neuronale Repräsentation dieses linguistisch-auditiven Zahlwortes findet in der linksseitigen perisylvanischen Sprachregion (präfrontal und bis in den Parietallappen führend) statt. Ihre Neuronenverbände sind beim Rechnen und der Zahlenwiedergabe aktiv und reichen bis zum inferioren Parietallappen.

Das Verständnis der *arabischen Zahlen* wird genutzt, wenn mit mehrstelligen Zahlen gerechnet werden muss oder wenn Zahlen geistig umgestellt oder ihre Zweiteilung geprüft wird. Die arabischen Zahlen, ihre arithmetischen Eigenschaften, ihre geschriebene Zahlenwortrepräsentation werden im Bereich der rechtslateralen okzipitotemporalen Region des visuellen Kortex verarbeitet. Die arabische Zahl wird demnach innerhalb der visuellen ventralen Route gespeichert.

Das eigentliche Zahlenverständnis aber basiert auf der mentalen Zahlenlinie, dem *inneren Zahlenstrahl*. Dieser ist nötig, um Größen von Zahlen zu erkennen, um Schätzungen vorzunehmen, um Zahlen zu vergleichen und um Ergebnisse zu überschlagen. Dieser innere Zahlenstrahl siedelt die Zahlen in eine räumliche Dimension, in Schreibrichtung von links (kleine Zahlen) nach rechts (große Zahlen) an (v. Aster 2008, 593; Kucian 2005, 59). Dieser innere Zahlenstrahl und das semantische Zahlenverständnis befinden sich im parietalen Kortex (inferiorer Parietallappen, bilateral) und bilden das Herzstück der Zahlenverarbeitung. Hier findet die neuronale Repräsentation des inneren Zahlenstrahls und damit der semantische Verarbeitungsprozess statt.

Damit liegt der ›innere Zahlenstrahl‹, genauer das *visuell-räumliche Zahlensystem*, in dem Gebiet für das räumliche Denken, also in Regionen im linken und rechten Parietallappen, genauer im *inferioren Parietallappen bilateral*. Hier ist die Basis des mathematischen Verständnisses und weniger des Rechenprozesses selbst. Bei Schätzaufgaben zeigt sich ein Aktivitätsmaximum in diesen inferioren parietalen Regionen und auch beim Distanzeffekt (größere Differenzen werden schneller erkannt) sind die Regionen in inferioren parietalen Arealen links und rechts aktiv. Dies belegt die Repräsentation des inneren Zahlenstrahls bilateral im parietalen Kortex (v. Aster 2008, 593).

Diese Gebiete befinden sich in enger anatomischer und funktionaler Nähe zur dorsalen Route der visuellen Informationsverarbeitung (s. Abschnitt 6.2.2). Diese verarbeitet kognitiv die visuellen Eindrücke über Bewegung, Tiefe, Position etc. und projiziert sie in Areale des superioren Parietallappens. Die Bildgebung belegt die enge Verflechtung der numerischen und räumlichen Repräsentation im Parietal- und Frontallappen. Wie bei allen Verarbeitungsfunktionen bestehen zugleich vielfältige Netzwerke zu anderen Hirnregionen. Rechenschwache Kinder aktivieren dabei die gleichen Hirnregionen wie rechenstarke Kinder, aber es findet eine geringere Aktivität statt.

Die drei Funktionseinheiten arbeiten eng zusammen, denn bei der sprachlichen und nichtsprachlichen Erfassung von Anzahlen werden übereinstimmende Gehirnareale aktiviert (Nieder 2006, 395). Dennoch handelt es sich um drei eigenständige neuronale Funktionseinheiten:

»Alle diese Repräsentationen können unabhängig voneinander gestört sein« (Nuerk 2006, 152).

Dieses Triple Code Modell ist durch zahlreiche neuropsychologische Experimente gut belegt und wird in der Literatur durchgängig präsentiert. Die bildgebenden Verfahren der letzten fünfzehn Jahre, insbesondere die funktionelle Magnetresonanztomographie (fMRT), bestehen aus zahlreichen Einzelergebnissen, deren Bedeutung zum Teil kontrovers diskutiert wird (Kaufmann 2007, 390). Aber das Modell mit seiner Annahme, dass im Gehirn Zahlen in unterschiedlichen Funktionseinheiten verarbeitet werden, wird durch die Bildgebung bestätigt (v. Aster 2005, 14). Und die Ergebnisse der Bildgebung stützen die Auffassung,

»(…) dass numerische und räumliche Repräsentation eng miteinander im Parietal- und Frontallappen verflochten sind und dass diese visuell-räumlichen Verarbeitungsprozesse bei unterschiedlichen Schwierigkeitsgraden (…) involviert sind« (Kucian & v. Aster 2005, 65).

Es ist zu schlussfolgern, dass viele Forschungen einen Einfluss des Hydrocephalus auf die (posterioren) Parietallappen und die Kommunikation zwischen diesen beiden sehen, und dass visuell-räumliche Leistungen in der dorsalen Route im Parietallappen verarbeitet werden und die Zahlenverarbeitung im inferioren Parietallappen erfolgt.

Folgen visuell-räumlicher Einbußen auf die Rechenfertigkeit

Visuell-räumliche Einbußen als Verursacher einer Rechenschwäche können sich schon bei den Grundrechenarten auswirken, weil die Kinder Schwierigkeiten haben, sich die entgegengesetzten Rechenoperationen wie z. B. Addition und Subtraktion als unterschiedliche Richtungen einer einfachen mathematischen Operation vorzustellen. Auch die schriftliche Rechnung hilft ihnen dann nicht weiter, weil die räumlich-konstruktiven Probleme ein korrektes Untereinanderschreiben der mehrstelligen Zahlen verhindern (Heubrock & Petermann 2000, 239). Kinder mit visuell-räumlichen Einbußen haben erwiesenermaßen mehr Schwierigkeiten bei Zahlenaufgaben als Kontrollkinder (Nuerk 2006, 149).[22]

»Es hat sich (…) gezeigt, dass räumliche Störungen die Zahlenverarbeitung und das Rechnen entscheidend beeinträchtigen können« (Nuerk 2006, 149).

Es gibt aber auch Kinder mit räumlich-konstruktiven Schwächen, denen vor allem die Einschätzung von Größen, Mengen und Verhältnissen nicht gelingt, die aber die Grundrechenarten noch relativ gut beherrschen. Dies erklärt, dass diese Kinder oft gute Ergebnisse im Untertest ›rechnerischen Denken‹ im HAWIK haben und daher bei einer regulären Intelligenztestung im Vorschul- oder Grundschulalter nicht unbedingt auffallen (Heubrock & Petermann 2000, 239). Auch Untertests wie ›Zahlennachsprechen‹ bereiten ihnen keine Schwierigkeiten. Es steht weiter in keinem Widerspruch, wenn die Kinder das kleine Einmaleins fehlerfrei beherrschen. Das Einmaleins wird als reine Zählsequenz wie jede andere Sprachsequenz gelernt, also wie das Alphabet, die Wochentage und die Monate (Lorenz 2003, 154). Bildgebungsstudien zeigen auf, dass beim trainierten Abruf erlernter Multiplikationsfakten ganz andere Hirnregionen aktiv sind als beim Lösen eines Multiplikationsproblems (Nuerk 2006, 149). Kinder mit einer Dyskalkulie, die vor allem aufgrund ihrer räumlich-konstruktiven Probleme entstanden ist, fallen ganz besonders bei geometrischen Aufgaben auf. Ihnen misslingt das Einschätzen und Abmessen sowie einfache Spiegelungsaufgaben und einfaches Abzeichnen geometrischer Figuren (Heubrock & Petermann 2000, 239). Auch mathematische Textaufgaben mit präpositionalen Beziehungen bereiten erhebliche Probleme.

Es kommt aufgrund einer visuell-konstruktiven Einbuße zu einer Form der Dyskalkulie, bei der die räumliche Anordnung von Zahlen als isolierte Zeichen oder die Beziehungen zwischen einzelnen Teiloperationen innerhalb rechnerischer Prozesse nicht erfasst werden können (Muth 2001, 18).

---

22 Eine ausführliche Übersicht über ›Modelle zu Ätiologie und Verlauf‹ der Rechenstörung findet sich bei Fritz, Ricken & Schlottke (2005). Rechenstörung. In: Enzyklopädie der Psychologie. Göttingen: Hogrefe

»Kinder mit Störungen im Bereich der sensomotorischen und visuell-räumlichen Syntheseleistungen haben eher Probleme bezüglich der Entwicklung zahlensemantischer Netzwerke und ein höheres Risiko für umschriebene Rechenstörungen« (v. Aster 2008, 595).

Diesen Kindern mit einer Rechenschwäche im Zusammenhang mit einer räumlich-konstruktiven Beeinträchtigung sollten in der Schule Kompensationsmöglichkeiten gegeben werden. Dazu gehört bspw. das Abzählen mit den Fingern auch für ältere Schüler, das Benutzen von Rechenschiebern und Textaufgaben ohne räumliche Präpositionen bis hin zum Verzicht auf Textaufgaben und Leistungsnachweisen in Geometrie.

Rechenschwäche als Teilleistungsstörung

Bei der Rechenschwäche wird wie bei den anderen schulischen Fähigkeiten per Definition nach dem ICD-10 und dem DSM-IV als wesentliches Kriterium erst dann von einer Entwicklungsstörung und somit einem Behandlungsbedarf ausgegangen, wenn die Schwäche des Kindes in dieser Teilleistung deutlich (signifikant) von den zu erwartenden Leistungen des Alters und der allgemeinen Intelligenz des Kindes abweicht (Warnke 2008b, 527). Damit wird einer Behandlung eine doppelte Diskrepanzannahme vorangestellt. Diese Herangehensweise ist aus drei Gründen kritisch zu hinterfragen:

- Sie schließt Kinder mit einer Rechenschwäche und einer nur allgemein niedrigen Intelligenz und auch Kinder mit nur einer leichten Rechenschwäche von all jenen Fördermaßnahmen aus, bei denen einer der Sozialhilfeträger der Kostenträger ist (Fritz 2005, 689). Erst wenn die Kriterien der intraindividuellen Standardabweichung des Rechnens von den anderen schulischen Fähigkeiten und das Kriterium der durchschnittlichen Intelligenz erfüllt sind, wird von einer Entwicklungsstörung des Rechnens gesprochen.
- Damit enthält sie eine – vermutlich wissenschaftlich nicht haltbare – Auffassung, dass die Rechenleistung und ihre Störung von anderen kognitiven Fähigkeiten isolierbar sei (Lorenz 2003, 146).
- Dieser erforderliche Abstand zur allgemeinen Intelligenz des Kindes ist auch deshalb kritisch zu betrachten, weil zur Messung der allgemeinen Intelligenz u. a. Rechenaufgaben dienen (Fritz 2008, 689).

Weitergehend besteht nach den Kriterien von ICD-10 und DSM-IV nur dann ein Behandlungsbedarf und Behandlungsanspruch, wenn die Rechenstörung *nicht* Ausdruck einer Grunderkrankung ist. Diese Definition schließt Rechenstörungen aufgrund einer angeborenen Behinderung aus (Warnke 2008b, 527). Somit entspricht die Rechenschwäche, die durch einen Hydrocephalus und eine visuell-räumlich-konstruktive Verarbeitungsstörung bedingt ist, nicht den ICD-10 und DSM-IV-Kriterien einer ›Störung der Entwicklung schulischer Fertigkeiten‹ (ICD-10 F81).

6.5 Visuelle-räumliche Beeinträchtigungen im Konzept kindlicher Entwicklungsstörungen

Die Beschreibung visuell-räumlicher Fähigkeiten und ihrer Störungen stammen aus dem Erwachsenenbereich, was durch die Anfänge der Neuropsychologie erklärbar ist (s. Abschnitt 6.1.1). Im Übertrag der Forschungsergebnisse aus dem Erwachsenenbereich wären aus traditioneller neuropsychologischer Sicht gesehen die Beeinträchtigungen in visuell-räumlichen Leistungen bei Kindern eine Folge vornehmlich rechtshemisphärischer Läsionen (Infarkte, Verletzungen) oder Tumore. Lokalisierbare Läsionen finden sich aber im Kinderbereich selten.

Erklärungsmodelle, weshalb auch bei Kindern ausgeprägte Beeinträchtigungen in visuell-räumlichen Leistungen vorkommen, sind rar. Zwei bekannte Modelle stellen die häufig vorkommende Kombination von Beeinträchtigungen in visuell-räumlichen Leistungen, einer Dyskalkulie und psychomotorischen Defiziten (v. Aster et al. 2006, 157) in den Mittelpunkt eines Konzepts kindlicher Lernerschwernisse. Es sind die Modelle von Gerstmann (developmental Gerstman syndrome von Gerstmann 1930) und das Modell der *Nonverbal Learning Disability* (NLD) von Rourke (1989, 1993) (v. Aster 2008, 591). Bei dem nach Gerstmann benannten Syndrom werden einzelne eng umschriebene Symptome, zu denen die konstruktive Apraxie gehört, in Analogie zum Erwachsenenbereich als Folge einer Entwicklungsstörung der rechten Hemisphäre gesehen. Neben der Problematik der Übertragung aus dem Erwachsenenbereich wird das Modell nach Gerstmann heute auch hinsichtlich seiner Symptomatik und Ätiologie kritisiert (Schröder 2010, 22).

Dagegen stellt das Konzept der Nonverbal Learning Disabilities die räumlich-konstruktiven Fähigkeiten von Kindern in ein umfassendes Modell der Entwicklung von kindlichen Lernstörungen und soll deshalb hier vorgestellt werden. Des Weiteren benennt Rourke explizit in seiner Auflistung von Kindern, bei denen häufig eine Nonverbal Learning Disability vorkommt, die Kinder mit einem frühkindlichen und mit einem Shunt versehenen Hydrocephalus (Tsatanis & Rourke 1995, 478). Schließlich sieht das Modell als Ursache der NLD bei den betroffenen Kindern eine Hirnreifungsstörung, die an einer reduzierten weißen Masse, also an einer verzögerten Myelinisierung liegt, und diese Situation wird bei Kindern mit Hydrocephalus beschrieben (s. Abschnitt 3.4.1).

6.5.1 Modell der Nonverbal Learning Disability

Das NLD-Konzept ist im anglo-amerikanischen Raum entwickelt worden und dort in Theorie und Praxis der Kinderneuropsychologie weitgehend anerkannt, im deutschsprachigen Raum aber wenig vertreten (Heubrock & Petermann 2000, 241).

Wesentlicher Vertreter dieses Konzept ist der Kanadier Rourke, der es 1987 erstmalig veröffentlichte.[23] Es ist aus der Beobachtung entwickelt, dass bei einer Vielzahl lernschwacher Kinder sich gehäuft ganz bestimmte Schwächen und Verhaltensweisen zeigen. Insgesamt unterscheiden Rourke und seine Arbeitsgruppe bei den umschriebenen Lernstörungen drei Gruppen:
- die umschriebene Störung des Schreibens,
- die umschriebene Störung des Lesens und
- als dritte Gruppe die *nicht-sprachlichen Lernstörungen* (nonverbal learning disabilities = NLD) (Heubrock & Petermann 2000, 242).

Hier wird nur das Konzept der nicht-sprachlichen Lernstörungen vorgestellt, weil zu den beschriebenen Symptomen ausgeprägte räumlich-konstruktive Störungen gehören (Heubrock & Petermann 2000) und weil bei ca. 50% der Kinder mit einem Hydrocephalus und einer Spina Bifida eine NLD beobachtet wird (Yeates et al. 2003).

Rourke zählt in der Beschreibung der Charakteristika der NLD eine Vielzahl an neuropsychologischen Fähigkeiten auf, die sich dann in einer bestimmten Ausrichtung zeigen und in ihrer Kombination als Syndrom der Nonverbal Learning Disability definiert werden (Rourke 1995, 1–7). Es sind besondere Entwicklungen der Kinder in diesen Bereichen:
- Motorik, Graphomotorik, Psychomotorik (im Sinne von: gute motorische und graphomotorische Entwicklung, Schwächen in der Psychomotorik)
- Selektive Aufmerksamkeit und Daueraufmerksamkeit (im Sinne von: gute Aufmerksamkeit, Schwächen in der visuellen Aufmerksamkeit)
- Sprache und Sprechen (inkl. Aspekten zu Pragmatik und Semantik) (im Sinne von: gute Sprachentwicklung, gute rezeptive Sprachfähigkeiten, Wortreichtum, geringe Pragmatik)
- Visuell-räumliche Fähigkeiten (im Sinne von: geringe Fähigkeiten insbes. bei visuell-räumlich-konstruktiven Aufgaben)
- Explorationsverhalten (im Sinne von: nur geringes Neugierverhalten)
- Visuelle, taktile und auditive Wahrnehmung (im Sinne von: gute auditive, schlechte visuelle und taktile Wahrnehmung)
- Gedächtnis (im Sinne von: evidente Kapazitäten beim einfachen Auswendiglernen, Gedächtnis für nonverbales Material gering)
- Exekutivfunktionen (im Sinne von: markante Schwächen in allen Bereichen)
- Schulische Fähigkeiten des Lesen, Schreibens und Rechnens (im Sinne von: gute Lese- und Schreibfähigkeiten, große Mängel im Rechnen)
- Sozialemotionale Fähigkeiten und Anpassungsleistungen (im Sinne von: häufig Ängste, Depressionen und zunehmende sozioemotionale Schwierigkeiten)

---

23 Rourke, B. (1987). Syndrome of nonverbal learning disabilities: The final common pathway of white-matter disease/dysfunction? In: Clinical Neuropsychologist, 1, 209–234. Rourke, B.(1995). Syndrome of Nonverbal Learning Disabilities: Neurodevelopmental Manifestations. New York: Guilford

- Aktivitätsniveau (im Sinne von: als Kind hyperaktiv, als Jugendlicher hypoaktiv)
- und Kompensationsmöglichkeiten (im Sinne von: Sprache als Mittel)

Nur stark zusammenfassend lässt sich sagen, dass die Kinder mit einer Nonverbal Learning Disability die schulischen Fertigkeiten des Schreibens und Lesens gut entwickeln und dagegen Schwächen in den nicht-sprachlichen Bereichen aufweisen. Zu den Schwächen in den nicht-sprachlichen Bereichen gehören die Schwächen in den räumlich-konstruktiven Fähigkeiten und im Rechnen. Bei den Rechenschwächen als Symptom ist zu beachten, dass nach dem Modell nur eine bestimmte Form der Rechenschwäche zur NLD gehört. Das Modell differenziert bei rechenschwachen Kindern zwei Subtypen: Jene Kinder, deren Rechenschwäche mit einer Lese- und Rechtschreibschwäche einhergeht und *nicht* mit räumlich-konstruktiven Einbußen zusammenhängt (Lorenz 2003, 153) und jenen Kindern des sogen. Subtypen ›A‹ (arithmetic).

Diese Kinder des arithmetischen Subtyps haben Schwächen in Mathematik, aber mindestens durchschnittliche Leistungen im Scheiben und Lesen. Ihre akustischen Wahrnehmungen und ihr akustisches Gedächtnis sowie ihre sprachlichen Fähigkeiten sind altersgemäß. Im Intelligenztest schneiden sie im Verbalteil besser ab als im Handlungsteil. Sie haben große Probleme bei der Durchführung visuell-räumlicher, taktilkinästhetischer und psychomotorischer Aufgaben. Sie verrechnen sich häufig und ihre Fehler sind breiter gestreut als beim andern Typ (Lorenz 2003, 153). Ihre Rechenschwäche ist ein wesentliches Charakteristikum ihrer Nonverbal Learning Disability.

Das Konzept sieht unterschiedliche Grade der Ausprägung vor. Die schwächste Ausprägung einer NLD wird mit dem Level 1 angegeben, die stärkste Form einer NLD haben Kinder mit einem Level 3 (Rourke 1995, 486). Bei der Aufzählung, bei welchen Kindern mit Beeinträchtigungen welcher Level der NLD auftritt, werden Kinder mit einem Hydrocephalus dem untersten Ausprägungslevel zugeordnet. Bei diesem Level sei das Ausmaß sehr gering und es seien noch viele Entwicklungsmöglichkeiten offen (Fletcher et al. 1995, 232).

Das Konzept geht weiter von einer Dynamik bei der Herausbildung der Schwächen aus, und teilt daher in primäre, sekundäre und tertiäre Stadien ein. Das Konzept einer Dynamik der Entwicklungsstörung bedeutet, dass die spezifischen Schwächen und Stärken sich zu nachfolgenden typischen neuropsychologischen Schwächen und Stärken weiterentwickeln. Auf die neuropsychologischen Funktionsstörungen folgen häufig schulische Lernschwierigkeiten (Graphomotorik, visuell bedingte Dyslexie, Rechenstörungen) und psychosoziale Einschränkungen (u. a. Fehleinschätzungen sozialer Beziehungen). Bspw. führt eine primär vorhandene gute auditive Wahrnehmung sekundär zu guten phonologischen Kenntnissen und zu einem guten Sprachverständnis während gleichzeitig primäre Schwächen in der visuellen Wahrnehmung sekundär zu Schwierigkeiten in der visuellen Analyse, der visuell-figuralen Merkfähigkeit und der visuellen Aufmerksamkeit führen. In der tertiären Phase zeigen sich dann u. a. Schwächen im Erkundungsverhalten und in der kognitiven Strategiebildung. Wills et al. (1990) beschreiben das Muster einer NLD als die Kombination von Defiziten in der weißen Hirnmasse mit auffallenden Beeinträchtigungen in der Organisation visuell-räumlicher Aufgaben, Schwierigkeiten im Satzrhythmus und einer hyperverbalen Konversation, obwohl die auditiven und verbalen Fähigkeiten gut entwickelt sind.

White matter disease

Das Konzept der NLD nimmt als Ursache der Schwächen eine früh (prä- oder perinatal) verursachte Hirnreifungsstörung an. Diese mache sich in einer Unterentwicklung der weißen Hirnmasse (›white matter disease‹) bemerkbar. Der Ausdruck der ›white matter‹ oder weißen Masse/Substanz bezieht sich auf den optischen Unterschied zwischen grauen und weißen Hirnbereichen. Die hellere Tönung, die weiße Substanz, entsteht durch das die Nervenfasern umhüllende helle Myelin. Durch nicht bekannte oder auch unterschiedliche prä- und perinatale Ursachen komme es zu einer verspäteten Myelinisierung der Axone, zu einer Reifungsstörung der weißen Hirnsubstanz. Davon betroffen seien in erster Linie die axonalen Verbindungen zwischen den kortikalen Neuronen und somit auch die interhemisphärische Kommissuren (Balken und weitere Faserbündel). In dieser verzögerten und reduzierten Myelinisierung wird die Ursache der Diskrepanz im Intelligenzquotienten gesehen mit deutlich höheren Werten im Verbalteil als im Handlungsteil, einschließlich erheblicher Probleme in den räumlichen-konstruktiven Leistungen, ähnlich den Schwächen nach rechtshemisphärischen Läsionen.

6.5.2   Forschungen zum Vorkommen einer NLD
        beim frühkindlichen Hydrocephalus

Die im Konzept beschriebenen Fehlentwicklungen des Hirns und deren Folgen auf die Kognition und das Verhalten scheinen einherzugehen mit vielen Forschungsergebnissen und Elternberichten über Kinder mit Hydrocephalus. Es sind vor allem die Befunde

- der primären Hirnreifungsstörungen (Verlust an weißer Masse unter Einbezug des corpus callosum),
- der sekundären neuropsychologischen Folgen für nonverbales Lernen
- und die Befunde der tertiären Folgen der Schwierigkeiten in sozialen Beziehungen und im Lernen.

Hinsichtlich der *primären Hirnreifungsstörung* ist festzustellen, dass die Ergebnisse der Bildgebung bei Kindern mit einem Hydrocephalus eine verzögerte Myelinisierung, also eine nicht altersgemäße Ausbildung der weißen Masse, aufzeigen. Viele Studien sehen einen negativen Effekt des Hydrocephalus auf die Myelinisierung (s. Abschnitt 3.4.1). Häufig findet sich ein eher langgezogener oder ein rudimentär ausgebildeter Balken, gerne in Verbindung mit einer Spina Bifida. Auch die capsula interna ist bei Kindern mit einer Spina Bifida oft auffällig schmal, sie enthält dann weniger Projektionsbahnen als üblich (s. Abschnitt 3.4.1). Durch die fiber-tracking-Aufnahmen wird dann auch im Bild eine verminderte Funktionalität dieser weißen Faserbündel deutlich, und es wird ein ursächlicher Zusammenhang zu verminderten kognitiven Leistungen vermutet.

Die von Rourke aufgeführten *sekundären neuropsychologischen Folgen* erinnern in ihren Beschreibungen an Forschungsergebnisse über Kinder mit Hydrocephalus. Aus diesem Grund haben sich einige Studien explizit mit der Frage beschäftigt, inwieweit bei Kindern mit Hydrocephalus eine NLD vorliegt. Die Ergebnisse dieser Forschungen sind vor allem hinsichtlich der Kinder mit Spina Bifida nicht einheitlich und lassen sich wie folgt zusammenfassen.

Kinder mit isoliertem Hydrocephalus

Schon Untersuchungen aus den 1990er-Jahren bestätigen Rourke, dass Kinder mit einem Hydrocephalus verschiedener Ätiologien eine NLD und auch bedeutsame Veränderungen an der weißen Substanz aufweisen (Fletcher et al. 1995). Mataro et al. (2001) resümieren in ihrem Review:

> »It has been suggested that the nature of the deficits in hydrocephalus is consistent with the neurobehavioral characteristics of the Nonverbal Learning Disabilities (NLD) Syndrome« (Mataro et al. 2001, 173).

Auch Lindquist et al. (2008) gehen von der Kompression der weißen und grauen Substanz aus und finden, dass Kinder mit Hydrocephalus auch bei sehr heterogenen Ätiologien ihres Hydrocephalus sehr homogene neuropsychologische Leistungen mit der typischen Struktur der Stärken und Schwächen in den neuropsychologischen Leistungen zeigen. Sie spezifizieren die Einschränkungen auf Defizitschwerpunkte im Lernen und Erinnern sowie in den Exekutivfunktionen und zusätzlichen Einschränkungen bei Kindern mit isoliertem Hydrocephalus in der visuellen Wahrnehmung und dem Wiedererkennen.

Sowohl Lindquist et al. (2008) als auch Dalen et al. (2006) untersuchen explizit Kinder mit einem Hydrocephalus und einem Intelligenzquotienten von mehr als 70 Punkten und finden auch bei ihnen das typische Leistungsprofil einer NLD.

> »These findings are compatible with a higher frequency of NLD in the IH [infantile hydrocephalus] group, in which neurological confounding factors have been excluded« (Dalen et al. 2006, 1).

Wenn Kinder mit einem guten Intelligenzquotienten untersucht werden, kann sich die Frage stellen, ob es sich weniger um ›nonverbal learning disabilities‹ als vielmehr um besonders gut ausgebildete verbale Fähigkeiten handelt.

Kinder mit Hydrocephalus und Spina Bifida

Auch bei Kindern mit Hydrocephalus und Spina Bifida gab es in den 1990er-Jahren Untersuchungen, die eine NLD bestätigt sahen, zumindest bei unterdurchschnittlich begabten Kindern (Wills et al. 1990; Holler et al. 1995; Fletcher et al. 1995).

Eine kleinere Untersuchung von Hommet et al. (1999), die die Abklärung der NLD zum Ziel hatte, findet bei normalintelligenten Jugendlichen mit Hydrocephalus und Spina Bifida geringere Leistungen im verbalen und im visuell-räumlichen Erinnern als bei Jugendlichen mit Hydrocephalus aufgrund einer Aquäduktstenose. Aber sie sehen nicht die eine NLD begleitenden sozialen Schwierigkeiten und weisen die Annahme einer NLD bei Kindern mit Hydrocephalus und Spina Bifida zurück.

Zu den Kritikern der Anwendung des NLD-Konzepts auf Kinder mit Hydrocephalus und Spina Bifida gehören die Arbeitsgruppen Jacobs et al. (2001) und Yeates et al. (2003). Sie sehen die Gründe für diese Verteilung im Leistungsprofil bei den Kindern mit Spina Bifida und Hydrocephalus nicht in einer NLD, sondern in Schwächen in den Gedächtnisleistungen und der Prozessgeschwindigkeit (Jacobs et al. 2001). Jacobs et al. sehen die Probleme der Kinder mit Hydrocephalus und Spina Bifida vor allem in dem Bereich ›Erinnern‹ und ›Gedächtnis‹ bei verbalem und visuellem Material, und zwar treten sie dann auf, wenn mehr und differenziertere Leistung gefordert wird. Praktisch hätten die Kinder dann ein Lernproblem, wenn neue Informationen aufgenommen werden müssen, weil sie Schwierigkeiten haben, die neuen Informationen zu begrenzen und sie folglich sinnvoll zu nutzen. Auch finden die Autoren nicht den häufig beschriebenen Unterschied zwischen Verbal- und Handlungsteil und somit fehlt ein wesentliches Kriterium für die Feststellung einer NLD. Die aber durchaus auftretenden relativ schlechten Werte im Handlungsteil der Intelligenztests sehen sie begründet in der geringen Prozessgeschwindigkeit und an ihren Schwierigkeiten in den Exekutivfunktionen. Mit ihrer Mahnung, die geringe Prozessgeschwindigkeit der Kinder als Mitverursacher niedriger Werte in den Tests zu sehen, stehen sie im Einklang mit anderen Kritiken an der Erhebung der Daten (vgl. Heinsbergen et al. 2002 und Stevenson & Pit-ten Cate 2003).

Zu erheblicher Vorsicht bei der Übertragung des NLD-Konzepts auf Kinder mit Hydrocephalus und Spina Bifida warnen auch Yeates et al. (2003). Zwar zeigen bei ihrer Untersuchung über die Hälfte der Kinder mit Hydrocephalus und Spina Bifida das Muster bestimmter Fähigkeiten und Defizite, die nach Rourke eine NLD auszeichnen. Sie finden aber vor allem eine erhebliche Streuung und geben zu bedenken, dass die statistische Beziehung schwach ist, wenn man die medizinischen Risiken mit einbezieht. Angesichts der Vielzahl der medizinischen Risiken und Eingriffe, die diese Kinder erleben, sind Auffälligkeiten in der Kognition und im Verhalten zu erwarten.

Ein einhelliges Resümee zu ziehen ist nicht möglich. Auch die zwei Reviews, die sich mit dieser Frage beschäftigen (Erickson et al. 2001; Mataro et al. 2001) halten sich mit einer klaren Antwort zurück.

Die Spanierinnen Mataro et al. (2001) gehen davon aus, dass der intrakranielle Druck die Faserzüge der weißen Substanz und die Axone in den periventrikulären Bereichen in ihrer Myelinisierung beeinträchtigt. Und sie schließen sich der Vermutung an, dass die Natur der neuropsychologischen Defizite bei Kindern mit Hydrocephalus mit den Charakteristika der NLD übereinstimme, ohne eine eigene Einschätzung zu geben.

Erickson et al. finden ebenfalls eine Reihe der zum Bild der NLD passenden Charakteristika, gehen aber bei der NLD-Entscheidung vornehmlich von der Bildgebung aus und diskutieren, dass der abgebildete diffuse weiße Schaden ein Zeichen einer NLD sein könne. Es stelle sich aber die Frage, welche Auswirkungen diese Schäden haben, weil letztlich die graue Substanz einen größeren Einfluss auf die Kognition habe als die weiße Substanz.

»These data suggests that increased ICP [intracranial pressure] and its subsequent effect on myelination during development has a greater impact on early cognitive development than CSF [cerebrospinal fluid] (…) However, as children mature other neurophysiological factors, such as gray matter volumes, are related more strongly to intelligence than overall white matter volumes« (Erickson, Baron & Fantie 2001, 204).

Es ist anzunehmen, dass sich zwar viele der von Rourke benannten Stärken und Schwächen bei Kindern mit einem Hydrocephalus finden lassen, aber bei den Kindern mit einer Spina Bifida zeichnet es sich ab, dass andere Probleme (Gedächtnis, Aufmerksamkeit, Exekutivfunktionen) eine höhere Relevanz haben.

Die Gruppe der Kinder mit einem isolierten Hydrocephalus ist wenig untersucht. Es könnte sein, dass auf sie eher das Profil der NLD passt, zumindest in dem Sinne, dass nicht weitere Leistungseinschränkungen die Stärken und Schwächen der Nonverbal Learning Disability überlagern. Bei ihnen stellt sich die NLD als ein Konzept dar mit einem hohen Erklärungswert für die Kombination der Ergebnisse aus der Hirnsituation und denen aus den Problemen der Kinder im Lernen und in sozialen Beziehungen. Letztlich gibt es sowohl einige Hinweise auf Übereinstimmungen, vor allem hinsichtlich der Kinder mit Hydrocephalus, aber ebenso Kritik an einer Übernahme des Konzepts insbesondere für Kindern mit Hydrocephalus und Spina Bifida.

6.5.3 Synopse der qualitativen Vorstudie und der NLD

Es stellt sich daher die Frage, welche dieser Aspekte die Mütter der Kinder mit einem Hydrocephalus in den durchgeführten Interviews erwähnen und inwieweit ihre Beschreibung der Beschreibung von Rourke entspricht. Dieser Synopse wird nachgegangen, nachdem ein Blick auf die Vermutungen über die Ursache der Hirnreifungsstörung, die der NLD zugrunde liegen soll, erfolgt ist und nachdem eine Betrachtung der Forschungen zum Zusammenhang zwischen Hydrocephalus und NLD dargestellt worden ist.

An Übereinstimmungen und Differenzen zwischen den Schilderungen der Mütter und der Beschreibung bei Rourke – mit einem Schwerpunkt auf dem primären Stadium bzw. dem untersten Level, in das Kinder mit Hydrocephalus eingeordnet werden – lassen sich im Einzelnen finden[24]:

Kategorien der Aufmerksamkeit und der Konzentration

Während Rourke nur Probleme in der visuellen Aufmerksamkeit sieht, die allerdings mit dem Alter des Kindes zunehmen, beschreiben die Mütter ihre Kinder generell als sehr leicht ablenkbar. Die Fähigkeit zur Daueraufmerksamkeit wird von den Müttern bestätigt. NLD-Konzept beschreibt ein Bedürfnis nach stupiden Wiederholungen. Ob es sich um eine Konzentrationshilfe oder um eine Entspannung handelt, ist unklar, aber die Mütter schildern, dass das Bedürfnis ihrer Kinder nach Wiederholungen und einem konstanten Input für sie beängstigend hoch ist.

Kategorien des Gedächtnisses

Rourke spricht von evident guten Leistungen für einfaches, auswendig zu lernendes Material und nennt Gedichte und Lieder als Beispiel. Diese Fähigkeit beschreiben die Mütter mit Bewunderung bei ihren Kindern, ebenso wie die für sie als Eltern verblüffenden Fähigkeiten in einfachen Einzelmerkleistungen. Anders ausgedrückt besteht ein schlechtes Gedächtnis für komplexes Material, was Rourke ebenso benennt. Weiter wird übereinstimmend beschrieben, dass die Gedächtnisleistungen für auditiv vernommenes Material besser als für visuell aufzunehmendes Material sind und dass das visuelle Gedächtnis mangelhaft ist.

Kategorien der visuell-räumlichen Fähigkeiten

Während Rourke zwar von Anfangsschwierigkeiten mit der Schrift spricht, aber insgesamt ein sehr gutes Niveau in der Graphomotorik sieht, beklagen die Mütter meist eine ausgesprochen schlechte Handschrift ihrer Kinder, was in dieser Studie als Hinweis auf Schwierigkeiten in der visuell-räumlichen Konstruktion gesehen wird. In der visuellen Wahrnehmung sieht Rourke allerdings deutliche Schwächen, die auch aus den Schilderungen der Mütter zu interpretieren sind. Rourke spricht dabei auch die aus den visuell-räumlichen Schwächen resultierenden organisatorischen Schwächen an. Schwächen, die sich im Alltag als Unordnung und mangelnde Strukturierung niederschlagen, was die Mütter übereinstimmend als erhebliche Schwäche ihrer Kinder ansehen.

Kategorien der schulischen Fertigkeiten (Schreiben, Lesen, Rechnen)

Der Erwerb des Schreibens und Lesens bereitete den Kindern der interviewten Mütter keine Schwierigkeiten. Einzelne Kinder verwechseln beim Schreiben, nicht beim

---

24 Die Darstellung erfolgt unter Heranziehung der Ergebnisse der qualitativen Vorstudie und gemäß der Reihenfolge der Kategorien des Lernens wie im Abschnitt 5.5. vorgenommen.

Lesen, ähnlich aussehende Buchstaben, was für eine visuell-räumliche Schwäche sprechen kann. Das Bild der NLD sieht ebenfalls sehr gute Fähigkeiten beim Buchstabieren und Einzelwortlesen. Das Leseverständnis sei aber geringer als das Einzelwortlesen. Große Übereinstimmung herrscht bezüglich der erheblichen Schwächen im Rechnen und der Mathematik insgesamt bis dahin, dass die mathematische Beweisführung die Kinder häufig überfordert. Und es besteht Übereinstimmung, dass die Differenz der Leistungen in der Mathematik zu den Leistungen im Lesen und Schreiben mit den Schuljahren anwächst.

Kategorien der Sprache und des Sprachverständnisses

Übereinstimmend beschreiben das NLD-Konzept und die Elternaussagen, dass die Kinder früh und gute Sprachfertigkeiten entwickeln und hohe Kapazitäten im aktiven Sprechen zeigen. Auch der Wortreichtum wird auf beiden Seiten erwähnt. Allerdings gehört zum nonverbal learning disability-Syndrom eine geringe linguistische Pragmatik, was die meisten Mütter ebenso wie eine mangelnde Semantik verneinen, zumindest die Mütter der Kinder mit einem isolierten Hydrocephalus.

Kategorien der Exekutivfunktionen

Die Beschreibung über die Schwächen in den planerischen und problemlösenden Fähigkeiten im NLD-Konzept entspricht dem Ergebnis der qualitativen Vorstudie. Es zeigen sich markante Schwächen in allen Bereichen der Exekutivfunktionen, allen voran in der Strukturierung von der Hausaufgabe über die Zeiteinteilung bis zur Ordnung.

Kategorien des Antriebs, der Motivation und der Kreativität

Die Mütter sprechen von allgemein geringem Ehrgeiz, einer Antriebsarmut und wenig Kreativität. Dazu stimmig ist, dass zu dem syndromatischen Formenkreis der NLD ein geringes Explorationsverhalten und im Jugendalter eine normale oder verringerte Aktivität gehören. Allerdings erwähnt keine Mutter, dass das Kind in frühen Jahren eine Hyperaktivität zeigte.

Kategorien des Sozialverhaltens und des Selbstvertrauens

Die Mütter schildern, dass ihre Kinder wenig Selbstvertrauen haben, sich selbst schwer einschätzen können und wenig Sozialkontakte haben. Die Mütter vermuten hinter den geringen Sozialkontakten eine Kontaktscheu ihrer Kinder. Das NLD-Konzept beschreibt ebenfalls eine mangelhafte Fähigkeit in der sozialen Interaktion. Danach haben Kinder mit einer NLD Schwächen in der sozialen Wahrnehmung und in der Einschätzung der Umwelt und daher wenig Sozialkontakte.

Kompensationsmöglichkeiten

Sowohl Rourke als auch die Mütter sehen bei den Kindern die guten verbalen Fähigkeiten und die Kompetenz, diese auch einzusetzen, als wichtigstes Kompensationsmittel für viele der skizzierten Schwächen.

Resümee

Ein Vergleich der Charakteristik der Nonverbal Learning Disability mit den Elternaussagen aus der qualitativen Vorstudie zeichnet ein Bild von hoher Übereinstimmung. Obwohl die Kriterien der NLD nicht in den halbstrukturierten Interviewleitfaden eingeflossen waren, beschrieben die Mütter sehr häufig genau diese Stärken und Schwächen ihrer Kinder, und zwar in jener von Rourke geschilderten Ausrichtung. Durch den Interviewleitfaden war zwar die Diskussion bestimmter neuropsychologischer Leistungen und Verhaltensweisen vorgegeben, aber die Halbstrukturierung lässt auch andere Diskussionspunkte zu. Manche Verhaltensweisen erwähnten die Eltern, wie z. B. Sprachentwicklung oder den Bedarf an stupiden Wiederholungen, ohne dass sie im Interviewleitfaden im Vorwege Berücksichtigung gefunden hätten.

Trotz dieser hohen Übereinstimmung gibt es viele neuropsychologische Bereiche, die entweder nur von den Müttern beschrieben wurden, wie z. B. die Verlangsamung in der kognitiven Verarbeitungsgeschwindigkeit und die Stressempfindlichkeit ihrer Kinder, oder die nur im NLD-Konzept gelistet werden, wie z. B. Schwächen in der taktilen Wahrnehmung und eine kindliche Hyperaktivität. Letztlich ist aber die Schnittmenge der von beiden Seiten benannten Bereiche des Lernens und Verhaltens sehr groß.

Die Übereinstimmungen zwischen den Elternaussagen, den Ergebnissen zahlreicher Studien und der Beschreibung der nonverbal learning disability sind sehr hoch. Die Übereinstimmung wird noch größer, wenn psychosoziale Aspekte aus Forschungsarbeiten hinzugezogen werden, wie z. B. die Schwäche, sich neuen und komplexen Situationen anzupassen oder die Tendenz zu Ängstlichkeit und Depression (Pit-ten Cate et al. 2003, Stevenson & Pit-Cate 2003). Kritisch muss angemerkt werden, dass die qualitative Vorstudie die Aussagen von nur elf Müttern umfasst. Ihre Beschreibung ihrer Kinder kann zufällig dem NLD-Konzept ähnlen. Auch andere Konzepte mit Auflistungen an defizitären Fähigkeiten hätten ein hohes Maß an Übereinstimmung mit den Aussagen der Mütter aus der qualitativen Vorstudie aufzeigen können.

6.5.4 Diskussion

Die Synopse zeigt, dass die Aussagen der elf Mütter die Annahme von Rourke stützen, dass Kinder mit einem frühkindlichen Hydrocephalus das Lern- und Verhaltensmuster einer NLD zeigen. In der Literatur zur NLD findet sich auch unter den Krankheiten und Behinderungen, bei denen die Arbeitsgruppe um Rourke eine NLD sieht, explizit der frühkindliche Hydrocephalus:

»(…) it is clear, that hydrocephalus represents a prototypical NLD disorder« (Fletcher in Rourke 1995, 232).

Dieser Zusammenhang findet sich in der deutschsprachigen Literatur nicht, weder in den neuropsychologischen Studien noch in der Literatur zur Rechenschwäche, in der das NLD-Modell mit seiner Typisierung der rechenschwachen Kinder üblicherweise erwähnt wird. Dies kann daran liegen, dass dieses Modell in Deutschland wenig Akzeptanz findet. Am ehesten findet es in der Diskussion um den kindlichen Autismus, vor allem dem Asperger-Syndrom, seinen Niederschlag.[25] Die geringe Akzeptanz des Modells kann aber auch an einer kritischen Sicht liegen.

Kritischer Blick auf die Rechenschwäche als Reifungsstörung

Kritisch zu betrachten ist die Rolle der Hirnreifung bei der Rechenschwäche, die ein zentrales Moment der nonverbal learning disabilities darstellt. So schreibt v. Aster, weil längst nicht alle Kinder mit Störungen in den visuell-räumlichen, graphomotorischen und sprachlichen Funktionen eine Rechenschwäche entwickeln:

»Es scheint also, dass allein die Annahme von Reifungsdefiziten im Bereich dieser neuropsychologischen Basisfunktionen zur Erklärung von Teilleistungsstörungen im Rechnen nicht ausreicht (mangelnde Spezifität)« (v. Aster 2008, 592).

Allerdings zählt Rourke nur eine Form der Rechenschwäche, den ›arithmetischen‹ Subtyp, zur NLD. Kinder, deren Rechenschwäche mit Schwächen im Lesen und/oder Schreiben einhergehen, bilden einen anderen Subtypen.

Ein weiterer Kritikpunkt am Reifungskonzept ist, dass die Geschlechterunterschiede, nach denen die Lese-Rechtschreibschwäche signifikant häufiger bei Jungen auftritt, durch Konzepte einer gestörten kognitiven Informationsverarbeitung nicht zu erklären sei (v. Aster 2008, 590).

Kritischer Blick auf den Begriff der ›Hirnfunktionsstörung‹ bei Kindern

Rourke benennt als Ursache der NLD eine Hirnfunktionsstörung aufgrund einer mangelhaften Ausbildung der weißen Hirnsubstanz, vor allem ihrer Faserverbindungen. Sein Modell der NLD beschreibt nicht, weshalb gerade die von ihm benannten neuropsychologischen Beeinträchtigungen sich aufgrund der ›white matter disease‹ herausbilden und es trotz der defizitären Faserverbindungen zu einzelnen neuropsychologischen Stärken kommt.

Mit dem zentralen Element schwacher räumlich-konstruktiver Leistungen reiht sich sein Modell in die Annahme aus der Neuropsychologie der Erwachsenen ein, dass Hirnschädigungen sich in erster Linie auf visuell-räumliche Fähigkeiten – auf die ›Gestalt‹ – auswirken. Dies wird auf den Kinderbereich übertragen, und die Annah-

---

25 Zum Beispiel: Remschmidt & Martin (2008). Autistische Syndrome. In: Esser (Hrsg.). Lehrbuch der klinischen Psychologie und Psychotherapie bei Kindern und Jugendlichen. Stuttgart: Thieme

me eingeschränkter visuell-räumlich-konstruktiver Fähigkeiten aufgrund angeborener oder früh erworbener Hirnschäden findet sich auch an anderer Stelle in der Literatur wieder (Heubrock & Petermann 2001a, 69; Muth 2001, 11). Es handelt sich hierbei aber zunächst um eine Annahme. Letztlich ist es methodisch schwer darzulegen, woher Lern- und Entwicklungsstörungen bei Kindern herrühren. Nicht nur für die psychosoziale und emotionale Entwicklung eines Kindes, sondern auch für die kognitive Entwicklung dürften neben der Hirnreifung Umweltfaktoren, wie bspw. Erziehung und Wertschätzung, eine wichtige Rolle spielen.

Für eine zentrale Rolle der Hirnreifung bei der Herausbildung neuropsychologischer Fähigkeiten spricht aber wiederum, dass sich bei Kindern mit einer Hirnschädigung Beeinträchtigungen in visuell-räumlichen Fähigkeiten, im deklarativen (expliziten) Gedächtnis und in Antrieb und Vigilanz finden (Melchers & Lehmkuhl 2000, 624).

Auch eine Störung im problemlösenden Denken findet sich schnell bei Kindern, die in irgendeiner Form Hirnfunktionsstörungen mit kognitiven Einschränkungen haben. Den Kindern mangele es an Ideen und an einer Umstellfähigkeit (Lösslein & Deike-Beth 1998, 244). Rourke spricht von der Schwierigkeit mit ›novel material‹ umzugehen (Rourke 1995, 3). Die Ausbildung kognitiver Fähigkeiten ist demnach auch von Reifungsprozessen abhängig und es ist vorstellbar, dass Reifungsstörungen zu Lernerschwernissen führen können.

Kritischer Blick auf die Annahme einer ›Dysfunktion der rechten Hirnhälfte‹

Die beiden Großhirnrinden sind zu 96% identisch aufgebaut und in Analogie zu dieser Morphologie werden auch die allermeisten Informationen parallel in beiden Hemisphären kognitiv verarbeitet (Spitzer 2002). Es sind aber auch einige Dominanzen zu erkennen. Die Verarbeitung der visuell-räumlichen und insbesondere der räumlich-konstruktiven Eindrücke und Leistungen, ein wesentliches Element der NLD, wird vielfach als Leistung der rechten Hirnhälfte gesehen (z. B. Prosiegel 2002, 81). Zugespitzt ist dann die nonverbale Lernstörung als Dysfunktion der rechten Hemisphäre zu interpretieren (Heubrock & Petermann 2000, 241). Auch Lösslein und Deike-Beth (2000) ordnen alle Verarbeitungen von Informationen, die man nicht verbal-analytisch fassen kann, der rechten Hirnhälfte zu. Dazu gehören:
- zeitliche Abfolgen (timing von Bewegungen),
- Zeitschätzungen und Zeiteinteilungen,
- Wahrnehmung von Dimensionen, Größen, Winkeln, Analogien, Gegensätzen,
- Schwierigkeiten im Umgang mit Werkzeugen,
- Schwierigkeiten in sozialen Beziehungen,
- Räumliche konstruktive Störungen (Ankleiden schwer, Schleife binden schwer, kein Ballgefühl),
- Schwierigkeiten in der Orientierung
- und auch ästhetische Dimensionen.

Diese Auflistung weist eine hohe Übereinstimmung mit den Charakteristiken der NLD auf, sodass die Annahme von Heubrock und Petermann über eine Dysfunktion der rechten Hirnhälfte bei einer NLD gestützt wird.

Allerdings ist für den Teilbereich der visuell-räumlichen Fähigkeiten, die sowohl im NLD-Konzept als auch bei Lösslein und Deike-Beth ein wesentliches Element des Konzeptes und der Zuordnung sind, die Zugehörigkeit zur rechten Hirnhälfte in dieser Eindeutigkeit nicht aufrecht zu halten (s. Abschnitt 6.2.3). Die Zweifel begründen sich in den Kenntnissen über die bilateralen Verläufe der visuellen Routen, über die Bilateralität der Zentren im Parietallappen, die für die Zahlenverarbeitung und die kognitiven Operationen mit Zahlen zuständig sind, und in den Kenntnissen über Läsionsbefunde. Deshalb sollte wie schon bei der Frage der Hemisphärenunterschiede bei visuell-räumlichen Fähigkeiten nicht von einer Dysfunktion der rechten Hirnhälfte gesprochen werden, sondern einzig in der rechten Hirnhälfte eine gewisse Dominanz bei den nonverbalen bzw. bei den ›nicht verbal-analytischen‹ Leistungen gesehen werden.

6.6 Interventionsmöglichkeiten

Entwicklungsverzögerungen müssen frühzeitig und sorgfältig diagnostiziert werden, um nicht die Monate und Jahre verstreichen zu lassen, in denen das Kind hätte gefördert werden können, in denen eine Manifestation zur Störung hätte vermieden werden können und vor allem um Frustrationen beim Kind mit womöglich daraus folgenden Sekundärstörungen abzuwenden. Die Diagnose erarbeitet, in welchen Bereichen der Förderbedarf liegt, benennt mithin weiterhin zunächst die Schwächen. Der therapeutische Ansatz muss dann nicht zwangsläufig die Arbeit am Defizit sein, aber es bleibt die Option bestehen. Denn je nach Diagnose kann es auch sinnvoll sein, direkt an der Schwäche zu arbeiten oder kombiniert defizit- und ressourcenorientiert vorzugehen (Melchers & Lehmkuhl 2000, 641). Insbesondere jüngere Kinder, deren zerebrale und kognitive Verarbeitungsstrategien noch nicht abgeschlossen sind, profitieren von neuropsychologischen Interventionsübungen, die an der Schwäche ansetzen (Rourke nach Melchers & Lehmkuhl 2000, 644; Heubrock & Petermann 2000, 348) (s. Abschnitt 6.3.1). Ihnen gelingt es, durch Übung die neuronalen Verknüpfungen zum Gelingen der Fähigkeit auszubauen. Wenn effektive und kindorientierte therapeutische Konzepte ein Erlernen einer Fähigkeit ermöglichen, sind sie der Kompensation, die sich auf Kompetenzen und Ressourcen stützt, vorzuziehen.

Auch für die Arbeit an den Kompetenzen ist zu bedenken, dass Kompetenzen sich im Wechselspiel zwischen zu bewältigenden Entwicklungsaufgaben und den dafür jeweils verfügbaren Ressourcen entwickeln. Wenn die Ressourcen durch die Behinderung eingeschränkt sind, gilt es sowohl neue Ressourcen durch Überwindung von

Defiziten zu gewinnen (Schmidt 2006) als auch die Entwicklungsimpulse des Kindes aufzugreifen (Hansen 1999, 287).

Die größte Hürde vor einer möglichen Behandlung einer visuell-räumlichen Schwäche ist das Erkennen der Schwäche, genauer die Zuordnung kleinerer Alltagsschwierigkeiten zu dieser neuropsychologischen Hirnfunktion. Wenn ein Kind ungern zeichnet, Puzzles nicht mag, Schwierigkeiten beim Schleife binden hat und sich leicht mal verläuft, wird es eher als ›schusselig‹ oder ›unaufmerksam‹ bezeichnet als dass es einem Kinderneuropsychologen zur Überprüfung der visuell-räumlichen Fähigkeiten vorgestellt wird.

»Störungen räumlicher Leistungen werden jedoch immer noch vielerorts unzureichend untersucht und dementsprechend oft nicht therapiert. Dies steht im krassen Widerspruch zu ihrer Bedeutung für den Rehabilitationserfolg« (Prosiegel 2002, 73).

Zur Diagnostik stehen dann hinreichend Verfahren zur Verfügung (s. Abschnitt 6.1.2).

Neuropsychologische Interventionen werden üblicherweise nach ihren unterschiedlichen Möglichkeiten des therapeutischen Zugangs eingeteilt in Restitution, Kompensation und integrierte Verfahren (Gauggel 2003). *Restitution* bedeutet, dass die Entwicklung oder Wiederherstellung einer neuronalen Funktion durch Übungen erreicht werden soll. Die *Kompensation* beinhaltet den Ausgleich von Funktionsdefiziten durch vorhandene Fähigkeiten, also das Lernen neuer Strategien, aber auch der Einsatz von Hilfsmitteln und die Änderung von Einstellungen. *Integrierte Verfahren* schließlich beinhalten die Hineinnahmen psychotherapeutischer Vorgehen, die den Bedürfnissen von Patienten mit organisch bedingten psychischen Störungen angepasst werden, z. B. Rollenspiele, Gesprächstechniken, Feedbackverfahren, Verhaltenskontrollen (Gauggel 2003). Der Ansatz der Restitution wird im Erwachsenenbereich mehr und mehr verlassen. Die neuropsychologischen Therapien versuchen heute nicht mehr in erster Linie, die diagnostizierten Defizite durch Übungen und Trainingsverfahren direkt zu verbessern, sondern die gestörten Funktionen durch vorhandene Leistungsreserven zu stützen und mitunter sogar zu ersetzen (Heubrock 2001b), also kompensatorisch und auch mit integrierten Verfahren zu wirken.

Neben der Wahl des Verfahrens entscheiden bei jeder Therapie die Motivation des Klienten und die Qualität der Beziehung zum Therapeuten in erheblichem Ausmaß über den Therapieerfolg mit (Hansen 1998, 16).

Intervention bei visuell-räumlichen Schwächen

Welcher therapeutische Zugang gewählt wird, hängt von der Funktionsbeeinträchtigung, vom Therapieziel und vom Klienten ab. Auch wenn eine Persistenz der Schwäche angenommen werden kann (Heubrock 2001c, 110), gilt sie als effizient behandelbar (Zihl 1997, 279; Prosiegel 2002, 73; Schröder 2010, 73). Allerdings wird ein Mangel an Therapiemethoden für visuelle Raumwahrnehmungsstörungen kritisiert (Zihl 1997, 279).

Im Bereich der Therapie von visuell-räumlichen Schwächen sind wie bei allen neuropsychologischen Therapien die Verfahren nahezu alle an erwachsenen Patienten mit erworbenen Hirnläsionen entwickelt worden. Die Übertragung auf Kinder ist daher nicht immer möglich. Für den Erwachsenenbereich liegen in der Therapie räumlich-konstruktiver Störungen gute Erfahrungen über kombinierte Therapieansätze vor. Diese enthalten Ergotherapie (Selbsthilfetraining) und verschiedene Trainings wie Übungsbehandlungen mit Würfeln (Block-Design-Training), Tangramtrainings oder Arbeiten mit visuellem und taktilem Übungsmaterial (bspw. Valenser Neurotraining) (Prosiegel 2002, 85; Kerkhoff 2006b, 331). Darüber hinaus gibt es Computerprogramme zum Einüben der gewünschten Funktion (Bodenburg 2001, 149). Eines der ersten Computerspiele, Tetris˚, fordert die mentalen Rotationen und das konstruktive Handeln. Es gibt auch für die Rehabilitation entwickelte PC-Programme wie bspw. ReahCom˚ oder Cogpack˚. Der Einsatz von Computern wird auch für den Kinderbereich diskutiert, weil das Medium einen Reiz auf Kinder ausübt (Muth 2001, 28). Es gibt Hinweise, dass Spiele am Computer helfen, die Raumvorstellungskraft zu fördern (Quaiser-Pohl 2001, 243). Kindern mit visuell-räumlichen Schwierigkeiten scheinen virtuelle Übungen am Computer zu helfen, sich anschließend im realen Raum besser zurecht zu finden:

»The results illustrate the potential for virtual environment as useful spatial training media« (Foreman 2003, 67).

Dies zeigte sich auch in einer Studie, bei der die Kinder die räumlichen Aufgaben des Spiels ›Turm von Hanoi‹ am Computer übten (Souvignier 2000). Da auch davon auszugehen ist, dass Kinder mit guten visuell-räumlichen Fähigkeiten die Aktivitäts- und Simulationsspiele bevorzugen, ist das bevorzugte Spielverhalten dieser Computerspiele auch ein Prädiktor für gute visuell-räumliche Fähigkeiten (Quaiser-Pohl et al. 2006, 617). Weiter ist bekannt, dass der Umgang mit Karten die Strukturierung des räumlichen Wissens fördert. Wenn der Umgang mit Karten hilft, dann ist auch die schrittweise Heranführung an andere Symbolisierungen wie Zeichnungen oder Computerspiele denkbar (Schumann-Hengsteler 2006, 96).

Interventionen bei Kindern mit Einbußen in den räumlich-konstruktiven Fähigkeiten
Die Wahl der Intervention ist auch bei Kindern abhängig von den beeinträchtigten Funktionen, den kognitiven und auch sozialen Ressourcen, dem Alter und der Motivation.

Bei Kindern mit Einbußen in den visuell-räumlichen Fähigkeiten wird die Intervention über den Ansatz der Restitution empfohlen. Dies bedeutet (einfache) Übung oder (komplexere) Trainings (Heubrock & Petermann 2000, 310). Die Erfahrung zeigt, dass das direkte Angehen der neuropsychologischen Defizite bei jüngeren Kindern erfolgreicher als bei älteren Kindern ist. Sie können besser als ältere Kinder ihre Hirnfunktionen umstrukturieren. Bei jüngeren Kindern ist die Architektur der neuronalen Vernetzung noch nicht abgeschlossen, denn Myelinisierung und Migration der Axone sowie der Synapsenabbau sind noch in der Ausdifferenzierung und die Kinder profitieren daher von einer direkten Förderung der Schwäche (Rourke nach Melchers & Lehmkuhl 2000, 644). Ältere Kinder ab ca. neun Jahren mit persistierenden Schwächen, wie die Schwächen in räumlich-visuellen Leistungen, erreichen mit Kompensationsstrategien eher Erfolge. Zumal ältere Kinder meist unmotiviert sind, an ihren Schwächen zu üben, was daran liegt, dass sie oft schon mehrere erfolglose Therapien hinter sich haben oder dass ihre Schwäche angstbesetzt ist. Zudem haben sie zur Vermeidung der geforderten Leistung Umlenkstrategien entwickelt, die sich im Alltag halten (Muth 2001, 26). Dies sind Gründe, mit ihnen Kompensationsmöglichkeiten zu entwickeln und zu erlernen. Kompensation orientiert sich an den Stärken des Kindes. Dazu müssen die Ressourcen und Vorlieben des Jugendlichen ermittelt werden. Dies können bei Kindern mit räumlich-konstruktiven Problemen die Sprache (Versprachlichung der Aufgabe und der Antwort) und die Merkfähigkeit (Auswendiglernen von z. B. Größen- oder Mengenverhältnissen) sein. Bisher gibt es in der neuropsychologischen Behandlung nur wenige Therapien, die an der Stärke ansetzen.

Anzustreben ist daher das Ansetzen an der räumlich-konstruktiven Schwäche im Kindesalter. Insofern ist die Früherkennung im Vorschulalter von herausragender Bedeutung (Heubrock & Petermann 2001a, 68). Die ist auch wichtig, um Schulprobleme und Sekundärfolgen zu vermeiden. Bei Kindern mit neuropsychologischen Einbußen kommt es oft nur deshalb zu Verhaltenstherapien, weil die eigentliche verursachende Einbuße nicht erkannt wird (Heubrock & Petermann 2001 b, 208).

Die Intervention bei jüngeren Kindern mit Einbußen in den visuell-räumlichen Fähigkeiten erfolgt daher über den Restitutionsansatz. Dieser beinhaltet aber auch das Erlernen von unterstützenden und kompensierenden Hilfen (Muth 2001, 25). Denn ein Training in Form eines repetitiven Übens ist nur bei der Behandlung einzelner Funktionen oder Sinnesmodalitäten erfolgreich (z. B. Aufmerksamkeitsübungen) erfolgreich. Ein standardisiertes Interventionsprogramm für Kinder mit ›räumlich-konstruktiven Störungen‹ ist DIMENSIONER und DIMENSIONER II‹ von Muth, Heubrock & Petermann 2001. Ziel ist die Erweiterung visuell-räumlicher Fähigkeiten, die auch neurophysiologisch zu einer Umstrukturierung im Gehirn führen. Zentraler Lernbereich in dem Programm ist die Visualisierung. In vielen Einzelschritten lernen die Kinder sich den Fall, die Drehung oder die Klappung eines Gegenstandes vorzustellen und am Ende auch bestimmte räumliche Anordnungen abrufen zu können (Muth 2001, 28). Das Programm soll auch das Sozialverhalten der Kinder positiv ändern, zum einen als Folge verbesserter Einschätzungen auch von Beziehungen und zum anderen, weil die Kinder in einer festen Gruppe zusammen lernen. Kritisch anzumerken ist, dass dieses Programm einzig auf Abzeichenübungen basiert, eine Aufgabe, der Kinder mit räumlich-konstruktiven Schwächen ungern nachkommen. Ein ›Therapieprogramm für Kinder mit räumlich-konstruktiven Störungen‹ arbeitet mit verschiedenen, auch dreidimensionalen Modulen und Bewegungen. Es erhebt den

Anspruch, für Kinder mit bedeutsamen Beeinträchtigungen konzipiert zu sein (Schröder 2010, 236).

Ebenfalls an der Verbesserung der Visualisierung als Kern der räumlich-kognitiven Fähigkeiten setzt ein Programm an, das derzeit von der Universität Düsseldorf entwickelt wird: Visumotorisches Rotationstraining (VMRT). Visumotorische Verfahren zeichnen sich dadurch aus, dass sie neben den visuellen auch die taktilen Wahrnehmungen und Fähigkeiten ansprechen und eine Handlungskomponente erfordern. So werden die perzeptiven Leistungen mit strategisch-exekutiven Funktionen kombiniert, sodass sich meist auch der Effekt einer Verbesserung der planerisch-exekutiven Fähigkeiten ergibt (Kerkhoff 2000, 429). Für Kinder bieten sich auch eine Reihe an handelsüblichen Brettspielen an (s. Abschnitt 8.7).

Zwar scheint perzeptiv-motorisches Wissen in hohem Maße aufgabenspezifisch und vom expliziten, verbalisierbaren Wissen getrennt zu sein (Wilkening & Krist 2002, 413). Aber zugleich kann innerhalb der spezifischen Aufgaben der Lernprozess gefördert werden, wenn es dem Kind gelingt, sprachliche Anweisungen umzusetzen (Wilkening & Krist 2002, 411). So dürften Verbalisierungen und Selbstinstruktionen bei der Erfüllung einer räumlich-konstruktiven Aufgabe den Kindern einen Weg darbieten, zumal viele der Kinder mit einem Hydrocephalus häufig über gute verbale Fähigkeiten verfügen (s. Abschnitt 3.3.3.1).

Interventionen bei einer Rechenschwäche

Das Therapieziel bei einer Rechenschwäche, die im Zusammenhang mit einer visuell-räumlichen Einbuße diagnostiziert wird, ist der Aufbau der inneren Repräsentation des Zahlenraums. Kindern mit tiefgreifenden Rechenstörungen, nach v. Aster des ›tiefgehenden Subtyps‹, gelingt nicht der Aufbau des inneren Zahlenraums (v. Aster 2008, 597). Im Unterschied zur Therapie der Lese-Rechtschreibschwäche geht es nicht primär darum, Prozesse zu automatisieren, sondern innere Repräsentationen zu erzeugen (Aster 2008, 597). Daher ist die zentrale Komponente des Interventionsprogramms das gezielte Training, der Aufbau der basisnumerischen Verarbeitung beim Kind (Fussenegger 2006, 169).

Das Interventionsprogramm muss maßgeschneidert für das Kind sein, also dort beginnen, wo die ersten Vorstellungen einer Rechenoperation nicht mehr gelingen. Es orientiert sich also eindeutig am Defizit, hier herrscht in der Literatur Einstimmigkeit (Aster 2008, 597; Galonska 2006; Fussenegger 2006; Fritz 2005; Nuerk 2006).

Dennoch sollten die Auffassungen beachtet werden, nach denen die Rechenschwächen ihre Ursachen in mangelnden basalen Fähigkeiten wie der Körperwahrnehmung und der sensomotorischen Integration haben. Dahinter steht der Gedanke, dass nur bei einer Harmonie aller sensorischen und motorischen Basisleistungen die kognitiven Funktionen sich optimal entwickeln könnten. Diese Kausalität ist nicht belegt, aber bei Kindern mit Behinderung kann davon ausgegangen werden, dass ihre Entwicklung aufgrund ihrer veränderten Voraussetzungen nicht in der Gleichmäßigkeit wie bei nichtbehinderten Kindern verläuft und ihnen eine sensomotorische Integration helfen kann, Lernerschwernisse zu vermeiden. Allerdings wird vor Programmen, die versprechen, dass die Übung von nicht-numerischen Fähigkeiten einen automatischen Lerntransfer auf numerische Fähigkeiten erfolgen lässt, gewarnt (Galonska & Kaufmann 2006, 173). Oder auch

»(…) vor schnell verordneten Therapien mit unklaren Wirkungen ist zu warnen« (Fritz, Ricken & Schuck 2000, 168).

Und

»Trainings, die sich pauschal auf die Verbesserung der Psychomotorik, der Wahrnehmung oder der Sprache beziehen, können für sich allein keine Verbesserung numerischer Kompetenzen bewirken« (Aster 2008, 597).

Gute sensomotorische Basisfunktionen schaffen eine Voraussetzung für Entwicklungsfortschritte, aber eine hinreichende Intervention zur Förderung der Rechenfertigkeit oder auch anderer kognitiver Fähigkeiten leisten sie nicht. Auch grundlegende kognitive Fähigkeiten (Orientierung, Abstraktion und Vorstellungsvermögen) können das Rechnen nur positiv beeinflussen, wenn sie mit der Entwicklung der Rechenfertigkeit selbst verknüpft werden (Fritz et al. 2005, 711).

Es reicht also nicht aus, die basalen Teilleistungen zu trainieren. Die Entwicklung der numerischen Kompetenzen gelingt nur mit einer am Kind und seinem Defizit orientierten fertigkeitsspezifischen Förderung (Fritz, Ricken & Schuck 2000, 169). Dieser qualitative Mindeststandard dürfte von den meisten als ›Dyskalkulietherapie‹ deklarierten außerschulischen Angeboten nicht zu erwarten sein (Fritz 2005, 707).

Allerdings gibt es für diese von Fachleuten geforderte fertigkeitsbezogene und individuell ausgerichtete Förderung bisher keine standardisierten und evaluierten Therapieprogramme (v. Aster 2008, 597). Es gibt aber mit den Erkenntnissen der Neuropsychologie übereinstimmende Konzepte, z. B. das Förderkonzept von Ricken, Fritz & Gerlach (Fritz 2005, 709).

Nach diesen Konzepten muss neben einer ggf. erforderlichen Förderung der Körperwahrnehmung bei der Förderung des Rechnens das Rechentraining im Mittelpunkt stehen. Dazu gehört, dass die Kinder ein Verständnis von Mengen und Zahlengrößen (im Sinne von ›verstehen‹ und nicht im Sinne von ›wissen‹) entwickeln (Galonska 2006, 173). Hier hilft visuelles Veranschaulichungsmaterial (Krajewski 2005, 157). Der Lernrückstand auf die Altersgruppe ist oft erheblich, aber es ist unabdingbar, auf die individuellen Grundlagen zurückzugehen. Hilfreich ist, wenn der Schüler unter der strukturierenden Anleitung des Lehrers selbst den Rechenweg herausfindet, ihn sich konstruiert (Galonska 2006, 173; Fritz 2005, 708). Für einen Erfolg dieser persistenten Schwäche reicht das bloße Funktionstraining nicht aus. Jacobs et al. (2003) gibt eine Übersicht über die ›Integrative Dyskalkulietherapie‹. Danach sind verhaltenstherapeutische Elemente (z. B. Selbstinstruktionen, Verstärkerpläne) und neuropsychologische Elemente (z. B. Training von Aufmerksamkeit oder visuell-räumlichen

Fähigkeiten) vonnöten. Und es müssen die bei vielen Kindern vorhandenen negativen Emotionen – die Rechenangst – integriert werden (Galonska 2006, 173). Rechenangst ist nicht nur emotional belastend, sondern angsterzeugende Situationen werden von dem Kind vermieden. Die Kinder rechnen ungern, hasten durch die Aufgaben und Klassenarbeiten. Dadurch wächst der Lernrückstand an (Krinzinger 2006, 161). Im Unterschied zu Problemen bei visuell-räumlichen Schwächen ist bei Kindern mit einer Rechenangst ein hoher Leidensdruck vorhanden, aber auch große innere Widerstände, an dieser Schwäche zu arbeiten. Umso wichtiger sind die das Rechentraining begleitenden therapeutischen Maßnahmen. Und zur Verhinderung dieser das Kind, die Eltern und auch die Lehrer belastenden Rechenangst ist die Früherkennung rechenschwacher Kinder wichtig. Es ist bekannt, dass das mengen- und zahlenbezogene Vorwissen im Kindergartenalter eine Vorhersagekraft für spätere Rechenstörungen sind (Schweiter 2005 b, 111; Krajewski 2005, 157). Ohne Behandlung zeigt sich die erstaunliche Stabilität der Rechenschwäche (Schweiter 2005 b, 12; Krajewski 2005). Eine Früherkennung im Kindergarten müsste machbar sein (v. Aster 2008, 596), ebenso eine Vorbeugung (Krajewski 2005, 162).

6.7 Zusammenfassung und Bewertung

Die Elternaussagen und die Literaturrecherche weisen auf Schwierigkeiten der Kinder in visuell-räumlichen Leistungen. Visuell-räumliche Fähigkeiten können in vier einzelne Dimensionen differenziert werden, von denen die räumlich-konstruktiven Leistungen auf räumlich-perzeptiven und räumlich-kognitiven Leistungen aufbauen. Diese Fähigkeiten sind voneinander unabhängig organisiert und können einzeln eingeschränkt sein. Dies bedeutet, dass es Kinder geben kann, die zwar Formen, Farben und Objekte richtig erkennen können, aber nicht die Entfernungen oder Positionen der Objekte zueinander. Bei einer richtigen Perzeption, aber einer Einschränkung der darauf aufbauenden räumlich-kognitiven Leistung, können die Kinder sich die Objekte nicht in anderen Positionen vorstellen. Und können die Kinder die Objekte nicht anders positionieren, ist die räumlich-konstruktive Fähigkeit beeinträchtigt.Die (wenigen) Kenntnisse über die neuronalen Grundlagen der einzelnen visuell-räumlichen Fähigkeiten stützen die Annahme, dass die räumlich-kognitiven Fähigkeiten von den räumlich-perzeptiven Fähigkeiten unabhängig zu sein scheinen. Aber die räumlich-konstruktiven Fähigkeiten sind vermutlich abhängig von den räumlich-perzeptiven Fähigkeiten und von präfrontalen Leistungen der Planens und des Arbeitsgedächtnisses. Die räumlich-topographischen Leistungen können wiederum unabhängig von den anderen visuell-räumlichen Leistungen funktionieren.

Obwohl diese Fähigkeit bzw. die Unfähigkeit, räumlich zu konstruieren, schon lange benannt wurde und visuell-räumliche Fähigkeiten eine hohe Alltagsrelevanz haben, bleiben Einbußen oft unbemerkt, weil die Fähigkeit an sich und die Folgen ihrer Einschränkung wenig bekannt sind. Dies betrifft mehr noch Kinder als Erwachsene, weil Kinder bei einer Unterentwicklung dieser Fähigkeiten keinen Verlust bemerken und Kompensationen entwickeln. Bei Kindern mit Intelligenzminderung kommt erschwerend hinzu, dass sie selten auf einzelne neuropsychologische Stärken und Schwächen untersucht werden. Es steht eine Reihe an Testverfahren zur Verfügung, von denen aber die meisten nicht zwischen den vier Dimensionen ausreichend differenzieren, sondern die visuell-räumlichen Fähigkeiten insgesamt erfassen.

Die Existenz unterschiedlicher visuell-räumlicher Leistungen zeigt sich auch in den neuronalen Strukturen: Die Verarbeitung der räumlich-topographischen Information vollzieht sich in einem eigenen Funktionskreis. Hier lassen Läsionsbefunde den Schluss zu, dass die kognitive Verarbeitung räumlich-topographischer Informationen und Reaktionen unter erheblicher Beteiligung von Hippokampus und Parahippokampus erfolgt und sie der ventralen visuellen Route zugeordnet werden kann. Hippokampus und Parahippokampus liegen direkt den Seitenventrikeln an und könnten durch den intrakraniellen Druck in Mitleidenschaft gezogen werden.

Für die kognitiven Verarbeitung der räumlich-*perzeptiven* Fähigkeiten existiert ein Modell, das von zwei Hauptinformationsrouten ausgeht, die die Verarbeitung im Gehirn nach der Wahrnehmung in der primären Sehrinde leisten: die ventrale Route der visuellen Objekterkennung und die dorsale Route der räumlichen Orientierung. Während Farb- und Formerkennung den Weg der ventralen Route wählen, gelten die visuell-räumlichen Leistungen als Domäne der dorsalen Route. Über sie werden die Informationen über Größen, Mengen, Distanzen und Positionen wahrgenommen und kognitiv verarbeitet. Läsionsbefunde bestätigen die Existenz von einzelnen Neuronensträngen für einzelne perzeptive Raumwahrnehmungen. Die räumlich-perzeptiven Leistungen sind relativ gut untersucht. Sie werden über die dorsale Route von den primären Sehfeldern in den superioren Parietallappen, in die Area 5 und 7 projiziert, und enden letztlich im frontalen Kortex. Im Parietallappen werden aber nicht nur visuell-räumlich-perzeptive Informationen verarbeitet, sondern hier findet auch die numerische Repräsentation der Zahlen statt, denn das visuell-räumliche Zahlensystem mit seinem inneren Zahlenstrahl wird im inferioren Parietallappen lokalisiert. Und auch der zwischen dem inferioren und superioren Parietallappen liegenden Furche, dem intraparietalen Sulcus, wird ein wesentlicher Anteil an der Zahlenverarbeitung zugesprochen. Die anatomische Nähe in einer Hirnstruktur und die Aktivierung teilweise gleicher Regionen bei visuell-räumlichen und bei mathematischen Aufgaben weisen auf einen funktionalen Zusammenhang. Auch hier ist eine Auswirkung des intrakraniellen Drucks denkbar, weil er sich vor allem posterior und posterior-parietal bemerkbar macht, sei es durch Raumforderung, einen veränderten Blutfluss oder einen veränderten Metabolismus in diesen Regionen.

Über die physiologischen Grundlagen der räumlich-kognitiven und der räumlich-konstruktiven Leistungen ist allerdings weniger bekannt und für sie gibt es kein vergleichbares Modell an visuellen Verarbeitungswegen, obwohl auch ihre Leistungen bei

Läsionen an der dorsalen Route Ausfälle aufweisen. Es wird angenommen, dass diese auf den perzeptiven Fähigkeiten aufbauenden Leistungen ein Vielfaches an Kommunikation der Neuronen und Hirnareale erfordern und daher schwieriger anatomisch und funktional abzugrenzen sind.

Die räumlich-*kognitiven* Leistungen sind bisher wenig differenziert nachgewiesen und sind vermutlich unabhängig von den perzeptiven Leistungen repräsentiert. Es ist bekannt, dass eine wichtige räumlich-kognitive Leistung, die mentale Rotation, im intraparietalen Sulcus, also innerhalb des Zahlenzentrums, geleistet wird. Die räumlich-*konstruktiven* Leistungen wiederum sind vermutlich abhängig von den perzeptiven Fähigkeiten. Kinder mit großen Einbußen in den räumlichen-perzeptiven Fähigkeiten haben erhebliche Probleme in der visuellen Analyse. Misslingt die visuelle Analyse, kann die visuelle Synthese nicht gelingen. Die Bedeutung eingeschränkter visuell-räumlicher Fähigkeiten für das schulische Lernen kann nicht hoch genug eingeschätzt werden. Die Kinder können viele Vorlagen, Tafelbilder und Abbildungen (inkl. Tabellen) nicht exakt genug erkennen. Eine visuelle Synthese braucht also eine gute visuelle Analyse. Aber es kann auch sein, dass die visuelle Analyse richtig erfolgt und nur die Synthese nicht gelingt, weil ›nur‹ Einschränkungen in den räumlich-konstruktiven Leistungen vorliegen. Neben der Vielzahl an Fehlern, die dann durch Unkorrektheit entstehen, kommen Sekundärfolgen hinzu. Schnell entstehen Konzentrationsschwächen, weil das Bemühen, sauber konstruktiv zu arbeiten, den Kindern ihre ganze Konzentration und Aufmerksamkeit abverlangt. Zudem merken diese Kinder, dass sie beim konstruktiven Arbeiten Fehler begehen, ihnen gelingt aber nicht die Korrektur. Das kann gravierende Folgen für die Freude am Lernen haben.

Für die räumlich-*konstruktiven* Leistungen bzw. Beeinträchtigungen wird weiter angenommen, dass die Transformation der räumlich-perzeptiven Informationen in eine Handlung das Kernproblem sei, denn Läsionen an der dorsalen Route führen insbesondere dann zu erheblichen Problemen, wenn die visuell-räumliche Leistung mit einer Handlung verknüpft werden soll, es also eine räumlich-konstruktive Aufgabe zu bewältigen gilt. Handlungen stehen zudem unter der Kontrolle präfrontaler Kortexareale. Das bedeutet, dass bei festgestellten Einbußen in räumlich-konstruktiven Leistungen zusätzlich Störungen in den komplexeren Komponenten der Planung und vermutlich auch Einbußen beim Arbeitsgedächtnis hinzukommen. Dies wird neurologisch untermauert, weil die dorsale Route nicht nur in den Parietallappen, sondern auch in Bereiche des frontalen Kortex projiziert. Auch Forschungen belegen, dass Einbußen in den räumlich-konstruktiven Leistungen mit Einbußen im Kurzzeit- und Arbeitsgedächtnis sowie in den exekutiven Funktionen einhergehen. Leistungen, die von den betroffenen Eltern ebenfalls als mangelhaft geschildert wurden.

Eltern schildern auch Schwierigkeiten in der Parallelverarbeitung und in der Zeiteinteilung. Zwei Bereiche, die in der Literatur nur am Rande mit räumlichem Denken in Zusammenhang gebracht werden. Für die Repräsentation zeitlicher Ordnung und auch für die Verarbeitung der Semantik wird seit kurzem eine Zuständigkeit in einem der für die Zahlenverarbeitung relevanten Areale (intraparietaler Sulcus) gesehen, und somit besteht neurologisch ein unmittelbarer Zusammenhang. Die aktuelle Forschung bestätigt auch einen weiteren Zusammenhang, den Eltern schildern: Die räumliche Aufmerksamkeit wird wie der Umgang mit Zahlen im superioren Parietallappen angesiedelt, ist somit direkt an der zahlenverarbeitenden Hirnregion im inferioren Parietallappen und an der dorsalen visuellen Route gelegen.

Die *Entwicklung* visuell-räumlicher Fähigkeiten ist in ihrer Abfolge gut erforscht, aber über die Einzelheiten der kognitiven Verarbeitung und somit auch die Störanfälligkeit dieses Prozesses ist wenig bekannt. Eine offene Frage ist hierbei die Bedeutung der *Lokomotion*. Es ist anzunehmen, dass eine frühe eigene Mobilität den Aufbau visuell-räumlicher Fähigkeiten fördert, aber es ist ungeklärt, ob die Lokomotion zur Entwicklung dieser Fähigkeiten eine bedeutende oder gar notwendige Voraussetzung ist. Bei der Erforschung der *Rechenschwäche*, bei der als ein Hauptverursacher mangelnde visuell-räumliche Fähigkeiten gesehen werden, wird die Frage einer frühen, später oder nicht erfolgten Lokomotion offenbar nicht gestellt. Es ist nur erwiesen, dass der Gebrauch der eigenen Finger beim Zählen die Rechenfähigkeit fördert und anzeigt.

Eingeschränkte visuell-räumliche Fähigkeiten können sich aber nicht nur in einer Rechenschwäche zeigen, sondern in erster Linie in zahlreichen Ungenauigkeiten beim Arbeiten im Buch und vor allem im Heft. Zahlen, Buchstaben, Linien und Verläufe werden in ihren Zuordnungen nicht richtig erkannt und/oder nicht richtig reproduziert.

Visuell-räumliche Fähigkeiten sind weder eine hinreichende Bedingung noch eine Garantie für gute Rechenfähigkeiten. Eine Rechenschwäche kann viele Facetten und viele Ursachen haben kann. Eine der Ursache ist eine eingeschränkte räumliche Vorstellungskraft, die aber für höhere Rechenprozesse unabdingbar ist. Insofern sind sie ein zentraler Baustein zur Herausbildung der Rechenfähigkeit. Dies ist durch aktuelle Forschung gut belegt.

Und Kinder mit Einbußen in den visuell-räumlichen Syntheseleistungen haben ein höheres Risiko, eine Rechenschwäche zu entwickeln (Heubrock & Petermann 2000, 238). Dies Risiko erhöht sich noch, wenn sie sensomotorische Einschränkungen haben. Zusätzlich entstehen bei einer beginnenden Rechenschwäche verstärkende psychosoziale Probleme.

Für die Rechenfertigkeit wirkt sich stärker die Synthese aus, also das räumlich-konstruktive Arbeiten, und weniger die Analyse, das räumliche-perzeptive Gelingen. Typischerweise haben Kinder mit räumlich-konstruktiven Schwächen schon Schwierigkeiten bei den Grundrechenarten, weil sie sich die Richtung der verlangten Zahlenoperation nicht vorstellen können, aber ihnen gelingt durch Auswendiglernen und einfache Wiederholung der vorherigen Rechenoperation und unter Zuhilfenahme ihrer impliziten Gedächtnisfähigkeiten eine Kompensation, die sich allerdings nicht lange aufrecht erhalten lässt. Die Schwierigkeiten fallen vielleicht schon beim schriftlichen Multiplizieren und Dividieren auf, oder bei Textaufgaben und spätestens bei geometrischen Aufgaben. Betroffene Kinder entwickeln dann eine Rechenschwäche mit Abweichungen in nahezu allen numerischen Fähigkeiten, nach v. Aster der ›tiefgreifende Typ‹. Vermutlich kann sich bei ihnen keine innere Zahlenrepräsentation, kein innerer Zahlenstrahl entwickeln, und vermutlich bestehen auch Einschränkungen in den Aufmerksamkeits- und Arbeitsgedächtnisfunktionen. Daneben gibt es andere Formen der Rechenschwäche mit anderen Ursachen.

Nach dem Konzept der Zahlenverarbeitung von Dehaene wird eine Zahl nicht nur auf diesem inneren Zahlenstrahl, sondern auch als (deutsches) Zahlwort und als arabische Zahl im Gehirn repräsentiert. Die Entwicklungstörung der Zahlenverarbeitung (Dyskalkulie) ist zwar weniger gut erforscht als die Lese- und Rechtschreibstörungen – und dies bei gleicher Inzidenz –, aber es liegen neben dem überzeugenden Modell zur Zahlenverarbeitung hierzu zahlreiche Studien vor, die die *neuronalen Grundlagen der Rechenschwäche* relativ gut untersucht haben. Danach gibt es im Wesentlichen drei Hirnregionen, die in die Zahlenverarbeitung involviert sind. Das visuell-räumliche Zahlensystem mit dem sogen. inneren Zahlenstrahl liegt bilateral im Parietallappen. Hier findet die eigentliche arithmetische Bearbeitung einschließlich der Schätzungen und der räumlichen Vorstellung eines Zahlenstrahls statt. Diese liegen dicht an den Hirnregionen, in die auch die dorsale visuelle Route letztlich projiziert. So gilt die Bestimmung und Bedeutung dieser Hirnregionen für das räumliche Denken und die Rechenfähigkeit aus verschiedenen Forschungsrichtungen als gut belegt.

Woher die Hirnschädigungen, die zu Einbußen in visuell-räumlichen Fähigkeiten bei Kindern führen, kommen können, ist ungeklärt, wenn sie keine erworbenen Läsionen sind. Die internationale Klassifikation der ICD-10 geht bei den umschriebenen Entwicklungsstörungen bei Kindern davon aus, dass diese eng mit der biologischen Reifung bzw. Reifungsstörung des Zentralnervensystems verbunden sind. Dahinter steht der Gedanke, dass gerade die pränatalen und frühkindlichen Reifungsstörungen von großer Bedeutung für das sich entwickelnde Gehirn sind. Hirnreifungsstörungen werden auch in der Kinderneuropsychologie als Ursache kindlicher Entwicklungsstörungen diskutiert, insbes. als Ursache nonverbaler Schwächen (Heubrock & Petermann 2000). Der Gedanke ist gut vereinbar mit den Ergebnissen der Studien, die übereinstimmend bei Kindern mit einem frühkindlichen Hydrocephalus eine verzögerte und mangelhafte Myelinisierung und damit eine Hirnreifungsstörung sehen. Diese müsste sich dann bei ihnen vor allem bei der Bildung der dorsalen Route auswirken. Wie es aber bei Kindern mit einem Hydrocephalus konkret zu einer verringerten Myelinisierung der Axone und somit der Fasernbündel kommt, ist ungeklärt. Ebenso die manchmal damit einhergehende veränderte Morphologie, z. B. am corpus callosum oder der capsula interna. Offenbar reicht die Plastizität des kindlichen Hirns nicht aus, um diese Störungen in seiner Entwicklung zu kompensieren.

Von einer Hirnreifungsstörung als Ursache bestimmter kindlicher neuropsychologischer Einbußen und Lernschwächen geht auch das *Konzept der Nonverbal Learning Disability* aus. Es ist ein ganzer Kanon an Symptomen von Schwächen in der Aufmerksamkeit, dem Sprachverständnis, der Rechenfertigkeit, den visuell-räumlichen Fähigkeiten sowie in der Psychomotorik und sozioemotionalen Fähigkeiten.

Das Modell der Nonverbal Learning Disability hat Charme, weil es überraschend gut zu den Schilderungen der Eltern aus der Vorstudie passt. Hier muss aber bedacht werden, dass auch andere Beschreibungen von beeinträchtigten Kindesentwicklungen zu Übereinstimmungen hätten führen können. Das Modell der NLD besitzt, weil es durch die sehr verschiedenen, auch sozioemotionalen Symptome, die in ihrer Vielzahl in Übereinstimmung mit der Elternwahrnehmung stehen, einen hohen Erklärungswert. Viele Schwierigkeiten des Kindes ließen sich damit auf eine Ursache zurückführen. Das Kind hätte nicht mehr viele verschiedene Probleme und Beeinträchtigungen, um deren Ätiologie und Genese sich Eltern Sorgen machen müssten, sondern eine Beeinträchtigung mit vielen Facetten. Die Studienlage zur Frage der NLD beim Hydrocephalus ist ähnlich uneins wie die Frage, ob es eine NLD gibt. Aber die Hinweise, dass Kinder mit einem Hydrocephalus diese für die NLD beschriebene Struktur an Stärken und Schwächen in ihren neuropsychologischen Leistungen haben, sind deutlich.

Da das NLD-Modell im Wesentlichen auf Einbußen in den nichtsprachlichen Leistungen basiert und diese vor allem rechtshemisphärisch geleistet werden, wird verkürzt auch von einer ›Dysfunktion‹ der rechten Hirnhälfte gesprochen. Für die hier im Zentrum stehenden visuell-räumlichen Fähigkeiten und ihre Beeinträchtigungen ist aber nur bei einzelnen Fähigkeiten eine einseitige rechtshemisphärische Leistung auszumachen. So wirken sich auf den relativ gut untersuchten Bereich der räumlich perzeptiven Leistungen rechtshemisphärische Läsionen stärker als linkshemisphärische aus, aber an der Funktion sind beide Hirnhälften beteiligt. Und deshalb sollte bei visuell-räumlichen Fähigkeiten höchstens von einer Dominanz der rechten Hirnhälfte gesprochen werden.

Für Menschen mit Einbußen in den räumlich-visuellen Fähigkeiten gibt es eine Reihe an therapeutischen Interventionen und Hilfen. Wie bei neuropsychologischen Interventionen üblich, wird direkt oder indirekt an der kognitiven Schwäche angesetzt, um die Hirnfunktion (wieder)herzustellen oder zu kompensieren. In der Kompensation wird an die neuropsychologischen Stärken angeknüpft, und es werden neue Fertigkeiten vermittelt. Bei jüngeren Kindern, deren Hirnstrukturierung noch flexibler ist, wird in der Regel der restitutive Ansatz, also das direkte Üben und Trainieren an der Schwäche gewählt, um noch ein Erlernen der Fähigkeit durch neuronale Repräsentation zu ermöglichen. Bei älteren Kindern, bei denen sowohl der Synapsenabbau im Wesentlichen abgeschlossen ist als auch festgefahrene Umlenkstrategien sich aufgebaut haben, wird der Weg der Kompensation genutzt.

Für die Rechenschwäche als prominenteste mögliche Folge einer Schwäche in den visuell-räumlichen Fähigkeiten wird betont, dass die Intervention an dem Defizit des Kindes ansetzen muss. Da es nicht *die* Rechenschwäche gibt, gibt es auch nicht *die* Therapie. Die Rechenfähigkeiten des Kindes müssen genau analysiert werden, und es muss ein umfassendes Förderkonzept anhand dieser Fehleranalyse aufgebaut werden. Eine Absage wird allen therapeutischen Konzepten erteilt, die allein durch eine Schulung von Körperwahrnehmung und Sensomotorik meinen, eine Rechenschwäche beheben zu können.

Bei Kindern, die rechenschwach sind *und* eine Schwäche in den visuell-räumlichen Leistungen haben, ist das Ziel der Intervention ein Aufbau des inneren Zahlenraumes. Hier liegen bisher nur wenige Erfahrungen vor, vor allem weil die visuell-räumlichen Einbußen bei Kindern selten diagnostiziert werden und es auch wenig Interventionsverfahren gibt. Kernpunkt des Trainings für Kinder mit visuell-räumlichen Schwächen ist das Erlernen der Visualisierung, also zu lernen, sich ein Objekt in anderen Positionen vorzustellen und dieser Vorstellung gemäß zu handeln, z. B. etwas aufzubauen. Hier gibt es erste Trainingsprogramme. Erfolgversprechend sind auch computergestützte Verfahren, zumindest für das Erlernen der visuellen Raumorientierung. Ist das Erlernen der Fähigkeiten nur noch bedingt möglich, weil die Hirnstrukturierung im Wesentlichen erfolgt ist und das Kind sich Umlenkstrategien angeeignet hat, ist die Kompensation wichtig. Kinder mit Einbußen in den visuell-räumlichen Fähigkeiten verfügen oft über gute verbale Fähigkeiten und über die Fähigkeit, gut auswendig lernen zu können. Diese Fähigkeiten können für Kompensationen eingesetzt werden.

7 UNTERSUCHUNG VISUELL-RÄUMLICHER FÄHIGKEITEN BEI KINDERN MIT EINEM HYDROCEPHALUS

Lernen wird von zahlreichen motorischen, sozialen, ökonomischen, emotionalen und kognitiven Fähigkeiten und Bezügen gestaltet. Und aus der qualitativen Vorstudie über das Lernverhalten von Kindern mit Hydrocephalus sowie aus der Aufarbeitung der Forschungen zu den kognitiven Leistungen von Kindern mit Hydrocephalus ergeben sich viele Aspekte und Hinweise auf Fähigkeiten und Schwächen in neuropsychologischen Leistungen. Bei manchen dieser neuropsychologischen Leistungen besteht die Vermutung, dass der Hydrocephalus sich negativ auf die Ausbildung der Fähigkeit auswirkt. So werden Schwächen in den Gedächtnis- und Aufmerksamkeitsleistungen beschrieben und offenbar bestehen bei vielen Kindern große Probleme in den exekutiven Funktionen. Diese Hinweise werden auch in der Hauptstudie weiter verfolgt, aber bei der Frage nach dem Einfluss des Hydrocephalus auf das Lernen der betroffenen Kinder sollen hier die Leistungen dieser Kinder in den visuell-räumlichen Fähigkeiten, mit einem Schwerpunkt auf den visuell-räumlich-konstruktiven Fähigkeiten, differenziert betrachtet werden. Diese Entscheidung hat mehrere Gründe. Es sind vor allem die hohe Relevanz dieser neuropsychologischen Fähigkeit für den Lernerfolg und die uneinheitliche Forschungslage (s. Abschnitt 6.1).

7.1 Forschungsfragen

Anlass für die Studie war das Anliegen von Eltern aus der Arbeitsgemeinschaft Spina Bifida und Hydrocephalus, zu untersuchen, ob ihre Kinder mit einem Hydrocephalus sich ähnelnde Lernprobleme haben. Darin ist die Frage der Erforschung möglicher Lernschwächen enthalten und da die Kinder eine sehr unterschiedliche Ätiologie ihres Hydrocephalus haben, auch die Aufgabe, hierbei die Ätiologie des Hydrocephalus zu berücksichtigen. Der Auftrag der Berücksichtigung der Ätiologie ergibt sich zudem aus der eigenen Kritik an Forschungen, die dem nicht nachkommen (s. Abschnitt 3.1.1). Neben der Ätiologie des Hydrocephalus wird die Frage verfolgt, ob die von den Eltern in der Vorstudie problematisierten Lernschwierigkeiten sich nur bei Förderschülern finden, wo sie auch Begleiterscheinung einer insgesamt schwachen kognitiven Entwicklung sein könnten, oder ob auch Regelschüler die Lernschwierigkeiten zeigen.

Es ergeben sich somit drei erste Forschungsfragen:
Nehmen Eltern Lernschwächen bei ihren Kindern mit Hydrocephalus wahr?
Unterscheiden sich die Kinder in den von Eltern wahrgenommenen Lernschwächen aufgrund der Ätiologie des kindlichen Hydrocephalus?

Unterscheiden sich die Förderschüler von den Regelschülern in den von Eltern wahrgenommenen Lernschwächen?

Die Schwerpunktsetzung auf visuell-räumlich-konstruktive Fähigkeiten und das Ziel, möglichen Lernschwächen früh zu begegnen, führt zu weiteren Forschungsfragen:

Finden sich bei Kindern mit Hydrocephalus häufiger als bei gleichaltrigen Kindern Schwächen in den visuell-räumlich-konstruktiven Fähigkeiten?

Finden sich hierbei Unterschiede hinsichtlich der unterschiedlichen Ätiologien?

Unterscheiden sich die Regelschüler von den Förderschülern in ihren visuell-räumlich-konstruktiven Fähigkeiten?

An welchen Alltagssituationen können Eltern eine Einschränkung der visuell-räumlich-konstruktiven Fähigkeiten ihres Kindes erkennen?

Die Ergebnisse zur letzten Forschungsfrage ermöglichen die Erstellung eines Diagnoseleitfadens zur Früherkennung und Prävention.

Überlegungen zur Methode

Eine Untersuchung visuell-räumlicher Fähigkeiten bei Kindern wäre über mehrere Wege möglich. So könnten Eltern und Lehrer ausführlich befragt werden, ebenso könnten erwachsene Betroffene interviewt werden. Alle Befragungen und Interviews hätten allerdings mit der erheblichen Einschränkung interpretiert werden müssen, dass die untersuchte neuropsychologische Fähigkeit wenig im Bewusstsein des Betroffenen und seines Umfeldes ist und viele Verhaltensweisen, die als Folge visuell-räumlich eingeschränkter Fähigkeiten zu sehen sind, auch andere Ursache haben können. Dann besteht die Möglichkeit, Kinder zu beobachten und/oder mit standardisierten Verfahren zu testen. Weiter könnten Berichtzeugnisse und psychologische Gutachten ausgewertet werden. Vor allem eine Auswertung vorhandener Gutachten scheint sich anzubieten, weil vermutlich viele der betroffenen Kinder schon begutachtet worden sind und bei ausführlichen neuropsychologischen Testungen die visuell-räumlichen Fähigkeiten mit erfasst werden. Ein Probelauf, bei dem sieben Gutachten aus drei sozialpädiatrischen Zentren verglichen wurden, warf aber erhebliche methodische Probleme auf: Die Zentren verwandten unterschiedliche Verfahren, und nicht in jedem Gutachten wurden die Verfahren benannt. Es benannte auch nicht jedes Gutachten die erreichten Skalenwerte, sondern oft wurden die erreichten Leistungen nur in Worte gefasst. Zu dieser Problematik der subjektivierten Ergebnisse käme noch die Problematik der Stichprobe hinzu. Die Stichprobe hätte nur Kinder beinhaltet, die in einem Begutachtungsprozess sind, bei denen also ein Bedarf an Überprüfung neuropsychologischer Leistungen besteht.

Daher wird die Entscheidung getroffen, sowohl Eltern zu den visuell-räumlichen Fähigkeiten ihres Kindes zu befragen als auch zugleich jeweils das Kind dieser befragten Eltern mit einem standardisierten Verfahren zu testen (Elternfragebogen s. Anlage 10.3). Dabei wurde darauf verzichtet, alle vier Dimensionen der visuell-räumlichen

Fähigkeiten zu testen. Dies hätte zum einen eine sehr umfangreiche Testung bedeutet, die nicht mit Studierenden durchzuführen gewesen wäre, und zum zweiten sind hier die auf den räumlich-perzeptiven und räumlich-kognitiven Fähigkeiten aufbauenden räumlich-konstruktiven Fähigkeiten von besonderem Interesse. Eine Beeinträchtigung in dieser Fähigkeit hat besonders große Auswirkungen auf das schulische Lernen des Kindes (s. Abschnitt 6.4.3).

Die Kombination aus Elternbefragung und Überprüfung der Teilleistung beim Kind eröffnet vor allem die Möglichkeit festzustellen, wie sich gut bzw. schwach entwickelte visuell-räumliche(-konstruktive) Fähigkeiten im Alltag den Eltern zeigen. Demnach ergeben sich folgende Messinstrumente:
- Anamnesedaten aus dem Elternfragebogen,
- Skalen aus den Items im Elternfragebogen zu verschiedenen Aspekten des Lernens bei Kindern mit Hydrocephalus,
- Skalen aus den Items im Elternfragebogen zu visuell-räumlichen Fähigkeiten bei Kindern mit Hydrocephalus,
- der Abzeichentest (Heubrock et al. 2004)
- und der Untertest ›Dreiecke‹ der Test ›Kaufman-Assesment Battery for Children‹ (deutschsprachige Fassung von Melchers & Preuß 1994).

7.2 Beschreibung der Messinstrumente

7.2.1 Anamnesebogen

Die Elternbefragung beginnt mit Erfassung einiger anamnestischer Daten. Neben Alter und Geschlecht des Kindes werden erfragt
- die Zahl der Ventilrevisionen,
- die Ätiologie des Hydrocephalus,
- nach welchem Lehrplan das Kind unterrichtet wird,
- ob Ergebnisse von Intelligenzeinschätzungen oder -messungen vorliegen,
- und ob eine Fehlsichtigkeit oder eine Bewegungseinschränkung vorliegen.

Die Fragen nach diesen anamnestischen Daten haben folgende Gründe: Oft befürchten Eltern, dass der bei einer Ventilrevision erfolgte Eingriff am Gehirn des Kindes sich negativ auf die kognitiven Fähigkeiten ihres Kindes auswirken könnte. Obwohl die Forschungsergebnisse bei dieser Frage keinen Zusammenhang sehen (s. Abschnitt 3.2.3), sollte diese Frage hier mit überprüft werden.

Die Berücksichtigung der Ätiologie des Hydrocephalus ist ein wichtiges Anliegen dieser Studie und wird in allen Belangen (Auswertung der qualitativen Vorstudie und in der Recherche des Forschungsstandes) konsequent verfolgt.

Mit den Fragen, nach welchem Lehrplan das Kind unterrichtet wird und nach den Ergebnissen von Intelligenzeinschätzungen wird von zwei Seiten der Aspekt der kognitiven Fähigkeiten erfragt. Da nicht davon auszugehen war, dass alle Kinder schon einmal getestet worden sind, wird zusätzlich die Beschulung erfragt. Die Erfragung der Beschulung hat sich als guter Indikator für eine grobe Intelligenzschätzung erwiesen.[1]

Kinder mit diagnostizierter geistiger Behinderung gehören nicht zur Zielgruppe dieser Studie, weil die allgemeine Intelligenzminderung ein wesentlicher Faktor für schwache Testergebnisse und für Schwierigkeiten in verschiedenen Alltagssituationen sein kann. Schwache Testergebnisse und zahlreiche Alltagsschwierigkeiten bei diesen Kindern wären auf Einbußen in visuell-räumlichen Leistungen, aber auch auf Einbußen in einer Vielzahl weiterer neuropsychologischer Leistungen zurückzuführen. Mit der Frage, nach welchem Lehrplan das Kind unterrichtet wird, besteht weiter die Möglichkeit, in der statistischen Auswertung zwischen Förder- und Regelschülern zu differenzieren. Bei vielen der Kinder, die über kognitive Fähigkeiten verfügen, die ihnen eine Unterrichtung nach dem Lehrplan der Regelschule ermöglicht, kann davon ausgegangen werden, dass sie die Diskrepanzannahme erfüllen und Einbußen in visuell-räumlichen Fähigkeiten als Teilleistungsstörungen anzusehen sind (s. Abschnitt 6.1.1).

Die Fragen nach Fehlsichtigkeit und Bewegungseinschränkungen, insbesondere der Schreibhand, dienen dazu, dies bei der Auswahl der Untersuchungsgruppe zu berücksichtigen. Wenn Fehlsichtigkeit und motorische Einschränkungen vorliegen, begründen sich sowohl schwache Testergebnisse als auch Schwierigkeiten in Alltagssituationen nicht allein auf Einbußen in visuell-räumlichen Leistungen. Dies ist ebenfalls bei der Eingrenzung der Untersuchungsgruppe zu beachten.

7.2.2   Elternfragebogen zu Alltagsschwierigkeiten des Kindes

7.2.2.1 Überlegungen zur Methode

Inhaltliche Herleitung

Der Elternfragebogen zu den visuell-räumlichen Fähigkeiten umfasst 46 Fragen (s. Anlage 10.3) und wurde selbst konstruiert. Die Fragen richten sich auf das Verhalten des Kindes in Alltagssituationen, und zwar werden jene Alltagssituationen erfragt, in denen sich die Fähigkeiten bzw. die Einschränkungen in visuell-räumlichen Leistungen bemerkbar machen. Die Fragen sind aus allen in der Literatur zu findenden Angaben über die Auswirkungen visuell-räumlicher Fähigkeiten auf den Alltag entwickelt. Damit orientiert sich der Fragebogen vor allem an Kerkhoff (2000) und an Kerkhoff und Münßinger (2002). Weiter finden sich Beispiele für den Gebrauch visuell-räumlicher Fähigkeiten bei Zihl (1997), Lösslein und Deike-Beth (1998), Heubrock und

---

1   »Reliance on IQ alone, however, has its limitations, and a better guide to functional outcome may be whether a child is able to attend a normal school« (Chumas et al. 2001, F 153). Und: »In comparable outcome studies, the IQ has been used as a measure of mental development. However, Hirsch pointed out that another good measure might be whether the child is able to go to a normal school or not« (Heinsbergen 2002, 106).

Petermann (2000), Bodenburg (2001), Prosiegel (2002), Muth, Heubrock und Petermann (2001), welches der Beschreibung in Heubrock, Eberl & Petermann (2004) entspricht. Zwei Fragen, die ebenfalls visuell-räumliche Leistungen prüfen, ergeben sich aus den Vorgesprächen mit betroffenen Erwachsenen oder Eltern von Kindern mit Hydrocephalus.

Es finden sich dementsprechend Fragen in dem Elternfragebogen:
- zur visuellen Analyse räumlicher Beziehungen (visuell-räumlich-perzeptive Fähigkeiten),
- zum Gelingen mentaler Rotationen (visuell-räumlich-kognitive Fähigkeiten),
- zum aktiven Konstruieren (visuell-räumlich-konstruktive Fähigkeiten) und
- zur Orientierung (visuell-räumlich-topographische Fähigkeiten).

Neben diesen Fragen zum Gelingen von Alltagssituationen, in denen visuell-räumliche Fähigkeiten genutzt werden, enthält der Fragebogen 21 weitere Fragen. Es sind Fragen zum Lern- und Sozialverhalten der Kinder, die sich aus der Synopse zwischen den Ergebnissen der qualitativen Vorstudie und der Recherche des Forschungsstandes sowie aus Hinweisen aus der Beraterpraxis ergeben.[2] Eltern von Kindern mit einem Hydrocephalus zu unterschiedlichen Aspekten des Lernens zu befragen und hierbei die Anamnese zu berücksichtigen, erfüllt den Anlass der Studie, der aus der Frage besteht, ob Kinder mit einem Hydrocephalus trotz unterschiedlicher Ätiologien sich ähnelnde Lernprobleme haben. Somit ergibt sich eine Gesamtzahl an 67 erfragten Alltagssituationen.

Da Problembereiche erfragt werden, ist der Fragebogen in seiner Ausrichtung problem- und nicht kompetenzorientiert (z. B. ›Treten Probleme bei Anziehen auf?‹). Dies ist nicht zu umgehen, wenn erforscht werden soll, ob bestimmte Einbußen das schulische Lernen erschweren. Manche Fragen wären sprachlich in eine Erfragung einer Kompetenz zu ändern gewesen (z. B. ›Gelingt das selbstständige Anziehen?‹). Dies hätte allerdings nur zur Folge, dass beim Vorliegen einer Schwäche die Eltern statt Bejahung einer Schwäche eine Kompetenz zu verneinen hätten. Nach Problemen (Negativem) statt nach Kompetenzen (Positivem) zu fragen, hat den methodischen Vorteil, dass die Fehlerquelle der Zustimmungstendenz (Akquieszenz) sich reduziert (Jankisz & Moosbrugger 2007, 61).

Methodische Grenzen einer Elternbefragung

Kritisch betrachtet enthält eine Elternbefragung methodische Grenzen:

» This type of data collection has inherent limitations, such as selection basis, lack of generalizability, validation of reported end points, and inability to generate population-based data« (Gupta 2007, 335 [43]).

---
2 Welche der 67 Fragen sich auf welche Quellen zurückführen lässt, ist der Anlage 10.6 zu entnehmen, die unter http://www.athena-verlag.de/controller.php?cmd=detail&titelnummer=472 zum kostenlosen Download zu Verfügung steht.

Aber nur eine Verhaltensbeobachtung repräsentativ ausgewählter Kinder über einen langen Zeitraum in vielerlei Alltagssituationen hätte die Gütekriterien der Generalisierbarkeit, Objektivität und Validität annähernd erfüllen können. Und diese ist wegen des benötigten Aufwandes unrealistisch.

Die Eltern hier haben sich auf einen Aufruf hin gemeldet und sich bereit erklärt, an einem Forschungsprojekt mitzuwirken. Durch diese Freiwilligkeit und die Tatsache, dass ihre Antworten keine Konsequenzen für ihr Kind haben werden, kann davon ausgegangen werden, dass die Eltern ihre Wahrnehmung des Kindesverhaltens so exakt wie ihnen möglich ausdrücken. Für die Eltern bestand weder der Grund, Verhaltensweisen zu beschönigen noch Verhaltensweisen zu dramatisieren, um z. B. eine Behandlung genehmigt zu bekommen (Tendenz der sozialen Erwünschtheit). Es ist in diesem Fall von dem methodisch wünschenswerten Motiv des ›Optimizing‹ auszugehen. Unter ›Optimizing‹ wird verstanden, dass die Motivation des Probanden einen positiven Grund hat und ihn zu einer gründlichen Bearbeitung veranlasst im Unterschied zur Motivation bei einer beiläufigen oder verpflichtenden Teilnahme (Krosnick nach Jankisz & Moosbrugger 2007, 57).

Eine Grenze des Vorgehens besteht darin, dass der Fragebogen an keiner Kontrollgruppe erhoben wurde. Allerdings genügt für das Ziel, die Testergebnisse der Kinder mit der Beschreibung ihrer visuell-räumliche Fähigkeiten zu vergleichen, die Elternangaben mit den Testergebnissen der Kinder zu vergleichen. Sowohl die eigene Konstruktion eines Fragebogens als auch der Verzicht auf eine Kontrollgruppe wären zu umgehen gewesen, wenn ein normiertes, standardisiertes Verfahren zur Erfassung visuell-räumlicher Fähigkeiten bei Kindern zur Verfügung stehen würde. Es gibt die ›Children Behavior Checklist‹ (CBCL)[3], die aber nicht diesen Bereich der Kognition erfasst und es gibt den ›Beobachtungsbogen für räumliche Störungen‹ (BRS)[4], der allerdings zum Beginn dieser Untersuchung im April 2007 noch nicht veröffentlicht war und sich nicht auf Kinder bezieht. Der BRS ist zur Einschätzung erwachsener Neglectpatienten, die als assoziierte Störung häufig räumlich-perzeptive Schwächen zeigen, entwickelt worden. Interessanterweise werden die Daten des ›Beobachtungsbogens für räumliche Störungen‹ wie in dem hier vorgelegten Fragebogen durch Fremdanamnese erhoben und auf eine Normierung ist verzichtet worden.

Fragebogenkonstruktion

Vor der Konstruktion eines Fragebogens wird eine sorgfältige Bestandsaufnahme gefordert, mit der die Inhalte des zu erfragenden Gegenstandsbereiches erfasst werden sollen (Bortz & Döring 2006, 253). Dies ist hier durch die Recherche nach Alltagsbei-

---

3 Arbeitsgruppe Kinder-, Jugendlichen und Familiendiagnostik (Hrsg.) (1998). Children Behavior Checklist (CBCL). Göttingen: Hogrefe
4 Neumann, G., Neu, J. & Kerkhoff, G.(2007). Beobachtungsbogen für räumliche Störungen. (BRS). Göttingen: Hogrefe

spielen visuell-räumlicher Leistungen in der Literatur und weiter durch die qualitative Vorstudie erfolgt.

Bei der Konstruktion des Elternfragebogens wurden die Kriterien für eine schriftliche Befragung nach Bortz und Döring beachtet (2006, 252). Danach ist dieser Fragebogen einzuordnen als schriftliche Befragung mit geschlossenen Fragen. Diese Form ist zur Erfassung und Bewertung konkreter Sachverhalte besonders geeignet (Bortz & Döring 2006, 254). Nachteil der schriftlichen Befragung – im Unterschied zur mündlichen Befragung – ist die unkontrollierte Erhebungssituation. Es wird daher empfohlen, standardisierte Bedingungen herzustellen, z. B. durch die Anwesenheit eines Untersuchungsleiters (ebd.). Dies wurde hergestellt, indem ca. die Hälfte aller Daten von der Autorin selbst und die andere Hälfte von Studierenden erhoben wurden. Die Studierenden wurden für diese Aufgabe von der Autorin in einem zweistündigen Seminar eingewiesen, übten die Testdurchführung und den Ablauf unter Anleitung der Autorin.

Die Items sind in Frageform und einfach, sprachlich verständlich, eindeutig und positiv formuliert, nur eine Frage enthält eine negative Formulierung. Verhaltensweisen werden mit biographiebezogenen Items in personalisierter Form erfragt. Denn Eltern werden nach ihren Erfahrungen mit ihrem Kind in erlebten Situationen befragt. Die biographiebezogenen Items haben für die Auswertung den Vorteil, dass weniger Fehleinschätzungen als bei hypothetischen Fragen vorkommen (Jankisz & Moosbrugger 2007, 62). Auch die weiteren Hinweise aus der Checkliste zur Kontrolle von Interviewfragen (Bortz & Döring 2006, 244), aus den Regeln von Porst (nach Bortz & Döring 2006, 255) und den Regeln von Jankisz & Moosbrugger sind berücksichtigt (Jankisz & Moosbrugger 2007, 65).

Die Antwortalternativen bilden nach Jankisz & Moosbrugger (2007) eine verbale, diskret gestufte, unipolare Ratingskala. Dies heißt, es werden verbal ausformulierte Stufen (›immer/meistens‹, ›häufig‹, ›kaum‹, ›selten/nie‹) und die fünfte Möglichkeit ›weiß nicht‹ gegeben. Es wird empfohlen, max. sieben Ratingstufen zu wählen. Hier konnten die Extreme (›immer‹ bzw. ›nie‹) mit den angrenzenden Häufigkeitsangaben zusammengefasst werden, weil extreme Stufen selten gewählt werden (Jankisz & Moosbrugger 2007, 51). Eine unipolare Ratingskala besagt, dass der Grad der Zustimmung bzw. Ablehnung nur in eine Richtung steigt oder sinkt (Jankisz & Moosbrugger 2007, 51).

Es wird bewusst eine gerade Zahl an Abstufungen gewählt, um keine Mitte anzubieten. So kann der Tendenz zur Mitte, also die Bevorzugung der mittleren und neutralen Antwortkategorie, begegnet werden. Die Tendenz zur Mitte führt zu einer verringerten Itemvarianz und zu Verzerrungen (Jankisz & Moosbrugger 2007, 60). Als fünfte Antwortmöglichkeit wurde die ›weiß nicht‹-Kategorie angeboten. Dies ist sinnvoll, wenn anzunehmen ist, dass Probanden eine Antwort nicht wissen können (Jankisz & Moosbrugger 2007, 54). Bei dieser Befragung ist davon auszugehen, dass

Eltern Erfahrungen mit ihren Kindern fehlen könnten, weil manche Kinder für einige Fragen noch zu jung sind und/oder sehr behütet sind.[5]

Bei der Interpretation der Antworten aus dem Fragebogen stellt sich als durchgängiges Problem, dass Antworten einer Vergleichsgruppe fehlen. Es kann aber davon ausgegangen werden, dass Eltern bei ihrer Einschätzung des Lernverhaltens ihres Kindes den Vergleich zu gleichaltrigen nichtbehinderten Kindern ziehen, weil sich bei der Auswertung der Items zu den visuell-räumlichen Fähigkeiten im Alltag zeigt, dass die Eltern altersadaptiert antworten (s. Abschnitte 7.2.2.3. und 7.5.4). Auch steht hier nicht der Vergleich mit nichtbehinderten Kindern im Vordergrund, sondern die von Eltern wahrgenommenen Lernerschwernise.

Und für das wesentliche Ziel dieser Studie, die Erforschung räumlich-konstruktiver Fertigkeiten bei Kindern mit Hydrocephalus, besteht durch die Normierung der Testverfahren der Vergleich mit einer Kontrollgruppe. Und für das darüber hinausgehende Ziel der Früherkennung räumlich-konstruktiver Schwächen im Alltag sind die Elternangaben zum räumlichen Alltagsverhalten ohne Vergleichsgruppe ausreichend.

7.2.2.2 Skalen zu Lernaspekten

Eine faktorenanalytische Auswertung der 21 Items zu den verschiedenen Aspekten des Lernens ergibt keine inhaltlich interpretierbaren Faktoren. Die theoriegeleitete deduktive Herangehensweise führt zur Errichtung von vier Skalen, die sich aus 15 dieser Items zusammensetzen. Dabei werden nur die Antworten jener Eltern berücksichtigt, die zu mehr als der Hälfte der Items dieser Skala eine Antwort gegeben haben. Mit Cronbachs Alpha wird die interne Konsistenz der Skalen geprüft. In weiteren Schritten werden dann die Items mit geringen Trennschärfen eliminiert. Die Trennschärfen liegen zwischen .35 bis .76.

Da die Frage, inwieweit die Kinder Schwächen in der Semantik haben, von den Eltern in der Vorstudie anders beurteilt wurde als in der Literatur geschildert (s. Abschnitt 5.6), soll dieses eine Item als eigenständiger Aspekt weiter betrachtet werden. Ebenso wird mit dem Item umgegangen, das die Geräuschempfindlichkeit erfragt. Die Werte der Items ergeben sich aus der Abstufung der elterlichen Antworten (›immer/meistens‹ = 4, ›häufig‹ = 3, ›kaum‹ = 2, ›selten/nie‹ = 1). Ein hoher Wert im Unterschied zu einem niedrigen Wert bedeutet demnach, dass Eltern häufig Schwierigkeiten bei ihrem Kind in dieser Alltagssituation wahrnehmen. Die Antworten der Kategorien, die 3 und 4 Punkte erhalten, werden als Zustimmung zur Frage gewertet, und die Antworten der Kategorien, die 2 und 1 Punkt erhalten, als Verneinung der Frage.[6]

Bei allen Skalen werden die Skalenwerte durch die Summe der Itemwerte gebildet. Es ergeben sich folgende vier Skalen:

---

5 So erhielten alle Items, die sich auf Bewegungsräume außerhalb der Wohnung bezogen, in der ›weiß nicht‹-Kategorie Häufigkeiten von bis zu 30%.
6 Die Prozentzahlen der elterlichen Zustimmungen zu den Fragen finden sich in der Anlage 10.4

- Schwierigkeiten in der Aufmerksamkeit: Es sind sechs Items zu Aufmerksamkeit, Konzentration, kognitiver Verarbeitungsgeschwindigkeit, Ermüdung und Leistungsschwankungen
- Schwierigkeiten im Gedächtnis: Zwei Items zur Merkfähigkeit und zum Arbeitsgedächtnis
- Schwierigkeiten in Exekutivfunktionen: Zwei Items zum Vorausplanen und zur Flexibilität
- Erhöhtes Stressempfinden: Fünf Items zu Stress, Ruhebedarf und Angst.

Außerdem werden diese zwei Items separat untersucht:

- Erhöhte Geräuschempfindlichkeit
- Schwierigkeiten im semantischen Sprachverständnis.

Skala ›Schwierigkeiten in der Aufmerksamkeit‹

Tabelle 1: Deskriptive Statistik der Skala ›Schwierigkeiten in der Aufmerksamkeit‹			
N = 121	Trennschärfe	M	s
Lässt sich das Kind leicht ablenken?	.76	3.07	.84
Bestehen beim Kind Schwierigkeiten, sich zu konzentrieren?	.74	2.89	.94
Fällt es dem Kind schwer, aufmerksam zu bleiben?	.73	2.74	.94
Hat das Kind deutliche Leistungsschwankungen?	.67	2.63	.96
Braucht das Kind mehr Zeit als andere Kinder, Informationen aufzunehmen und auf Fragen zu antworten?	.51	2.63	1.03
Ermüdet das Kind schnell?	.42	2.41	.94

Die Skala Aufmerksamkeit hat eine interne Konsistenz von $\alpha = .85$.

Skala: ›Schwierigkeiten im Gedächtnis‹

Tabelle 2: Deskriptive Statistik der Skala ›Schwierigkeiten im Gedächtnis‹			
N = 121	Trennschärfe	M	s
Hat das Kind Schwierigkeiten, sich etwas zu merken? (schlechtes Kurzzeitgedächtnis, ›memory‹-Spiele)	.45	2.29	.97
Bestehen Schwierigkeiten, sich zwei, drei Aufgaben, die nacheinander erledigt werden sollen, zu merken? (z. B. wenn es etwas in sein Zimmer bringen soll auch etwas anderes mitzubringen oder gar zwischendurch etwas in den Müll zu werfen)	.45	2.78	.94

Die Skala Gedächtnisschwierigkeiten hat eine interne Konsistenz von $\alpha = .62$.

Skala: ›Schwierigkeiten in den Exekutivfunktionen‹

Tabelle 3: Deskriptive Statistik der Skala ›Schwierigkeiten in den Exekutivfunktionen‹			
N = 121	Trennschärfe	M	s
Hat das Kind Schwierigkeiten flexibel zu sein?	.53	2.47	.98
Bestehen beim Kind Schwierigkeiten im Vorausplanen und Organisieren?	.53	2.77	.88

Die interne Konsistenz beträgt $\alpha = .69$.

Skala: ›Erhöhtes Stressempfinden‹

Tabelle 4: Deskriptive Statistik der Skala ›Stressempfinden‹			
N = 119	Trennschärfe	M	s
Gerät das Kind leicht in Stress?	.70	2.37	.89
Zieht das Kind sich bei Überforderung zurück?	.48	2.71	.88
Führt Stress zu einer Blockade?	.46	2.78	1.03
Gerät das Kind leicht in Wut?	.40	2.14	.92
Neigt das Kind zur Ängstlichkeit?	.35	2.36	.98

Die Skala ›Stressempfinden‹ hat eine interne Konsistenz von $\alpha = .71$.

Item: ›Erhöhte Geräuschempfindlichkeit‹

Tabelle 5: Deskriptive Statistik des Items ›Geräuschempfindlichkeit‹		
N = 120	M	s
Reagiert das Kind empfindlich auf Geräusche (Staubsauger, Silvesterknallerei)?	2.81	1.18

Item: ›Semantisches Sprachverständnis‹

Tabelle 6: Deskriptive Statistik des Items zum ›semantischen Sprachverständnis‹		
N = 116	M	s
Benutzt das Kind Wörter und Ausdrücke, deren Inhalt und Bedeutung es nicht genau kennt?	1.75	.83

Prüfung der Interkorrelationen der Skalen

Die Interkorrelation der Skalen der Aspekte des Lernens zeigt schwache bis mittlere Zusammenhänge der Skalen auf. Die Skalen ›Aufmerksamkeit‹ und ›Gedächtnis‹ ergeben mit .45 die stärkste Korrelation und die Skala ›Aufmerksamkeit‹ korreliert fast genauso hoch auch mit der Skala der Exekutivfunktionen.

Tabelle 7: Interkorrelation der Skalen der Aspekte des Lernens

		Aufmerk-samkeit	Gedächt-nis	Exekutiv-funktion	Stress-empfind-lichkeit	Geräusch-empfind-lichkeit
Gedächtnis	Korrelation Pearson	.45				
	Signifikanz	.000				
	N	121				
Exekutiv	Korrelation Pearson	.43	.32			
	Signifikanz	.000	.000			
	N	121	121			
Stress-empfindlich-keit	Korrelation Pearson	.36	.032	.23		
	Signifikanz	.000	.730	.011		
	N	119	119	119		
Geräusch-empfindlich-keit	Korrelation Pearson	-.24	-.12	-.20	-.22	
	Signifikanz	.010	.202	.033	.018	
	N	120	120	120	118	
Semantisches Sprachver-ständnis	Korrelation Pearson	-.21	-.11	-.10	.02	.12
	Signifikanz	.021	.250	.311	.856	.208
	N	116	116	116	114	115

Prüfung der Altersabhängigkeit der Skalen

Die Prüfung der Alterszusammenhänge der Skalen ergibt nur einen leichten Zusammenhang zwischen dem Alter und der Skala der Exekutivfunktionen in der Hinsicht, dass die älteren Kinder in der Wahrnehmung ihrer Eltern etwas mehr Schwierigkeiten in ihren Exekutivfunktionen zeigen.

Tabelle 8: Prüfung der Alterszusammenhänge

		Alter
Aufmerksamkeit	Korrelation nach Pearson	.18
	Signifikanz (2-seitig)	.044
	N	121

Tabelle 8: Prüfung der Alterszusammenhänge		
Gedächtnis	Korrelation nach Pearson	.05
	Signifikanz (2-seitig)	.595
	N	121
Exekutivfunktionen	Korrelation nach Pearson	.28
	Signifikanz (2-seitig)	.002
	N	121
Stressempfindlichkeit	Korrelation nach Pearson	.14
	Signifikanz (2-seitig)	.127
	N	119
Geräuschempfindlichkeit	Korrelation nach Pearson	.08
	Signifikanz (2-seitig)	.397
	N	120
Semantisches Sprachverständnis	Korrelation nach Pearson	.06
	Signifikanz (2-seitig)	.546
	N	116

Prüfung der Normalverteilung der Skalen

Bei der Prüfung der Normalverteilung der Skalen erweisen sich die Skala ›Gedächtnis‹ und die Skala ›Exekutivfunktionen‹ als nicht normalverteilt. Beide Verteilungen sind rechtssteil und es befinden sich Häufungen in dem oberen Bereich. Dies bedeutet, dass viele Eltern bei ihren Kindern häufig Schwierigkeiten sehen.

Tabelle 9: Kolmogorov-Smirnov-Test zur Prüfung der Normalverteilung der Skalen					
		Aufmerksamkeit	Gedächtnis	Exekutivfunktionen	Stressempfindlichkeit
N		121	121	121	119
Parameter der Normalverteilung [a,b]	Mittelwert	16.38	5.04	5.21	12.51
	Standardabweichung	4.19	1.66	1.65	3.57
Kolmogorov-Smirnov-Z		.81	1.73	1.62	.66
Asymptotische Signifikanz (2-seitig)		.533	.005	.010	.783

a. die zu testende Verteilung ist eine Normalverteilung
b. aus den Daten berechnet

7.2.2.3 Skalen visuell-räumlicher Schwierigkeiten

Der Elternfragebogen umfasst 67 Items, von denen 21 Items sich aus der Vorstudie ergeben und sich auf verschiedene Aspekte des Lernens bei Kindern mit Hydrocephalus beziehen. 45 Items sind der Literatur entnommene Alltagssituationen, deren Bewältigung visuell-räumliche Fähigkeiten erfordern. Mehrere dieser Alltagssituationen werden auch in den Gesprächen zur Entwicklung eines Interviewleitfadens und der darauffolgenden qualitativen Vorstudie benannt. Ein weiteres Item mit räumlichem Bezug entstammt nur der Vorstudie. Diese 46 Items mit einem räumlichen Bezug lassen sich entsprechend der Theorie ihrer im Wesentlichen verlangten Teilleistung zu vier Skalen ordnen, und da im Elternfragebogen nicht nach der Fähigkeit, sondern nach den Schwierigkeiten des Kindes in dieser Fähigkeit gefragt wird, ergeben sich Skalen visuell-räumlicher Schwierigkeiten bei Kindern mit Hydrocephalus:
- Skala ›räumlich-perzeptiver Schwierigkeiten‹
- Skala ›räumlich-kognitiver Schwierigkeiten‹
- Skala ›räumlich-konstruktiver Schwierigkeiten‹
- Skala ›räumlich-topographischer Schwierigkeiten‹

Die Errichtung der Skala erfolgt deduktiv, indem zunächst all jene Items der Skala zugeordnet werden, bei denen inhaltlich vermutet werden kann, dass sie diese Teilleistung erfordern. Dabei werden nur die Antworten jener Eltern berücksichtigt, die zu mehr als der Hälfte der Items dieser Skala eine Antwort gegeben haben. Mit Cronbachs Alpha wird die interne Konsistenz der Skalen geprüft. In weiteren Schritten werden dann die Items mit geringen Trennschärfen eliminiert. Die Trennschärfen liegen zwischen .42 bis .91.

Skala ›räumlich-perzeptiver Schwierigkeiten‹

Die Skala räumlich-perzeptiver Schwierigkeiten umfasst 6 Items. Da diese Skala sechs Items umfasst, kommen nur Fragebögen in die Auswertung, bei denen mindestens zu vier der sechs Items eine Antwort gegeben wurde. Dadurch reduziert sich die Zahl der in die Auswertung fließenden Antworten von 121 auf 106. Die relativ hohe Zahl von 15 Eltern, die auf weniger als 4 der 6 Items geantwortet haben, erklärt sich im Wesentlichen durch das Alter der Kinder, denn diese Skala umfasst Items, von denen vier Items Schulfertigkeiten und zwei Items das Lesen der Uhr beinhalten. Eltern jüngerer Kinder können dazu mehrfach keine Angabe machen. Die Gruppe der Siebenjährigen umfasst 24 Kinder, von denen 3 noch nicht beschult werden.

Tabelle 10: Deskriptive Statistik der Items der Skala ›räumlich-perzeptive Schwierigkeiten‹			
	Trennschärfe	M	s
Hatte (oder hat) das Kind Schwierigkeiten die Uhrzeit zu lesen, auf einer Uhr mit Zeigern?	.76	2.25	1.26

Tabelle 10: Deskriptive Statistik der Items der Skala ›räumlich-perzeptive Schwierigkeiten‹			
Hat das Kind Schwierigkeiten, die digitale Uhr zu lesen?	.61	1.52	.93
Hatte oder hat das Kind Probleme, beim Lesen die richtige nächste Zeile zu finden?	.59	1.84	.95
Treten Probleme auf beim Lesen eines Stadtplanes/Buslinienplans/Stundenplans?	.56	2.01	1.15
Vertauscht das Kind sich ähnelnde Buchstaben beim Lesen?	.54	1.91	1.06
Treten Probleme beim Untereinanderschreiben von Zahlen auf?	.47	2.04	0.98

Die Skala ›räumlich-perzeptive Schwierigkeiten‹ hat eine interne Konsistenz von $\alpha = .82$. Das Lesen der analogen Uhr unterscheidet mit einer Trennschärfe von .76 Kinder mit Schwächen in Fähigkeiten, die hier als räumlich-perzeptive Fähigkeiten benannt werden, von jenen Kindern ohne diese Schwächen.

Skala ›räumlich-kognitiver Schwierigkeiten‹

Die Skala der ›räumlich-kognitiven Schwierigkeiten‹ beinhaltet 9 Items. Mindestens 5 der 9 Items haben 118 Eltern der 121 Eltern beantwortet.

Tabelle 11: Deskriptive Statistik der Items der Skala ›räumlich-kognitiver Schwierigkeiten‹			
	Trennschärfe	M	s
Werden Entfernungen falsch eingeschätzt?	.82	2.13	1.01
Treten Probleme beim Vergleichen von Entfernungen auf?	.74	2.51	1.09
Treten Probleme beim Abmessen von Mengen auf?	.73	2.17	1.01
Hat das Kind Probleme, einen Weg zu beschreiben?	.70	2.32	1.03
Treten Probleme beim Schätzen der für einen bestimmten Weg benötigten Zeit auf?	.68	2.85	.99
Versteht das Kind Ortsbezeichnungen falsch?	.68	1.97	.83
Werden beim Tischdecken Teile falsch nebeneinander gelegt?	.63	1.83	.88
Gibt es Probleme hinsichtlich des Zeitempfindens?	.62	2.64	1.03
Hat das Kind Schwierigkeiten, einen Schlüssel oder einen Wasserhahn in die richtige Richtung zu drehen?	.57	1.94	.99

Die Skala ›räumlich-kognitive Schwierigkeiten‹ hat eine interne Konsistenz von $\alpha = .91$ und damit einen sehr engen Zusammenhang der einzelnen Items. Als besonders trennscharf erweisen sich die Items, die ein Schätzen von Entfernungen und Mengen verlangen.

Skala ›räumlich-konstruktiver Schwierigkeiten‹

Die Skala der ›räumlich-konstruktiven Schwierigkeiten‹ umfasst 13 Items. 119 Eltern haben auf mindestens 7 Items eine Antwort gegeben. Die Auswertung dieser Antworten ergibt folgende Trennschärfen dieser Items:

Tabelle 12: Deskriptive Statistik der Skala ›räumlich-konstruktiver Schwierigkeiten‹			
	Trennschärfe	M	s
Treten Probleme beim Packen eines Pakets oder Geschenks auf?	.86	2.43	1.04
Treten Probleme beim Zusammenfalten von Gegenständen auf?	.81	2.26	1.07
Hat das Kind Schwierigkeiten beim Ausschneiden?	.76	2.59	.97
Hat das Kind Schwierigkeiten im Sportunterricht?	.69	2.50	1.09
Hat das Kind Schwierigkeiten beim Abzeichnen?	.68	2.73	1.02
Bestehen Schwierigkeiten in der Auge-Hand-Koordination?	.66	2.28	1.08
Hat das Kind Schwierigkeiten, eine Schleife zu binden?	.63	2.55	1.23
Hat das Kind Schwierigkeiten, ein Puzzle zu legen?	.63	2.25	1.03
Treten Probleme beim Anziehen auf?	.56	1.74	.96
Hat das Kind Schwierigkeiten, Spielzeug nach einem Plan aufzubauen?	.51	2.54	1.08
Hat das Kind Schwierigkeiten, beim Teilen die Mitte oder die Hälfte zu finden?	.51	1.74	.90
Treten Probleme beim Einhalten des Heftrandes oder beim Einhalten von Seitenrändern auf?	.47	2.44	.99
Hat das Kind Schwierigkeiten, sich in andere Menschen hineinzuversetzen?	.42	2.09	.98

Auch bei dieser Skala der ›räumlich-konstruktiven Schwierigkeiten‹ zeigt sich eine hohe interne Konsistenz von $\alpha = .91$.

Es ergibt sich eine Vielzahl an Items mit sehr unterschiedlichen Aspekten motorischen Handelns unter visuell-räumlicher Kontrolle. Mit sehr hoher Trennschärfe und höherer Trennschärfe als die Items aus der räumlich-perzeptiven und der räumlich-kognitiven Skala sie erreichen, unterscheiden sich Kinder mit Schwächen in dieser Skala beim Einpacken und beim Zusammenfalten von Kindern mit Hydrocephalus ohne Schwächen in dieser Skala. Diese Skala wird hier ›Skala der räumlich-konstruktiven Schwierigkeiten‹ genannt, weil sie Items enthält, mit denen in der Literatur die Auswirkungen einer räumlich-konstruktiven Störung beschrieben werden.

Skala ›räumlich-topographischer Schwierigkeiten‹

Zu dieser Skala gehören 5 Items und unter Berücksichtigung der 118 Antwortbögen, die zu mindesten 3 dieser Items eine Aussage gemacht haben, ergibt sich die Skala der ›räumlich-topographischen Schwierigkeiten‹.

Tabelle 13: Deskriptive Statistik der Skala ›räumlich-topographischen Schwierigkeiten‹			
	Trennschärfe	M	s
Treten Probleme beim Finden eines Rückweges auf?	.91	2.09	1.01
Treten Probleme bei der Orientierung auf?	.89	2.42	1.03
Treten Probleme beim Zurechtfinden in neuer Umgebung auf?	.89	2.34	1.02
Hat das Kind Schwierigkeiten, das Auto auf dem Parkplatz wiederzufinden?	.81	2.01	.99
Fällt es dem Kind schwer, einen Weg als Abkürzung zu erkennen?	.79	2.61	1.00

Die Skala ›räumlich-topographische Schwierigkeiten hat eine interne Konsistenz von $\alpha = .95$. Diese sehr hohe interne Konsistenz zeigt, dass die Items sehr ähnlich sind und sich auf einen sehr umgrenzten Bereich beziehen.

Prüfung der Normalverteilung der Skalen visuell-räumlicher Schwierigkeiten

Die Prüfung der Normalverteilung ergibt für drei der vier Skalen eine Normalverteilung. Es finden sich sowohl Eltern, die häufig Schwierigkeiten bei ihren Kindern sehen, als auch Eltern, die selten Schwierigkeiten in den visuell-räumlichen Fähigkeiten sehen. Der Kolmogorov-Smirnov-Anpassungstest ergibt eine Normalverteilung bei der räumlich-kognitiven Skala von $z = .93$, $p = .352$; bei der räumlich-konstruktiven Skala von $z = .72$, $p = .674$ und bei der räumlich-topographischen Skala von $z = 1.02$, $p = .247$. Nur bei der räumlich-perzeptiven Skala wird der Kolmogorov-Smirnov-Anpassungstest signifikant ($z = 1.49$, $p = .024$). Hier kommt es zu einer linkssteilen Verteilung. Viele Eltern sehen geringe und wenige Eltern sehen große Probleme bei ihren Kindern auf die Fragen, die sich auf visuell-perzeptive Fähigkeiten beziehen.

Prüfung der Interkorrelationen der Skalen

Die Skalen zeigen mittlere bis hohe Zusammenhänge auf. Die Skala der räumlich-kognitiven Schwierigkeiten zeigt mit Werten von $r = .64$ und $r = .66$ einen deutlichen Zusammenhang zu allen drei anderen Skalen, erreicht aber auch keinen besonders hohen Zusammenhang. Besonders die Skalen der räumlich-kognitiven und der räumlich-konstruktiven Schwierigkeiten hängen zusammen.

Tabelle 14: Interkorrelationen der Skalen				
		räumlich-perzeptiv	räumlich-konstruktiv	räumlich-topographisch
räumlich-konstruktiv	Korrelation nach Pearson	.45***		
	N	104		
räumlich-topographisch	Korrelation nach Pearson	.35***	.54***	
	N	102	118	
räumlich-kognitiv	Korrelation nach Pearson	.64***	.66***	.64***
	N	102	117	115

*** p < .001

Prüfung der Altersabhängigkeit der Skalen

Die Korrelationen zwischen dem Alter der Kinder (7 bis 12 Jahre) und den Skalen der visuell-räumlichen Schwierigkeiten ergeben nur geringe Zusammenhänge. Diese sind meist leicht positiv und lassen erkennen, dass die älteren Kinder ein wenig häufiger Schwierigkeiten erkennen lassen. Nur bei der Skala der räumlich-perzeptiven Schwierigkeiten zeigt eine leichte negative Korrelation, dass hier jüngere Kinder häufiger Schwierigkeiten in diesen Fähigkeiten haben. Dagegen haben die älteren Kinder häufiger Schwierigkeiten in den von der räumlich-kognitiven Skala erfassten Alltagssituationen. Dieser Unterschied ist auf dem 5% Niveau signifikant.

Tabelle 15: Korrelation zwischen dem Alter und den Skalen ›visuell-räumlicher Schwierigkeiten‹		
		Alter
räumlich-perzeptiv	Korrelation nach Pearson	-.20
	Signifikanz (2-seitig)	.041
	N	104
räumlich-kognitiv	Korrelation nach Pearson	.20
	Signifikanz (2-seitig)	.031
	N	118
räumlich-konstruktiv	Korrelation nach Pearson	.17
	Signifikanz (2-seitig)	.207
	N	120
räumlich-topographisch	Korrelation nach Pearson	.15
	Signifikanz (2-seitig)	.100
	N	118

Bei der nicht normalverteilten Skala der räumlich-perzeptiven Schwierigkeiten fällt die nonparametrische Korrelation Spearman's Rho zwischen der Skala der räumlich-perzeptiven Schwierigkeiten und dem Alter etwas geringer aus (rsp = -.18) und verfehlt mit p = .069 knapp das 5% Niveau. Die sechs Items dieser Skala bestehen aus vier Fragen zu schulischen Fähigkeiten und aus zwei Fragen zum Lesen der Uhr. Obwohl dies Fähigkeiten sind, über die Kinder im Alter von sieben und acht Jahren häufig noch nicht verfügen, erweist sich der Unterschied letztlich als nicht signifikant.

Da bei mehreren Items die Möglichkeit besteht, dass jüngere Kinder aufgrund ihres jungen Alters eher Schwierigkeiten in der erfragten Alltagssituation zeigen als ältere Kinder, wird die Altersabhängigkeit der Skalen von unterschiedlichen Altersgruppen untersucht. Die Prüfung der Altersabhängigkeit der elterlichen Antworten mithilfe einer Varianzanalyse ergibt, dass die Mittelwerte und auch die Standardabweichungen der drei Altersgruppen in ihrer jeweiligen Skala ähnlich hoch sind. Es besteht in drei der vier Skalen – der räumlich-kognitiven, der räumlich-konstruktiven und in der räumlich-topographischen Skala – eine leichte Tendenz, dass die älteren Kinder häufiger Schwierigkeiten zeigen als die jüngeren Kinder. Nur in der Skala der räumlich-perzeptiven Schwierigkeiten ergibt sich, dass die Eltern der jüngeren Kinder häufiger Schwierigkeiten angeben.

Tabelle 16: Altersunabhängigkeit der Skalen							
	Alterskategorie	Mittelwert	s	N	F	p	Partielles Eta-Quadrat
räumlich-perzeptiv	7–8	12.81	4.91	33			
	9–10	11.28	4.01	27			
	11–12	10.43	4.29	44			
Gesamt		*11.41*	*4.50*	*104*	2.74	.070	.05
räumlich-kognitiv	7–8	19.00	5.98	45			
	9–10	19.20	5.87	29			
	11–12	21.31	7.46	44			
Gesamt		*19.91*	*6.58*	*118*	1.61	.205	.03
räumlich-konstruktiv	7–8	29.20	7.67	47			
	9–10	29.42	8.50	29			
	1–12	31.45	9.55	44			
Gesamt		*30.08*	*8.59*	*120*	0.89	.414	.02
räumlich-topographisch	7–8	11.02	3.82	47			
	9–10	9.99	3.96	29			
	11–12	12.40	5.19	42			
Gesamt		*11.26*	*4.45*	*119*			

Die Fehlervarianzhomogenität ist bei der räumlich-topographischen Skala nach dem Levene-Test nicht gegeben (F(2/115) = 3.42; p = .036). Die nonparametrische Prüfung ergibt keine Signifikanz (F(2/115) = 2.70; p = .072, η^2 = .05).

7.2.3 Testverfahren

7.2.3.1 Überlegungen zur Methode

Die Grenzen und die Kritik an standardisierten Testungen, die quantitativ ausgewertet werden, sind hinlänglich bekannt und werden seit vielen Jahren diskutiert.[7] Im Mittelpunkt der Kritik steht, dass es durch die Mängel des Testverfahrens zu möglicherweise folgenreichen Fehlentscheidung bei der individuellen Beurteilung kommt. So beurteilen Melchers und Lehmkuhl die Treffsicherheit neuropsychologischer Einzeltests zur Feststellung einer Hirnschädigung als ungenügend (Melchers & Lehmkuhl 2000, 629). Eine weitere Kritik ist, dass die meisten Verfahren sich eher als festschreibend denn als förderorientierend erweisen (Sarimski 2003, 186). Nun geht es in der vorliegenden Untersuchung nicht um die Diagnose einer Hirnschädigung, sondern um die Teilleistung des räumlichen Konstruierens. Weiter soll hier nicht differentialdiagnostisch ein Kind untersucht werden, sondern im Sinne eines Screening-Verfahrens visuell-räumlich-konstruktive Fähigkeiten in einer Gruppe herausgefunden werden. Für diesen Zweck bietet es sich an, auf standardisierte, normierte Testverfahren zurückzugreifen. Und auch die Kritik, dass Screeningverfahren über eine ungenügende Sensitivität verfügen und somit ggf. fälschlicherweise zu negativen Ergebnissen führen und somit (unerkannt) auffällige Probanden von weiterer und differenzierter Diagnostik ausschließen (Melchers & Lehmkuhl 2000, 629), hat hier keine Konsequenzen, weil dieses Screening nicht zum Auftakt weiterer Diagnostik dient.

Zur Untersuchung visuell-räumlicher Fähigkeiten liegen eine Reihe an standardisierten Testverfahren vor, wobei die Auswahl für die Prüfung der visuell-räumlich-konstruktiven Fähigkeiten deutlich kleiner ausfällt als die Zahl der zur Verfügung stehenden Prüfverfahren der räumlich-perzeptiven und der räumlich-kognitiven Fähigkeiten (s. Abschnitt 6.2). Die Verfahren, die das Konstruieren erkennen wollen, greifen im Wesentlichen auf das Abzeichnen zurück. Offenbar besitzt die alte Annahme, dass die Wiedergabe von Formen besser die räumlichen Fähigkeiten erfasst als das Abfragen des visuellen Erkennens, ihre Gültigkeit (Milz 2006, 107; Heubrock 2004, 5). Im Unterschied zum freien Zeichnen müssen bei einer detailgetreuen Reproduktion wie dem Abzeichnen die Größe, die Abstände und die Ausrichtung der Figur beachtet werden (Heubrock, Eberl & Petermann 2004, 5). Wobei die Tests üblicherweise für den Erwachsenenbereich entwickelt sind (wie z. B. der Gailinger

---

[7] Hier sei z. B. verwiesen auf: Grubitzsch, S. (1999). Testtheorie-Testpraxis: psychologische Tests und Prüfverfahren im kritischen Überblick. Eschborn bei Frankfurt am Main: Klotz

Abzeichentest), das Abzeichnen vom Untersucher interpretiert werden muss (wie z. B. im Göttinger-Formreproduktions-Test [Schlange et al. 1977] und der Rey-Osterrieth-Figur [Osterrieth 1944] und die Tests häufig zugleich Gedächtnisleistungen prüfen, wie z. B. beim Benton-Test [Benton, Sylvan & Spreen 1996] und bei der Rey-Osterrieth-Figur). Tests, die zugleich Gedächtnisleistungen prüfen, scheiden für diese Untersuchung aus, weil die Recherche des Forschungsstandes ergeben hatte, dass viele Kinder mit einem Hydrocephalus unter Gedächtnisproblemen leiden und im Testergebnis diese Leistung nicht von der des räumlichen Konstruierens zu differenzieren gewesen wäre. Der Göttinger-Formreproduktions-Test scheidet aus, weil er sich ausschließlich auf verhaltensauffällige Kinder bezieht und innerhalb dieser Gruppe jene mit einer Hirnschädigung herausfiltern möchte. Anzuwenden wären somit Untertests aus Entwicklungs- und Intelligenztests, von denen vor allem dem Mosaiktest aus dem Hamburg-Wechsler-Intelligenztest für Kinder eine hohe Sensitivität für Kinder mit räumlich-konstruktiven Problemen zugesprochen wird (Lösslein & Deike-Beth 1998, 194). Allerdings erfüllt das Legen von Mosaiken nicht das bewährte Kriterium des Abzeichnens. Im Unterschied zum Abzeichnen führen beim Legen von Mosaiken auch der Zufall und das Ausprobieren zum Ziel. Da seit 2004 ein neuer Test zur Verfügung steht, der aus dem Gailinger Abzeichentest für den Kinderbereich entwickelt wurde und der am Mosaikuntertest validiert wurde, fällt die Wahl auf den Abzeichentest für Kinder (ATK) von Heubrock, Eberl und Petermann. Da über den Abzeichentest bisher keine publizierten Erfahrungen vorliegen, sollte ein zweiter kurzer und bewährter Test der Untersuchung hinzugefügt werden. Die Wahl fiel auf den Untertest ›Dreiecke‹ aus der ›Kaufman-Assessment Battery for Children‹ (K-ABC).

7.2.3.2 Untertest ›Dreiecke‹ der ›Kaufman-Assessment Battery for Children‹

Der K-ABC ist ein in der Kinderdiagnostik bewährter und häufig eingesetzter Intelligenztest. Die deutschsprachige Fassung von Melchers und Preuß erschien 1991. Der Test ist für den Altersbereich 2,6 bis 12,5 Jahren genormt. Der Untertest ›Dreiecke‹ misst die ›visuell-motorische Koordination‹ und ›die geistige Verarbeitung im visuell-motorischen Bereich‹ (Melchers & Preuß 1994a, 59). Kinder mit räumlich-konstruktiven Schwäche zeigen in der Regel Minderleistungen im Untertest ›Dreiecke‹ des K-ABC und auch in den Untertests ›Mosaike‹ und ›Figuren legen‹ des HAWIK-R[8] (Heubrock & Petermann 2000, 280). Schlechte Ergebnisse in diesen drei Untertests gelten als Hinweis auf Einbußen in dem konstruktiven Anteil an den visuell-räumlichen Fähigkeiten. Der Untertest ›Mosaike‹ aus dem HAWIK-R konnte nicht eingesetzt werden, weil der Abzeichentest am Mosaiktest validiert wurde und sich eine Übereinstimmung zwischen dem Mosaiktest und den Cut-off-Werten im Abzeichentest von 87.5% zeigte (Heubrock et al. 2004, 30). Somit wäre ein enger Zusammenhang aus

---

8 Tewes, U. (1985). HAWIK- R. Hamburg-Wechsler-Intelligenztest für Kinder, Revision 1983. Bern: Huber

der Testkonstruktion zu erwarten. Allerdings handelt es sich auch bei dem Untertest ›Dreiecke‹ um eine Adaption aus den Untertests ›Block Design‹ und ›Digit Span‹, die u. a. in den Mosaiktests des HAWIK eingeflossen sind (Melchers & Preuß 1994a, 16).

Für den Einsatz des Untertests ›Dreiecke‹ spricht vor allem, dass die Kaufman-Testbatterie nicht nur an Gruppen nichtbehinderter Kinder, sondern auch an Gruppen mit körperbehinderten und mit lernbehinderten Kinder validiert wurde.

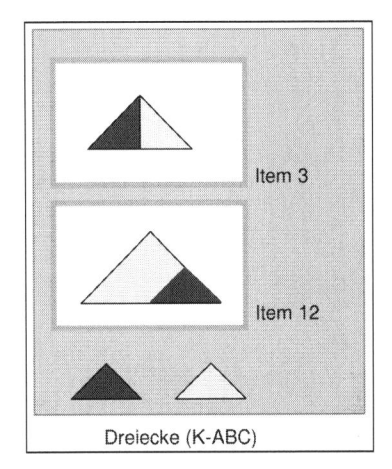

Beispiele aus dem Untertest ›Dreiecke‹
(Schröder 2010, 122)

Dreiecke (K-ABC)

»Die Autoren stellen die Verwendbarkeit des Verfahrens für Kinder mit Lernbehinderungen, körperlichen und geistigen Behinderung, Hörschädigungen, Verhaltensstörungen ebenso wie für begabte Kinder heraus« (Lösslein & Deike-Beth 2000, 256).

Deshalb bietet sich der K-ABC von den gängigen Intelligenztests für die Diagnostik behinderter Kinder an (Sarimski 2003, 189). Der Test erlaubt darüber hinaus eine Verhaltensbeobachtung, inwieweit die Kinder die nachzubauende Figur erkennen, ihre Fehler bemerken und inwieweit ihnen die Konstruktion gelingt.

Nach eigener Einschätzung können selbst erhebliche feinmotorische Störungen das Ergebnis nicht negativ beeinflussen, weil die Dreiecke relativ groß und leicht handhabbar sind. Zudem fordert das Material der Dreiecke Kinder zum Spielen auf (Melchers & Preuß 1994a, 59) und wird daher vermutlich auch gut von Kindern akzeptiert, die aufgrund ihrer feinmotorischen Störungen ungern auf Tests einzugehen. Allerdings ist davon auszugehen, dass viele Kinder den Test schon kennen und daher ein Übungseffekt zu erwarten ist.

Im Unterschied zum Abzeichentest begrenzt sich hier das manuelle Konstruieren auf das Legen und Verschieben der Bausteine, wobei das Kind auch durch Zufall und Ausprobieren zum richtigen Ergebnis gelangen kann.

In der Testung werden die Kinder aufgefordert nach einer Vorlage aus mehreren Dreiecken mit 4 und 6 cm Seitenlänge geometrische Figuren (meist große Dreiecke) nachzulegen. Der Test hat eine Zeitbegrenzung von 90 Sekunden pro Aufgabe, weil ohne Zeitbegrenzung durch systematisches Probieren zur Lösung gelangt werden kann. Der

Schwierigkeitsgrad ist ansteigend und nach drei nicht richtig gelegten Figuren erfolgt die weitere Testung durch Rückgriff auf leichtere Aufgaben und dann der Abbruch. Aus der Zahl der gemeisterten Figuren wird ein Rohwert errechnet, der in einen normierten Skalenwert umgewandelt wird. Die der Normalverteilung angepassten Skalenwerte des Untertests ›Dreiecke‹ haben einen Mittelwert von 10 Punkten und eine Standardabweichung von 3 Punkten (Melchers & Preuß 1994a, 136). Nach dieser Testkonstruktion erreichen theoretisch 68.26% der Kinder Punktwerte zwischen 7 und 13 Punkten. Die Ergebnisse der verbleibenden 31.74% der Kinder liegen zu gleichen Anteilen über dem Wert von 13 Skalenpunkten als auch unterhalb eines Wertes von 7 Punkten.

7.2.3.3 Abzeichentest für Kinder (ATK)

Die Autoren des Tests beziehen sich auf das Kernmerkmal zum Erkennen visuell-räumlich-konstruktiver Fähigkeiten, das Abzeichnen. Beim Abzeichnen müssen im Unterschied zum freien Zeichnen vorgegebene Merkmale der Vorlage (z. B. Größenverhältnisse, Raumaufteilung und -richtung, Abstand der Zeichnungselemente und Details) korrekt wahrgenommen und selbstständig gemäß der Vorlage konstruiert werden (Heubrock, Eberl & Petermann 2004, 5). Der Test ist aus dem Gailinger Abzeichentest mit Markierungshilfen (GAT; Wais, 1982) entwickelt worden, und hierbei ist kritisch zu bemerken, dass der GAT ursprünglich aus Testungen an erwachsenen Patienten mit diagnostizierten rechtshemisphärischen Hirnschädigungen entstanden ist.

Dieser Kritik begegnen die Autoren mit dem Argument, dass klinische Erfahrungen gezeigt hätten, dass Kinder mit räumlich-konstruktiven Störungen regelmäßig erhebliche Entstellungen und Fehler beim Abzeichnen der GAT-Figuren zeigen und ohne die Markierungshilfen der Abzeichenvorlage bessere Reproduktionen leisten. Dagegen sind die Markierungen für Kinder mit Dyspraxien eine Hilfe, ebenso gelingt Kindern mit feinmotorischen Problemen die räumliche Reproduktion. Aus diesen Beobachtungen heraus wurden der grundsätzliche Ansatz des Abzeichnens mit Markierungshilfen und auch die geometrischen Figuren des GAT beibehalten und für Kinder neu validiert. Ein wichtiger Aspekt dabei war, dass erst Kinder ab sieben Jahren berücksichtigt wurden, denn Kinder haben entwicklungsbedingt im Kindergartenalter noch Schwierigkeiten im visuell-räumlichen Konstruieren. Die Abzeichenfunktion ist erst ab einem Alter von sieben Jahren zu testen und der ATK ist validiert für Kinder im Alter von 7 bis 12 Jahren.

Für die hier vorzunehmende Untersuchung bietet der ATK die Vorteile
- der aktuellen Normierung an Grundschulkindern (weil es auch um die Früherkennung möglicher Einbußen geht),
- der Zeitfreiheit (weil Kinder mit Hydrocephalus häufig eine Verlangsamung zeigen und mehr Zeit brauchen),
- der Trennung von Gedächtnisleistungen (weil Kinder mit Hydrocephalus häufig schwache Gedächtnisleistungen haben),

- der Toleranz von feinmotorischen Problemen (weil diese auch häufig bei Kindern mit einem Hydrocephalus anzutreffen sind),
- der Toleranz von visuellen Sehstörungen (weil Sehstörungen eine häufige Begleiterscheinung des Hydrocephalus bilden).

Darüber hinaus bietet der ATK die Möglichkeit der qualitativen Fehleranalyse. Sie dient der Diagnostik des Ausmaßes der Störung und der Wahl der individuellen Therapie.

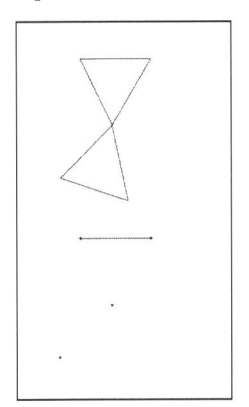

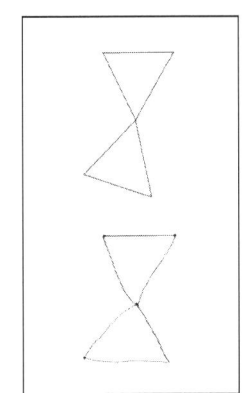

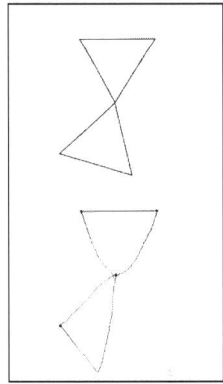

Abzeichentest (Heubrock et al. 2004) Beispielfigur *links* die Vorlage für die Figur: In der unteren Blatthälfte soll die obige Figur unter Einbezug der Markierungspunkte abgezeichnet werden. *Rechts:* Abzeichnungen zweier Kinder, jeweils mit einem Fehler bei der unteren diagonalen Linie, der als charakteristisches Merkmal einer räumlich-konstruktiven Störung dient.

Der Abzeichentest prüft ausschließlich die visuell-räumlich-*konstruktive* Fähigkeit. Beim Abzeichnen muss mit dem Stift eine Linie konstruiert werden. Das beinhaltet eine hohe Anforderung an den handelnden Akt der visuell-räumlichen Fähigkeit. Von den räumlich-kognitiven Fähigkeiten wird die Transformation der Figur von der oberen auf eine untere Blatthälfte verlangt. Bei der Auswertung der Abzeichnungen werden hohe Toleranzen vorgegeben, um Fehler aufgrund feinmotorischer oder visueller Schwierigkeiten auszuschließen. Wichtig ist, dass die Kinder die Drehung, Klappung, Größe und Ausrichtung der vorgegebenen Figur erfassen und mit ihrer Abzeichnung wiedergeben.

Der Abzeichentest misst nicht die individuelle Ausprägung der visuell-räumlich-konstruktiven Fähigkeit, sondern hat zum Ziel, jene Kinder zu diagnostizieren, deren konstruktives Handeln unter visuell-räumlicher Kontrolle sich als auffällig erweist. Daher wurden für jede Altersgruppe ›Cutt-off-Werte‹ festgelegt, indem evaluiert wurde, wie vielen Kindern einer Altersgruppe üblicherweise diese Abzeichnungen gelingen.

»Sie sollen lediglich eine Entscheidungsfindung darüber ermöglichen, *ob* eine Störung vorliegt oder nicht« (Heubrock et al. 2004, 28, Hervorhebung im Original).

Mit den festgelegten Grenzen der ›Cutt-off-Werte‹ gelten je nach Alter 10% bis 17% der Kinder einer Altersgruppe als ›räumlich-konstruktiv gestört‹ (Heubrock, ebd.). Dies ist ein deutlich höherer Prozentsatz als die Vermutungen über die Inzidenz der Störung annehmen (s. Abschnitt 6.1.2). Deshalb wird der ATK hier als Messinstrument mit einer hohen Testsensitivität betrachtet, aus dem sich relevante Hinweise auf eine räumlich-konstruktive Störung ergeben. Da hier keine weitere Diagnostik vorgenommen wird, erscheint die Wortwahl einer Störung als unangemessen und hier werden die Kinder, die jenseits des ›Cut-off-Wertes‹ liegen, nicht als gestört, sondern als auffällig schwach in ihrer visuell-räumlich-konstruktiven Fähigkeit beschrieben.

7.2.3.4 Vergleich der Testverfahren

Die Auswertung der Testergebnisse der Kinder ergibt, dass wesentlich mehr Kinder im Abzeichentest jenseits des ›Cut-off-Wertes‹ liegen als bei dem Untertest ›Dreiecke‹ außerhalb der Norm, d. h. zwei Standardabweichung unter dem Mittelwert. Eine Parallele zeigt sich insofern, als fast alle Kinder, die in den Dreiecken die sehr schwache Leistung in der zweiten Standardabweichung unterhalb des Mittelwertes zeigen, dann auch im Abzeichentest auffällig schwach sind. Aber einer großen Gruppe an Kindern gelingt bei ›Dreiecken‹ ein mittleres Testergebnis, zeigt sich aber im Abzeichentest auffällig. Dennoch hängen die Ergebnisse aus den beiden Tests zusammen. Denn die Prüfung der Unterschiede im Chi-Quadrat-Test fällt hoch signifikant aus ($\chi^2 = 17.58$, $p = .000$) und widerspricht der Unabhängigkeit der Testergebnisse voneinander. Die genauen Verteilungen finden sich bei den Ergebnissen (s. Abschnitt 7.4.2.3).

7.2.4 Auswertungsverfahren

Die Daten werden mit SPSS-Version 15.0 analysiert. Bei den Varianzanalysen wird die Fehlervarianzhomogenität mit dem Levene-Test als Voraussetzung jeweils überprüft und bei Verletzung wird an entsprechender Stelle darauf hingewiesen. Bei Verletzung der Fehlervarianzhomogenität und Signifikanz der Varianzanalyse werden die Unterschiede noch einmal mit dem nonparametrischen Test Kruskal-Wallis-H-Test überprüft. Es werden einfaktorielle und zweifaktorielle Varianzanalysen durchgeführt, sodass zusätzlich zur Überprüfung der Haupteffekte auch Interaktionen zwischen den Faktoren untersucht werden können.

Alle Skalen werden mit dem Kolmogorov-Smirnov-Test auf Normalverteilung geprüft. Nicht normalverteilte Skalen werden im Fall signifikanter Zusammenhänge bzw. Unterschiede zusätzlich nonparametrisch geprüft. Damit kann sicher gestellt werden, dass die Signifikanz bei der parametrischen Signifikanzprüfung nicht durch die Verletzung der Voraussetzung zustande kommt. In der Interpretation wird auf das Ergebnis der nonparametrischen Tests zurückgegriffen.

Zum Vergleich von zwei Mittelwerten kommt der t-Test für unabhängige Stichproben zum Einsatz. Die Zusammenhänge zwischen je zwei Tests werden mit der

Produkt-Moment-Korrelation nach Pearson analysiert. Für die Überprüfung des Zusammenhangs zwischen zwei nominalskalierten Variablen wird der Chi-Quadrat-Test auf Unabhängigkeit verwendet. Als multivariates Verfahren wird die multiple lineare Regression herangezogen, um die Vorhersagekraft der Skalen der visuellen räumlichen Schwierigkeiten bezüglich des Dreieckstests genauer zu beleuchten. Dabei wird die Multikollinearität überprüft. Zusätzlich wird mit Hilfe der binären logistischen Regression analysiert, welche Art der räumlichen Schwierigkeiten die Auffälligkeit im ATK-Test und im Dreiecke-Test vorhersagt.

Als Effektstärke wird im Rahmen der Varianzanalysen das partielle Eta-Quadrat verwendet. Bei den Korrelationsanalysen wird die Höhe der (betragsmäßigen) Korrelation herangezogen, um die Stärke des Effekts zu ermitteln. Bei der multiplen linearen Regression dient somit die multiple Korrelation als Maß für den Effekt. Hingegen wird im Rahmen der binär logistischen Regression die Stärke des Effekts mit Hilfe von Nagelkerkes R-Quadrat interpretiert. Bei der Interpretation der Effektstärke Eta Quadrat wird die Einschätzung von Cohen (1988, 55) und bei der Beurteilung von Nagelkerkes-R-Quadrat wird die Einschätzung von Backhaus et al. (2005) herangezogen.

7.3 Stichprobe

7.3.1 Gewinnung der Stichprobe

Es gab zwei Aufrufe zur Beteiligung an einem Forschungsprojekt in der Zeitschrift ›ASBH-Brief‹. Diese Zeitschrift erhalten alle Mitglieder der Arbeitsgemeinschaft Spina Bifida und Hydrocephalus (ASBH). Auf diese Aufrufe meldeten sich 170 Eltern. Ein weiterer, später erfolgter Aufruf in dem größten deutschsprachigen Internetforum (www.sternchenforum.de) brachte nur eine weitere Meldung. Von den 171 Kindern wurden 152 aufgesucht. Der wesentliche Grund, 19 Kinder nicht mit einzubeziehen, war ein abgelegener Wohnort der Eltern, bei dem der Aufwand eines Hausbesuchs zu hoch war.

Durch den Aufruf wurde vermieden, für die Untersuchung auf eine Inanspruchnahmepopulation angewiesen zu sein. Diese haben den Nachteil, dass nur Kinder erfasst werden, die aufgrund medizinischer und/oder psychosozialer Probleme oder Kontrollen regelmäßig eine Kinderklinik beanspruchen. In der hier vorliegenden Stichprobe befinden sich auch Kinder mit unproblematischen Entwicklungsverläufen. Allerdings handelt es sich in dieser Stichprobe ausschließlich um Kinder, deren Eltern Mitglied der ASBH sind. Es ist anzunehmen, dass sich vorwiegend jene Eltern einem Verein anschließen, die für sich die Zugriffsmöglichkeit auf Information, Beratung und Kontakt wünschen. Dadurch kann es sein, dass bildungsferne Eltern und Eltern sich gänzlich unproblematisch entwickelnder Kinder weniger der ASBH angehören und in dieser Stichprobe unterrepräsentiert sind.

7.3.2 Ausschlusskriterien

Von den 152 aufgesuchten Kindern konnten die Tests und Fragebögen von 121 Kindern und Eltern ausgewertet werden. Die 31 Kinder, die nicht in die Auswertung kamen, waren jünger als sieben Jahre (n = 4), älter als zwölfeinhalb Jahre (n = 4), haben sich verweigert (n = 2) oder die Ergebnisse waren unvollständig (n = 2). Bei 8 Kindern geben die Eltern an, dass ihr Kind geistig behindert ist oder nach einem Lehrplan mit dem Förderschwerpunkt geistige Entwicklung unterrichtet wird. Um nicht die Aussagen über visuell-räumliche Fähigkeiten bei Kindern mit Hydrocephalus durch kognitiv erheblich beeinträchtigte Kinder zu verzerren, findet die weitere Auswertung unter Auslassung dieser Daten statt. Damit ist auch dem Aspekt gedient, zu untersuchen, inwieweit es sich bei den visuell-räumlichen Schwächen um eine spezifische Schwäche bei Kindern mit Hydrocephalus handelt, die eine kognitive Entwicklung zeigen, die eine Unterrichtung nach dem Lehrplan der Förder- oder der Regelschule ermöglicht.

Dieses Vorgehen entbindet nicht von der Notwendigkeit, dass mehrfach behinderte Kinder die gleichen Fördermöglichkeiten erhalten müssen wie Kinder mit Teilleistungsstörungen.

Bei weiteren 11 Kindern liegt eine Lähmung vor, die nach Elternangabe auch die Schreibhand beeinträchtigt. Wenn auch die Schreibhand von der Lähmung betroffen ist, führt das in dieser Studie zum Ausschluss. Deshalb reduziert sich die Zahl auf 121 Kinder. Auch wenn der Abzeichentest vorgibt, durch große Toleranzbereiche feinmotorische Schwierigkeiten des Kindes zu berücksichtigen, so wird bei der Auswertung jegliches Verlassen des Toleranzbereiches als Fehler gewertet. Die Gründe für das Ausschlusskriterium liegen darüber hinaus in einigen Items des Elternfragebogens, weil die erfragten Alltagssituationen auch einen feinmotorischen Aspekt haben (z B. ›Hat das Kind Schwierigkeiten beim Schleife binden?‹).

Das Kriterium einer nicht korrigierten Fehlsichtigkeit führt nicht zu weiteren Ausschlüssen, weil diese Kinder schon durch andere Ausschlusskriterien erfasst werden.

7.3.3 Durchführung und Testbeobachtung

Alle Kinder und ihre Eltern wurden in ihrem Zuhause aufgesucht. Die Mehrzahl dieser 152 Kinder wurden von der Autorin aufgesucht und die anderen Kinder von Studierenden der Universität zu Köln. Der Hausbesuch hatte den Vorteil, dass die Kinder sich sicherer und selbstbewusster fühlten und mehr Kinder in die Stichprobe hineingenommen werden konnten als unter der Bedingung, dass die Eltern einen anderen Ort, z. B. ein sozialpädiatrisches Zentrum, hätten aufsuchen müssen.

Die Studierenden waren vorher in einem Seminar von der Autorin in die Testung und den Umgang mit der Familie eingewiesen worden. Die Eltern beantworteten den Fragebogen während ihre Kinder getestet wurden. Viele der Kinder waren noch nie getestet worden. Diese Beobachtung entspricht der Erwartungshaltung, mit der Wahl der Stichprobe über die Zeitschrift der ASBH ein breites Spektrum an Kindern erreichen zu können. Allen Kindern wurden die beiden Test in der gleichen Reihenfolge dargeboten. Der Zeitraum der Befragung und Testung war von April 2007 bis August 2009 mit einem Schwerpunkt auf dem Herbst 2007.

Testbeobachtung beim Untertest ›Dreiecke‹

Aus den Beobachtungen ist zu berichten, dass die Kinder durchweg mit Freude und Elan an das Figurenlegen mit den Dreiecken herangegangen sind. Die Zeitbegrenzung stellte kein Problem da, denn entweder konnte die Figur erfasst werden und war innerhalb von 90 Sekunden gelegt worden, oder das Kind befand sich in einer Phase des ziellosen Ausprobierens und der Abbruch führte zum Aufatmen. Häufig war zu beobachten, dass das naheliegende richtige Anlegen des Dreiecks nicht erkannt wurde. Diese Kinder gelangten nur zu niedrigen Skalenwerten. Die Mehrheit der Kinder erkannte ihre Fehler, wenn die vom Kind nachgebaute Figur der Vorlage noch nicht entsprach. Es bestanden dann aber oft große Schwierigkeiten, diese Wahrnehmung in die richtige Handlung umzusetzen. Auch die Möglichkeit des systematischen Ausprobierens, mit welcher Seite das Dreieck nun angelegt werden könnte, wurde nur selten genutzt, sondern dann eher wahllos ausprobiert, was aber auch zum Ziel führen kann.

Nur wenigen Kindern gelang nicht die visuelle Analyse: Sie erkannten beim Abgleich ihrer gebauten Figur mit der Vorlage nicht ihre fehlerhafte Konstruktion. Bei einzelnen Kindern war darüber hinaus ein Gestaltzerfall zu sehen: Die einzelnen Dreiecke wurden zwar aneinandergereiht, aber darin war die Gestalt der Vorlage nicht wieder zu erkennen.

Testbeobachtung beim Abzeichentest

Der Blick auf abzuzeichnende geometrische Figuren löste bei vielen Kindern ängstliche Bedenken und Zögern aus. Insbesondere die erste Aufgabe, zwei sich berührende Kreise abzuzeichnen, bearbeiteten viele Kinder ungern. Die Unlust könnte in der Ähnlichkeit der Aufgaben zum Schulfach Geometrie und in der Erfahrung der Kinder, dass ihnen exaktes Abzeichnen schwerfällt, begründet sein. Da der Test aber wenige Aufgaben enthält (von 3 Aufgaben für die Siebenjährigen bis zu 9 Aufgaben für die Elf- und Zwölfjährigen), leisteten die Kinder auch bereitwillig das Abzeichnen. Bei manchen älteren Kindern war zu beobachten, dass sie zu kleinen Hilfen greifen wollten, wie bspw. das Blatt zu drehen, Hilfslinien zu errichten oder die Finger als Maßstab zu nutzen. Die Testanweisungen untersagen allerdings die Nutzung solcher Hilfen.

7.3.4 Stichprobenbeschreibung
7.3.4.1 Anamnesedaten

Alter

Die 121 Kinder aus der Stichprobe sind zwischen 7.0 und 12.5 Jahre alt. Das Mindestalter von sieben Jahren ist durch die Verwendung des Abzeichentests vorgegeben und das Höchstalter von zwölfeinhalb Jahren durch den Untertest ›Dreiecke‹ aus der Kaufmanbatterie. Der Altersdurchschnitt der an der Untersuchung beteiligten Kinder liegt bei 9.79 Jahren (s = 1.78). Die mittleren Altersgruppen der 8- und 9jährigen Kinder sind weniger vertreten als die jüngeren und älteren Altersgruppen.

Tabelle 17:
Verteilung von Geschlecht, Unterrichtung, Ätiologie und Intelligenzeinschätzung

		n	%
Geschlecht	männlich	63	52.1
	weiblich	58	47.9
Ursache	Spina Bifida	46	38.0
	Hirnblutung	24	19.8
	Sonstiges	51	42.1
Intelligenz*	normal/hoch	60	49.6
	unterdurchschnittlich/lernbehindert	17	14.0
Unterricht	Regelschule	89	73.6
	Förderschule	29	24.0
	nicht eingeschult	3	2.5
Fehlsichtigkeit **		51	42.1
Parese		43	35.5

* Bei der Intelligenz fehlen 44 (36.4%) Angaben.
** Bei allen Kindern mit einer Fehlsichtigkeit wird diese mit einer Brille ausgeglichen.

Bei der Betrachtung der Altersverteilung in den drei ätiologischen Gruppen fällt auf, dass die Kinder mit den sonstigen Ursachen den höchsten Altersdurchschnitt aufweisen während die Kinder, die aufgrund einer Hirnblutung einen Hydrocephalus haben, durchschnittlich am jüngsten sind.

Tabelle 18: Mittelwerte und Standardabweichungen des Alters (gruppenspezifisch)

	N	M	s
Spina Bifida	46	9.63	1.68
Hirnblutung	24	9.15	1.94
Sonstige Ursache	51	10.24	1.70
Gesamt	121	9.79	1.78

Die einfaktorielle Varianzanalyse ist auf dem 5% Niveau signifikant (F(2/118) = 3.471, p = .034). In den paarweisen Vergleichen nach Bonferroni zeigen sich nur die Mittelwerte zwischen der Gruppe der Kinder mit einer Hirnblutung und jenen mit einer sonstigen Ursache signifikant unterschiedlich (p = .040), d. h. die Kinder mit einer Hirnblutung sind jünger als die Kinder mit einer ›Sonstigen Ursache‹.

Geschlecht

52.1% der 121 untersuchten Kinder mit einem Hydrocephalus sind Jungen und 47.9% sind Mädchen.

Geschlechtsunterschiede in den Testergebnissen

Bei den hier untersuchten 63 Jungen und 58 Mädchen zeigt sich in den Testergebnissen ein leichter Geschlechtsunterschied. Der von den Jungen erzielte Mittelwerte im Untertest ›Dreiecke‹ (M = 8.22, s = 2.80) liegt ein wenig höher als der von den Mädchen erreichte Mittelwert (M = 7.72, s = 3.32). Der t-Test für den Mittelwertvergleich unabhängiger Stichproben ergibt keinen signifikanten Unterschied (t (112) = .89, p = .377). Hierbei zeigen die Mädchen eine größere Varianz als die Jungen.

Werden nicht die Mittelwerte aus den intervallskalierten Testwerten verglichen, sondern nur die Gruppenergebnisse der Jungen und Mädchen betrachtet, die in der Norm liegen (innerhalb einer Standardabweichung über und unter dem Mittelwert), mit jenen, die in der zweiten Standardabweichung unter dem Mittelwert liegen, sind es 74.6% der Jungen gegenüber 55.2% der Mädchen, die in der ersten Standardabweichung liegen. Diese Geschlechterunterschied ist dann auf dem 5% Niveau signifikant (χ^2 = 5.03, p = .025).

Dagegen zeigt die Heranziehung der Ergebnisse aus dem Abzeichentest wie auch schon der Mittelwertvergleich bei dem Untertest ›Dreiecke‹ keinen Geschlechtsunterschied. Hier erreichen mit 32.8% der Mädchen und 30.2% der Jungen fast gleich große Gruppen ein unauffälliges Ergebnis bzw. 67.2% der Mädchen und 69.8% der Jungen ein auffälliges Ergebnis. Der Chi-Quadrat-Test zeigt für den Geschlechterunterschied im Ergebnis des Abzeichentest keine Signifikanz (χ^2 = .095, p = .758).

Ätiologie

Die größte ätiologische Gruppe in der Stichprobe sind die Kinder mit einer den Hydrocephalus begleitenden Spina Bifida (38.0%). Die nächstgroße Gruppe in der Stichprobe sind jene Kinder, bei denen die Ursache des Hydrocephalus den Eltern unbekannt ist (20.1%), die hier mit weiteren anderen Ursachen zusammengefasst wird, weil unter die verschiedenen anderen Ursachen jeweils nur wenige Kinder fallen. Diese Gruppe umfasst insgesamt dann 42.2% der untersuchten Kinder. Die Kinder mit einem Hydrocephalus aufgrund einer Hirnblutung machen 19.8% aus. Mit dieser Einteilung wird zumindest eine Differenzierung der beiden großen ätiologischen Gruppen von allen anderen Ursachen erreicht.

Zwischen den ätiologischen Gruppen zeigen sich Geschlechtsunterschiede: Während in den ätiologischen Gruppen der Kinder mit einer Spina Bifida (47.8% Jungen) und der mit einer sonstigen Ursache (47.1% Jungen) die Mädchen und Jungen fast gleichverteilt sind, gibt es mehr Jungen als Mädchen mit einer Hirnblutung, nämlich 70.8% zu nur 29.2% Mädchen. Aber diese Geschlechtsunterschiede zwischen den drei Gruppen sind nicht signifikant (χ^2 4.23, p = .121).

Ventilrevisionen

Die Frage nach der Zahl der Ventilrevisionen wurde nur von der Hälfte der Eltern (52.9%) beantwortet. Die geringe Beteiligung an dieser Frage ist überraschend, weil die eigene Berufserfahrung lehrt, dass die Eltern über dieses Wissen verfügen. Es kann sein, dass hier die Lücke zum Eintragen der Zahl mit ihrer Lage am rechten Rand der Zeile schlecht platziert war, weil die vorige und die nachfolgende Frage Kästchen zum Ankreuzen hatten, die links platziert waren.

Von den 64 Kindern, deren Eltern diese Frage beantwortet haben, hatten 19 (29.9%) Kinder noch keine Revision. Weitere 24 Kinder (37.5%) hatten nur eine und 11 Kinder (17.2%) nur zwei Auswechslungen des Ventils. Allerdings hatten 13 Kinder drei und mehr (bis zu neun) Ventilrevisionen. Diese 13 Kinder haben einen Hydrocephalus aufgrund verschiedener Ursachen. Die Hälfte von ihnen hat eine begleitende Spina Bifida. Die 64 Kinder hatten durchschnittlich 1.66 Revisionen bis zum Zeitpunkt dieser Befragung, bei dem die Gruppe einen Altersdurchschnitt von 9.79 Jahren hatte.

Von diesen 13 Kindern mit drei und bis zu neun Revisionen werden nach Elternangaben 8 Kinder nach dem Lehrplan für die Regelschule unterrichtet. Die Zahl der Ventilrevisionen korreliert nicht mit den Testergebnissen im Untertest ›Dreiecke‹ (r = - .13, p = .319).

Intelligenz und Intelligenzquotient

78 der 121 Eltern geben an, dass die Intelligenz ihres Kindes schon einmal getestet worden ist. Von diesen 78 Kindern sind nach Elternangaben 76.9% (60) als normalintelligent und 23.0% (18) als unterdurchschnittlich intelligent eingestuft worden. Damit liegt der Anteil der Kinder mit einer unterdurchschnittlichen Intelligenz niedriger als die Literatur angibt. Dies liegt an den Ausschlusskriterien. Unter Einbeziehung der ausgeschlossenen Kinder läge der Anteil der Kinder mit einer unterdurchschnittlichen Intelligenz bei 31.1% der Kinder mit einem Hydrocephalus und damit im zu erwartenden Bereich (s. Abschnitt 3.3.2).

Von den 60 als normalintelligent eingestuften Kindern werden 57 Kinder dieser Einstufung entsprechend nach dem Regelschulplan unterrichtet, ein Kind wird noch nicht beschult und zwei Kinder erhalten Unterricht nach dem Lehrplan der Förderschule. Von den 18 als unterdurchschnittlich eingestuften Kindern ist ein Kind noch nicht eingeschult, 10 Kinder erhalten Unterricht nach dem Förderlehrplan, allerdings auch 7 Kinder Unterricht nach dem Regelschullehrplan.

Aussagen über einen Intelligenzquotienten machen 21 von 121 Eltern. Davon machen 6 Eltern eine geteilte Angabe mit teilweise erheblichen Differenzen zwischen dem verbalen und dem nonverbalen Intelligenzquotienten, sodass eine einfache Mittelung nicht sinnvoll ist. Aufgrund dieser kleinen Fallzahl wird auf das Item des Intelligenzquotienten in der weiteren statistischen Auswertung verzichtet.

Beschulung und Unterrichtung

Da bei der Entwicklung des Fragbogens die Vermutung bestand, dass ggf. nur eine kleine Zahl an Eltern eine Aussage über die Intelligenz ihres Kindes machen kann, enthält der Fragebogen zusätzlich die Frage, nach welchem Lehrplan das Kind unterrichtet wird. Während nur ein Teil der Eltern eine Angabe über die Intelligenz ihres Kindes machen kann, können aber alle Eltern angeben, nach welchem Lehrplan ihr Kind unterrichtet wird.

In dieser Stichprobe werden 89 Kinder (75.4%) der 118 beschulten Kinder nach dem Lehrplan der Regelschule unterrichtet, 29 Schüler (24.6%) werden nach dem Lehrplan der Förderschule unterrichtet und 3 Kinder sind noch nicht eingeschult. Unter Einbeziehung der Kinder, die ausgeschlossen wurden, ergäbe sich ein Anteil von 66.4% Regelschulkindern, der den Literaturangaben entspräche (s. Abschnitt 3.2.1). Bei einer Altersspanne von 7 bis 12.5 Jahren dürfte die Hälfte der mit der Stichprobe erfassten Schüler noch Grundschüler sein. Manche Eltern (n = 19) der älteren Regelschüler in der vorliegenden Untersuchung haben zusätzlich die Schulform angegeben, sodass bekannt ist, dass 10.1% der Regelschüler ein Gymnasium, 5.6% die Realschule und 5.6% die Hauptschule besuchen

Hinsichtlich der unterschiedlichen Ätiologien befinden sich unter den 89 Regelschülern

- 33 Kinder mit einer Spina Bifida (das sind 37.1% der Regelschüler und 73.3% der Kinder mit Spina Bifida),
- 16 mit einem posthämorrhagischen Hydrocephalus (das sind 18.0% der Regelschüler und 69.6% der Kinder mit einem posthämorrhagischen Hydrocephalus) und
- 40 der Regelschulkinder haben einen Hydrocephalus anderer, vor allem unbekannter Ursache (das sind 45.0% der Regelschüler und 80.0% der Kinder mit ›Sonstiger Ursache‹).

Zu der Gruppe der Regelschüler mit einem Hydrocephalus einer ›sonstigen Ursache‹ gehören 5 der 7 Kinder mit einer Aquäduktstenose, 3 der 4 Kinder mit einer Dandy-Walker-Zyste und 5 der 6 Kinder mit einer Meningitis. Damit sind in der Gruppe der Kinder mit diesen selten auftretenden Ursachen und den unbekannten Ursachen eher Regelschüler als in den anderen Gruppen anzutreffen, aber diese Unterschiede zwischen den ätiologischen Gruppen sind nicht signifikant (χ^2 = 1.10, p = .578).

Fehlsichtigkeit

Da mit einem Hydrocephalus häufig eine Einschränkung im Sehen verbunden ist, die die Testergebnisse beeinflussen könnte, wird nach der Fehlsichtigkeit gefragt. 51 der 121 Eltern (42.2%) bejahen diese Frage und 70 (57.8%) verneinen die Frage. Die Literaturangaben zur Fehlsichtigkeit schwanken beträchtlich. Hier ist relevant, dass alle Eltern den zweiten Teil der Frage, ob die Fehlsichtigkeit durch eine Brille ausgeglichen wird, bejahen.

Schwierigkeiten in der Bewegung

Mit einem Hydrocephalus können Einschränkungen in der Bewegungsfähigkeit verbunden sein. Dies sind häufig Paresen der Beine (vor allem in Verbindung mit einer Spina Bifida) oder Paresen einer Halbseite (vor allem in Verbindung mit einer frühkindlichen Hirnblutung). Nach den Elternangaben haben hier 43 Kinder eine Bewegungseinschränkung und 78 Kinder haben keine Bewegungseinschränkung. Allerdings befinden sich in dieser zweiten Gruppe auch 32 Kinder mit einer Spina Bifida, bei denen Bewegungseinschränkungen der Regelfall sind. Es ist anzunehmen, dass viele Eltern weniger die Frage nach der Bewegungseinschränkung, sondern vielmehr das in der Klammer genannte Beispiel einer Hemiparese bejaht oder verneint haben. Nach den Elternaussagen haben eine Bewegungseinschränkung:
- 30.4% der Kinder mit einem Hydrocephalus in Verbindung mit einer Spina Bifida,
- 45,8% der Kinder mit einem posthämorrhagischen Hydrocephalus und
- 35,3% der Kinder mit einem Hydrocephalus anderer.

Damit unterscheiden sich die drei ätiologischen Gruppen nicht in der Häufigkeit des Vorkommens einer Bewegungseinschränkung, denn diese Unterschiede sind nach dem Chi-Quadrat-Test auf Unabhängigkeit nicht signifikant (χ^2 = 1.64, p = .442).

7.3.4.2 Ergebnisse der Kinder mit einer Bewegungseinschränkung

Die Kinder mit Bewegungsbeeinträchtigungen erreichen in dem Untertest ›Dreiecke‹ einen geringeren durchschnittlichen Skalenwert als die Kinder ohne Bewegungsbeeinträchtigung (Kinder mit Bewegungsbeeinträchtigung N = 43, M = 7.49, s = 2.99 und die Kinder ohne Bewegungsbeeinträchtigung N = 78, M = 8.26, s = 3.09). Aber dieser Unterschied ist nicht signifikant (t(119) = -1.33, p = .188).

Beim Abzeichentest erreichen von den Kindern mit der Bewegungsbeeinträchtigung 83.7% ein auffälliges Ergebnis im ATK und nur 16.3% ein unauffälliges Testergebnis. Die Kinder ohne Bewegungsbeeinträchtigung zeigen zwar auch mehrheitlich auffällige Testergebnisse (63.7%), aber es erreichen auch 39.7% der Kinder ein unauffälliges

Testergebnis. Dieser Unterschied zwischen Kindern mit und ohne Bewegungseinschränkung im Abzeichentest ist auf dem 1% Niveau signifikant (χ^2 = 7.09, p = .008.).

In den vier Skalen der visuell-räumlichen Alltagssituationen gelangen die bewegungsbeeinträchtigten Kinder zu höheren Mittelwerten, d. h. ihre Eltern sehen bei ihnen mehr Schwierigkeiten als die Eltern der nicht bewegungsbeeinträchtigten Kinder. Jedoch zeigen die Mittelwerte der Schwierigkeiten in den Skalen große Unterschiede zwischen Kindern mit Bewegungseinschränkung und Kindern ohne Bewegungseinschränkung. Diese Mittelwertunterschiede sind in drei der vier Skalen hoch signifikant. Nur in der Skala der räumlich-topographischen Leistungen wird das 5% Niveau knapp verfehlt.

Auffallend ist weiter, dass die Kinder mit Bewegungseinschränkungen sich innerhalb ihrer Gruppe stärker unterscheiden, d. h. sie zeigen meist eine größere Varianz der Probleme als die Gruppe der nicht bewegungseingeschränkten Kinder. Nur in den Alltagsituationen, die räumlich-konstruktive Leistungen benötigen, ist die Varianz in der Gruppe geringer. Diese Unterschiede in den Varianzen sind nur bei der Skala der räumlich-perzeptiven Schwierigkeiten signifikant (F = 4.12, p = .045).

Tabelle 19:
Probleme in Alltagssituationen in Abhängigkeit von der Bewegungseinschränkung

Skala	Hat das Kind Schwierigkeiten in der Bewegung (Parese)?	N	M	s	t	df	p
räumlich-perzeptiv	nein	66	10.11	3.81	-3.92	64.3	.000
	ja	38	13.66	4.77			
räumlich-konstruktiv	nein	77	26.99	7.73	-6.00	118	.000
	ja	43	35.61	7.22			
räumlich-topographisch	nein	75	10.66	4.32	-1.95	116	.054
	ja	43	12.30	4.54			
räumlich-kognitiv	nein	78	18.25	6.01	-4.08	116	.000
	ja	40	23.15	6.51			

Der nonparametrische U-Test zeigt bei der nicht normalverteilten Skala der räumlich-perzeptiven Schwierigkeiten ebenfalls ein hochsignifikantes Ergebnis (z = -3.61, p = .000).

7.4 Ergebnisse

Die Elternbefragung und die Testung der Kinder dienen der Prüfung von vier Forschungsfragen und dem Ziel, mögliche visuell-räumlich-konstruktive Schwächen bei Kindern mit Hydrocephalus frühzeitig anhand von Alltagssituationen diagnostizieren zu können.

7.4.1 Elterliche Wahrnehmung von Aspekten des Lernens bei Kindern mitHydrocephalus

Die erste Forschungsfrage lautet:

Nehmen Eltern Lernschwächen bei ihren Kindern mit Hydrocephalus wahr?

Zur Evaluierung dieser Frage dient ein Teil der Fragen aus dem Elternfragebogen. Den Eltern wurde ein Fragebogen mit vier Stufen von gänzlicher Zustimmung, über teilweise Zustimmung, teilweise Verneinung bis zur gänzlichen Verneinung von kindlichen Schwierigkeiten in Alltagssituationen vorgelegt. Eine dichotome Einteilung durch Zusammenfassung der Stufen ›immer/meistens‹ und ›häufig‹ in eine Zustimmung und durch Zusammenfassung der Stufen ›kaum‹ und ›selten/nie‹ zu einer Verneinung zeigt insgesamt hohe Zustimmungen der Eltern. So werden 55 der 67 Probleme in Alltagssituationen von mehr als einem Viertel der Eltern bejaht (s. Anlage 10.4). Damit zeigt sich, dass mit den hier aufgelisteten Alltagssituationen eine Vielzahl an Problemen bei Kindern mit Hydrocephalus erfasst wird. Die höchsten elterlichen Zustimmungen finden sich bei Items zu den über die visuell-räumlichen Fähigkeiten hinausgehenden Aspekten des Lernens. Diese 21 Alltagssituationen werden durchschnittlich von der Hälfte der Eltern bejaht. Damit stimmen die in der Hauptstudie befragten Eltern in hohem Maße den Lernerschwernissen zu, die die Eltern der Vorstudie und oder andere Studien benennen.

Die weitere Auswertung zu diesen das Lernen beeinflussenden Aspekten ergibt einen Überblick über die von Eltern wahrgenommenen Lernschwierigkeiten bei ihren Kindern mit Hydrocephalus.

76.9% der befragten Eltern bejahen Schwächen in der Ablenkbarkeit und 67.8% bejahen Schwächen in der Konzentration ihrer Kinder. Hinter den umgangssprachlichen Benennungen ›Ablenkbarkeit‹ und ›Konzentration‹ verbergen sich die neuropsychologischen Fähigkeiten der selektiven Aufmerksamkeit und der Daueraufmerksamkeit, weshalb die Skala *›Schwierigkeiten in der Aufmerksamkeit‹* genannt wird. Die beiden Items stehen in Zusammenhang mit der Frage nach einer verlangsamten Informationsaufnahme (kognitive Verarbeitungsgeschwindigkeit), der mehr als die Hälfte aller Eltern zustimmen (54.5%). Zur Skala gehören weiter auch die von Eltern aufgeworfenen Fragen nach deutlichen Leistungsschwankungen des Kindes (52.9%) und einer schnellen Ermüdung des Kindes (47.5%).

Zwei Items erfragen die Gedächtnisfähigkeiten und ergeben eine eigene Skala *(›Schwierigkeiten im Gedächtnis‹)*. Die kurze Gedächtnisspanne und somit einen wichtigen Aspekt des Arbeitsgedächtnisses bejahen 43.8% der Elternschaft und die Schwierigkeiten bei der besonderen Aufgabe, sich mehrere Dinge gleichzeitig zu merken, sehen 62.8% aller Eltern.

Als drittes ergeben die zwei Items zu den Exekutivfunktionen eine eigene Skala. Schwierigkeiten in der Flexibilität bestätigen 43.8% der Eltern und mehr als 61.2% der Eltern vermissen ausreichende Fähigkeiten im vorausschauenden Planen und Organisieren (*Skala ›Schwierigkeiten in Exekutivfunktionen‹*).

Der Frage, ob das Kind leicht in Stress gerät, stimmen mehr als 40.5% der Eltern zu (*Skala ›Erhöhte Stressempfindlichkeit‹*). Und diese von Elternseite eingebrachte Stressempfindlichkeit zeigt hier enge Zusammenhänge zu Rückzugstendenzen, Blockaden, Wut und Ängsten beim Kind.

Eine Frage ergab sich weder aus der Literatur noch aus der Vorstudie und wird hier von 59.5% aller Eltern bejaht. Es ist das Item der *›Erhöhten Geräuschempfindlichkeit‹*, das einen Mittelwert von 2.81 erreicht, s = 1.18. Ein Itemwert von 3 entspricht der Antwortstufe ›häufig‹.

Bei dieser Elternbefragung von 121 Kindern mit Hydrocephalus sind es nur 17,4% der Eltern, die der Aussage zustimmen, dass ihr Kind Wörter und Ausdrücke benutzt, deren Inhalt und Bedeutung es nicht genau kennt (*›Schwierigkeiten im semantischen Sprachverständnis‹*). Damit ist dieses Item von allen 67 Items eines mit der geringsten Zustimmung (M = 1.75, s = .83).

7.4.1.1 Unterschiede zwischen den ätiologischen Gruppen

Es wird der Forschungsfrage 2 nachgegangen:

Unterscheiden sich die Kinder in den von Eltern wahrgenommenen Lernschwächen aufgrund der Ätiologie des kindlichen Hydrocephalus?

Ein Anliegen dieser Studie ist die Beachtung der unterschiedlichen ätiologischen Gruppen des Hydrocephalus. Aus diesem Grund werden die Mittelwerte verglichen, die die drei Gruppen in jeder Skala erzielen. Ein Vergleich von Mittelwerten ist interpretierbar, wenn die Varianzen in den Gruppen gleich sind. Der Levene-Test ergibt nur bei einer der sechs Skalen (*›Schwierigkeiten in den Exekutivfunktionen‹*), dass die Varianzen in den drei ätiologischen Gruppen nicht gleich sind.

Tabelle 20: Ursachenvergleiche bei den Skalen und Items der Aspekte des Lernens				
Skala/Item	Ätiologie	M	s	N
›Schwierigkeiten in der Aufmerksamkeit‹	Spina Bifida	16.25	4.19	46
	Hirnblutung	16.21	4.32	24
	Sonstige Ursache	16.58	4.21	51
	Gesamt	16.38	4.19	121

Tabelle 20: Ursachenvergleiche bei den Skalen und Items der Aspekte des Lernens				
›Schwierigkeiten im Gedächtnis‹	Spina Bifida	5.11	1.42	46
	Hirnblutung	5.04	1.78	24
	Sonstige Ursache	4.98	1.82	51
	Gesamt	5.04	1.66	121
›Schwierigkeiten in Exekutivfunktionen‹	Spina Bifida	5.13	1.47	46
	Hirnblutung	5.42	1.35	24
	Sonstige Ursache	5.18	1.94	51
	Gesamt	5.21	1.65	121
›Erhöhtes Stressempfinden‹	Spina Bifida	12.13	3.75	45
	Hirnblutung	11.58	3.64	24
	Sonstige Ursache	13.30	3.25	50
	Gesamt	12.51	3.57	119
›Erhöhte Geräuschempfindlichkeit‹	Spina Bifida	2.87	1.18	45
	Hirnblutung	2.96	1.16	24
	Sonstige Ursache	2.69	1.19	51
	Gesamt	2.81	1.18	120
›Semantisches Sprachverständnis‹	Spina Bifida	1.72	.83	43
	Hirnblutung	1.78	1.04	23
	Sonstige	1.76	.74	50
	Gesamt	1.75	.83	116

In der Skala ›Schwierigkeiten in der Aufmerksamkeit‹ erreichen die drei ätiologischen Gruppen fast gleich hohe Mittelwerte mit fast gleicher Streuung. Dementsprechend fällt die einfaktorielle Varianzanalyse nicht signifikant aus (F(2/118) = .10, p = .903, η^2 = .00).

In der Skala ›Schwierigkeiten im Gedächtnis‹ erreichen die drei ätiologischen Gruppen ebenfalls fast gleich hohe Mittelwerte mit fast gleicher Streuung. Dementsprechend fällt die einfaktorielle Varianzanalyse nicht signifikant aus (F(2/118) = .07, p = .931, η^2 = .00).

In der Skala ›Schwierigkeiten in Exekutivfunktionen‹ zeigen sich wiederum bei allen drei ätiologischen Gruppen fast gleich hohe Mittelwerte mit fast gleicher Streuung, wobei die Gruppe der Kinder mit den sonstigen Ursachen eine leicht höhere Varianz aufzeigt. Der Levene-Test zeigt auf, dass die Fehlervarianzen bei dieser Skala nicht homogen sind (F(2/118) = 5.83, p = .004). Allerdings fällt die einfaktorielle Varianzanalyse nicht signifikant aus (F(2/118) = .25, p = .781, η^2 = .00).

Die Gruppe der Kinder mit den ›Sonstigen Ursachen‹ erreicht in der Skala ›Erhöhtes Stressempfinden‹ einen etwas höheren Mittelwert als die anderen beiden ätiologischen Gruppen, aber der Unterschied ist nicht signifikant (F(2/118) = 2.37, p = .098,

$\eta^2 = .04$). Die drei ätiologischen Gruppen erreichen in der Skala ›Erhöhte Geräuschempfindlichkeit‹ fast gleich hohe Mittelwerte mit fast gleicher Streuung. Dementsprechend fällt die einfaktorielle Varianzanalyse nicht signifikant aus (F(2/117) = .52, p = .595, $\eta^2 = .01$).

Und in der Skala ›Schwierigkeiten im semantischen Sprachverständnis‹ kommen die drei ätiologischen Gruppen abermals zu fast gleich hohen Mittelwerten. Die Varianz unter den Kindern mit einer Hirnblutung ist ein wenig größer als die der anderen beiden Gruppen. Der Unterschied ist nicht signifikant, wie die einfaktorielle Varianzanalyse ergibt (F(2/113) = .05, p = .954, $\eta^2 = .00$).

7.4.1.2 Unterschiede hinsichtlich der Beschulung der Kinder

Die Antwort auf eine dritte Forschungsfrage klärt, ob sich die Förderschüler von den Regelschülern in den von ihren Eltern wahrgenommenen Lernschwächen unterscheiden.

Es kann eine Prüfung der Skalen hinsichtlich der Beschulung der Kinder erfolgen. In den Skalen ›Aufmerksamkeit‹, ›Gedächtnis‹, und ›Exekutivfunktionen‹ zeigen die Förderschüler ein wenig mehr an Schwierigkeiten und ebenso bei den Items der Geräuschempfindlichkeit und der Probleme in der Semantik. Nur das ›Stressempfinden‹ ist bei den Regelschülern höher. Auch die Varianzen unterscheiden sich wenig. Einzige Ausnahme bildet die Skala ›Konzentration‹. Hier zeigen die Regelschüler eine größere Varianz. Die Prüfung der Mittelwertunterschied durch den t-Test ergibt keine Signifikanzen. Selbst in der Skala der Exekutivfunktionen ist der Unterschied zwischen der elterlichen Zustimmung von Regelschülern zu der elterlichen Zustimmung von Förderschülern nicht signifikant.

Tabelle 21: Beschulung und die Skalen und Items der Aspekte des Lernens									
Skalen	Unterricht	N	M	s	F	Sig.	t	df	Signifikanz (2-seitig)
Konzentration	Regelschule	89	16.07	4.39	3.92	.050			
	Förderschule	29	17.18	3.13			-1.49	66.56	.140
Gedächtnis	Regelschule	89	4.89	1.65	.00	.984	-1.50	116	.137
	Förderschule	29	5.41	1.62					
Exekutivfunktionen-	Regelschule	89	5.09	1.68	.01	.922	-1.21	116	.230
	Förderschule	29	5.52	1.60					
Stress-empfinden	Regelschule	88	12.77	3.68	1.01	.317	.93	114	.355
	Förderschule	28	12.06	3.14					
Geräuschempfindlichkeit	Regelschule	88	2.74	1.21	2.43	.122	-.76	115	.449
	Förderschule	29	2.93	1.10					

Tabelle 21: Beschulung und die Skalen und Items der Aspekte des Lernens									
Semantik	Regelschule	86	1.71	.84	1.31	.254	-.98	111	.329
	Förderschule	27	1.89	.80					

7.4.2 Prüfung visuell-räumlich-konstruktiver Fähigkeiten

Es wird der Forschungsfrage 4 nachgegangen:

Finden sich bei Kindern mit Hydrocephalus häufiger als bei gleichaltrigen Kindern Schwächen in den visuell-räumlich-konstruktiven Fähigkeiten, und finden sich Unterschiede hinsichtlich der unterschiedlichen Ätiologien?

Weiter können der Zusammenhang zur Beschulung und der Zusammenhang zu den unter der Forschungsfrage 1 gefundenen Lernschwächen geprüft werden.

7.4.2.1 Auswertung des Untertests ›Dreiecke‹

Testergebnisse und Signifikanzprüfung

Der Untertest ›Dreiecke‹ aus dem K-ABC (Kaufman-Assessment Battery for Children) hat einen Mittelwert von M = 10 Skalenpunkten und eine Standardabweichung von s = 3. Damit liegen Kinder mit einem Testergebnis von 7 bis 13 Punkten innerhalb einer Standardabweichung über und unter dem Mittelwert. Da der Test normalverteilt ist, sind hier ca. 68.3% aller Testergebnisse zu erwarten.

Von den 121 Kindern der Stichprobe erreichen 78 Kinder einen Skalenwert innerhalb einer Standardabweichung über und unter dem Mittelwert, ein Kind liegt mit 14 erreichten Punkten über der ersten Standardabweichung[9] (N = 79). 42 Kindern gelingt nur ein Skalenwert von 6 oder weniger Punkten. Zwar ist damit der Anteil der Kinder, deren Ergebnisse sich innerhalb einer Standardabweichung über und unter dem Mittelwert (M ± 1s) wiederfinden mit 64.5% (bei N = 78) dicht an der testtheoretischen Prozentzahl von ca. 68.3%, aber es zeigt sich eine deutliche linkssteile Verteilung, weil bis auf das eine Kind alle weiteren 42 Kinder zwei Standardabweichungen unterhalb des Mittelwertes liegen, 7 dieser Kinder befinden sich sogar unterhalb von zwei Standardabweichungen und erreichen nur Skalenwerte von 0 bis 3 Punkten. Damit ist die Quote der Kinder mit schwachen Testergebnissen in dieser Stichprobe von 34.7% nicht nur größer als die Normalverteilung erwarten lässt, sondern auch größer als der Anteil der Förderschüler in dieser Stichprobe, der bei 24.6% aller hier untersuchten Kinder liegt. Auch die Quote der Kinder mit einem guten Testergebnis (65.3%) bleibt unter der Quote der Kinder, die nach dem Lehrplan der Regelschule unterrichtet werden (75.4%), und unter der Quote der Kinder, die als ›normal intelligent‹ eingeschätzt werden (77.9%).

---

9 Das eine Kind wird bei den nachfolgenden Gruppenvergleichen der Gruppe der Kinder mit 7–13 Punkten zugeordnet.

Der erzielte Mittelwert aller Kinder liegt demgemäß auch nicht bei den zu erwartenden 10 Punkten, sondern bei 7.98 Punkten mit einer Standardabweichung von s = 3.06. Diese linkssteile Verteilung ist dennoch knapp nicht signifikant, weil laut dem Kolmogorov-Smirnov-Anpassungstest die Normalverteilung noch gegeben ist (z = 1.29, p = .073). Mit einem Mittelwert von 7.98 Punkten liegen die Ergebnisse dieser Stichprobe sehr und hoch signifikant unter dem Mittelwert von 10 wie die nachfolgende Prüfung des Mittelwertunterschiedes der drei ätiologischen Gruppen zeigt.

Unterschiede hinsichtlich der ätiologischen Gruppen

Beim Blick auf die mit dem Hydrocephalus des Kindes verbundene Ätiologie ist zu erkennen, dass die verschiedenen ätiologischen Gruppen unterschiedliche Mittelwerte erzielen. Die Kinder mit einer Hirnblutung zeigen schwächere Ergebnisse als die anderen Kinder und weisen die größte Streuung auf, obwohl keine Extremwerte vorkommen. Den höchsten Mittelwert erreicht die Gruppe der Kinder mit den ›Sonstigen Ursachen‹. Und unter den Kindern, die mit ihrem Ergebnis über dem Mittelwert von 10 Skalenpunkten liegen, befinden sich vor allem Kinder aus der Gruppe der ›Sonstigen Ursache‹.

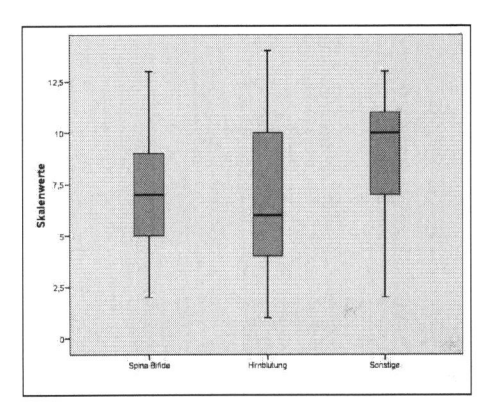

Erreichte mittlere Skalenwerte im Untertest ›Dreiecke‹ der drei ätiologischen Gruppen und ihre Streuung

Beim Vergleich der einzelnen Mittelwerte der drei ätiologischen Gruppen mit der Norm (M = 10) zeigen
- die Kinder mit einer Spina Bifida einen hoch signifikant niedrigen Mittelwert (t(45) = -6.49, p = .000).
- Auch die Kinder mit einer Hirnblutung erreichen einen hoch signifikant niedrigen Mittelwert (t(23) = -3.89, p = .001).
- Bei den Kindern mit den sonstigen Ursachen ergibt sich auch noch ein sehr signifikanter niedriger Mittelwert (t(50) = -2.70, p = .009).

Bei der weiteren Betrachtung, ob die drei ätiologischen Gruppen sich voneinander in ihrem Mittelwert unterscheiden, ergibt die nachfolgende einfaktorielle Varianzanalyse, mit der die Unterschiede in den Mittelwerten der drei Gruppen überprüft werden, einen leichten bis mittleren Effekt und eine Signifikanz auf dem 5% Niveau (F(2/118)

= 4.23, p = .017, η^2 = .07). Aber bei den Mehrfachvergleichen nach Bonferroni zeigt sich nur der Mittelwertunterschied zwischen der Gruppe ›Spina Bifida‹ und ›Sonstige Ursache‹ signifikant (p = .042). Der Unterschied zwischen der Gruppe der Kinder mit einer Hirnblutung und jener der Gruppe ›Sonstige Ursache‹ verfehlt mit p = .061 knapp das 5% Niveau.

Unterschiede hinsichtlich der Beschulung und der Intelligenzeinschätzung

Der in der Stichprobe erreichte Mittelwert von 7.98 Punkten liegt deutlich unter der Norm, denn schon der von den Regelschülern mit Hydrocephalus erreichte Mittelwert von 8.87 (s = 2.76) ist hoch signifikant unter dem der Norm (M = 10, s = 3), weil der t-Test ein hoch signifikantes Ergebnis von (t(88) = -3.88, p = .000) zeigt.

Und weiter zeigt sich der Unterschied zwischen den beiden Mittelwerten der Schüler, die eine Regelschule und der Schüler, die eine Förderschule besuchen im t-Test für unabhängige Stichproben hoch signifikant (t(116) = 6.26, p = .000).

Zu einem ähnlichen Bild kommt die Prüfung der Mittelwertunterschiede zwischen den als ›normal intelligent‹ und den als ›unterdurchschnittlich intelligent‹ eingeschätzten Kindern. Die Kinder, die nach Angaben ihrer Eltern normalintelligent sind (N = 60), erreichen mit M = 8.65 einen sehr signifikant höheren Mittelwert als die Kinder, die gemäß einer Intelligenzeinschätzung als unterdurchschnittlich intelligent bzw. lernbehindert gelten (t(75) = 2.75, p = .008).

Sowohl Förderschulkinder als auch Kinder, deren Intelligenz als unterdurchschnittlich angegeben wird, schneiden sehr signifikant schlechter in dem Untertest ›Dreiecke‹ ab. Und es zeigt sich, dass die von der Stichprobe erzielten niedrigen Werte im Untertest ›Dreiecke‹ nicht allein aus dem Anteil der Förderschüler in der Stichprobe zu erklären ist.

Tabelle 22: Testergebnisse verschiedener Gruppen im Untertest ›Dreiecke‹

Erzielte Mittelwerte im Untertest ›Dreiecke‹		M	s	N
Unterricht	Regelschule	8.87	2.76	89
	Förderschule	5.31	2.30	29
Ursache des Hydrocephalus	Spina Bifida	7.39	2.73	46
	Hirnblutung	7.17	3.57	24
	Sonstige Ursache	8.90	2.90	51
Intelligenzangabe	normal/hoch	8.65	2.81	60
	unterdurchschnittlich/ lernbehindert	6.47	3.16	17

Dichotomisierung der Skalenwerte

Die Teilung der Kinder in Kinder mit einem auffällig schwachen Ergebnis (M - 2 s, d. h. Skalenwerten von 6 und weniger Punkten) und Kinder mit einem Ergebnis im

Normbereich (Skalenwerte von mehr als 6 Punkten) ergibt neben der dimensionalen Betrachtung der Skalenwerte die Möglichkeit einer kategorialen Betrachtung.

Die Unterschiede zwischen den ätiologischen Gruppen zeigen sich auch bei einer dichotomisierten Betrachtung der Verteilung der Kinder auf eine Gruppe mit mittlerem Testergebnis (Mittelwert +/- eine Standardabweichung) und eine Gruppe mit schwachen Ergebnissen, deren Ergebnis zwei oder mehr Standardabweichungen unter dem Mittelwert liegt: Von den Kindern der Gruppe ›Sonstige Ursache‹ erreichen 78.4% (40 von 51 Kindern) einen Wert innerhalb der ersten Standardabweichung ober- und unterhalb des Mittelwertes. Auch die Kinder mit einer Spina Bifida erreichen zu 60.9% (28 von 46 Kindern) diese Skalenwerte. Die Kinder mit einem posthämorrhagischen Hydrocephalus dagegen sind nur zu 45.8% in diesem mittleren Bereich vertreten (11 von 24 Kindern). Es finden sich damit deutliche Gruppenunterschiede bezüglich der visuell-motorischen Koordination und der Ätiologie des Hydrocephalus.

Die Tabelle 23 mit den dichotomisierten Testergebnissen gibt weiter Auskunft über die Unterrichtung der Kinder und ihr erzieltes Testergebnis sowie über das Ergebnis bisheriger Intelligenzeinschätzungen und das hier erzielte Testergebnis.

Tabelle 23: Testergebnisse verschiedener Gruppen im Untertest ›Dreiecke‹, dichotomisiert							
		Untertest ›Dreiecke‹					
		Skalenwert 0–6		Normbereich > 6		χ^2	p
		N	%	N	%		
Ursache N = 121	Spina Bifida	18	39.1	28	60.9	8.29	.016
	Hirnblutung	13	54.2	11	45.8		
	Sonstige Ursache	11	21.6	40	78.4		
Unterricht N = 118	Regelschule	18	20.2	71	79.8	30.22	.000
	Förderschule	22	75.9	7	24.1		
Intelligenz N = 67	normal/ hoch	15	25.0	45	75.0	12.09	.001
	unterdurchschnittlich/ lernbehindert	12	70.6	5	29.4		
Gesamt N = 121		42	34.7	79	65.3		

Ein Vergleich zwischen den Kindern, die gemäß des Lehrplans der Regelschule unterrichtet werden, und den Kindern mit einem guten Testergebnis zeigt eine hohe Übereinstimmung. Kinder mit gutem Testergebnis sind zu 92.2% Regelschüler.

Allerdings zeigt auch der Blick auf die Gruppe der Regelschüler, dass 20.2% von ihnen nur ein schwaches Testergebnis erreicht. Und nur ein Regelgrundschüler und keiner der 5 Realschüler und keiner der 9 Gymnasiasten erreicht einen Wert innerhalb der zweiten Standardabweichung oberhalb des Mittelwertes (Skalenwert 14–16) oder gar darüber. In diesen Bereichen müssten sich nach Testkonstruktion 16.9% aller Kinder befinden. Dies müssten hier 20 der 118 Schüler und nicht nur 1 Schüler sein.

Von den 118 Schülern erzielen 33 Schüler ein schwaches Testergebnis mit einem Skalenwert von 4,5 oder 6 Punkten (28.0%) und 7 Schüler ein noch schwächeres Ergebnis. Aber in der Gruppe der 33 Schüler, die innerhalb einer Standardabweichung unter dem Mittelwert liegen, sind nicht nur die Förderschüler, sondern zu 51.4% sind es Regelschüler (18 Regelschüler verteilt auf 10 Grundschüler, 3 Hauptschüler, 3 Realschüler und 1 Gymnasiast).

In der Gruppe mit einem mittleren Testergebnis (Skalenwerte M ± 1 s) finden sich ihrer Beschulung entsprechend fast nur Regelschüler (71 der 78 Kinder mit Werten über 6 Punkten). Aber auch 7 der 22 Förderschüler (31.8%) erreichen dieses gute Ergebnis.

Insgesamt erreichen von allen Regelschülern, die getestet wurden (N = 89), nur 79.8% (71 Schüler) einen mittleren Wert in der visuell-räumlichen Fähigkeit wie er bei einem Regelschulunterricht vorausgesetzt wird.

Zur Interpretation der Testergebnisse ist im Elternfragebogen auch erfragt worden, wie die Intelligenz des Kindes eingeschätzt worden ist, sofern das Kind schon einmal getestet worden ist. 60 Eltern geben an, dass ihr Kind getestet und als normalintelligent diagnostiziert worden ist. Von diesen Kindern erreichen allerdings nur 45 Kinder ein mittleres bzw. gutes Ergebnis (Skalenwerte von 7 bis 13/14). Zugleich erreichen 5 als lernbehindert eingeschätzte Kinder diese Werte. Aber 15 als normalintelligent beurteilte Kinder, und damit 25.0% der normalintelligenten Kinder, zeigen ein schwaches Ergebnis in der vom Untertest ›Dreiecke‹ getesteten visuell-räumlichen Fähigkeit.

7.4.2.2 Auswertung des Abzeichentests (ATK)

Von den 121 Kindern überschreiten die Testergebnisse von 83 Kindern den kritischen ›Cut-off-Wert‹. Das bedeutet, dass 68.6% der getesteten Kinder mit einem Hydrocephalus als auffällig schwach in ihrer visuell-räumlich-konstruktiven Fähigkeit gelten. Demgegenüber bleiben nur 38 (31.4%) der Kinder innerhalb des Bereiches der unauffälligen Kinder, der aber nach Testmanual 83.0% bis 90.0% der Kinder eines Jahrgangs umfassen müsste.

Signifikanzprüfung der Testergebnisse im Abzeichentest

Die auffälligen schwachen Werte in der räumlichen-konstruktiven Fähigkeit bei vielen Kindern mit Hydrocephalus werden einem Vergleich mit den Werten nichtbehinderter Kindern unterzogen. Als Kontrollgruppe dient die Normierungsgruppe des Abzeichentest. Danach ergeben sich in allen vier Altersgruppen hoch signifikante Unterschiede zwischen den Kindern mit Hydrocephalus und der Normierungsgruppe:
- In der Gruppe der 7-jährigen Kinder kommen in der Normierungsgruppe 10.3% der Kinder (3 von 26) zu einem auffälligen Testergebnis und zeigen nach dem Test eine räumlich-konstruktive Störung. In der hier untersuchten Gruppe sind

es 75.0% der Kinder (18 von 24 Kindern). Der Unterschied ist hoch signifikant (χ^2 = 22.95, p = .000).
- In der Gruppe der 8-jährigen Kinder kommen in der Normierungsgruppe 17.4% der Kinder (8 von 46) zu einem auffälligen Testergebnis und zeigen nach Test eine räumlich konstruktive Störung. In der hier untersuchten Gruppe sind es 79.2% der Kinder (19 von 24 Kindern). Der Unterschied ist hoch signifikant (χ^2 = 25.40, p = .000).
- In der Gruppe der 9 und 10-jährigen Kinder kommen in der Normierungsgruppe 12.3% der Kinder (13 von 106) zu einem auffälliges Testergebnis und zeigen nach Test eine räumlich-konstruktive Störung. In der hier untersuchten Gruppe sind es 58.6% der Kinder (17 von 29 Kindern). Der Unterschied ist hoch signifikant (χ^2 = 28.31, p = .000).
- In der Gruppe der 11 und 12-jährigen Kinder kommen in der Normierungsgruppe 14.2% der Kinder (24 von 169) zu einem auffälligen Testergebnis und zeigen nach Test eine räumlich-konstruktive Störung. In der hier untersuchten Gruppe sind es 65.9% der Kinder (29 von 44 Kindern). Der Unterschied ist hoch signifikant (χ^2 = 49.94, p = .000).

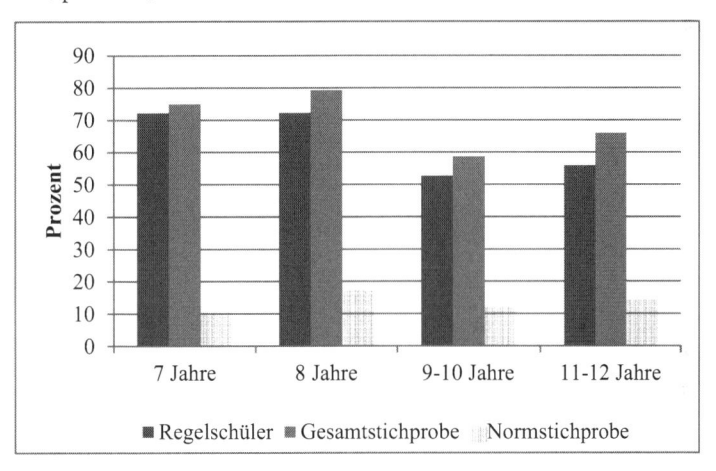

Anteil der Kinder mit auffälligem Ergebnis im ATK

Kinder mit einem Hydrocephalus zeigen in allen Altersgruppen zwischen 7 bis 12 Jahren hoch signifikant häufiger visuell-räumlich-konstruktive Schwächen als die nicht-behinderten Kinder der Normstichprobe. Diese hoch signifikanten Unterschiede bleiben auch noch unter Reduktion der Untersuchungsgruppe auf die Regelschüler bestehen, wobei hier allerdings einzelne Altersgruppen nur noch eine kleine Anzahl an Kindern aufweisen.[10]

---

10 Die Signifikanzprüfung für den Vergleich zwischen der Normierungsgruppe und der Gruppe der Regelschüler mit Hydrocephalus befindet sich in der Anlage 10.5.

Die Testergebnisse im Abzeichentest lassen sich differenzieren nach der Ätiologie des kindlichen Hydrocephalus, nach der Schulform und nach der Intelligenzeinschätzung.

Unterschiede hinsichtlich der ätiologischen Gruppen

Von den 46 Kindern mit einem Hydrocephalus und einer Spina Bifida erreichen nur 8 Kinder ein unauffälliges Testergebnis, aber 38 Kinder (82.6%) zeigen eine auffällige Schwäche in ihren visuell-räumlich-konstruktiven Fähigkeiten. Für die Kinder mit einem Hydrocephalus aufgrund einer Hirnblutung zeigt sich eine ähnliche Situation. Auch in dieser Gruppe kommen 75.0% (18 der 24 Kinder) zu einem auffälligen Testergebnis und nur 6 Kinder gelten als unauffällig. Anders das Bild bei der Gruppe der Kinder mit den sonstigen Ursachen. Im Unterschied zu den anderen Gruppen zeigen hier 52.9% ein auffälliges und immerhin mit 47.1% (24 der 51 Kinder) fast die Hälfte der Kinder ein unauffälliges Testergebnis. Der Chi-Quadrat-Test ist auf dem 1% Niveau signifikant. Also unterscheiden sich die Kinder der verschiedenen Ätiologien in der Häufigkeit ihrer Auffälligkeit im Abzeichentest.

Der Vergleich der drei ätiologischen Gruppen zeigt, dass der Unterschied zwischen den Kindern mit einer Spina Bifida und einer Hirnblutung nicht signifikant ist ($\chi^2(1) = .57$; $p = .450$), wohl aber der Unterschied zwischen den Kindern mit einer Spina Bifida und den Kindern einer sonstigen Ursache ihres Hydrocephalus. Dieser Unterschied ist auf dem 1% Niveau signifikant ($\chi^2(1) = 9.63$; $p = .002$). Und der Unterschied zwischen den Kindern mit einer Hirnblutung und jenen aus der Gruppe der sonstigen Ursachen verfehlt knapp das 5% Niveau ($\chi^2(1) = 3.31$; $p = .069$).

Tabelle 24: Testergebnisse verschiedener Gruppen im Abzeichentest							
		Abzeichentest					
		auffällig		unauffällig			
		n	%	n	%	χ^2	p
Ursache	Spina Bifida	38	82.6	8	17.4	10.45	.005
	Hirnblutung	18	75.0	6	25.0		
	Sonstige Ursache	27	52.9	24	47.1		
	Gesamt	83	68.6	38	31.4		
Unterricht	Regelschule	55	61.8	34	38.2	7.89	.005
	Förderschule	26	89.7	3	10.3		
Intelligenz-einschätzung	normal/hoch	38	63.3	22	36.7	5.99	.014
	unterdurchschnittlich/ lernbehindert	16	94.1	1	5.9		

Untersuchung visuell-räumlicher Fähigkeiten bei Kindern mit Hydrocephalus   313

Unterschiede hinsichtlich der Beschulung und der Intelligenzeinschätzung

Auch bezüglich der *Beschulung* gibt der Chi-Quadrat-Test ein sehr signifikantes Ergebnis an: Förderschüler zeigen sehr signifikant häufiger auffällige, also schwache Leistungen im Abzeichentest als die Regelschüler. 75.4% der untersuchten beschulten Kinder werden nach Elternaussagen nach dem Lehrplan für die Regelschule unterrichtet. Dies sind 89 Kinder, von denen nur 38.2% (34 Schüler) sich im Abzeichentest als unauffällig erweisen. Von den 29 Förderschulkindern erweisen sich 3 Schüler als unauffällig, aber 26 Schüler (89.7%) als auffällig. Darunter sind alle 12 Förderschulkinder mit einer Spina Bifida, während von den 10 Förderschulkindern mit einer der sonstigen Ursachen immerhin 3 im Test unauffällig abschneiden.

Der auf dem 1% Niveau signifikante Unterschied zwischen Förder- und Regelschülern liegt an dem besonders schwachen Abschneiden der Förderschüler, denn auch mehr als die Hälfte der Regelschüler (61.8%) ist auffällig in ihrer räumlichen-konstruktiven Fähigkeit und schneidet hoch signifikant schlechter im Abzeichentest ab wie die o. a. Prüfung ergibt.

In dieser Gruppe der im Abzeichentest auffälligen Regelschüler (N = 55) sind
- 75.8% (25 von 33) der Kinder mit einer Spina Bifida, die eine Regelschule besuchen,
- 68.8% (11 von 16) der Kinder mit einer Hirnblutung, die eine Regelschule besuchen,
- 47.5% (19 von 40) der Kinder mit einer sonstigen Ursache, die eine Regelschule besuchen.

Dementsprechend klein sind die Zahlen der Regelschüler, die ein unauffälliges Testergebnis erreichen: Nur 8 von 33 Regelschülern mit einer Spina Bifida, nur 5 von 16 Regelschülern mit einer Hirnblutung und 21 der 40 Regeschüler mit einer ›Sonstigen Ursache‹ ihres Hydrocephalus zeigen sich unauffällig. Werden nur diese 40 Regelschüler mit einer ›Sonstigen Ursache‹ und ihrem Ergebnis im Abzeichentest betrachtet, findet sich bei 47.5% der Kinder ein auffälliges und bei 52.5% der Kinder ein unauffälliges Ergebnis

Eine Zahl in ganz ähnlicher Größenordnung ergibt die Betrachtung der als normalintelligent eingestuften Kinder. Nur 36.7% der Kinder, die als normalintelligent eingeschätzt werden, erzielen ein unauffälliges Testergebnis. Die Kinder mit der Lernbehinderung sind auf dem 5% Niveau signifikant häufiger auffällig im Abzeichentest als die Kinder mit einer durchschnittlichen Intelligenz.

7.4.2.3 Ergebnisse der Kinder im Vergleich der Testverfahren

Es sind nach dem Abzeichentest 68.6% der Kinder in ihrer räumlich-konstruktiven Fähigkeit auffällig, und nach dem Untertest ›Dreiecke‹ sind 34.7% der Kinder in ihrer visuell-motorischen Kontrolle auffällig. Die Ergebnisse der Kinder im Abzeichentest sind mit den Ergebnissen des Untertests ›Dreiecke‹ in Beziehung zu setzen.

Ergebnisse im Abzeichentest im Vergleich mit den Skalenwerten aus dem Untertest ›Dreiecke‹

Von den 121 Kindern gelten nach dem Abzeichentest 38 Kinder als unauffällig. Sie erreichen einen durchschnittlich höheren Wert im Untertest ›Dreiecke‹. Sie befinden sich mit ihren Ergebnissen in den Dreiecken innerhalb der ersten Standardabweichung über und unter dem Mittelwert (M ± 1s) und liegen mit einem Mittelwert von M = 10.1 (s = 2.2) leicht über dem für die Dreiecke üblichen Mittelwert von M = 10.0.

Tabelle 25: Abzeichentest und Untertest ›Dreiecke‹ im Vergleich			
ATK	N	M in ›Dreiecke‹	s
auffällig	83	7.0	2.9
unauffällig	38	10.1	2.2

Dagegen unterscheiden sich die Kinder, die im ATK auffällig sind, sehr deutlich in ihren Werten bei den Dreiecken und erzielen einen niedrigeren Mittelwert. Der t-Test für unabhängige Stichproben zur Prüfung dieses Mittelwertunterschiedes fällt hoch signifikant aus (t(119) = - 5.73 p = .000). In beiden Gruppen finden sich keine Extremwerte.

Ergebnisse im Abzeichentest im Vergleich mit dichotomisierten Werten der ›Dreiecke‹

Im Untertest ›Dreiecke‹ sind Skalenwerte von 6 oder weniger Punkten als schwache Leistung einzuordnen, weil sie in der zweiten Standardabweichung unter dem Mittelwert liegen und dem Untertest ›Dreiecke‹ eine Normalverteilung zugrunde liegt (Melchers & Preuß 1994 a, 136). Hier wird eine Dichotomisierung in Skalenwerte über 6 Punkten und unter 6 Punkten vorgenommen.

Durch die Dichotomisierung der Ergebnisse im Untertest ›Dreiecke‹ bilden sich Gruppen von Kindern, die in beiden Tests gut bzw. auffällig schwach sind.

Tabelle 26: Ergebnisse im Abzeichentest und Untertest ›Dreiecke‹, dichotomisiert					
			Wert Dreiecke in 2 Gruppen		
			Werte von 0–6	Wert > 6	Gesamt
ATK	auffällig	Anzahl	39	44	83
			32.2%	36.4%	68.6%
	unauffällig	Anzahl	3	35	38
			2.5%	28.9%	31.4%
Gesamt		Anzahl	42	79	121
			34.7%	65.3%	100.0%

Von den 79 Kindern, die mit ihren Ergebnissen bei den Dreiecken innerhalb einer Standardabweichung um den Mittelwert liegen (M ± 1s), zeigt mehr als die Hälfte ein auffälliges Ergebnis im Abzeichentest. Ihnen gelingt die altersgemäße Bewältigung der

Aufgaben der ›Dreiecke‹, aber im Abzeichentest produzieren sie ein auffälliges Ergebnis (N = 44, 36.4% aller Kinder). Dagegen sind es nur drei Kinder, die im Abzeichnen unauffällig sind, aber in den Dreiecken ein schwaches Ergebnis erreichen. In beiden Tests unauffällig sind 28.9% der Kinder.

Testergebnisse und Beschulung/Intelligenzeinschätzung der Kinder

Zwar besteht die Gruppe der Kinder, die sich in beiden Tests unauffällig zeigen, fast nur aus Regelschülern (N = 31, 91.2%), aber viele Regelschüler (N = 40) erreichen nur beim Legen der Dreiecke die Norm und zeigen sich im Abzeichentest als auffällig. Mit einigen Förderschülern (N = 4) zusammen ergibt sich eine Gruppe, die 37.2% aller Schüler mit Hydrocephalus ausmacht. Darüber hinaus gibt es 16.9% Regelschüler, die in beiden Tests nur zu einer auffälligen Leistung kommen. In dieser Gruppe befindet sich mit 75.9% auch die Mehrheit der Förderschüler. Aber einigen Förderschüler (N = 4) gelingt ein gutes Ergebnis in den Dreiecken oder gar in beiden Tests (N = 3).

Tabelle 27: Ergebnisse im ATK und Dreieck-Test, differenziert nach Unterrichtung						
		beide Tests auffällig	ATK auffällig und Dreiecke unauffällig	ATK unauffällig und Dreiecke auffällig	beide Tests unauffällig	Gesamt
Regelschule	Anzahl	15	40	3	31	89
		16.9%	44.9%	3.4%	34.8%	100.0%
Förderschule	Anzahl	22	4	0	3	29
		75.9%	13.8%	.0%	10.3%	100.0%
Gesamt	Anzahl	37	44	3	34	118
		31,4%	37.3%	2.5%	28.8%	100.0%

Wird als Weiteres noch das Kriterium der Einschätzung ›normalintelligent‹ hinzugezogen, sind es 13 der 60 Kinder, die in beiden Tests schwach bzw. auffällig sind. Und 20 Kinder (33.3%) erreichen ein mittleres Ergebnis in den Dreiecken, fallen aber im Abzeichentest auf. 27 Kinder sind in beiden Tests unauffällig.

Testergebnisse und Ätiologien

Bei der Betrachtung der unterschiedlichen Testergebnisse finden sich Unterschiede bezüglich der Ätiologien. Aus der Gruppe der Kinder mit einer Spina Bifida gelingt nur 17.4% ein in beiden Tests unauffälliges Testergebnis. Aus der Gruppe mit einer Hirnblutung sind es 25.0% der Kinder und aus der Gruppe der Kinder mit den sonstigen Ursachen kommen 41.2% zu einem unauffälligen Ergebnis.

Tabelle 28: Ergebnisse im ATK und Dreieck-Test, differenziert nach Ätiologien						
Ätiologie		beide Tests auffällig	ATK auffällig und Dreieck unauffällig	ATK unauffällig und Dreieck auffällig	beide Tests unauffällig	Gesamt
Spina Bifida	Anzahl	18	20	0	8	46
		39.1%	43.5%	.0%	17.4%	100.0%
Hirnblutung	Anzahl	13	5	0	6	24
		54.2%	20.8%	.0%	25.0%	100.0%
Sonstige Ursache	Anzahl	8	19	3	21	51
		15.7%	37.3%	5.9%	41.2%	100.0%
Gesamt	Anzahl	39	44	3	35	121
		32.2%	36.4%	2.5%	28.9%	100.0%

Eine Signifikanzprüfung der Unterschiede zwischen den ätiologischen Gruppen erfolgt nicht, weil die beiden Testverfahren nicht genau die gleiche neuropsychologische Leistung messen, wie der Vergleich der Testergebnisse der Kinder in den beiden Tests belegt. Auch würde die Aussagekraft einer Unterschiedsprüfung weiter geschmälert werden, weil eine der Gruppen nur eine Anzahl von 3 Kindern aufweist.

7.4.2.4 Ergebnisse im Untertest ›Dreiecke‹ und die Skalen der Lernaspekte

Es kann über die initial gestellte Forschungsfrage hinaus geprüft werden, ob die Kinder mit einem schwachen Ergebnis im Untertest ›Dreiecke‹ häufiger, gleich häufig oder seltener Schwierigkeiten in den hier ebenfalls untersuchten Aspekten des Lernens zeigen als die Kinder mit Testergebnissen im Normbereich des Untertests ›Dreiecke‹ (innerhalb einer Standardabweichung über und unter dem Mittelwert). Diese dichotomisierte Einteilung der Ergebnisse der Kinder im Untertest ›Dreiecke‹, mit der das Ergebnis auf die Aussage verkürzt wird, ob der vom Kind erreichte Skalenwert noch innerhalb einer Standardabweichung um den Mittelwert (M ± 1 s) liegt, ermöglicht einen Gruppenvergleich.

Beide Gruppen zeigen in den Skalen der Aspekte des Lernens ähnlich hohe Mittelwerte und ähnlich hohe Standardabweichungen. Dabei zeigt sich, dass Kinder mit schwachen Ergebnissen im Untertest ›Dreiecke‹ ein wenig häufiger Schwierigkeiten in der Aufmerksamkeit, in den Exekutivfunktionen und im semantischen Verständnis haben, wobei sie eine geringere Varianz als die Kinder mit den besseren Ergebnissen zeigen. Dagegen haben die Kinder mit den schwachen Ergebnissen im Untertest ›Dreiecke‹ etwas seltener Schwierigkeiten im Gedächtnis, in der Stress- und der Geräuschempfindlichkeit.

Tabelle 29:
Unterschiede zwischen den Skalen der Lernaspekte und dem Ergebnis im Untertest ›Dreiecke‹

	Wert Dreiecke, dichotomisiert	N	M	s	t	df	p
Schwierigkeiten in der Aufmerksamkeit	Werte 0–6	42	16.68	3.82	.57	119	.569
	Wert > 6	79	16.22	4.39			
Schwierigkeiten im Gedächtnis	Werte 0–6	42	4.95	1.72	-.43	119	.668
	Wert > 6	79	5.09	1.63			
Schwierigkeiten in Exekutivfunktionen	Werte 0–6	42	5.67	1.62	2.27	119	.025
	Wert > 6	79	4.96	1.63			
Stressempfinden	Werte 0–6	41	11.77	3.55	-1.66	117	.100
	Wert > 6	78	12.90	3.53			
Geräuschempfindlichkeit-	Werte 0–6	42	1.29	.46	-1.89	118	.062
	Wert > 6	78	1.46	.50			
semantisches Verständnis	Werte 0–6	40	1.88	.34	114	1.13	.259
	Wert > 6	76	1.79	.41			

Bei der Skala ›Stressempfinden‹ und dem Item ›Geräuschempfindlichkeit‹ zeigt sich ein leichter Unterschied in der Richtung, dass die Kinder mit schwachen Testergebnissen häufiger stress- und geräuschempfindlich sind, aber dieser Unterschied ist nicht signifikant. Der einzige, auf einem 5% Niveau signifikante Unterschied ist, dass bei Kindern mit einem Ergebnis in den Dreiecken in der zweiten Standardabweichung unter dem Mittelwert häufiger ihre Eltern Probleme in den Exekutivfunktionen sehen. Der nonparametrische U-Test zeigt bei der Skala der Schwierigkeiten in den Exekutivfunktionen ebenfalls ein signifikantes Ergebnis (z = -2.35, p = .019). Bei den Skalen ›Schwierigkeiten in der Aufmerksamkeit‹, ›Schwierigkeiten im Gedächtnis‹, ›Stressempfinden‹ zeigt der t-Test zur Prüfung dieser Mittelwertunterschiede, dass keine Signifikanzen bestehen und auch die Mittelwerte der Items ›Geräuschempfindlichkeit‹ und ›semantische Fähigkeit‹ sich nicht signifikant unterscheiden.

7.4.2.5 Ergebnisse im Abzeichentest und die Skalen der Lernaspekte

Die Tabelle zeigt nur geringe Mittelwertunterschiede in den Skalen zwischen den Kindern mit einem auffälligen und jenen mit einem unauffälligen Testergebnis im Abzeichentest. Die Kinder mit einem auffälligen Testergebnis im ATK erzielen meist etwas höhere Mittelwerte als die im Test unauffälligen Kinder. Ihre Eltern sehen bei ihnen etwas häufiger Schwierigkeiten in diesen erfragten Lernaspekten. Nur in der Skala

›Gedächtnis‹ haben nach Elternsicht die unauffälligen Kinder etwas mehr Probleme und kommen zu einem leicht höheren Mittelwert. Die Kinder mit einem auffälligen Testergebnis und etwas mehr Schwierigkeiten in den Lernaspekten zeigen eine etwas größere Varianz, nur wiederum in der Skala ›Gedächtnis‹ nicht.

Der t-Test zur Prüfung der Unterschiede in den Mittelwerten zeigt, dass bei der Skala ›Schwierigkeiten im Gedächtnis‹ und ›Stressempfinden‹ keine Signifikanzen bestehen. Bei der Skala ›Schwierigkeiten in der Aufmerksamkeit‹ wird das 5% Signifikanzniveau knapp verfehlt und bei der Skala ›Schwierigkeiten in Exekutivfunktionen‹ besteht eine Signifikanz auf dem 5% Niveau. Da die Skala ›Schwierigkeiten in Exekutivfunktionen‹ nicht normalverteilt ist, wird der Unterschied zwischen den im Test auffälligen und unauffälligen Kindern noch einmal mit einem nonparametrischen Testverfahren geprüft. Der nonparametrische U-Test führt ebenfalls zu einem signifikanten Ergebnis ($z = -.25$; $p = .025$).

Bei dem Item ›Geräuschempfindlichkeit‹ findet sich keine Signifikanz und auch die Mittelwerte in der Skala ›semantische Fähigkeit‹ unterscheiden sich nicht signifikant. Allerdings führt der Levene-Test inhomogene Varianzen auf ($F = 8.10$; $p = .005$). Demnach zeigen die im ATK auffälligen Kinder größere Unterschiede im semantischen Sprachverständnis als die Kinder mit einem unauffälligen Testergebnis im ATK.

Tabelle 30: Unterschiede zwischen den Skalen der Lernaspekte und dem Ergebnis im Abzeichentest							
	ATK	N	M	s	t	df	p
Schwierigkeiten in der Aufmerksamkeit	auffällig	83	16.88	4.18	1.96	119	.052
	unauffällig	38	15.29	4.07			
Schwierigkeiten im Gedächtnis	auffällig	83	5.02	1.59	-.17	119	.866
	unauffällig	38	5.08	1.82			
Schwierigkeiten in Exekutivfunktionen	auffällig	83	5.42	1.63	2.15	119	.034
	unauffällig	38	4.74	1.62			
Stressempfinden	auffällig	81	12.23	3.75	-1.24	117	.218
	unauffällig	38	13.10	3.12			
Geräuschempfindlichkeit	auffällig	82	1.37	.49	-1.12	118	.266
	unauffällig	38	1.47	.51			
Schwierigkeiten in Semantik	auffällig	80	1.79	.41	-1.44	85.84	.153
	unauffällig	36	1.89	.32			

Zwischen den Ergebnissen aus dem Abzeichentest und den Skalen der Aspekte des Lernens zeigt sich nur bezüglich der Schwierigkeiten der Kinder in den Exekutivfunktionen eine Signifikanz.

7.4.3 Elterliche Wahrnehmung visuell-räumlich-konstruktiver Alltagsaufgaben

Es wird die abschließende Forschungsfrage operationalisiert:

An welchen Alltagssituationen können Eltern eine Einschränkung der visuell-räumlich-konstruktiven Fähigkeiten ihres Kindes erkennen?

Die visuell-räumlichen Schwierigkeiten bei Kindern mit Hydrocephalus werden durch vier Skalen erfasst, deren Benennung sich an der in der Literatur vorgenommenen Einteilung orientiert. Es handelt sich um die Skala visuell-räumlich-perzeptiver, visuell-räumlich-kognitiver, visuell-räumlich-konstruktiver und visuell-räumlich-topographischer Schwierigkeiten. Die Skalen umfassen von 5 und bis zu 13 Items mit hoher Trennschärfe. Es wird geprüft, inwiefern die Testergebnisse der Kinder sich von den elterlichen Beurteilungen der kindlichen Alltagsschwierigkeiten unterscheiden.

7.4.3.1 Skalen visuell-räumlicher Schwierigkeiten und Ergebnisse der Kinder im Untertest ›Dreiecke‹

Elterliche Beurteilung visuell-räumlicher Fähigkeiten im Zusammenhang zum Testergebnis

Es kann der Frage nachgegangen werden, wie eng die Fähigkeiten, die von den Kindern für die erfragten Alltagssituationen gefordert werden, mit den Fähigkeiten, die bei dem Untertest ›Dreiecke‹ gefordert werden, zusammenhängen. Hierbei werden die von den Kindern erzielten Skalenwerte zugrunde gelegt. Die Errechnung des Korrelationskoeffizienten nach Pearson zeigt Zusammenhänge mit kleinen Effekten (r = -.08 und -.16) über einen mittleren Effekt (r = -28) bis hin zu einem hohen mittleren Effekt in der Korrelation der Skala der räumlich-konstruktiven Schwierigkeiten und dem Untertest ›Dreiecke‹ von r = -.39. Es kommt zu einer negativen Korrelation, weil der Test die Leistungen misst und die Elternaussagen die Schwierigkeiten der Kinder benennen.

Tabelle 31: Zusammenhänge zwischen dem Untertest ›Dreiecke‹ und den Skalen visuell-räumlicher Schwierigkeiten		
Skala		Dreiecke
räumlich-perzeptiv	Korrelation nach Pearson	-.16
N = 104	Signifikanz (2-seitig)	.112
räumlich-kognitiv	Korrelation nach Pearson	-.28
N = 118	Signifikanz (2-seitig)	.002
räumlich-konstruktiv	Korrelation nach Pearson	-.39
N = 120	Signifikanz (2-seitig)	.000
räumlich-topographisch	Korrelation nach Pearson	-.08
N = 118	Signifikanz (2-seitig)	.381

Die Korrelationen mit den höchsten Effektstärken erweisen sich als signifikant, wovon die Korrelation mit einer hohen mittleren Effektstärke von r = -.39 mit der Skala der räumlich-konstruktiven Schwierigkeiten auf dem 0.1% Niveau signifikant ist. Und der Zusammenhang zwischen der Skala der räumlich-kognitiven Schwierigkeiten und dem Ergebnis des Untertests ›Dreiecke‹ bei Kindern mit Hydrocephalus mit einer leichten Effektstärke von r = -.28 ist auf dem 1% Niveau signifikant. Hierbei ist zu berücksichtigen, dass diese beiden Skalen mit einem r = .66 relativ hoch miteinander korrelieren. Dagegen korrelieren die Fähigkeiten, die bei dem Untertest ›Dreiecke‹ gefordert werden, nicht signifikant mit der Skala der räumlich-perzeptiven und nicht mit der Skala der räumlich-topographischen Schwierigkeiten.

Eine multiple Regression, bei der die Testergebnisse der Kinder im Untertest ›Dreiecke‹ die abhängige Variable und die elterlichen Bewertungen in den Skalen visuell räumlicher Schwierigkeiten die unabhängigen Variablen bilden, ergibt, dass alle vier Skalen nicht hoch mit den Ergebnissen der Kinder aus dem Untertest ›Dreiecke‹ zusammenhängen. Nur die Skala der räumlich-konstruktiven Schwierigkeiten ergibt mit einem Beta-Koeffizienten von -.37 einen mittleren Effekt. Es zeigt sich ein Einfluss auf das Ergebnis des Untertests ›Dreiecke‹, der auf dem .01% Niveau signifikant ist. Auch die Skala der räumlich-topographischen Schwierigkeiten zeigt mit einem Beta von .21 einen leichten Einfluss auf die mit dem Dreiecktest erfasste visuell-motorische Kontrolle. Allerdings zeigt das positive Vorzeichen, dass die Kinder mit Schwierigkeiten im räumlich-topographischen Verhalten gute Skalenwerte im Test erreichen.

Tabelle 32: Multiple Regression der vier Skalen visuell-räumlicher Schwierigkeiten und Testergebnissen der Kinder mit Hydrocephalus im Untertest ›Dreiecke‹

	Nichtstandardisierte Koeffizienten		Standardisierte Koeffizienten			Kollinearitätsstatistik	
	B	Standardfehler	Beta	t	Sig.	Toleranz	VIF
(Konstante)	11.45	1.04		11.01	.000		
räumlich- perzeptiv	.01	.08	.02	.15	.884	.56	1.79
räumlich- kognitiv	-.06	.08	-.14	-.79	.433	.29	3.40
räumlich- konstruktiv	-.12	.04	-.37	-2.84	.005	.53	1.88
räumlich-topographisch	.13	.09	.21	1.49	.138	.46	2.17

Die Toleranz- (bzw. VIF-)Werte deuten darauf hin, dass keine hohe Kollinearität zwischen den Skalen vorliegt. Alle vier Skalen ergeben ein R = .36 und ein korrigiertes R-Quadrat von .10, sodass also auch die Skalen gemeinsam nicht hoch mit den Testergebnissen der Kinder im Untertest ›Dreiecke‹ korrelieren.

*Elterliche Beurteilung visuell-räumlicher Fähigkeiten
in Abhängigkeit vom Testergebnis und der Ätiologie*

Im Folgenden wird untersucht, inwieweit zwischen den Ergebnissen aus dem Untertest ›Dreiecke‹ und denen aus der Elternbefragung ein Unterschied besteht, ob also den in den Dreiecken auffälligen (M − 2s) oder unauffälligen Kindern (M ± 1s) von ihren Eltern geringe oder große Schwierigkeiten in ihren visuell-räumlichen Fähigkeiten zugeschrieben werden. Zugleich wird bei jeder Skala in einem weiteren Schritt anhand einer zweifaktoriellen Varianzanalyse geprüft, inwieweit die Testergebnisse der Kinder mit einem Hydrocephalus unterschiedlicher Ätiologie sich voneinander unterscheiden. Dabei bildet die Ätiologie den 1. Faktor, das Ergebnis des Untertests ›Dreiecke‹ den 2. Faktor und die jeweilige Skala der visuell-räumlichen Schwierigkeiten ist die abhängige Variable.

Prüfung der Skala der räumlich-perzeptiven Schwierigkeiten

Da nicht alle der 121 Eltern zu wenigstens vier der sechs Items der *räumlich-perzeptiven Skala* eine Aussage über die Schwierigkeiten ihres Kindes gemacht haben, sind nur 104 Antworten auszuwerten. Bei den Schwierigkeiten in räumlich-perzeptiven Alltagssituationen unterscheiden sich die auffälligen Kinder nicht signifikant von den unauffälligen Kindern ($F(1/98) = .37$, $p = .546$, $\eta^2 = .00$). Die Interaktion zwischen den Faktoren ist nicht signifikant ($F(2/98) = 1.17$, $p = .316$, $\eta^2 = .02$), d. h. die beiden Faktoren ›Ätiologie‹ und ›Testergebnis‹ sind gleich hoch.

Die Eltern der Kinder mit einem Hydrocephalus in Verbindung mit einer Spina Bifida und die Eltern der Kinder mit einem Hydrocephalus nach einer Hirnblutung erleben bei ihren Kindern, die ein schwaches Testergebnis zeigen und damit in der zweiten Standardabweichung unter dem Mittelwert liegen, häufiger Schwierigkeiten in Alltagssituationen, die räumlich-perzeptive Fähigkeiten erfordern, als die Eltern der Kinder, die mit ihrem Testergebnis in der Norm (M ± 1s) liegen.

Anders sieht es bei den Eltern der Kinder aus der Gruppe der ›Sonstigen Ursachen‹ aus. Hier sehen die Eltern der auffälligen Kinder weniger Alltagsschwierigkeiten. Allerdings handelt es sich hierbei nur um eine kleine Gruppe von 7 Kindern. Die Mittelwerte der Gruppen unterscheiden sich von M = 10.07 (s = 4.57) bei den Kindern mit schwachem Testergebnis aus der Gruppe der ›Sonstigen Ursachen‹ bis zu M = 12.95 (s = 5.08) bei den Kindern mit schwachem Testergebnis und der Ätiologie Spina Bifida.

Tabelle 33: Skala der räumlich-perzeptiven Schwierigkeiten als abhängige Variable				
Ursache des Hydrocephalus	Wert Dreiecke, dichotomisiert	M	s	N
Spina Bifida	Werte von 0–6	12.95	5.08	16
	Wert > 6	10.48	4.63	27
	Gesamt	11.40	4.89	43

Tabelle 33: Skala der räumlich-perzeptiven Schwierigkeiten als abhängige Variable				
Hirnblutung	Werte von 0–6	12.75	5.20	10
	Wert > 6	12.26	4.58	8
	Gesamt	12.53	4.80	18
Sonstige Ursache	Werte von 0–6	10.07	4.57	7
	Wert > 6	11.11	3.88	36
	Gesamt	10.94	3.96	43
Gesamt	Werte von 0–6	12.28	5.00	33
	Wert > 6	11.00	4.23	71
	Gesamt	11.41	4.50	104

Aber der Haupteffekt des Gruppenfaktors ›Ätiologie‹ und somit der Unterschied zwischen den ätiologischen Gruppen zeigt sich in der zweifaktoriellen Varianzanalyse als kleiner Effekt, der nicht signifikant ist (F(2/98) = .96, p = .387, η^2 = .02).

Prüfung der Skala der räumlich-kognitiven Schwierigkeiten

Bei allen drei ätiologischen Gruppen erreichen die Kinder mit auffällig schwachem Testergebnis deutlich höhere Bewertungen ihrer Alltagsschwierigkeiten in den räumlich-kognitiven Fähigkeiten als die Kinder mit einem Testergebnis in der Norm, und es zeigt sich mit η^2 = .10 ein Effekt mittlerer Stärke. Dieser Unterschied erweist sich auch als signifikant (F(1/112) = 11.70, p = .001). Die Testergebnisse stehen demnach in einem Zusammenhang zur Bewältigung der Alltagssituationen, die die räumlich-kognitive Skala bilden.

Tabelle 34: Skala der räumlich-kognitiven Schwierigkeiten als abhängige Variable				
Ursache des Hydrocephalus	Wert Dreiecke, dichotomisiert	M	s	N
Spina Bifida	Werte von 0–6	22.59	5.49	18
	Wert > 6	16.92	5.45	26
	Gesamt	19.24	6.10	44
Hirnblutung	Werte von 0–6	23.27	7.09	12
	Wert > 6	18.84	5.57	11
	Gesamt	21.15	6.66	23
Sonstige Ursache	Werte von 0–6	22.51	7.25	11
	Wert > 6	19.22	6.83	40
	Gesamt	19.93	6.99	51
Gesamt	Werte von 0–6	22.77	6.32	41
	Wert > 6	18.39	6.24	77
	Gesamt	19.91	6.58	118

Die Unterschiede im Mittelwert zwischen den ätiologischen Gruppen sind sowohl bei den Kindern mit auffällig schwachem Testergebnis als auch bei den Kindern mit einem Testergebnis in der Norm gering. Die geringen Unterschiede erweisen sich auch als nicht signifikant kleine Effekte (F(2/112) = .44, p = .646, η^2 = .01).

Bei den Kindern mit Spina Bifida ist zu erkennen, dass die Varianz einen sehr geringen Unterschied zwischen Kinder mit auffällig schwachem Testergebnis und Kindern mit einem Testergebnis in der Norm anzeigt. Die Interaktion zwischen den Faktoren ist nicht signifikant (F(2/112) = .34, p = .714, η^2 = .01).

Prüfung der Skala der räumlich-konstruktiven Schwierigkeiten

Es zeigt sich, dass bei allen drei ätiologischen Gruppen die Eltern bei den Kindern mit auffällig schwachem Testergebnis deutlich mehr an Alltagsschwierigkeiten der Skala der räumlich-konstruktiven Schwierigkeiten sehen, als die Eltern der Kinder mit einem Testergebnis, das in der Norm liegt, sie bei ihren Kindern sehen. Dieser Unterschied macht sich als mittlerer Effekt und als hoch signifikant bemerkbar (F(1/114) = 15.56, p = .000, η^2 = .12)

Hinsichtlich der Ätiologie finden sich nur geringe Unterschiede. Die Eltern der Kinder mit einer Hirnblutung sehen häufiger als die anderen Eltern bei ihren Kindern Schwierigkeiten. Diese Unterschiede bilden sich nur als kleiner Effekt ab und sind nicht signifikant (F(2/114) = .56, p = .571, η^2 = .01).

Zu erkennen sind weiter große Varianzen in der elterlichen Wahrnehmung. Diese zeigen, dass die Kinder mit einem Hydrocephalus aufgrund einer Hirnblutung oder einer der sonstigen Ursachen in ihren räumlich-konstruktiven Schwierigkeiten mehr streuen als die Kinder mit einer Spina bifida. Die Prüfung mit dem Levene-Tast führt inhomogene Varianzen auf (F = 2.34; p 0 .046).

Tabelle 35: Skala der räumlich-konstruktiven Schwierigkeiten als abhängige Variable				
Ursache des Hydrocephalus	Wert Dreiecke (dichotomisiert)	M	s	N
Spina Bifida	Werte von 0–6	33.39	7.20	17
	Wert > 6	27.21	5.11	28
	Gesamt	29.55	6.64	45
Hirnblutung	Werte von 0–6	35.92	8.55	13
	Wert > 6	29.09	10.60	11
	Gesamt	32.79	9.95	24
Sonstige Ursache	Werte von 0–6	34.50	8.83	11
	Wert > 6	27.84	9.03	40
	Gesamt	29.28	9.32	51

Tabelle 35: Skala der räumlich-konstruktiven Schwierigkeiten als abhängige Variable				
Gesamt	Werte von 0–6	34.49	7.96	41
	Wert > 6	27.79	8.04	79
	Gesamt	30.08	8.59	120

Die Interaktion zwischen den Faktoren ist nicht signifikant (F(2/114) = .02, p = .985, η^2 = .00).

Prüfung der Skala der räumlich-topographischen Schwierigkeiten

Die Mittelwerte der Kinder in Alltagssituationen mit räumlich-topographischen Schwierigkeiten sind in allen drei ätiologischen Gruppen ähnlich hoch und die Varianzen ähnlich groß. Es zeigt sich kein Gruppeneffekt und auch keine Signifikanz (F(2/112) = .756, p = .472, η^2 = .00). Die Kinder der verschiedenen Gruppen unterscheiden sich nicht in der elterlichen Beurteilung ihrer räumlich-topographischen Schwierigkeiten, wie sie durch die Skala der räumlich-topographischen Schwierigkeiten erfasst werden. Es zeigt sich wohl ein kleiner Effekt in der Hinsicht, dass die Kinder mit einem auffällig schwachen Testergebnis nach Sicht ihrer Eltern mehr Schwierigkeiten in der Orientierung haben als Kinder mit einem Testergebnis in der Norm. Dieser Unterschied erweist sich aber als nicht signifikant (F(1/112) = 2.28, p = .134, η^2 = .02). Die Interaktion zwischen den Faktoren ist nicht signifikant (F(2/112) = .45, p = .637, η^2 = .01).

Tabelle 36: Skala der räumlich-topographischen Schwierigkeiten als abhängige Variable				
Ursache des Hydrocephalus	Wert Dreiecke, dichotomisiert	M	s	N
Spina Bifida	Werte von 0–6	12.35	4.10	16
	Wert > 6	09.82	3.52	28
	Gesamt	10.74	3.90	44
Hirnblutung	Werte von 0–6	12.08	5.16	13
	Wert > 6	11.23	4.46	11
	Gesamt	11.69	4.76	24
Sonstige Ursache	Werte von 0–6	12.11	5.27	11
	Wert > 6	11.33	4.71	39
	Gesamt	11.50	4.79	50
Gesamt	Werte von 0–6	12.20	4.67	40
	Wert > 6	10.77	4.29	78
	Gesamt	11.26	4.45	118

Effektstärken

Die Effektstärken auf die Skalen visuell-räumlicher Schwierigkeiten sind fast alle schwach. Die Effektstärke des Gruppenfaktors ›Ätiologie‹ beim Untertest ›Dreiecke‹ liegt zwischen einem η^2 von .00 und .02. Damit wirkt sich die Ätiologie des Hydrocephalus nicht auf die Unterschiede in der elterlichen Wahrnehmung der visuell-räumlichen Schwierigkeiten aus. Dagegen zeigen die Testergebnisse im Untertest ›Dreiecke‹ auf die Skala der räumlich-kognitiven Schwierigkeiten mit η^2 = .10 und auf die Skala der räumlich-konstruktiven Schwierigkeiten mit η^2 = .12 einen mittleren Effekt, der signifikant ist.

7.4.3.2 Skalen visuell-räumlicher Schwierigkeiten und Ergebnisse der Kinder im Abzeichentest

Elterliche Beurteilung visuell-räumlicher Fähigkeiten in Abhängigkeit vom Testergebnis und der Ätiologie

Im Folgenden wird untersucht, inwieweit zwischen den Ergebnissen aus den Abzeichentest und denen aus der Elternbefragung ein Unterschied besteht, ob also den im Abzeichentest unauffälligen bzw. auffälligen Kindern von ihren Eltern geringe oder große Schwierigkeiten in ihren visuell-räumlichen Fähigkeiten zugeschrieben werden. Zugleich wird bei jeder Skala in einem weiteren Schritt anhand einer zweifaktoriellen Varianzanalyse geprüft, inwieweit die Testergebnisse der Kinder mit einem Hydrocephalus unterschiedlicher Ätiologie sich voneinander unterscheiden. Dabei bildet die Ätiologie den 1. Faktor, das Ergebnis des Abzeichentests den 2. Faktor und die jeweilige Skala der visuell-räumlichen Schwierigkeiten ist die abhängige Variable.

Prüfung der *Skala der räumlich-perzeptiven Schwierigkeiten*

Von den 104 Kindern, bei denen die Eltern ausreichend viele Items dieser Skala beantwortet haben, gelangen 69 Kinder im ATK zu einem auffälligen Ergebnis. Diese Kinder zeigen einen wesentlich höheren Mittelwert mit 12.21(s = 4.73) in der Skala der räumlich-perzeptiven Schwierigkeiten als die 35 Kinder, die im ATK unauffällig sind (M = 9.83, s = 3.59). Es ergibt sich ein leichter bis mittlerer Effekt, bei dem die auffälligen Kinder nach dem ATK signifikant mehr Schwierigkeiten in den räumlich-perzeptiven Alltagssituationen zeigen als die unauffälligen Kinder (F(1/98) = 5.68, p = .019, η^2 = .06). Der nonparametrische U-Test bestätigt, dass die unterschiedlichen Testergebnisse der Kinder sich auf der räumlich-perzeptiven Skala signifikant zeigen (z = -2.49, p = .013).

Tabelle 37: Skala räumlich-perzeptiver Schwierigkeiten als abhängige Variable				
Ursache des Hydrocephalus	ATK	M	s	N
Spina Bifida	auffällig	11.98	5.00	35
	unauffällig	8.86	3.65	8
	Gesamt	11.40	4.89	43
Hirnblutung	auffällig	13.21	4.88	14
	unauffällig	10.15	4.17	4
	Gesamt	12.53	4.80	18
Sonstige Ursache	auffällig	11.90	4.24	20
	unauffällig	10.11	3.58	23
	Gesamt	10.94	3.96	43
Gesamt	auffällig	12.21	4.73	69
	unauffällig	9.83	3.59	35
	Gesamt	11.41	4.50	104

Die Mittelwertunterschiede bestehen bei allen drei ätiologischen Gruppen, wobei die Kinder aus der Gruppe der sonstigen Ursachen den geringsten Mittelwertunterschied aufzeigen. Aber die zweifaktorielle Varianzanalyse errechnet, dass der Haupteffekt des Gruppenfaktors (die Ätiologie des Hydrocephalus) nicht signifikant ist ($F(2/98) = .36$, $p = .701$, $\eta^2 = .01$). Die Interaktion zwischen den Faktoren ist nicht signifikant ($F(2/98) = .22$, $p = .803$, $\eta^2 = .00$).

Prüfung der *Skala der räumlich-kognitiven Schwierigkeiten*

Die im Abzeichentest auffälligen Kinder gelangen zu höheren Mittelwerten als die im Test unauffälligen Kinder. Und die auffälligen Kinder nach dem ATK zeigen signifikant mehr Schwierigkeiten in räumlich-kognitiven Alltagssituationen als die unauffälligen ($F(1/112) = 5.99$, $p = .016$, $\eta^2 = .05$). Dies zeigt auch der kleine bis mittlere Effekt von einem $\eta^2 = .05$. Dabei ist die Interaktion zwischen den Faktoren nicht signifikant ($F(2/112) = .76$, $p = .472$, $\eta^2 = .01$).

Tabelle 38: Skala räumlich-kognitiver Schwierigkeiten als abhängige Variable				
Ursache des Hydrocephalus	ATK	M	s	N
Spina Bifida	auffällig	20.22	5.98	36
	unauffällig	14.79	4.65	8
	Gesamt	19.24	6.10	44
Hirnblutung	auffällig	22.11	6.35	17
	unauffällig	18.44	7.36	6
	Gesamt	21.15	6.66	23

Tabelle 38: Skala räumlich-kognitiver Schwierigkeiten als abhängige Variable				
Sonstige Ursache	auffällig	20.70	6.75	27
	unauffällig	19.05	7.28	24
	Gesamt	19.93	6.99	51
Gesamt	auffällig	20.79	6.29	80
	unauffällig	18.06	6.88	38
	Gesamt	19.91	6.58	118

Die Unterschiede zeigen sich bei allen drei Ätiologien, wobei die Kinder mit einer Spina Bifida den größten Mittelwertunterschied und die Kinder aus der Gruppe der sonstigen Ursachen den geringsten Mittelwertunterschied aufweisen. Die Varianzen liegen in allen Gruppen in ähnlicher Höhe. Der Gruppenunterschied erweist sich zwar als kleiner Effekt, aber auch hier ist in der zweifaktoriellen Varianzanalyse der Haupteffekt des Gruppenfaktors ›Ätiologie‹ nicht signifikant (F(2/112) = 1.40, p = .252, η^2 = .02).

Prüfung der *Skala der räumlich-konstruktiven Schwierigkeiten*

Alle ätiologischen Gruppen erreichen bei der Prüfung der Skala der räumlich-konstruktiven Schwierigkeiten mit den Ergebnissen im Abzeichentest ähnlich hohe Mittelwerte und in der zweifaktoriellen Varianzanalyse erweist sich der Haupteffekt des Gruppenfaktors ›Ätiologie‹ als klein und als nicht signifikant (F(2/114) = .36, p = .688, η^2 = .01). Aber es zeigen sich große Mittelwertunterschiede zwischen den Kindern mit auffälligen und jenen mit unauffälligen Testergebnissen. Dabei weist die kleine Gruppe der unauffälligen Kinder mit einer Spina Bifida die geringste Varianz im Testergebnis und die ebenfalls kleine Gruppe der unauffälligen Kinder mit einer Hirnblutung die größte Varianz auf.

Tabelle 39: Skala räumlich-konstruktiver Schwierigkeiten als abhängige Variable				
Ursache des Hydrocephalus	ATK	M	s	N
Spina Bifida	auffällig	30.51	6.69	37
	unauffällig	25.08	4.37	8
	Gesamt	29.55	6.64	45
Hirnblutung	auffällig	35.88	8.30	18
	unauffällig	23.53	9.18	6
	Gesamt	32.79	9.95	24
Sonstige Ursache	auffällig	33.63	8.14	27
	unauffällig	24.37	8.15	24
	Gesamt	29.28	9.32	51

Tabelle 39: Skala räumlich-konstruktiver Schwierigkeiten als abhängige Variable				
Gesamt	auffällig	32.72	7.77	82
	unauffällig	24.39	7.52	38
	Gesamt	30.08	8.59	120

Insgesamt errechnet sich ein als groß zu bezeichnender Effekt der Testergebnisse aus dem Abzeichentest auf die Schwierigkeiten in räumlich-konstruktiven Alltagssituationen, und die Kinder mit einem auffälligen Testergebnis zeigen hoch signifikant mehr Schwierigkeiten als die unauffälligen Kinder ($F(1/114) = 27.95$, $p = .000$, $\eta^2 = .20$). Die Interaktion zwischen den Faktoren ist nicht signifikant ($F(2/114) = 1.16$, $p = .317$, $\eta^2 = .02$).

Prüfung der *Skala der räumlich-topographischen Schwierigkeiten*

Beim Blick auf die elterlichen Bewertungen der räumlich-topographischen Schwierigkeiten der Kinder, differenziert nach ihrem Ergebnis im Abzeichentest, zeigen sich durchgehend ähnlich hohe Mittelwerte und meist auch ähnlich hohe Varianzen. Einzig bei den Kindern mit einer Hirnblutung scheinen sich die Fähigkeiten, die im Abzeichentest erforderlich sind, auf die Alltagssituationen, die mit der Skala der räumlich-topographischen Schwierigkeiten erfasst werden, auszuwirken. Dieser Haupteffekt des Gruppenfaktors ist klein und in der zweifaktoriellen Varianzanalyse nicht signifikant ($F(2/112) = .41$, $p = .662$, $\eta^2 = .01$).

Tabelle 40: Skala räumlich-topographischer Schwierigkeiten als abhängige Variable				
Ursache des Hydrocephalus	ATK	M	s	N
Spina Bifida	auffällig	10.87	4.14	36
	unauffällig	10.16	2.64	8
	Gesamt	10.74	3.90	44
Hirnblutung	auffällig	12.25	4.61	18
	unauffällig	10.00	5.25	6
	Gesamt	11.69	4.76	24
Sonstige Ursache	auffällig	11.52	4.58	27
	unauffällig	11.49	5.14	23
	Gesamt	11.50	4.79	50
Gesamt	auffällig	11.39	4.37	81
	unauffällig	10.96	4.67	37
	Gesamt	11.26	4.45	118

Hier zeigen im Unterschied zu den anderen Skalen die auffälligen Kinder nach dem ATK nicht signifikant mehr Schwierigkeiten in räumlich-topographischen Alltagssituationen als die unauffälligen Kinder (F(1/112) = .97, p = .327, η^2 = .01). Die Interaktion zwischen den Faktoren ist nicht signifikant (F(2/112) = .41, p = .668, η^2 = .01).

Effektstärken

Die Effektstärken auf die Skalen visuell-räumlicher Schwierigkeiten sind meist schwach. Die Effektstärken des Gruppenfaktors ›Ätiologie‹ liegen zwischen einem η^2 von .01 und .02 und zeichnen sich daher als kleine Effekte ab. Damit sind die Unterschiede in den drei ätiologischen Gruppen ähnlich und die Ätiologie des Hydrocephalus wirkt sich beim Abzeichentest nur gering auf die Unterschiede in den elterlichen Wahrnehmungen der visuell-räumlichen Schwierigkeiten aus. Die Testergebnisse im Abzeichentest zeigen dagegen auf die Skala der räumlich-kognitiven Schwierigkeiten mit η^2 = .05, auf der Skala der räumlich-perzeptiven mit η^2 = .06 einen leichten bis mittleren, signifikanten Effekt, und auf die Skala der räumlich-konstruktiven Schwierigkeiten mit η^2 = .20 einen eher großen Effekt, der signifikant ist. Ein großer Teil der Unterschiede in der Skala der räumlich-konstruktiven Schwierigkeiten ist aus dem Abschneiden der Kinder im Abzeichentest zu erklären.

7.4.3.3 Prüfung einzelner Items mit räumlichen Bezug

Uhr lesen

Von allen Items der Skala der räumlich-perzeptiven Schwierigkeiten erweist sich die Frage nach den Schwierigkeiten, eine analoge Uhr zu lesen, mit .76 am trennschärfsten. Die Skala enthält aber auch das Item mit der Frage nach den Schwierigkeiten im Lesen der digitalen Uhr. Diese Frage wird von sehr viel weniger Eltern bejaht. 38.8% der Eltern bejahen die Schwierigkeit beim Lesen der analogen Uhr und 10.7% der Eltern die Schwierigkeit beim Lesen der digitalen Uhr. Aber die Korrelation des Items der analogen Uhr mit jenem der digitalen Uhr ergibt einen Zusammenhang von .63, der auf dem 0.1% Niveau signifikant ist. Sehr viele der Kinder, die digitale Zahlen nur mit Schwierigkeiten lesen können, haben also auch Probleme die analoge Uhr richtig zu erkennen.

In der Gruppe der Kinder, die Schwierigkeiten mit der digitalen Uhr haben, befinden sich sowohl Regel- als auch Förderschüler und es zeigt sich, dass die Förderschüler eine sehr große Varianz aufweisen, und dass die Regelschüler häufiger als die Förderschüler im Lesen der Digitaluhr Probleme haben. Die Häufigkeiten entstehen, weil viele Eltern angeben, dass ihr Kind ›kaum‹ Schwierigkeiten zeige und nicht die Möglichkeit der Ablehnung einer Schwierigkeit wählen. Der Mittelwert der Regelschüler in der elterlichen Wahrnehmung beträgt M = 1.96 (s = .20, N = 76) und der der Förderschüler M = 1.61 (s = .50, N = 23). Der t-Test für unabhängige Stichproben ist auf dem 1% Niveau signifikant (t(24.1) = 3.31; p = .003). Der F-Test zeigt ein hochsignifikantes Ergebnis (F = 101.64; p = .000).

Der Fragebogen enthält zwei Fragen, bei denen ein Bezug zu räumlich-konstruktiven Schwierigkeiten nach Literaturangaben zu vermuten ist, und die deshalb mit aufgenommen wurden. Sie gehören in dieser Stichprobe aber zu keiner der vier Skalen. Es sind die Fragen, ob das Kind Probleme im Blickkontakt hat (Kerkhoff & Münßinger 2002, 33) und ob es im Rechnen größere Schwierigkeiten als im Lesen und Schreiben habe (s. Abschnitt 6.5.1).

Blickkontakt

Die Frage, ob es vorkomme, dass das Kind am Gesprächspartner vorbeischaue und keinen Blickkontakt aufnimmt, wird von 30.3% der Eltern bejaht, aber sie steht in keinem Zusammenhang zu einer der vier visuell-räumlichen Skalen. Auch bei der Skala der räumlich-konstruktiven Schwierigkeiten erreicht das Item nur eine Trennschärfe von .36.

Dies zeigt sich auch beim Vergleich der Mittelwerte, denn die Eltern der Kinder mit einem auffälligen Ergebnis im Abzeichentest (M = 1.65, s = .48, N = 82) sehen etwas seltener das Problem des Blickkontaktes bei ihren Kindern als die Eltern der unauffälligen Kinder (M = 1.78, s = 4.2, N = 36). Die Mittelwertunterschiede der beiden Gruppen (Elternbeurteilung der im Test auffälligen und der unauffälligen Kinder) sind nicht signifikant. Der t-Test für unabhängige Stichproben fällt nicht signifikant aus (t(75.7) = -1.492; p = .140). Der F-Test zeigt, dass die Varianzen nicht homogen sind (F = 10.23; p = .002).

Aber es zeigt sich ein Unterschied zwischen den drei ätiologischen Gruppen.

Tabelle 41: Unterschiede in den ätiologischen Gruppen bei der Frage ›Kommt es vor, dass das Kind am Gesprächspartner vorbeischaut und keinen Blickkontakt herstellt?‹		
Ursache des Hydrocephalus	M	s	N
Spina Bifida	1.67	.90	45
Hirnblutung	2.25	.90	24
Sonstige Ursache	2.04	1.00	49
Gesamt	1.94	.96	118

Die einfaktorielle Varianzanalyse zeigt eine leichten bis mittleren Effekt der Ätiologie und ist auf dem 5% Niveau signifikant (F(2/115) = 3.46, p = .035; η^2 = .06). Im posthoc nach Bonferroni zeigt sich nur der Unterschied zwischen der Gruppe der Spina Bifida und der Gruppe der Hirnblutung signifikant. Kinder mit einem Hydrocephalus aufgrund einer Hirnblutung haben mehr Probleme mit dem Blickkontakt als Kinder mit einer Spina Bifida.

Rechnen

Visuell-räumlich-konstruktive Schwächen gelten als entscheidende Vorläuferstörung für eine Dyskalkulie (Heubrock & Petermann 2000, 238; Schumann-Hengsteler

2006, 76). Sowohl um den Eltern einen Vergleichspunkt zu den möglichen Rechenschwierigkeiten ihres Kindes zu geben als auch die Rechenschwäche als isolierte Schwäche zu erfassen, wird im Elternfragebogen gefragt, ob das Kind im Rechnen größere Probleme als im Schreiben und Lesen habe.

Die elterliche Bewertung der Rechenprobleme ihres Kindes wird mit den Ergebnissen der Kinder im Abzeichentest und im Untertest ›Dreiecke‹ verglichen:

Tabelle 42: Mittelwertunterschied zwischen ATK auffälligen und unauffälligen Kindern beim Item ›Hat das Kind im Rechnen größere Probleme als im Schreiben und Lesen?‹

	ATK	N	M	s
Rechenprobleme	auffällig	73	1.49	.50
	unauffällig	36	1.64	.49

Die Kinder mit einem auffälligen Testergebnis erreichen nach Angaben ihrer Eltern einen niedrigeren Mittelwert, zeigen also seltener größere Probleme im Rechnen als im Lesen und Schreiben als die Kinder mit einem unauffälligen Ergebnis im Abzeichentest, aber dieser Unterschied ist nicht signifikant. Die Kinder mit einem auffälligen Testergebnis streuen etwas stärker und der Levene-Test der Varianzgleichheit zeigt, dass diese Varianzen nicht homogen sind (F = 5.93, p = .017). Der t-Test für einen Mittelwertvergleich inhomogener Varianzen wird nicht signifikant (t(71.9) = -.155, p = .151).

Zuzüglich zum Abzeichentest können die elterlichen Einschätzungen bezüglich der Rechenprobleme ihrer Kinder mit dem Ergebnis im Untertest ›Dreiecke‹ verglichen werden: Der Vergleich mit den von den Kindern erzielten Skalenwerten im Untertest ›Dreiecke‹ und der elterlichen Bewertung der Rechenprobleme (»Hat das Kind im Rechnen größere Probleme als im Schreiben und Lesen?«) ergibt eine leichte Korrelation zwischen dem Item und den Testergebnissen des Dreieckstest von r = .26, die auf dem 1% Niveau signifikant (p = .006) sind. Also Kinder, die einen hohen Skalenwert aufweisen, zeigen in den Augen ihrer Eltern in der Schule im Rechnen größere Probleme als im Schreiben und Lesen.

Auch der Blick auf die dichotomisierten Ergebnisse im Untertest ›Dreiecke‹ und die elterliche Einschätzung zeigen einen höheren Mittelwert, also mehr an Schwierigkeiten bei den Kindern mit einem guten Testergebnis. Der t-Test für unabhängige Stichproben zeigt ein hochsignifikantes Ergebnis (t(107) = -3.40, p = .001).

Tabelle 43: Mittelwertunterschied zwischen in den Dreiecken auffälligen und unauffälligen Kindern beim Item ›Hat das Kind im Rechnen größere Probleme als im Schreiben und Lesen?‹

	Wert Dreiecke, dichotomisiert	N	M	s
Rechenprobleme	Werte von 0–6	37	1.32	.48
	Wert > 6	72	1.65	.48

Es gilt weiter, mögliche Unterschiede zwischen den ätiologischen Gruppen zu erkennen. Eine Prüfung des Unterschieds zwischen den ätiologischen Gruppen zeigt einen kleinen Effekt auf und dass die Mittelwerte sich nur geringfügig unterscheiden. Dementsprechend zeigt die einfaktorielle Varianzanalyse ein insignifikantes Ergebnis (F(2/106) = .54, p = .587, η^2 = .01).

Tabelle 44: Unterschiede in den ätiologischen Gruppen bei der Frage ›Hat das Kind im Rechnen größere Probleme als im Schreiben und Lesen?‹			
Ursache des Hydrocephalus	M	s	N
Spina Bifida	2.40	1.34	42
Hirnblutung	2.09	1.19	22
Sonstige	2.40	1.21	45
Gesamt	2.34	1.26	109

7.4.4 Vorhersage der Testergebnisse anhand der Skalen visuell-räumlicher Schwierigkeiten

Die abschließende Forschungsfrage der vorliegenden Studie ist, inwieweit aus den Schwierigkeiten der Kinder in Alltagssituationen eine räumlich-konstruktive Schwäche, so wie sie von den beiden Testverfahren erfasst wird, zu erkennen und vorherzusagen ist:

Welche Skalen mit welchen Items leisten eine Vorhersage und wie gut können die Skalen visuell-räumlicher Schwierigkeiten eine räumlich-konstruktive Schwäche vorhersagen?

Mit Hilfe der binären logistischen Regression, der alle vier Skalen visuell-räumlicher Schwierigkeiten mit ihren 33 Alltagssituationen zugrunde gelegt werden, ist ein Vorhersagewert über den Einfluss der Skalen auf das Testergebnis zu errechnen. Der Regressionskoeffizient zeigt den Beitrag an, den die einzelne Skala zur Erklärung eines auffälligen Testergebnisses in der räumlich-konstruktiven Fähigkeit bei Kindern mit Hydrocephalus liefert. Hier kann der Regressionskoeffizient sowohl in Bezug auf die Testergebnisse der Kinder im *Untertest ›Dreiecke‹* (dichotomisierte Werte) als auch in Bezug auf die Testergebnisse der Kinder im *Abzeichentest* ausgewiesen werden.

Die Skalen, die die Schwierigkeiten der Kinder in Alltagssituationen erfassen, bilden bei der binär logistischen Regression die unabhängigen Variablen und das Ergebnis im Untertest ›Dreiecke‹ (1 = unter vs. 2 = in der Norm) bzw. das Ergebnis im Abzeichentest (1 = auffällig vs. 2 unauffällig) stellt jeweils die abhängige Variable dar.

Bei der Betrachtung des *Untertests ›Dreiecke‹* stellt sich daher die Frage, welchen Einfluss die Schwierigkeiten der Kinder in den erfassten Alltagssituationen auf die Wahrscheinlichkeit haben, in dem Dreiecktest ein Ergebnis zu erhalten, das der Norm entspricht. D. h. es wird ermittelt, mit welcher Wahrscheinlichkeit eine Unauffälligkeit im Dreiecktest in Abhängigkeit von den Schwierigkeiten der Kinder in den unterschiedlichen Bereichen des Alltags zu erwarten ist.

Tabelle 45: Ergebnisse der binär logistischen Regression in den 4 Skalen visuell-räumlicher Schwierigkeiten (= unabhängige Variable), (abhängige Variable = Untertest ›Dreiecke‹)

unabhängige Variable	Regressions koeffizient B	Standard -fehler	Wald	df	Sig.	Exp(B)
räumlich-perzeptiv	-.00	.07	.00	1	.988	1.00
räumlich-kognitiv	-.04	.06	.39	1	.567	.97
räumlich-konstruktiv	-.07	.04	4.06	1	.044	.93
räumlich-topographisch	.03	.07	.22	1	.641	1.03

Bei der Interpretation der Regressionskoeffizienten ist zu beachten, dass sie nicht untereinander vergleichbar sind. Ebenfalls ist hierbei zu berücksichtigen, dass die Wirkung der unabhängigen Variablen über die gesamte Breite ihrer Ausprägungen nicht konstant ist, sondern sich im oberen und unteren Merkmalsbereich anders auswirkt als im mittleren Bereich.

Die negativen Vorzeichen der Regressionskoeffizienten geben an, dass die Wahrscheinlichkeit; im Dreiecktest ein Ergebnis zu erhalten, das unter der Norm liegt, höher ist, wenn die Kinder im räumlich-perzeptiven, räumlich-kognitiven und räumlich-konstruktiven Bereichen des Alltags mehr Schwierigkeiten aufweisen. Bei den Problemen im räumlich-topographischen Bereich verhält es sich anders herum, d. h. die Kinder, die nach den Elternangaben weniger Schwierigkeiten in diesem Bereich haben, haben eine höhere Wahrscheinlichkeit ein Ergebnis im Dreiecktest zu erhalten, das unter der Norm liegt. Der Wald-Test weist eine Signifikanz lediglich bei den Problemen im räumlich-konstruktiven Alltagsbereich nach. Wenn die elterlichen Beurteilungen hohe Werte auf der Skala der räumlich-konstruktiven Schwierigkeiten anzeigen, ist es wahrscheinlich, dass das Kind im Untertest ›Dreiecke‹ ein Ergebnis unter der Norm erreicht (B = -.07, p = .044).

Die Effekt-Koeffizienten (Exp (B)) der jeweiligen unabhängigen Variablen geben an, um welchen Faktor sich das Chancenverhältnis zu Gunsten des Ereignisses Unauffälligkeit bzw. ›im Normbereich liegend‹ ändert, wenn sich die unabhängige Variable um eine Einheit erhöht. Effektkoeffizienten unter dem Wert von 1 zeigen an, dass sich das Chancenverhältnis zu Gunsten der Auffälligkeit bzw. unter der Norm zu liegen erhöht, wenn die Schwierigkeiten in der Alltagssituation um eine Einheit steigen.

Wie der Tabelle zu entnehmen ist, führt die Erhöhung um eine Einheit auf der räumlich-*konstruktiven* Skala zur höchsten Veränderung des Chancenverhältnisses zu Gunsten eines Testergebnisses unterhalb des Normbereichs des Dreiecktests.

Zur Beurteilung der Güte des Modells wird Nagelkerkes R-Quadrat herangezogen, das den Anteil der erklärten Variation des logistischen Regressionsmodells quantifiziert. Im vorliegenden Fall beträgt Nagelkerkes R-Quadrat 0.14. Wird als Vergleichsmaßstab zur Beurteilung dieses Wertes der Grenzwert des Bestimmtheitsmaßes der linearen Regression herangezogen, so lassen sich Werte von über 0.5 noch als sehr gut interpretieren (Backhaus et al. 2005). Demnach klären die Skalen einen relativ geringen Anteil der Varianz auf.

Weiter kann die *Klassifikationsleistung* der binären logistischen Regression berechnet werden. Damit wird erstellt, in welchem Ausmaß die elterlichen Beurteilungen das Testergebnis der Kinder richtig klassifizieren. Die Trefferquote beträgt bei der Gruppe der Kinder, die Testergebnisse unter der Norm erreicht, 25% und bei der Gruppe der Kinder, die ein Ergebnis im Normbereich aufweist, 88%. Dies ist der Tabelle 46 zu entnehmen.

Tabelle 46: Klassifikationsleistung der vier Skalen visuell-räumlicher Schwierigkeiten (a)			
Beobachtet	Vorhergesagt		
	Werte ›Dreiecke‹		Prozentsatz der Richtigen
	Werte von 0–6	Wert > 6	
Dreiecke	Werte von 0–6	8	24	25.0
	Wert > 6	8	60	88.2
Gesamtprozentsatz			68.0

Die Betrachtung der Ergebnisse der binär logistischen Regression beim *Abzeichentest* ergibt ein anderes Bild, wie die Tabelle 47 aufführt. Auch hier dient die elterliche Einschätzung der kindlichen Fähigkeiten als unabhängige Variable und die Auffälligkeit bzw. Unauffälligkeit im Abzeichentest als abhängige Variable.

Tabelle 47: Ergebnisse der binär logistischen Regression in den 4 Skalen visuell-räumlicher Schwierigkeiten (= unabhängige Variable), (abhängige Variable = Abzeichentest)						
unabhängige Variable	Regressionskoeffizient B	Standardfehler	Wald	df	Sig.	Exp(B)
räumlich-perzeptiv	-.19	.09	3.99	1	.046	.83
räumlich-kognitiv	.11	.08	2.02	1	.155	1.12
räumlich-konstruktiv	-.22	.05	18.26	1	.000	.80
räumlich-topographisch	.17	.09	3.72	1	.054	1.19

Die Regressionskoeffizienten der Skalen der räumlich-perzeptiven und der räumlich-konstruktiven Schwierigkeiten weisen ein negatives Vorzeichen auf. D. h. Kinder, die hohe Schwierigkeiten in diesen Bereichen aufzeigen, erhalten tendenziell ein auffälliges Ergebnis im Abzeichentest. Während es sich bei den Schwierigkeiten im räumlich-kognitiven und räumlich-topographischen Bereich andersherum verhält: Die Kinder, die hier mehr Schwierigkeiten zeigen, erhalten eher ein unauffälliges Ergebnis im Abzeichentest. Die Schwierigkeiten im räumlich-konstruktiven Alltagsbereich zeigen den größten Einfluss auf die Eintrittswahrscheinlichkeit. Ein signifikantes Ergebnis ergibt sich bei der räumlich-perzeptiven und der räumlich-konstruktiven Skala. Die Skala räumlich-topographisch verfehlt knapp das 5% Niveau.

Die Effektkoeffizienten unter dem Wert von 1 zeigen, dass wenn die elterliche Wahrnehmung von Schwierigkeiten im räumlich-perzeptiven und räumlich-konstruktiven Bereich um eine Einheit steigt, sich das Chancenverhältnis zu Gunsten eines auffälligen Ergebnisses im Abzeichentest erhöht.

Die Varianzaufklärung fällt hier zufriedenstellender aus als beim Dreiecktest und ist mit Nagelkerkes R-Quadrat = 0.41 als gut einzuordnen (Backhaus et al. 2005).

Bei der Klassifikationsleistung der binär logistischen Regression beträgt die Trefferquote bezüglich der auffälligen Kinder im *Abzeichentest* 83.3%. Die Trefferquote bezüglich der Vorhersage unauffälliger Kinder im Abzeichentest fällt mit 55.9% niedriger als bei dem Dreiecktest aus.

Tabelle 48: Klassifikationsleistung der vier Skalen visuell-räumlicher Schwierigkeiten (a)				
Beobachtet		Vorhergesagt		
		ATK		Prozentsatz der Richtigen
		auffällig	unauffällig	auffällig
ATK	auffällig	55	11	83.3
	unauffällig	15	19	55.9
Gesamtprozentsatz				74.0

7.5 Diskussion der Forschungsergebnisse

Von 121 Kindern mit Hydrocephalus im Alter von 7 bis 12 Jahren liegen Ergebnisse einer Testung räumlich-visuell-konstruktiver Fähigkeiten vor. Bei der Interpretation der Testergebnisse kann auf Anamnesedaten und auf eine Befragung der Eltern zum visuell-räumlichen Verhalten ihrer Kinder zurückgegriffen werden, aus der ein Diagnoseleitfaden zur Früherkennung visuell-räumlicher Schwächen bei Kindern mit Hydrocephalus entwickelt werden kann. Zudem bietet die Befragung der Eltern weitere Informationen über Lernprobleme bei Kindern mit Hydrocephalus.

7.5.1 Stichprobe

Die Auswertung der Anamnesedaten zeigt hinsichtlich der verschiedenen *Ätiologien* des kindlichen Hydrocephalus, dass ein gutes Drittel der Kinder einen Hydrocephalus in Verbindung mit einer Spina Bifida hat, dass ein Fünftel der Kinder eine Hirnblutung hatte, und dass sich in der großen Gruppe der Kinder mit den ›Sonstigen Ursachen‹ vor allem Kinder finden, bei denen die Ätiologie ihres Hydrocephalus unbekannt ist. Insgesamt sind es alles Kinder mit einem prä-, peri- oder postnatal entstandenem Hydrocephalus. Die Recherche des Forschungsstandes ergab, dass unter den heutigen Schulkindern mit Hydrocephalus ca. 30% bis 40% eine Spina Bifida haben. In der Stichprobe haben 38.0% der Kinder eine Spina Bifida. Der Literatur ist zu entnehmen, dass bei ca. 25% der betroffenen Kinder der Hydrocephalus sich aufgrund einer Hirnblutung bildet, in der Stichprobe sind es 19.8%, wobei hier anzumerken ist, dass jene Kinder, die aufgrund der Ausschlusskriterien ›geistige Behinderung‹, ›Lähmung der Schreibhand‹ und ›nicht korrigierte Fehlsichtigkeit‹ vornehmlich Kinder mit einem posthämorrhagischen Hydrocephalus sind. Ohne diese Ausschlusskriterien wäre der Anteil der Kinder mit einer Hirnblutung den Literaturangaben entsprechend bei 25.0% gewesen.

Zu diesen weiteren Ursachen gehören auch die Ursachen ›Meningitis‹ und ›Tumor‹, die in der Literatur jeweils mit bis zu 10% Anteilen gesehen werden, und sich in dieser Stichprobe weniger finden (Meningitis mit 5.0% und Tumore gar nicht). Die sechs Kinder mit einem Hydrocephalus nach einer Meningitis zeigen in dieser Studie relativ gute Testergebnisse, was dem Review von Heinsbergen et al. (2002, 106) entspricht und anderen Studien widerspricht (s. Abschnitt 4.2.2).

Es zeigt sich ein signifikanter Altersunterschied zwischen den älteren Kindern mit einer sonstigen Ursache ihres Hydrocephalus und den jüngeren Kindern mit einer Hirnblutung als Ursache ihres Hydrocephalus. Bei der Interpretation der Testergebnisse spielt dies keine Rolle, weil die Tests altersnormiert sind. Bei der Interpretation der Items aus dem Elternfragebogen stellt sich heraus, dass dieser Altersunterschied sich nicht auswirkt (s. Abschnitt 7.2.3).

Mit einer *Geschlechterverteilung* von 52.1% Jungen und 47.9% Mädchen entspricht die Stichprobe der von der Literatur genannten Geschlechterverteilung (s. Abschnitt 1.6). Diese nennt Prozentanteile der Jungen zwischen 52.5 und 56.0%.

Damit stellt sich die Stichprobe der sieben bis zwölfjährigen Kinder mit einem Hydrocephalus hinsichtlich der Geschlechterverteilung als *repräsentative* Gruppe und hinsichtlich der Ätiologien als in wesentlichen Merkmalen annähernd repräsentativ dar. Durch die Ausschlusskriterien ist der Anteil der Kinder mit einem posthämorrhagischen Hydrocephalus relativ klein, aber der Anteil der Kinder mit einer Spina Bifida ist gut repräsentiert.

Auch bezüglich des Schulbesuchs zeigt sich die Stichprobe als annähernd repräsentativ, denn Dreiviertel der Schulkinder mit Hydrocephalus werden laut Elternangaben nach einem *Lehrplan für die Regelschule* und nicht nach einem Förderlehrplan unterrichtet, wobei der Anteil der Regelschüler unter Einbezug der Kinder mit einer geistigen Behinderung sich auf Zweidrittel verringern würde. Damit findet sich in dieser Stichprobe deutscher Schüler mit Hydrocephalus ein annähernd gleicher bzw. ein wenig höherer Prozentsatz an Regelschülern als die ungefähr 60% Regelschüler, die verschiedene Studien angeben (s. Abschnitt 3.2.1).

Nach Angaben der Eltern werden hier 22.1% und unter Einbezug der Kinder, die aufgrund ihrer geistigen Behinderung dem Ausschlusskriterium unterliegen, 30.7% aller Kinder als unterdurchschnittlich intelligent eingestuft. Allerdings liegen zur *Intelligenzeinschätzung* nur von etwas mehr als der Hälfte der Eltern Angaben vor.

Eine weitere Quelle zur Intelligenzeinschätzung bietet die *Beschulung* des Kindes, genauer die Unterscheidung, nach welchem Lehrplan das Kind unterrichtet wird, an.

Diese weist von zunächst allen erfassten Kindern einen Anteil von 31.1% der Kinder aus, deren Intelligenz einem Unterricht nach dem Lehrplan mit dem Förderschwerpunkt geistige Entwicklung oder dem Förderschwerpunkt Lernen entspricht. Nach den sehr unterschiedlichen Literaturangaben liegen ungefähr 50% der Kinder mit einem Hydrocephalus unter einem Intelligenzquotienten von 80 Punkten (s. Abschnitt 3.3.2).

Die Auswertung der Anamnesedaten lässt vermuten, dass mit dem der Untersuchung vorausgehenden Aufruf mehr Kinder mit einer guten kognitiven Entwicklung erfasst werden, und/oder dass der medizinischen Fortschritt sich sowohl in einer geringeren Revisionszahl als auch in einer besseren kognitiven Entwicklung zeigt, als die Recherche des Forschungsstandes ergibt. Da die Daten der Kinder, die nach dem Förderschwerpunkt geistige Entwicklung unterrichtet werden, nicht ausgewertet wurden, ergibt sich für die Stichprobe ein Anteil der Kinder, die mit dem Förderschwerpunkt Lernen unterrichtet werden, von knapp einem Viertel der beschulten Kinder. Alle anderen Kinder lernen nach dem Lehrplan der Regelschule.

Zwar stimmen im Wesentlichen die Elternangaben zur Intelligenzeinschätzung mit der Beschulung der Kinder überein und als normalintelligent eingeschätzte Kinder werden dem Lehrplan der Regelschule gemäß und als unterdurchschnittlich eingeschätzte Kinder werden nach dem Lehrplan der Förderschule unterrichtet. Aber es besuchen einige Kinder (n = 6), die als unterdurchschnittlich intelligent eingestuft werden, die Regelschule. Dies könnte als Überforderung interpretiert werden, aber es kann auch eine Schwäche einer Elternbefragung aufzeigen. Es kann sein, dass manche Eltern von einer Regelbeschulung ausgehen, weil das Kind eine Regelschule besucht, dieses aber integrativ und damit nicht zielgleich, sondern nach dem Lehrplan der Förderschule unterrichtet wird.

Je nach Ätiologie ihres Hydrocephalus werden nach dem Lehrplan der Regelschule unterrichtet:
- 69.9% der Kinder mit einem posthämorrhagischen Hydrocephalus,
- 80.0% der Kinder aus der Gruppe der sonstigen Ursachen und
- 73.2% der Kinder mit einer Spina Bifida.

Damit besuchen zwar in Relation zu den anderen ätiologischen Gruppen weniger Kinder mit einem posthämorrhagischen Hydrocephalus eine Regelschule, aber da aus dieser ätiologischen Gruppe mehrere Kinder den Ausschlusskriterien unterlagen, ist damit weder auszusagen, dass diese Kinder ebenso häufig die Regelschule besuchen wie die Kinder der anderen ätiologischen Gruppen, noch ist die in der Literatur vertretene Annahme zu stützen, dass eine Hirnblutung im Regelfall eine ungünstige Prognose für eine kognitive Entwicklung ist (s. Abschnitt 3.2.2. und 3.3.2) Nicht bestätigt sich die ebenfalls in der Literatur zu findende Aussage, dass Kinder mit einem Hydrocephalus aufgrund einer Aquäduktstenose oder aufgrund einer Dandy-Walker-Zyste oder aufgrund einer Meningitis eine mit niedrigen Werten behaftete Intelligenzentwicklung zeigen (s. Abschnitt 3.3.2). Hier zeigen sie gute Ergebnisse in beiden

Testverfahren. Allerdings lassen die kleinen Zahlen an Kindern mit diesen Ätiologien in dieser Studie keine zu verallgemeinernde Aussage zu.

Bei der Frage eines Zusammenhangs zwischen den erfolgten *Ventilrevisionen* und der Intelligenz resp. Beschulung des Kindes, steht die kleine Zahl der verfügbaren Informationen (N = 64) im Einklang zu dem Ergebnis der Recherche des Forschungsstandes, wonach die Zahl der Revisionen sich nicht negativ auf die Intelligenzentwicklung oder das erreichte Schulniveau auswirkt (s. Abschnitte 3.2.1., 3.2.3). Hier ergibt sich kein Zusammenhang zwischen der Zahl der Ventilrevisionen und den Ergebnissen aus dem Untertest ›Dreiecke‹, und dies Ergebnis stützt damit die Literaturangaben, die keinen Zusammenhang zwischen der Zahl der Ventilrevisionen und der Kognition sehen. Allerdings stehen hier zur Einschätzung der Intelligenz keine Ergebnisse aus einer Intelligenztestung zur Verfügung, sondern nur die Möglichkeit, einen Untertest aus einem umfangreichen Intelligenztest zur Korrelation heranzuziehen.

Es zeigt sich weiter kein Zusammenhang zwischen der Zahl der Ventilrevisionen und der Ätiologie des Hydrocephalus. Hier gibt es kein höheres Risiko hinsichtlich Revisionen für die ätiologische Gruppe der Kinder mit einem Hydrocephalus nach Infektion oder Hirnblutung wie in der Literatur beschrieben (s. Abschnitt 2.10), wobei wieder zu bedenken ist, dass nicht alle Kinder der Untersuchung bei dieser Frage einzubeziehen sind.

Insgesamt fällt in dieser Untersuchungsgruppe die Zahl der Revisionen geringer aus, als den sehr unterschiedlichen Angaben der Literatur zu entnehmen ist (s. Abschnitt 2.10), wobei wegen der sehr unterschiedlichen Literaturangaben auf eine Prüfung des Unterschieds verzichtet wird. Neben dem Zufall kann eine Erklärung sein, dass die Kinder dieser Untersuchungsgruppe von der Weiterentwicklung der Shuntsysteme und der medizinischen Versorgung profitieren.

7.5.2 Elternaussagen zu Aspekten des Lernens

Mit der Studie wird zunächst die Ausgangsfrage betroffener Eltern nach sich ähnelnden Lernschwächen bei ihren Kindern mit Hydrocephalus aufgegriffen und als Forschungsfrage formuliert. Als offene Frage richtet sie sich in Vorgesprächen zur Studie an betroffene Erwachsene. Deren Berichte über ihre Erfahrungen im Lernen bilden die Basis für den Interviewleitfaden der Gruppeninterviews. Die Auswertung der Gruppeninterviews mit Müttern von Kindern mit einem Hydrocephalus führt zu einer Reihe an Lernaspekten bei Kindern mit Hydrocephalus. Die anschließende Synopse zwischen der qualitativen Vorstudie mit den Ergebnissen der Literaturrecherche zeigt eine hohe Übereinstimmung zwischen der elterlichen Wahrnehmung und Forschungsergebnissen der letzten Jahre (s. Abschnitt 5.6). Zur empirischen Überprüfung enthält der Fragebogen für die Eltern deshalb auch Fragen zu verschiedenen Aspekten des Lernens, die dieser Synopse entnommen sind, d. h. sie stammen im Wesentlichen aus der Literaturrecherche und werden durch darüber hinausgehende Ergebnisse aus der qualitativen Vorstudie ergänzt.

Die Literaturrecherche ergibt folgende Lernschwierigkeiten bei Kindern mit einem Hydrocephalus:
- in den Bereichen der (selektiven) Aufmerksamkeit und Konzentration
- im expliziten Lernen und Erinnern (vor allem hinsichtlich ineffizienter Strategien)
- im Arbeitsgedächtnis (im Sinne einer kurzen Gedächtnisspanne)
- in der Pragmatik und bei Kindern mit Spina Bifida auch Probleme in der Semantik der Sätze
- in der kognitiven Verarbeitungsgeschwindigkeit (belegt bei Kindern mit Spina Bifida)
- in der Flexibilität im Denken und im vorausschauenden Planen und Organisieren (Exekutivfunktionen)
- in sozialen Beziehungen, wenn Mimik und mentaler Status des Gegenübers nicht interpretiert werden können. Eine Folge kann das kontaktscheue Verhalten sein, was aber auch in der erhöhten Ängstlichkeit begründet sein kann.
(s. Abschnitt 3.3.4)

Und von Elternseite werden in der Vorstudie darüber hinaus Schwierigkeiten in diesen Bereich benannt:
- in der Belastbarkeit
- in dem Empfinden und der Reaktion auf Stress
- im Antrieb und in der Kreativität (z. B. bei Kinderspielen, die Phantasie erfordern)
- in der Konstanz der Leistungen (im Sinne von erheblichen Leistungsschwankungen)
- in dem Bedarf an Ruhe
(s. Abschnitt 5.6.2)

Von Seiten der Beraterpraxis (s. Abschnitt 6.1) und aus eigener Berufserfahrung zeigen sich auch häufig Probleme in dem Bereich der Geräuschsensibilität. Alle diese Problembereiche werden im Elternfragebogen aufgegriffen.

Durchschnittlich bejaht die Hälfte der Eltern die im Fragebogen aufgezeigten Lernprobleme der Kinder. Diese elterliche Zustimmung bedeutet auch, dass die mit Hilfe der qualitativen Inhaltsanalyse gewonnen Kategorien des Lernens bzw. der Lernschwierigkeiten bei Kindern mit Hydrocephalus von der Hälfte der befragten Eltern bestätigt werden.[11] Nur wenige der qualitativ gewonnenen Kategorien zum Lernen und Verhalten der Kinder bestätigen sich nicht. Es ist die von einigen Eltern in der Vorstudie beklagte mangelnde Kreativität, zumindest die hier gestellten Fragen nach

---

11 Ein Aspekt, der hier nicht weiter verfolgt werden kann, ist der Einfluss von Medikamenten auf die Kognition. Viele Kinder mit Behinderung nehmen regelmäßig Medikamente. So wird diskutiert, welche Auswirkungen auf kognitive Leistungen die Gabe von Anticholinergika, insbs. Oxybutynin, hat. Das Medikament erhalten Kinder mit Spina Bifida zur Senkung des Blasendrucks und es überschreitet auch die Blut-Hirn-Schranke (Kreier, F. Das kindliche Gehirn und Anticholinergika. Vortrag auf der wissenschaftlichen Tagung der ASBH am 25.11.2006).

einer Unlust bei Spielen (Item 53 und 54) werden von ca. 80% der Eltern abgelehnt, und die Items stehen in keinem Zusammenhang zu anderen Lernschwierigkeiten. Fast Dreiviertel der Eltern der Befragung sehen im Unterschied zu den Müttern der Vorstudie keine besonders großen Probleme bei den Freundschaften zu anderen Kindern, die neben dieser Vorstudie auch in der Studie von Stevenson und Pit-ten Cate (2003, 31) aufgeführt werden.

Die statische Auswertung der erfragten Lernaspekte gibt Antworten auf folgende Fragen:
- Welche Lernschwierigkeiten nehmen Eltern wahr und bestehen zwischen den verschiedenen Lernschwierigkeiten der Kinder Zusammenhänge?
- Bestehen bei den Lernschwierigkeiten Unterschiede hinsichtlich der drei großen ätiologischen Gruppen?
- Bestehen bei den Lernschwierigkeiten Unterschiede hinsichtlich der Beschulung der Kinder?
- Bestehen bei den Lernschwierigkeiten Unterschiede hinsichtlich der Testergebnisse der Kinder?

Einige der evaluierten Lernschwierigkeiten können durch Zitate aus den Interviews mit einem Gymnasiasten und einem Studenten, die der Vorbereitung des Interviewleitfadens dienten, illustriert werden.

Schwierigkeiten in der Aufmerksamkeit

Kernprobleme bei Kindern mit Hydrocephalus sind die Daueraufmerksamkeit und selektive Aufmerksamkeit. Demnach fällt es den Kindern schwer, bei einer Sache zu bleiben und zu entscheiden, welchem Aspekt sie ihre Aufmerksamkeit widmen sollten, und jede Veränderung in der Situation aktualisiert ihre Schwierigkeit in der selektiven Aufmerksamkeit auf das Neue.

Ihre Schwächen in der selektiven Aufmerksamkeit beschreiben sehr bildlich die beiden Erwachsenen mit Gymnasialbildung, die zur Erstellung des Interviewleitfadens befragt wurden:

Markus: »Ich bin schon leicht ablenkbar. Aber Schule ist für mich keine Reizüberflutung. Ich nehme es angenehm wahr, wenn mal einer der Vielredner in der Klasse fehlt.« (93, 94)

Jakob: »Meine Frau hat eine höhere Konzentrationsfähigkeit. Es ist nicht ungewöhnlich schlecht bei mir. Ich kann gut zuhören. Aber wenn es um was geht, dann brauche ich Stille. Beim Abi hat ein Mitschüler die großen Lakritzkugeln gekaut, das hat mich wahnsinnig gemacht. Das war ganz schlimm. Das sind zwei verschiedene Bereiche, zuhören ja bei Unruhe, aber leisten.« (127–131)

Eine hohe Ablenkbarkeit und Konzentrationsprobleme werden von Eltern in der Vorstudie und anderen vorausgehenden Elternbefragungen (Haupt 2007) beklagt. Dies findet sich auch in den Ergebnissen dieser Hauptstudie wieder. Danach zeigen die Kinder unabhängig von der Ätiologie ihres Hydrocephalus und unabhängig von den erzielten Testergebnissen große Probleme in der Aufmerksamkeit. Es ergibt sich auch eine Unabhängigkeit von der Beschulung, womit die Studie von Iddon et al. (2004) bestätigt wird, die die Aufmerksamkeitsprobleme der Kinder auch bei Kindern mit guter Intelligenz sieht (s. Abschnitt 3.3.3.1) Die Skala der Schwierigkeiten in der Aufmerksamkeit umfasst die in der Literatur benannten Schwächen in der selektiven Aufmerksamkeit und in der Daueraufmerksamkeit. Der sich hier abbildende enge Zusammenhang zur kognitiven Verarbeitungsgeschwindigkeit stützt die Aussagen der Neuropsychologie, nach der die kognitive Verarbeitungsgeschwindigkeit eine Fähigkeit der Aufmerksamkeitsleistungen darstellt (Lösslein & Deike-Beth 2000). Über eine verlangsamte kognitive Verarbeitungsgeschwindigkeit liegen veröffentlicht nur für Kinder mit Spina Bifida und Hydrocephalus Forschungsergebnisse vor, die diesen Kindern hierin eine deutliche Schwäche attestieren (Abschnitt 3.3.3.1). Allerdings handelt es sich bei den beiden Studien von Jacobs et al. (2001) und Dahl et al. (2007) jeweils um Stichproben von weniger als zwanzig Kindern. Die Studie von Dahl et al. diskutiert die ungeklärte Frage, ob diese Verlangsamung dem Hydrocephalus oder vielmehr der Chiari II-Malformation (s. Abschnitt 2.4) zuzuschreiben sei.

Die Elternaussagen hier weisen auf den Hydrocephalus als Ursache, denn es bejaht ungefähr die Hälfte aller Eltern, dass ihre Kinder mehr Zeit als andere Kinder brauchen, um Informationen aufzunehmen, und es zeigt sich kein Unterschied bezüglich der Ätiologie des Hydrocephalus. Allerdings bleibt die Kausalität ungeklärt, und es ist nicht eindeutig zu klären, inwieweit bei Kindern mit Spina Bifida diese Schwäche dem Hydrocephalus zuzuordnen ist. Es ist weiter augenfällig, dass nicht nur Eltern von Förderschülern eine geringe kognitive Verarbeitungsgeschwindigkeit bei ihrem Kind sehen, sondern auch fast die Hälfte der Eltern von Regelschülern diese Frage bejaht und die Signifikanzprüfung keinen Unterschied zwischen Förder- und Regelschülern hervorbringt.

Bei der Bewertung dieser elterlichen Aussagen muss berücksichtigt werden, dass die kognitive Verarbeitungsgeschwindigkeit sich auch über das Alter der hier untersuchten Altersgruppe hinaus weiterentwickelt (Oerter & Montada 2002, 500) und daher insbesondere bei Kindern mit Entwicklungsverzögerungen noch Lernzuwächse erwartet werden können.

Im engen Zusammenhang zu den verschiedenen Aufmerksamkeitsleistungen stehen hier die von vielen Eltern in der Vorstudie benannten Leistungsschwankungen und die elterliche Wahrnehmung, dass ihre Kinder mit Hydrocephalus leicht ermüden. Schon die Mütter der Vorstudie haben eine schnelle Ermüdung ihrer Kinder in Zusammenhang mit den Schwierigkeiten in der Aufmerksamkeit gebracht. In der Hauptstudie wird dieser Zusammenhang bestätigt. Hinzu kommen in der Hauptstudie zur Skala der ›Schwierigkeiten in der Aufmerksamkeit‹ die Leistungsschwankungen. Leistungsschwankungen sind bei Schulkindern üblich, aber das Item im Elternfragebogen fragt sogar nach ›deutlichen Leistungsschwankungen‹. Die Zugehörigkeit zur gleichen Skala bedeutet einen engen Zusammenhang. Es kann vermutet werden, dass die Leistungen der Schüler mit einem Hydrocephalus durch ihre Aufmerksamkeitsschwächen beeinträchtigt werden und schwanken.

Fast die Hälfte aller Eltern gibt an, dass ihr Kind mit Hydrocephalus schnell müde wird. Die Kinder der befragten Eltern sind zwischen 7 und 12,5 Jahre alt. Dies ist im Regelfall ein Alter, in dem Kinder sich durch Ausdauer auszeichnen. Es sind mehr Eltern von Regelschülern mit guten Testergebnissen als andere Eltern, die diese Angabe machen. Es kann zwar sein, dass Eltern von lernschwachen Schülern ihren Kindern eine geringe Belastbarkeit zugestehen, aber es lässt sich auch vermuten, dass gute Leistungen bei Kindern, die große Probleme in der Aufmerksamkeit und Konzentration haben, für das Kind einen anstrengenden Alltag bedeuten und leicht zur Ermüdung führen.

Markus: »Es ist einfach angenehm, wenn es ruhiger ist. Ich brauche schon meine Ruhe. Nach der Schule mache ich auch einen Nachmittagsschlaf.« (94–96)

Skala der Schwierigkeiten im Gedächtnis

Ein zentrales Problem mit großen Auswirkungen auf den Schulalltag sind die bei Kindern mit Hydrocephalus häufig anzutreffenden Schwächen im Lernen und Erinnern. Es sind vor allem ineffiziente Strategien des Encodierens und Decodierens und die mangelnde Fähigkeit, wichtige von unwichtigen Informationen unterscheiden zu können (s. Abschnitt 3.3.3.1). Hinzu kommt eine kurze Gedächtnisspanne, die aktuell durch die Untersuchungen von Vachha & Adams (2005) für Kinder mit einer begleitenden Spina Bifida und von Lindquist et al. (2008) auch bei Kindern mit isoliertem Hydrocephalus festgestellt wurde. In der kurzen Gedächtnisspanne dürfte der Grund für die Schwierigkeit liegen, mehrere Fakten zur gleichen Zeit aufzunehmen.

Jakob: »Ich wäre ein ganz schlechter Kellner. Die Leute gehen raus und es ist schon wieder weg. Aber wenn ich die Person nach fünf Monaten auf der Straße sehen würde, könnte ich sie wieder zuordnen (50). Wir haben einen sehr langen Flur und ich laufe diesen Flur andauernd. Eine Sache pro Zeit, multitasking geht nicht.« (138, 139)

Die Gedächtnisspanne bildet sich zum Schuleintritt aus und erhöht sich danach nur noch unwesentlich (Oerter & Montada 2002, 500). Die Bewältigung komplexerer Aufgaben im höheren Jugendalter begründet sich daher weniger auf eine wachsende Verarbeitungskapazität als vielmehr auf eine sich steigernde Informationsgeschwindigkeit (Oerter & Montada 2002, 500). Da in der kognitiven Verarbeitungsgeschwindigkeit bei Kindern mit Hydrocephalus sich ebenfalls nach Elternmeinung große Schwächen finden, bieten diese Schwächen auch eine Erklärung für die geringen Fähigkeiten in der Gedächtnisspanne. Die kurze Gedächtnisspanne kann auch ein Grund dafür sein, dass Kinder mit Hydrocephalus und Spina Bifida manchmal Mühe bei der Sinnerfassung eines Textes haben (s. Abschnitt 3.3.4).

Eine weitere Frage zum Bereich Gedächtnis, die Frage nach der Fähigkeit auswendig zu lernen, gehört aber nicht zu dieser Skala. Also offenbar gibt es viele Kinder mit Hydrocephalus, die trotz großer Probleme mit einer geringen Gedächtnisspanne gut auswendig lernen können. Zweidrittel der Eltern bejahen – unabhängig von der Ätiologie des Hydrocephalus bei ihren Kindern – die Aussage, dass ihre Kinder gut und leicht auswendig lernen können. Sich ein Gedicht, Familiendaten, das kleine Einmaleins oder Fakten des Hobbys einzuprägen, bildet keine Schwierigkeit. Die Fähigkeit zum guten Auswendiglernen ist für Kinder mit Hydrocephalus und Spina Bifida schon durch die Forschungen von Vachha und Adams (2004c, 2005) und von Jacobs et al. (2001) beschrieben. Allgemein für Kinder mit einem Hydrocephalus werden sie bisher nur in einem englischen Elternratgeber erwähnt (Lees, J., Vachha, B. & Sobkowiak, C. (o. J.), 61).

Jakob: »Es muss durchsacken. Wenn es erst einmal da ist, geht es nicht wieder weg. Ich kann ganz schlecht drauf zugreifen, bevor es nicht durchgesackt ist. Aber wenn es erst einmal da ist, geht es nicht wieder weg. Ich müsste den Prüfungsstoff relativ früh lernen.« (50 bis 59). »Ich profitier von dem Gelernten, von dem schon lange Gelernten.« (267)

Somit unterstreichen die Befragungsergebnisse mit ihren Skalen ›Aufmerksamkeit‹ und ›Gedächtnis‹ die Ergebnisse aus der Recherche des Forschungsstandes und der qualitativen Vorstudie.

Schwierigkeiten in den Exekutivfunktionen

Lernschwächen zeichnen sich häufig durch Schwächen in den vom Frontalhirn gesteuerten Bereichen des vorausschauenden Planen und Handelns aus, den Exekutivfunktionen (Lösslein & Deike-Beth 2000, 238). Zu den Exekutivfunktionen gehört auch die Flexibilität im Denken und Handeln (Bodenburg 2001, 155). Diese entwickeln sich zwar bis in das Jugendalter (Konrad 2007, 311), aber die grundlegenden Fähigkeiten zu schlussfolgerndem und problemlösendem Denken sind bei Kindern mit dem Schulalter zu erwarten (Oerter & Dreher 2008, 486, 488, 493). Hier zeigen sich die Schwächen in den Exekutivfunktionen neben den Schwächen in den Aufmerksamkeits- und Gedächtnisleistungen als eigenständiges Problem der Kinder mit Hydrocephalus. Damit werden die Ergebnisse zahlreicher, auch jüngerer Studien unterstrichen, die Defizite in den Exekutivfunktionen bei Kindern mit Hydrocephalus beschreiben (s. Abschnitt 2.3.3.4). Allerdings zeigt sich hier nicht der Zusammenhang zwischen den Schwächen in den Exekutivfunktionen und den Schwierigkeiten im sozialen Problemlöseverhalten, den einige Studien ziehen (Stevenson & Pit-ten Cate 2003, 31). Zumindest die Fähigkeit, sich in einen anderen Menschen hineinversetzen zu können (Item 52), zeigt hier einen stärkeren Zusammenhang zu den räumlich-konstruktiven Schwächen als zu den Schwächen in den Exekutivfunktionen.

Erhöhte Stressempfindlichkeit

Von Seiten der Eltern werden in der qualitativen Vorstudie einige Verhaltensweisen und Eigenschaften ihrer Kinder benannt, die die Eltern als Lernerschwernisse sehen, die aber bisher nicht von wissenschaftlichen Studien aufgegriffen worden sind. Wenn 40.5% der Eltern sagen, dass ihr Kind leicht in Stress gerate, ist das keine kleine Zahl, weil der Alltag von Kindern ohne Stress gestaltet sein sollte. Aber angesichts der Aussage einer hohen Stressempfindlichkeit als Ergebnis aus der Vorstudie, ist dies eine zu erwartende Zahl. Damit gehen die hier erhobenen Elternaussagen einer hohen Stressempfindlichkeit mit der Hypothese von Vachha und Adams (2004) einher, nach der der Einfluss des Hydrocephalus auf das limbische System zu einer hohen Stressempfindlichkeit führe. Dabei beziehen sie sich auf Kinder mit Spina Bifida und Hydrocephalus (s. Abschnitt 3.4.2).

Es kann angenommen werden, dass es sich bei diesem kindlichen Stress um eine Reaktion auf Überforderung handelt, denn diese Skala enthält weitere Eigenschaften (Rückzug, Blockade, Wut und Ängstlichkeit), die als solche interpretiert werden können, wobei der Grund für den Zusammenhang der Items nicht zu klären ist.

Jakob:»Blockade bei Stress und Überforderung ist ein Thema, ist schnell da.« (163)

Jakob:»Der Stress, der mich wirklich stresst, ist der unerwartete Stress. Dann hänge ich da und weiß nicht weiter ... Wenn ich merke, es läuft schlecht, weil z. B. der Prüfer oder die Dozentin schlecht drauf ist und dann fange ich an Fehler zu machen und die ziehen weitere Fehler nach. Wenn es so Sachen sind, von denen ich weiß, ich kann es eigentlich, dann braucht nur etwas nicht so zu laufen, dann komme ich in Stress. Wenn sich das Blatt wendet zu meinen Ungunsten, nicht nur in Prüfungen, das kann auch im Streitgespräch sein. Es baut sich dann bei mir schnell auf.« (172–179)

Interviewerin: »Es gibt das Beispiel, dass das Kind in Stress gerät, wenn der Ober sagt, dass keine Cola da sei und das Kind soll ein anderes Getränk wählen.« (181)
Jakob:« Ich habe dann immer ein Alternativgetränk, ich habe mir dann immer Apfelschorle bestellt«. (182–183)

Markus: »Mein Plan hilft mir, Stress zu vermeiden. Durch den Plan kann ich rechtzeitig dran denken und den Stress umfahren. Eine Extremsituation habe ich bisher noch nicht gehabt. Ich bin das bisher immer mit dem Plan umgangen. Ich habe nicht gerne Stress«. (39–41)

Auffällig ist, dass die Fragen nach der Stressempfindlichkeit, der Blockadereaktion und zum Rückzug jeweils von 58.6% der Eltern zugestimmt wird, deren Kind eine Regelschule besucht und dem der Abzeichentest gut gelang. Es liegt der Verdacht nahe, dass bei diesen Kindern der Schulalltag mit hoher psychischer Anstrengung bewältigt wird. Bei den elterlichen Bewertungen der Stressempfindlichkeit ihrer Kinder ergeben sich keine Unterschiede hinsichtlich Ätiologie oder Beschulung der Kinder.

Viele Eltern sehen neben diesen Items, bei denen ein gemeinsamer Bezug zu einer Stressempfindlichkeit herzustellen ist, eine Neigung zur Ängstlichkeit bei ihrem Kind. Dies Item zeigt weniger Trennschärfe als die anderen Items dieser Skala, steht aber noch in einem Zusammenhang. Unabhängig von der Zugehörigkeit zu dieser Skala ist beachtenswert, dass die Neigung zur Ängstlichkeit von fast der Hälfte aller Eltern bejaht wird, sowohl Eltern der Regel- als auch Eltern der Förderschüler und von Eltern aller ätiologischen Gruppen.

Eine Neigung zur Ängstlichkeit wird insofern in der Literatur beschrieben, als bei den Untersuchungen zur psychosozialen Anpassung auch ›Angst‹ erfragt wird. Die Studien zeigen erhöhte Schwierigkeiten in der psychosozialen Anpassung (Fletcher et al. 1995, Holler et al. 1995, Zurmöhle 1999), allerdings haben die Studien von Holler et al. und Zurmöhle et al. einzig Kinder mit einer Spina Bifida in der Stichprobe. In der Vorstudie wird die Neigung zur Ängstlichkeit nicht erfragt, aber diese Eltern beschreiben ihre Kinder als zurückhaltend und scheu. Ein geringes Selbstvertrauen ist bei Jugendlichen mit Hydrocephalus aus der Literatur bekannt (Stevenson & Pit-ten Cate 2003, 32). Ängstlichkeit und geringes Selbstvertrauen sind psychische Entwicklungen, die als mit verursachende Faktoren von Depressionen gelten (Quitkin 1998, 121). Auch aus der Stressforschung ist ein Zusammenhang zwischen Ängstlichkeit und Stress bekannt. Danach können bedeutsame frühkindliche Stresserfahrungen zu psychischen Störungen, insbesondere Depressionen, führen. Das erhöhte Risiko für Depressionen und Ängstlichkeit bei Jungerwachsenen mit einer Spina Bifida und einem Hydrocephalus ist durch Studien dokumentiert (Gupta 2007; Bellin 2009).

Es wäre wichtig, weiter den Zusammenhang zum Hydrocephalus zu erforschen, um frühzeitig bei Jugendlichen mit Hydrocephalus sowohl depressive Züge zu erkennen als auch ihnen Hilfen zu geben.

Geräuschempfindlichkeit

Zwei Items werden einzeln untersucht, weil sie in keinem Zusammenhang zu einem der anderen Items stehen, sich aber durch die Vorstudie und die Literaturrecherche ergeben.

Von einer besonderen Geräuschempfindlichkeit bei Kindern mit Hydrocephalus wird wiederholt von Eltern im Berufsalltag der Autorin berichtet. Einzig zwei Artikel aus einem aus England stammenden Ratgeber greifen diese Frage auf (Bayston 2004a, Holgate 2004c). Eine medizinische Erklärung hierfür steht aus. Der Frage, ob ihr Kind empfindlich auf Geräusche reagiere, stimmen 59.5% der Eltern zu. Obwohl nicht bekannt ist, wie hoch die Geräuschempfindlichkeit bei Kindern ohne Hydrocephalus im Schulalter ist, weist die hohe Zustimmung der Eltern zu einer Empfindlichkeit auf eine Bestätigung der Erfahrungsberichte.

Markus: »Der Staubsauger macht mir nichts aus. Aber ich hasse Silvester und Gewitter. Das ist keine Angst vor dem Gewitter, sondern der Krach. Ich kann das auch nicht nachempfinden, dass andere Jungen so gerne Böller loslassen. Ich verziehe mich dann am liebsten in mein Zimmer und nehme die Decke über den Kopf.« (61–64)

Semantisches Verständnis von Sprache

Mehrfach wird in der Literatur beschrieben, dass sich bei Kindern mit Hydrocephalus und Spina Bifida eine Schwäche in dem semantischen Verständnis von Wörtern und Sätzen finde (s. Abschnitt 3.3.3.1). Da die Elternmeinungen aus der qualitativen Vorstudie dieses nicht teilen und daher von den Ergebnissen der Studien abweichen, wird diesem Sachverhalt nachgegangen. Die Mehrheit der Eltern aus der Hauptstudie verneint mehrheitlich die Frage, ob ihr Kind Wörter und Ausdrücke benutze, deren Inhalt und Bedeutung es nicht genau kenne. Die für diese Studie ausgesprochen geringe Zustimmungsrate von 17.4% lässt es nicht zu, von einem mangelnden semantischen Sprachverständnis bei Kindern mit Hydrocephalus zu sprechen. Zudem befinden sich unter den zustimmenden Eltern entgegen der häufig in der Literatur vertretenen Meinung am wenigsten Eltern von Kindern mit Spina Bifida (s. Abschnitt 3.3.3.1). Es sind mehr die Eltern der Kinder mit Hirnblutungen, die sagen, dass ihr Kind nicht jeden Inhalt versteht, aber dieser Unterschied ist nicht signifikant. Die wenigen Kinder, bei denen Eltern ein mangelndes semantisches Verständnis sehen, sind häufig Förderschüler, sodass die semantischen Probleme vermutlich auf ihre allgemeine Intelligenzminderung zurückzuführen sind. Ihre semantischen Schwächen könnte die in manchen Studien festgestellte Schwäche im Leseverständnis erklären (s. Abschnitt 3.3.3.1).

Bis auf die nicht bestätigten Probleme im semantischen Sprachverständnis zeigen alle vier Skalen und das Item der Geräuschempfindlichkeit beachtliche Lernerschwernisse bei Kindern mit Hydrocephalus auf. Es ist zu schlussfolgern, dass die Auswertung der elterlichen Befragung zu diesen das Lernen beeinflussenden Aspekten die Forschungsergebnisse anderer Studien bestätigt, die erhebliche Probleme
- in der selektiven Aufmerksamkeit,
- in der Daueraufmerksamkeit,
- im Arbeitsgedächtnis,
- und in den Exekutivfunktionen sehen.

Die bisher wenig erforschten Empfindlichkeiten der Kinder auf Stress und auf Geräusche werden hier erstmalig empirisch untermauert.

Altersabhängigkeiten bei den Lernaspekten

Die Prüfung der Altersabhängigkeit der Skalen zeigt auf, dass bei der Skala ›Aufmerksamkeit‹ und stärker noch bei der Skala ›Exekutivfunktionen‹ die Eltern der älteren Kinder häufiger Probleme ihres Kindes sehen, als die Eltern der jüngeren Kinder.

Eine Erklärung ist, dass die Eltern die Schwierigkeiten bei ihren kleinen, hier sieben- und achtjährigen, Kindern weniger wahrnehmen, und dass erst der Vergleich mit den Fähigkeiten anderer Kinder in der Schule manchen Eltern die Schwächen ihres Kindes aufzeigt. Es kann auch sein, dass tatsächlich ältere Kinder im Unterschied zu jüngeren Kindern häufiger Schwierigkeiten in der Aufmerksamkeit und vor allem in den Exekutivfunktionen haben. Für die ätiologische Gruppe der Kinder mit einer Spina Bifida belegen mehrere Studien, dass bei ihnen mit zunehmendem Alter die Diskrepanz zu nichtbehinderten Kindern in der kognitiven Entwicklung größer wird (s. Abschnitt 3.3.2). Und die Kinder mit einer Spina Bifida machen hier 38.0% der Stichproben aus.

Lees, Vachha und Sobkowiak sehen dieses Entwicklungsproblem generell bei Kindern mit Hydrocephalus und zeigen in einem Schaubild auf (»Language demands of the classroom and child with HC«), dass in einer ersten Phase in der Schule die Kinder sich auf demselben Niveau wie die Gleichaltrigen befinden. Ihnen gelingen die einfachen Rechenaufgaben, sie haben gute Fähigkeiten im Lesen und Auswendiglernen, aber auch ein fehlendes Abstraktionsvermögen, das vom Lehrer oft nicht bemerkt wird. In einer zweiten Phase sinken die schulischen Leistungen ab, und es zeigen sich Probleme im Leseverständnis und Rechenprobleme im Zusammenhang mit Sprache. In den Phasen drei und vier sehen sie einen überforderten Jugendlichen mit Hydrocephalus und wenig Selbstwertgefühl, bei dem sich alle vorhergehenden Probleme verschlimmert haben und ein ineffizienter Sprachgebrauch existiert (Lees, Vachha, Sobkowiak (o. J.), 61).

7.5.2.1 Unterschiede in den Lernaspekten hinsichtlich der Ätiologien und der Beschulung

Die Skalen zeigen auf, welche Lernerschwernisse die Eltern bei ihren Kindern mit einem Hydrocephalus wahrnehmen. Diese Lernerschwernisse in der Aufmerksamkeit, dem Gedächtnis, den Exekutivfunktionen und in der erhöhten Empfindlichkeit auf Stress und Geräusche finden sich bei allen drei ätiologischen Gruppen in durchschnittlich ähnlicher Höhe und Varianz. Die Lernerschwernisse finden sich nicht nur in den drei ätiologischen Gruppen, sondern auch bei Regelschülern und Förderschülern in durchschnittlich ähnlicher Höhe und Varianz. Das heißt, dass die Lernerschwernisse bei Kindern mit Hydrocephalus in dieser Studie unabhängig von der Ursache des Hydrocephalus und unabhängig von der Schulform vorkommen. Dies Ergebnis stützt die Auffassung betroffener Eltern, die aufgrund ihres Erfahrungsaustausches die Vermutung hegten, dass ihre Kinder ähnliche, ggf. als typisch für den Hydrocephalus zu bezeichnende Lernprobleme haben würden, was den Anlass für diese Studie bildete (s. Abschnitt 1.4). Hier muss aber bedacht werden, dass die Skalen ›Gedächtnis‹ und ›Exekutivfunktionen‹ rechtssteil sind, und dann kann auch die mangelnde Normalverteilung dazu beitragen, dass sich keine Unterschiede zwischen den ätiologischen Gruppen und der Beschulung der Kinder finden.

Allerdings kommen auch andere Studien zu dem Ergebnis, dass die Schwierigkeiten der Kinder in den Exekutivfunktionen unabhängig von der Intelligenz und der Ätiologie des Hydrocephalus sind. So erkennen Stevenson und Pit-ten Cate in ihrer Studie bei Kindern mit Hydrocephalus und Spina Bifida ebenfalls keinen Zusammenhang zwischen der Intelligenz und den Problemen in den Exekutivfunktionen und weiter bei den Kindern mit Spina Bifida auch nicht zwischen der Lähmungshöhe und den Exekutivfunktionen. Und die Unabhängigkeit der Schwächen in den Exekutivfunktionen von der Ätiologie des Hydrocephalus betonen auch Lindquist et al. (2008, 600) und Iddon et al. (2004, 1116). Damit stellt sich eine der weitreichendsten kognitiven Leistungen als eine Lernbeeinträchtigung bei Kindern mit Hydrocephalus dar, die unabhängig von der Intelligenz des Kindes und der Ätiologie des Hydrocephalus vorkommt. Und gemäß der hier erfolgten Auswertung findet sich dieses Phänomen auch bei weiteren Lernschwächen. Insgesamt unterstreicht dieses Ergebnis die Relevanz von Untersuchungen zum Einfluss des Hydrocephalus auf die Lernfähigkeit.

7.5.2.2 Unterschiede in den Lernaspekten hinsichtlich der Testergebnisse

Die Unabhängigkeit der Skalen der Lernaspekte setzt sich im Wesentlichen bei der Betrachtung der Skalen und der Testergebnisse der Kinder fort, denn die Prüfung der unterschiedlichen Testergebnisse der Kinder in zwei Verfahren der visuell-motorischen Kontrolle bzw. visuell-räumlich-konstruktiven Leistung und der durchschnittlichen elterlichen Wahrnehmung in zentralen Aspekten des Lernens ergibt, dass die Testergebnisse sich als unabhängig von den anderen erhobenen Lernaspekten zeigen, einzig zwischen den Testergebnissen und der Skala der Exekutivfunktion findet sich ein leichter Zusammenhang. Kinder mit guten Ergebnissen in räumlich-konstruktiven Leistungen haben nur in den Exekutivfunktionen weniger Probleme als die Kinder mit schwachem Testergebnis, und in allen anderen Lernaspekten erleben ihre Eltern an ihnen ähnlich häufig Lernschwierigkeiten wie sie die Eltern der Kinder mit schwachem Testergebnis erleben.

Es ist wenig überraschend, dass Kinder mit schwachen Exekutivfunktionen in einer Teilleistung der kognitiven Fähigkeiten ebenfalls schwach sind. Dennoch soll diesem Ergebnis Beachtung geschenkt werden, denn ein enger Zusammenhang zwischen einerseits Problemen im Schlussfolgern und im planvollem Handeln und andererseits ausgeprägten Schwächen in visuell-räumlichen Aufgaben und Schätzfähigkeiten ist schon lange bei Patienten mit Stirnhirnläsionen bekannt (Röhrenbach & Markowitsch 2003, 356, 381, 382). Kerkhoff versteht die Schwäche in den räumlich-konstruktiven Fähigkeiten als eine Kombination aus den räumlich-perzeptiven Schwächen, Schwächen im Arbeitsgedächtnis und den Exekutivfunktionen (Kerkhoff 2006 b, 324). Allerdings ergeben sich hier keine signifikanten Unterschiede zwischen schwachen Testergebnissen und den Schwierigkeiten im Gedächtnis.

7.5.3 Visuell-räumlich-konstruktive Fähigkeiten

Ein Ziel der Hauptstudie ist die Erfassung visuell-räumlich-konstruktiver Fähigkeiten bei Kindern mit einem Hydrocephalus. Bei der Diskussion der Testergebnisse werden wiederum die Ätiologie des Hydrocephalus und das vom Kind erreichte Schulniveau berücksichtigt. Vorab sollen die Nebenergebnisse zu Geschlechterunterschieden und zu Kindern mit Bewegungseinschränkung Beachtung finden.

7.5.3.1 Ergebnisse der Geschlechter

Reliable und signifikante Geschlechtsunterschiede in der visuell-räumlichen Fähigkeit sind bekannt, und ihre Ursachen werden diskutiert. Danach finden sich bei Jungen bessere visuell-räumliche Fähigkeiten, vor allem in der Fähigkeit der räumlichen Orientierung. Dafür werden sowohl phylogenetisch als auch kulturell bedingte Ursachen herangezogen wie bspw. die größeren Aktivitätsräume von Jungen und unterschiedliche Strategien von Jungen und Mädchen (Quaiser-Pohl 2001a & 2001 b, Schumann-Hengsteler 2006, 76). Auch bei den hier untersuchten Jungen und Mädchen zeigt sich ein Geschlechtsunterschied, denn es erreichen mehr Jungen als Mädchen im Untertest ›Dreiecke‹ einen Wert innerhalb einer Standardabweichung um den Mittelwert (M ± 1s), aber der Mittelwertunterschied in den Dreiecken zwischen Jungen und Mädchen erweist sich als nicht signifikant. Ebenfalls kein Geschlechterunterschied findet sich in dem Abzeichentest.

7.5.3.2 Ergebnisse der Kinder mit Bewegungseinschränkung

Der Anamnesebogen enthält auch die Frage nach einer Bewegungsbeeinträchtigung, weil zum einen feinmotorische Beeinträchtigungen das Testergebnis beeinflusst hätten und zum anderen, weil mit der Frage ein Zusammenhang zu den Testergebnissen geprüft werden kann, denn der Raumerfahrung wird in der Entwicklungspsychologie eine relevante Rolle in der Ausbildung visuell-räumlicher Fähigkeiten zugesprochen. Ungeklärt ist hierbei die Frage, welche Bedeutung dabei die Eigenlokomotion des Kindes hat (s. Abschnitt 6.3.2). Für den Bereich der räumlichen-konstruktiven Fähigkeiten besteht hier durch die Ergebnisse zweier Testverfahren die Möglichkeit einer Prüfung. Allerdings sind hier bezüglich der Bewegungsbeeinträchtigung methodische Aspekte in Form von ungenauen Elternangaben zu berücksichtigen (s. Abschnitt 7.2.1).

Bei der Prüfung zeigt sich, dass die Kinder mit Bewegungsbeeinträchtigungen in dem Untertest ›Dreiecke‹ keinen Unterschied zu den hier getesteten Kindern ohne Bewegungsbeeinträchtigung zeigen. Ein anderes Bild ergibt sich beim Vergleich der Testergebnisse aus dem Abzeichentest. Hier erreichen die bewegungsbeeinträchtigten Kinder im Unterschied zu den anderen Kindern häufiger ein auffälliges Testergebnis. Die bewegungsbeeinträchtigten Kinder kommen auch in allen vier Skalen der visuell-räumlichen Alltagssituationen zu höheren Mittelwerten, und ihre Eltern sehen bei ihnen in den Skalen der räumlich-perzeptiven, der räumlich-kognitiven und der räumlich-konstruktiven Leistungen erheblich mehr Schwierigkeiten als die Eltern der nicht bewegungsbeeinträchtigten Kinder. Dies gilt allerdings nicht für die Skala der räumlich-topographischen Schwierigkeiten, die Fragen zur Orientierung beinhaltet.

Also ausgerechnet bei der Bewegung im Raum, die häufig als Basis der Ausbildung der Raumerfahrungen und weiter der visuell-räumlichen Fähigkeiten gesehen wird (s. Abschnitt 6.3.2), zeigen die hier untersuchten Kinder genauso häufig oder genauso selten Schwierigkeiten wie die Kinder ohne Bewegungsbeeinträchtigung.

Aufgrund der vermutlich ungenauen Elternangaben kann nur die Aussage getroffen werden, dass diese Ergebnisse auf größere Probleme in visuell-räumlichen Fähigkeiten bei bewegungseingeschränkten Kindern hinweisen, und dass diese Ergebnisse nicht verallgemeinert werden können. Die Gründe der schwächeren Testergebnisse und der größeren Alltagsprobleme bei visuell-räumlichen Aufgaben können neben einer behinderten Raumerfahrung auch die weitreichenderen Hirnbeeinträchtigungen bei den Kindern mit einer Bewegungseinschränkung sein. Weitreichendere Hirnfehlbildungen oder Hirnschädigungen finden sich sowohl bei Kindern mit den stärkeren Hirnblutungen als auch bei den Kindern mit einer höheren Lähmung durch die Spina Bifida häufiger als bei Kindern mit leichten Hirnblutungen oder niedrigem Lähmungsniveau, die dann auch eine geringere oder keine Bewegungsbeeinträchtigung haben (s. Abschnitt 4.2.2). Für die Gruppe der Kinder mit einem Hydrocephalus und einer Spina Bifida ist gut erforscht, dass die Kinder mit den hohen Lähmungen, die spät oder gar nicht zum Laufen kommen, häufiger schwere assoziierte Hirnfehlbildungen haben und schlechtere kognitive Leistungen zeigen als die Kinder mit den tiefen Lähmungen (Stevenson & Pit-ten Cate 2003, Erickson et al. 2001, Iddon 2004).

7.5.3.3 Ergebnisse im Untertest ›Dreiecke‹

Während der Testung war bei vielen Kindern zu beobachten, dass sie zwar ihr fehlerhaftes Anlegen erkannten, sie aber nicht die Figur richtig legen konnten. Neuropsychologisch gesehen gelang ihnen somit zwar die Teilleistung der visuell-räumlich-perzeptiven Wahrnehmung, aber nicht mehr die mentale Rotation und demzufolge auch nicht die darauf aufbauende visuell-räumlich-konstruktive Leistung. Diese Beobachtung entspricht der Schilderung aus dem Lehrbuch:

> »Tatsächlich gelingt Patienten mit einer räumlich-konstruktiven Störung die visuelle Analyse selbst meist gut, sie sind jedoch nicht in der Lage, die Ergebnisse der zutreffenden Analyse aktiv zu *konstruieren*, wobei es dann zu charakteristischen Fehlern in der *räumlichen* Gestaltung der Produktion (beim Malen, Zeichnen, Schreiben, Werken und Nachlegen) kommt, ohne dass die *praktischen* Fähigkeiten eingeschränkt werden« (Heubrock &Petermann 2000, 280, Hervorhebung im Original).

Es ist festzustellen, dass 65.3% der Kinder mit einem Hydrocephalus gute Ergebnisse im Untertest ›Dreiecke‹ zeigen und innerhalb einer Standardabweichung um den Mittelwert herum liegen. Aber die verbleibenden 34.7% liegen einseitig mehr als eine Standardabweichung unter dem Mittelwert und zeigen nur schwache Fähigkeiten in der in diesem Test getesteten visuell-motorischen Koordination. Damit fällt das Ergebnis schwächer aus als die Elternangaben über Beschulung und Intelligenzeinschätzungen hätten erwarten lassen, zumal bei der Interpretation der Ergebnisse aus dem

Untertest ›Dreiecke‹ zu bedenken ist, dass der Untertest ›Dreiecke‹ nach Aussage der Autoren Kindern mit Lernbehinderung häufig gut gelingt und sich im Testergebnis eher als eine relative Stärke als ein relative Schwäche abbildet (Melchers & Lehmkuhl 1994 a, 17, 125, 127). Es wäre danach zu erwarten, dass die erreichten Skalenwerte in der visuell-räumlichen Fähigkeit bei dieser Stichprobe eher etwas besser ausfallen als ihre Beschulung oder Intelligenzeinschätzung vermuten lässt. Aber der hier von den Kindern der Stichprobe erreichte Mittelwert von 7.89 liegt noch unter dem Mittelwert von 8.81, den die Testautoren für Kinder mit Lernbehinderungen angeben (Melchers & Lehmkuhl 1994 a, 124). Und selbst die Gruppe der Regelschüler erreicht nur einen Mittelwert von 8.87 und die Gruppe der als normalintelligent nur einen Mittelwert von 8.65. Auch alle drei ätiologischen Gruppen schneiden schlechter als die Norm ab. Damit unterscheiden sich alle hier untersuchten Teilgruppen der Stichprobe signifikant vom Mittelwert der Norm.

Die drei ätiologischen Gruppen unterscheiden sich untereinander dahingehend, dass die Kinder mit einem pränatal durch Hirnfehlbildungen hervorgerufenen Hydrocephalus (hier ›Sonstige Ursachen‹) in Relation zu den anderen beiden ätiologischen Gruppen die besten Ergebnisse erzielen. Acht von zehn Kindern aus der Gruppe der sonstigen Ursachen erreichen ein Ergebnis in der Norm. Dagegen sind es aus der Gruppe der Kinder mit einer Hirnblutung nur fünf von zehn und bei den Kindern mit einer Spina Bifida auch nur sechs von zehn Kindern. Das deutlich schwache Abschneiden der Kinder mit einem Hydrocephalus nach einer Hirnblutung entspricht dem Forschungsstand, der bei ihnen insgesamt eher beeinträchtigte kognitive Entwicklungen sieht (s. Abschnitt 3.3.2). Auffällig sind die schwachen Testergebnisse der Kinder mit einer Spina Bifida, die zudem die Gruppe mit der geringsten Varianz sind. Die Mittelwertprüfung bestätigt den Unterschied zwischen den Kindern mit einer Spina Bifida zu jenen Kindern mit den sonstigen Ursachen.

Die sehr großen Unterschiede zwischen den Regelschülern zu den Förderschülern und zwischen den als normalintelligent eingeschätzten Kindern zu den als lernbehindert eingeschätzten Kindern zeigen, dass die zwei Fragen nach der Beschulung und dem Ergebnis von Intelligenzeinschätzungen ein Instrument zur Einschätzung des kognitiven Niveaus des Kindes sein können. Aber 20.2% der Regelschüler und 25.0% der als normalintelligent eingeschätzten Schüler zeigen nur ein schwaches Testergebnis mit zwei Standardabweichungen unter dem Mittelwert. Und es fehlen die Kinder mit einem Testergebnis, das zwei Standardabweichungen über dem Mittelwert liegt. So erklärt sich das schwache Abschneiden der Gesamtgruppe der Kinder mit Hydrocephalus zum Teil aus der Zusammensetzung der Stichprobe mit einem relativ hohen Anteil an Förderschülern und zum anderen Teil aus der Tatsache, dass hier auch viele Regelschüler und viele als normalintelligent eingeschätzte Kinder nur schwache Testergebnisse erzielen.

Bei diesen regelbeschulten Kindern fällt ihre visuell-motorische Koordination deutlich schwächer aus als ihre anderen neuropsychologischen und kognitiven Fähigkeiten, sofern sie gemäß ihrer allgemeinen kognitiven Fähigkeiten regelbeschult werden und sofern die Elternangaben korrekt sind. Mit einem Ergebnis von zwei Standardabweichungen unter dem Mittelwert dürften bei diesen Kindern ihre schwachen Fähigkeiten in der visuell-motorischen Kontrolle ein deutliches Lernerschwernis darstellen und in Anbetracht der Anforderungen einer Regelschule zu erheblichen Lernschwierigkeiten führen.

Es ist zu schlussfolgern, dass sich insgesamt eine Tendenz ergibt, dass die visuell-motorische Koordination so wie sie von dem Untertest ›Dreiecke‹ aus der K-ABC erfasst wird, sich als eine Schwäche bei Kindern mit einem Hydrocephalus abzeichnet. Die Kinder mit einer Spina Bifida schneiden beim Untertest ›Dreiecke‹ im Vergleich mit den Kindern der sonstigen Ursachen besonders schwach ab, was nicht ihrer Prognose einer innerhalb der Kinder mit Hydrocephalus vergleichsweise günstigen kognitiven Entwicklung entspricht. Unter den Kindern mit einem schwachen Testergebnis im Untertest ›Dreiecke‹ sind auffallend viele Regelschüler und als normalintelligent eingeschätzte Kinder und im Wesentlichen Kinder mit einer Spina Bifida und Kinder mit einem posthämorrhagischen Hydrocephalus.

7.5.3.4 Ergebnisse im Abzeichentest

Die Auswertung des Abzeichentests ergibt, dass Kinder mit einem Hydrocephalus in den hier untersuchten Altersgruppen sehr viel häufiger visuell-räumlich-konstruktive Schwächen als nichtbehinderte Kinder zeigen. Statt 10.0% bis 17.0% der Kinder zeigen in dieser Stichprobe 68.6% der Kinder ein auffälliges Testergebnis und gelten im Wortlaut der Testautoren als räumlich-konstruktiv gestört (Heubrock et al. 2004, 9). Hier wird in Kritik zum Störungsbegriff und wegen der geringen Testbasis von nur einem Verfahren von auffälligen Testergebnissen und relevanten Hinweisen auf eine räumlich-konstruktive Schwäche gesprochen. Demnach ist bei Kindern mit Hydrocephalus vier- bis fünfmal häufiger die Vermutung einer räumlich-konstruktiven Schwäche festzustellen als üblicherweise bei Kindern. Es ist allerdings nicht bekannt, wie häufig räumlich-konstruktive Schwächen, wie sie vom Abzeichentest erfasst werden, bei Kindern mit Behinderungen vorkommen, denn zwar enthält diese Stichprobe bezüglich der Kinder mit einem Hydrocephalus relativ viele Kinder mit guten kognitiven Fähigkeiten, aber dennoch einen wesentlich höheren Anteil an Kindern mit unterdurchschnittlicher Intelligenz als in Schülerpopulationen dieser Altersgruppen zu erwarten wäre. Aber diese hoch signifikanten Unterschiede zwischen den Kindern mit einem Hydrocephalus und der Norm bleiben auch noch unter Reduktion der Untersuchungsgruppe auf die Regelschüler bestehen. Auch unter Ausschluss der Kinder mit einer unterdurchschnittlichen Intelligenz und jener, die nach Förderlehrplänen unterrichtet werden, finden sich bei den Kindern mit einem Hydrocephalus erhebliche Auffälligkeiten in der räumlich-konstruktiven Fähigkeit: Statt 10% bis 17% der Kinder zeigen sich in dieser Stichprobe 61.8% der Regelschüler und 63.3% der normalintelligenten Kinder in dieser Fähigkeit als auffällig schwach. Unter der Annahme, dass Regelschulkinder über durchschnittliche kognitive Fähigkeiten verfügen, ist die Aussage zu treffen, dass selbst Regelschulkinder mit einem Hydrocephalus ungefähr viermal häufiger im Abzeichentest auffallen als nichtbehinderte Kinder. Bei ihnen zeigt sich ein hohes Risiko, die räumlich-konstruktive Fähigkeit nicht ausreichend auszubilden. Diesen Kindern dürften viele der schulischen Aufgaben sehr schwer fallen (s. Abschnitt 6.4).

Beim Abzeichentest zeigt sich wie auch schon beim Untertest ›Dreiecke‹, dass die zwei Fragen nach der Beschulung und dem Ergebnis von Intelligenzeinschätzungen ein Instrument zur Einschätzung des kognitiven Niveaus des Kindes sein können, denn sowohl die Förderschüler als auch die Kinder mit unterdurchschnittlicher Intelligenz zeigen häufiger ein auffälliges Testergebnis als ihre jeweiligen Vergleichsgruppen.

Nur ein Viertel der Kinder mit einer Hirnblutung und noch weniger der Kinder mit einer Spina Bifida erreichen ein unauffälliges Testergebnis, aber immerhin fast die Hälfte der Kinder mit einer sonstigen Ursache. Anders ausgedrückt sind auffällig im Abzeichentest: 75.0% der Kinder mit einer Hirnblutung, 82.6% der Kinder mit einer Spina Bifida und 52.9% der Kinder mit einer sonstigen Ursache. Statistisch wirkt sich der Unterschied zwischen den ätiologischen Gruppen nur dahingehend aus, dass die Kinder mit einer Spina Bifida schlechtere Ergebnisse in ihren räumlich-konstruktiven Leistungen zeigen als die Kinder aus der Gruppe der ›Sonstigen Ursachen‹.

Damit fallen die Kinder mit Spina Bifida in beiden Tests mit besonders schwachen Leistungen auf und schwächeren Leistungen als ihre sonst in Relation zu den anderen ätiologischen Gruppen eher günstige Entwicklungsprognose erwarten ließ (s. Abschnitte 3.3.3.2. & 3.3.4). Dies bestätigt das Ergebnis der Recherche des Forschungsstandes, nach der einzelne Forschungen bei diesen Kindern eine Schwäche in visuell-räumlichen Fähigkeiten sehen (s. Abschnitt 3.3.3.2) und lässt vermuten, dass es sich um eine spezifische Schwäche handelt.

Aber auch die Regelschüler aus dieser Gruppe der Kinder mit den ›Sonstigen Ursachen‹, die sich nach Intelligenzeinschätzung, nach den Testergebnissen in den Dreiecken und nach den Ergebnissen aus dem Abzeichentest als ätiologische Gruppe mit der günstigsten Prognose hinsichtlich visuell-motorischer Kontrolle bzw. räumlich-konstruktiver Fähigkeiten herausgestellt hat, erreichen nur gut zur Hälfte ein unauffälliges Testergebnis.

7.5.3.5 Ergebnisse im Vergleich der Testverfahren

Es zeigt sich sehr deutlich, dass die Kinder der Stichprobe im Durchschnitt die Aufgaben des Untertests ›Dreiecke‹ deutlich besser bewältigen als die des Abzeichentests. Daher stellt sich die Frage, ob die Tests die gleiche neuropsychologische Leistung testen. Aber die statistische Prüfung ergibt, dass die Ergebnisse der beiden Tests eng zusammenhängen. Dieser Zusammenhang zeigt sich vor allem dahingehend, dass die Kinder mit einem unauffälligen Ergebnis im Abzeichnen auch bessere Werte im Untertest ›Dreiecke‹ erzielen und Kinder mit einem schwachen Ergebnis in den Dreiecken auch im Abzeichnen auffällig sind. Aber mehr als einem Drittel der Kinder gelingt ein Ergebnis bei den Dreiecken in der Norm und zugleich zeigt dieses Drittel sich im Abzeichentest als räumlich-konstruktiv auffällig. Es ist zu vermuten, dass die beiden Tests eine etwas unterschiedliche Gewichtung in der Erfassung visuell-räumlicher Leistungen haben:

Für die Aufgaben beider Tests müssen visuell-räumlich-perzeptive Fähigkeiten eingesetzt werden, denn es müssen Größenverhältnisse, Positionen und Winkel erfasst werden. Bei den Dreiecken werden zunächst visuell-räumlich-kognitive Fähigkeiten verlangt, weil mentale Rotationen erforderlich sind. Wenn die kognitive Vorstellung über die angestrebte Lage des Dreiecks richtig erfolgt, muss das Dreieck der Überlegung gemäß platziert werden. Wobei letztlich nicht zwischen den Leistungen der räumlichen Kognition und der räumlichen Konstruktion zu trennen ist und die Testautoren zur Formulierung der ›geistigen Verarbeitung im visuell-motorischen Bereich‹ veranlasst (Melchers & Preuß 1994a, 59).

Der Abzeichentest erfordert ebenfalls die korrekte visuell-räumlich-perzeptive Wahrnehmung und dann die korrekte mentale Transformation der geometrischen Figur. Es werden aber neben der Transformation von der oberen auf die untere Blatthälfte keine weiteren visuell-räumlich-kognitiven Fähigkeiten verlangt, sondern der Schwerpunkt der getesteten Leistung liegt dann auf der visuell-räumlich-konstruktiven Leistung. Obwohl beide Testverfahren die handelnde Ausführung unter visueller Kontrolle prüfen, setzen sie unterschiedliche Schwerpunkte in der Prüfung der visuell-räumlich-konstruktiven Leistungen der Kinder.

Die Parallelität der Testergebnisse, dass nahezu alle Kinder, die in den Dreiecken schwach sind, auch im ATK auffällig sind und im ATK unauffällige Kinder in den Dreiecken die Norm erreichen sowie die Differenz, dass vielen Kindern die Dreiecke gelingen, aber das Abzeichnen nicht, unterstützt eine Aussage der Testautoren des Abzeichentests. Danach geben sowohl der Untertest ›Dreiecke‹ aus dem K-ABC als auch die Untertests ›Mosaike‹ und ›Figuren legen‹ aus dem Hamburg-Wechsler-Intelligenztest für Kinder nur Hinweise auf eine visuell-räumlich-konstruktive Störung, während der Abzeichentest explizit diese konstruierende Fähigkeit unter visuell-räumlicher Kontrolle testet (Heubrock et al. 2004, 9).

Neben diesen neuropsychologischen und testtheoretischen Erklärungen können die relativ guten Ergebnisse im Untertest ›Dreiecke‹ auch dadurch zu erklären sein, dass die Kinder bei den Dreiecken auch durch Probieren zum richtigen Ergebnis kommen können, und dass beim Abzeichnen viele Kinder motiviert werden mussten. Auch kannten einzelne Kinder den Test und es gab vielleicht durch die Wiederholung einen Lernerfolg. Vom Mosaiktest, der ganz ähnlich konzipiert ist, sind Testwiederholungseffekte bekannt (Kerkhoff 2006b, 327). Der Grund für ein besseres Abschneiden der Kinder im Untertest ›Dreiecke‹ liegt auch nicht in den relativ alten Normen von 1991, denn nach dem Interpretationshandbuch von 2006 zeigt sich kein Flynn-Effekt und die normative Grundlage von 1991 ist anzuwenden (Melchers & Preuß 2006, 90).

Die Ergebnisse beider Prüfverfahren gemeinsam betrachtet lassen folgern, dass Kinder mit einem Hydrocephalus sehr häufig Schwierigkeiten in der Teilleistung der visuell-räumlich-konstruktiven Fähigkeit haben.

Beim Untertest ›Dreiecke‹ aus dem K-ABC kommen 34.7% der Kinder (und 39.0% der Schüler) statt der bei einem normalverteilten Test zu erwartenden 15.9% zu einem schwachen Testergebnis. Im Abzeichentest sind es sogar 68.6% (und auch 68.6% der Schüler) statt zu erwartender 10% bis 17%. Unter Auslassung der Kinder, die nach dem Förderschwerpunkt Lernen unterrichtet werden, ändert sich das Bild dahingehend, dass bei den Dreiecken die Zahl der Schüler mit schwachem Ergebnis auf 20.2% sinkt und beim ATK weiterhin eine hohe Zahl von 61.8% der Regelschüler als räumlich-konstruktiv auffällig gilt. Und auch die Testergebnisse der als normalintelligent eingeschätzten Kinder bewegen sich in vergleichbaren Höhen.

Dagegen wären bei Regelschülern und als normalintelligent eingeschätzten Kindern mittlere Wert im Untertest ›Dreiecke‹ und unauffällige Ergebnisse im Abzeichentest zu erwarten. Diese Erwartung erfüllen in dieser Untersuchungsgruppe von Kindern mit Hydrocephalus nur 34.8% der 89 Regelschüler. 16.8% der Regelschulkinder sind sogar in beiden Tests auffällig bzw. schwach und eine große Gruppe mit 44.9% erreicht nur bei den Dreiecken die zu erwartenden Werte, aber nicht beim Abzeichnen. Somit zeigt sich in dieser Studie deutlich, dass Kinder mit einem Hydrocephalus besonders häufig eine Schwäche in ihren visuell-räumlich-konstruktiven Fähigkeiten haben.

7.5.3.6 Ergebnisse der ätiologischen Gruppen und der Schülergruppen

Die unterschiedlichen Ergebnisse der Kinder sind weiter hinsichtlich der unterschiedlichen Ätiologien der Kinder zu betrachten. Bei diesem Blick auf die Ätiologien bestätigt sich, dass Kinder mit einer Hirnblutung in ihrer kognitiven Entwicklung, präziser ausgedrückt nach dieser Untersuchung in ihren räumlich-konstruktiven Fähigkeiten erheblich beeinträchtigt sind, denn mehr als der Hälfte von ihnen gelingt in beiden Tests nur ein schwaches bzw. auffälliges Ergebnis. Aber auch 39.1% der Kinder mit einer Spina Bifida geht es genauso. Dies führt dazu, dass fast die Hälfte der Kinder, die in beiden Tests auffällig sind, Kinder mit einer Spina Bifida sind (18 der 39 Kinder). Und in der Gruppe der Kinder, die beide Tests gut bewerkstelligen, sind nur 17.4% der Kinder mit einer Spina Bifida zu finden, immerhin 25% der Kinder mit einer Hirnblutung und 41.2% der Kinder aus der Gruppe der ›Sonstigen Ursachen‹. Die Kinder mit einer Spina Bifida bilden dagegen den größten Anteil aller drei ätiologischen Gruppen unter den Kindern, die zwar in den Dreiecken ein mittleres Ergebnis zeigen, aber im Abzeichentest auffällig sind.

Trotz der ätiologischen Differenzen ergibt sich die Folgerung, dass die räumlich-konstruktiven Schwächen der Kinder mit einem Hydrocephalus unabhängig von der Ätiologie des Hydrocephalus anzutreffen sind. Es ist demnach weder der pränatal mit oder ohne erkennbaren Grund sich entwickelnde Hydrocephalus noch die Chiari II-Malformation bei einer Spina Bifida noch die prä-, peri- oder postnatale Hirnblutung, die zu der räumlich-konstruktiven Schwäche führt, sondern ein anderer Faktor. Obwohl es theoretisch vorstellbar ist, dass es weitere bisher unbekannte Verursacher geben kann, liegt der Verdacht nahe, dass die räumlich-konstruktiven Schwäche eine Auswirkung des Hydrocephalus ist. Eine Vermutung, die schon mehrfach in jüngster Zeit in der Literatur erwähnt wurde (Lindquist et al. 2005, 882; Iddon 2004, 1113).

7.5.3.7 Zusammenfassung aus der Betrachtung der Testergebnisse, der Ätiologien und der Beschulung

Mehr als ein Drittel aller untersuchten Kinder (36.4%) kommt zwar in den Dreiecken zu einem mittleren Ergebnis, aber ihnen misslingt die räumlich-konstruktive Leistung beim Abzeichnen. Sie dürften mit vielen Anforderungen in der Schule, die ein räumlich-konstruktives Arbeiten benötigen, überfordert sein, und von diesen Kindern besuchen 90.9% die Regelschule. Es sind vermutlich Kinder, deren Schwierigkeiten im Alltag wenig auffallen, sondern erst bei Aufgaben, die explizit die räumlich-konstruktive Leistung erfordern. Ihnen gelingen einfache mentale Rotation und einfaches Anlegen, aber nicht die Aufgabe der manuellen Konstruktion. In dieser Gruppe befinden sich 43.5% der Kinder mit einer Spina Bifida.

Ein knappes Drittel der Kinder (28.9%) zeigt in beiden Testverfahren gute visuell-räumlich-konstruktive Fähigkeiten und diese Kinder besuchen auch fast ausschließlich eine Regelschule (91.2%). Es sind 41.2% der Kinder mit einem Hydrocephalus unbekannter oder selten auftretender Ursache. Aber es erreichen immerhin 25.0% der Kinder mit einer Hirnblutung auch dieses gute Ergebnis, aber nur 17.4% der Kinder mit einer Spina Bifida. Dies entspricht nicht dem Wissen über die kognitive Entwicklung bei Kindern mit Hydrocephalus (s. Abschnitte 3.2.1. und 3.3.4).

Fast ein Drittel der Kinder (32.2% der Kinder bzw. 31.4% der Schüler) zeigt in beiden Tests schwache visuell-räumlich-konstruktive Fähigkeiten. Unter ihnen sind auch viele Regelschüler, denn die Hinzuziehung der Beschulungsform deckt auf, dass 40.5% der Kinder, die in beiden Tests auffällig sind, eine Regelschule besuchen. Die Prüfung der Testergebnisse mit dem Kriterium der Intelligenzeinschätzung führt zu ähnlichen prozentualen Verteilungen wie das Kriterium, nach welchem Lehrplan das Kind unterrichtet wird. Der Blick auf Ätiologien zeigt auf, dass 54.2% der Kinder mit einem posthämorrhagischen Hydrocephalus und 39.1% der Kinder mit einer Spina Bifida zu dieser Gruppe gehören, die in beiden Tests auffällig sind.

Für diese Kinder dürfte die Differenz zwischen den Anforderungen der Regelschule und ihren räumlich-konstruktiven Fähigkeiten gravierende Folgen haben. Bei ihnen sind zahlreiche Lernerschwernisse aufgrund ihrer erheblichen Probleme in den visuell-räumlichen Fähigkeiten zu erwarten. Diese Kinder sollten differenzierter auf ihre visuell-räumlichen Leistungen hin neuropsychologisch untersucht und bei der Bestätigung des Verdachts frühzeitig bei der Ausbildung dieser Fähigkeiten gefördert werden.

7.5.4 Elternsicht der visuell-räumlichen Schwierigkeiten bei Kindern mit Hydrocephalus

Neben der Erforschung der visuell-räumlichen Fähigkeiten bei Kindern mit Hydrocephalus durch eine Testung ist Ziel dieser Studie, die elterlichen Wahrnehmungen möglicher Schwierigkeiten der Kinder in Alltagssituationen, bei denen der Mensch seine visuell-räumlichen Leistungen benötigt, zu erfassen. In einem weiteren Schritt können Zusammenhänge und Unterschiede zwischen den Testergebnissen der Kinder und der Wahrnehmung ihrer Eltern diskutiert werden.

Fast allen dieser im Elternfragebogen genannten Alltagsschwierigkeiten mit einem visuell-räumlichen Bezug stimmt ein Viertel bis zur Hälfte aller Eltern zu. Dies lässt vermuten, dass mit diesen Alltagssituationen wesentliche Problembereiche der Kinder erfasst werden, denn andere – wenige – Items erhalten sehr geringe Zustimmungsraten. So bejahen nur 0.8% der Eltern, dass ihr Kind an Dingen vorbeigreife, und nur 6.6% der Eltern bejahen die Aussage, dass das Kind Probleme habe, die Reihenfolge der Wörter einzuhalten (Items 3 und 29). Offenbar sind diese Items, die aus Lehrbüchern zu Beeinträchtigungen bei Erwachsenen nach erworbener Hirnschädigung entnommen wurden, nicht auf Kinder mit angeborenen und früh erworbenen Hirnfunktionsbeeinträchtigungen zu übertragen.

Aufgrund des inhaltlichen Zusammenhangs vieler Items lassen sich aus den Elternaussagen vier Skalen gemäß der vier wesentlichen Teilleistungen der visuell-räumlicher Fähigkeiten erstellen:
- Skala visuell-räumlich-perzeptiver Schwierigkeiten
- Skala visuell-räumlich-kognitiver Schwierigkeiten
- Skala visuell-räumlich-konstruktiver Schwierigkeiten
- Skala visuell-räumlich-topographischer Schwierigkeiten

Die Skalen sind mit Ausnahme der Skala der räumlich-perzeptiven Schwierigkeiten altersunabhängig und normalverteilt. In der räumlich-perzeptiven Fähigkeit haben mehr jüngere als ältere Kinder Schwierigkeiten, wobei die Skala mit den Fragen zum Lesen der Uhr und zu Schulfertigkeiten Items umfasst, die sieben und acht Jahre alte Kinder häufig noch nicht beherrschen. Diese Alters*un*abhängigkeit der drei anderen Skalen lässt vermuten, dass die Eltern die Fragen altersadaptiert im Vergleich zu gleichaltrigen nichtbehinderten Kindern beantwortet haben.

Die *Interkorrelation aller vier Skalen* der visuell-räumlichen Alltagsfähigkeiten zeigt einen starken Zusammenhang der räumlich-kognitiven Skala mit allen drei anderen Skalen auf, mit einem etwas deutlicheren Zusammenhang zur räumlich-konstruktiven Skala. Dieser Zusammenhang ergibt sich aus der Abhängigkeit der aufeinander aufbauenden visuell-räumlichen Teilleistungen und den hier erfragten Alltagssituationen. Insbesondere die kognitive Verarbeitung – die mentalen Rotationen und Transformationen – hängen mit den drei anderen Teilleistungen zusammen. Ein Geschenk einzupacken, etwas zusammenzufalten oder auszuschneiden, eine Schleife zu binden, abzeichnen oder puzzeln zu können sind alles konstruktive Aufgaben, die eine gute räumlich-kognitive Verarbeitung des visuellen Reizes erfordern.

Die geringste Korrelation findet sich zwischen der räumlich-perzeptiven und der räumlich-topographischen Skala. Die räumlich-topographischen Fähigkeiten werden auch in der Literatur als jene Teilleistung angesehen, die den geringsten Zusammenhang zu allen drei anderen Teilleistungen hat (Kerkhoff 2000, 414). Allerdings besteht hier durchaus ein deutlicher Zusammenhang zur räumlich-kognitiven Skala, also der Fähigkeit, sich Räume, ihre Bezüge und Veränderungen visuell vorstellen zu können.

Insgesamt sind die Zusammenhänge nicht überraschend, weil es Teilleistungen einer neuropsychologischen Gesamtleistung sind, die auch aufeinander aufbauend sind. Die angesichts dieser inhaltlichen Zusammenhänge geringen Interkorrelationen zeigen eher, dass tatsächlich die visuell-räumlichen Fähigkeiten aus unterscheidbaren Einzelleistungen bestehen.

7.5.4.1 Elternsicht im Unterschied zu Angaben in der Literatur

Bei drei der vier Skalen sind Anmerkungen zu einzelnen Items angezeigt, weil Ergänzungen oder Unterschiede zu Angaben in der Literatur zu erkennen sind.

Bei der *Skala der räumlich-perzeptiven Schwierigkeiten* bestätigt diese Untersuchung die Meinung in der Literatur, dass die Fähigkeit, die Zeigerstellungen einer analogen Uhr richtig erkennen zu können, ein Leitsymptom für die Diagnose räumlich-perzeptiver Fähigkeiten ist (Heubrock et al. 2004, 7; Muth et al. 2001, 18; Prosiegel 2002, 75). Ein Teil der Kinder hat hier aber zugleich Schwierigkeiten, die digitale Uhr zu lesen, denn es besteht ein deutlicher Zusammenhang zwischen diesen beiden Items. Die naheliegende Erklärung, dass eine Lernbehinderung einem Kind beide Möglichkeiten des Uhr Lesens erschwert, kann verneint werden, denn hier zeigen Regelschüler mehr Schwierigkeiten im Lesen der digitalen Uhr als Förderschüler. Wenn die räumlich-perzeptiven Fähigkeiten so weit eingeschränkt sind, dass nicht nur die Winkelstellungen der Zeiger, sondern auch sich ähnelnde Zahlenbilder der digitalen Ziffern vom Kind nicht unterschieden werden können, ist das für jegliches differenzierteres Erkennen von bspw. Schaubildern in Schulbücher ein großes Lernerschwernis.

Bei einigen anderen Items zeigen sich in dieser Studie etwas andere Zusammenhänge, als sie in der Literatur angenommen werden: Das Item ›*einen Weg beschreiben können*‹ entstammt sowohl einem der Vorgespräche mit betroffenen Erwachsenen, die der Entwicklung des Interviewleitfadens dienten, als auch der Literatur, wo es allerdings den räumlich-topographischen Leistungen zugeordnet wird (Bodenburg 2001, 136; Prosiegel 2002, 84). Hier zeigt es einen engeren Zusammenhalt zur *Skala räumlich-kognitiver Schwierigkeiten* und es erreicht eine Trennschärfe von .70. Das Problem ist danach weniger die Orientierung als vielmehr die gedankliche Vorstellung der Wege, was auch die hohe Korrelation der Skalen der räumlich-topographischen mit den räumlich-kognitiven Schwierigkeiten anzeigt, und weiter vielleicht auch die Umsetzung in die Sprache.

Markus: »Meine Orientierung ist eher schlecht. Einmal riefen bei uns Leute an und ich konnte ihnen nicht den Weg erklären, das war peinlich« (68, 69).

Weiter gehört ein Item mit guter Trennschärfe zu dieser Skala, das nicht der Literatur, sondern einem Elterngespräch der Vorstudie entnommen ist. Es ist die Frage nach den Schwierigkeiten, einem Schlüssel oder Wasserhahn die richtige Richtung zu geben. Da dieses eine Alltagssituation ist, die gut von Eltern beobachtet werden kann, bildet das Item eine Bereicherung für die Beschreibung und Erforschung räumlich-kognitiver Fähigkeiten.

Die *Skala der räumlich-konstruktiven Schwierigkeiten* zeigt sowohl sehr hohe Zustimmungen der Eltern als auch mehrere sehr trennscharfe Items auf: Das Zusammenfalten von Gegenständen und das Packen eines Pakets oder eines Geschenkes unterscheidet sehr deutlich Kinder mit Schwächen in diesen hier als räumlich-konstruktiv bezeichneten Alltagssituationen.

Weitere Items der Skala der räumlich-konstruktiven Schwierigkeiten bedürfen der Aufmerksamkeit:

Abzeichnen

Die Autoren des Abzeichentests sehen das Abzeichnen als besonders gut geeignet, eine Funktionsstörung der räumlich-konstruktiven Leistungen zu diagnostizieren (Heubrock et al. 2004, 12). Deshalb wird das Item ›Schwierigkeiten im Abzeichnen‹ in den Elternfragebogen aufgenommen. Es reiht sich auch gut in die anderen Items der Skala der räumlich-konstruktiven Schwierigkeiten ein. Obwohl, wie bei allen Skalen, mit Errichtung dieser Skala nicht sicher ist, ob die mit diesen Items erfragten Leistungen valide die räumlich-konstruktive Fähigkeit messen, kann dies als Hinweis auf eine sinngebende Bezeichnung der Skala gewertet werden.

In andere Menschen hineinversetzen

Hier zeigt sich, dass das Item, ob das Kind Schwierigkeiten habe, sich in andere Menschen hineinzuversetzen, einen visuell-räumlich-konstruktiven Bezug hat. Heubrock und Petermann berichten, dass die sozialen Beeinträchtigungen aufgrund einer räumlich-konstruktiven Störung bisher kaum beachtet werden. Den Kindern gelänge es nicht, soziale Vorgänge hinsichtlich ihrer Richtung (von wem eine Interaktion an wen erfolgt) einzuschätzen (Heubrock & Petermann 2000, 366). Die Fähigkeit, sich in einen anderen Menschen hineinzuversetzen, erfordert neben einer Reihe an Fähigkeiten, wie bspw. Motivation, Geduld, Empathie, exekutive Fähigkeiten, auch die visuell-räumliche Fähigkeit des mentalen Perspektivenwechsels. Und bei der Errichtung dieser Skalen zeigt sich ein enger Zusammenhang zu den räumlich-konstruktiven Schwierigkeiten. Danach haben Kinder mit Schwächen in den anderen hier erfragten Items dann auch häufig die Schwierigkeit, sich in den Anderen hineinzuversetzen. Von der Schwierigkeit bei Jugendlichen mit einem Hydrocephalus, den mentalen Status und den Gesichtsausdruck ihres Gegenübers einzuschätzen, berichten auch Stevenson & Pit-ten Cate in ihrer Untersuchung über soziale Probleme bei Jugendlichen mit Hydrocephalus (2003, 31) und Vachha et al. (2004) verweisen auf ihre früheren Untersuchungen, die diese Schwäche beschreiben.

Blickkontakt

In der Literatur werden Probleme im Blickkontakt bei ›Patienten mit gestörter Raumauffassung‹ beschrieben (Kerkhoff & Münßinger 2002, 33). Dieses Item gehört hier zu keiner der vier visuell-räumlichen Skalen. Und es zeigt sich hier sogar, dass die Kinder mit Spina Bifida, die nach den Testungen zwar gleichauf mit der Gruppe der Kinder mit Hirnblutungen eine ätiologische Gruppe mit großen räumlich-konstruktiven Problemen ist, aber im Unterschied zu den Kinder mit einer Hirnblutung signifikant schlechter als die Kinder mit den sonstigen Ursachen in den Tests abschneidet, beim Blickkontakt weniger Schwierigkeiten haben als die Kinder mit einem posthämorrhagischen Hydrocephalus.

Unordnung

Vier Fragen des Elternfragebogens beziehen sich auf mögliche Schwierigkeiten des Kindes, Ordnung auf dem Schreibtisch und im Kinderzimmer herzustellen, weil nach Literaturangaben zur Ordnungserhaltung räumlich-konstruktive Leistungen erforderlich sind (Kerkhoff & Münßinger 2002, 32 & 37; Muth et al. 2001, 18). Hier bejahen zwar von 47.9% bis 68.6% der Eltern diese vier Fragen, aber es zeigt sich kein Zusammenhang zu den andern Items der Skala der visuell-räumlich-konstruktiven Schwierigkeiten oder einer der anderen Skalen.

Rechnen

Eine der besonders folgenreichen Auswirkungen einer räumlich-konstruktiven Schwäche kann eine Rechenschwäche sein. Geringere Fähigkeiten im Rechnen als im Lesen und Schreiben sehen hier zwar die Eltern der qualitativen Vorstudie, aber aus der quantitativ ausgewerteten Elternbefragung ergibt sich kein Hinweis auf eine Rechenschwäche. Denn die Frage, ob das Kind größere Probleme im Rechnen als im Lesen und Schreiben habe (Item 30), zeigt keinen Zusammenhang zu einer der Skalen der visuell-räumlichen Schwierigkeiten. Es wird hier nach Rechenproblemen gefragt, sofern sie größer als andere Schulschwierigkeiten des Kindes sind, um den Eltern eine Bezugsgröße zu geben und weil visuell-räumliche, insbesondere räumlich-konstruktive Schwächen, sich wesentlich häufiger auf das Rechnen als auf das Lesen und Scheiben auswirken (s. Abschnitt 6.5.1) Bei der Skala der räumlich-konstruktiven Schwierigkeiten ergäbe sich bei diesem Item nur eine Trennschärfe von .21. Der Frage wird auch selbst von den Eltern der im Abzeichentest auffälligen Kinder nur zu gut 40% zugestimmt, und die elterlichen Meinungen über die Rechenprobleme von im

ATK auffälligen und unauffälligen Kindern unterscheiden sich nicht. Demnach besteht kein besonders enger Zusammenhang zwischen Rechenproblemen und visuell-räumlich-konstruktiven Schwierigkeiten, obwohl die Literatur sie als entscheidende Vorläuferstörung einer räumlich-konstruktiven Schwäche betitelt (s. Abschnitt 6.5.1). Es besteht hier sogar eine umgekehrte Reihung: Kinder, die beim Untertest ›Dreiecke‹ ein Ergebnis in der Norm erreichen und daher unauffällig sind, zeigen in den Augen ihrer Eltern häufiger eher Probleme im Rechnen als im Schreiben oder Lesen als die Kinder mit einem schwachen Testergebnis. Es zeigen sich auch keine Unterschiede zwischen den drei ätiologischen Gruppen.

Eine Erklärung dafür, dass sich hier kein Bezug zur Skala der räumlich-konstruktiven Schwierigkeiten zeigt, kann darin liegen, dass viele Kinder in allen Schulfertigkeiten Schwächen haben und die Rechenprobleme sich davon nicht abheben. Eine weitere Erklärung kann in dem Alter der Stichprobe liegen, weil bei einem Altersdurchschnitt von 9.79 Jahren die Rechenschwäche noch nicht für Eltern erkennbar ist. Obwohl zum einen sich die räumlich-konstruktive Störung schon auf die Grundrechenarten auswirke (Heubrock & Petermann 2000, 239), schreiben die Heubrock und Petermann auch:

> »So kann ein Kind mit einer räumlich-konstruktiven Dyskalkulie im Untertest ›Rechnerisches Denken‹ des HAWIK-R durchaus ein altersentsprechendes Ergebnis erzielen, hierbei aber in denjenigen Aufgaben völlig versagen, die eine Einschätzung von Größen, Mengen und Verhältnissen erfordern (…)« (Heubrock & Petermann 2000, 239).

Orientierung

Alle fünf Items der *Skala der räumlich-topographischen Schwierigkeiten* zeigen zueinander einen sehr engen Zusammenhang auf, zeigen aber keine Zugehörigkeit zu einer der anderen Skalen. Dies wäre aber nach der Beschreibung von Kindern und Jugendlichen mit raumanalytischen und räumlich-konstruktiven Störungen, wie sie bei Heubrock und Petermann (2000, 366) zu finden ist, zu erwarten gewesen. Danach fielen diese Kinder im Alltag durch topographische Orientierungsstörungen auf, weil sie sich verlaufen würden, Rückwege nicht fänden, im Verkehr nicht zurechtkämen und Wege nicht rekonstruieren könnten. Hier zeigen sich wohl auch räumlich-topographische Schwierigkeiten bei den Kindern, denn zwischen 28.1% und 41.3% der Eltern stimmen den Fragen nach Orientierungsproblemen zu, aber es besteht kein Zusammenhang der Items zur Skala der räumlich-konstruktiven Schwierigkeiten oder einer der anderen Skalen. Dies stützt aber wiederum die Erkenntnis aus der Neurobiologie, dass die räumlich-topographischen Sinneseindrücke eine andere Route der visuellen Verarbeitung im Gehirnnehmen, als die Verarbeitung der drei anderen visuell-räumlichen Sinneseindrücke sie einnehmen (s. Abschnitt 6.2.4). Es entspricht weiter der Annahme Kerkhoffs, die nicht von einer Verknüpfung räumlich-konstruktiver mit räumlich-topographischen Einbußen ausgeht (Kerkhoff 2000, 414). Die räumlich-topographischen Schwierigkeiten bei Kindern mit Hydrocephalus könnten aber mit

Beeinträchtigungen im Hippocampus und Parahippocampus zusammenhängen. In diesen Hirnstrukturen findet vermutlich die visuelle Verarbeitung der räumlich-topographischen Eindrücke statt (Kerkhoff 2006a, 183; Kerkhoff 2006b, 325), und es befinden sich hier wesentliche Elemente der Gedächtnisleistungen, die nach Recherche des Forschungsstandes bei Kindern mit Hydrocephalus häufig beeinträchtigt sind.

7.5.4.2 Elternsicht und Testergebnisse der Kinder

Mit den erhobenen Daten soll erforscht werden, ob Kinder mit einem schwachen Testergebnis in der Sicht ihrer Eltern größere Schwierigkeiten in den Alltagssituationen haben, die ihre visuell-räumlichen Fähigkeiten fordern, als die Kinder, denen ein Ergebnis in der Norm gelingt. Da die Tests sich auf die Teilleistungen der visuellmotorischen Kontrolle bzw. der räumlich-konstruktiven Fähigkeit beziehen, müssten sich insbesondere Zusammenhänge zwischen den Testergebnissen und der Skala der räumlich-konstruktiven Schwierigkeiten zeigen.

Dabei ist zu bedenken, dass die Elternsicht anhand selbst konstruierter Skalen erhoben ist und die Benennung der Skalen sich ergibt, weil die den Skalen zugrundeliegenden Items im Wesentlichen den Literaturangaben über visuell-räumliche Fähigkeiten und Schwächen entnommen sind und diesen Bezeichnungen und Einteilungen in vier Teilleistungen hier gefolgt wird. Wenn sich keine Zusammenhänge zwischen den kindlichen Testergebnissen und der Elternsicht ergeben, kann dies an einer unzureichenden Skalenkonstruktion liegen. Im Gegenzug bedeuten signifikante Unterschiede in der elterlichen Wahrnehmung zwischen Kindern mit schwachem und gutem Testergebnis auch eine Bestätigung der Skalen mit ihren der Literatur und der eigenen Vorstudie entnommen Items.

Untertest ›Dreiecke‹ und die Skalen visuell-räumlicher Schwierigkeiten

Bei der Korrelation der elterlichen Einschätzungen auf den vier Skalen mit den Testergebnissen der Kinder im Untertest ›Dreiecke‹ erreichen die vier Skalen in ihrer Summe nur einen leichten Zusammenhang zu den Testergebnissen. Dies bedeutet, dass mit dem richtigen Legen von Dreiecken zu geometrischen Figuren nur in geringem Umfang visuell-räumliche Leistungen gemessen werden. Das Bild ändert sich, wenn die Korrelationen zwischen den Testergebnissen mit den einzelnen visuell-räumlichen Leistungen betrachtet werden.

Ein leichter mittlerer Effekt in der Korrelation zwischen den Leistungen im Untertest ›Dreiecke‹ und der Skala der räumlich-kognitiven Schwierigkeiten und ein hoher mittlerer Effekt bezüglich der Skala der räumlich-konstruktiven Schwierigkeiten weisen darauf hin, dass Kinder mit einem schwachen Testergebnis im Untertest ›Dreiecke‹ nach Meinung ihrer Eltern in jenen Alltagssituationen, die sich auf der Skala der räumlich-kognitiven und der räumlich-konstruktiven Schwierigkeiten abbilden, größere Schwierigkeiten haben als die Kinder, denen ein Ergebnis in der Norm gelingt.

Sie zeigen mehr an räumlich-kognitiven und räumlich-konstruktiven Problemen im Alltag als die anderen Kinder. Dies ergibt sich nicht bei Skalen räumlich-perzeptiver und räumlich-topographischer Schwierigkeiten. Damit bestätigt sich, dass mit dem Untertest ›Dreiecke‹ die Fähigkeiten des mentalen Rotierens und insbesondere der Handlungen unter visueller Kontrolle getestet werden, wie sie auch in vielen Alltagssituationen benötigt werden.

Da die beiden Skalen der räumlich-kognitiven und die der räumlich-konstruktiven Schwierigkeiten eng miteinander zusammenhängen, zeigen in der multiplen Regression nur noch die elterlichen Bewertungen der räumlich-konstruktiven Schwierigkeiten auf die Ergebnisse der Kinder in den Dreiecken einen mittleren Effekt. Damit genügt es, den Blick auf die räumlich-konstruktiven Alltagssituationen zu werfen, um die kindlichen Fähigkeiten beim Legen der Dreiecke einzuschätzen. Die drei anderen Skalen weisen in der multiplen Regressionsanalyse nur auf geringe Zusammenhänge zwischen den Testergebnissen der Kinder und den mit den visuell-räumlichen Skalen erfassten Alltagssituationen. Danach ist es nur für die Bewältigung der räumlich-konstruktiven Alltagssituationen von Bedeutung, wie gut oder schlecht das Kind sich im Untertest ›Dreiecke‹ zeigt, und für die Bewältigung aller anderen Alltagssituationen erweist sich das Testergebnis als unerheblich.

Der schwächste und auch insignifikante Zusammenhang zeigt sich zwischen den Testergebnissen und der Skala der räumlich-topographischen Schwierigkeiten. Und in der Vorhersage der kindlichen räumlich-topographischen Schwierigkeiten zeigt sich gar ein leichter Effekt eines schwachen Testergebnisses auf wenige Probleme in den räumlich-topographischen Alltagssituationen. Damit kann für diese Stichprobe nicht der Schilderung gefolgt werden, dass Kinder und Jugendliche mit raumanalytischen und räumlich-konstruktiven Störungen durch topographische Orientierungsstörungen auffallen (Heubrock & Petermann 2000, 366). Wobei diese Aussage unter der Annahme getroffen wird, dass mit dem Untertest ›Dreiecke‹ raumanalytische und räumlich-konstruktive Störungen gemessen werden.

Interessanterweise zeigt sich bei keiner der vier Skalen ein Unterschied zwischen den ätiologischen Gruppen. Also Kinder mit einem Hydrocephalus unterschiedlicher Ursache und einem Testergebnis in der Norm haben ähnlich selten oder häufig Probleme mit Alltagssituationen, die visuell-räumliche Fähigkeiten fordern. Gleiches gilt für die Kinder mit schwachem Testergebnis.

Abzeichentest und die Skalen visuell-räumlicher Schwierigkeiten

Im Unterschied zum Untertest ›Dreiecke‹ spiegeln sich die Unterschiede der Kinder im Abzeichentest in dem Ausmaß ihrer Schwierigkeiten in visuell-räumlichen Alltagssituationen stärker wider. In drei der vier Skalen sehen die Eltern, deren Kinder im Abzeichentest auffällig sind, auch mehr Probleme in Alltagssituationen als die Eltern der im Test unauffälligen Kinder. Dies betrifft mit eher leichtem bis mittlerem Effekt die Skalen der räumlich-perzeptiven und mit einem kleinem Effekt die Skala der räumlich-kognitiven Schwierigkeiten. Deutlicher mit einem schon als groß zu bezeichnenden Effekt tauchen die Testunterschiede der Kinder in der elterlichen Einschätzung der räumlich-konstruktiven Schwierigkeiten auf. Bezogen auf den Abzeichentest ist zu folgern, dass der Abzeichentest in einem engen Zusammenhang zu jenen Alltagssituationen zu sehen ist, die hohe Anforderungen an räumlich-konstruktives Handeln stellen. Darüber hinaus bestehen Zusammenhänge zu Alltagssituationen, die räumlich-perzeptive und räumlich-kognitive Fähigkeiten erfordern. Demnach erweist sich der Abzeichentest hier als sensitiver als der Untertest ›Dreiecke‹, wenn zur Prüfung der Sensitivität Elternaussagen herangezogen werden.

Auch bei den von Eltern wahrgenommenen räumlich-topographischen Problemen und den Ergebnissen der Kinder im Abzeichentest zeigt sich ein leichter Effekt, dass testauffällige Kinder häufiger Orientierungsprobleme haben, aber dieser Effekt ist nicht signifikant. Demnach lassen sich in ihrem räumlich-topographischen Verhalten die im Abzeichentest auffälligen nicht von den unauffälligen Kinder unterscheiden. Dies unterstreicht die Erkenntnis von der Unabhängigkeit räumlich-topographischer Schwierigkeiten von anderem visuell-räumlichem Handeln, die sich auch schon bei der Vorhersage räumlich-topographischer Schwierigkeiten aufgrund des Testergebnisses bei den Dreiecken folgern ließ. Diese Unabhängigkeit zeigte sich auch bei der Errichtung der vier Skalen visuell-räumlicher Schwierigkeiten in dieser Studie und stützt die Annahme einer relativ eigenen Teilleistung (Kerkhoff 2000, 414). Dies bedeutet nicht, dass Kinder mit einem Hydrocephalus keine Orientierungsprobleme hätten, sie wären nur nicht an ihren räumlich-konstruktiven Problemen zu erkennen.

Ebenso wie bei den Ergebnissen der Kinder im Untertest ›Dreiecke‹ ergibt sich auch bei den Ergebnissen im Abzeichentest bei keiner der vier Skalen ein Zusammenhang zur Ätiologie des kindlichen Hydrocephalus.

7.5.4.3 Unterschiede in der Elternsicht hinsichtlich der Ätiologien

In der Elternsicht spiegelt sich, dass Kinder mit schwachem Testergebnis im Untertest ›Dreiecke‹ und im Abzeichentest auch in den meisten visuell räumlichen Leistungen größere Schwierigkeiten haben als die Kinder mit einem gutem Testergebnis, aber die ätiologischen Gruppen unterscheiden sich nicht. Dies bedeutet, dass Kinder mit einem Hydrocephalus unabhängig von der Ätiologie ähnlich hohe Alltagsschwierigkeiten in den Augen ihrer Eltern haben.

Bei dieser Beurteilung fällt aber auf, dass sich die ätiologischen Gruppen durchaus in ihren Testergebnissen unterscheiden, denn in beiden Tests schneiden die Kinder mit Spina Bifida schlechter ab als die Kinder aus der Gruppe der sonstigen Ursachen. Diese Unterschiede zeigen sich nicht mehr, wenn ihre Eltern die Alltagssituationen bewerten.

Entweder gelingt diesen Kindern eine besonders gute Kompensation ihrer räumlich-konstruktiven Schwäche im Alltag, und die anderen Hydrocephalus-Kindern wirken räumlich-konstruktiv unbeholfener, oder die Eltern der Kinder mit Spina Bifida nehmen die Schwächen ihrer Kinder im Alltag weniger wahr als die Eltern der anderen Kinder.

7.5.5 Auswirkungen auf das schulische Lernen

Die möglichen Folgen eingeschränkter visuell-räumlicher Fähigkeiten sind ausführlich im Abschnitt 6.4. beschrieben. Nach der hier durchgeführten Untersuchung räumlich-konstruktiver Fähigkeiten finden sich bei Kindern mit einem Hydrocephalus unterschiedlichster Ätiologie sehr häufig erhebliche Einbußen. Durch die Auswertung der Elternbefragung werden auch die engen Zusammenhänge der räumlich-konstruktiven Teilleistung zu den räumlich-perzeptiven und räumlich-kognitiven Teilleistungen deutlich, und dass sich bei Kindern mit Hydrocephalus über den Bereich der hier getesteten räumlich-konstruktiven Probleme Einschränkungen in den visuell-räumlichen Fähigkeiten finden. Es ist daher bei den betroffenen Kindern auch mit erheblichen Schulschwierigkeiten aufgrund ihrer insgesamt mangelhaft ausgebildeten visuell-räumlichen Fähigkeiten zu rechnen. Einzig die räumlich-topographischen Teilleistungen zeigen hier nur schwache Zusammenhänge zu den elterlichen Wahrnehmungen der anderen visuell-räumlichen Leistungen und zu den Testergebnissen der Kinder, abgesehen von einem Zusammenhang zu den räumlich-kognitiven Leistungen. Dies bedeutet, dass die betroffenen Kinder nicht durch Orientierungsprobleme beim Schulweg oder in der Schule auffallen.

Aber sie finden nur schwer die nächste Zeile beim Lesen im Heft, im Buch und bei Tabellen und Plänen. Sie vertauschen sich ähnelnde Buchstaben und haben Probleme beim Untereinanderschreiben von Zahlen. Sie haben Probleme, die Uhr zu lesen und im Zeitempfinden. Alle Formen von Schätzaufgaben bilden Hürden, und diese finden sich in vielen Unterrichtsfächern. Auch die Verbalisierungen von Wegen und Entfernungen gelingen häufig nicht. Schon die mentalen Vorstellungen von Entfernungen, Richtungen und Drehbewegungen fallen schwer. Große Schwierigkeiten entstehen, wenn die visuell-räumliche Konstruktion verlangt wird: Falten, Ausschneiden, Abzeichnen, Teilen, Anlegen und alles Konstruieren in der dritten Dimension.

Es findet sich also ein Kind, das große Schwierigkeiten im visuell-räumlichen Handeln hat. Es benötigt daher viel Anstrengung und Konzentration im Schulalltag für das richtige Wahrnehmen der Zahlen, Buchstaben, Bilder, Tabellen, Pläne, Landkarten, Zeichnungen, Umrisse und Bildreihenfolgen, für das gedankliche Übertragen von Zahlen, Größenverhältnissen, Textaufgaben und schließlich für das korrekte Platzieren und Malen der Buchstaben, Zahlen, Tabellen. Die Schwierigkeiten wirken sich auf alle Schulfächer aus, einschließlich des Sportunterrichts, und u. U. auch auf die sozialen Beziehungen zu Mitschülern und Lehrern. So sind durch die qualitative Vorstudie die Ängste und Probleme der Kinder beim Ballspiel benannt und in der Hauptstudie als zugehörig zu den räumlich-konstruktiven Schwierigkeiten der Kinder bestätigt worden. Über die Probleme in den Schulfächern hinaus können Probleme im sozialen Bereich entstehen, weil vielen Kindern nicht ein mentaler Perspektivenwechsel gelingt und sie sich weder in den Protagonisten einer Geschichte im Deutschunterricht noch in den Mitschüler oder Lehrer hineinversetzen können.

Bei manchen Kindern mit Hydrocephalus dürften also die von Eltern und Lehrern vermeintlich wahrgenommenen
- Schwierigkeiten in der Feinmotorik keine feinmotorischen Probleme sein,
- Schwierigkeiten in der Konzentration nicht nur Konzentrationsschwierigkeiten sein,
- Schwierigkeiten im Lesen, Schreiben und Rechnen (noch) keine Lese-Rechtschreib- oder Rechenschwäche sein,

sondern können räumlich-konstruktive Probleme sein.

Ein besonderes Augenmerk sollte auf jene Kinder gelegt werden, denen das Anlegen der Dreiecke gelingt, aber nicht die explizite räumliche Konstruktion, die daher erst im Abzeichentest auffällig werden. Diese Gruppe umfasst 36.4% der hier untersuchten Kinder mit einem Hydrocephalus. Es ist zu vermuten, dass sie im Alltag wenig auffallen, weil deutliche Hinweise fehlen, aber alles exakte Erkennen, alle anspruchsvollen Aufgaben mit räumlichen oder zeitlichen Bezügen wie z. B. in Textaufgaben in der Mathematik und alles exakte Arbeiten wie in der Geometrie, gelingt ihnen nur mit großer Mühe. Mühevolles Arbeiten bedarf einer großen Konzentration und kostet Kraft. In dieser Gruppe finden sich viele Kinder mit einer Spina Bifida (43.5% der Kinder mit Spina Bifida) und 44.9% der Regelschüler.

Aber auch die Kinder, die in beiden Tests auffällig sind, haben einen Schulalltag, der ihnen dieses mühevolle Arbeiten abverlangt. In dieser Gruppe befinden sich zwar viele Förderschüler, bei deren Unterrichtung von mehr Rücksicht auf individuelle Probleme ausgegangen werden kann, aber auch 16.9% der Regelschüler, die somit mit vielen Anforderungen der Regelschule überfordert sein dürften, wenn diese Einschränkung in ihrem Lernen nicht berücksichtigt wird.

Es ist vorstellbar, dass die von Eltern festgestellte schnelle Ermüdung ihrer Kinder und der Bedarf an Ruhe auch in der Anstrengung begründet ist, die die Bewältigung der räumlich-konstruktiven Anforderungen von ihnen verlangt.

Räumlich-konstruktive Schwächen haben gute Therapiechancen, insbes. bei jüngeren Kindern (s. Abschnitt 6.6). Älteren Kindern sollten Kompensationsmöglichkeiten angeboten werden, auch in der Schule. Dies können die Finger zum Abzählen und zum Abmessen in der Geometrie sein, vergrößerte Abbildungen und große Rechenkästchen, Hefte mit weißem Rand, klar strukturierte Arbeitsblätter und Bücher. Da bei vielen Kindern die verbalen Fähigkeiten gut ausgebildet sind (s. Abschnitt 3.3.3.1. und 5.6.2), ist es diesen Kindern eine Hilfe, wenn sie die Aufgabe und Antwort verbalisieren dürfen. Das können Beschreibungen statt Landkarten, Tabellen oder Zeichnungen sein. Kinder mit räumlich-konstruktiven Störungen, denen ein sauberes Schreiben von Zahlen und Buchstaben nur mit großer Anstrengung gelingt, können einen Computer nutzen. Textaufgaben sollten ohne räumliche Komponenten sein, das heißt auch ohne Präpositionen mit räumlichem Bezug. Wenn der Kunst-

und Werkunterricht Abzeichnen und Bauen in der dritten Dimension erfordert, sollte über Möglichkeiten der alternativen Leistungserbringung durch den Schüler nachgedacht werden, was auch für andere Fächer genutzt werden kann. Im Sportunterricht fallen den Kindern wegen der Schwierigkeiten im Schätzen von Entfernungen und Positionen die Ballspiele schwer und der egozentrische Weg des Kindes mit dem Ball zum Tor kann eine Folge seiner räumlich-konstruktiven Schwäche sein. Um Sekundärfolgen wie Angst vor dem Ball und Ablehnung aufgrund unsportlichen Verhaltens zu vermeiden, werden die pädagogischen Fähigkeiten des Lehrers herausgefordert.

Zu den Kompensationsmöglichkeiten der Kinder gehören nach Erkenntnis dieser Vorstudie ihre guten Fähigkeiten im Lernen von auditiv vermitteltem Material, nach Erkenntnis aus der Vorstudie und der Literaturrecherche ihre guten sprachlichen Fähigkeiten und nach Erkenntnis von Vor- und Hauptstudie die guten Fähigkeiten im Auswendiglernen. Diese Möglichkeiten sollten genutzt werden.

Die Stärken der Kinder bergen allerdings die Gefahr eines weitreichenden Missverständnisses, denn es kommt zu Fehleinschätzungen seitens der Lehrer, wenn diese von den guten verbalen Leistungen des Schülers mit einem Hydrocephalus auf insgesamt gute intellektuelle Leistungen schließen. Fehleinschätzungen, über die die Mütter in der Vorstudie leidvoll berichten und die auch in anderen Ländern zu beobachten sind:

> »There is a risk that the good verbal abilities that most of them have create expectations of good function in other areas as well, to which the children are unable to live up. They may therefore be misinterpreted as lazy or careless« (Lindquist et al. 2005, 882).

Eine andere Fehleinschätzung, unter der Eltern und Schüler leiden, betreffen die Leistungsschwankungen, die hier nach Auswertung der Elternbefragung im engen Zusammenhang zu den Aufmerksamkeitsschwierigkeiten stehen. Kinder mit einem Hydrocephalus sind sehr häufig Kinder mit großen Aufmerksamkeitsproblemen. Diese treten gemeinsam mit deutlichen Leistungsschwankungen der Kinder auf. Wenn die schwachen Leistungen nicht als Tief einer Leistungsschwankung akzeptiert werden und ausgehend von den Leistungshochs der Kinder regelmäßig gute Leistungen erwartet werden, ist dies eine Fehleinschätzung.

7.5.6 Vorhersage räumlich-konstruktiver Beeinträchtigungen bei Kindern mit Hydrocephalus

Kinder mit einem Hydrocephalus haben unabhängig von der Entstehung ihres Hydrocephalus und unabhängig vom erreichten Schulniveau ein hohes Risiko, ihre räumlich-konstruktiven Fähigkeiten nicht gut zu entwickeln. Anliegen der Studie ist es, über diese Erkenntnis hinaus, Eltern und Lehrern Anhaltspunkte geben zu können, anhand derer eine Früherkennung nicht gut entwickelter räumlich-konstruktiver Fähigkeiten möglich ist. Dadurch, dass hier die Eltern der getesteten Kinder über mögliche visuell-räumliche Alltagsschwierigkeiten ihrer Kinder befragt wurden und die Items der vier Skalen über hohe Trennschärfen verfügen, ist sowohl die Berechnung des Vorhersagewertes einer räumlich-konstruktiven Schwäche möglich als auch eine Angabe, in welchen der zahlreichen Alltagssituationen sie sich zeigt.

Die Berechnung der Regressionskoeffizienten in der binär logistischen Regression der vier Skalen visuell-räumlicher Schwierigkeiten zeigt vor allem Zusammenhänge zwischen der elterlichen Wahrnehmung von kindlichen Schwierigkeiten in räumlich-konstruktiven Alltagssituationen und einem schwachen Ergebnis im Untertest ›Dreiecke‹ und Zusammenhänge zwischen der elterlichen Wahrnehmung von kindlichen Schwierigkeiten in räumlich-perzeptiven und räumlich-konstruktiven Alltagssituationen und einem schwachen Ergebnis im Abzeichentest. Allerdings ist die Varianzaufklärung hinsichtlich des Abschneidens der Kinder im Untertest ›Dreiecke‹ nur gering und daher festzustellen, dass die Unterschiede in der elterlichen Wahrnehmung nur im geringen Maße die Unterschiede der Kinder in dem Dreiecktest erklären. Es gibt zwar eindeutige Zusammenhänge zwischen den Alltagssituationen, die zu den Schwierigkeiten der räumlich-konstruktiven Skala zusammengefasst sind, und dem Dreiecktest, aber offenbar tragen noch viele andere Fähigkeiten oder Schwierigkeiten in neuropsychologischen Leistungen zum Ge- oder Misslingen im Konstruieren der Dreiecke bei.

Ein anderes Bild zeigt sich in der Regression hinsichtlich der Ergebnisse im Abzeichentest, denn die gute Varianzaufklärung gibt an, dass anhand der elterlichen Wahrnehmung die unterschiedlichen Testergebnisse der Kinder zu erklären sind. Allerdings wäre bei einem Test, der explizit Kinder mit räumlich-konstruktiven Störungen herausfiltern möchte, eine noch höhere Aufklärung zu erwarten gewesen. Wobei hier bedacht werden muss, dass die Skalen anhand von Elternangaben entstanden sind und es sein kann, dass die Eltern die Schwierigkeiten ihrer Kinder nur abgeschwächt wahrnehmen. Weiter kann sein, dass es den Kindern gelingt, eine sich wenig entwickelnde Fähigkeit früh zu kompensieren und die Schwäche daher den Eltern nur in geringem Maß auffällt.

Es sind die Skala der räumlich-perzeptiven und stärker noch die Skala der räumlich-konstruktiven Schwierigkeiten, die am meisten das Ergebnis der kindlichen Fähigkeiten im Abzeichentest beeinflussen. Dies heißt auch, dass die Fähigkeiten oder Schwierigkeiten der Kinder auf der Skala der räumlich-kognitiven Schwierigkeiten, die vornehmlich Schätzaufgaben umfasst, und auf der Skala der räumlich-topographischen Schwierigkeiten, die Orientierungsfähigkeiten beinhaltet, wenig zu ihren Leistungen im Abzeichentest beitragen. Aber zwischen den elterlichen Einschätzungen der räumlich-konstruktiven Fähigkeiten ihrer Kinder und dem Ergebnis im Dreiecktest sowie zwischen den elterlichen Einschätzungen der räumlich-perzeptiven und der räumlich-konstruktiven Fähigkeiten ihrer Kinder und dem Ergebnis im Abzeichentest ergibt sich ein gerichteter Zusammenhang: Die Wahrscheinlichkeit der Kinder, deren Eltern in den entsprechenden Alltagssituationen Schwierigkeiten sehen, ein unauffälliges Testergebnis zu erreichen, nimmt ab, wenn die Eltern mehr Schwierigkeiten sehen.

Der hier zu erkennende Zusammenhang zwischen den räumlich-perzeptiven und räumlich-konstruktiven Fähigkeiten spiegelt die in der Literatur beschriebene Abhängigkeit der räumlich-konstruktiven von den visuell-perzeptiven Fähigkeiten wider (Niedeggen 2008, 562).

Alle vier Skalen der Alltagssituationen, die visuell-räumliche Fähigkeiten erfordern, ergeben gemeinsam eine Aussage über die Prognose räumlich-konstruktiver Leistungen bei Kindern mit Hydrocephalus. Der errechnete Vorhersagewert gibt für die Prognose der Ergebnisse von Kindern mit Hydrocephalus im Untertest ›Dreiecke‹ an, dass die Skalen zwar 88.2% der Kinder, die im Test Skalenwerte von mehr als 6 Punkten erreichen, richtig klassifizieren können. Aber die diagnostisch wichtigere Prognose, nämlich die Erkennung der Kinder mit einem Testergebnis unterhalb einer Standardabweichung unter dem Mittelwert, gelingt nur zu 25%. Demnach lassen die Skalen 75% der Kinder, die in den Dreiecken nur ein schwaches Ergebnis schaffen und einer Förderung bedürften, nicht erkennen.

Die Prognose der Ergebnisse von Kindern mit Hydrocephalus im Abzeichentest ist aussagekräftiger. Die Vorhersagewerte der vier Skalen geben bezüglich des Abzeichentests an, dass von den Kindern mit geringen visuell-räumlichen Alltagsschwierigkeiten 55.9% auch keine Auffälligkeiten im Abzeichentest zeigen. Und von größerer Relevanz hinsichtlich der Früherkennung der räumlich-konstruktiven Schwäche ist, dass aus den Informationen der vier Skalen sich 83.3% der Kinder mit einer räumlich-konstruktiven Schwäche erkennen lassen.

Aufgrund dieser Zusammenhänge ergibt sich ein Diagnoseleitfaden.

Diagnoseleitfaden

An ihrer Fähigkeit räumlich-perzeptive und räumlich-konstruktive Herausforderungen im Alltag zu bewältigen, ist bei Kindern mit Hydrocephalus zu prognostizieren, ob sie eine Schwäche in ihren räumlich-konstruktiven Leistungen entwickeln können. Es handelt sich bei der Skala der visuell-räumlich-perzeptiven Schwierigkeiten um folgende Alltagssituationen:
- Hatte oder hat das Kind Schwierigkeiten, die Uhrzeit zu lesen, auf einer Uhr mit Zeigern?
- Hat das Kind Schwierigkeiten die digitale Uhr zu lesen?
- Hatte oder hat das Kind Probleme, beim Lesen die richtige nächste Zeile zu finden?
- Treten Probleme auf beim Lesen eines Stadtplanes/Buslinienplans/Stundenplans?
- Vertauscht das Kind sich ähnelnde Buchstaben beim Lesen?
- Treten Probleme beim Untereinanderschreiben von Zahlen auf?

Und die am meisten Erkenntnisse hervorbringende Skala der visuell-räumlich-konstruktiven Schwierigkeiten umfasst folgende Alltagssituationen:
- Treten Probleme beim Packen eines Pakets oder Geschenks auf?
- Treten Probleme beim Zusammenfalten von Gegenständen auf?

- Hat das Kind Schwierigkeiten beim Ausschneiden?
- Hat das Kind Schwierigkeiten im Sportunterricht?
- Hat das Kind Schwierigkeiten beim Abzeichnen?
- Bestehen Schwierigkeiten in der Auge-Hand-Koordination?
- Hat das Kind Schwierigkeiten, eine Schleife zu binden?
- Hat das Kind Schwierigkeiten, ein Puzzle zu legen?
- Hat das Kind Schwierigkeiten, Spielzeug nach einem Plan aufzubauen?
- Hat das Kind Schwierigkeiten beim Teilen die Mitte oder die Hälfte zu finden?
- Treten Probleme beim Einhalten des Heftrandes oder beim Einhalten von Seitenrändern auf?
- Hat das Kind Schwierigkeiten, sich in andere Menschen hineinzuversetzen?

Hierbei müssen nicht in allen 15 Alltagssituationen Probleme auftreten, denn nicht eines der Items weist eine hundertprozentige Trennschärfe auf. Es ist vielmehr die Kombination mehrerer dieser Alltagssituationen, die zu dem Verdacht auf eine räumlich-konstruktive Schwäche schließen lässt.

Bei den Bemühungen, mögliche räumlich-konstruktive Schwächen früh zu erkennen, muss bedacht werden, dass die Entwicklung dieser Fähigkeit sich bis in das Jugendalter hineinzieht. Zwar entwickeln sich wesentliche visuell-räumliche und darunter auch räumlich-konstruktive Fähigkeiten im Kindergartenalter und werden in diesem Alter geübt, aber auch Grundschulkinder der ersten beiden Klassen zeigen noch Schwächen in den hier erfragten Alltagssituationen ohne eine visuell-räumlich-konstruktive Schwäche zu haben (s. Abschnitt 6.3.2).

> Mit diesem Diagnoseleitfaden wird Eltern, Erziehern und Lehrern ein Instrumentarium an die Hand gegeben, mit dem sich im Alltag durch Beobachtung mehr als 80% der später tatsächlich auffälligen Kinder frühzeitig erkennen lassen. Die bei diesen Kindern ansonsten unterkannte räumlich-konstruktive Schwäche bedeutet neben den Alltagsschwierigkeiten vor allem ein großes Lernerschwernis in der Schule. Sie kommt auch bei kognitiv gut entwickelten Kindern mit einem Hydrocephalus ca. viermal häufiger vor als bei nichtbehinderten Kindern gleichen Alters. Diese Angabe beruht allein auf den Ergebnissen des Abzeichentests, weil der Vorhersagewert des Abzeichentests hinsichtlich der räumlich-konstruktiven Alltagsschwierigkeiten wesentlich größer als der Vorhersagewert des Untertests ›Dreiecke‹ ist.

8 EINORDNUNG DER STUDIE IN DIE FORSCHUNGEN ZUM KINDLICHEN HYDROCEPHALUS UND AUSBLICK

8.1 Reflexion der Methoden

Die Studie folgt einem klassischen Aufbau, indem aus Vorgesprächen mit Betroffenen ein Interviewleitfaden entwickelt wird, mit dessen Hilfe Gruppeninterviews durchgeführt werden, die anschließend qualitativ ausgewertet werden. Daraus erschließt sich ein Bild über das Lernverhalten mit einem Schwerpunkt auf Lernschwierigkeiten der Kinder mit Hydrocephalus. Parallel wird eine ausführliche Recherche der Forschungen zu den Besonderheiten im Lernverhalten durchgeführt und in einer Metastudie zusammengefasst.

Die anschließende Hauptstudie verfolgt einen der vielen Lernaspekte und zwar einen mit einer mehrdeutigen Forschungslage und mit wenig beachteten, aber zum Teil gravierenden Auswirkungen auf das schulische Lernen des Kindes. Die Hauptstudie umfasst eine Testung hinsichtlich dieses einen Lernaspektes der visuell-räumlich-konstruktiven Fähigkeiten bei Kindern mit Hydrocephalus und verbindet diese Testung mit einer Elternbefragung. So eröffnet sich die Möglichkeit, die elterlichen Beobachtungen mit den Testergebnissen der Kinder zu vergleichen. Es können darüber hinaus weitere Aspekte aus der Vorstudie und der aktuellen Forschung mit der Elternbefragung überprüft werden, die keine Übereinstimmung zeigen oder eine Ergänzung bisheriger Forschung bilden würden. Das Ergebnis ist neben einer Vielzahl an Lernaspekten ein Diagnoseleitfaden zur Früherkennung visuell-räumlich-konstruktiver Schwächen bei Kindern mit Hydrocephalus, der sich aus dem Vergleich der kindlichen Testergebnisse und der elterlichen Wahrnehmung ergibt.

Methodisches Vorgehen bei der qualitativen Vorstudie

Die Synopse zwischen den Ergebnissen aus Recherche des Forschungsstandes und denen aus der eigenen qualitativen Vorstudie kommt zu einer hohen Übereinstimmung. Dadurch werden die Ergebnisse der Vorstudie abgesichert und es kann zumindest für diese Vorstudie davon ausgegangen werden, dass das Ziel der Vorstudie, wesentliche Lernaspekte zu eruieren, erreicht wird. Auch die Gütekriterien einer qualitativen Forschung werden befolgt, vor allem durch die kommunikative Validierung. Über die Relevanz für die eigene Studie hinaus, ist die hohe Übereinstimmung der Ergebnisse eine Bestätigung qualitativer Forschung.

Methodisches Vorgehen bei der Hauptstudie
Testverfahren

Zur Testung der Kinder wird dem erst wenige Jahre alten Abzeichentest mit dem Untertest ›Dreiecke‹ aus dem K-ABC ein klassisches Verfahren zur Testung der visuell-motorischen Kontrolle zur Seite gestellt. Der Abzeichentest gibt vor, visuell-räumlich-konstruktive Fähigkeiten zu testen. Die Autoren des Untertest ›Dreiecke‹ bezeichnen die mit dem Test erfasste Fähigkeit als Fähigkeit der visuell-motorischen Kontrolle (Melchers & Lehmkuhl 1994a). Obwohl beide Tests also den konstruierenden, handelnden Akt unter visueller Kontrolle testen und die statistische Prüfung der beiden Tests aufgrund der von diesen Kindern erzielten Ergebnisse bestätigt, dass die beiden Tests Gleiches testen, zeigt die weitere Auswertung große Unterschiede zwischen den Verfahren auf.

Dies ist vor allem, dass nach dem Ergebnis aus dem Abzeichentest wesentlich mehr Kinder als räumlich-konstruktiv auffällig gelten als nach dem Ergebnis aus dem Untertest ›Dreiecke‹. Und auch die Elternsicht der visuell-räumlichen Fähigkeiten der Kinder zeigt stärkere Zusammenhänge zum Abschneiden der Kinder im Abzeichentest als zum Abschneiden der Kinder im Untertest ›Dreiecke‹. Dieses setzt sich in höheren Effektstärken der visuell-räumlichen Skalen auf die Testergebnisse und in einem höheren Vorhersagewert fort. Es ist zu folgern, dass das, was hier die Skalen der visuell-räumlichen Schwierigkeiten erfassen, nur in einem mäßigen Ausmaß von dem Untertest ›Dreiecke‹ erfasst wird und der Abzeichentest sensitiver diese visuell-räumlichen Schwierigkeiten testet.

Elternbefragung

Die Hauptstudie zur Untersuchung räumlich-konstruktiver Fähigkeiten umfasst neben den beiden Testverfahren eine Elternbefragung. Da der Elternfragebogen keine Kontrollgruppe hatte, ist nicht zu beurteilen ist, wie häufig Eltern nichtbehinderter Kinder diese Alltagsschwierigkeiten beobachten würden. Weiter fehlt dadurch die Möglichkeit, die Zusammenhänge der Alltagsschwierigkeiten aus der Sicht von Eltern nichtbehinderter Kinder zu evaluieren, wie sie sich hier durch die Errichtung der Skalen zeigen. Dies wäre ein sehr interessanter Aspekt gewesen. Aber für die Zusammenhänge zwischen den Testergebnissen der Kinder und der elterlichen Wahrnehmung genügt die Befragung der Eltern der getesteten Kinder.

Dennoch ist die Fremdanamnese kindlichen Verhaltens durch die eigenen Eltern kritisch zu hinterfragen, denn es zeigt sich, dass sich bei der Betrachtung der Unterschiede zwischen den ätiologischen Gruppen zwar deutliche Unterschiede in den Testergebnissen zwischen den Ätiologien zeigen, diese sich aber nicht in der elterlichen Wahrnehmung wiederfinden lassen. Diese geringe Sensibilität von Eltern gegenüber Alltagsschwierigkeiten widerspricht der vorausgegangenen Berufserfahrung, nach der

Eltern oft die Fähigkeiten ihres Kindes präzise wahrnehmen könnten (s. Abschnitt 4.2).

Für künftige Forschungen über visuell-räumliche Fähigkeiten bedeutet dies, diese nicht durch Eltern einschätzen lassen oder zumindest nicht *nur* durch Eltern einschätzen zu lassen. Statt aber Erhebung mittels eines Fragebogens könnten bspw. Eltern in einem Interview um konkrete Schilderungen gebeten werden, die anschließend ausgewertet werden. Auf die Fremdanamnese ist bei der Eruierung von visuell-räumlichem Verhalten nicht zu verzichten, weil die Betroffenen selbst ihre Einschränkungen meist nicht wahrnehmen (Kerkhoff & Münßinger 2002, 37).

Errichtung von Skalen

Die Daten, aus denen die Skalen gebildet wurden, wurden durch einen selbst entworfenen Fragebogen erhoben. Hier können trotz Bemühen um eine gute Fragebogenkonstruktion Mängel wie z. B. missverständliche Formulierungen enthalten sein. Die Fragen sind fast alle der Fachliteratur entnommen. Dadurch wird sichergestellt, dass der Fragebogen jene Alltagssituationen, die visuell-räumliche Fähigkeiten erfordern, erfasst und treffend beschreibt. Die aus den Elternantworten auf diese Alltagsbeispiele errichteten Skalen sind deduktiv gewonnen und unterliegen damit der subjektiven Einschätzung ihres inhaltlichen Zusammenhangs. Aber die Skalen enthalten Items mit relativ hohen Trennschärfen, und es zeigen sich Hinweise auf eine Validität der Skalen.

Validität der Skalen visuell-räumlicher Schwierigkeiten

Die Skalen der visuell-räumlichen Schwierigkeiten sind nach den Teilleistungen der visuell-räumlichen Fähigkeiten benannt, weil es sich nach Literaturangaben bei diesen Items um Alltagssituationen handelt, die visuell-räumliche Fähigkeiten erfordern. Eine geprüfte Validität der Skalen liegt nicht vor, aber bei der Betrachtung der Forschungsergebnisse ergeben sich Hinweise auf eine Validität:
- Beim Abzeichentest, der vorgibt, explizit die räumlich-konstruktive Fähigkeit von Kindern zu messen, zeigt sich zwischen dem Ergebnis aus dem Abzeichentest und der Skala der räumlich-konstruktiven Schwierigkeiten eine hoch signifikante Korrelation.
- Die in der Entwicklungspsychologie häufig vertretene Annahme, dass die Bewegungserfahrung der entscheidende Faktor zur Ausbildung der visuell-räumlichen Fähigkeiten bilde (s. Abschnitt 6.3.2), führt häufig zu dem Umkehrschluss, dass Kinder mit Bewegungseinschränkungen aufgrund ihrer Bewegungseinschränkung mangelhafte visuell-räumliche Fähigkeiten zeigen würden. Dieser Umkehrschluss wird in dieser Studie kritisiert. Zusätzlich wird hier als weitere Erklärung für schlechtere Testergebnisse der Kinder mit einer Bewegungseinschränkung angeführt, dass bei einem Hydrocephalus die Bewegungseinschränkung mit weit-

reichenden Hirnfehlbildungen verbunden sein dürfte, die gleichfalls Verursacher der schwachen Testergebnisse sein können. Trotz dieser kritischen Einwände ist das Ergebnis, dass Kinder mit einer Bewegungseinschränkung sowohl in allen vier Skalen der visuell-räumlichen Schwierigkeiten und zugleich im Abzeichentest mehr Probleme zeigen, ein weiterer Hinweis auf die Validität der selbst konstruierten Skalen.

Kriteriumsvalidität

Die binäre logistische Regression errechnet, dass die Skala der räumlichen-konstruktiven Schwierigkeiten den höchsten Beitrag zu beiden Testergebnissen (Abzeichentest und Untertest ›Dreiecke‹) liefert. Diese Skala trennt elterliche Aussagen über räumlich-konstruktive Alltagsprobleme ihrer Kinder von anderen Alltagsproblemen dieser Kinder. Die Regressionskoeffizienten belegen, dass diese Items und somit die Bewältigung bestimmter Alltagssituationen eine räumlich-konstruktive Schwäche resp. Fähigkeit beim Kind vorhersagen können, wobei vor allem ein Vorhersagewert für die Fähigkeiten des Abzeichentest besteht, der nach Autorenangabe explizit auf das Erfassen der Teilleistung der visuell-räumlich-*konstruktiven* Fähigkeit zielt (Heubrock et al. 2004).

Validität der Skalen der Aspekte des Lernens

Während die visuell-räumlichen Fähigkeiten jeweils mit einer Vielzahl an Fragen im Elternfragebogen eruiert werden und die Skalen auf einer Vielzahl an Items beruhen, gibt es zu den sehr unterschiedlichen Aspekten des Lernens jeweils nur wenige bis hin zu nur einer Frage (z. B. zur Frage des semantischen Sprachverständnisses), sodass diese ›Aspekte des Lernens‹ auch nur unter dieser Einschränkung verallgemeinernd werden können. Eine Aussage über die Validität dieser Skalen ist weiter kaum zu treffen, weil diese Skalen nicht anhand von Testergebnissen inhaltlich überprüft werden können. Einzig die hohe Übereinstimmung dieser Skalen mit früheren Forschungsergebnissen ist ein Hinweis auf eine Validität.

Reliabilität der angewandten Verfahren

Bei den standardisierten Testverfahren ist von einer Zuverlässigkeit auszugehen, und da die Testbedingungen durch den Hausbesuch kinderfreundlich und für alle Kinder gleich waren, ist sie nicht anzuzweifeln. Auch für die Befragung der Eltern wurde durch das Ausfüllen des Elternfragebogens während des Hausbesuchs eine relativ standardisierte Testsituation hergestellt. Da die Stichprobe in wesentlichen Merkmalen als repräsentativ zu bezeichnen ist, kann eine ausreichende Zuverlässigkeit der Fragebogenergebnisse angenommen werden.

8.2 Aspekte des Lernens

Im Rahmen der Elternbefragung wird über die Befragung zu räumlich-konstruktiven Fähigkeiten hinaus dem breit gefassten Anliegen nach Erforschung von Lernschwierigkeiten bei Kindern mit Hydrocephalus Rechnung getragen, und es werden die elterlichen Erfahrungen zu weiteren neuropsychologische Leistungen erhoben, deren Einbußen zu erheblichen Lernerschwernissen führen können. Es besteht hierbei kein Anspruch auf vollständige Erfassung möglicher Lernschwächen, sondern es werden Ergebnisse der qualitativen Vorstudie empirisch überprüft.

Mit ihren Antworten bestätigen die Eltern die großen Probleme der Kinder mit Hydrocephalus: Schwierigkeiten in der Aufmerksamkeit einschließlich Leistungskonstanz und Konzentration sowie erhebliche Probleme in den Gedächtnisleistungen.

Davon hebt sich allerdings die Merkfähigkeit im Sinne eines geübten Auswendiglernens ab, denn die Eltern sehen darin – unabhängig von der Ätiologie – eine Kompetenz ihres Kindes, was bisher nur bei Kindern mit einer begleitenden Spina Bifida beschrieben worden war (Vachha & Adams 2004c, 2005). Ähnliches gilt für das semantische Verständnis von Sprache. Hier widerspricht die Elternbefragung den Forschungsergebnissen hinsichtlich eines mangelhaften semantischen Wortverständnisses (3.3.3.1). Die Eltern sind der Meinung, dass ihre Kinder die Bedeutung der von ihnen benutzten Wörter und Sätze kennen, auch die Eltern von Kindern mit einer Spina Bifida. Dies ist keine Aussage über das semantische Verständnis von Texten, sondern über das Sprachverständnis der gesprochenen Sprache.

Eltern bestätigen auch die von der Autorin vermutete Geräuschempfindlichkeit, für die es bisher keine medizinische Erklärung gibt und deren Ursache und Verbindungen zu anderen Empfindsamkeiten der Kinder zu erforschen wären. In der Geräuschempfindlichkeit kann auch in Anbetracht eines hohen Geräuschpegels in manchen Schulklassen ein weiteres Lernerschwernis gesehen werden. Auch die Erfragung einer Stressempfindlichkeit ergab sich bei dieser Untersuchung nicht aus bisherigen Untersuchungen, sondern aus der qualitativen Vorstudie. Eltern bestätigen nicht nur diese Frage, sondern stellen das erhöhte Stressempfinden ihres Kindes in engen Zusammenhang zu Blockaden, Rückzug, Angst und Wut.

Als Ursache frühkindlicher Hirnreifungsstörungen wird auch Stress diskutiert (Heubrock & Petermann 2000, 31). Diese Kinder hatten nicht nur postnatal eine Stress hervorrufende Trennung, sondern auch eine Operation. Kinder mit Spina Bifida hatten mindestens zwei Operationen in ihren ersten Lebenstagen und Kinder mit frühkindlichen Hirnblutungen hatten zahlreiche traumatisierende Stresssituation zu überleben.

Die Schwächen in der Aufmerksamkeit, im Gedächtnis und in den Exekutivfunktionen sowie das semantische Verständnis zeigen keinen Zusammenhang zur Ätiologie des Hydrocephalus oder zur Beschulung des Kindes. Ebenso verhält es sich mit dem Stressempfindens und der Geräuschempfindlichkeit. Diese Unabhängigkeit der

Lernschwächen von der Ätiologie und dem erreichten Schulniveau des Kindes ist ein Ergebnis von besonderer Relevanz:
- Damit widerspricht diese Studie dem Ansatz, dass bei Kindern mit einer Spina Bifida es nicht der Hydrocephalus, sondern die Chiari II-Malformation sei, die negative Auswirkungen auf die Kognition habe (s. Abschnitt 3.3.3.1).
- Und damit untermauert diese Studie die Vermutung eines gravierenden Einflusses der veränderten Hirnsituation auf die kognitiven Fähigkeiten und legt den Schluss nahe, dass die Lernschwierigkeiten in der Tat eine Auswirkung des Hydrocephalus sind.

Hinweise auf einen Einfluss des Hydrocephalus auf neuropsychologische Leistungen geben vor allem Ergebnisse von Vergleichsstudien. Mehrere Studien zeigen auf, dass Kinder mit einer Spina Bifida oder einer Hirnblutung sich besser entwickeln, wenn sie keinen Hydrocephalus ausbilden. Darunter finden sich auch Studien, die der Einschränkung, dass dies dann meist Kinder mit geringeren Hirnfehlbildungen und/oder einem geringeren Ausmaß an Behinderung seien, begegnen, indem sie ausschließlich Kinder ab einem festgelegtem Intelligenzquotienten untersuchen (s. Abschnitt 3.3.2)

> »The aetiology of infantile hydrocephalus in this study was heterogeneous, but the results from neuropsychological measures were homogeneous, suggesting that the consequences of hydrocephalus *per se*, with its influence on white and grey matter structures, overshadow the effects of the congenital brain malformation in children with MMC« (Lindquist et al. 2008, 600).

Dieser Einfluss des intrakraniellen Drucks sollte weiter erforscht werden.

8.3 Einfluss des intrakraniellen Drucks

Aus diesen Vergleichsstudien ergibt sich zwar eine begründete Annahme eines gravierenden Einflusses des Hydrocephalus auf die kognitive Entwicklung, aber es ist ungeklärt und bleibt als Forschungsfrage bestehen, wie sich der intrakranielle Druck genau auswirkt und wie es zu den neuropsychologischen Schwächen kommt. Hierzu muss der Blick auf neurobiologische Erkenntnisse erfolgen. Ein Anliegen dieser Arbeit ist es auch, einen Beitrag zur Verbindung pädagogisch-psychologischer Forschung mit Erkenntnissen der Neurobiologie zu leisten (s. Abschnitt 1.4).

An Einflüssen des intrakraniellen Drucks sind morphologische Veränderungen an der grauen Substanz (einschließlich Hirnkernen) zu sehen, vor allem aber sind Einflüsse auf die Faserbündel aus weißer Hirnmasse bekannt und erforscht. In den bildgebenden Verfahren sind bei Kindern mit Hydrocephalus am corpus callosum und auch an weiteren Faserbündeln der weißen Hirnsubstanz Veränderungen im Sinn von Verdünnungen zu erkennen. Es ist aber nicht geklärt, inwieweit und in welcher Weise dieses Phänomen der ›white matter disease‹ sich auf neuropsychologische Funktionen auswirkt. Daneben gibt es Forschungsansätze zu einem veränderten Metabolismus, einem reduziertem Blutfluss und einer Ischämie. Am markantesten zeigt sich aber die verringerte Myelinisierung.

Einzig hinsichtlich der Aufmerksamkeitsschwächen gilt ein Zusammenhang zu morphologischen Veränderungen im Gehirn als gesichert (s. Abschnitt 3.4.3). Das selektive Aufmerksamkeitssystem ist demnach vermutlich durch den intrakraniellen Druck mit einer von posterior ausgehenden Ventrikelerweiterung und durch eine posteriore Verdünnung des Balkens beeinträchtigt. Wenn hier wie schon mehrfach in anderen Studien (s. Abschnitt 3.3) und Elternbefragungen (Haupt 2007) festgestellt wird, dass Kinder mit einem Hydrocephalus unter großen Aufmerksamkeitsschwächen leiden, festigt dies diesen Zusammenhang zu den Erkenntnissen der Hirnforschung.

Die Hirnforschung zeigt weiter bei Kindern mit einem Hydrocephalus plus einer Spina Bifida einen Zusammenhang zwischen mangelnden oder gar fehlenden posterioren Balkenanteilen und schwachen Ergebnissen in nonverbalen Leistungen. Wesentlicher Bestandteil der nonverbalen Fähigkeiten ist die visuell-räumliche Verarbeitung. Die Recherche über die kognitive Verarbeitung visuell-räumlicher Sinneseindrücke weist aber auch auf, dass neben einem Balkenmangel bei diesen Kindern eine Beeinträchtigung der räumlich-visuellen Verarbeitung durch die Ventrikelerweiterung resp. den intrakraniellen Druck bestehen könnte. Der dorsale Pfad der visuell-räumlichen Verarbeitung verläuft in parietalen Bereichen, die von den Folgen des intrakraniellen Drucks beeinflusst sein können. Diese Auswirkung ist vor allem beim Verschlusshydrocephalus anzunehmen, wie ihn Kinder mit einer Spina Bifida (genauer mit einer Chiari II-Malformation) und Kinder mit einer Aquäduktstenose aufweisen. Diese Annahme wird durch die hier vorliegenden Forschungsergebnisse gestützt, weil sich die Kinder mit einer Spina Bifida von den anderen Kindern mit einem Hydrocephalus mit einer besonderen Schwäche in räumlich-konstruktiven Fähigkeiten abheben.

Aber alle über den Zusammenhang zwischen einer Schwäche in der selektiven Aufmerksamkeit und einer Hypoplasie des corpus callosum splenium hinausgehenden Vermutungen über einen Zusammenhang zwischen einem Hydrocephalus und neuropsychologischen Besonderheiten sind nicht belegt. Dennoch sollen zwei in dieser Arbeit erwähnte Modelle nach Vorliegen der eigenen Untersuchungsergebnisse kurz diskutiert werden, weil die Ergebnisse sich gut in die Modelle einfügen lassen.

Die von den Eltern der Vorstudie beschriebene besondere Stressempfindlichkeit ihrer Kinder wird in der Elternbefragung der Hauptstudie bestätigt. Danach zeichnet sich ein Bild eines sensibel auf Stress reagierenden Kindes, das sich dann eher zurückzieht, sich blockiert und eher ängstlich als offensiv wird. Dies steht in Übereinstimmung zu dem Bild, dass Vachha und Adams (2004) über einige Charaktereigenschaften bei Kindern mit Spina Bifida und Hydrocephalus zeichnen und in Verbindung bringen mit den neurobiologischen Auswirkungen des Hydrocephalus und mit einem aufgrund einer fehlerhaften neuronalen Entwicklung beeinträchtigten limbischen Systems (s. Abschnitt 3.4.2). Weiter ziehen die Autoren bei ihrer Schilderung des beeinträchtigten limbischen Systems auch den Bogen zu einer damit verbundenen

Dysfunktion des Hypothalamus und somit der Aufmerksamkeitsregulierung. Durch diese Beeinträchtigungen fehle u. a. die Fähigkeit der schnellen Entscheidung. Die langsame kognitive Verarbeitungsgeschwindigkeit wird hier ebenfalls von den Eltern erlebt und in engen Zusammenhang zu den schwachen Aufmerksamkeitsleistungen gesehen. Vachha und Adams kommentieren diese Kombination:

»This can be critical for survival in the wild – or perhaps survival in the classroom«. (Vachha & Adams 2004, 2).

Vachha und Adams beziehen ihre Beobachtungen und Beschreibungen auf Kinder mit Spina Bifida und Hydrocephalus. Die hier von Eltern eingebrachten und als Ätiologie unabhängig sich zeigenden Schwierigkeiten in der Aufmerksamkeit und in der kognitiven Verarbeitungsgeschwindigkeit sowie der hohen Stressempfindlichkeit können als Anregung dienen, weniger die neuronale Fehlentwicklung der Chiari II-Malformation als Ursache dieser Besonderheiten zu sehen als vielmehr den Hydrocephalus.

Ein weiteres Modell liefert eine weitreichendere Beschreibung kindlichen Verhaltens, bei dem sich ein Bezug zu Kindern mit Hydrocephalus aufdrängt: Das Modell der nonverbal learning disability (NLD). Das Modell macht Hirnreifungsstörungen für das Syndrom der NLD verantwortlich, zu dem nicht nur Einbußen in visuellräumlichen Fähigkeiten und im Rechnen gehören, sondern eine ganze Reihe weiterer Charakteristika (s. Abschnitt 6.5.2). Diese Hirnreifungsstörungen sind erkennbar an einer Verringerung der weißen Hirnsubstanz und führen zu einer Entwicklungsstörung mit vor allem nonverbalen Lernschwächen. Eine verzögerte Myelinisierung ist ein Phänomen, das bei Kindern mit einem Hydrocephalus regelmäßig zu beobachten ist und zu der Erkenntnis führt, dass der intrakranielle Druck diese sichtbare Verringerung der weißen Substanz bewirkt. Mangelhaft myelinisierte Faserbündel zeigen geringere Aktivität, dadurch könnte eine Einschränkung in neuropsychologischen Leistungen die Folge sein. Rourke schließt u. a. auch Kinder mit einem Hydrocephalus in die Gruppe der Kinder mit nonverbalen Lernschwächen ein (Rourke 1995, 206). Die Forschungslage ist hier weniger eindeutig und sieht – verbunden mit viel Kritik – eine NLD eher bei den Kindern mit der Doppelbehinderung Spina Bifida und Hydrocephalus.

Aber die hier erstellte Synopse aus den Kategorien des Lernens als Ergebnis der qualitativen Vorstudie und den Charakteristika der kindlichen Entwicklungsstörung einer NLD zeigt eine hohe Übereinstimmung zu Kindern mit unterschiedlichen Ätiologien ihres Hydrocephalus. Da weiter die Hauptstudie mit den Skalen der Lernaspekte mehrere eine NLD kennzeichnende Schwächen aufzeigt und darüber hinaus ein hohes Risiko für eine räumlich-konstruktive Schwäche bei Kindern mit Hydrocephalus bestätigt, kann dem Gedankengang eines kausalen Zusammenhangs gefolgt werden:

»Diese [die räumlich-konstruktiven Störungen] stellen wiederum die neuropsychologisch erfassbaren Konsequenzen einer cerebralen Dysregulation rechts- und interhemisphärischer Hirnstrukturen mit einer Unterentwicklung der weißen Substanz dar und werden heute als ›white matter disease‹ bezeichnet« (Heubrock & Petermann 2000, 241).

Es stellt sich aber die Frage, wie dieser Einfluss einer mangelhaften Myelinisierung eine gute Ausbildung der räumlich-konstruktiven Fähigkeiten beeinträchtigen könnte. Das könnte mit einer sensiblen Phase für die Myelinisierung der visuellen Verarbeitungswege zusammenhängen. Hier sind Einflüsse einer mangelhaften oder verzögerten Myelinisierung auf die Reifung der visuellen Verarbeitungsrouten vorstellbar. Der Einfluss des Hydrocephalus kann aber auch weniger an der verzögerten oder mangelhaften Myelinisierung liegen, sondern an der anatomischen Nähe der visuellen Verarbeitungswege zu den Seitenventrikeln, zumal der intrakranielle Druck sich von posterior nach anterior ausbreitet. Die relativ großen Seitenventrikel liegen auch unterhalb des inferioren Parietallappens, in dem der innere Zahlenstrahl lokalisiert wird (s. Abschnitt 6.5.1). Hier sind weitere Forschungen anzustreben.

8.4 Visuell-räumliche Fähigkeiten

Die Forschungsergebnisse zu den visuell-räumlichen Fähigkeiten erbringen einen eigenen Beitrag zum Verständnis der Lernschwierigkeiten bei Kindern mit Hydrocephalus. Hierbei sind nicht nur die Testergebnisse der Kinder von Bedeutung, sondern auch die Zusammenhänge zu der elterlichen Wahrnehmung von Alltagssituationen, die visuell-räumliches Arbeiten erfordern. Aus diesen Zusammenhängen lässt sich entwickeln, anhand welcher Alltagssituationen Eltern eine mögliche Schwäche ihres Kindes in seinen räumlich-konstruktiven Leistungen frühzeitig erkennen können.

Bezüglich räumlich-visueller Schwächen ist die Forschungslage, zumindest was die Gesamtpopulation der Kinder mit Hydrocephalus betrifft, nicht eindeutig. Nur für die ätiologische Gruppe der Kinder mit einer Spina Bifida gibt es Studien, die Schwächen in visuell-räumlichen Fähigkeiten aufweisen. Hier zeigt sich, dass Kinder mit einem Hydrocephalus unterschiedlichster Ätiologien ein hohes Risiko haben, ihre visuell-räumlich-konstruktiven Fähigkeiten nicht ausreichend auszubilden. Zugleich bestätigen die Unterschiede zwischen den verschiedenen ätiologischen Gruppen, dass Kinder mit einer begleitenden Spina Bifida entgegen ihrer im Vergleich zu den anderen Kindern mit Hydrocephalus eher günstigen Prognose für die kognitive Entwicklung besonders häufig räumlich-konstruktive Schwierigkeiten zeigen.

Interessanterweise zeigt die räumlich-konstruktive Schwäche keinen Zusammenhang zu den weiteren hier nachgegangenen Lernaspekten. Einzig zu schwachen Testergebnis und Problemen in Exekutivfunktionen zeigt sich ein Zusammenhang. Und auch wenn die Überlegung nahe liegt, dass die Kinder mit den räumlich-konstruktiven Schwächen schneller ermüden und deutlichere Leistungsschwankungen als die anderen Kinder mit Hydrocephalus haben könnten, so zeigt sich kein Zusammenhang zwischen der Skala des Stressempfindens und den Ergebnissen in den Tests. Ebenso verhält es sich mit den anderen Lernaspekten. Kinder mit räumlich-konstruktiven Schwächen sind ähnlich stressempfindlich, ähnlich unaufmerksam, ähnlich vergesslich, ähnlich geräuschempfindlich und ähnlich sprachgewandt wie Kinder ohne räumlich-konstruktive Schwächen. Dies unterstreicht die Vermutung, dass es sich bei der räumlich-konstruktiven Schwäche um eine spezifische Schwäche handelt. Da auch Kinder mit anderen neurologischen Pathologien räumlich-konstruktive Schwächen zeigen (Riva 1986; Erickson et al. 2001, 202), wäre eine Untersuchung interessant, inwieweit sie sich auch bei diesen Kindern von anderen Schwächen abgrenzt.

Die räumlich-konstruktive Fähigkeit steht im Mittelpunkt der Studie und sie wurde sowohl durch Elternsicht als auch durch Testung erforscht. Daneben galt der Blick auch den anderen visuell-räumlichen Teilleistungen. Hier stellt sich heraus, dass Kinder mit räumlich-konstruktiven Schwächen nicht durch Orientierungsprobleme auffallen, wohl aber durch begleitende räumlich-perzeptive Schwächen. Ihnen fällt das Erkennen von Größen, Längen, Entfernungen, Proportionen und Winkelstellungen schwer. Dies ist für den Diagnoseleitfaden relevant und darüber hinaus interessant, weil sich auch hier eine Verbindung zu den Ergebnissen der Hirnforschung ziehen lässt (Niedeggen 2008, 562).

Nach der Recherche zu den visuellen Verarbeitungswegen im Gehirn gibt es eine besonders enge Vernetzung der visuell-räumlich-perzeptiven und der visuell-räumlich-konstruktiven Verarbeitungspfade (Kerkhoff 2006 b, 324).

8.5 Neurologische Pfade der visuell-räumlichen Verarbeitung

Das Wissen über die neurologischen Pfade der visuell-räumlichen Verarbeitung stützt die sich hier abzeichnende Kombination einer besonderen Schwäche von räumlich-konstruktiven und räumlich-perzeptiven Fähigkeiten. Die visuelle Verarbeitung der räumlich-perzeptiven Leistungen ist relativ gut untersucht. Sie werden nach ihrer Wahrnehmung im primären Sehfeld in der dorsalen Route weiter verarbeitet und treffen im Parietallappen mit der numerischen Zahlenverarbeitung zusammen. Hier gibt es eine anatomische und funktionale Nähe. Die räumlich-kognitiven Leistungen sind bisher wenig differenziert nachgewiesen und sind vermutlich unabhängig von den perzeptiven Leistungen repräsentiert. Es ist bekannt, dass Rotationen im intraparietalen Sulcus, also innerhalb des Zahlenzentrums, verarbeitet werden. Dort werden neben der Repräsentation von Mengen und Größen auch Zeiteinteilung, Semantik und räumliche Aufmerksamkeit organisiert. Der Umgang und das Schätzen von Größen, Mengen und Zeit finden sich in der Hauptstudie auf einer Skala, die aufgrund ihrer Alltagsbeispiele auch ›Skala der räumlich-kognitiven Schwierigkeiten‹ benannt wurde.

Die räumlich-konstruktiven Leistungen wiederum sind nach neurologischem Wissen, ebenso wie auch die räumlich-kognitiven Leistungen, abhängig von den perzeptiven Fähigkeiten. Misslingt die visuelle Analyse, kann die visuelle Synthese nicht gelingen. Oder anders ausgedrückt: eine visuelle Synthese braucht eine gute visuelle Analyse.

Aber es kann auch sein, dass die visuelle Analyse richtig erfolgt und nur die Synthese nicht gelingt. Dann entsteht die Situation, dass das Kind merkt, dass es nicht richtig konstruktiv arbeitet. Die Auswertung ergab, dass die räumlich-kognitiven Schwierigkeiten im engen Zusammenhang zu den räumlich-perzeptiven und den räumlich-konstruktiven Schwierigkeiten stehen, aber dass die Schwierigkeiten der Kinder in den räumlich-konstruktiven und den räumlich-perzeptiven Alltagssituationen am meisten zu dem schwachen Testergebnis beitragen.

Dagegen erweisen sich die räumlich-topographischen Leistungen sowohl hier in der Untersuchung als auch neuronal als eigenständig und werden auch neuronal im Unterschied zu den anderen visuell-räumlichen Leistungen über Hippokampus und Parahippokampus innerhalb der ventralen visuellen Route geschaltet. Damit zeigt sich auch, dass es sich bei den visuell-räumlichen Fähigkeiten um unterscheidbare neuropsychologische Fähigkeiten handelt.

Die Ergebnisse dieser Forschung lassen die Folgerung zu, dass bei Kindern mit einem Hydrocephalus häufig eine Beeinträchtigung in der visuellen Verarbeitung räumlich- perzeptiver und räumlich-konstruktiver Leistungen zu beobachten ist. Die räumlich-perzeptiven und räumlich-konstruktiven Fähigkeiten werden im dorsalen Pfad der visuellen Route verarbeitet, der vom primären Sehfeld in ventrale und laterale intraparietale Areale mündet (Niedeggen 2008, 562). Diese Areale liegen wiederum in anatomischer und funktionaler Nähe zu den Zentren der Zahlenverarbeitung (intraparietaler Sulcus und inferiorer Parietallappen) und in der Wissenschaft wird von einem engen Zusammenhang zwischen eingeschränkten räumlich-konstruktiven Fähigkeiten und Schwierigkeiten im Schulfach Mathematik ausgegangen. Hier findet sich allerdings die eine Frage im Elternfragebogen, mit der eine Rechenschwäche erfasst werden soll, auf keiner der vier visuell-räumlichen Skalen wieder.

Weiter lässt sich aufgrund der Recherche des Forschungsstandes vermuten, dass die Beeinträchtigungen in den visuell-räumlichen Fähigkeiten durch den Einfluss des intrakraniellen Drucks geschehen. Offen ist dabei, ob es sich um Folgen raumfordernder Prozesse der erweiterten Seitenventrikel oder um Folgen eines veränderten Stoffwechsels, eines veränderten Blutdrucks oder Folgen einer veränderten Myelinisierung handelt. Nach den in dieser Studie erhobenen Daten ist anzunehmen, dass dieser noch nicht bekannte Prozess die dorsale visuelle Route bei Kindern mit einem entwicklungsbedingten Hydrocephalus beeinträchtigt und zu ihren Schwächen in visuell-räumlichen-konstruktiven Fähigkeiten zumindest beiträgt. Die dorsale Route besteht aus den phylogenetisch älteren Neuronen, die dank ihrer im Regelfall dickeren Myelinschicht schneller als die Neurone der ventralen Route die Informationen leiten und sich auch erst im Alter von sechs bis acht Monaten funktional ausbilden (Zoelch & Kerkhoff 2007, 220) .

8.6 Elterliche Wahrnehmung und kindliche Kompensation

Eltern der in den Tests auffälligen Kinder erleben auch in ihrem Alltag mit dem Kind häufiger Schwierigkeiten in den Situationen, in denen die visuell-räumlichen Fähigkeiten des Kindes gefordert werden. Dies zeigt sich in dieser Studie an den hohen Zusammenhängen zwischen der elterlichen Einschätzung der räumlich-konstruktiven Alltagsprobleme und den Testergebnissen der Kinder. Allerdings erreichen die Effektstärken der Testergebnisse der Kinder auf ihre Bewertungen in den räumlich-konstruktiven Skalen nur mittlere und knapp große Werte. Damit finden sich viele Testunterschiede nicht in der elterlichen Sicht wieder.

Dies lässt vermuten, dass viele Eltern die Schwächen ihrer Kinder nicht in dem Ausmaß wahrnehmen wie sie sich nach den Testergebnissen auch im Alltag zeigen müssten. Selbst die Eltern der Kinder mit Spina Bifida, die in den Tests besonders schwach abschneiden, erkennen nicht mehr Probleme als andere Eltern mit Hydrocephaluskindern. Eine Erfahrung, die auch andere Studien machen. Schröder beschreibt bei Eltern eine geringe Wahrnehmung der räumlich-konstruktiven Probleme ihrer Kinder (Schröder 2010, 204) und Stevenson und Pit-ten Cate erleben in ihrer Studie die Eltern von Kindern und Jugendlichen mit einem Hydrocephalus als weniger kritisch ihrem Kind gegenüber als die Eltern einer Kontrollgruppe (Stevenson & Pit-ten Cate 2003, 34).

»The parents of children with spina bifida and hydrocephalus were significantly less reflective than the controls. This indicates that these parents are not so willing to stand back from their direct experience of their child's behavior and reflect on what might be causing behavioural difficulties« (Stevenson & Pit-ten Cate 2003, 33).

Es kann aber auch davon ausgegangen werden, dass Kinder mit einer entwicklungsbedingten neuropsychologischen Schwäche schon mit dem Ausbleiben der Entwicklung Kompensationsmöglichkeiten entdecken. Im Unterschied zu Erwachsenen, die eine traumatisch bedingte neuropsychologische Einbuße hinnehmen müssen und einen Verlust erleben, wachsen sie mit ihrer Schwäche auf und lernen, sie zu kompensieren. Dies zeigt sich auch daran, dass manche Items aus der Literatur zu visuell-räumlichen Schwächen nicht auf die hier untersuchten Kinder zutreffen (bspw. an Türrahmen anstoßen, an Dingen vorbeigreifen). Hier machen sich visuell-räumliche Schwächen nicht durch Fehler in der Bewegungsrichtung oder in der Orientierung kenntlich. Auch die Testbeobachtung gab Hinweise auf Kompensationsmechanismen (s. Abschnitt 7.3.3). Den Kindern kommt auch zugute, dass sie über bessere Kompensationsmechanismen verfügen als Erwachsene (Steile 2007, 260). Wenn ein Kind Kompensationen entwickelt, fallen auch den Eltern die kindlichen Schwächen weniger auf.

In einem der Vorgespräche gibt ein Gymnasiast Einblick in seine Kompensationshilfe. Auf metakognitiver Ebene entwickelt er für sich eine regulative Strategie.

Markus: »Ich mache mir einen Plan. Ich mache mir einen Plan um nichts zu vergessen. Ich mache mir insbesondere einen ganz genauen Plan für die unangenehmen Sachen. Ich schreibe mir jeden Nachmittag auf einen Zettel auf, was konkret zu erledigen ist und wann ich was mache, genau mit Uhrzeiten. Ich plane Arbeitszeiten und Pausen ein und halte mich an meinen Plan.« (22–26)

»Mit den Zetteln arbeite ich so ca. ab der 9. Klasse.« (44)

Die Kompensationen sind ein Bereich, der erforscht werden sollte, um neben der frühen Förderung, die auf eine nachzuholende Entwicklung räumlich-konstruktiver Fähigkeit gerichtet ist, den älteren Kindern einen Ausgleich zu bieten.

8.7 Früherkennung und Förderung

Auch wenn diese Studie aufzeigt, dass Kinder mit einem Hydrocephalus wesentlich stärker gefährdet sind, ihre räumlich-konstruktiven Fähigkeiten nicht gut genug auszubilden, so muss betont werden, dass dies nur für einen Teil der Kinder gilt. Viele Kinder mit einem Hydrocephalus entwickeln sich auch in ihren visuell-räumlichen Fähigkeiten unauffällig. In den hier angewandten Verfahren sind es 31.4% bis 64.5% der Kinder mit Hydrocephalus.

Aber Kinder mit Einbußen in visuell-räumlichen Leistungen sollten gefördert werden, denn ihre Schwächen führen zu zahlreichen, oft sehr diskreten, Schwierigkeiten in der räumlichen Wahrnehmung, der kognitiven Verarbeitung der visuellen Sinneseindrücke und vor allem im visuell-räumlichen Handeln. Die zahlreichen Auswirkungen visuell-räumlicher Einbuße erschweren auch das schulische Lernen erheblich. Eine Förderung der Kinder darf dabei nicht von einer Diskrepanzannahme abhängig gemacht werden (s. Abschnitt 6.5.1). Es bedürfen auch Kinder einer spezifischen Förderung, die in mehreren neuropsychologischen oder schulischen Leistungen und auch in ihrer allgemeinen Intelligenzentwicklung schwach sind.

Für Menschen mit Einbußen in den räumlich-visuellen Fähigkeiten gibt es eine Reihe an therapeutischen Interventionen und Hilfen. Wie bei neuropsychologischen Interventionen üblich wird direkt oder indirekt an der kognitiven Schwäche angesetzt um die Hirnfunktion (wieder) herzustellen oder zu kompensieren. Das gilt insbesondere für Kinder bis zum Grundschulalter, bei denen ein Üben an der gewünschten Handlung sowohl neurobiologisch als auch pädagogisch noch sinnvoll ist (s. Abschnitt 6.6). In der Kompensation wird an den neuropsychologischen Stärken angeknüpft und es werden neue Fertigkeiten vermittelt. Bei älteren Kindern, bei denen sowohl der Synapsenabbau im Wesentlichen abgeschlossen ist als auch festgefahrene Umlenkstrategien sich aufgebaut haben, werden mit den Kindern und Jugendlichen gemeinsam Kompensationsmöglichkeiten entwickelt. Diese sollten sie auch in der Schule benutzen dürfen (s. Abschnitte 6.4.2. und 6.4.3). Sowohl bei Kindern als auch bei Jugendlichen können psychotherapeutische Verfahren, ggf. unter Einbezug der Eltern, hinzugezogen werden. Dies können z. B. Verhaltenskontrollen in Form von Verbalisierungen und Selbstinstruktionen sein.

Vermutlich sind räumlich-konstruktive Leistungen eine neuropsychologische Leistung, die relativ gut zu üben ist. Dazu gibt es auch erste Therapieprogramme (s. Abschnitt 6.6). Für Kinder bieten sich auch eine Reihe an handelsüblichen Brettspielen an, die ihre visuell-räumlich-konstruktiven Fähigkeiten fördern (bspw. ›rushhour‹, drei-dimensionales ›Ubongo‹, dreidimensionales ›Vier gewinnt‹, ›Das magische Labyrinth‹, und alle Labyrinth- und Würfelspiele). Auch manche Computerspiele scheinen die visuell-räumlichen Fähigkeiten zu schulen, weil sie die Raumvorstellungskraft fördern. Da Kinder mit einem Hydrocephalus häufig über gute verbale Fähigkeiten verfügen (s. Abschnitt 3.3.3.1), können ihnen Verbalisierungen eine Hilfe sein.

Da diese frühen Interventionen sehr erfolgversprechend sind, ist es für die betroffenen Kinder von hohem Wert, dass hier mit dem Diagnoseleitfaden ein Instrument zur Früherkennung für Kinder mit Hydrocephalus entwickelt werden konnte.

8.8 Ausblick

In dieser Arbeit erweisen sich die räumlich-konstruktiven Schwierigkeiten von Kindern mit einem Hydrocephalus als spezifische Schwäche, die unabhängig von der Ätiologie des Hydrocephalus und unabhängig vom Intelligenzniveau bei den Kindern auftritt. Über diese eigene Forschung hinaus werden neurobiologische Forschungen zum Hydrocephalus und deren Hypothesen für denkbare kausale Zusammenhänge herangezogen. Letzteres ist ein Versuch, der aber kritisch gesehen auf einer spekulativen Ebene einzuordnen ist. Dennoch sollten diese Wege weiter verfolgt werden, weil sich aus den Hintergründen evtl. neue Wege der Prävention und Förderung finden lassen könnten. Wenn bspw. der intrakranielle Druck zu einer verringerten weißen Substanz führt, wäre ein früheres operatives Eingreifen sinnvoll. In dem Zusammenhang müssten auch die Auswirkungen eines veränderten Blutflusses und eines veränderten Stoffwechsels erforscht werden. Interessant wäre auch angesichts der zentralen Rolle des Hippokampus für das explizite Lernen die Verfolgung der Frage, ob auch bei Kindern mit einem isolierten Hydrocephalus – und nicht nur bei jenen mit einer Spina Bifida – Veränderungen am Hippokampus zu erkennen sind und inwieweit sich die Vermutungen über einen Einfluss des Hydrocephalus auf das limbische System belegen lassen.

Daneben muss aus pädagogischer Sicht stärker auf Früherkennung räumlich-konstruktiver Fähigkeiten/Schwächen geachtet werden und daher sollten Ansätze wie dieser Leitfaden durch weitere Forschung überprüft und weiterentwickelt werden. Problematisch dürfte dabei sein, dass im Unterschied zu anderen kindlichen Entwicklungsschwierigkeiten visuell-räumliche Fähigkeiten wenig Beachtung finden, sich auch nicht in den Klassifikationen von ICD-10 und DSM-IV finden. Das ist umso bedauernswerter da Früherkennung und in jüngster Zeit entwickelte Übungsprogramme eine Persistenz der Schwäche verhindern können. Ein weiteres Forschungsfeld sind die Kompensationsmöglichkeiten betroffener Kinder, Jugendlicher und Erwachsener, um sie anderen Betroffenen zur Verfügung zu stellen. Kompensationsmöglichkeiten können auch unter Zuhilfenahme der Kompetenzen der Kinder entwickelt werden, wofür auch diese Studie einzelne Anregungen aus elterlicher Erfahrung liefert.

Schulschwierigkeiten der Kinder und Jugendlichen mit Hydrocephalus sollten weiter dahingehend untersucht werden, ob sie neben spezifischen Lernschwächen auch durch Fehleinschätzungen aufgrund guter verbaler Fähigkeiten oder durch noch nicht näher erforschte Leistungsschwankungen oder durch psychosoziale Probleme bedingt sind. Deshalb bezieht sich die letzte Anregung auf die hier nur am Rande aufgezeigten weiteren kognitiven und psychosozialen Probleme der Kinder und Jugendlichen mit einem Hydrocephalus. Hier zeigt sich die Studienlage noch sehr unterschiedlich und schwach und bedarf weiterer Evaluierungen. Es sind mehrere Hinweise anderer Studien aufgeführt worden, die mit dem Älterwerden bei Jugendlichen mit Spina Bifida und Hydrocephalus eine wachsende Diskrepanz zu nichtbehinderten Jugendlichen in allen kognitiven Bereichen sehen. Dies wäre auch dahingehend zu erforschen, wie es zu einem möglicherweise relativ frühen Abschluss der kognitiven Entwicklung kommt (vgl. Dahl 2007; Iddon 2004; Jacobs et al. 2001) und wie dem zu begegnen wäre.

Ein weiteres Augenmerk der Forschung sollte auf den psychosozialen Folgen (vgl. Gupta 2007; Bellin 2009) und den Schwierigkeiten der Jugendlichen mit Gleichaltrigen liegen (vgl. Stevenson & Pit-ten Cate 2003), zumal neben den Lernschwierigkeiten die psychosozialen Probleme in der Wahrnehmung der Jugendlichen und ihrer Eltern eine große Belastung darstellen (vgl. Stevenson & Pit-ten Cate 2003).

Danksagung

Einhundertsiebzig Kinder und ihre Eltern haben sich auf meinen Aufruf hin gemeldet und ihre Bereitschaft zur Teilnahme an einer Studie zum Lernen bei Kindern mit Hydrocephalus erklärt. An erster Stelle möchte ich mich bei diesen Familien dafür bedanken. Das Motiv der Eltern war oft eine Sorge über den Schulalltag, es war aber auch häufig der ausdrückliche Wunsch, dass die Auswirkungen des Hydrocephalus stärker beachtet und erforscht werden müssten. Ich hoffe, dass diese Arbeit diesem elterlichen Wunsch ein wenig nachkommt. Mein Dank gilt deshalb auch der ASBH Stiftung, die einen großen Teil der Kosten der Studie getragen hat, und dem stets Zuversicht ausstrahlenden Vorsitzenden des Stiftungsrates, Dr. August Ermert.

Kritische, hilfreiche und ermutigende Unterstützung erhielt ich von meinem Betreuer, Prof. Jens Boenisch, für die ich mich hier bedanken kann. Dem schließt sich der Dank an Dr. Helmut Peters für medizinische Nachfragen und der Dank an Dr. Anne Schröder für inspirierende Gespräche an.

Über sehr viele Wochen und Monate hinweg hat mein Mann die eigentlich gemeinsam zu leistende Familienarbeit alleine geschultert. Roland, ich danke dir für diesen Freiraum und für deine Ausdauer. Die Geduld und das liebevolle Verständnis unserer Kinder Gesche und Eike waren mir Ansporn und Hilfe.

9   LITERATURVERZEICHNIS

Verzeichnis der in Kapitel 2 und 3 angeführten Artikel
und ihre Nummerierungen

1   *Andersson*, S., *Persson*, E., *Aring*, E., *Lindquist*, B., *Dutton*, G. N., *Hellström*, A. (2006). Vision in children with hydrocephalus. *Developmental Medicine & Child Neurology, 48, 836–841*

2   *Angerpointer*, T., *Pockrandt*, L., *Schroer*, K. (1990). Katamnestische Untersuchungen bei Kindern mit angeborenem Hydrozephalus. In *European Journal of Surgery 45: 151–155*

3   *Augustat*, A. (1992). Langzeitentwicklung von Kindern mit frühkindlichem Hydrocephalus. Ein Vergleich von pränatal mit peri- und postnatal entstandenen Formen. Dissertation Heinrich-Heine-Universität Düsseldorf

4   *Ayr*, L., *Yeates*, K., *Enrile*, B. (2005). Arithmetic skills and their cognitive correlates in children with acquired and congenital brain disorder. In *Journal of the International Neuropsychological Society, Issue 3, May*

5   *Barnes*, M., *Dennis* M. (1992). Reading in children and Adolescents after early onset Hydrocephalus and in normally Developing Age Peers: Phonological Analysis, Word Recognition, Word Comprehension, and Passage Comprehension Skill. In *Journal of Pediatric Psychology 17 (4): 445–465*

6   *Barnes*, M. *Dennis*, M (1998). Discourse after early – onset hydrocephalus: core deficits in children of average intelligence. In *Brain and Language, Vol. 61, 309–334 (1998)*

7   *Barnes*, M., *Pengelly*, S., *Dennis*, M, *Wilkinson*, M., *Rogers*, T., *Faulkner*, H. (2002). Mathematics skills in good readers with hydrocephalus. In *Journal of the International Neuropsychological Society, Vol. 8, (1): 72–82*

8   *Bayless*, S. & Stevenson, J. (2007). Executive functions in school – age children born very prematurely. In *Early Human Development Vol. 83 (4)*

8b   *Bellin*, M., *Zabel*, T., *Dicianno*, B., *Levey*, E., *Garver*, K., *Linroth*, R., *Braun*, P. (2009). Correlates of depressive and anxiety symptoms in young adults with spina bifida. In *Journal of Pediatric Psychology Advance Access pp. 1–12*

9   *Bigio*, M. del (1993). Neuropathological changes caused by hydrocephalus. In *Acta Neuropathologica, Vol. 85 (6)*

9b   *Boschert*, J., *Neff*, W., *Schaible*, T. (2002). Endoskopische Ventrikulostomie im frühen Kindesalter. In *päd-praktische Pädiatrie 4*

10   *Bourgeois*, M., *Sainte-Rose*, C., *Cinalli*, G., *Mainxner*, W., *Malucci*, C., *Zerah*, M., *Pierre-Kahn*, A., *Renier*, D., *Hoppe-Hirsch*, E., *Aicardi*, J. (1999). Epilepsy in children with shunted Hydrocephalus. In *Neurosurgery Focus 6 (2)*

11   *Boyer*, K., *Yeates*, K., *Enrile*, B. (2006). Working memory and information processing speed in children with myelomeningocele and shunted hydrocephalus: analysis of the children's paced auditory serial addition test. In *Journal of International Neuropsychological Society, 12 (3), 305–313*

12 Braun, K., Gooskens, R., Vandertop, W., Tulleken, C., van der Grond, J. (2003). 1 H magnetic resonance spectroscopy in human hydrocephalus. In *Journal of magnetic resonance imaging, Vol. 17 (3): 291–299 2003*

13 Braun, K., Vandertop, W., Gooskens, R., Tulleken, C., Nicolay, J. (2000). NMR spectroscopic evaluation of cerebral metabolism in hydrocephalus: a review. In *neurological research, Vol. 22 (1):51–64*

14 Brewer, V., Fletcher, J. (2001). Attention Process in Children with shunted Hydrocephalus versus Attention Deficit-Hyperactivity Disorder In *Neuropsychology, Vol. 15 (2), 185–198*

15 Brookshire, B, Fletcher, J., Bohan, T., Landry, S., Davidson, K., Francis, D. (1995). Verbal and Nonverbal Skill Discrepancies in Children with Hydrocephalus: A Five – Year Longitudinal Follow – Up. In *Journal of Pediatric Psychology Vol. 20 (6), 785–800*

16 Burmeister, R., Hannay, J., Copeland, K., Fletcher, J., Boudousquie, A., Dennis, M. (2005). Attention problems and executive functions in children with spina bifida and hydrocephalus. In *Child Neuropsychology, 06/01*

17 Casey, A., Kimmings, E., Kleinlugtebeld, A., Taylor, W., Harkness, W., Hayward, R. (1997). The long-term outlook for hydrocephalus in childhood. A ten-year cohort study of 155 patients. In *Pediatric Neurosurgery, 27 (2), 63–70*

18 Pit-ten Cate, I., Kennedy, C., Stevenson, J. (2002). Disability and quality of life in spina bifida and hydrocephalus. In *Developmental Medicine & Child Neurology 44, 317–322*

19 Chumas, P., Tyagi, A., Livingston, J. (2001). Hydrocephalus- what's new? In *Archives Disease in Childhood, Ed 2001, 85, 149–154*

20 Cochrane, D., Kestle, J. (2002). Ventricular Shunting for Hydrocephalus in Children: Patients, Procedures, Surgeons and Institutions in English Canada, 1989–2001. In *European Journal of Pediatric Surgery, Vol. 12, 6–11*

21 Dahl, M., Norrlin, S., Strinnholm, M., Butler, A., Ahlsten, G. (2007). Global assessment of function in adolescents with myelymeningocele. In *Cerebrospinal Fluid Research 2007, 4 (Suppl. 1), S40*

22 Dalen, K., Bruaröy, S., Wentzel-Larsen, T., Nygaard, M., Laegreid, L. (2006). Nonverbal learning disabilities in children with infantile hydrocephalus, aged 4–7 years: a population-based, controlled study. In *Neuropediatrics 37 (1), 1–5*

23 Dennis, M., Fitz, C., Netley, C., Sugar, J., Harwood-Nash, D., Hendrick, E., Hoffmann, H., Humphreys, R. (1981). The intelligence of hydrocephalic children. In *Archives of Neurology, Vol. 38, Nr. 10*

24 Dennis, M., Barnes, M. (1993). Oral Discourse After Early-Onset Hydrocephalus. Linguistic Ambiguity, Figurative Language, Speech Acts, and Script-Based Inferences. In *Journal of Pediatric Psychology 18 (5), 639–652*

25 Dennis, M., Fletcher, J., Rogers, T., Hetherington, R., Francis, D. (2002). Object-based and action-based visual perception in children with spina bifida and hydrocephalus. In *Journal of the International Neuropsychology Society, Vol. 8, 95–106*

26 Dennis, M., Landry, S., Barnes, M., Fletcher, J. (2006). Critical Review. A model of neurocognitive function in spina bifida over the life span. In *Journal of the International Neuropsychological Society, 12, 285–296*

27   Donders, J., Rourke, B., Canady, A. (1991). Neuropsychological functioning of hydrocephalic children. In *Journal of Clinical and Experimental Neuropsychology, 13 (4),* 607–613

28   Donders, J., Canady, A., Rourke, B. (1990). Psychometric intelligence after infantile hydrocephalus. A critical review and reinterpretation. In *Child's Nervous System Vol. 6 (3) 148–54*

29   Donders, J., Rourke, B., Canady, A. (1992). Emotional adjustment of children with hydrocephalus and of their parents. In *Journal of child neurology, Vol. 7 (4) 375–380*

30   Edelstein, K., Dennis, M., Copeland, K., Frederick, J., Francis, D., Herherington, R., Brandt M, Fletcher, J. (2004). Motor learning in children with spina bifida: dissociation between performance level and acquisition rate. In *Journal of the International Neuropsychology Society 10/01*

31   Erickson, K., Baron, I., Fantie, B. (2001): Neuropsychological functioning in early hydrocephalus: Review from a developmental perspective. In *Child Neuropsychology,* Vol. 7, Nr. 4, 199–229

32   Fletcher, J., Bohan, T., Brandt, M., Brookshire, B., Beaver, S., Davidson, K., Francis, D., Thompson, N., Miner, E. (1992). Cerebral white matter and cognition in hydrocephalic children. In *Archives of Neurology, Vol. 49 (8)*

33   Fletcher, J., Francis, D., Thompson, N., Davidson, K., Miner, M. (1992). Verbal and nonverbal skills discrepancies in hydrocephalic children. In *Journal of Clinical and Experimental Neuropsychology, 14 (4), 593–609*

34   Fletcher, J., Brookshire, B., Landry S., Bohan, T., Davidson, K., Francis, D., Thompson, N., Miner, M. (1995). Behavioral Adjustment of children with Hydrocephalus: Relationships with Etiology, Neurological, and Family Status. In *Journal of Pediatric Psychology 20 (1), 109–125*

35   Fletcher, J., Bohan, T., Brandt, M., Kramer, L., Brookshire, B., Thorstad, K., Davidson, K., Francis, D., McCauley, S., Baumgartner, J. (1996). Morphometric evaluation of the hydrocephalic brain: Relationships with cognitive development. In *Child's Nervous System, Vol. 12 (4), 192–199*

36   Fletcher, J., McCauley, S., Brandt, M., Bohan, T., Kramer, L., Francis, D., Thorstad, K., Brookshire, B. (1996). Regional brain tissue composition in children with hydrocephalus. Relationships with cognitive development. In *Archives in Neurology Vol. 53 (6)*

37   Fletcher, J., Landry, S., Bohan, T., Davidson, K., Brookshire, B., Lachar, D., Kramer, L., Francis, D. (1997). Effects of intraventricular hemorrhage on the long-term neurobehavioral development of preterm very-low-birthweight infants. In *Developmental Medicine & Child Neurology 39, 596–606*

38   Fletcher, J., Copeland, K., Frederick, J., Blaser, S., Kramer, L., Northrup, H., Hannay, H., Brandt, E., Francis, D., Villarreal, G., Drake, J., Laurent, J., Townsend, I., Inwood, S., Boudousquie, A., Dennis, M. (2005). Spinal lesion level in spina bifida: A source of neural and cognitive heterogeneity. In *Journal of Neurosurgery (Pediatrics) 102,* 268–279

39   Futagi, Y. Suzuku, Y., Toribe, Y., Morimoto, K. (2002). Neurodevelopmental outcome in children with fetal hydrocephalus. In *Pediatrics Neurology, 27 (2), 111–116*

40 Futagi, Y., Suzuku, Y., Toribe, Y., Nakano, H., Morimoto, K. (2005). Neurodevelopmental outcome in children with posthemorrhagic hydrocephalus. In *Pediatrics Neurology, 33 (1), 26–32*

41 Futagi, Y., Suzuku, Y., Toribe, Y., Morimoto, K. (2006). Neurodevelopmental outcome in children with intraventricular hemorrhage. In *Pediatrics Neurology, 34 (3), 219–224*

41a Foreman, N., Stanton, D., Wilson, P., Duffy, H. (2003). Spatial Knowledge of a Real School Environment Acquired From Virtual or Physical Models by Able-Bodied Children and Children with Physical Disabilities. In *Journal of Experimental Psychology, Vol. 9 (2), 67–74, 2003*

42 Gruber, R. (1983). Kritische Betrachtungen zur Hydrozephalus – Therapie anhand des sogenannten ›arrested‹ Hydrozephalus. In *European Journal of pediatric Surgery Vol. 38, 33–35*

43 Gupta, N., Park, J., Solomon, C., Kranz, D., Wrensch, M., Wu, Y. (2007). Long-term outcomes in patients with treated childhood hydrocephalus. In *Journal of Neurosurgery Pediatricas 106,(5)*

44 Hannay, H. (2000). Functioning of the corpus callosum in children with early hydrocephalus. In *Journal of the international Neuropsychology Society, 6, 351–361*

45 Hanlo, P., Gooskens, R., Faber, J., Peters, R., Nijhuis, A., Vandertop, W., Tulleken, C., Willemse, J. (1996). Relationship between anterior fontanelle pressure measurements and clinical signs in infantile hydrocephalus. In *Child's Nervous System Vol. 12 (4)*

46 Hanlo, P., Gooskens, R., van Schoonefeld, M., Tulleken, C., van der Knaap, M., Faber, J. Willemse, J. (1997). The effect of intracranial pressure on myelination and the relationship with neurodevelopment in infantile hydrocephalus. In *Developmental Medicine & Child Neurology, 39 (5), 286–291*

47 Hasan, K., Eluvathingal, T., Kramer, L., Ewing-Cobbs, L., Dennis, M., Fletcher, J. (2008). White matter microstructural abnormalities in children with spina bifida myelomeningocele and hydrocephalus: A diffusion tensor tractography study of the association pathways. In *Journal of Magnetic Resonance Imaging, Vol. 27 (4) 700–709*

48 Heinsbergen, I., Rotteveel, J., Roeleveld, N., Grotenhuis, A. (2002). Outcome in shunted hydrocephalus. In *European Journal of Paediatric Neurology, 6, 99–107*

49 Hirsch, J. (1994). Consensus: Long-term outcome in hydrocephalus. In *Childs Nervous System 10, 64–69*

50 Holler, K., Fennell, E., Crosson, B. (1995). Neuropsychological and adaptive functioning in younger versus older children shunted for early hydrocephalus. In *Child Neuropsychology 1995, 1 (1), 63–73*

51 Hommet, C., Billard, C, Gillet, P., Barthe, M., Lourmiiere, J. Santini, J., de Toffol, B., Corcia, P., Autret, A. (1999). Neuropsychologic and adaptive functioning in adolescents and young adults shunted for congenital hydrocephalus. In *Journal of Child's Neurology 14 (3), 144–150*

52 Hoppe-Hirsch, E., Laroussinie, F., Brunet, L., Sainte – Rose, C., Renier, D., Cinalli, G., Zerah, M., Pierre – Kahn, A. (1998). Late outcome of the surgical treatment of hydrocephalus. In *Child's Nervous System, Vol. 14 (3), 97–99*

53 Huber-Okrainec, J., Blaser, S., Dennis, M. (2005). Idiom comprehension deficits in relation to corpus callosum agenesis and hypoplasia in children with spina bifida meningomyelocele. In *Brain and Language, 93 (3), 349–368*

54 Iddon, J., Morgan, D., Loveday, C., Sahakian, B., Pickard, J. (2004). Neuropsychological profile of young adults with spina bifida with or without hydrocephalus. In *Journal Neurology, Neurosurgery, Psychiatry 75 (8), 1112–1118*

55 Jacobs, R., Northam, E., Anderson, V. (2001). Cognitive Outcome in Children with Myelomeningocele and Perinatal Hydrocephalus: A Longitudinal Perspective. In *Journal of Developmental and Physical Disabilities, 13 (4), 389–405*

56 Jones, H., Harris, N., Rocca, J., Andersohn, R. (2000). Progressive tissue injury in infantile hydrocephalus and prevention/reversal with shunt treatment. In *Neurological Research 22 (1), 89–96*

57 Kao, C., Yang, T, Wong, T., Cheng, L., Huang, S., Chen, H., Chan, R. (2001). The outcome of shunted hydrocephalic children. In *Zhonghua Yi Xue Za Zhi (Taipeh) Nr. 64 (1) 47–53*

57b Kehler, U. & Gliemroth, J. (2002). Endoskopische Ventrikulostomie bei Säuglingen und Kleinkindern – eine Alternative zum Shunt? In *päd-praktische Pädiatrie 4*

58 Kestle, J., Drake, J., Milner, R., Sainte-Rose, C., Cinalli, G., Boop, F., Piatt, J., Haines, S., Schiff, S., Cochrane, D., Steinbok, P., MacNeil, N. (2000). Long-Term Follow-Up Data from the Shunt Design Trial. In *Pediatric Neurosurgery, Vol. 33 (5)*

59 Klaas, P., Hannay, J., Caroselli, J., Fletcher, J. (1999). Interhemispheric transfer of visual, auditory, tactile, and visuomotor information in children with hydrocephalus and partial agenesis of the corpus callosum. In *Journal of clinical and experimental neuropsychological Society*

60 Kokkonen, J., Serlo, W., Saukkonen, A.-L., Juolasmaa, A. (1994). Long-term prognosis for children with shunted hydrocephalus. In *Child's Nervous System 1994 Vol. 10 (6)*

61 Kulkarni, A., Drake, J., Rabin, D., Dirks, P., Humphreys, R., Rutka, J. (2004). Measuring the health status of children with hydrocephalus by using a new outcome measure. In *Journal of neurosurgery Vol. 101 (2) 141–146*

62 Kulkarni, A. & Shams, I. (2007). Quality of life in children with hydrocephalus: results from the Hospital for Sick Children. In *Journal of Neurosurgery Pediatrics 107 (5), 358–364*

63 Kumar, R., Singh, V., Kumar, V. (2005). Shunt-Revisionen in Hydrocephalus. In *Indian Journal of Pediatrics, Vol. 75*

64 Lindquist, B., Carlsson, G., Persson, E.-K., Uvebrant, P., (2005). Learning disabilities in a population-based group of children with hydrocephalus. In *Acta Paediatrica, Vol. 94, Nr7, 878–883*

65 Lindquist, B., Carlsson, G., Persson, E.-K., Uvebrant, P., (2006). Behavioural problems and autism in children with hydrocephalus. In *European Child- & Adolescent Psychiatry, Vol. 15 (4),*

66 Lindquist, B., Persson, E.-K., Uvebrant, P., Carlsson, G. (2008). Learning, memory and executive functions in children with hydrocephalus. In *Acta Paediatrica 97 (5)596–601*

66b Lindquist, B., Uvebrant, P., Rehn, E., Carlsson, G. (2009). Cognitive functions in children with myelomeningocele without hydrocephalus. In *Child's Nervous System25 (8)*

67 Lumenta, C. & Skotarczak, U. (1995). Long-term follow up in 233 patients with congenital hydrocephalus. In *Child's Nervous System 11, 173–175*

68   Mammarella, N., Cornoldi, C., Donadello, E. (2003). Visual but not spatial working memory deficit in children with spina bifida. In *Brain and Cognition, 53, 311–314*

69   Mashayekhi, F., Draper, C., Bannister, C., Pourghasem, M., Owen-Lynch, P., Miyan, J. (2002). Deficient cortical development in the hydrocephalus Texas (H-Tex) rat: a role for CSF. In *Brain, 125, 1859–1874*

70   Mataro, M., Poca, M., Sahuquillo, J., Cuxart, A., Iborra, J., de la Calzada, M., Junque, C. (2000). Cognitive changes after cerebrospinal fluid shunting in young adults with spina bifida and assumed arrested hydrocephalus. In *Journal of Neurology, Neurosurgery, and Psychiatry, Vol. 68, 615–621*

71   Mataro, M., Junque, C., Poca, M., Sahuquillo, J. (2001). Neuropsychological Findings in Congenital and Acquired Childhood Hydrocephalus. In *Neuropsychology Review, Vol. 11 (4)*

72   Melf, H. (2001). Begleiterkrankungen bei Hydrocephalus: eine retrospektive Studie. Dissertation. Ludwig-Maximilian-Universität München

73   Mori, K., Shimada, J., Kurisaka, M., Sato, K., Watanabe, K. (1995). Classification of hydrocephalus and outcome treatment. In *Brain and Development, Vol. 17, Nr. 5, 338–348*

74   Moritake, K., Nagai, H., Miyazaki, T., Nagasako, N., Yamasaki, M., Sakamoto, H., Miyajima, M., Tamaskoshi, A. (2007). Analyses of a Nationwide Survey on Treatment and Outcomes of Congenital Hydrocephalus in Japan. In *Neurologica medico-chirurgica 47 (10)453–461*

75   Moritake, K., Nagai, H., Miyazaki, T., Nagasako, N., Yamasaki, M., Tamaskoshi, A. (2007). Nationwide Survey of the Etiology and Associated Conditions of Prenatally and Postnatally Diagnosed Congenital Hydrocephalus in Japan. In *Neurologica medico-chirurgica, Vol. 47 (10), 448–452*

76   Nishiyama, I., Pooh, K., Nakagawa, J. (2006). Clinical and electroencephalographic analysis of epilepsy in children with hydrocephalus. In *The journal of Allergy and Clinical Immunology, 38, 353–358*

77   Persson, E.-K., Hagberg, G., Uvebrant, P. (2004). Hydrocephalus in children – epidemiology and outcome. In *Cerebrospinal Fluid Research, 1, (1), 23*

78   Persson, E.-K., Hagberg, G., Uvebrant, P. (2005). Hydrocephalus prevalence and outcome in a populations-based cohort of children born 1989–1998. In *Acta Paediatrica, Vol. 94, Nr 6, 726–732*

79   Persson, E.-K., Hagberg, G., Uvebrant, P. (2006). Disabilities in children with hydrocephalus – a population-based study of children aged between four and twelve years. In *Neuropediatrics, 37, 330–336*

80   Persson, E.-K., Anderson, S., Wiklund, L.-M., Uvebant, P. (2007). Hydrocephalus in children born 1999–2002: epidemiology, outcome and ophthalmological findings. In *Child's Nervous System, Vol. 23 (10)*

81   Petri, C. Die Therapie des posthämorrhagischen Hydrocephalus internus mittels Rickham – Reservoiren bei Frühgeborenen mit Geburtsgewicht unter 2000 Gramm. Therapieverlauf und psychomotorische Entwicklung. Dissertation (online ohne Jahresangabe). www.ub.heidelberg.de/archiv/4686, Internetzugriff am 03.04.2008

82   Platenkamp, M., Hanlo, P., Fischer, K., Gooskens, R. (2007). Outcome in pediatric hydrocephalus: a comparison between previously used outcome measures and the

Hydrocephalus Outcome Questionnaire. In *Journal of Neurosurgery (1 Suppl. Pediatrics) 107, 26–31*

83 *Raimondi*, A. (1994). A unifying theory for the definition and classification of hydrocephalus. In *Child's Nervous System Vol. 10, 2–12*

84 *Ralph*, K., *Moylan*, P., *Canady*, A., *Simmons*, S. (2000). The effects of multiple shunt revisions on neuropsychological functioning and memory. In *Neurology Research Vol. 22 (1), 131–136*

85 *Reiher*, F. (1996). Hydrocephalus im Kindesalter – eine retrospektive Untersuchung zu den Komplikationen der Shuntimplantation und deren Einflussfaktoren. Dissertation Otto-von-Guericke-Universität Magdeburg

86 *Reinprecht*, A., *Dietrich*, W., *Berger*, A., *Bavinski*, G., *Weninger*, M., *Czech*, T. (2001). Posthemorrhagic hydrocephalus in preterm infants: long-term follow-up and shunt-related complications. In *Child's Nervous System, Vol. 17 (11), 663–669*

87 *Resch*, B., *Gerdermann*, A., *Maurer*, U., *Ritschel*, E., *Müller*, W. (1996). Neurodevelopmental outcome of hydrocephalus following intra-/periventricular hemorrhage in preterm infants: short and long-term results. In *Child's Nervous System Vol. 12, 1*

88 *Riva*, D., *Milani*, N., *Giorgi*, C., *Pantaleoni*, C., *Zorzi*, C., *Devoti*, M. (1994). Intelligence outcome in children with shunted hydrocephalus of different etiology. In *Child's Nervous System Vol. 10, 1, 70–73*

89 *Rose*, B. & *Holmbeck*, G. (2007). Attention and Executive Functions in Adolescents with Spina Bifida. In *Journal of Pediatric Psychology, Vol. 32 (8), 983–994*

90 *Roebroeck*, M., *Hempenius*, L., *van Baalen*, B., *Hendrikens*, J., *van den Berg-Emons*, J., *Stam*, H. (2006). Cognitive functioning of adolescents and young adults with meningomyelocele and level of everyday physical activity. In *Disability & Rehabilitation 1 (1), Vol. 28 (20,) 1237–1242*

91 *Schernikau*, J. (1999). Wie unauffällig sind ehemals neurologisch unauffällige Frühgeborene? Dissertation Universitätsklinikum Hamburg

92 *Scott*, M., *Fletcher*, J., *Brookshire*, B., *Davidson*, K., *Bohan*, T., *Kramer*, L., *Brandt*, M., *Francis*, D. (1998). Memory functions in children with early hydrocephalus. In *Neuropsychology, Vol. 12 (4), 578–589*

93 *Sgouros*, S. & *Malluci*, C. (1995). Long-term complications of hydrocephalus. In *Pediatric Neurosurgery, Vol. 23 (3), 127–23*

94 *Suda*, K., *Sato*, K., *Takeda*, N., *Miyazawa*, T., *Arai*, H. (1994). Early ventriculoperitoneal shunt-effects on learning ability and synaptogenesis of the brain in congenitally hydrocephalic HTX rats. In *Child's Nervous System 10, 19–23*

95 *Stadler*, G. (1995). Zur psychosozialen Entwicklung von Kindern mit Hydrocephalus. Dissertation, Ludwigs-Maximilians-Universität München

96 *Stevenson*, J. & *Pit-ten Cate*, I. (2003). A Study of the development, behavioural and psychological characteristics associated with hydrocephalus and spina bifida in middle childhood. (Unveröffentlicht, zu beziehen über ASBAH, Peterborough, England)

97 *Stevenson*, J. & *Pit-ten Cate*, I. (2003). A study of the cognitive basis for educational problems in young adolescents with hydrocephalus and spina bifida (Unveröffentlicht, zu beziehen über ASBAH, Peterborough, England)

98 Stevenson, J.,& Pit-ten Cate, I. (2004). The Nature of Hyperactivity in Children and Adolescents with Hydrocephalus: A Test of the Dual Pathway Model. In *Neural Plasticity Vol. 11, (1–2), 13–21*

99 Stubberud, J., Riemer, G., Plaum, P., Grimsrud, K. (2007). Psychosocial adaption and cognitive functioning in young male adults with myelomeningocele. In *Cerebrospinal Fluid Research 4 (1), 39*

100 Talamonti, G., D'Aliberti, G., Collice, M. (2007). Myelomenigcele: long-term neurosurgical treatment and follow-up in 202 patients. In *Journal of Neurosurgery Vol. 107 (5 Suppl. Pediatrics), 368–386*

101 Tashiro, Y. & Drake, J. (1998). Reversibility of functionally injured neurotransmitter system with shunt placement in hydrocephalic rats: implications for intellectual impairment in hydrocephalus. In *Journal of Neurosurgery, Vol. 88 (4)*

102 Thompson, N., Chapieski, L., Miner, M., Fletcher, J., Landry, S., Bixby, J. (1991). Cognitive and motor abilities in preschool hydrocephalus. In *Journal of Clinical and Experimental Neuropsychology, Vol. 13 (2), 245–258*

103 Topczewska-Lach, E., Lenkiewicz, T., Olanski, W., Zaborska, A. (2005). Quality of life and psychomotor development after surgical treatment of hydrocephalus. In *European Journal of Pediatric Surgery 15, 2–5*

104 Vachha, B. & Adams, R. (2004). A temperament for learning: The limbic system and myelomeningocele. In *Cerebrospinal Fluid Research, 1:6*

105 Vachha, B. & Adams, R. (2004 b). Phonological processing skills in children with myelomeningocele and shunted hydrocephalus. In *Cerebrospinal Fluid Research, 1 (Suppl. 1): S6*

106 Vachha, B. & Adams, R. (2004 c). Learning effiency in children with myelomeningocele and shunted hydrocephalus. In *Cerebrospinal Fluid Research 2004, 1 (Suppl. 1): S62*

107 Vachha, B. & Adams, R 2005). Memory and selective learning in children with spina bifida – myelomeningocele and shunted hydrocephalus: A preliminary study. In *cerebrospinal Fluid Research 2:10*

108 Vachha., B., Adams, R. C., Rollins, N. (2006). Limbic Tract Anomalies in Pediatric Myelomeningocele and Chiari II Malformation: Anatomic Correlations with Memory and

Learning – Initial Investigation1. In *Radiology Vol. 240, Nr. 1*

109 Vinck, A., Maassen, B., Mullaart, R., Rotteveel, J. (2006). Arnold Chiari II Malformation and cognitive functioning in spina bifida. In *Journal of Neurology, Neurosurgery, and Psychiatry Nr 77, 1083–1086*

110 Vries, L. de, Liem, K., Dijk, K. v., Smit, B., Sie, L., Rademaker, K., Gavilanes, A. (2002). Early versus late treatment of posthemorrhagic ventricular dilation: results of a retrospective study from five neonatal intensive care in The Netherlands. In *Acta Paediatrica, Vol. 91 (2), 212–217*

111 Wiedenbauer, G. & Jansen-Osmann, P. (2006). Räumlich-kognitive Fähigkeiten von Kindern mit Spina bifida. In *Zeitschrift für Neuropsychologie, 17 (3), 149–154*

112 Wills, K., Holmbeck, G., Dillon, K., McLone, D. (1990). Intelligence and Achievement in Children with Myelomeningocele In *Journal of Pediatric Psychology, Vol. 15, No 2*

113 Yeates, K., *Loss*, N., *Colvin*, A., *Enrile*, B. (2003). Do children with myelomeningocele and hydrocephalus display nonverbal learning disabilities? An empirical approach to classification. In *Journal of the International Neuropsychological Society, 9, 653–662*

114 Yeates, K. & *Enrile*, B. (2005). Implicit and explicit memory in children with congenital and acquired brain disorder. In *Neuropsychology, Vol. 19, 9, 618–628*

115 Zeilinger, F., *Berfelde*, D., *Kintzel*, D., *Meier*, U. (2002). Shuntkomplikationen im Kindesalter. In *Pädiatrie, Vol. 8, 249–256*

115b Zurmöhle, M., *Homann*, Th., *Schroeter*, C., *Rothgerber*, H., *Hommel*, G., *Ermert*, A. (1999). Psychosoziale Anpassung von Kindern mit Spina bifida. In *Deutsches Ärzteblatt 96, Heft 4, B 165–B 168*

(Ziffern 116 bis 130 entfallen)

Artikel (Zeitschriften, Ratgeberreihe der ASBH)

131 Bannister, C. (2004). Die Dandy Walker Zyste. In *Hydrocephalus und du. ASBH Ratgeber 14, 28–29*. Dortmund: ASBH

132 Batchelor, R. (2004). Hydrocephalus und Krampfanfälle. In *Hydrocephalus und Du. ASBH Ratgeber 14, 33–34*. Dortmund: ASBH

133 Bayston, R. (2004a). Die Auswirkungen von Hydrocephalus. In *Hydrocephalus und Du. ASBH Ratgeber 14, 11–13*. Dortmund: ASBH

134 Bayston, R. (2004b). Die Behandlung des Hydrocephalus. In *Hydrocephalus und Du. ASBH Ratgeber 14, 14–19*. Dortmund: ASBH

135 Collmann, H. (2007). Der Hydrozephalus der Frühgeborenen. In *ASBH Brief 4, 10–13*. Dortmund: ASBH

135a Cremer, R. (2002). Symptome der Arnold-Chiari II-Malformation. In *ASBH Brief 3/2002, 34–35*. Dortmund: ASBH

135b Haberl, H., *Michael*, T. & *Thomale*, H.-U. (2007). Hydrozephalus. In *Pädiatrie up-2date (1) 1–21*. Stuttgart: Thieme

136 Harrel, C. (2004). Sprache und Sprechen. In *Hydrocephalus und Du. ASBH Ratgeber 14, 45–46*. Dortmund: ASBH

137 Hauffa, B (1996). Hydrocephalus bei Kindern und Erkrankungen des endokrinen Systems. In *Hydrocephalus. ASBH Ratgeber 3, 56–60*. Dortmund: ASBH

138 Heinen, F., *Panitz*, D., *Weber*, G. (2000). Epilepsie bei Kindern mit Hydrocephalus. In *ASBH Brief 3, 20–21*. Dortmund: ASBH

139 Holgate, L. (1996). Hydrocephalus – Richtlinien für Lehrer/innen. In *Hydrocephalus. ASBH Ratgeber 3, 101–105*. Dortmund: ASBH

140 Holgate, L. (2004c). Auswirkungen von Geräuschen und Tonhöhe. In *Hydrocephalus und Du. ASBH Ratgeber 14, 49–50*. Dortmund: ASBH

141 Johnston, D. (2004). Frühzeitige Pubertät. In *Hydrocephalus und Du. ASBH Ratgeber 14, 37–39*. Dortmund: ASBH

142 Johnston, D., *Starza-Smith*, A., *Bennett*, H. (2006). Hydrocephalus und Pubertät. In *Ihr Kind mit Hydrocephalus, 67–69*. Dortmund: ASBH

143 Laske, G. (2002). Der kindliche Hydrozephalus – eine interdisziplinäre Herausforderung. In *päd-praktische Pädiatrie, Vol. 8, 206*. Hamburg: OmniMed

144 *Matschke*, J. (2002). Forensische Neuropädopathologie – konnataler Hydrozephalus bei komplexer Hirnfehlbildung. In *päd-praktische Pädiatrie, Vol. 8, 241–243*. Hamburg: OmniMed

145 *Oakes*, W. (2007). Editorial. Long-term outcomes of hydrocephalus. In *Journal of Neurosurgery Pediatricas 106, (5), 333*

146 *Queißer-Luft* A., *Wolf*, H., *Schlaefer*, K. (1996). Häufigkeiten von Neuralrohrdefekten in Deutschland. In *Monatsschrift für Kinderheilkunde 144*

147 *Parkinson*, M (2004). Das Sehen. In *Hydrocephalus und Du. ASBH Ratgeber 14, 34–35*. Dortmund: ASBH

148 *Reitter*, B. (1996). Anfallsleiden bei Hydrocephalus. In *Hydrocephalus. ASBH Ratgeber 3, 53–55*. Dortmund: ASBH

149 *Relfe*, J (2004). Ach du lieber Himmel! Was soll ich jetzt tun? *In Hydrocephalus und Du. ASBH Ratgeber 14, 70–71*. Dortmund: ASBH

150 *Richard*, K.-E. (2002). Dandy-Walker-Syndrom. Krankheitsbild, Diagnose und Behandlung. In *ASBH Brief 2/2002, 14–15*. Dortmund: ASBH

151 *Sobkowiak*, C. (2004). Hydrocephalus und die Steuerung der oberen Gliedmaßen. In *Hydrocephalus und Du. ASBH Ratgeber 14, 43–44*. Dortmund: ASBH

152 *Sobkowiak*, C. (2006). Die sensomotorische Entwicklung. In *Ihr Kind mit Hydrocephalus, 19–36*. Dortmund: ASBH

153 *Tamaschke* C., (2002). Die Problematik der Behandlung des Hydrozephalus. In *päd-praktische Pädiatrie, Vol. 8, 20–216*. Hamburg: OmniMed

154 *Thompson*, P. (2004). Probleme mit dem Essen. In *Hydrocephalus und Du. ASBH Ratgeber 14, 47–48*. Dortmund: ASBH

155 *Unsöld*, G. (1996). Sehstörungen bei hydrocephalen Patienten. In *Hydrocephalus. ASBH Ratgeber 3, 48–52*. Dortmund: ASBH

156 *Unsöld*, G. (1998). Ophthalmologische Störungen bei hydrocephalen Patienten. In *Michael*, T., *Moers*, A. v., *Strehl*, E. (Hrsg.). Spina bifida. Interdisziplinäre Diagnostik, Therapie und Beratung. Berlin, New York: de Gruyter

157 *Walker*, P. (2004). Was Hydrocephalus für die Erziehung bedeutet. In *Hydrocephalus und Du. ASBH Ratgeber 14, 64*. Dortmund: ASBH

158 *Williams*, M., *McAllister*, J., *Walker*, M., *Kranz*, D., *Bergsneider*, M., *Del Bigio*, M., *Fleming*, L., *Frim*, D., *Gwinn*, K., *Kestle*, J., *Luciano*, M., *Madsen*, J., *Oster-Granite*, M., *Spinella*, G. (2007). Priorities for hydrocephalus research: report from a National Institutes of Health – sponsored workshop. In *Journal of Neurosurgery (5 Suppl. Pediatrics) 107, 345–357.*

Posterpräsentation

159 *Strojek*, S., *Köhler*, J., *Storck*, M. (2002). Zum psychopathologischen Profil der Infantilen Cerebralparese. Effekte der Ätiopathogenese. Posterpräsentation auf dem Kinderärztekongresses in Leipzig

Alphabetisches Literaturverzeichnis

Andersson, S., *Persson*, E., *Aring*, E., *Lindquist*, B., *Dutton*, G. N., *Hellström*, A. (2006). Vision in children with hydrocephalus. *Developmental Medicine & Child Neurology, 48, 836–841*

Angerpointer, T., *Pockrandt*, L., *Schroer*, K. (1990). Katamnestische Untersuchungen bei Kindern mit angeborenem Hydrozephalus. In *European Journal of Surgery 45: 151–155*

ASBAH (Hrsg.) (o. J.). Your Child and Hydrocephalus. A practical guide for families. ASBAH Peterborough.

Aster, M. v. (2003 a): Neurowissenschaftliche Ergebnisse und Erklärungsansätze von Rechenstörungen. In *Fritz*, A., *Ricken*, G., *Schmidt*, S. Rechenschwäche. Lernwege, Schwierigkeiten und Hilfen bei Dyskalkulie. Weinheim: Beltz

Aster, M. v. (2003 b). Verstehen, wie sie rechnen. In *Pädagogik, 55 (4), 36–39*

Aster, M. v. (2005). Wie kommen Zahlen in den Kopf? Ein Modell der normalen und abweichenden Entwicklung zahlenverarbeitender Hirnfunktionen. In *Aster, M. v., Lorenz, J. H.* Rechenstörungen bei Kindern. Göttingen: Vandenhoeck & Ruprecht

Aster, M. v, *Kucian*, K., *Martin*, E. (2006). Gehirnentwicklung und Dyskalkulie. In *Sprache, Stimme, Gehör 2006; 30: 154–159*

Aster, M. v. (2008). Umschriebene Rechenstörung. In *Herpetz-Dahlmann*, B., *Resch*, F., *Schulte-Markwort*, M., *Warnke*, A.. Entwicklungspsychiatrie. Biologische Grundlagen und die Entwicklung psychischer Störungen. Stuttgart: Schattauer

Augustat, A. (1992): Langzeitentwicklung von Kindern mit frühkindlichem Hydrocephalus. Ein Vergleich von pränatal mit peri- und postnatal entstandenen Formen. Dissertation Heinrich-Heine-Universität Düsseldorf

Ayr, L., *Yeates*, K., *Enrile*, B. (2005). Arithmetic skills and their cognitive correlates in children with acquired and congenital brain disorder. In *Journal of the International Neuropsychological Society, Issue 3, May*

Ayres, J. (1984): Bausteine der kindlichen Entwicklung. Berlin: Springer

Backhaus, K., *Erichson*, B., *Plinke*, W., *Weibe*r, R. (2005). Mulitvariate Analysemethoden. Berlin: Springer

Bähr, M., *Frotscher*, M. (2009). Neurologisch-topische Diagnostik. Anatomie – Funktion – Klinik. Stuttgart: Thieme

Bannister, C. M. (2004). Die Dandy-Walker-Zyste. In Hydrocephalus und Du. *ASBH Ratgeber 14.* Dortmund: ASBH.

Barnes, M., *Dennis* M. (1992). Reading in children and Adolescents after early onset Hydrocephalus and in normally Developing Age Peers: Phonological Analysis, Word Recognition, Word Comprehension, and Passage Comprehension Skill. In *Journal of Pediatric Psychology 17 (4): 445–465*

Barnes, M. *Dennis*, M (1998). Discourse after early – onset hydrocephalus: core deficits in children of average intelligence. In *Brain and Language, Vol. 61, 309–334 (1998)*

Barnes, M., *Pengelly*, S., *Dennis*, M, *Wilkinson*, M., *Rogers*, T., *Faulkner*, H. (2002). Mathematics skills in good readers with hydrocephalus. In *Journal of the International Neuropsychological Society, Vol. 8, (1): 72–82*

Batchelor, R. (2004). Hydrocephalus und Krampfanfälle. In *Hydrocephalus und Du. ASBH Ratgeber 14.* Dortmund: ASBH

Bayless, S., *Stevenson*, J. (2007). Executive functions in school – age children born very prematurely. In *Early Human Development Vol. 83 (4)*

Bayston, R. (2004a). Die Auswirkungen von Hydrocephalus. In *Hydrocephalus und Du. ASBH Ratgeber 14*. Dortmund: ASBH.

Bayston, R. (2004b). Die Behandlung von Hydrocephalus. In *Hydrocephalus und Du. ASBH Ratgeber 14*. Dortmund: ASBH.

Bayston, R. (2006). Die medizinischen Grundlagen. In *Ihr Kind mit Hydrocephalus*. Dortmund: ASBH.

Behnke-Mursch, J. (2009). Neurochirurgische Shuntversorgung. In *ASBH Ratgeber 21 Leben mit Spina Bifida und Hydrocephalus*. Dortmund: Eigenverlag ASBH

Bellin, M., *Zabel*, T., *Dicianno*, B., *Levey*, E., *Garver*, K., *Linroth*, R., *Braun*, P. (2009). Correlates of depressive and anxiety symptoms in young adults with spina bifida. In *Journal of Pediatric Psychology Advance Access pp. 1–12*

Bergeest, H. (2006). Körperbehindertenpädagogik. Bad Heilbrunn: Klinkhardt

Bergeest, H., *Boenisch*, J., *Daut*, V. (2011). Körperbehindertenpädagogik. Studium und Praxis im Förderschwerpunkt körperliche und motorische Entwicklung. Bad Heilbronn: utb/Klinkhardt

Bigio, M. del (1993). Neuropathological changes caused by hydrocephalus. In *Acta Neuropathologica Vol. 85 (6)*

Birbaumer, N., *Schmidt*, R. F. (2003). Biologische Psychologie. Berlin, Heidelberg: Springer

Blume-Werry, A. (1996). Aspekte zur psychosozialen Situation und Kindesentwicklung. In *Hydrocephalus, Ratgeber 3*, Dortmund: ASBH

Blume-Werry, A. (2000). Ich brauche meine Pausen. In *Hydrocephalus im Erwachsenenalter, Ratgeber 8*, Dortmund: ASBH

Blume-Werry, A. (2004). Förderung erfordert Verstehen. In *ASBH Brief 2*, Dortmund: ASBH

Blume-Werry, A. (2008): ›Warum sind die nur so vorsichtig mit ihrem Kind?‹ Einblicke in die Lebenssituation eines Kindes mit Hydrocephalus und seiner Eltern. In *Hydrocephalus bei Schülern*. Dortmund: ASBH

Bodenburg, S. (2001). Einführung in die Klinische Neuropsychologie. Bern: Huber

Bortz, J., *Döring*, N. (2003). Forschungsmethoden und Evaluation für Human- und Sozialwissenschaftler. Berlin: Springer

Boschert, J., *Neff*, W., *Schaible*, T. (2002). Endoskopische Ventrikulostomie im frühen Kindesalter. In *päd-praktische Pädiatrie 4*

Bourgeois, M., *Sainte-Rose*, C., *Cinalli*, G., *Mainxner*, W., *Malucci*, C., *Zerah*, M., *Pierre-Kahn*, A., *Renier*, D., *Hoppe-Hirsch*, E., *Aicardi*, J. (1999). Epilepsy in children with shunted Hydrocephalus. In *Neurosurgery Focus 6 (2)*

Boyer, K., *Yeates*, K., *Enrile*, B. (2006). Working memory and information processing speed in children with myelomeningocele and shunted hydrocephalus: analysis of the children's paced auditory serial addition test. In *Journal of International Neuropsychology Society, 12 (3), 305–313*

Braun, K., *Vandertop*, W., *Gooskens*, R., *Tulleken*, C., *Nicolay*, J. (2000). NMR spectroscopic evaluation of cerebral metabolism in hydrocephalus: a review. In *neurological research, Vol. 22 (1):51–64*

Braun, K., *Gooskens*, R., *Vandertop*, W., *Tulleken*, C., *van der Grond*, J. (2003). 1 H magnetic resonance spectroscopy in human hydrocephalus. In *Journal of magnetic resonance imaging, Vol. 17 (3): 291–299 2003*

Brewer, V., *Fletcher*, J. (2001). Attention Process in Children with shunted Hydrocephalus versus Attention Deficit-Hyperactivity Disorder In *Neuropsychology, Vol. 15 (2), 185–198*

Brookshire, B, *Fletcher*, J., *Bohan*, T., *Landry*, S., *Davidson*, K., *Francis*, D. (1995). Verbal and Nonverbal Skill Discrepancies in Children with Hydrocephalus: A Five-Year Longitudinal Follow – Up. In *Journal of Pediatric Psychology Vol. 20 (6), 785–800*

Burmeister, R., *Hannay*, J., *Copeland*, K., *Fletcher*, J., *Boudousquie*, A., *Dennis*, M. (2005). Attention problems and executive functions in children with spina bifida and hydrocephalus. In *Child Neuropsychology, 06/01*

Büchel, C. (2006). Bildgebende und elektrische / magnetische Verfahren in der Neuropsychologie. In *Hartje* W., *Poeck* (Hrsg.) Klinische Neuropsychologie. Stuttgart: Thieme

Casey, A., *Kimmings*, E., *Kleinlugtebeld*, A., *Taylor*, W., *Harkness*, W., *Hayward*, R. (1997). The long-term outlook for hydrocephalus in childhood. A ten-year cohort study of 155 patients. In *Pediatric Neurosurgery, 27 (2), 63–70*

Chumas, P., *Tyagi*, A., *Livingston*, J. (2001). Hydrocephalus- what's new? In *Archives Disease in Childhood, Ed 2001, 85, 149–154*

Cochrane, D., *Kestle*, J. (2002). Ventricular Shunting for Hydrocephalus in Children: Patients, Procedures, Surgeons and Institutions in English Canada 1989–2001. In *European Journal of Pediatric Surgery, Vol. 12, 6–11*

Cohen, J. (1988). Statistical power analysis for the behavioral sciences. New York: Erlbaum.

Collmann, H. (2007). Der Hydrozephalus bei Frühgeborenen. In *ASBH Brief 4, 10–13.* Dortmund: ASBH

Cramon, D. v., *Matthes-v. Cramon*, G. (2000). Störung exekutiver Funktionen. In *Sturm*, W., *Herrmann*, M., *Wallesch* C.-W. Lehrbuch der Klinischen Neuropsychologie. Grundlagen, Methoden, Diagnostik, Therapie. Frankfurt: Swets & Zeitlinger

Cremer, R. (2002). Symptome der Arnold-Chiari II-Malformation. In *ASBH Brief 3*. Dortmund: ASBH

Dahl, M., *Norrlin*, S., *Strinnholm*, M., *Butler*, A., *Ahlsten*, G. (2007). Global assessment of function in adolescents with myelymeningocele. In *Cerebrospinal Fluid Research 2007, 4 (Suppl. 1), S40*

Dalen, K., *Bruaröy*, S., *Wentzel-Larsen*, T., *Nygaard*, M., *Laegreid*, L. (2006). Non-verbal learning disabilities in children with infantile hydrocephalus, aged 4–7 years: a population-based, controlled study. In *Neuropediatrics 37 (1), 1–5*

Dammasch, F., *Katzenbach*, D. (Hrsg.) (2004). Lernen und Lernstörungen bei Kindern und Jugendlichen. Frankfurt: Brandes & Apsel

Daseking, M., *Heubrock*, D., *Hetzel*, A., *Petermann*, F. (2003). Schlaganfälle bei Kindern und Jugendlichen. Epidemiologie – Ätiologie – neurologische Defizite – neuropsychologische Beeinträchtigungen. In *Der Nervenarzt*

Dennis, M., *Fitz*, C., *Netley*, C., *Sugar*, J., *Harwood-Nash*, D., *Hendrick*, E., *Hoffmann*, H., *Humphreys*, R. (1981). The intelligence of hydrocephalic children. In *Archives of Neurology, Vol. 38, Nr. 10*

Dennis, M., *Barnes*, M. (1993). Oral Discourse After Early-Onset Hydrocephalus. Linguistic Ambiguity, Figurative Language, Speech Acts, and Script-Based Inferences. In *Journal of Pediatric Psychology 18 (5), 639–652*

Dennis, M., *Fletcher*, J., *Rogers*, T., *Hetherington*, R., *Francis*, D. (2002). Object-based and action-based visual perception in children with spina bifida and hydrocephalus. In *Journal of the International Neuropsychology Society, Vol. 8, 95–106*

Dennis, M., *Landry*, S., *Barnes*, M., *Fletcher*, J. (2006). Critical Review. A model of neurocognitive function in spina bifida over the life span. In *Journal of the International Neuropsychological Society, 12, 285–296*

Dörr, H. G. (2009). Endokrine Störungen des Wachstums und der Pubertät. In *ASBH Ratgeber 21 Leben mit Spina Bifida und Hydrocephalus.* Dortmund: ASBH

Donders, J., *Canady*, A., *Rourke*, B. (1990). Psychometric intelligence after infantile hydrocephalus. A critical review and reinterpretation. In *Child's Nervous System Vol. 6 (3) 148–54*

Donders, J., *Rourke*, B., *Canady*, A. (1991). Neuropsychological functioning of hydrocephalic children. In *Journal of Clinical and Experimental Neuropsychology, 13 (4), 607–613*

Donders, J., *Rourke*, B., *Canady*, A. (1992). Emotional adjustment of children with hydrocephalus and of their parents. In *Journal of child neurology, Vol. 7 (4) 375–380*

Edelstein, K., *Dennis*, M., *Copeland*, K., *Frederick*, J., *Francis*, D., *Herherington*, R., *Brandt* M, *Fletcher*, J. (2004). Motor learning in children with spina bifida: dissociation between performance level and acquisition rate. In *Journal of the International Neuropsychology Society 10/01*

Engel, A. (2006). Neuronale Grundlagen der Merkmalsintegration. In *Karnath*, H.-O., *Thier*, P. Neuropsychologie. Heidelberg: Springer

Erickson, K., *Baron*, I., *Fantie*, B. (2001): Neuropsychological functioning in early hydrocephalus: Review from a developmental perspective. In *Child Neuropsychology*, Vol. 7, Nr. 4, 199–229

Ermert, A. (2009). Handbuch Spina Bifida und Hydrozephalus. In *ASBH Ratgeber 21 Leben mit Spina Bifida und Hydrocephalus.* Dortmund: ASBH

Esser, G., *Wyschkon*, A. (2008). Umschriebene Entwicklungsstörungen. In *Esser*, G. (Hrsg.) Lehrbuch der klinischen Psychologie und Psychotherapie bei Kindern und Jugendlichen. Stuttgart: Thieme

Exner, G. (2005). Querschnittlähmung. In *Bundesarbeitsgemeinschaft für Rehabilitation* (Hrsg.). Rehabilitation und Teilhabe. Wegweiser für Ärzte und andere Fachkräfte der Rehabilitation. Köln: Deutscher Ärzte Verlag

Fahle, M. (2008). Visuelles System und visuelle Wahrnehmung. In *Gauggel*, S., *Herrmann*, M. (Hrsg.). Handbuch der Neuro- und Biopsychologie. Göttingen: Hogrefe

Felder, B. (2002). Evaluation of BMP4 and its specific inhibitor NOG as candidates in human neural tube defects (NTD). In *European Journal of Human Genetic 10, 753–756*

Fimm, B. (2007). Aufmerksamkeit. In *Kaufmann*, L., *Nuerk*, H.-Ch., *Konrad*, K., *Willmes*, K. (Hrsg.). Kognitive Entwicklungsneuropsychologie. Göttingen: Hogrefe

Fischer, M. (2007). Erfahrungen mit der sonderpädagogischen Begleitung körperbehinderter Kinder in der Regelschule. In *Haupt*, U., *Wieczorek*, M. Brennpunkte der Körperbehindertenpädagogik. Stuttgart: Kohlhammer

Fletcher, J., *Bohan*, T., *Brandt*, M., *Brookshire*, B., *Beaver*, S., *Davidson*, K., *Francis*, D., *Thompson*, N., *Miner*, E. (1992). Cerebral white matter and cognition in hydrocephalic children. In *Archives of Neurology, Vol. 49 (8)*

Fletcher, J., *Francis*, D., *Thompson*, N., *Davidson*, K., *Miner*, M. (1992). Verbal and nonverbal skills discrepancies in hydrocephalic children. In *Journal of Clinical and Experimental Neuropsychology, 14 (4), 593–609*

Fletcher, J., *Brookshire*, B., *Landry* S., *Bohan*, T., *Davidson*, K., *Francis*, D., *Thompson*, N., *Miner*, M. (1995). Behavioral Adjustment of children with Hydrocephalus: Relationships with Etiology, Neurological, and Family Status. In *Journal of Pediatric Psychology 20 (1), 109–125*

Fletcher, J., *Brookshire*, B., *Bohan*, T., *Brandt*, M. & *Davidson*, K. (1995). Early hydrocephalus. In *Rourke*, B. (Hrsg.). Syndrome of Nonverbal Learning Disabilities: Neurodevelopmental Manifestations, 209–238. New York, London: The Guilford Press

Fletcher, J., *Bohan*, T., *Brandt*, M., *Kramer*, L., *Brookshire*, B., *Thorstad*, K., *Davidson*, K., *Francis*, D., *McCauley*, S., *Baumgartner*, J. (1996). Morphometric evaluation of the hydrocephalic brain: Relationships with cognitive development. In *Child's Nervous System, Vol. 12 (4), 192–199*

Fletcher, J., *McCauley*, S., *Brandt*, M., *Bohan*, T., *Kramer*, L., *Francis*, D., *Thorstad*, K., *Brookshire*, B. (1996). Regional brain tissue composition in children with hydrocephalus. Relationships with cognitive development. In *Archives in Neurology Vol. 53 (6)*

Fletcher, J., *Landry*, S., *Bohan*, T., *Davidson*, K., *Brookshire*, B., *Lachar*, D., *Kramer*, L., *Francis*, D. (1997). Effects of intraventricular hemorrhage on the long-term neurobehaviorol development of preterm very-low-birthweight infants. In *Developmental Medicine & Child Neurology 39, 596–606*

Fletcher, J., *Copeland*, K., *Frederick*, J., *Blaser*, S., *Kramer*, L., *Northrup*, H., *Hannay*, H., *Brandt*, E., *Francis*, D., *Villarreal*, G., *Drake*, J., *Laurent*, J., *Townsend*, I., *Inwood*, S., *Boudousquie*, A., *Dennis*, M. (2005). Spinal lesion level in spina bifida: A source of neural and cognitive heterogeneity. In *Journal of Neurosurgery (Pediatrics) 102, 268–279*

Frey, L., *Hauser*, W. A. (2003). Epidemioloy of Neural Tube Defect. In *Epilepsia 44 (Suppl. 3) 2003, 4–13*

Friedrich, H., *Spoerri*, O., *Stemann-Acheampong*, S. (1992). Missbildung und Familiendynamik. Göttingen: Vandenhoeck & Ruprecht

Fritz, A., *Ricken*, G., *Schuck*, K. D. (2000 a): Teilleistungsstörungen: Ein hilfreiches pädagogisches Konzept? In *Kallenbach*, K. (Hrsg.). Körperbehinderungen. Schädigungsaspekte, psychosoziale Auswirkungen und pädagogisch rehabilitative Maßnahmen. Bad Heilbronn: Klinkhardt

Fritz, A., *Ricken*, G., *Stratmann*, F. (2000 b). Umschriebene Entwicklungsstörungen schulischer Fertigkeiten. In *Hautzinger*, M. (Hrsg.). Kognitive Verhaltenstherapie bei psychischen Störungen. Weinheim: Beltz

Fussenegger, B., *Landerl*, K. (2006). Dyskalkulie und Legasthenie: Same or different? In *Sprache, Stimme, Gehör 30: 165–170*

Futagi, Y. *Suzuku*, Y., *Toribe*, Y., *Morimoto*, K. (2002). Neurodevelopmental outcome in children with fetal hydrocephalus. In *Pediatrics Neurology, 27 (2), 111–116*

Futagi, Y., *Suzuku*, Y., *Toribe*, Y., *Nakano*, H., *Morimoto*, K. (2005). Neurodevelopmental outcome in children with posthemorrhagic hydrocephalus. In *Pediatrics Neurology, 33 (1), 26–32*

Futagi, Y., *Suzuku*, Y., *Toribe*, Y., *Morimoto*, K. (2006). Neurodevelopmental outcome in children with intraventricular hemorrhage. In *Pediatrics Neurology, 34 (3), 219–224*

Foreman, N., *Stanton*, D., *Wilson*, P., *Duffy*, H. (2003). Spatial Knowledge of a Real School Environment Acquired From Virtual or Physical Models by Able-Bodied Children and Children with Physical Disabilities. In *Journal of Experimental Psychology, Vol. 9 (2), 67–74, 2003*

Galonska, S., *Kaufmann*, L. (2006). Intervention bei entwicklungsbedingter Dyskalkulie. In *Sprache, Stimme, Gehör; 30: 171–178*

Gauggel, S. (2003). Grundlagen und Empirie der Neuropsychologischen Therapie: Neuropsychotherapie oder Hirnjogging? In *Zeitschrift für Neuropsychologie, 14 (4), 217–246.* Bern: Huber

Gauggel, S., *Herrmann*, M. (Hrsg.) (2008). Handbuch der Neuro- und Biopsychologie. Göttingen: Hogrefe

Gleissner, U. (2007). Lern- und Merkfähigkeit. In *Kaufmann*, L., *Nuerk*, H.-Ch., *Konrad*, K., *Willmes*, K. (Hrsg). Kognitive Entwicklungsneuropsychologie. Göttingen: Hogrefe

Goldenberg, G., *Pössl*, J., *Ziegler*, W. (2002). Der Alltag als Richtschnur für Diagnostik und Therapie. In *Goldenberg*, G., *Pössl*, J., *Ziegler*, W. (Hrsg.) Neuropsychologie im Alltag. Stuttgart: Thieme

Grimm, H., *Weinert*, S. (2002). Sprachentwicklung. In *Oerter* R., *Montada*, L. (Hrsg.). Entwicklungspsychologie, Weinheim: Beltz

Gruber, R. (1983). Kritische Betrachtungen zur Hydrozephalus – Therapie anhand des sogenannten ›arrested‹ Hydrozephalus. In *European Journal of pediatric Surgery Vol. 38, 33–35*

Grubitzsch, S. (1999). Testtheorie – Testpraxis: psychologische Tests und Prüfverfahren im kritischen Überblick. Eschborn: Klotz

Gupta, N., *Park*, J., *Solomon*, C., *Kranz*, D., *Wrensch*, M., *Wu*, Y. (2007). Long-term outcomes in patients with treated childhood hydrocephalus. In *Journal of Neurosurgery Pediatricas 106, (5)*

Haberl, H., *Tallen*, G. (1998): Die operative Behandlung des Hydrocephalus bei Meningomyelocele. In *Michael*, T., *v. Moers*, A., *Strehl*, E. (Hrsg.). Spina bifida. Interdisziplinäre Diagnostik, Therapie und Beratung. Berlin, New York: de Gruyter

Haberl, H., *Michael*, T., *Thomale*, H.-U. (2007). Hydrozephalus. In *Pädiatrie up2date (1) 1–21.* Stuttgart: Thieme

Hannay, H. (2000). Functioning of the corpus callosum in children with early hydrocephalus. In *Journal of the international Neuropsychology Society, 6, 351–361*

Hanlo, P., *Gooskens*, R., *Faber*, J., *Peters*, R., *Nijhuis*, A., *Vandertop*, W., *Tulleken*, C., *Willemse*, J. (1996). Relationship between anterior fontanelle pressure measurements and clinical signs in infantile hydrocephalus. In *Child's Nervous System Vol. 12 (4)*

Hanlo, P., *Gooskens*, R., *van Schoonefeld*, M., *Tulleken*, C., *van der Knaap*, M., *Faber*, J. *Willemse*, J. (1997). The effect of intracranial pressure on myelination and the relationship with neurodevelopment in infantile hydrocephalus. In *Developmental Medicine & Child Neurology, 39 (5), 286–291*

Hansen, G. (1998). Frühförderung. In *Üben, Fördern, Beraten. ASBH Ratgeber 6.* Dortmund: ASBH

Hansen, G. (1999). Diagnostik körperbehinderter Kinder im Wandel. In *Bergeest*, H., *Hansen*, G. Theorien der Körperbehindertenpädagogik. Bad Heilbrunn: Klinkhardt
Harrel, Cathy (2004). Sprache und Sprechen. In *Hydrocephalus und Du. ASBH Ratgeber 14*. Dortmund: ASBH
Hasselhorn, M., *Schuchardt*, K. (2006). Lernstörungen. Eine kritische Skizze zur Epidemiologie. In *Kindheit und Entwicklung 15 (4), 208–215*. Göttingen: Hogrefe
Hauffa, B (1996). Hydrocephalus bei Kindern und Erkrankungen des endokrinen Systems. In *Hydrocephalus ASBH Ratgeber 3*. Dortmund: ASBH
Haupt, U. (2007). Kinder mit Hydrocephalus in der Schule. In *ASBH Brief 2*. Dortmund: ASBH
Haupt, U. (1997). Körperbehinderte Kinder verstehen lernen. Düsseldorf: Verlag selbstbestimmtes Lernen
Haupt, U. (2000). Kinder mit Spina Bifida. In *Kallenbach*, K. (Hrsg.) Körperbehinderungen. Schädigungsaspekte, psychosoziale Auswirkungen und pädagogisch-rehabilitative Maßnahmen. Bad Heilbrunn: Klinkhardt
Haupt, U., *Wieczorek*, M. (2007). Brennpunkte der Körperbehindertenpädagogik. Stuttgart: Kohlhammer
Hasan, K., *Eluvathingal*, T., *Kramer*, L., *Ewing-Cobbs*, L., *Dennis*, M., *Fletcher*, J. (2008). White matter microstructural abnormalities in children with spina bifida myelomeningocele and hydrocephalus: A diffusion tenso tractography study of the association pathways. In *Journal of Magnetic Resonance Imaging, Vol. 27 (4) 700–709*
Heinen, F., *Panitz*, D., *Weber*, G. (2000). Epilepsie bei Kindern mit Hydrocephalus. In *ASBH Brief 3*, 20–21. Dortmund: ASBH
Hegarty, M., *Waller*, D. (2005). Individual differences in spatial abilities. In *Shath*, P., *Miyake*, A. (Hrsg.), *The Cambridge Handbook of Visuospatial Thinking (121–169)*. Cambridge University Press
Heinsbergen, I., *Rotteveel*, J., *Roeleveld*, N., *Grotenhuis*, A. (2002). Outcome in shunted hydrocephalus. In *European Journal of Paediatric* Neurology, 6, 99–107
Hertel, G. (1999). Syringomyelie. In *Hopf*, H., *Deuschel*, G., *Diener*, H.-C., *Reichmann*, H. (Hrsg.). Neurologie in Praxis und Klinik. Stuttgart: Thieme
Heubrock, D., *Petermann*, F. (2000). Lehrbuch der klinischen Kinderneuropsychologie. Göttingen: Hogrefe
Heubrock, D., *Petermann*, F. (2001 a) Editoral: Klinische Kinderneuropsychologie – Einführung in den Themenschwerpunkt. In *Kindheit und Entwicklung, 10 (2), 67–69*, Göttingen: Hogrefe
Heubrock, D., P*etermann*, F. (2001 b). Ambulante klinische Kinderneuropsychologie. Eine Bestandaufnahme und erste empirische Befunde einer ambulanten kinderneuropsychologischen Inanspruchnahmepopulation. In *Zeitschrift für Neuropsychologie*, 12 (3)
Heubrock, D., *Petermann*, F., *Jacobs*, C. *Muth*, D. (2001 c). Neuropsychologische Therapie. Effizienz neuropsychologischer Therapie bei Kindern mit räumlich-konstruktiven Störungen: Psychometrische und psychosoziale Effekte. In *Kindheit und Entwicklung, 10 (2), 105–113*, Göttingen: Hogrefe
Heubrock, D., *Lex*, B., *Petermann*, F. (2005). Neuropsychologische Störungen beim Apert- und Crouzon-Syndrom. In *Zeitschrift für Kinderheilkunde 2005, 1, 55–61*

Heubrock, D., *Eberl*, I., *Petermann*, F. (2004). Abzeichentest für Kinder. Manual. Göttingen: Hogrefe

Hirsch, J. (1994). Consensus: Long-term outcome in hydrocephalus. In *Child's Nervous System 10, 64–9*

Holgate, L. (1996). Hydrocephalus – Richtlinien für Lehrer/innen. *In Hydrocephalus ASBH Ratgeber 3*, Dortmund: ASBH

Holgate, L. (2004a). Visuelle Wahrnehmung. In *Hydrocephalus und du. ASBH Ratgeber 14*. Dortmund: ASBH

Holgate, L. (2004b). Räumliche Wahrnehmung und Hydrocephalus. In *Hydrocephalus und du. ASBH Ratgeber 14*. Dortmund: ASBH

Holgate, L. (2004c). Auswirkungen von Geräuschen und Tonhöhe. In *Hydrocephalus und du. ASBH Ratgeber 14, 49–50*. Dortmund: ASBH

Holler, K., *Fennell*, E., *Crosson*, B. (1995). Neuropsychological and adaptive functioning in younger versus older children shunted for early hydrocephalus. In *Child Neurospychology 1995, 1 (1), 63–73*

Hommet, C., *Billard*, C, *Gillet*, P., *Barthe*, M., *Lourmiiere*, J. *Santini*, J., de *Toffol*, B., *Corcia*, P., *Autret*, A. (1999). Neuropsychologic and adaptive functioning in adolescents and young adults shunted for congenital hydrocephalus. In *Journal of Child's Neurology 14 (3), 144–150*

Hoppe-Hirsch, E., *Laroussinie*, F., *Brunet*, L., *Sainte – Rose*, C., *Renier*, D., *Cinalli*, G., *Zerah*, M., *Pierre-Kahn*, A. (1998). Late outcome of the surgical treatment of hydrocephalus. In *Child's Nervous System, Vol. 14 (3), 97–99*

Huber-Okrainec, J., *Blaser*, S., *Dennis*, M. (2005). Idiom comprehension deficits in relation to corpus callosum agenesis and hypoplasia in children with spina bifida meningomyelocele. In *Brain and Language, 93 (3), 349–368*

Iddon, J., *Morgan*, D., *Loveday*, C., *Sahakian*, B., *Pickard*, J. (2004). Neuropsychological profile of young adults with spina bifida with or without hydrocephalus. In *Journal Neurology, Neurosurgery, Psychiatry 75 (8), 1112–1118*

Jacobi, G., *Preisler*, B., *Kieslich*, M. (1998). Inzidenz und regionale Verteilung. In *Michael*, Th., v. *Moers*, A., *Strehl*, E. (Hrsg.). Spina bifida. Interdisziplinäre Diagnostik, Therapie und Beratung. Berlin, New York: de Gruyter

Jacobs, R., *Northam*, E., *Anderson*, V. (2001). Cognitive Outcome in Children with Myelomeningocele and Perinatal Hydrocephalus: A Longitudinal Perspective. In *Journal of Developmental and Physical Disabilities, 13 (4), 389–405*

Jacobs, C., *Petermann*, F. (2003). Dyskalkulie – Forschungsstand und Perspektiven. In *Kindheit und Entwicklung, 12 (4), 197–211* Göttingen: Hogrefe

Jankisz, E., *Moosbrugger*, H. (2007). *In Moosbrugger*, H., Testtheorie und Fragebogenkonstruktion. Heidelberg: Springer

Johnston, D. (2004). Frühzeitige Pubertät. In *Hydrocephalus und du. ASBH Ratgeber 14*. Dortmund: ASBH

Johnston, D., *Starza-Smith*, A., *Bennett*, H. (2006). Hydrocephalus und Pubertät. In *Ihr Kind mit Hydrocephalus.* Dortmund: ASBH

Jones, H., *Harris*, N., *Rocca*, J., *Andersohn*, R. (2000). Progressive tissue injury in infantile hydrocephalus and prevention/reversal with shunt treatment. In *Neurological Research 22 (1), 89–96*

Kao, C., *Yang*, T, *Wong*, T., *Cheng*, L., *Huang*, S., *Chen*, H., *Chan*, R. (2001). The outcome of shunted hydrocephalic children. In *Zhonghua Yi Xue Za Zhi (Taipeh) Nr. 64 (1)* 47–53

Karnath, H.-O., *Thier*, P. (2006). Neuropsychologie. Heidelberg: Springer

Kaufmann, L., *Nuerk*, H-Ch. (2007). Zahlenverarbeitung: typische und atypische Entwicklungsverläufe. In *Kaufmann*, L., *Nuerk*, H.-Ch., *Konrad*, K., *Willmes*, K. (Hrsg.). Kognitive Entwicklungsneuropsychologie. Göttingen: Hogrefe

Kehler, U., *Gliemroth*, J. (2002). Endoskopische Ventrikulostomie bei Säuglingen und Kleinkindern – eine Alternative zum Shunt? In *päd-praktische Pädiatrie 4*

Kerkhoff, G. (1988). Visuelle Raumwahrnehmung und Raumoperation. In *Cramon*, D. v., *Zihl*, J. (Hrsg). Neuropsychologische Rehabilitation. Berlin: Springer

Kerkhoff, G. (2000). Räumlich – perzeptive, räumlich- kognitive, räumlich – konstruktive und räumlich-topografische Störungen. In *Sturm*, W., *Herrmann*, M., *Wallesch* C.-W. Lehrbuch der Klinischen Neuropsychologie. Grundlagen, Methoden, Diagnostik, Therapie. Frankfurt: Swets & Zeitlinger

Kerkhoff, G. (2006a): Störungen der visuellen Raumorientierung. In *Karnath*, H.-O., *Thier*, P. (Hrsg.): Neuropsychologie. Berlin & Heidelberg: Springer

Kerkhoff, G. (2006b). Störungen der visuellen Raumwahrnehmung und Raumkognition. In *Hartje* W., *Poeck* (Hrsg.), Klinische Neuropsychologie. Thieme: Stuttgart

Kestle, J., *Drake*, J., *Milner*, R., *Sainte-Rose*, C., *Cinalli*, G., *Boop*, F., *Piatt*, J., *Haines*, S., *Schiff*, S., *Cochrane*, D., *Steinbok*, P., *MacNeil*, N. (2000). Long-term Follow-Up Data from the Shunt Design Trial. In *Pediatric Neurosurgery, Vol. 33 (5)*

Klaas, P., *Hannay*, J., *Caroselli*, J., *Fletcher*, J. (1999). Interhemispheric transfer of visual, auditory, tactile, and visuomotor information in children with hydrocephalus and partial agenesis of the corpus callosum. In *Journal of clinical and experimental neuropsychological Society*

Kleist, K. (1934). Gehirnpathologie. Vornehmlich auf Grund der Kriegserfahrungen. Leipzig: Barth

Kokkonen, J., *Serlo*, W., *Saukkonen*, A.-L., *Juolasmaa*, A. (1994). Long-term prognosis for children with shunted hydrocephalus. In *Child's Nervous System 1994 Vol. 10 (6)*

Konrad, K., *Gauggel*, S. (2001). Eine Übersicht über kognitive, behaviorale und psychosoziale Langzeitfolgen nach pädiatrischen Hirntumoren. In *Kindheit und Entwicklung 10, 78–86*. Göttingen: Hogrefe

Konrad, K. (2007). Entwicklung von Exekutivfunktionen und Arbeitsgedächtnisleistungen. In *Kaufmann*, L., *Nuerk*, H.-Ch., *Konrad*, K., *Willmes*, K. (Hrsg). Kognitive Entwicklungsneuropsychologie. Göttingen: Hogrefe

Krajewski, K. (2005). Früherkennung und Frühförderung von Risikokindern. In *Aster*, M. v., *Lorenz*, J. Rechenstörungen bei Kindern. Göttingen: Vandenhoeck & Ruprecht

Krinzinger, H., *Kaufmann*, L. (2006). Rechenangst und Rechenleistung. In *Sprache, Stimme, Gehör 30: 160–164*

Kucian, K., *Aster*, M. v. (2005). Dem Gehirn beim Rechnen zuschauen. Ergebnisse der funktionellen Bildgebung. In *Aster*, M. v., *Lorenz*, J. H. Rechenstörungen bei Kindern. Göttingen: Vandenhoeck & Ruprecht

Kulkarni, A., *Drake*, J., *Rabin*, D., *Dirks*, P., *Humphreys*, R., *Rutka*, J. (2004). Measuring the health status of children with hydrocephalus by using a new outcome measure. In *Journal of neurosurgery Vol. 101 (2) 141–146*

Kulkarni, A., *Shams*, I. (2007). Quality of life in children with hydrocephalus: results from the Hospital for Sick Children. In *Journal of Neurosurgery Pediatrics 107 (5), 358–364*

Kumar, R., *Singh*, V., *Kumar*, V. (2005). Shunt-Revisionen in Hydrocephalus. In *Indian Journal of Pediatrics, Vol. 75*

Landerl, K. (2006). Entwicklungsbedingte Dyskalkulie. In *Sprache, Stimme, Gehör 30: 144–146*

Langer, I. (2000). Das persönliche Gespräch als Weg in der psychologischen Forschung. Köln: GwG-Verlag.

Laske, G. (2002). Der kindliche Hydrozephalus – eine interdisziplinäre Herausforderung. In *päd-praktische Pädiatrie, Vol. 8, 206*. Hamburg: OmniMed

Lees, J., *Vachha*, B., *Sobkowiak*, C. (2006): Die Entwicklung kognitiver Fähigkeiten. In *Ihr Kind mit Hydrocephalus, 37–54*. Ein praktischer Elternratgeber. Dortmund: ASBH

Lehmkuhl, G., *Melchers*, P. (2001). Psychische und neuropsychologische Folgen von Schädel – Hirn- Traumen im Kindesalter. In *Kindheit und Entwicklung, 10, 70–77*. Göttingen: Hogrefe

Lehmkuhl, G., *Fricke*, O. (2007). Störungen bei Handlungs- und Bewegungsabläufen: Apraxie und Dyspraxie. In *Kaufmann*, L., *Nuerk*, H.-Ch., *Konrad*, K., *Willmes*, K. (Hrsg). Kognitive Entwicklungsneuropsychologie. Göttingen: Hogrefe

Lepach, A., *Petermann*, F., *Schmidt*, S. (2007). Neuropsychologische Diagnostik von Merk- und Lernstörungen mit der MLT-C. In *Kindheit und Entwicklung, 16 (1), 16–26*. Göttingen: Hogrefe

Leyendecker, Ch. (1999). Körperbehinderte Menschen. In *Fengler*, J., *Jansen*, G.. Handbuch der heilpädagogischen Psychologie. Stuttgart: Kohlhammer

Leyendecker, Ch. (2005). Motorische Behinderungen. Grundlagen, Zusammenhänge und Förderungsmöglichkeiten. Stuttgart: Kohlhammer

Lindquist, B., *Carlsson*, G. B., *Persson*, E.-K., *Uvebrant*, P., (2005). Learning disabilities in a population-based group of children with hydrocephalus. In *Acta Paediatrica, Vol. 94, Nr. 7, 878–883*

Lindquist, B., *Carlsson*, G. B., *Persson*, E.-K., *Uvebrant*, P., (2006). Behavioural problems and autism in children with hydrocephalus. In *European Child & Adolescent Psychiatry, Vol. 15 (4),*

Lindquist, B., *Persson*, E.-K., *Uvebrant*, P., *Carlsson*, G. (2008). Learning, memory and executive functions in children with hydrocephalus. In *Acta Paediatrica 97 (5)596–601*

Lindquist, B., *Uvebrant*, P., *Rehn*, E., *Carlsson*, G. (2009). Cognitive functions in children with myelomeningocele without hydrocephalus. In *Child's Nervous System25 (8)*

Linn, M., *Petersen*, A. (1985). Emergence and characterization of sex differences in spatial ability: A meta – analysis. In *Child Development, 56, 1479–1498*

Lösslein, H., *Deike-Beth*, C. (2000). Hirnfunktionsstörungen bei Kindern und Jugendlichen. Neuropsychologische Untersuchungen für die Praxis. Köln: Deutscher Ärzte-Verlag

Lohaus, A., *Schumann-Hengsteler*, R., *Kessler*, T. (1999). Räumliches Denken im Kindesalter. Göttingen: Hogrefe

Lorenz, J. H. (2003). Überblick über Theorien zur Entstehung und Entwicklung von Rechenschwächen. In *Fritz*, A., *Ricken*, G., *Schmidt*, S.: Rechenschwäche. Lernwege, Schwierigkeiten und Hilfen bei Dyskalkulie. Weinheim: Beltz

Lumenta, C., *Skotarczak*, U. (1995). Long-term follow up in 233 patients with congenital hydrocephalus. In *Child's Nervous System 11, 173–175*

Mammarella, N., *Cornoldi*, C., *Donadello*, E. (2003). Visual but not spatial working memory deficit in children with spina bifida. In *Brain and Cognition, 53, 311–314*

Mashayekhi, F., *Draper*, C., *Bannister*, C., *Pourghasem*, M., *Owen-Lynch*, P., *Miyan*, J. (2002). Deficient cortical development in the hydrocephalus Texas (H-Tex) rat: a role for CSF. In *Brain, 125, 1859–1874*

Mataro, M., *Poca*, M., *Sahuquillo*, J., *Cuxart*, A., *Iborra*, J., *de la Calzada*, M., *Junque*, C. (2000). Cognitive changes after cerebrospinal fluid shunting in young adults with spina bifida and assumed arrested hydrocephalus. In *Journal of Neurology, Neurosurgery, and Psychiatry, Vol. 68, 615–621*

Mataro, M., *Junque*, C., *Poca*, M., *Sahuquillo*, J. (2001). Neuropsychological Findings in Congenital and Acquired Childhood Hydrocephalus. In *Neuropsychology Review, Vol. 11 (4)*

Matschke, J. (2002). Forensische Neuropädopathologie – konnataler Hydrozephalus bei komplexer Hirnfehlbildung. In *päd-praktische Pädiatrie, Vol. 8, 241–243*. Hamburg: OmniMed

Melf, H. (2001). Begleiterkrankungen bei Hydrocephalus: eine retrospektive Studie. Dissertation. Ludwig-Maximilian-Universität München

Mayring, P. (1996). Einführung in die qualitative Sozialforschung. Eine Anleitung zu qualitativem Denken. Weinheim: Psychologie Verlags Union

Mayring, Philipp (2000). Qualitative Inhaltsanalyse. *Forum qualitative Sozialforschung/ Forum: Qualitative Social Research* [Online Journal] 1 (2). Verfügbar über http://qualitative-research.net/fqs-texte/2-00/2-00mayring-d.htm. Internetzugriff am 13.04.2007

Mayring, Philipp (2001). Kombination und Integration qualitativer und quantitativer Analyse. In *Forum qualitative Sozialforschung/ Forum: Qualitative Social Research* [Online Journal] 2 (1). Verfügbar über http://qualitative-research.net/fqs/fqs.htm. Internetzugriff am 13.04.2007

Mayring, Philipp (2003). Qualitative Inhaltsanalyse. Grundlagen und Techniken. Weinheim: Beltz

Mayring, P. (2007). Qualitative Inhaltsanalyse. In *Flick*, U., *Kardorff*, E. v., *Steinke*, I. (Hrsg.) Qualitative Forschung. Ein Handbuch. Reinbek: Rowohlt

Melchers, P., *Preuß*, U. (1994 a). Kaufman-Assessment Battery for Children (K – ABC). Interpretationshandbuch, deutschsprachige Fassung. Göttingen: Hogrefe

Melchers, P., *Preuß*, U. (1994 b). Kaufman-Assessment Battery for Children (K – ABC). Durchführungs- und Auswertungshandbuch, deutschsprachige Fassung. Göttingen: Hogrefe

Melchers, P., *Preuß*, U. (2006). Kaufman-Assessment Battery for Children (K – ABC). Interpretationshandbuch, deutschsprachige Fassung. Leiden: PITS

Melchers, P., *Lehmkuhl*, G. (2000). Neuropsychologie des Kindes- und Jugendalters. In *Sturm*, W., *Herrmann*, M., *Wallesch* C.-W. Lehrbuch der Klinischen Neuropsychologie. Grundlagen, Methoden, Diagnostik, Therapie. Frankfurt: Swets & Zeitlinger

Meyer, H. (2003). Geistige Behinderung – Terminologie und Begriffsverständnis. In *Irblich*, D., *Stahl*, B. Menschen mit geistiger Behinderung. Göttingen: Hogrefe

Michael, Th., v. *Moers*, A., *Strehl*, E. (Hrsg.) (1998). Spina bifida. Interdisziplinäre Diagnostik, Therapie und Beratung. Berlin, New York: de Gruyter

Mielke, R. (2001). Psychologie des Lernens. Stuttgart: Kohlhammer Urban

Mietzel, G. (2002). Wege in die Entwicklungspsychologie. Weinheim: Beltz

Milz, I. (2006). Neuropsychologie für Pädagogen. Neuropädagogik für die Schule. Dortmund: Borgmann

Montada, L. (2002). Die geistige Entwicklung aus der Sicht Jean Piagets. In Oerter R., Montada, L. (Hrsg.). Entwicklungspsychologie. Weinheim: Beltz

Mori, K., *Shimada*, J., *Kurisaka*, M., *Sato*, K., *Watanabe*, K. (1995). Classification of hydrocephalus and outcome treatment. In *Brain and Development, Vol. 17, Nr. 5, 338–348*

Moritake, K., *Nagai*, H., *Miyazaki*, T., *Nagasako*, N., *Yamasaki*, M., *Sakamoto*, H., *Miyajima*, M., *Tamaskoshi*, A. (2007a). Analyses of a Nationwide Survey on Treatment and Outcomes of Congenital Hydrocephalus in Japan. In *Neurologica medico-chirurgica 47 (10)453–461*

Moritake, K., *Nagai*, H., *Miyazaki*, T., *Nagasako*, N., *Yamasaki*, M., *Tamaskoshi*, A. (2007b). Nationwide Survey of the Etiology and Associated Conditions of Prenatally and Postnatally Diagnosed Congenital Hydrocephalus in Japan. In *Neurologica medico-chirurgica, Vol. 47 (10), 448–452*

Muth, D., *Heubrock*, D., *Petermann* F. (2001). Training für Kinder mit räumlich-konstruktiven Störungen. Das neuropsychologische Gruppenprogramm DIMENSIONER. Göttingen: Hogrefe

Muth-Seidel, D., *Petermann* F. (2008). Training für Kinder mit räumlich-konstruktiven Störungen. Das neuropsychologische Einzeltraining DIMENSIONER II. Göttingen: Hogrefe

Münßinger, U., *Kerkhoff*, G. (2002). Verhalten im Raum. In *Goldenberg*, G., *Pössl*, J., *Ziegler*, W. (Hrsg.) Neuropsychologie im Alltag. Stuttgart: Thieme

Neuhäuser, G. (1996). Was ist Hydrocephalus? Entstehung, Formen, Häufigkeit und Ursachen. In *Hydrocephalus ASBH Ratgeber 3*. Dortmund: ASBH

Neumann, K. (1999). Körperbehindertenpädagogik als empirische Wissenschaft. In *Bergeest*, H., *Hansen*, G. Theorien der Körperbehindertenpädagogik. Bad Heilbrunn: Klinkhardt

Niedeggen, M. (2008). Visuelle Wahrnehmungsstörungen. In *Gauggel*, S., Herrmann, M. (Hrsg.). Handbuch der Neuro- und Biopsychologie. Göttingen: Hogrefe

Nishiyama, I., *Pooh*, K., *Nakagawa*, J. (2006). Clinical and electroencephalographic analysis of epilepsy in children with hydrocephalus. In *The journal of Allergy and Clinical Immunology, 38, 353–358*

Nuerk, H. C. (2006). Grundlagen der Zahlenverarbeitung und des Rechnens. In *Sprache, Stimme, Gehör 30:147–153*

Oakes, W. (2007). Editorial. Long-term outcomes of hydrocephalus. In *Journal of Neurosurgery Pediatricas 106, (5), 333*

Oerter, R. (2002). Kindheit als Erzeugnis der Kultur und Geschichte. In Oerter, R., Montada, L. (Hrsg.). Entwicklungspsychologie. Weinheim: Beltz

Oerter, R., *Dreher*, M. (2002). Entwicklung des Problemlösens. In *Oerter*, R., *Montada*, L. (Hrsg.). Entwicklungspsychologie. Weinheim: Beltz

Parkinson, M (2004). Das Sehen. In *ASBH Ratgeber 14 Hydrocephalus und Du*. Dortmund: ASBH

Persson, E.-K., *Hagberg*, G., *Uvebrant*, P. (2004). Hydrocephalus in children – epidemiology and outcome. In *Cerebrospinal Fluid Research, 1, (1), 23*

Persson, E.-K., *Hagberg*, G., *Uvebrant*, P. (2005). Hydrocephalus prevalence and outcome in a populations – based cohort of children born 1989–1998. In *Acta Paediatrica, Vol. 94, Nr. 6, 726–732*

Persson, E.-K., *Hagberg*, G., *Uvebrant*, P. (2006). Disabilities in children with hydrocephalus – a population – based study of children aged between four and twelve years. In *Neuropediatrics, 37, 330–336*

Persson, E.-K., *Anderson*, S., *Wiklund*, L.-M., *Uvebant*, P. (2007). Hydrocephalus in children born 1999–2002: epidemiology, outcome and ophthalmological findings. In *Child's Nervous System, Vol. 23 (10)*

Petermann, F., *Lepach*, A. (2007). Klinische Kinderneuropsychologie. In *Kindheit und Entwicklung, 16 (1)*. Göttingen: Hogrefe

Petermann, F., *Lemcke*, J. (2005). Ursachen und Diagnostik von Rechenstörungen im Kindesalter. In *Monatszeitschrift Kinderheilkunde*, online publiziert 13.09.2005, Springer Medizin

Peters, H., *Schwarz*, M. (1996). Was ist ein Hydrocephalus, was ist Spina bifida aus medizinischer Sicht. In *Ein anderes Wunschkind*. Dortmund: ASBH

Peters, H., *Schwarz*, M. (2009). Anatomie des zentralen Nervensystems und Veränderungen bei Spina Bifida. In *ASBH Ratgeber 21 Leben mit Spina Bifida und Hydrocephalus*. Dortmund: ASBH

Petri, C. Die Therapie des posthämorrhagischen Hydrocephalus internus mittels Rickham – Reservoiren bei Frühgeborenen mit Geburtsgewicht unter 2000 Gramm. Therapieverlauf und psychomotorische Entwicklung. Dissertation (online ohne Jahresangabe). www.ub.heidelberg.de/archiv/4686, Internetzugriff am 03.04.2008

Pit-ten Cate, I., *Kennedy*, C., *Stevenson*, J. (2002). Disability and quality of life in spina bifida and hydrocephalus. In *Developmental Medicine & Child Neurology 44, 317–322*

Platenkamp, M., *Hanlo*, P., *Fischer*, K., *Gooskens*, R. (2007). Outcome in pediatric hydrocephalus: a comparison between previously used outcome measures and the Hydrocephalus Outcome Questionnaire. In *Journal of Neurosurgery (1 Suppl. Pediatrics) 107, 26–31*

Poeck, K. (2006). Leitungsstörungen. In *Hartje*, W., *Poeck*, K. (Hrsg), Klinische Neuropsychologie. Stuttgart: Thieme

Pritzel, M., *Schwandt*, B. (1997). Neurobiologische Korrelate von Störungen der Gehirn- und Verhaltensentwicklung. In *Schneider*, W., *Sodian*, B. Kognitive Entwicklung. Enzyklopädie der Psychologie. Themenbereich C, Serie I, Bd. 2. Göttingen: Hogrefe

Prosiegel, M. (2002). Neuropsychologische Störungen und ihre Rehabilitation. München: Pflaum

Queißer-Luft A, *Wolf*, H., *Schlaefer*, K. (1996). Häufigkeiten von Neuralrohrdefekten in Deutschland. In *Monatsschrift für Kinderheilkunde 144:136–140*

Quaiser-Pohl, C. (2001 a). Mentales Rotieren und kognitive Landkarten – Über geschlechtsspezifische Unterschiede im räumlichen Denken. In *Helfrich*, H. (Hrsg.).

Matriarchat des Gefühls – Patriarchat der Vernunft? Über das Denken und Fühlen von Frauen. Münster: Daedalus

Quaiser-Pohl, C. (2001 b). Räumliches Denken bei Kindern: Entwicklung, Erfassung und praktische Bedeutung. In *Psychologie in Erziehung und Unterricht (48) 241–245*. München: Reinhardt

Quaiser-Pohl C., *Lehmann*, W., *Eid*, M. (2004). The relationship between spatial abilities and representation of large-scale space in children – a structural equation modeling analysis. In *Personality and Individual Differences, 36, 95–107*

Quitkin, F., *Endicott*, J., *Wittchen*, H.-U. (1998). Depression und andere Affektive Störungen. In *Wittchen*, H.-U. Handbuch Psychische Störungen. Weinheim: Beltz

Raimondi, A. (1994). A unifying theory for the definition and classification of hydrocephalus. In *Child's Nervous System Vol. 10, 2–12*

Ralph, K., *Moylan*, P., *Canady*, A., *Simmons*, S. (2000). The effects of multiple shunt revisions on neuropsychological functioning and memory. In *Neurology Research Vol. 22 (1), 131–13*

Reiher, F. (1996). Hydrocephalus im Kindesalter – eine retrospektive Untersuchung zu den Komplikationen der Shuntimplantation und deren Einflussfaktoren. Dissertation Otto-von-Guericke-Universität Magdeburg

Reinprecht, A., *Dietrich*, W., *Berger*, A., *Bavinski*, G., *Weninger*, M., *Czech*, T. (2001). Posthemorrhagic hydrocephalus in preterm infants: long-term follow-up and shunt-related complications. In *Child's Nervous System, Vol. 17 (11), 663–669*

Reitter, B. (1996). Anfallsleiden bei Hydrocephalus. In *Hydrocephalus ASBH Ratgeber 3*. Dortmund: ASBH

Relfe, J. (2004). Ach du lieber Himmel! Was soll ich jetzt tun? In *ASBH Ratgeber 14 Hydrocephalus und Du*. Dortmund: ASBH

Remschmidt, H., *Martin*, M. (2008): Autistische Syndrome. In *Esser*, G. (Hrsg.) Lehrbuch der klinischen Psychologie und Psychotherapie bei Kindern und Jugendlichen. Stuttgart: Thieme

Resch, B., *Gerdermann*, A., *Maurer*, U., *Ritschel*, E., *Müller*, W. (1996). Neurodevelopmental outcome of hydrocephalus following intra-/periventricular hemorrhage in preterm infants: short and long-term results. In *Child's Nervous System Vol. 12, 1*

Richard, K.-E. (2002). Dandy – Walker – Syndrom. Krankheitsbild. Diagnose und Behandlung. In *ASBH Brief 2, 14–15*

Riva, D., *Milani*, N., *Giorgi*, C., *Pantaleoni*, C., *Zorzi*, C., *Devoti*, M. (1994). Intelligence outcome in children with shunted hydrocephalus of different etiology. In *Child's Nervous System Vol. 10, 1, 70–73*

Röhrenbach, C., *Markowitsch*, H. (1997). Die Funktion des Stirnhirns. In Enzyklopädie der Psychologie, Themenbereich C, Serie I, Bd. 2. Göttingen: Hogrefe

Rollett, B. (2002). Frühe Kindheit, Störungen, Entwicklungsrisiken, Förderungsmöglichkeiten. In *Oerter* R., *Montada*, L. (Hrsg.). Entwicklungspsychologie (2002, 713–739). Weinheim: Beltz

Roebroeck, M., *Hempenius*, L., *van Baalen*, B., *Hendrikens*, J., *van den Berg-Emons*, J., *Stam*, H. (2006). Cognitive functioning of adolescents and young adults with meningomyelocele and level of everyday physical activity. In *Disability & Rehabilitation 1 (1), Vol. 28 (20,) 1237–1242*

Rose, B., *Holmbeck*, G. (2007). Attention and Executive Functions in Adolescents with Spina Bifida. In *Journal of Pediatric Psychology, Vol. 32 (8), 983–994*

Rourke, B. (1989). Nonverbal Learning Disabilities: the syndrom and the model. New York: Guilford

Rourke, B. (1995). Syndrom of nonverbal learning disabilities: neurodevelopmental manifestations. New York: Guilford

Rustemeyer, R. (1992). Praktisch-Methodische Schritte der Inhaltsanalyse – Eine Einführung am Beispiel der Analyse von Interviewtexten. Münster: Aschendorff

Sarimski, K. (2003). Kognitive Prozesse bei Menschen mit geistiger Behinderung. In *Irblich*, D., *Stahl*, B. Menschen mit geistiger Behinderung. Göttingen: Hogrefe

Schandry, R. (2003). Biologische Psychologie. Weinheim: Beltz

Schernikau, J. (1999). Wie unauffällig sind ehemals neurologisch unauffällige Frühgeborene? Dissertation Universitätsklinikum Hamburg

Schlack, H. (2007). Brennpunkt Frühförderung: Notwendige Korrekturen überkommender Konzepte. In *Haupt*, U., *Wieczorek*, M. Brennpunkte der Körperbehindertenpädagogik. Kohlhammer: Stuttgart

Schmidt, M. (2006). Die Bedeutung der Kompetenzförderung zur Sicherung der Lebensräume von heranwachsenden und erwachsenen Menschen mit autistischen Störungen. Vortrag am 28.04.2006 auf dem Fachtag Lebensräume – Lebensträume. http://www.die-gute-hand.de/24348.html Internetzugriff am 10.07.2007

Schneider, W., *Sodian*, B. (2006). Kognitive Entwicklung. In Enzyklopädie der Psychologie. Themenbereich C, Serie V, Bd. 2. Göttingen: Hogrefe

Schneider, W., *Büttner*, G. (2002). Entwicklung des Gedächtnisses bei Kindern und Jugendlichen. In *Oerter*, R., *Montada*, L. (Hrsg.). Entwicklungspsychologie (2002, 495–516). Weinheim: Beltz

Schröder, A. (2010). Evaluation eines Therapieprogramms für Kinder mit entwicklungsbedingten räumlich-konstruktiven Störungen. Dissertation Universität Hamburg

Schumann-Hengsteler, R. (2006). Räumliche Kognition. In *Schneider*, W., *Sodian*, B. Kognitive Entwicklung. Enzyklopädie der Psychologie. Themenbereich C, Serie V, Bd. 2. Göttingen: Hogrefe

Schwarz M., *Voth*, D. (1999): *Mißbildungen der Wirbelsäule und des* Rückenmarkes. In Hopf, H., Deuschel, G., Diener, H.-C., Reichmann, H. (Hrsg.). Neurologie in Praxis und Klinik. Stuttgart: Thieme

Schweiter, M., *Aster*, M. v. (2005a). Neuropsychologie kognitiver Zahlenrepräsentationen. In v. *Aster*, M., *Lorenz*, J. H. Rechenstörungen bei Kindern. Göttingen: Vandenhoeck & Ruprecht

Schweiter, M., *Weinhold-Zulauf*, M., *Aster*, M. v. (2005 b). Die Entwicklung räumlicher Zahlenrepräsentationen und Rechenfertigkeiten bei Kindern. In *Zeitschrift für Neuropsychologie, 16 (2), 2005, 105–113*

Scott, M., *Fletcher*, J., *Brookshire*, B., *Davidson*, K., *Bohan,* T., *Kramer*, L., *Brandt*, M., *Francis*, D. (1998). Memory functions in children with early hydrocephalus. In *Neuropsychology, Vol. 12 (4), 578–589*

Sgouros, S., *Malluci*, C. (1995). Long-term complications of hydrocephalus. In *Pediatric Neurosurgery, Vol. 23 (3), 127–23*

Singer, W. (2002). Ein neues Menschenbild? Gespräche über Hirnforschung. Frankfurt/M.: Suhrkamp

Sobkowiak, C. (2004). Hydrocephalus und die Steuerung der oberen Gliedmaßen. In *ASBH Ratgeber 14 Hydrocephalus und Du.* Dortmund: ASBH

Souvignier, E. (2000): Förderung räumlicher Fähigkeiten: Trainingsstudien mit lernbeeinträchtigten Schülern. In Rost, D. (Hrsg.). Pädagogische Psychologie, Bd. 22. Münster, New York, München, Berlin: Waxmann

Spitzer, M. (2002). Lernen, Gehirnforschung und Schule des Lebens. Heidelberg: Spectrum Verlag

Stadler, G. (1995). Zur psychosozialen Entwicklung von Kindern mit Hydrocephalus. Dissertation, Ludwigs-Maximilians-Universität München

Steinke, I. (2007). Gütekriterien qualitativer Forschung. In *Flick*, U., *Kardorff*, E. v., *Steinke*, I. (Hrsg.). *Qualitative Forschung.* Ein Handbuch, 319–331. Reinbek: Rowohlt

Stern, E. (2005). Kognitive Entwicklungspsychologie des mathematischen Denkens. In *Aster*, M. v., *Lorenz*, J. Rechenstörungen bei Kindern. Göttingen: Vandenhoeck & Ruprecht

Sterr, A. (2008). Neuronale Plastizität. In *Gauggel*, S., *Herrmann*, M. (Hrsg.). Handbuch der Neuro- und Biopsychologie. Göttingen: Hogrefe

Stevenson, J., *Pit-ten Cate*, I. (2003). Final Report to the Association for Spina Bifida and Hydrocephalus on ›A study of the developmental, behavioural and psychological characteristics associated with hydrocephalus and spina bifida in middle childhood‹ and ›A study of the cognitive basis for educational problems in young adolescents with hydrocephalus and spina bifida‹.
(unveröffentlichte Studie, zu beziehen über ASBAH, Peterborough, England)

Stevenson, J.,& *Pit-ten Cate*, I. (2004). The Nature of Hyperactivity in Children and Adolescents with Hydrocephalus: A Test of the Dual Pathway Model. In *Neural Plasticity Vol. 11, (1–2), 13–21*

Stiles, J. (2007). Entwicklung räumlicher Fähigkeiten. In *Kaufmann*, L., *Nuerk*, H.-C., *Konrad*, K., *Willmes*, K. (Hrsg). Kognitive Entwicklungsneuropsychologie (2007). Göttingen: Hogrefe

Strojek, S., *Köhler*, J., *Storck*, M. (2002). Zum psychopathologischen Profil der Infantilen Cerebralparese. Effekte der Ätiopathogenese. Posterpräsentation auf dem Kinderärztekongresses in Leipzig

Stubberud, J., *Riemer*, G., *Plaum*, P., *Grimsrud*, K. (2007). Psychosocial adaption and cognitive functioning in young male adults with myelomeningocele. In *Cerebrospinal Fluid Research, 4 (1), 39*

Sturm, W., *Hartje*, W. (2006). Experimentelle und klinische Neuropsychologie. In *Hartje*, W., *Poeck* (Hrsg), Klinische Neuropsychologie. Stuttgart: Thieme

Suda, K., *Sato*, K., *Takeda*, N., *Miyazawa*, T., *Arai*, H. (1994). Early ventriculoperotoneal shunt-effects on learning ability and synaptogenesis of the brain in congenitally hydrocephalic HTX rats. In *Child's Nervous System 10, 19–23*

Talamonti, G., *D'Aliberti*, G., *Collice*, M. (2007). Myelomenigcele: long-term neurosurgical treatment and follow-up in 202 patients. In *Journal of Neurosurgery Vol. 107 (5 Suppl. Pediatrics), 368–386*

Tamaschke, C. (2002). Die Problematik der Behandlung des Hydrozephalus. In *päd-praktische Pädiatrie, Vol. 8, 207–216*. Hamburg: OmniMed

Tashiro, Y., *Drake*, J. (1998). Reversibility of functionally injured neurotransmitter system with shunt placement in hydrocephalic rats: implications for intellectual impairment in hydrocephalus. In *Journal of Neurosurgery, Vol. 88 (4)*

Thier, P. (2006). Visuelle Wahrnehmung. In *Karnath*, H.-O., *Thier*, P. Neuropsychologie. Heidelberg: Springer

Thompson, N., *Chapieski*, L., *Miner*, M., *Fletcher*, J., *Landry*, S., *Bixby*, J. (1991). Cognitive and motor abilities in preschool hydrocephalus. In *Journal of Clinical and Experimental Neuropsychology, Vol. 13 (2), 245–258*

Thompson, P. (2004). Probleme mit dem Essen. In *ASBH Ratgeber 14 Hydrocephalus und Du*. Dortmund: ASBH

Topczewska-Lach, E., *Lenkiewicz*, T., *Olanski*, W., *Zaborska*, A. (2005). Quality of life and psychomotor development after surgical treatment of hydrocephalus. In *European Journal of Pediatric Surgery 15, 2–5*

Tsatsanis, K, *Rourke*, B. (1995). Conclusions and Future Directions. In Rourke, B., Syndrome of Nonverbal Learning Disabilities. New York: Guilford Press

Unsöld, G. (1996). Sehstörungen bei hydrocephalen Patienten. In *Hydrocephalus ASBH Ratgeber 3*. Dortmund: ASBH

Unsöld, G. (1998). Ophthalmologische Störungen bei hydrocephalen Patienten. In *Michael*, T., *Moers*, A. v., *Strehl*, E. (Hrsg.). Spina bifida. Interdisziplinäre Diagnostik, Therapie und Beratung. Berlin, New York: de Gruyter

Unsöld, G. (2009). Sehstörungen bei hydrocephalen Patienten. In *ASBH Ratgeber 21 Leben mit Spina Bifida*. Dortmund: ASBH

Vachha, B. (o. J.) Hydrocephalus and Language Development. In Your child and hydrocephalus. A practical guide for families. Peterborough: ASBAH

Vachha, B., *Adams*, R. (2004). A temperament for learning: The limbic system and myelomeningocele. In *Cerebrospinal Fluid Research, 1:6*

Vachha, B., *Adams*, R. (2004 b). Phonological processing skills in children with myelomeningocele and shunted hydrocephalus. In *Cerebrospinal Fluid Research, 1 (Suppl. 1): S6*

Vachha, B., *Adams*, R. (2004 c). Learning effiency in children with myelomeningocele and shunted hydrocephalus. In *Cerebrospinal Fluid Research 2004, 1 (Suppl. 1): S62*

Vachha, B., Adams, R 2005). Memory and selective learning in children with spina bifida – myelomeningocele and shunted hydrocephalus: A preliminary study. In *cerebrospinal Fluid Research 2:10*

Vachha., B., *Adams,* R. C., *Rollins*, N. (2006). Limbic Tract Anomalies in Pediatric Myelomeningocele and Chiari II Malformation: Anatomic Correlations with Memory and Learning – Initial Investigation1. In *Radiology Vol. 240, Nr. 1*

Vinck, A., *Maassen*, B., *Mullaart*, R., *Rotteveel*, J. (2006). Arnold Chiari II Malformation and cognitive functioning in spina bifida. In *Journal of Neurology, Neurosurgery, and Psychiatry Nr. 77, 1083–10 86*

Voss, W. (1998 a). Mentale Retardierung. In *Michael*, T., *Moers*, A. v., *Strehl*, E. (Hrsg.) Spina bifida. Interdisziplinäre Diagnostik, Therapie und Beratung. Berlin, New York: de Gryter

Voss, W. (1998 b): Epilepsie. In *Michael*, T., *Moers*, A. v., *Strehl*, E. (Hrsg.) Spina bifida. Interdisziplinäre Diagnostik, Therapie und Beratung. Berlin, New York: de Gryter

Voth, D. (1994 a): Die neurochirurgische Behandlung bei Hydrocephalus. In *Leben mit Spina Bifida und Hydrocephalus. ASBH Ratgeber 1*. Dortmund: ASBH

Voth, D. (1994 b): Die neurochirurgische Behandlung der Spina bifida. In *Leben mit Spina Bifida und Hydrocephalus. ASBH Ratgeber 1*. Dortmund: ASBH

Voth, D. (1996 a): Die neurochirurgische Behandlung des Hydrocephalus. Indikationen, Verfahren, Technik und Ergebnisse. In *Hydrocephalus. ASBH Ratgeber 3*. Dortmund: ASBH

Voth, D.& Schwarz, M. (1996): Komplikationen und Störungen der Shunttherapie. *In Hydrocephalus. ASBH Ratgeber 3*. Dortmund: ASBH

Voth, D. (1996). Die neurochirurgische Behandlung des Hydrocephalus. In *Hydrocephalus ASBH Ratgeber 3*. Dortmund: ASBH

Voth D., *Schwarz*, M. (1999). Hydrozephalus im Kindesalter. In *Hopf*, H., *Deuschel*, G., *Diener*, H.-C., *Reichmann*, H. (Hrsg.). Neurologie in Praxis und Klinik. Stuttgart: Thieme

Voth, D., *Schwarz*, M. (2000). Hydrocephalus im Erwachsenenalter. In *Hydrocephalus im Erwachsenenalter ASBH Ratgeber 8*. Dortmund: ASBH

Vries, L. de, *Liem*, K., *Dijk*, K. v., *Smit*, B., *Sie*, L., *Rademaker*, K., *Gavilanes*, A. (2002). Early versus late treatment of posthemorrhagic ventricular dilation: results of a retrospective study from five neonatal intensive care in The Netherlands. In *Acta Paediatrica, Vol. 91 (2), 212–217*

Walker, P. (2004). Was Hydrocephalus für die Erziehung bedeutet. In Hydrocephalus und Du. ASBH – Ratgeber 14. Dortmund: ASBH

Wallesch, C.-W., *Herrmann*, M. (2000). Klinische Neurologie. In *Sturm*, W., *Herrmann*, M., *Wallesch* C.-W. Lehrbuch der Klinischen Neuropsychologie. Grundlagen, Methoden, Diagnostik, Therapie. Frankfurt: Swets & Zeitlinger

Warnke, A., *Schulte-Körne*, G. (2008). Umschriebene Entwicklungsstörung des Lesens und der Rechtschreibung. In *Herpetz-Dahlmann*, B., *Resch*, F., *Schulte-Markwort*, M., *Warnke*, A. (2008). Entwicklungspsychiatrie. Biologische Grundlagen und die Entwicklung psychischer Störungen. Stuttgart: Schattauer

Warnke, A. (2008 a). Intelligenzminderung. In *Herpetz-Dahlmann*, B., *Resch*, F., *Schulte-Markwort*, M., *Warnke*, A. (2008). Entwicklungspsychiatrie. Biologische Grundlagen und die Entwicklung psychischer Störungen. Stuttgart: Schattauer

Warnke, A. (2008 b). Einleitung zum Begriff ›umschriebene Entwicklungsstörungen‹. In *Herpetz-Dahlmann*, B., *Resch*, F., *Schulte-Markwort*, M., *Warnke*, A. Entwicklungspsychiatrie. Biologische Grundlagen und die Entwicklung psychischer Störungen. 2. Auflage. Stuttgart: Schattauer

Weinert, F., Helmke, A. (1997). Theoretischer Ertrag und praktischer nutzen der SCHOLASTIK – Studie zur Entwicklung im Grundschulalter. In *Weinert*, F., *Helmke*, A. (Hrsg.) Entwicklung im Grundschulalter. Weinheim: Beltz

Weinhold-Zulauf, M., *Schweiter*, M., *Aster*, M. v. (2003). Früherkennung von Rechenstörungen. In *Kindheit & Entwicklung, 12 (4), 222–230*.

Wiedenbauer, G., *Jansen-Osmann*, P. (2006). Räumlich-kognitive Fähigkeiten von Kindern mit Spina bifida. In *Zeitschrift für Neuropsychologie, 17 (3), 149–154*

Wilke, M., *Lidzba*, K. (2007). Bildgebende Verfahren in der Entwicklungsneurologie. In *Kaufmann*, L., *Nuerk*, H.-Ch., *Konrad*, K., *Willmes*, K. (Hrsg.). Kognitive Entwicklungsneuropsychologie. Göttingen: Hogrefe

Wilkening, F., *Krist*, H. (2002). DntwiSklung T^{c}n WahrnDhmung und PsySh^{c}m^{c}t^{c}rik. In *Oerter* R., *Montada*, L. (Hrsg.). Entwicklungspsychologie. Weinheim: Beltz

Williams, M., *McAllister*, J., *Walker*, M., *Kranz*, D., *Bergsneider*, M., *Del Bigio*, M., *Fleming*, L., *Frim*, D., *Gwinn*, K., *Kestle*, J., *Luciano*, M., *Madsen*, J., *Oster-Granite*, M., *Spinella*, G. (2007). Priorities for hydrocephalus research: report from a National Institutes of Health-sponsored workshop. In *Journal of Neurosurgery (5 Suppl. Pediatrics) 107, 345–357.*

Willmes, K. (2006). Mathematische Leistungen und Alkalkulien. In *Karnath*, H.-O., *Thier*, P. (Hrsg.). Neuropsychologie. Heidelberg: Springer

Wills, K., *Holmbeck*, G., *Dillon*, K., *McLone*, D. (1990). Intelligence and Achievement in Children with Myelomeningocele In *Journal of Pediatric Psychology, Vol. 15, No 2*

Yeates, K., *Loss*, N., *Colvin*, A., *Enrile*, B. (2003). Do children with myelomeningocele and hydrocephalus display nonverbal learning disabilities? An empirical approach to classification. In *Journal of the International Neuropsychological Society, 9, 653–662*

Yeates, K., *Enrile*, B. (2005). Implicit and explicit memory in children with congenital and acquired brain disorder. In *Neuropsychology, Vol. 19, 9, 618–628*

Zeilinger, F., *Berfelde*, D., *Kintzel*, D., *Meier*, U. (2002). Shuntkomplikationen im Kindesalter. In *Pädiatrie, Vol. 8, 249–256*

Zihl, J. (1997). Zerebrale Sehstörungen. In *Schneider*, W., *Sodian*, B. Kognitive Entwicklung. Enzyklopädie der Psychologie. Themenbereich C, Serie I, Bd. 2. Göttingen: Hogrefe

Zoelch, C., *Kerkhoff*, G. (2007). Visuo-Perzeption und Visuo-Motorik. In *Kaufmann*, L., *Nuerk*, H.-Ch., *Konrad*, K., *Willmes*, K. (Hrsg). Kognitive Entwicklungsneuropsychologie (2007). Göttingen: Hogrefe

Zurmöhle, M., *Homann*, Th., *Schroeter*, C., *Rothgerber*, H., *Hommel*, G., *Ermert*, A. (1999). Psychosoziale Anpassung von Kindern mit Spina bifida. In *Deutsches Ärzteblatt 96, Heft 4, B 165–B 168*

10 ANHANG

10.1 Gespräch mit Müttern von Jugendlichen
mit Hydrocephalus am 07.09.2005 (Gespräch 1)

10.2 Gespräch mit Müttern von Jugendlichen
mit Hydrocephalus am 22.03.2006 (Gespräch 2)

10.3 Elternfragebogen

10.4 Prozentzahlen der elterlichen Zustimmung

10.5 Signifikanzprüfung für den Vergleich
zwischen der Normierungsgruppe und der Gruppe
der Regelschüler mit Hydrocephalus im Abzeichentest

10.1 Gespräch mit Müttern von Jugendlichen mit Hydrocephalus am 07.09.2005 (Gespräch 1)

Gudrun, Sylvia, Irene, Christa, Renate, Barbara (Namen der Mütter und der Kinder geändert), Antje Blume-Werry

Antje: Antje Blume-Werry
Gudrun: Mutter von Sarah., 13 Jahre, Regelschülerin
Sylvia: Mutter von Patrick, Ursache: angeborene Zysten, 9 Jahre, hat gerade 2. Grundschulklasse wiederholt
Irene: Mutter von Marvin, 14 Jahre, Ursache: Hirnblutung, Ziel Realschulabschluss
Christa: Mutter von Fritz, 13 Jahre, Ursache: Frühgeburt mit Hirnblutung III./IV. Grades., erst Integration, jetzt KB Schule
Renate: Mutter von Jana, 18 Jahre, keinen Hauptschulabschluss
Barbara: Mutter von Nina, 14 J., erst Integration, nach Kl. 3 KB Schule

A: Ja, dann hoffe ich, dass der Ton klappt. Für heute hatte ich jetzt, nein: Generell habe ich gedacht, ich brauch jetzt erst einmal ein paar kritische Mütter, die ihre Kinder auch sehr differenziert wahrnehmen und darüber sprechen können, weil wir wahrscheinlich mehr über die Schwierigkeiten als über die Potentiale der Kinder sprechen, was mir auch immer schwer fällt. Ich sehe auch immer gerne so das Positive. Dass ihr das nun seid, ist zum einen so, dass ich überlegt habe, dass es vornehmlich Hydrocephaluskinder ohne geistige Behinderung sein sollten und euere Kinder haben eine Körperbehinderung, dass im wesentlichen wollte Mütter von Kindern mit isoliertem H C und ansonsten war es so, wer mir einfiel. Also wenn ihr mit anderen Mütter erzählt und jemand anderes hat Lust. Ich freue mich über jeden, der mir Antworten geben kann. Ich, ich hatte den Eindruck ich brauche noch mal so eine Vorgruppe oder Begleitgruppe, um die ganzen Erfahrungen, die sich im Laufe der Jahre gesammelt haben, um das ganze noch einmal zu konkretisieren.
Und dann wird es wahrscheinlich einen Fragebogen geben, den dann hoffentlich hundert oder so beantworten werden. Den werden wir verschicken, bundesweit. Ob nun an Eltern, an Lehrer oder an Betroffene, oder nur an einen Teil oder verschiedene Bögen, das weiß ich noch nicht. Aber man muss in einem Fragebogen aber erst einmal die richtigen Fragen aufgreifen.
(Zustimmendes Gebrummel)
Und da könnt ihr mir sehr wertvolle Hilfe leisten.
Ch: Also an wen, würde ich persönlich denken, an so viele wie möglich um auch für dich ein breites Spektrum im Ergebnis zu haben
A: Um es auch quantitativ auswerten zu können
Ch: Um auch genug Zuschriften zu kriegen und um es von allen Seiten zu beleuchten.
A: Um auch die Unterschiede herauszubekommen. Interessant ist ja auch…
Ch: wie nehmen sie es wahr?

27 A: Interessent ist es ja auch, wir haben ja auch welche dabei, die machen Abitur und
28 Studium.
29 Ch: Willst du auch Betroffene fragen?
30 A: Ja.
31 Ch: Das ist eine gute Idee.
32 A: Ich habe gezielt mit zweien, die Abitur und Studium hinter sich haben, gesprochen
33 und habe dann mit vier Erwachsenen zusammengesessen. Denn interessant ist es ja
34 auch, dass nicht alle Schwierigkeiten haben, das ist ja nicht durchgängig.
35 Und jetzt, wen ich leider nicht erreicht habe, ist die Gesa Der S. z. B. war einer, als er
36 klein war, er hatte die Würfelaugen schon addiert, ehe sie lagen.
37 A: wollen wir jetzt erst einmal eine Vorstellungsrunde machen?
38 G: soll ich anfangen, mein Name ist Gudrun. Ich habe eine Tochter, S., die 13 Jahre
39 alt ist, Hydrocephalus
40 Ch: wie geht es ihr, in welcher Klasse ist sie? Es ist so lange her, dass wir uns gesehen
41 haben
42 G: Sie ist jetzt in die 7. Klasse gekommen und Gott sei dank geht es ihr gut. Wir hat-
43 ten jetzt keine Schwierigkeiten damit.
44 S: Ich bin Sylvia. Ich habe Zwillinge. Die sind jetzt 8, werden dies Jahr noch 9. Da ist
45 der Junge, der hat HC und dem geht es ›toi toi toi‹ sehr gut. Er ist als Baby zweimal
46 operiert worden, hat keinen Shunt. Ich würde sagen, man würde es ihm nicht anse-
47 hen. Aber mit der Schule gingen die Probleme los, er ist jetzt in der zweiten, also er
48 wiederholt die zweite noch einmal
49 CH: ist er denn in einer ganz normalen Grundschulklasse
50 S: ganz normale Grundschulklasse
51 Ch: also keine Integration
52 S: gibt es leider bei uns nicht. Es gab es da bis kurz vorher, es gab es keine Förderleh-
53 rerin, die ist auch abgezogen worden. Die gab es mal für 10 Stunden.
54 I: Ich bin Irene. Mein Sohn M. ist 14 jetzt. Er hatte bei der Geburt eine Gehirnblu-
55 tung und hat seitdem einen Shunt. Er besucht die Gesamtschule Walddörfer. Er ist
56 von Anfang an Integrationskind gewesen und bis jetzt auch noch. Er ist jetzt in der
57 9. Klasse, Er hat größere, kleinere Schwierigkeiten, mal geht es gut, mal ist es sehr
58 problematisch. Wir arbeiten jetzt daraufhin, er arbeitet jetzt daraufhin, dass er einen
59 Realschulabschluss schafft.
60 Ch: Ich bin Christa. Ich habe auch Zwillinge, die in der 26. Woche zur Welt gekom-
61 men sind. Einer ist gesund, nur ein bisschen klein. Und F. hatte Hirnblutungen III.
62 bis IV. Grades. Er hat mit einigen Monaten einen Shunt gekriegt. F. ist erst zusammen
63 mit Max in eine I – Klasse gegangen. Das in Schleswig - Holstein möglich, wir muss-
64 ten zwar sehr darum kämpfen, aber es ging. Aber da ist er ganz zum Schluss unter die
65 Räder gekommen, so dass ich ihn vor zwei Jahren umgeschult habe, zur Körperbehin-
66 dertenschule, hier P.-Straße.
67 S: wie alt sind sie

Ch: Ahh, sie sind 13
R: Ich bin Renate. Meine Tochter J. hat Spina Bifida und HC, sie ist 18. Sie ist jetzt im Berufsvorbereitungsjahr. Sie hat die ersten vier Jahre Grundschule ohne Integration, aber meist mit Doppelbesetzung gemacht. Und danach Integration bis zur 10., an der Gesamtschule Winterhude, jetzt eben am Borgweg und macht ein Berufsvorbereitungsjahr. Sie wird den Hauptschulabschluss aber wohl nicht erreichen.
S: Was heißt Doppelbesetzung? Wie kommt das zustande
R: Das war ein glücklicher Umstand, dass sie da immer Referendar mit reingesetzt haben, oft für ein bis zwei Jahr
Ch: das bieten sie bei uns auch an, wenn sie keine I – Klasse aufgemacht hätten, hätten sie uns versprochen Referendare für sicher 10 Stunden die Woche
B: Mein Name ist Barbara. Ich habe eine Tochter, die ist 14, N. Sie hat HC und Spina bifia, sie ist relativ hoch gelähmt, sie ist 100 % querschnittgelähmt. Sie ist im Hirtenweg, eine Körperbehindertenschule. Sie war drei Jahre lang auf der normalen Grundschule, also Integration. Aber zu Schluss sehr schwirig, so dass wir sie am Ende der 3. Klasse umgeschult haben auf die Körperbehindertenschule. Ich denke, sie ist stark lernbehindert und wird nur den Sonderschulabschluss schaffen.
Ch: ward ihr das mit dem Würfelspiel?
B: mit dem Würfelspiel? Ach ja, genau
Lachen
A: habt ihr ein Wochenende zusammen gehabt?
Ch: ja. Wir haben das sofort gekauft und spielen es jetzt noch.
A: Also Ute war eben auf dem Band. J. hatte einen kleinen Schulunfall und sie gehen sicherheitshalber zum Arzt.
A: Also ich habe mir überlegt. Ich habe bei einigen von euch durch meinen Anruf und dass ich so was vorhabe, wohl einige Überlegungen in Gang gesetzt und ehe ich jetzt mit meinen Gedanken komme. Also ich habe zusammengefasst, was ich so bisher so gelesen habe, was mir die Erwachsenen erzählt haben und aus mir überhaupt meinen Erfahrungen mir Eltern erzählt haben, was sie beobachtet haben. Aber ich wollte euch die Möglichkeit geben, ehe wir das lesen und an dem das jetzt Schritt für Schritt durchgehen, ihr erst mal die Möglichkeit habt, das was ihr selber euch für euch gedacht habt, das erst einmal aufzuschreiben, was ihr euch vielleicht einfiel. Wer jetzt sich noch keine Gedanken gemacht hat, dann ist es auch nicht schlimm, wenn ihr nichts aufschreibt. Nur nachher gehen uns sonst auch Sachen verloren, weil wir in anderen Diskussionen sind.
A: Ja, deshalb habe ich hier ein paar Zettel und Stifte
B: Meinst du nicht, also, ich habe oft eine Hilfe, wenn jemand was gesagt hat, das ich dann denke ›stimmt überhaupt‹.
A: Ja, deshalb wollte ich auch eine Gruppe haben. Aber dann ist man ganz lange bei dem Thema oder bei dem zweiten. Und was du dir gedacht hast, als du im Auto hierher fuhrst, das ist dann vielleicht weg

109 S: Was man jetzt so erwartet?
110 A: Nein, was du denkst, was bei P., was du jetzt denkst, wo er sich in seinem Lernen
111 unterscheidet von andern, gerne auch Positives. Schwierigkeiten und gerne Positives.
112 *Austeilen der Stifte*
113 A: also ich will das auch nicht einsammeln oder so was, sondern damit es euch nicht
114 verloren geht
115 I: nur Schule betreffend oder allgemein?
116 A: Nicht nur Schule. Obwohl es wohl letztlich auf schulisches Lernen eingegrenzt
117 werden wird. Aber ich denke, manche Sachen, die merkt ihr ja auch zu Hause, ob ein
118 Kind kreativ ist, gerade Spiele, da merkt man viel.
119 *(Zeit 0:31:25? bis 0:31:35 Kaffee, Tee, möchte noch jemand?)*
120 A: Nun ist ja so, wenn man was aufgeschrieben hat, will man es auch manchmal gerne
121 loswerden. Wir können es auch so machen, dass ihr der Reihe nach erzählt.
122 *(Zögern in der Gruppe)*
123 Ich kann euch ja mal verteilen, was ich mir so überlegt habe. Das sind 3 ½ Seiten, da
124 kommt ganz schön schnell was zusammen.
125 B: Von wem ist das jetzt?
126 A: Das ist das, was ich mir schon vor Jahren einmal erarbeitet habe und in einem
127 Artikel geschrieben habe. Das ist das, was mir Eltern berichtet haben und mit den
128 Betroffenen. Das sind vier oder fünf, es gibt ja den HC Stammtisch. Mit denen habe
129 ich mich vor zwei, drei Wochen getroffen, was die mir erzählt haben. Und in das
130 englische Büchlein habe ich noch einmal hineingeguckt. Eigentlich sind das fast alles
131 nur Erfahrungen.
132 Das ist auch eine Möglichkeit, dass wir das als Leitfaden nehmen und ihr ergänzt dann
133 jeweils.
134 *(zustimmendes Gebrummel)*

135 A: Also es ist schon ein bisschen theoretischer.
136 *(Lesepause)*
137 R: Das ist gut, da hat man was in der Hand. Denn letztendlich ist es das, was ich auf-
138 geführt habe. Irgendwann kommt es drin vor.
139 Andere: ja, ja
140 A: gut, vielleicht hast du noch mehr
141 R: Oder anderes, oder wenn ich festgestellt habe, wenn sie das und das macht, wird
142 es besser
143 A: Ja, genau das fehlt mir
144 A: Dann können wir loslegen. Also der erste Teil ist ›Aufmerksamkeit und Konzentra-
145 tion‹. Das ist aus einem Lehrbuch, dass das so aufgeteilt wird in diese Bereiche. ›Allge-
146 meine Aktiviertheit‹, also wie wach und rege aber auch wie träge ist ein Mensch, aber
147 auch wie schnell seine Aufnahmebereitschaft und Fähigkeit ist. Das zweite ist Konzen-

tration, das man sich auf eine Sache in einer Zeitspanne konzentrieren kann, vielleicht
von einer Zeitspanne von 10 Minuten und unwichtiges missachten kann lassen kann.
Ch(?): also das ist bei unseren nicht der Fall
R: Ich würde eher anders rum sagen, dass sie sich das rausziehen, was sie interessiert
und alles andere ausblenden, also bei Jana ist das auf jeden Fall so. Nur ganz speziell,
also alles andere hört sie gar nicht, nur was sie gerade in dem Moment für nötig hält.
Ch: Und Fritz hat unheimliche Schwierigkeiten, wenn mehr als eine Person redet,
sich zu entscheiden, wo muss ich jetzt zuhören. Also wie z. B. in der Klassensituation.
I: Das ist bei Marvin auch so. Bei den Hausaufgaben und da liegt irgendetwas auf dem
Tisch, da kann er sich nicht auf das konzentrieren, was er machen soll, auf alles andere,
aber nicht auf das.
S: Bei Patrick ist der Schreibtisch leer. Da darf gar nichts liegen, nichts, gar nichts
Ch: Das ist genauso, wenn jemand reinkommt. (…) Da geht er los und sucht sich
jemanden
R: ja genau *(schmunzelnd)*
S: Das kann auch sein bei längeren Hausaufgaben bei Patrick, dass er zwischendurch
auf einmal Fragen stellt, z. B. aus dem Urlaub. Wir machen Mathe und er sagt ›weißt
du noch das da‹. Das habe ich ganz oft, das er so Gedankensprünge macht, auf einmal. Wir rechnen eben gerade und ich denke auch, dass er sich konzentriert und dann
kommt ›weißt du das letzte Woche noch …‹
I: Das macht Marvin auch. Ich bin mir manchmal nicht sicher, ob das nicht auch ein
bisschen Ablenkungsmanöver von den Hausaufgaben ist. Ich kann das nicht 100 %
einordnen. Es kann sein, dass es so ist. Aber er macht es auch, dass er plötzlich von
ganz anderen Dingen anfängt zu reden.
A: na gut, das geht uns allen im Kopf rum. Aber wir schalten die dann weg. Wenn
man an etwas denkt, was einem durch den Kopf schießt, dann ordnen wir das unter.
S: Patrick sagt ganz oft ›Ich kann mich gar nicht konzentrieren, ich habe zu viele Bilder im Kopf‹. Das sagt er ganz oft. Ich habe zu viele Bilder im Kopf.
Ch: ich finde das klasse, dass er das so sagt.
S: Ja, finde ich auch gut
B: ja, *(unverständlich)* wie unter einer Dunstglocke
Sie ist nicht wirklich präsent. Ich habe das an ihrem Geburtstag gemerkt. Sie war
mittendrin, aber entweder war die Reizüberflutung da und dann ein neues Gefühl,
wie das die Übersicht fehlt.
I: Ja, das ist dann zu viel. Das haben wir am Kindergeburtstag auch gehabt. Er macht
was in seinem Zimmer und die anderen. Er hat das gar nicht registriert.
B. Ja, genau
A: Aber aus einer Reizüberflutung heraus, das ist etwas anderes als die Dunstglocke
Die Dunstglocke kann natürlich auch sein, dass du den Zugang nicht zu ihr findest.
B: Nein
A: oder geht es anderen aus deiner Familie auch so?

189 B: Ich habe meine Freundin gefragt und sie sagt: › Ich weiß, was du meinst. Ich habe
190 sie beobachtet. Alle waren am Lachen und am tun und sie saß mittendrin wie Glas
191 um sie herum.‹
192 Ch: Das hast du damals schon gesagt, dass sie sich immer so sehr zurückzieht.
193 B: Ja, ja, das ist geblieben
194 A: an dem Wochenende?
195 B und Ch: ja
196 B: und das fällt mir immer wieder auf, das ist ganz häufig und ich denke, dass ist auch
197 in der Schule so. Das sie wirklich dann so.
198 CH: Das ist mir nach dem Wochenende auch aufgefallen bei Fritz. Aber er zieht sich
199 dann körperlich zurück, er geht dann weg. Wenn es zu viel wird und er sich auf seinen
200 Gameboy konzentrieren muss, dann geht er weg.
201 I: Mir ist das auch mit diesen Zwischenbemerkungen. Ich versuche es dann zu igno-
202 rieren, ich will da dann nicht drauf eingehen, wenn es die Hausaufgabensituation ist.
203 Dann wird er sehr sauer
204 S: Ich habe jetzt immer gesagt oder ich schreibe es auf und sage ihm, da reden wir
205 nachher drüber, dass man es nicht vergisst. So habe ich das gemacht und dann dauert
206 es zwar auch wieder einen Augenblick bis er sich konzentrieren konnte.
207 A: Das ist ein guter Tipp
208 Ch: ja, finde ich auch gut
209 A: Dann merkt das Kind, dass es nicht verloren geht.
210 Ch: wobei es ihn nachher gar nicht mehr interessiert
211 S. Nee, nachher nicht mehr. Aber er hat in dem Moment das Gefühl, dass es wichtig
212 ist.
213 G: Bei Sarah war es früher immer so, dass ich mich wirklich mit dahin setzten musste.
214 Wenn ich da war, dann hat sie sie auch gemacht. In dem Moment wenn ich weggehe
215 und was anderes gemacht habe habe ich das Gefühl, die ist kein Schritt weiter gekom-
216 men, guckt aus dem Fenster und in die Luft.
217 Alle: Ja, dann gucken sie in die Luft
218 R: Jana ist jetzt 18, aber wenn sie Schularbeiten macht, dann setzte ich mich irgendwo
219 hin. Die könnte eine Stunde oder länger sitzen und aus dem Fenster gucken und nicht
220 ein Satz würde auf das Papier gebracht werden.
221 A: Wer war noch bei dem Familienwochenende dabei? Da hatten wir das mit Nat-
222 halie. Die Mutter sagte auch, die sitzt hier am Schreibtisch und die würde sonst was
223 machen und es macht ihr auch nichts aus, so lange da zu sitzen.
224 Alle: nö, das macht ihnen nichts aus
225 CH: das haben wir mit Fritz z. B. auch. Wenn ich morgens zu ihm sage, ziehe das
226 doch schon mal an, was du kannst und bei den Orthesen helfe ich dir und ich komme
227 nach fünf Minuten wieder und er sitzt da immer noch.
228 A: Mir fällt das *Zeitgefühl* da noch ein. Das habe ich hier nämlich noch nicht drin.
229 Alle: ja

I: Das ist nicht vorhanden
S: noch nicht einmal bei Wochentagen, also kann er nicht
Ch: Das wird sich aber noch ändern
A: was sind 10 Minuten, 10 Minuten sind ganz lang oder?
Ch: Das ich z. B. 20 Minuten sabbel ›steh auf‹, also ich dusche zwischendurch und putze Zähne und dann werde ich langsam wütend
R: Mein Tochter sagt immer ›du bist so hektisch, Mama‹. Dabei bin ich wirklich nicht hektisch.
Lachen
Ch: Weil er auch nicht versteht was los ist, warum ich langsam nervös werde, weil ich so los muss und er denkt ›na ja, ich reiz das aus bis es nicht mehr geht‹.
B: Obwohl ich dann auch entdecke, dass sie dann schon schnell ... Also Nina ist dann schon schnell unter Stress, was hier auch aufgeführt ist
I: Ja, diesen Druck darf man dann so gar nicht ausüben. Das ist bei uns genauso. Dann ist alles verloren, dann ist alles verloren. Und ich habe ganz lange trainiert. Ich habe das anziehen bevor er zur Schule geht, und auch den Schulranzen packen abends. Das sage ich immer noch und muss nach zwanzig Minuten oder so kontrollieren, ob er ihn überhaupt angefangen hat. Das ist immer noch ganz oft so, der sitzt da und macht nichts.
A: Und er ist 13?
I: 14, und in der neunten Klasse jetzt
A: Das ist ein gewaltiger Unterschied, zumal bei einem Kind mit einer normalen Intelligenz
I: Ja, und da arbeiten wir immer noch dran
G: Das klappt jetzt, sie ist bei uns besser geworden
Das hat sie seit einem Jahr besser in Griff
Und ich muss schon sagen, mach das abends. Ich muss es ihr sagen
Aber wenn ich es ihr sage, dann macht sie es aus. Aber ich muss es ihr sagen. Wenn ich es ihr nicht sage und ich komme dann um neun rauf, dann sagt sie ›das hast du mir gar nicht gesagt‹.
Alle: ja, ja
Ch: Obwohl, wenn wir was Tolles vorhaben. Und wir morgens, was weiß ich, auch am Wochenende, früh aufstehen müssen, dann steht er auch alleine auf. Eigentlich relativ normal das Verhalten. Nur das mit der Zeit ist eben so doof.
I: Also Marvin steht auch teilweise alleine auf. Wenn er sich den Wecker stellt, und dann steht er auch alleine auf. Aber wenn ich nicht gucken würde, dann würde er eine Stunde später immer noch nicht fertig sein. Dann würde er irgendwas machen in seinem Zimmer.
Ch: Das ist mir neulich gerade erst aufgefallen. Am Geburtstag war das. Dann war er vor mir wach, natürlich, ganz klar. Hat sich dann auch selbstständig angezogen, ohne Druck.

271 Alle: Dann geht es.
272 S: Ich erinnere, die 1. Klasse war das auch ganz schlimm mit dem Anziehen. Das hat
273 er nicht gemacht. Und jetzt ist es so, er will immer als erster unten sein. Da hat er
274 sich selber ein Ziel gesteckt. Und er zieht sich ganz schnell an, zieht sich ganz schnell
275 an. Er will vor seiner Schwester unten sein. Und wehe, die ist einmal als zuerst unten.
276 Dann wird er wütend. Aber damit habe ich keine Probleme, das hat er selber sich so
277 gesteckt. Und das geht ganz toll.
278 Ch: Das ist ja sowieso so finde ich, dass er einen ganz ganz starken Willen hat.
279 A: Fritz?
280 Ch: Ja, was ja auch positiv sein kann für sein Leben.
281 I: Was bei uns auch zeitweise ein bisschen geholfen hat, war die Uhr. Das er sich selber
282 vorgeben hat, wie lange er wofür braucht. Manchmal wirkt das noch, aber jetzt hat
283 sich geht das nicht mehr so
284 Ch: Apropos Uhr. Die konnte er eigentlich auch nicht. Deshalb hat er zu Weihnach-
285 ten eine Digitaluhr gekriegt und das so wie von heute auf morgen, konnte er auf ein-
286 mal so was wie viertel vor drei und zehn nach zwei und solche Sachen. Also wirklich
287 ganz komisch. Wenn das jemand auf einem Kongress erzählt, als wenn du ein Schalter
288 umgelegt hast.
289 A: Die kannte er wohl aus dem Fernsehprogramm, die Digitaluhr.
290 Ch. Deshalb hat er ja eine Digitaluhr bekommen, weil wir gedacht haben, damit ist
291 er sicher. Dann weiß er, acht ist abends eben Schlafengehzeit und morgens um sechs
292 stehen wir auf und so. Lesen konnte er das schon. Nur wie wir die Uhrzeit sagen fünf
293 nach drei, zehn nach drei, viertel nach drei. Das hat er ja nie, das konnte er nicht.
294 A: hat er denn dann auch die Vorstellung, was das dann ist. Ich denke, es ist leichter
295 die analoge Uhr zu lernen, weil man dann auch die Vorstellung hat von zwölf bis drei
296 ist so eine Zeitspanne.
297 Ch: Deshalb habe ich das auch nicht begriffen, weshalb der die digitale besser versteht.
298 R: Mhm, war bei Jana genauso. Die konnte auch lange die Uhr nicht lesen und erst
299 digital mit dem Wecker. Und jetzt aber auch das andere, jetzt beides. Aber das hat
300 lange gedauert, bis sie die dann konnte.
301 A: Und du meinst, sie hat es auch begriffen.
302 R: Ja, jetzt ja. Jetzt weiß sie genau
303 A: Auch vom Zeitgefühl
304 R: Auch vom Zeitgefühl. Jetzt weiß sie ganz genau, wann viertel nach drei ist
305 A: Und das 17 Uhr später ist als 16 Uhr.
306 R: Ja, genau
307 Ch: Er rechnet jetzt z. B. aus, wenn es drei ist und wir wollen um vier was machen.
308 Dann sagt er, es dauert noch eine Stunde. Also muss das ja ein Zeitgefühl sein, von
309 der Vorstellung.
310 A: Auch von der Vorstellung von der Zeit. Es ist ja schon eine ziemliche Abstraktion,
311 die Uhr.

R: Man fängt mit der normalen Uhr an, weil man denkt, dass die leichter ist. Ist eigentlich nicht so. Bei uns war das auch nicht der Fall. Ich bin aber nicht von alleine drauf gekommen. Sie hat irgendwann einmal mit dem Wecker angefangen, so, sich für den zu interessieren und für die anderen alle Uhren gar nicht. Und dann haben wir das gefördert und dann ging es mit der Zeit
B: Also bei Nina ist z. B. das Problem. Also das mit dem Ehrgeiz bei deinem Sohn. Nina war nie ehrgeizig. Ich habe gerade gestern ein Gespräch in der Schule gehabt und die haben auch gesagt, da ist kein Ehrgeiz. Und sie ist auch ganz schwer für was zu begeistern.
Und das sie sich ganz schwer für was begeistern lässt, das entdecke ich auch bei Nina. Letztens haben wir einen Ausflug gemacht. Ich glaube zu diesen Sandburgen, ja zu den Sandburgen. Also wir waren noch nicht dort und sie sagt ›gehen wir nachher essen?‹ Also für mich, noch nicht einmal das ›jippi, jetzt machen wir das und das‹. Das ist ganz schwammig alles, alles so‹n, ja alles so‹n…
Ch: Na ja, Essen ist ein Grundbedürfnis, vielleicht wollte sie das sichern. Das weiß ich nicht
(Lachen von einigen)
B (ernst): Das ist egal. Wir streben eine Sache und sie denkt sofort an die nächste, ohne dass die erste überhaupt begonnen hat oder abgeschlossen wurde. Sie hat keinen eigenen Antrieb, Hausaufgaben alleine anzufangen. Sie sagt von vornherein, das kann ich nicht. Und dann sie fängt auch eher an zu weinen als dass sie probieren würde. Ich sage immer, probier es doch. Wenn du es dann nicht kannst, kannst du es lassen. Und das ist in der Schule ähnlich.
I: Also bei Marvin war es auch ganz lange, dass in der Schule nichts war, es war, er hat auch keine Noten bekommne. Ob das so viele Fehler drin waren oder mehr. Jetzt hat er seit einem Jahr Noten und jetzt ist sein Ehrgeiz erwacht. Es ist wirklich unglaublich.
A: Das ist ja eine alte Diskussion, ob es mit Noten oder ohne besser ist.
I: Sie haben jetzt, in der Gesamtschule gibt es ja Kurse. Es gibt, zweier Mathekurs, den einser und dreier Kurse. Weil man ja für den Realschulabschluss höherwertige Kurse braucht. Das ist für ihn ein unheimlicher Ansporn. Er will das unbedingt schaffen. Also das habe ich gedacht, wie kann das sein.
A: Nun gibt es viel in der Pädagogik, was gegen Noten spricht
I: habe ich auch immer gedacht. Wir haben natürlich teilweise mit Abstrichen benotet. gemacht, weil er es vom Tempo schon nicht schafft, aber das hätten sie eigentlich schon eher machen können. Das liegt daran, dass das Team in der Integrationsklasse hat immer gesagt, Integrationskinder können keine Noten kriegen
A: Ist auch so, ist Hamburger Gesetz.
I: Mir wurde jetzt was anderes gesagt. Da ist jetzt eine Sonderpädagogin seit 1 ½ Jahren, die ist von diesem Beratungszentrum Integration. Die arbeitet da teilweise und ist teilweise in der Klasse. Die hat gesagt, Integrationskinder können Noten bekommen, wenn sie den normalen Anforderungen entsprechen, dann können sie.

353 A: Ja, dann ja. Aber man geht bei Integrationskinder davon aus, dass sie dem nicht
354 entsprechen.
355 I: bei Marvin machen sie dann Abstriche gemacht, schon der Menge schon her ge-
356 macht, und so war.
357 Ch: da werden sie dann differenzieren
358 A: Um den Realschulabschluss zu bekommen, dann verliert er den Integrationsstatus
359 vorher
360 I: Er kann erst einmal den Hauptschulabschluss machen. Und diese Sonderpädagogin
361 hat mir gesagt, man kann auch bei der Schulbehörde beantragen, dass die Menge
362 der Aufgaben reduziert wird, damit er nicht so viel schreiben muss, weil er das nicht
363 schafft von der Menge her. Er kann das zwar von der Sache her, aber er schafft nicht
364 so viel zu schreiben. Weil irgendwann am Ende, da entgleitet ihm die Schrift und er
365 kann das einfach nicht mehr. Da gibt es eben die Möglichkeit das zu beantragen. Wie
366 das jetzt geht, weiß ich auch nicht. So weit sind wir ja noch nicht.
367 CH: Das ist ja interessant
368 A: Das kann man in Schleswig – Holstein aber auch.
369 Ch: Das stand sogar in seinem Gutachten so, sie haben es nur nicht gemacht.
370 A: Aber da gibt es einen ministeriellen Erlass. Aber wir kommen jetzt in einen anderen
371 Bereich.
372 Ch: ist ja auch egal, ist vorbei, das ist jetzt ja Hamburg
373 A: jedenfalls ist bei Marvin der Ehrgeiz da
374 I: Ja, der ist jetzt erwacht.
375 S: oh, schön, bei uns überhaupt noch nicht
376 Ch: ich freue mich ja, auch wenn du sagst es ist umstritten. Aber Fritz, der möchte
377 auch gerne Noten haben, weil Max natürlich Noten hat.
378 A: Ich glaube, bei Jungens ist es oft so, dass sie das als sportliche Herausforderung
379 sehen. Die messen sich auch lieber noch als Mädchen.
380 CH: Aber er hatte ja immer kein Gefühl sich selber einzuschätzen. Er hat sich selber
381 immer höher eingeschätzt als er in der Schule so war.
382 R: Ja, das habe ich auch so erlebt.
383 CH: Da weiß ich nicht, inwieweit sich das normalisiert hat. Es ist etwas besser gewor-
384 den, ja.
385 A: War das bei Sarah auch so, dass sie sich eher überschätzt?
386 G: Nein, Sarah unterschätzt sich eher. Sie hat überhaupt keinen,
387 Sie denkt von vornherein, das geht schief.
388 Das beste Beispiel ist, neulich hatte sie eine Geographiearbeit geschrieben, kommt
389 freudestrahlend nach Hause und hat eine eins. Toll, konnte sie auch super klasse.
390 Dann ist die Arbeit so schlecht ausgefallen, dass die Lehrerin sie noch mal schreiben
391 ließ. Dann stand das Kind so unter Druck, dass das eine vier geworden. Das war mor-
392 gens schon so als sie los ging ›das wird bestimmt eine vier‹. Ich sage ›Sarah, du kannst

das«. Ich habe mit ihr geübt, sie konnte das alles und sie hat eine vier geschrieben. ....
Ich sage, du schaffst es. Aber sie stand so unter Druck, schlimm, nicht.
CH: das haben die da auf der KB - Schule gut hingekriegt, das mit dem Selbstwertgefühl und Selbstvertrauen.
A: Inwiefern?
CH: Da ist nicht so viel Wert darauf gelegt worden auf die Zensuren, die er hatte. Sondern da wird Wert darauf gelegt, dass er im Leben allein zurecht kommt. Und natürlich hat er da zum ersten Mal gesehen, dass er eben nicht der am schwerstbehindersten ist. Da ist er, ganz im Gegenteil. Wenn sie dann so einkaufen waren und er schon bezahlt hat. Und solche Sachen, das muss es gewesen sein. Dann ist er Klassensprecher geworden. Dann hat es auch mit dem Lernen besser geklappt.
A: Das er befreit war.
Ch: Ja, das er befreit war
A: Das ist so wie mit dem Druck
Ch: Ja.
B: Wenn du sie fragst, ob sie englisch kann, sagt sie, dass sie englisch spricht. Da kann sie sich nicht einschätzen, wie gut oder wie schlecht sie ist. Das kann sie nicht. Sie singt recht falsch, aber sie denkt, dass sie gut singt. Und es gibt viele Bereiche, wo sie sich nicht richtig einschätzen kann.
A: Aufmerksamkeit und der Konzentration, das ist ziemlich ähnlich. Die eine Sache, die man bearbeitet, die braucht dann die volle Konzentration. Und was ihnen ganz schnell fällt, ist die Daueraufmerksamkeit. Z. B. eine Sekretärin, die etwas bearbeitet, soll aber die ganze Zeit auch noch eine besondere Sache im Auge haben. Das fällt ja schon allen Menschen schwer
CH. Das will ich wohl sagen und je älter ich werde,
(Lachen)
A: Mit dem Kurzzeitgedächtnis, dass ist das, was die Erwachsenen so sehr betont hatten, dass sie ein grottenschlechtes Kurzzeitgedächtnis hätten. Und dass sie die Sachen also zehn oder zwanzig mal wiederholen müssten bis sie es dann einmal im Langzeitgedächtnis hätten. Dann wäre es aber auch hervorragend. Dann können sie sich gut und lange daran erinnern. Aber es hätte z. B. keinen Sinn, am Morgen einer Klassenarbeit sich den Stoff noch einmal anzusehen, was andere ja machen.
G: Ich tippe doch darauf, dass es das ist, was sie interessiert. Bei ihr ist das z. B. englisch, also in Sprachen, da ist sie super. Die übt sie, die guckt sie sich ein paar mal an und kann es dann auch. Vorausgesetzt, sie guckt es sich an, sie lässt es auch schon mal schleifen. Sie hat nicht den Überblick, ich muss es zu dem und dem Zeitpunkt machen. Ich sage dann, sie soll es jeden Tag eine halbe Stunde angucken, dann ist es kein Problem. Sie lässt es schon gerne mal schleifen. Aber wenn sie es geübt hat, dann hat sie die Sachen gut drauf. Sie kann auch ihren Harry Potter lesen und kann sich dabei Musik anhören und behält sämtliche Namen und was da alles da drin ist. Aber auf der

433 anderen Seite, wenn ich mit ihr Mathe mache, das passiert ihr heut. Wenn ich heute
434 das Gefühl habe, sie kann es jetzt, am nächsten Tag weiß sie es nicht mehr.
435 Mathe ist ihr schlechtestes Fach und da habe ich das Gefühl, da
436 Andere: Aber Harry Potter lesen, hat doch was.
437 I: Das würde ich aber auch sagen. Marvin hat noch nie ein Buch zu Ende gelesen. Er
438 fängt alle Bücher an und hat noch nie ein Buch zu Ende gelesen, noch nie ein Buch
439 zu Ende gelesen.
440 G: Wenn wir den Film angucken, dann weiß sie, dann kommt der oder der und das
441 oder das. Das steht doch alles im Buch drin. Solche Sachen ja. Aber bei Mathe oder
442 bei Geschichte, das ist unmöglich.
443 I: ich muss auch sagen, ich glaube auch, bei uns ist es so, dass er sich besser Sachen
444 merken kann durch hören. Wenn ich ihm Sachen vorlese, dann kommt es irgendwie
445 besser an glaube ich als. Manchmal liest er was und ich habe das Gefühl, das hat er
446 nicht gelesen, dann sagt er, er hat's gelesen.
447 A: Wenn Psychologen aus dem sagen, diese Kinder seien besonders schlecht im visuell
448 -räumlichen, das ist dann dieses Abzeichnen, was man in Geometrie macht
449 I: das ist eine Katastrophe
450 Ch: das fällt bei ihm auch schlecht aus
451 A: Das hat ganz viel mit dem räumlichen, aber vielleicht hat es auch mit dem visuellen
452 zu tun. Renate, wir haben doch schon gesprochen über die Filme, also frag mal die
453 anderen
454 R: Ach so, dass sie Film guckt und irgendwann mitten im Film merkt, dass sie den
455 schon geguckt hat und bis zu dem Zeitpunkt das nicht gemerkt hat und ich weiß
456 schon lange, das wir den schon einmal gesehen haben und sage aber nichts bis sie
457 plötzlich feststellt, dass wir den schon gesehen haben. Irgendwann kommt die Situati-
458 on, da sagt sie, ach den kenne ich ja schon, den Film.
459 A: Der kann aber schon eine halbe Stunde laufen und dir, Renate, ist es nach drei
460 Minuten klar.
461 R: ja, mir ist das sofort klar
462 A: ich weiß nicht, wie es euch geht. Mir geht es so - und ich habe seitdem wir darüber
463 gesprochen haben einmal darauf geachtet – auch in meiner Familie, dass wir doch
464 nach spätestens fünf Minuten merkst es eigentlich auch der letzte.
465 Alle: Ja
466 R: Irgendwann kommt eine Szene, irgendwas im Film, die sie dann so abgespeichert
467 hat, und dann fällt es ihr ein. Aber zu Mathe wollte ich noch sagen, ist mir aufgefallen,
468 wollte ich sagen, dass diese Computerspiele wie Mario oder so unheimlich helfen, das
469 Gedächtnis zu trainieren. Sie hatte eigentlich nie Interesse an Computerspielen und
470 mir ihrem Bruder ist sie dann auch mal dazu gekommen, Super Mario zu spielen.
471 Und da muss man ja immer wieder auf Null zurück und immer wieder vom Anfang
472 anfangen. Wenn man irgendwo gestolpert ist, muss man wieder den gleichen Weg
473 alles wieder endlos von vorne und wieder endlos von vorne anfangen und wieder von

vorne anfangen. Wenn sie das spielt, dann ist sie besser in Mathe. Das da irgendwas geschaltet wird.
A: wie, du meinst direkt als Auswirkung?
R: Ja
A: so, wie wenn eine Spur gebahnt wird?
R: genau das meine ich. Das ist mir aufgefallen, wenn sie das spielt, dass sie danach
A: direkt am gleichen Nachmittag?
R: das hält noch ein bisschen an, auch am nächsten Tag in der Schule noch.
Ch: eine interessante Theorie
I: wie oft muss sie spielen?
R: also jetzt mache ich das gar nicht mehr, weil sie kein Interesse mehr daran hat zu spielen. Aber früher als das mal eine Zeitlang war mit den ganzen Spielen, da ist mir das aufgefallen und auch in der Schule haben sie gesagt, ›Mensch heute war sie aufmerksam und verstanden was da war.‹ Aber sie selbst hat es nicht gemerkt. Sie spielt es einfach nur. Aber das ständige Wiederholen, immer den gleiche Weg gehen. So funktioniert das wohl im Gehirn mit dem Lernen. Aber es hilft nicht, wenn sie sich 100 mal das 1 x 6 aufsagt. Das bleibt trotzdem nicht im Gedächtnis.
A: auch nicht bei 100-mal?
R: nein, beim 1 x 6 ist die Grenze erreicht, geht nicht. 1 x 10 geht noch, 1 x5, 1 x3, 1 x4, ist alles noch drin, das geht noch. Aber dann werden die Zahlen krumm. Dann ist da nichts mehr, wo man einen Anker haben kann.
A: aber das bloße Auswendiglernen könnte doch funktionieren, ohne dass sie versteht, was sie nun wirklich 7 x 6 bedeutet.
R: Aber da kommt sie nicht drüber
A: Also die blanke Zahl sich merken
CH: Aber würdest du 2,4, 6, 8 10 ohne Anreiz auswendig lernen?
A: Ich habe das schon erlebt bei Kindern, dass sie die Zahlen sagen konnten. Das war aber auswendig gelernt, wie eine stupide Zuordnung.
R: Ich habe es irgendwann aufgegeben
A: Und da wussten die Eltern ganz genau und auch ich, dass eigentlich nicht die Vorstellungskraft dahinter steht. Und das ist schon ziemlich schwer beim Multiplizieren.
S: Also das fehlt total bei Patrick, das fehlt total.
I: Gibt es eigentlich so was wie ein Textaufnahmeprogramm?
S: kann das sein, dass die Kinder Schwierigkeiten haben von der Tafel abzuschreiben und auf das Papier zu bringen? Weil er sich nie die Hausaufgaben abschreibt und ich weiß nicht warum. Jetzt habe ich mal überlegt
I: Oder es dauert zu lange
S. Nein, er schreibt eigentlich. Ich habe das mal beobachtet, dass es das sein kann. Das er das nicht behält
R: Ich habe sie mal gefragt, warum sie das nicht aufschreibt und sie hat gesagt, dass sie zu wenig Zeit hat

515 S: Aber es steht so lange an der Tafel
516 I: Aber sie reden dann über andere Dinge und das ist ja wie geteilte Aufmerksamkeit.
517 Entweder höre ich da zu oder muss aufschreiben.
518 A: Aber es steht oft an eine extra Tafel an der Seite
519 S: Ja, das steht da immer, *manchmal im Rücken (?)*.
520 G: aber die Kinder sind da auch langsam, sie sind wesentlich langsamer. Dann haben
521 sie das noch nicht abgeschrieben und der Lehrer geht weiter und dann ist die Auf-
522 merksamkeit davon. Nachher laufen sie alle raus und müssen den Bus kriegen.
523 A: wie ist das denn mit anderen Sachen von der Tafel abschreiben?
524 S: Das haben wir noch nicht oft gemacht. Aber ich habe es auch beobachtet beim aus
525 dem Buch abschreiben. Er irrt auf diesem Blatt rum und hat nicht die Möglichkeit zu
526 orientieren. Also dann schreibt er das nicht ab und macht tausend Fehler. Jetzt haben
527 wir das hunderter Feld und er soll nur die Zahlen, die grau sind, in ein leeres Hunder-
528 terfeld abschreiben. Das geht ja überhaupt nicht. Auch wenn das Hunderterfeld oben
529 ausgefüllt da steht. Ich sage, erst mal kannst du ja zählen, das kann er ja und wenn du
530 dir nicht sicher bist kannst du ja gucken
531 I: wie ist das denn mit der Größe der Schrift. Also Marvin hat von Anfang Probleme
532 gehabt, weil er so groß schreibt. Er kann gar nicht die Zahlen in die Lücken schreiben.
533 Er schreibt immer noch so groß
534 S: Und wenn ich sage, schreibe doch ein bisschen kleiner, dann schreibt er winzig.
535 Lachen
536 Ch: Irgendwann habe ich einfach angefangen die DIN A 4 Bögen auf DIN A 3 zu
537 vergrößern
538 I: Ja, das haben wir auch und er hat auch nur Hefte mit den großen Kästchen. Es
539 gibt so welche mit ganz großen Kästchen. Und die haben auch in der Schule ihm die
540 Bögen vergrößert. Wie gesagt, ich hab mit denen gesprochen, dass er da der die Felder
541 gar nicht treffen konnte. Da kriegt er gar nicht alles reingeschrieben. Das haben sie
542 ihm vergrößert, dann ging es einigermaßen. Dann hat er längst noch nicht alles mit-
543 geschrieben. Aber das sind auch manchmal so Sachen, an denen es hängt. Dann sagt
544 er, ich kann da doch gar nichts hinschreiben und schreibt er gar nichts.
545 CH. Nee, genau. Dann schreibt er gar nicht
546 Mehrere: ja, dann gar nichts
547 I: Dann fängt er gar nicht an
548 Man kann sich in sie hineinversetzen
549 A: Aber ich glaube, es gibt Kinder, denen geht es verloren auf dem Weg vom Auge,
550 das visuell aufnehmen, und es dann zu reproduzieren im Hirn und dann auch noch in
551 eine Motorik umzusetzen.
552 Das wäre natürlich ein großes handicap, wenn es so ist. Mit einem Buch ist es schon
553 einfacher, das liegt dann daneben.

Ch: Also das kommt jetzt nicht mehr vor, jedenfalls nicht in der Tengeler Straße, nicht das ich wüsste, dass sie von der Tafel abschreiben. Müsste ich überhaupt mal nachfragen.
B: sie macht das auch nicht, weil sie keine Zeit dazu hat
Ch: Also zum Rechnen fällt mir noch ein, dass ich immer so bei ihm festgestellt habe, dass man ihn warm rechnen muss. Das zuerst die Aufgaben überhaupt alle gar nicht funktionieren. Dann muss man mit leichten Dingen anfangen und schwerer werden und dann klappt das auch.
R: Das ist ja so wie mit Super-Mario
Ch: Ja, genau. Das erinnerte mich sehr daran.
I: Das habe ich aber auch. Das machen wir immer noch auch. Wenn wir sitzen und es geht nichts, dass ich mir das kurz angucke und vorsortiere, dass er erst die einfachen macht und die anderen bleiben erst einmal hinten weg. Wenn dann zwei, drei gelaufen sind, dann geht das andere oftmals dann auch
Ch: Was ich nun ganz bedenkenswert finde, ist, dass Fritz in Klasse 1 bis 4 nicht einmal den Zehnerübergang gelernt hat. Er konnte zwar addieren bis neun, bis zehn, und dann war Schluss. Zehn und zwanzig auch, so was. Ich weiß nicht, was die auf der KB Schule gemacht haben: Er hat letztes Jahr das kleine Einmaleins gelernt.
A: Und auch verstanden?
Ch: Ja. Er hat eben nämlich mit Kim Schularbeiten gemacht. Da ging sogar dividieren, was er eigentlich noch nicht kann, aber so was wie 56 durch 7.
A: Da wollte er es dem Kim zeigen.
Ch: Du, das glaube ich auch. Irgendwas ist passiert, denn das Rechnen ging ja gar nicht und da hast du doch damals gesagt, dass ist aber typisch. Das da kein Gefühl für Zahlen ist und vielleicht kommt das auch nie. Hatte ich mich schon mit abgefunden. Hab' gesagt, es gibt auch Taschenrechner.
R: Oder es gibt eine nette Lehrerin, die schenkt dem Kind einen kleinen Bleistift, auf dem das Einmaleins drauf ist. Damit kann sie umgehen. Sie weiß zumindest, wo sie suchen muss. Und das finde ich auch schon ganz intelligent, wenn ich weiß, wo ich gucken muss
Ch: Generell finde ich auch: Es ist wichtig, dass die Kinder sich später zu helfen wissen
Alle: Das ist das wichtigste
A: natürlich ist es schön, wenn trotzdem der Schalter auch ungelegt wurde.
Ch: Und zu diesem Kurz- und Langzeitgedächtnis noch einmal: Wenn er morgens was in der Zeitung liest, kann er dir das abends noch erzählen. Das ist ja eher Kurzzeit. Aber bei anderen Dingen habe ich auch oft das Gefühl, das ist erst nach Tagen, so jetzt ist hinten eingesackt. So, dass du zuerst denkst: Er hat das überhaupt nicht mitgekriegt
A: So wie Gabi meint: nach Interesse sortiert?
Ch: Ja

593 A: Das ist menschlich und normal und bei andern Kinder auch. Trotzdem lernen die
594 anderen auch doch in einem gewissen Umfang z. B. die Geschichtssachen. Wenn der
595 Lehrer zehnmal von der Französischen Revolution erzählt, weiß man das irgendwann.
596 Ch: … im Unterbewusstsein
597 R: Das interessiert Jana gar nicht, 3. Reich oder französische Revolution. Da weiß sie
598 gar nicht, was das ist. Wenn sie tatsächlich Radio hört oder Nachrichten oder auch in
599 der Zeitung, da pickt sie sich das heraus, wo einem Kind was passiert ist oder so was
600 alles. Oder wenn im Radio eine Meldung ist, da ist ein Mann ermordet, so was hört
601 sie dann.
602 Andere: ja, solche
603 R: Sie guckt unheimlich gern Visite. Gestern auch, da musste ich mit ihr über grauen
604 Star und all so‹n Blödsinn gucken. Es gab auch was über Preiselbeeren, das war ganz
605 interessant. Das guckt sie, das interessiert sie. Aber was so sie in der Schule gehabt
606 haben, ›das habe ich alles nicht verstanden, Mama, was die da so erzählt haben‹.
607 (*unverständlich, ca. -1:00:00*)
608 S: Und wie ist das so mit Gedichten?
609 Ch: superklasse
610 S: Dann kommt er nach Hause und dann sagt er ›ich muss ein Gedicht auswendig ler-
611 nen, brauche ich aber gar nicht‹. Das kommt, weil er eine Klasse wiederholt. ›Habe ich
612 doch letztes Jahr schon‹ und dann sagt er dir das auf. Bei der ärztlichen Untersuchung
613 kam raus, der hat ein sehr schlechtes Gedächtnis und so was alles
614 A: die können nur Kurzzeitgedächtnis abprüfen
615 S: Und das ist wahrscheinlich schlecht. Aber da habe ich gestaunt mit dem Gedicht.
616 Ch: Bei Fritz denke ich, dass er mit der Sprache sowieso viel besser umgehen kann. Du
617 sagest das, glaube ich, dass sie sich ganz viel merken.
618 A: Mhm
619 Ch: Da habe ich früher gedacht: er hat ja erst spät angefangen zu laufen und sich ganz
620 lange überhaupt nicht bewegt, aber immer gehört und immer aufgenommen. Und
621 man ja auch sehr viel gesprochen.
622 S: Sie sind dann sehr rege, wenn man das…
623 Ch: Ja genau, auch sehr großen Wortschatz
624 S: Ich kenne das auch wenn er wütend wird. Dann redet er so, ich sage mal geschwol-
625 len.
626 Alle lachen
627 Ch: altklug oder wie immer du das nennen willst,
628 S: ganz schlimm, ganz schlimm
629 Ch: Das scheint aber was Typisches zu sein
630 S: Und schnell, und alles was im Wörterbuch
631 Ch: und die werden aber auch richtig angewendet.
632 S: Ja
633 Ch: Also im richtigen Zusammenhang, nicht das man denkt aufgeschnappt

A: Das steht auch oft in der Literatur, dass es Floskeln seien, wobei das bezieht sich auf die Spina bifida – Kinder. Das ist auch immer schwer zu differenzieren.
Ch: Was meinst du mit Floskeln?
A: Das nennt man Floskeln, dass nicht so genau wissen
Ch: Das stimmt aber nicht, das stimmt nicht.
G: Das stimmt nicht
Ch: Also wie gesagt, er wendet es richtig an, auch im anderen Zusammenhang.
R: Klasse
Ch: Nur schade eben, dass er so schlecht schreiben kann. Er war immer ein großer Geschichtenerzähler in der Grundschule, aber nur weil der Zivi es für ihn geschrieben hat.
I: Das haben wir immer noch. Marvin könnte auch immer ganz tolle Sachen schreiben. Er versucht jetzt aber immer, weil er nicht so flüssig schreiben kann, alles möglichst kurz zu schreiben und möglichst viel weg zu lassen. Das ist in einem Fach wie Deutsch absolut tödlich.
Ch: in der Kürze liegt die Würze
I: ja, dann ist es natürlich oftmals, gibt es nicht mehr so den Sinn
R: ›Muss ich das als ganzen Satz schreiben?‹
I: Ja, genau und ›die nächsten zwei Sätze kann ich ja weglassen, da kommt ja noch was‹
Ch: ›wenn ich vorlesen soll, weiß ich ja, was ich sagen wollte‹
(zustimmendes Lachen)
A: Da müsste eigentlich ein Lehrer das mit zwei Schritten erlauben, dass sie sich das erst einmal auf Kassette sprechen dürfen
S: ja, das fehlt.
A: Zu Hause kann man das machen
S: Das sie mal von diesem Plan wegkommen. Das finde ich ganz wichtig, wenn er es anders nicht kann.
I: Wir hatten mal eine kurze Zeit, da hat er das mit dem PC gemacht, aber das ging auch nicht schnell. Er hatte früher einen Kursus gemacht mit zehn Finger schreiben, aber das ging auch nicht schneller.
Ch: wo hat er den gemacht?
I: privat
Ch: also richtig so ein zehn Finger Kurs, also ein Schreibmaschinenkurs, also jetzt nicht Kinderzentrum oder so. Es gibt ja auch so ein Programm. Das gibt es doch auch.
I: Nee, privat. Das war eine ziemliche Quälerei, weil es eine ziemlich rücksichtslose Lehrerin war, er nicht so schnell war. Das wollte die Lehrerin so nicht akzeptieren
Ch: das denke ich eben auch. Es wäre für solche Kinder echt klasse, wenn sie am PC, und vorweg irgendwas, dass sie es auch lernen. Es gibt solche Lernprogramme für Kinder.
A: Aber PC ist doch im Unterricht für solche Kinder kein Problem mehr?
I: Ja, aber man muss ja schnell tippen

675 A: Dann fehlt es einfach auch manchmal von der Motorik.
676 Ch: Die Schnelligkeit
677 A: Abgesehen davon, dass auch die vom Erwachsenenhydrocephalustreffen erzählten,
678 also Maren z. B., die wirklich fit ist, sie sagte vom Klavierspielen, also überhaupt zwei
679 Sachen zugleich machen. Das Klavierspielen zum Beispiel hat sie so viel Übung ge-
680 braucht und sie lernt jetzt Gebärdendolmetscher. Da hat sie sich was ausgesucht, was
681 sie nicht so gut kann, wo sie genau diese Koordination braucht, vom Gehörtem oder
682 Gesehenem umsetzen in die Bewegung. Aber sie hat sich das fest vorgenommen und
683 sie hat auch gute Gründe, die für dieses Berufsbild sprechen. Sie sagt, sie tut sich so
684 sehr viel schwer als andere als alle anderen und sie übt zu Hause wirklich ganz lange
685 und sie ist eigentlich motorisch gut.
686 *(viele Stimmen leise, undeutlich)*
687 S: Patrick wollte Keybord spielen, das ist ganz schwer für ihn, ganz schlimm.
688 I: Marvin spielt Klavier. Er hat auch erst auf dem Keybord angefangen. Und jetzt
689 spielt er drei Jahre, glaube ich und kann es ganz gut. Und ich glaube, das hat ganz viel
690 gebracht.
691 A: das sagt man ja auch allgemein, dass Musik fördert.
692 R: Mathematik eigentlich, oder
693 Ch: aber ist das nicht ein Witz?
694 R: das ist ein Witz, eigentlich.
695 A: Aber die Begabungen liegen oft dicht beieinander
696 Ch: Aber das sagt man im allgemeinen, dass Musik
697 I: Sie sind jetzt nur in einem Alter, wo das wieder uninteressant wird.
698 (Pause 1:19)
699 A: Ja gut. Langzeitgedächtnis, was sagt ihr dazu, Beispiel Gedicht.
700 A: Die Magdalena Merkel sieht immer einen Zusammenhang zwischen der Überdrai-
701 nage und dem Leistungsabfall. Sie sagt, ihr Kind müsste eigentlich nach zwei Stunden
702 sich hinlegen. Sie haben dann schon einfach so viel durch die senkrechte Position sei
703 einfach schon zu viel abgeflossen und er hat immer einen Leistungsabfall und wenn er
704 dann liegt und wieder neu anfängt, dann ist gut.
705 *(Allgemeines wundern)*
706 I: Ich weiß gar nicht. Kann man eine Überdrainage feststellen?
707 Mehrere: wie kann man das feststellen
708 A: Das kann auch nur ihre Vermutung sein, dass da ein Leistungsabfall ist
709 Ch: woran stellst du eine Überdrainage fest?
710 I: ja, das meine ich auch
711 S: Das geht nur, wenn man einen Shunt hat, oder?
712 Ch. richtig
713 A: Wenn man in die Senkrechte kommt ist natürlich mehr Druck auf dem Ventil,
714 allein physikalisch durch die Senkrechte und dann öffnet es sich und dann strömt

Wasser raus. Bei den Babies muss man da aufpassen, wenn die liegen und dann in die
Senkrechte kommen. Dann haben sie auch häufig die Probleme.
Ch: Ich sehe da keinen Zusammenhang
A: Aber da seht ihr da keinen Zusammenhang?
I: Das einzige ist, was Marvin manchmal sagt ist, wenn sie Sport gemacht haben in der
Schule, er macht auch Sport ganz normal mit. Da sagt Marvin schon manchmal, dass
er danach ganz müde ist, ganz müde
Ch: Das kann wirklich damit zusammenhängen
I: Ich denke, das hängt damit zusammen. Das hält dann an, ich weiß nicht wie lange.
A: Auch Schwitzen, auch starke Sonne. Das ist wirklich medizinisch nachgewiesen,
dass durch die Sonne und durch das starke Schwitzen. Ja, im Grunde genommen ist
es, dass sie dehydriert sind, dass sie nicht genug Wasser zu sich genommen haben und
die Hirnflüssigkeit dann träger ist und weniger. Also dann hilft beim Sport einfach
besonders viel zu trinken mitgeben.
I: Tue ich ja schon, aber er trinkt es ja nicht.
Alle lachen
A: trinkfaul, das ist eigentlich auch interessant wenn es Hydrocephaluskinder sind.
Wir haben sonst immer gedacht bei den Spina –Kindern ist es so, denn die Nieren
sind ein ebenso wichtiger Grund zum Trinken
Ch: Ich weiß, das war damals auch großes Thema. Alle mussten trinken und keiner
tat es.
I: Er hatte heute Sportfest, es ist soo ein Wetter und er musste Basketball spielen und
ich gebe ihm zwei Flaschen zu trinken mit und eine halbe hat er getrunken. So viel
zum Thema trinken.
Ch: Fritz trinkt nachts, ist doch ein Witz.
A: Aber das tut er selber.
Ch: Das denkst wohl du. Also da gibt es immer noch den Mutterservice.
G: Er macht das nachts, Sarah nämlich auch.
A: Aber kannst du ihm nicht eine geschlossene Flasche an das Bett stellen?
Ch: na, klar. Wenn ich dran denke, da habe ich selbst Schuld.
A: gut
G: also alle zwei Tage braucht sie eine neue Flasche Selter an ihr Bett
Ch: Dann geht das auch in einem Schwung, wie damals als Baby, wunderbar.
A: Ist das bei Patrick auch?
S: er trinkt ganz wenig, immer
A: Ich kann das nicht erklären, physiologisch, aber anscheinend gibt es einen Zusammenhang.
B: was ist der praktische Unterschied zwischen Spina Bifida und Hydrocephalus? Gut:
das Laufen, aber es ist doch sehr ähnlich.
Ch: was ist der Unterschied, ja, leider die Lähmungsgeschichte, aber ansonsten

755 A: Ja, viele Sachen werden den Spina Bifida Kindern zugeschoben, aber ich habe schon
756 immer gedacht, es ist der Hydrocephalus, der die Probleme macht.
757 *(allgemeines Gemurmel)*
758 I: Ja und ich hatte dieses mit der Müdigkeit, was wir eben hatten, in der Ventilsprech-
759 stunde angesprochen. Da sagte sie mir, dafür hat sie keine Erklärung und es würden
760 unter Umständen Folgen der Gehirnblutung sein. Aber ich denke, das stimmt nicht,
761 das hat mit dem Shunt zu tun
762 A: Also das mit dem Dehydrieren das ist nachgewiesen. Denen geht es ja auch besser,
763 wenn man das Wasser auffüllt. Auch Im Sommer haben sie eher einen Unterdruck,
764 also dass sie zu wenig Wasser haben und das merkt man dann auch: viel trinken, hin-
765 legen, Schatten.
766 G: Das macht man Sarah eigentlich so von sich aus, irgendwie schon. Weil bei so ei-
767 nem Wetter, da ist sie gar nicht draußen gewesen. Dann sitzt sie in ihrem Zimmer und
768 liest oder macht irgendwas und ich dann sage, warst du gar nicht draußen gewesen?
769 Sie zieht sich selber schon zurück. Ich habe es auch oft, wenn sie nach Hause kommt
770 und sieht so matschig aus und ich sage, hast du irgendwas und sie sagt, ja, Kopf-
771 schmerzen. Dann drehe ich mich um und sie geht hoch, dann legt sie sich einen
772 Augenblick hin
773 A: Sie hat ja auch Schlitzventrikel. Da ist auch das Problem bei ihr, dann ist sie anfäl-
774 liger. Und was ich bei Sarah in Erinnerung habe ist die Verbindung mit dem Stress.
775 Das würde mich auch noch einmal interessieren. wäre nett, wenn du das noch einmal
776 erklären könntest
777 G: Also das ist jetzt vorbei, das mit den ewigen Aufregungen: Urlaub, Weihnachten
778 und ihr Geburtstag und so, das ist jetzt vorbei. Das sie dann zusammenbricht und im
779 Krankenhaus mit ewigem Spucken und im Krankenhaus liegt mit Tropf und Kopf-
780 schmerzen hat aber das ist jetzt nicht mehr.
781 A: Bei ihr war auf jeden Fall ein Zusammenhang zwischen Stress und ob nun Hirn-
782 über- oder Unterdruck, jedenfalls Hirndruck.
783 G: Ja, wenn wir im Krankenhaus waren, dann wurde alles Mögliche untersucht und
784 nach einer Woche war es dann eigentlich so, dass sie wieder aufgestanden ist als wäre
785 nichts gewesen
786 A: Es gibt auch die Theorie, dass schon Stress die Hirnwasserproduktion anregt, dass
787 man unter Stress mehr Hirnwasser produziert.
788 G: Es war wirklich so, dass wir uns mit Weihnachten oder so sehr bedeckt hielten, alles
789 gedämpft, bloß nicht viel sagen. Wir haben dann manchmal den Weihnachtsmann
790 schon morgens um elf da gehabt, weil sie sich dann hochgezogen hätte und wir wären
791 abends im Krankenhaus gewesen. Wenn sie das merkte, fing sie an zu spucken und
792 dann war dann schon Holland in Not.
793 Aber jetzt hat sich das ein bisschen gelegt. Gut, sie hat es immer noch. Wenn sie merkt
794 wir sind kurz vorm Urlaub dann bekommt sie ein paar Tage vorher Kopfschmerzen,

dann sage ich schon ›denk dich ein bisschen ab‹. Jetzt ist sie älter, da kann sie sich ablenken, sie macht dann irgendwas anderes. Ich kann mir ihr drüber reden.
Wenn wir Samstagsmorgens in Urlaub fahren wollten, dann hat sie Freitag nachmittags im Auto gesessen und gewartet, dass es los geht und war dementsprechend aufgeregt. Und sie war garantiert Samstagmorgen krank.
Ch: Also Fritz stellt dann immer das Essen ein. Je nachdem welches Fest es ist, Weihnachten z. B. kannst du sagen sieben Tage vorher.
(Lachen)
A: Geburtstag sechs.
Ch: Ja, jetzt nicht mehr, dieses Jahr waren es zum ersten Mal drei. Und wenn der Tag dann da ist, dann haut er rein als wäre nie was gewesen. Das muss die Aufregung sein. Besondere Ereignisse in der Schule oder so – wir gehen zu Karl May –, auch so drei Tage. Ist ja nicht so schlimm, da kann man sich drauf einstellen.
G: Bei Sarah ist das so, wenn sie dann erst einmal anfängt zu spucken Dann habe ich sie auch nicht wieder aufgebaut gekriegt, denn es kam alles wieder raus. Das ist so, sie trocknet recht schnell aus und deswegen sind wir ins Krankenhaus gefahren und dort an den Tropf. Da ging es dann so weiter nur gespuckt, nur geschlafen, immer im Dämmerzustand und wahnsinnige Kopfschmerzen.
Ch: das hört sich als ob das Ventil nicht funktioniert.
G: Ja, als wenn das Ventil nicht funktioniert. Nach einer Woche war das meist so, dass sie so langsam wieder aufgebaut wurde. Dass sie dann auch wieder was zu sich nahm, es waren nicht mehr ganz so schlimme Kopfschmerzen. Und plötzlich war alles vorbei und sie gegessen wie ein Scheunendrescher und konnte alles nachgeholt was sie die ganze Woche nicht gehabt hat. Wir haben Urlaub wirklich nicht planen können. Nur in der Nähe, so dass man auch zurückfahren kann, wenn es ihr nicht gut geht. Das war schwierig.
Ch: Ist sie dann auch künstlich ernährt worden über den Tropf?
G: Ja teilweise. (Pause) Aber die ganz schlimmen Zeiten sind Gott sei Dank vorbei.
A: Nun ist man da mit Schlitzventrikeln eben sehr empfindlich.
(Betroffene Pause)
A: Ich blättere mal, Kurzzeitgedächtnis hatten wir, das mit dem Visuellen hatten wir, ihr sagtet Gehörtes wird besser verstanden. Das mit der vielsagenden Sprache, das ist aus dem englischen Buch, das war die Sache mit den Floskeln. Das habt eben eher
B: also Nina benutzt sie und auch nicht wenig
R: ja, bei Jule auch etwas
A: Also Spina Bifida Kinder, die haben das wirklich mehr. Wobei ich das auch so sehe: Ich glaube sie haben ein sehr gutes verbales Geschick und schaffen es deshalb, Situationen zu überspielen, denen sie eigentlich intellektuell nicht folgen können.
Ch: Das ist das, weshalb sie auch immer überschätzt werden.
(Zustimmendes Gemurmel)
A: Aber in dem Moment finde ich das genial

836 Ch: Ich auch
837 A: Dann wirklich einen small talk machen zu können um nicht die Blöße zu erleben,
838 dass sie es nicht können. Und mich ärgert es immer, wenn es als Floskeln abgewertet
839 wird
840 B: Wobei ich es nach wie vor schwierig finde, wenn dieses - wie du gesagt hast - dieses
841 altklug wirken in Kombination mit anderen Kindern, die nämlich nicht so denken.
842 Die finden das merkwürdig. Also Nina kommt da wie gesagt nicht so gut zurande.
843 S: Mit anderen Kindern nicht. Die kennen ihn nämlich ganz genau und schalten
844 sofort ab, oh nein, jetzt braucht er seine fünf Minuten. Und dann gucken sie, so jetzt
845 kann er wieder normal. Das habe ich oft beobachtet.
846 I: Das hat Marvin auch gemacht als er kleiner war. Dieses altklug reden und ist damit
847 oft angeeckt, es hat sich aber jetzt sehr reduziert.
848 Ch: Aber angeeckt bei Kindern und deshalb der ausgeprägte Kontakt zu Erwachsenen,
849 da die sie ernst nehmen.
850 I: Ich glaube, dadurch kommt auch der Kontakt
851 A: Das Altkluge kommt durch den vielen Kontakt zu Erwachsenen. Den haben sie ja
852 nun wirklich mehr als andere.
853 Ch: das geht ja schon im Krankenhaus los und immer mit vernünftiger Ansprache
854 und nicht nur ›ei, ta, tei‹.
855 A: Aber bei den Erwachsenen erlebe ich das nicht
856 Ch: ist ja klar, das verwächst sich bestimmt.
857 A: Ja, bei den Erwachsenen erwarte ich Erwachsenensprache.
858 S: Da kommt ja meisten in den Situationen, also ihm, wenn er überfordert ist. Dann
859 kommt das, so beim Wutausbruch. Sonst hat er das nicht so.
860 A: Aber ihr sagt, dass er es füllt. Während es bei Nina so ist, dass sie es nicht immer
861 füllt.
862 Ch: Fritz musste immer mit seinen Lehrern kämpfen. Und das ging nur über die Spra-
863 che. Und dann hat er sie so gereizt, weil sie nicht mehr gemerkt hat, dass er Kind ist,
864 sondern als gleichwertigen Partner dann leider nicht so, und nicht ›er ist doch Kind
865 und gehen wir doch kindlich auf ihn ein‹.
866 R: Also das finde ich sowieso ganz schwierig mit den Lehrern, also, dass sie unterstel-
867 len, dass sie mehr könnten als sie tun
868 Ch und andere: Mhm
869 Ch: Ja, da hast du ganz recht, dass immer unterstellt wird ›eigentlich könnte er ja‹.
870 Aber er will ja nicht.
871 R: Genau, unterschwellig. Egal mit welchem Lehrer ich spreche. Manche haben es
872 gut drauf, aber unterschwellig höre ich immer: ›Da ist doch noch mehr, die ist doch
873 nur faul oder sie will nicht‹. Im Zeugnis stehen auch ganz oft solche Sätze wie ›könnte
874 noch mehr‹ oder so in solche Richtung.
875 Ch: Hol mal mehr aus dir raus
876 R: ja, oder sei mutiger, zeig doch mal mehr.

B: Konntet ihr selber das so einschätzen? Ich konnte es nicht.
R: Ich bin auch lange Zeit auch drauf reingefallen und habe mich gesetzt und gedacht ›pauk und pauk‹. Ich habe auch lange gedacht, da ist noch mehr. Da ist auch noch Potential, das weiß ich. Aber ich weiß nicht, wie man es rauskriegt. Bestimmt nicht mit dem Holzhammer. Auch jetzt, ich denke es ist noch Potential da, aber es fehlt mir die Möglichkeit es heraus zu kitzeln soll. Ich weiß, dass es nur geht, wenn es Sachen sind, die sie wirklich interessieren. Und das habe ich den Lehrern gesagt. Ich habe gesagt ›lassen Sie sie doch mal einen Aufsatz schreiben über destiny child‹ oder so was. Das weiß ich, das interessiert sie. ›Wer ist denn destiny child?‹. Das wollten sie nicht. Sie wollten nicht darauf eingehen. Dann hätte sie eine Seite oder mehr geschrieben. Schulisch, wenn sie den Anforderungen so genügen soll, dann kann sie das wirklich nicht, weil sie dann abschaltet, nicht böswillig. Das ist absolut nicht böswillig, dass sie das macht.
B: Was ich so schwierig finde, ist, sie zu motivieren oder wo ich denke, da habe ich jetzt einen Punkt. Sie hat Schwierigkeiten gehabt mit der Mathelehrerin, ganz enorme. Und Nina wollte ich in eine leichtere Gruppe und die Lehrerin hat gesagt, nein, dass mache sie nicht, weil Nina das kann, was da gefordert wird. Und ich habe zu Nina gesagt: Du, die Lehrerin ist ganz begeistert von dir und findet es ganz klasse.‹ Das ist aber für sie keine Motivation. Also, es ist nicht so, dass ich damit in ihr etwas anrege.
Ch: Aber weißt du warum? Weil die Lehrerin es ihr das nicht zeigt mit dem ›klasse‹, guck dir das noch einmal an, was steht hier‹. Das habe ich leider oft festgestellt. Was du zu Hause immer sagst ›Mensch Fritz, das kannst du so gut und Herr XY sagt das auch und der findet wirklich, dass du das gut kannst‹. In der Schule behandeln sie die Kinder nicht so.
B: Ganz ehrlich, ich kann das auch verstehen.
Ch: Ich auch
(-2:04)
A: die Lehrer oder die Kinder?
Ch: Die Lehrer
B: Ich kann die Lehrerin verstehen. Nina hat eine Hängeregistratur in Mathematik und die liegt immer in ihrem Fach, weil sie nicht an den Schrank rangehen kann. Und letzte Woche setzte sie sich hin und sagte ›die Registratur ist weg‹. Die Lehrerin sagte ›hast du überall nachgeguckt?‹, ›hab ich‹. Aber auch nach dem Motto, so sagte die Lehrerin, ›interessiert mich nicht, irgendwer wird sie schon für mich suchen‹ und so saß sie da. Die Lehrerin sagte ‹ich wurde so sauer, weil diese Hängeregistratur hing im Schrank, aber da hat sie nicht richtig hingeguckt.‹ Gut, sie wäre nicht hingekommen, aber sie hätte jemanden fragen können, ob der hilft. Das ging über eine Woche, dass sie immer wieder gefragt worden ist ›hast du geguckt? Und sie sagt ›ist weg‹.
I: Aber fragt sie dann nach?
B: Nein

I: Eben, das Problem stand auch bei Marvin im Zeugnis. Er soll Bescheid sagen, wenn er nicht mitkommt im Tempo. Er sagt aber nichts. Das ist auch wieder so was wie die Katze beißt sich in den Schwanz.

R: Weil ihnen das peinlich ist. Sie wollen nicht im Mittelpunkt stehen und immer laut sagen ›hallo, ich bin schlecht, ich habe das nicht verstanden‹.

I: Genau, und das Endergebnis ist davon, dass dann immer Sachen unvollständig sind, weil er nichts sagt. Und es guckt auch keiner, weil er nichts sagt.

A: Aber es ist ihnen peinlich und sie merken genau, dass sie da versagen. Wobei bei Nina habe ich auch ein bisschen die Fantasie, sie weiß, dass sie versorgt wird, dass sie aufgehoben ist.

B: Ja

A: Und das ist auch was Schönes, das gibt Lebenssicherheit, dass ihr da sein. Wenn ihr bewusst werden würde, dass sie für sich alleine überhaupt nicht sorgen können. Da braucht sie die Sicherheit der Eltern und ihr werdet für sie sorgen. Ihr werdet es irgendwie so machen, dass sie leben und arbeiten kann.

B: Ja, ja

Ch: Aber was glaubst du, wie gut es ihr ergehen wird, wenn sie merkt, dies oder das kann ich doch alleine? Also ich kann da jetzt so gut reden, weil Fritz in den letzten zwei Jahren da so viel Positives erlebt hat.

B: Aber das ist anstrengend. Anstrengend für

I: also ich denke, wenn es interessante Sachen sind, dann kann man das teilweise reduzieren. Ich habe Marvin neulich allein losgeschickt mit der Bahn ins Kino. Er ist noch nicht mit der U-Bahn ein längeres Stück alleine gefahren. Das habe ich gemacht, obwohl ich Magengrummeln dabei hatte.

Ch: Erzähl doch mal

I: Er ist von Volksdorf zum Wandsbeker Markt mit der U-Bahn gefahren. Ich weiß nicht, wie das Kino heißt.

Ch: Alleine?

I: Alleine. Weil es da den Film gab, den er sehen wollte. Das war der Anreiz. Da habe ich bestimmt zehnmal mit ihm durchgesprochen, wo er wie einsteigen muss und wo er wieder aussteigen muss und solche Dinge. Und habe gesagt

Ch: Seid ihr die Strecke schon vorher gefahren?

I: Nein. Ich fahre mit dem Auto, ich bin kein U-Bahn Fahrer. Na gut, er hat es dann gemacht. Er hat sich dann als er zurück wollte verlaufen. Da konnte er die U-Bahn nicht wieder finden und war in einem Fahrstuhl im Parkhaus. Dann hat er aber gefragt, wie er denn zur U-Bahn käme und hat es geschafft. Das war ein Anreiz für ihn, er wollte unbedingt diesen Film sehen und er hat es sich zugetraut. Wenn es jetzt schulische Dinge gewesen wären, hätte er das nie gemacht. Das hätte ihn gar nicht interessiert.

B: Also Nina mit einer Freundin, das macht sie auch, also auch Bus fahren oder mal shoppen gehen oder Eis essen. Aber alleine wird sie es nicht können. Das traue ich ihr auch nicht zu.
A: Nun ist sie auch Rollstuhlfahrerin. Das ist ein großer Unterschied.
I: Ja, das ist ein Unterschied.
B: Und sie hat aber keine Orientierung.
I: Das hat Marvin aber auch nicht. Deshalb hatte ich ja auch so ein Magengrummeln. Aber ich habe gedacht, da er weiß, wie er heißt und ein handy mithat, wird er schon irgendwie wieder nach Hause kommen. Immerhin ist er auch vierzehn, er muss alleine fahren. Er muss nächstes Jahr wieder ein Praktikum machen. Das muss er auch alleine irgendwie hinfahren.
Ch: Gibt es bei euch kein Schulwegtraining?
B: sie gehen in Hamburg zur Schule
Ch: Fritz ja auch, er geht in die Tengeler Straße, KB-Schule
B: Nina wird mit dem Bus gefahren
Ch: Fritz auch, aber es gibt ein Schulwegtraining
B: Ach so, ich weiß was du meinst.
A: Aber von Elmshorn bis zum Hirtenweg. Ich glaube, dass überlegst du nicht ernsthaft, dass sie das alleine fahren soll?
B: Nein
A: Aber es gibt das HVV-Training. Da kann man sich anmelden.
Ch: Das macht ein Polizist jetzt bei uns
A: So, eigentlich macht das die Landesarbeitsgemeinschaft. Es gibt über die Landesarbeitsgemeinschaft für Behinderte ein HVV-Training. Da kommt immer die eine Frau und die muss das sehr engagiert und einfühlsam machen. Aber es gibt lange Wartelisten, durchaus von einem Jahr., wenn man sich anmeldet.
R: habe ich auch gehört. Die muss bei uns ganz in der Nähe wohnen.
A: Ich glaube, dass macht die Frau X.
A: Läuft die Kassette noch, Barbara? Die müsste gleich zu Ende sein.
B: Ja
A: Cristiane, du hast da die andere Kassette
Ch: Wie rum muss man die reinstecken?
A: Ich glaube, da gibt es nur eine Möglichkeit. Nicht dass wir Weihnachten überspielen. (-2:14:24)

A: Zur Orientierung, dass würde ich gerne noch mal wissen. Mit den Erwachsenen ist es immer sehr lustig, weil sie immer erst einmal erzählen, wie schwirig es war zu diesem Treffpunkt zu kommen, wenn es ein Neuer ist. Und sie auch beim letzten Mal als ich gezielt gefragt habe, auch sagten. Also die Maren sagte: ›Ich mache Riesenumwege, weil ich immer wieder meine Wohnung als Ausgangspunkt nehme oder die Klinik oder irgendetwas, was ich kenne und ich genau weiß, wie ich von da aus zu was anderem komme. Ich weiß wie ich von meiner Wohnung zur Klinik und von der

997 Klinik zum Hafen komme. Es wäre von der Wohnung zum Hafen viel kürzer, aber ich
998 nehme es in Kauf und traue es mir eben auch nicht zu.‹
999 Ch: Ich habe eine Kollegin, die macht es genauso. Da gibt es viele.
1000 *Zustimmendes Gemurmel*
1001 Ch: Man denkt, Frauen. Aber es geht vielen so.
1002 R: Aber ich würde mal behaupten, wenn ich Jana jetzt am Wandsbeker Bahnhof aus-
1003 setzen würde, würde sie nicht nach Hause finden. Sie wüsste wohl, dass sie nach Barm-
1004 bek muss, aber sie wüsste auf dem Bahnsteig absolut nicht. Wir müssten das zehnmal
1005 trainieren, dann könnte sie den Weg. Dann wäre das kein Problem und dann könnte
1006 sie auch immer wieder von Wandsbek nach Barmbek fahren. Da darf dann nur nichts
1007 dazwischen kommen während der Fahrt, also dass die Bahn umgeleitet wird oder so.
1008 Dann wird es schon wieder schwierig.
1009 B: Ich denke, da ist auch wieder. Also wenn mein Mann wird versucht irgendwas zu
1010 erklären und meint, da fährst du nur geradeaus. Ich sage dann immer, ich habe kein
1011 Bild vor Augen. Und ich glaube, genau dass fehlt ihr grundsätzlich. Wie soll ich das
1012 erklären?
1013 A: Meinst du jetzt ein Bild, so ein räumliches?
1014 B: Ja
1015 A: Also ich brauche nämlich in meinem Kopf immer so eine Art Stadtplan.
1016 B: Genau, das meine ich
1017 A: und es gibt aber auch Menschen, die haben markante Ecken.
1018 Viele: Hm, ja
1019 A: Und bei vielen Kindern mit Hydrocephalus ist es glaube ich so, dass ihnen der
1020 Stadtplan eigentlich fehlt, aber sie manchmal den Weg wissen, wenn du ihnen im
1021 Auto fährt, weil sie die Ecken kennen.
1022 B: Ja genau. Das war schon als sie klein war. Da wusste sie wenn wir an der Ecke vor-
1023 beikommen, jetzt sind wir gleich zu Hause.
1024 *Zustimmende Gemurmel*
1025 Ch: Aber wenn zu dir jemand sagt: Mundsburg. Was ist dann in deinem Kopf? Dieser
1026 komische Straßenführung auf dem Stadtplan oder der Dettländer Bahnhof?
1027 B und andere: der Bahnhof
1028 Ch: Mir auch
1029 A: ja gut, aber als Autofahrer nicht. Wenn ich jetzt weiß, ich muss mit dem Auto
1030 fahren und ich weiß, ah, dann fahre ich über Mundsburg. Dann habe ich die Straße
1031 im Kopf.
1032 (einige: Ja Andere: Nein, den Bahnhof I: nur, weil da das Ernst-Deutsch-Theater ist
1033 Bemerkungen und Lachen durcheinander)
1034 S: Mit den Ecken, das stimmt. Wir waren im Urlaub und da Patrick gesagt ›da wohnt
1035 doch der und der‹. Das sah vielleicht ähnlich aus. Ich sage ›hä‹, wieso? Da war eine
1036 markante Ecke.
1037 G: Das stimmt, das habe ich bei Sarah auch ganz oft.

A: Und Jana (*Patricks Zwillingsschwester*) hätte gemerkt, dass es nicht diese Ecke sein kann.
S: Juli hat dann gleich gesagt ›so ein Quatsch, wir sind doch im Urlaub‹. Und er blieb stur, dass ist doch da vorne.
G: Das hat Sarah auch ganz oft.
I: Das macht Marvin auch. Der hat Null … Der sagt ›guck mal, der Zaun sieht genauso aus wie bei Oma‹.
A: Aber das ist noch was anderes, als wenn er sagt ›da wohnt Oma‹.
I: Ja, jetzt ist er reifer. Vor drei Jahren hätte er auch noch gesagt ›wohnt da Oma‹? Im Moment ist er da weiter entwickelt.
G: ›Jetzt sind doch irgendwo da, wo Papa arbeitet‹ Und wir sind völlig woanders. (allgemeines Lachen)
G: Auch so, wenn sie eingeladen war zu einem Geburtstag und sie fahren irgendwo hin, zu einem Spielhaus, wo man drinnen spielen kann.
Ch: Du meinst so eine indoor – Halle
G: Ja. Ich sage, wo war das denn, welcher Stadtteil? Ja, sie sagt entweder, wir sind über Glinde gefahren oder immer geradeaus. Ich weiß bis heute nicht, wo das war.
A: Wir müssen da schon gucken. Das geht nichtbehinderten Kindern auch so. Das ist eine Alterssache, dreizehn ist sie jetzt?
G: Dreizehn. Aber ich denke mal, dass ist auch so bei ihr: Sie sind natürlich auch sehr behütet, wir wohnen außerhalb. Sie hat wenig Kontakt nach Hamburg. Sie hat wenig in Hamburg zu tun. Sie fährt zwar morgens mit dem Bus zu Schule. Ihre Freunde sind eben im Dorf, wo sie zu Fuß oder mit dem Fahrrad hinkommen kann. Aber hier in Hamburg, da geht sie unter, das kann sie aber auch nicht wissen.
A: Dennoch ist das ein Alter, wo es bei den anderen dennoch kommt, auch wenn man auf dem Dorf wohnt, es kommt dennoch. Auch der Wunsch, es zu verstehen ›fahren wir jetzt in die Richtung, in der auch das und das liegt?‹ Sylvia, du hast das wirklich treffend formuliert:
S: Ja, das war auch ganz krass
I: Ich vergleiche das auch immer mit meinen zwei größeren Kindern. In dem Alter, in dem Marvin jetzt ist. Er ist jetzt vierzehn. Mit vierzehn haben die geguckt auf dem U – Bahnplan ›ich will jetzt da hin und sind losgefahren‹. Da brauchte ich mir gar keine Gedanken machen. Und selbst wenn der Zug jetzt da irgendwo ausgesetzt werden würde. Da hätten sie auf den Plan geguckt und wären irgendwie weiter gefahren.
A: Also gut, die wären mit vierzehn vielleicht noch ins Schwitzen gekommen.
I: ja, aber die hätten es lösen können irgendwie. Aber wenn Marvin so was passiert, dass die U – Bahn da nicht mehr weiter fährt, wo sie eigentlich weiter fahren soll. Da würde er erst einmal da stehen und. Ja, er würde es lösen über das verbale. Er würde Leute fragen und sich eine Erklärung von da holen, aber nicht von sich selbst. Ich denke, da ist schon ein Unterschied.

1078 A: Für die Lebenspraxis ist das ja in Ordnung, aber es wäre nett wenn sie selber verste-
1079 hen, wie man Probleme löst.
1080 A: Jetzt müssen wir bestimmt wechseln
1081 *(-2:29)*

1082 *(zweites Band)*
1083 (-3:57:40 bis –3:11:44 privat)

1084 A: Dann guckt doch mal auf eure Zettel, ob da irgendwas ist, was wir nicht erwähnt
1085 hatten. Über Hören haben wir noch nicht gesprochen. Aber ich glaube, dass ich das
1086 weiß mit der.
1087 Geräuschempfindlichkeit
1088 Ch: Ja, schlechte Konzentration, besser kleine Klasse
1089 R: Also ich habe noch ›strukturierten Alltag‹.
1090 A: Das sie das braucht.
1091 R: Ja
1092 A: Dass sie sich selber schwer eine Struktur geben kann.
1093 Ch: Und das merkt man jetzt auch an den Zwillingen. Früher als Kinder haben sie es
1094 beide gut gebraucht. Aber jetzt braucht Fritz das, Max nicht.
1095 A: Der macht es selber
1096 Ch: Ja. Also Fritz geht es besser mit Regelmäßigkeit.
1097 G: Wie sieht es mit den sozialen Kontakten in der Schule aus bei?
1098 S: ganz schlecht
1099 Ch: in der Schule klasse, seitdem er auf der neuen Schule ist. Leider wohnen die in
1100 alle Himmelsrichtungen.
1101 I: Marvin hat überhaupt keinen Freund.
1102 S: Patrick auch nicht. Eine Freundin, eine Klasse höher. Mit der spielt er. Das ist auch
1103 die einzige, mit der er sich verabredet. Sonst geht er nirgendwo hin, weil die auch sehr
1104 ruhig ist. Die hat auch eine behinderte Schwester. Aber sonst in der Schule, ich nehme
1105 an, die anderen sind im zu cool. Ich glaube er verabredet sich auch nicht, weil er sich
1106 nichts zutraut. Das denke ich.
1107 G: Das macht Sarah auch. Sie hat eine Freundin. Die kennt sie aus dem Kindergarten
1108 und das ist auch ganz gut. Aber das sie dann mal von sich aus, so Sonnabendvormit-
1109 tags. Ich sage ›ruf doch mal jemanden an‹. Das macht sie nicht, sich verabreden oder
1110 so. Da müssen die Leute schon auf sie zukommen. Aber das ist alles nur so am Rande.
1111 Sie ist auch nicht das Kind, dass auf andere zugeht ›Mensch, hast du nicht mal Lust
1112 heute Nachmittag zu mir zu kommen oder ich komme zu dir‹. Wenn Friederike keine
1113 Zeit hat, dann eben halt nicht.
1114 I: Bei Marvin ist es auch so, dass es auch mit dem Körperlichen zusammenhängt. Man
1115 sieht es ihm ja auf den ersten Blick nicht so an, aber er Problem mit seiner Motorik.
1116 Die Jungs in seinem Alter
1117 Ch: es geht viel über Körper

I: Ja, Fußball und Basketball und solche Sachen. Da kann er einfach nicht mithalten und hat sich ganz früh zurückgezogen.
A: Wobei, bei den Kleinen geht auch viel über Kämpfen
Ch: körperlich kämpfen?
A: Ja
I: Da hat er sich immer rausgezogen, immer
A: Die balgen sich doch noch viel im Grundschulalter
S: hat Patrick nie gemacht. Und wenn würde er gleich so wütend werden, dass er zuschlägt.
Ch.: Bei uns war immer so, dass Fritz kleiner war als alle anderen und fiel schon daher raus.
I: Marvin hat mal gesagt ›ob ich mal dahin komme, dass ich keine Angst mehr vor dem Ball habe?‹ Die trainieren jetzt immer Basketball. Das würde er sich so sehr wünschen.
R: Oh Gottchen *(ehrlich bedauernd)*
I: Ja. Ich weiß gar nicht, was ich dann sagen soll.
R: Ja
Ch: Der kommt wahrscheinlich in ungeahntem Tempo auf ihn zu.
I: Ja, klar und dann sind die anderen auch noch relativ böse: ›Marvin kommt nie an den Ball ran‹.
(zustimmendes Gemurmel)
G: Ja, und wenn sie dann nicht so schnell rankommt, gerade in Sport ist sie nicht gut. Und das merken die Kinder dann ja auch. Wenn sie dann irgendwelche Wettkämpfe machen. Also sie wird nie gewählt, kommt nie dran.
(Zustimmung)
Ch: als letzte
Alle: Ja
G: Und dann ist da schon das Problem ›oh, lauf doch mal schneller‹ und ›warum wirfst du denn nicht richtig‹. Das sind wirklich schon
I: Hat Marvin auch gesagt. Es ist der, wenn Mannschaften gebildet werden, der dann am Ende über bleibt. Das sind dann so die Erfahrungen. Das ist eine Integrationsklasse.
A: wollte ich gerade sagen. Das ist ein fieses System, das Wählen.
Ch: Kannst du dir vorstellen, dass Fritz eine psychologische Fünf kriegen sollte in Sport? Das finde ich unglaublich.
A: wieso eine psychologische?
Ch: Ja, natürlich hatte er gebockt. Wenn die sich warmgelaufen ist er gegangen
A: Jetzt noch an der KB-Schule?
Ch: Nein da jetzt nicht mehr, aber in der vierten Klasse. Da bin ich hingegangen und habe gesagt, sie kann sich das überlegen. Entweder besorge ich ein Attest und dann macht er gar kein Sport. Denn das war das einzige, was er anerkannt bekommen hatte, die Körperbehinderung. Oder sie ist jetzt mal ein bisschen sozialer.

1159 A: Und gibt ihm eine pädagogische Eins
1160 G: Das hat mich auch geärgert. Sarah machte eigentlich grundsätzlich mit. Sie ist in
1161 der Pubertät und hat jetzt ihre Regel und freut sich auch nicht auf Sport. Trotzdem,
1162 sie hat ihre Regel und sie macht grundsätzlich den Sport mit. Sie hat auch noch nie
1163 gesagt ›heute mag ich nicht oder jetzt setze ich mich nur hin‹. Sie macht mit, obwohl
1164 sie ständig gehänselt wird und dass auch nicht so ihr Ding ist und sie kriegt eine vier.
1165 A: Aber sie hat vielleicht noch mehr Angst davor, gehänselt zu werden, wenn sie nicht
1166 mitmacht.
1167 G: Oder auch da sitzt und sagt ›ich habe meine Regel‹
1168 *Zustimmung*
1169 A: ich glaube eigentlich nicht, dass sie
1170 G: Sie sind ja auch schneller in der Pubertät als die anderen Kinder. Dadurch war sie
1171 sowieso schon entwickelt und hat ihre Probleme gehabt. Und sich dann auch noch
1172 hinsetzen und.
1173 A: Dabei mag sie bestimmt nicht so gerne Sport
1174 G: Das glaube ich auch. Obwohl sie ist immer dabei und sie kriegt eine vier. Aber ich
1175 mein, sie bemüht sich und macht und tut. Warum kann man da nicht sagen, ich mein
1176 Sport ist doch kein so wichtiges Fach, dass man dabei mal ein bisschen honoriert, dass
1177 sie sich bemüht.
1178 B: Aber diskutieren tun die Jugendlichen in dem Alter dreizehn, vierzehn auch noch
1179 nicht drüber mit Gleichaltrigen.
1180 A: Doch, wenn sie Gemeinsamkeiten entdecken, dann genießen sie das.
1181 B: Ja? Also immer wenn Nina mal mit was kommt, dann sage ich ›kannst doch mal
1182 auf einer Freizeit besprechen‹, nee.
1183 A: Nein, das ist so, wenn sie merken, einer sagt ›das würde ich jetzt nicht wieder fin-
1184 den‹ und die anderen sagen ›du, ich auch nicht‹. Dann freuen sie sich.
1185 *(Lachen)*
1186 Das sie jemanden haben, dem es ähnlich geht. Aber sie kommen nicht an und sagen,
1187 ich habe das und das Problem.
1188 Ch: Wie ist sie denn mit dieser schnelleren körperlichen Entwicklung zurechtgekom-
1189 men?
1190 G: Auch schwierig, sie wurde dann gehänselt. Es war nicht ganz einfach. Dann kamen
1191 die Pickel dazu und wo sie kam nach Hause und hat geweint, weil die andern gehän-
1192 selt haben. Ch: die anderen kriegen auch Pickel.
1193 I: später, alle später
1194 G: Und die anderen sind dann vielleicht noch nicht so reif. Sie war von der ganzen
1195 Art, gut, sie hat sehr viel gespielt. Aber sie war auch reifer und sagte sich, gut der an-
1196 dere hat das und das und dann akzeptiere ich das, was der sagt was die anderen Kinder
1197 nicht tun. Die boxen dann immer drauf, hänseln und tun. Da war sie wirklich schon
1198 sehr bedrückt, also für uns war das schwierig, dass sie sich immer mehr zurückgezogen
1199 hat. Sie war nur zu Hause und eben nur die Leute, zu denen sie einen engeren Kontakt

dann hat und gut kennt. Sie ist dann. Auf der Klassenreise war es schwierig, die hat sie immer gerne mitgemacht.
Jetzt Konfirmation, sie wäre gerne zur Konfirmation gegangen und hätte sich konfirmieren lassen, aber es war keiner von ihren Freundinnen dabei. Gut, hat sie sich gesagt, machst es alleine, stört mich auch nicht. Dann haben sie aber von der Kirche, gleich das erste Wochenende, bevor die Kinder sich überhaupt kannten, die zusammen Konferunterricht haben sollen, eine Ausfahrt gemacht. Da hat sie gesagt, dass mache ich nicht mit, das möchte ich nicht.
Ch: Genau das gleiche habe ich vor einer Woche erlebt, so was Bescheuertes.
G: Wir haben uns mit dem Pastor auseinandergesetzt. Er meinte, nein, sie muss mitmachen. Da gibt es überhaupt keine Diskussion. Wir können sie natürlich morgens hinbringen und abends abholen und das ging über drei Tage.
A: Wie steht sie denn dann vor den anderen da!
G: Da sagt Sarah zu mir, wie soll ich denn das erklären? Nee, sagt sie, dann werde ich mich wohl nicht konfirmieren lassen.
Ch: Dann würde ich aus der Kirche austreten
G: Das Problem ist, sie kennt da keinen und sie ist nicht das Kind, was da jetzt drauf zugeht und sagt, ›hallo, ich bin Sarah‹
A: Das wundert mich. Das ist bei Nichtbehinderten mit dreizehn genauso, dass sie nicht so ohne weiteres so eine Freizeit machen würden, wenn die keinen kennen?
(zustimmendes Gemurmel)
I: Das ist genauso
Ch: Fritz hatte einmal Konfer vorher. Und da hat der Pastor gefragt, ich habe dran teilnehmen dürfen, weil ich sonst vor der Tür gesessen hätte, so. Dann hat er gesagt, dass die, die nur einen kennen sich mal melden sollen, dann wer zwei oder wer drei kennen würde. Und Fritz Hand ging hoch, war natürlich klasse, aber ok. Dann war das aber auch so, dass nach diesem ersten Mal Konfer die Konfirmandenfreizeit stattfand und wo auch Max mitfahren sollte und am Bus haben sie mir beide erklärt, sie fahren da nicht mit. Ich finde es auch ein bisschen früh. Aber wir haben da nicht lange drüber geredet. Ich war natürlich sehr traurig darüber. Aber letzte Woche, beim nächsten Konfer sind sie beide hingetapert.
B: Geht es euch auch so, dass ihr eure Kinder gerne vor etwas bewahren wollt? Also ich mache vieles, wo ich im Vorwege schon versuche vorzubauen, dass was negatives eintreten könnte. Also ›brauchst doch eh nicht zu fragen, weil, was weiß ich‹. Ich versuche schon im Vorwege eigentlich ihr Schmerz zu ersparen.
A: Das machst du bei deinem Sohn nicht?
B: So nicht.
Ch: Ich mache mir so große Selbstvorwürfe, dass ich das vor dieser Konferfreizeit nicht gemacht habe.
B: Ja, aber es ist auf der anderen Seite,

1240 Ch: Ich hätte mit dem Pastor sprechen können und sagen können, das und das sind
1241 seine Probleme. Auf der anderen Seite habe ich mir gesagt, jetzt langsam wird er groß
1242 und du musst ihn auch mal loslassen. Und du musst auch mal sehen, wie er reagiert,
1243 ohne dass du immer hilfst und.
1244 B: Manchmal sind das so Erfahrungen, da denkt man, ach.
1245 G: Manchmal behütet man zu sehr.
1246 B: Ja
1247 S: Aber bei mir es besser geworden. Bei mir war das auch mal so, aber jetzt ist es schon
1248 so, dass ich sage, wenn sie das kann, dann kann er das auch. Ich habe den Eindruck,
1249 dass das ganz wichtig ist, denn dadurch ist er auch manchmal vielleicht so, weil er sich
1250 auf mich verlassen hat, hat vorher abgecheckt. Die merken das auch.
1251 R: Na ja, Jana hatte früher immer ganz viele Freunde und mit der Pubertät hörte das
1252 langsam auf, wurde immer weniger und immer weniger und da war eine lange Zeit,
1253 da hatte sie, außer denen bei ASBH, keine. Und ich habe mich auch zurückgezogen.
1254 Früher habe ich oft für sie irgendwo angerufen, weil sie das nicht wollte. Sie hat dann
1255 immer gesagt, wenn ich fragte ›willst dich nicht verabreden oder so‹,›nö‹. Dann habe
1256 ich das für sie übernommen und irgendwann gedacht, du kannst ihr das nicht immer
1257 abnehmen, diese ganzen sozialen Kontakte. Dann habe ich das eingestellt mit dem Er-
1258 folg, dass sie keine sozialen Kontakte mehr hatte. Dann habe ich mit meiner Schwester
1259 mal darüber gesprochen und meine Schwester meinte, mach das doch einfach wieder,
1260 gib ihr die Möglichkeit wieder, mach das für sie, ruf da an, vielleicht kommt sie so
1261 wieder bei bisschen aus sich raus.
1262 B: Nina macht das selbst, das ist es nicht.
1263 R: Und ich denke, wenn wir irgendwo unterwegs sind und ich schiebe sie über eine
1264 Schwelle, dann helfe ich ihr auch und lasse sie dann auch nicht stehen und sage, sieh
1265 doch zu, wie du da alleine rüberkommst und so ist es auch mit dem Telefonieren.
1266 B: Also bei mir ist es so, zum Beispiel hat Nina jemanden aus der Grundschulklasse
1267 angerufen und meinte, ich könnt mich doch mal wieder mit der verabreden. Die sich
1268 nie gemeldet haben und da baue ich zum Beispiel vor und sage, du mit hast du doch
1269 gar keinen Kontakt mehr.‹ Weil, meistens bringen sie irgendeine Ausrede, warum sie
1270 sich nicht mit ihr treffen und ich weiß natürlich um diese Ausrede. Vielleicht ahnt sie
1271 es oder vielleicht ahnt sie es auch nicht. Aber das ist ein Schmerz, den ich ganz schwer
1272 zulassen kann.
1273 A: für dich
1274 B: Ja, für mich. Es ist tatsächlich so. Aber ich glaube, mittlerweile merkt sie schon.
1275 Wenn jemand sagt ›ich komme vorbei‹ oder ›ich melde mich dann bei dir‹ und dann
1276 passiert nichts. Ja, dass sind schon so Dinge, ich finde sie *himmelarschverlogen (?)*
1277 R: Ja sicher.
1278 *(Betroffenheitspause)*
1279 B: Und ich denke auch bei euch *(zu Ch)*, die Vergleichbarkeit, ihr habt immer dasselbe
1280 noch mal vor Augen hat, das ist für das Kind

Ch: Ach, ja.
B: Das ist für das Kind, doch auch, wo du denkst, er leidet, ist doch auch ein Schmerz. Ich denke, er sieht ja immer seinen Bruder. Bei einer Schwester ist es, die ist anders geschlechtlich, vielleicht noch mal ein Unterschied, aber.
S: ja das war ganz schlimm als sie zusammen in einer Klasse waren, das ging gar nicht. Aber nachher ist man immer schlauer. Das war schon ganz wichtig. Die haben sich jeder auf die eigene Klasse jetzt gefreut.
Ch: wann hast du das gemacht, gleich nach der ersten? Ach nein, weil er ja zurückgegangen ist.
S: genau
I: Ich habe auch Zwillinge, die großen. Ich habe sie von Anfang an in unterschiedliche Klassen gegeben.
S: Das hätte ich auch machen sollen.
A: ist nur praktisch nicht immer so einfach.
S: Aber, das hätte ich auch gemacht.
A: Aber einer muss dann zu denen aus den anderen Dörfern.
S: Patrick ist jetzt trotzdem irgendwie bei den andern und das stört ihn gar nicht. Er ist jetzt mit seinem Cousin in einer Klasse, was sehr gut ist, denn das ist der einzige, mit dem er auch noch spielt.
B: Und ärgern sich deine Kinder, so ›ätschi bätschi, ich bin ja viel weiter als du.‹
S: Nö, na, Jana bring schon mal so einen Spruch, dass sie sagt: ›ja toll du warst ja schon mal in der Zweiten, ist ja klar, dass du das jetzt kannst‹. Aber nein, das geht, das ist ok. Aber das habe ich auch gesagt, das finde ich nicht gut. Dafür kann der andere anderes besser. Das ist ok. Aber sie merkt schon, dass er hinterher ist. Sie sagt zu mir manchmal, wieso ist er jetzt schon wieder so. Er begreift auch nicht, dass er einen Hydrocephalus hat. Er weiß schon, dass er operiert wurde und so. Aber ich habe gedacht, wenn er dass nämlich jetzt weiß, also das bringt ja nichts. Er weiß schon, dass er operiert wurde und so. Das weiß ich genau, dann würde er sagen, ›na ist ja auch klar, ich war ja auch immer krank‹. Das weiß ich.
I: Marvin weiß das. Er hat ja große Geschwister und die triezen ihn teilweise auch ganz schön.
Aber seine Krankheit, die bringt er eigentlich da nicht ein. Da versucht er sich so zu wehren.
S: Toll
I: Obwohl, manchmal sind die auch ziemlich gemein und da würde ich ganz gerne schon sagen 'so aber nicht‹. Aber ich denke dann, bei Geschwistern, wo keiner krank ist, ist das auch ähnlich. Es ist eben dieses, man muss sich zurücknehmen um ihnen nicht immer zu helfen.
A: Aber bei euch ist wenigstens so eine natürliche Rangfolge da. Da sind die zwei Großen und dann ist ein großer Altersabstand und dann kommt er.
I: Ja

1322 A: Und schwierig ist es immer bei den Zwillingen oder gar - aber das haben wir hier
1323 jetzt gar nicht – wenn das ältere Kind das mit der Behinderung ist und die Kleinen
1324 überholen. Das ist ganz schwierig.
1325 R, Ch: Mhm, für alle
1326 A: Also das ist ganz schwierig, für alle in der Familie.
1327 Ch: Also für Max ist es einfach die körperliche Entwicklung schwierig, weil bei ihm
1328 passiert gar nichts. Fritz ist voll behaart, der Penis wächst. Deshalb habe ich schon
1329 gefragt, wie kommt ihr damit zurecht. Und Fritz freut sich ein Loch im Bauch.
1330 *Lachen von allen*
1331 Ch: Max lässt das dann an anderen Stellen echt aus. So nach dem Motto, ›du kannst
1332 das nicht und das nicht‹. Fritz sagt dann ›lass mich in Ruhe‹.
1333 A: Hast du den Comic gesehen in dem Heft ›Hydrocephalus und du‹?
1334 S: Ich habe den gesehen.
1335 *Lachen von mehreren*
1336 S: Muss das so sein oder muss das nicht so sein?
1337 A: Das muss nicht so sein. Es ist aber häufig so, es sind aber eher die Mädchen. Also
1338 die Mädchen haben ganz oft eine vorzeitige Pubertät, die Jungs nicht unbedingt.
1339 Ch: Also das ist schon früh, jetzt ist er dreizehn
1340 A: Das ist schon sehr früh.
1341 Ch: Ja, das finde ich nicht so schlimm, aber bei ihm fing der Penis schon mit neun an
1342 zu wachsen. Das ist schon echt früh.
1343 S: Oh, ja.
1344 A: Man kann dann medikamentös die Entwicklung aufschieben. Das muss man nur
1345 rechtzeitig anfangen. Also wenn du die ersten Anzeichen siehst, musst du handeln.
1346 S: Also das ist bei ihn glaube ich nicht. Also er sieht ja nicht mal aus, als wenn er neun
1347 wäre.
1348 A: Das hat leider nichts zu sagen.
1349 Ch: Das hat nichts zu sagen.
1350 *(Frage von jemanden: Ist es diese Broschüre? Dadurch Parallelgespräche ist sehr viel unver-*
1351 *ständlich.)*

1353 A: Also mich würde jetzt noch interessieren, wenn da noch jemand was auf dem Zettel
1354 hat, was wir noch gar nicht angesprochen haben.
1355 S: Ich hatte noch, wie wichtig eine I - Klasse ist, wenn das Kind auf der normalen
1356 Grundschule ist. Aber das ist wahrscheinlich hier wohl jetzt gar nicht das Thema.
1357 I: Was ich noch hatte …
1358 A zu S: Ihr könnt ja noch Telefonnummern austauschen, wenn du z. B. denkst, dass
1359 dir bei der Frage Christa noch helfen kann.
1360 Ch: wir beide haben schon mal den Ansatz gemacht. Du kannst mich gerne immer
1361 anrufen. Ich habe deine Nummer auch noch.
1362 S: Mhm

I: Marvin ist ja auch in einer I – Klasse, also wir können auch sprechen
A: Ihr müsstet aber die Nummern austauschen, ihr seid nicht auf einer gemeinsamen Liste.
(kurze Pause)
I: Was ich noch hatte, was mir noch aufgefallen ist als er noch jünger war: Er hat eigentlich nie selbstständig irgendetwas gespielt, Legosteine, irgendwas, überhaupt nichts. Es lag alles nur rum. Nur wenn jemand dabei war.
S: Bei Patrick ist es so, der spielt nur selbstständig. Der geht in sein Zimmer, der ist drei Stunden weg. Den hätte ich bald einmal vergessen. Aber spielt dann auch nicht, also gut er spielt Lego, aber er würde nie etwas nachbauen, was viele Jungs in dem Alter machen.
A: Also er spielt so Rollenspiele?
S: Na ja, er spielt mit Stofftieren. Er hat für jedes Stofftier ein Haus gebaut und die besuchen sich dann gegenseitig. Er baut auch mit Lego, aber was er dann will.
A: Das sind mehr die kleinen Rollenspiele.
S: Ja.
A: Das ist eigentlich typisches Mädchenspiel
G: Sarah auch, stundenlang.
S: Und damit ist er zufrieden, und das ist auch ok.
G: Lego, Playmobil, *Blizz (?)*, diese Figuren. Da werden im ganzen Zimmer Pferdeställe aufgebaut, Puppenhäuser aufgebaut. Und das geht stundenlang und bleibt stehen. Das hat sie von vornherein gemacht. Das fing an mit der ›baby born‹, mit der hat sie stundenlang gespielt, und geht bis heute. Jetzt sind es die Schleich – Tiere ja den Kindern. Jetzt steht das alles da oben. Es ist weniger geworden. Das merke ich auch an den schulischen Leistungen im letzten Jahr, dass es dadurch auch besser geworden sind. Früher hat sie eigentlich immer nur spielen wollen, alles schnell weg, unwichtig, und spielen. Und nun hat sie doch schon, dass das etwas nachlässt. Sie interessiert sich jetzt schon eher mal mehr für Jungs und Mode und das Spielen lässt ein bisschen nach. Aber es ist doch immer noch mal.
S: Was hat Marvin denn dann früher so gemacht?
I: Er hat Bücher angeguckt, Kassetten gehört.
Ch: Das stimmt.
I: Und das macht er immer noch. Er zieht sich in sein Zimmer zurück, guckt Bücher an, liest alles Mögliche und weiß unheimlich viel, weil er alles Mögliche liest. Er hört immer noch Kassetten, CD‹s teilweise mit ganz viel Musik auch. Aber so Sachen wie Lego spielen oder irgend so was Rollenspiele, das hat er nie gemacht.
B: Und Gesellschaftsspiele, mögen eure Kinder Gesellschaftsspiele?
I: Das auch, ja, aber nur wenn andere mit dabei sind. Das kann er ja auch schlecht alleine machen. Das macht er dann auch, aber.
Ch: Und wie lange?
I: Das geht eine ganze Zeit.

1404 Ch: Fritz spielt jetzt gerne Uno.
1405 S: Ja, Uno spielt Patrick auch.
1406 Ch: Aber nicht so lange.
1407 S: ›Mensch ärgere dich‹ hört er auf, wenn es dann brenzlig wird. *(alle lachen)* Und nur
1408 mit Überreden angefangen.
1409 Ch: Ja, nur mit Überreden.
1410 S: Aber freiwillig nicht.
1411 *(zustimmendes Gemurmel)*
1412 I: Angefangen hat er schon freiwillig. Aber dann ist er einfach weggegangen, einfach
1413 weggegangen. Die erste Zeit ging und – ich kann das zeitlich nicht so einordnen.
1414 Ch: bei uns sind es zehn Minuten
1415 I: Ja, zehn Minuten oder eine Viertelstunde und dann ist er einfach weggegangen und
1416 wir haben gespielt.
1417 Ch: Und dann kommt er mal wieder und guckt, wie es steht.
1418 I: Ja, so was.
1419 A: Christa, hast du irgendwas auf dem Zettel?
1420 Ch: Nein, du kannst meinen Zettel auch behalten. Aber da steht nichts mehr drauf.
1421 Doch, dass man die Lehrer schulen muss.
1422 Alle: Ja
1423 Ch: Weil die keine Ahnung haben, was das ist. Und bei euch ist das offensichtlicher,
1424 wenn das Kind im Rollstuhl kommt.
1425 B und R: Trotzdem
1426 A: Barbara sagt auch, die Lehrerin sagt, es ist eher Bockigkeit, dass sie es nicht versteht.
1427 B: Und wirklich. Ich muss mich selbst als Mutter auch mit rannehmen. Ich weiß es
1428 auch und du *(zu Irene)* sagst auch deine älteren Kinder wissen das. Trotzdem man hat
1429 nicht immer die Nerven, zu sagen sie ist arm dran, wenn sie wieder mal langsam ist,
1430 wieder mal nicht trinkt, wieder mal.
1431 Ch: oder erst nach dritter Aufforderung irgendwas tut.
1432 B: Das sind Sachen, da muss man bedenken, die sind Menschen und wir sind Men-
1433 schen.
1434 Ch: Ja, aber weißt du was: Die müssen es zumindest einmal gehört haben, was es ist
1435 und was die Probleme sein können.
1436 A: die Lehrer
1437 Ch: Ja, es kann doch nicht angehen, dass im Zeugnis steht ›will nicht‹. Und dann so
1438 ein Stempel als verhaltensgestörtes Kind kriegt.
1439 (Pause)
1440 *(-4:17:10)*

1441 B zu Antje: Hat dich das denn jetzt weiter gebracht, was wir so erzählt haben
1442 Ch: Das wusstest du alles schon.
1443 S: Ja

A. Das meiste wusste ich, ja. Es wird eher schwieriger das dann auszudifferenzieren. Wir müssen gucken, was die Ursache vom Hydrocephalus. Der Hydrocephalus ist ja ein nur Symptom.
S: Und wenn du jetzt einen Fragebogen machst für uns oder ein paar mehr und wir das dann alle einzeln beantworten. Kannst du es dann nicht besser auswerten?
A: Man muss es ja auch dingfest machen an einzelnen Beispielen. Man kann nicht fragen, hat das Kind ein Abstraktionsvermögen oder hat es eine räumliche Vorstellung. Also das kann ja niemand beantworten.
S: Ja, ein Beispiel machen.
A: Man muss Beispielfragen haben. Also ›räumliche Orientierung‹ aufzudröseln muss man Fragen haben so in der Richtung ›wenn der alleine in der Stadt steht, würde er nach Hause finden?‹ oder ›kennt er bekannte Ecken, weiß sie aber?‹ Und da könnt ihr mir bestimmt noch einmal helfen, weil ihr die Alltagsbeispiele habt. Ich muss sie konstruieren.
S: Und so Berichte, die würden nichts bringen? Z. B. vom Werner – Otto – Institut?
A: Das ist auch eine Überlegung, die sehr wohl da ist, um auch zu gucken, was sagen die Berichte und wie entwickeln sich die Kinder.
Ch: Eben, dass du die Berichte alle kriegst
A: Dann muss man sich natürlich auf eine kleinere Zahl beschränken.
Ch: Das könntest du ja vielleicht für diese Gruppe oder für zwei, drei, vier mehr.
A: Ich habe mir gedacht, wie komme ich an die Berichte. Die Kinder sind ja meist gut diagnostiziert. Da habe ich hier im Kinderzentrum und in Berlin und in Mainz angerufen, wo ich jeweils die Psychologen kenne. Und habe auch die Berichte, aber sind natürlich so unterschiedlich welche Tests sie anwenden. Da habe ich das erst einmal wieder weggelegt. Jeder hatte so zwei, drei Berichte geschickt. Aber es waren große Unterschiede zwischen den Instituten.
Ch: Wen hast du im Kinderzentrum angefragt?
A: Frau X

B: Ich finde, diese Tests die treffen es auch nicht
S: Nee, finde ich auch
B: die gehen an den Kindern total vorbei.
S: Ich habe jetzt mit Patrick einen Dreistundentest im Kinderzentrum und stehe da wie der Ochs vorm Berg und weiß gar nicht, was ich machen soll. Das stehen die Abkürzungen und mit den Punkten, die er erreicht hat.
A: Das kommt auf den Test an Ich kenne die Tests nicht, die sind ja inzwischen alle neu entwickelt. Es gibt jetzt auch einen zur Dyskalkulie, haben die Bremer entwickelt.
S: Aber ich finde die Tests sind nicht. Da wurde er gefragt, ›wie alt bist du‹, ›ja acht‹, ›wie alt bist du nächsten Jahr?‹, ›sieben‹ hat er dann gesagt. Das hat er *(der Tester)* gleich so ausgemerzt, dass er gar kein Verständnis hat. Wenn ich ihn heute frage, weiß er das und er weiß auch, wie alt er übernächstes Jahr ist. Aber das wird dann gleich festgehalten.

1485 A: Das ist immer die Frage mit der Situation und eine Momentaufnahme.
1486 S: Ja, und das aber nach zwei oder drei Stunden
1487 R: In den Tests ist Jana immer hochgradig schlecht.
1488 Ch: und dann hat er gesagt, dass Kind ist nicht so intelligent oder so was?
1489 S: ja, er hat schon gesagt, dass er im unteren Intelligenzgrad.
1490 A: Bei Patrick? Hat er einen Quotienten angegeben?
1491 S: Ja, ich habe das mit und kann es dir gleich zeigen.
1492 B: Eigentlich ist das ist eine Aussage, so wie du gesagt hast. Du stehst genauso da wie
1493 vorher und weiß auch nicht weiter. Das trifft doch genau den Punkt. Man kann es
1494 doch generell gar nicht festmachen.
1495 S: Kann man auch nicht.
1496 I: Das ist eine Momentaufnahme, was da gemacht wird.
1497 B: Mal ist es so und mal ist es so. Man kann sagen vielleicht, tendenziell kein Orien-
1498 tierungssinn, oder so.
1499 S: Ich habe den Test. Ich wollte dich sowie dazu was fragen.
1500 A: Den kann ich mir ja am Ende kopieren.
1501 Ch: Sonst lies mal vor, was er zu dem IQ meint, wenn du das sagen magst.
1502 S: ist das nicht der IQ da vorne
1503 A: ICD, nein. Das ist ein internationales Klassifizierungsmerkmal.
1504 S: Dann hat er es nicht gesagt. Aber es steht da drin, dass es unteres Niveau ist.
1505 Ch: Ich meine, bei uns war damals eine Zahl genannt, aber auch so.
1506 A: Das ist ein Problem, für eine Untersuchung, das ich habe. Man sagt, wenn es unter
1507 75 ist, dann ist es eben eine Lernbehinderung, also eine Retardierung.
1508 Ch: Ich glaube, es waren 85
1509 A: Insofern muss ich sagen, ich kann nur Kinder einbeziehen, die über 75 haben.
1510 Denn sonst sind es gar keine besonderen Teilleistungsstärken und Teilleistungsschwä-
1511 chen, sondern das ist eben in der Wissenschaft und in der Pädagogik eine allgemeine
1512 Retardierung. Dann ist die Retardierung eben ein bisschen mehr da oder da. Ja, lei-
1513 der auch in der Pädagogik. Und für die Schule hieße es dann nämlich, Kinder mit
1514 normaler Intelligenz. Normaler Intelligenzquotient ist von 85 bis 115, 100 ist der
1515 theoretische Durchschnitt.
1516 R: Aber dann müssen sie den machen, den sie mit allen machen. Sonst können sie
1517 doch gar keine Aussage machen.
1518 A: Das ist auch so. Sie nehmen manchmal schon zeitfreie.
1519 I: Ich muss sagen, bei Marvin ist so was nie gemacht worden.
1520 A: Muss ja auch nicht.
1521 I: Ich war Jahre im Kinderzentrum im Institut und habe seine Schwierigkeiten ge-
1522 schildert.
1523 S: Also mir hat das gar nichts gebracht. Weil er sagt jetzt, am besten sei eine I – Klasse.
1524 Aber die habe ich ja nun einmal nicht. Ja, was soll ich machen?
1525 *(Lachen)*

Ch: warum hast du ihn dann testen lassen?
S: Weil er hat die Probleme hat, speziell in Mathe. Ich hatte 1 ½ Jahr Lerntherapie, was ein Heiden Geld gekostet hat und mini minimal was gebracht hat und letztendlich auch nicht. Und irgendwann sagst du, das kostet ja auch einen Heiden Geld und ich höre damit auf. Nun ist er eine Klasse runter gegangen und merkst du, er geht wieder an seine Grenzen. Und ich sagt, vielleicht kann man was machen. Da sagte die Ärztin im Kinderzentrum ›ja, dann machen wir einen psychologischen Test‹. Man kann ja noch mehr machen. Aber wenn das jedes Mal das Ergebnis ist, dann brauche ich das nicht.
Ch: Wer hat das denn gemacht?
S: Das hat Herr Y gemacht. Kennst du den?
Ch: Ja, der hat es mit Fritz auch gemacht. Und ich fand, der hat ihm im Test auch, er wollte ihm auch seine Grenzen zeigen, weißt du. Wenn Fritz ›Scheiße‹ gesagt hat, dann ›so was sagt man nicht‹ und auch ziemlich zynische Bemerkungen. Also ich muss sagen, dass mir das nicht gut gefallen hat mit Herrn Y. Mal abgesehen davon, dass das alles negativ war, was rauskam.
S: Wir waren fasziniert und es war schon toll. Nur er hat wirklich drei Stunden am Stück das gemacht. Er hat immer mal gefragt ›willst du eine Pause machen‹ und Patrick hat gesagt ›nein, will ich nicht‹. Und ich fand, er hat die Sachen gut gemacht.
Ch: Patrick?
S: Ja, finde ich schon. Er hat es recht langsam gemacht und nicht alles gleich. Einiges auch falsch, wo das wieder mit Zahlen so war. Aber sonst, fand ich es ganz gut.
Ch: Aber ich finde, allein die Langsamkeit hat schon Auswirkungen auf die Beurteilung der Intelligenz.
S: Ja, das ist es wahrscheinlich das.
A: Das ist ›leicht unterdurchschnittlich bis unterdurchschnittlich‹ (steht hier).
Ch: Das steht bei Fritz auch. Ich guck noch mal nach.
A: würde ich ihn eigentlich nicht so, aber ich habe ihn auch jetzt länger nicht gesehen.
S: Ich sage ja, es ist eine Momentaufnahme. Aber es ist ja völlig, ich finde es jetzt nicht wichtig.
A: Das, was ihr eben sagtet. Das Gedächtnis für Gehörtes ist knapp durchschnittlich. Da ist er also besser als im allgemeinen. Vor allem Dingen aber Gedächtnis für Gesehenes ist deutlich beeinträchtigt. Das sagtest du auch mit dem Tafelbild. Ich meine, dass ist natürlich die Sache, dass man dass der Lehrerin zeigen kann.
Ch: Das sollte ich vielleicht machen, jetzt nach ein paar Jahren.
S: Aber was soll man jetzt machen? Ich weiß es nicht, aber gut.
A: Dann musst du dir Tegelweg einmal angucken. Das wäre die Körperbehindertenschule in Farmsen, Tegelweg.
S: Das ist dann eine normale Schule, so mit Integration?
A: Nein, nur körperbehinderte Kinder, wobei die in der Regel auch alle leicht lernbehindert sind, leicht bis auch schwerer.

1567 Ch: In der Tengeler Straße sagen sie jetzt z. B. schon Hauptschulabschluss ist gar nicht
1568 mehr.
1569 A (zu Barbara): Im Hirtenweg, machen die noch Hauptschulabschluss?
1570 B: Die werden dann eigentlich ausgelagert und kommen zum Nordener Kirchenweg.
1571 S: wo sind denn die Nachteile nun von einer Förderschule?
1572 A: Er kann auch auf eine Förderschule gehen.
1573 S: Oder kann man auch in eine Förderschule gehen und nach zwei Jahren, wenn er gut
1574 ist, wieder auf eine normale, geht das oder geht so was nicht?
1575 A: Das geht auch. Die wäre dicht dann.
1576 S: Ja in Trittau, ich bin ja Schleswig-Holstein. Aber da ist auch die Frau X, die in Sta-
1577 pelfeld an der Schule ist.
1578 Ch: Ich kann dir nur empfehlen, dir das anzugucken so nach dieser Erfahrungen, die
1579 ich mit Fritz gemacht habe.
1580 A: den Tegelweg.
1581 Ch: nee, oder das, was du da hattest
1582 S: die Förderschule
1583 Ch: Ich weiß nicht, was fördert die?
1584 A: die in eurer Nähe
1585 S: Das ist eine allgemeine Förderschule und das ist das Problem, wo ich denke da wird
1586 er untergehen, denn das sind auch welche, die dann so Rabauken sind.
1587 *(Zustimmendes Gemurmel)*
1588 A: Deshalb könntest du durchaus Tegelweg als Alternative angucken und dann legst
1589 du mehr Wert drauf, dass der eine Körperbehinderung hat.
1590 Ch: Und da wird auch ganz viel für seinen Körper getan.
1591 S: Wieso soll ich eine Körperbehinderung durchkriegen.
1592 A: Eine Verhaltensauffälligkeit hat er ja nicht…
1593 Ch: Was hat er denn körperlich?
1594 S: Motorisch ist er wie Jana, also körperlich hat er nichts
1595 Ch: Es sei denn, HC wird als Körperbehinderung anerkannt.
1596 B: Also ich denke, auf dem Hirtenweg bei Nina in der Klasse sind auch durchaus
1597 Kinder, die weniger was Körperliches haben.
1598 A: Früher, früher, das waren auf den Körperbehindertenschulen sogar Bluter. Das
1599 zählte als Körperbehinderung.
1600 I: Also das kann man doch rausfinden, indem man da einen Termin macht.
1601 S: Ja, man muss sich einfach schlau machen.
1602 A: Also ich glaube, wenn du dir eine Schule aussuchst, Sylvia, die du gerne willst. Das
1603 wäre eigentlich der erste Schritt und dann kämpfen wir dafür, dass du diese Schule
1604 kommst. Dann ist eine solche Untersuchung wichtig und eine Empfehlung. Dann
1605 gehst du noch einmal zu Herrn Y oder zu einem Arzt dort und sagst, ›ich habe mich
1606 gut umgehört und z. B. mich dafür entschieden, z. B. für den Tegelweg, denn in
1607

Trittau ist das oder das. Und das kriegst du auch Gutachten, dass diese Schule für ihn angemessen sei.‹
S: Mhm
A: Und die nächste Körperbehindertenschule in Schleswig-Holstein ist erst in Lübeck. Und das machen sie nicht, weil dann für das Land die Fahrtkosten nach Lübeck noch größer sind als zum Tegelweg.
S: Mhm, und wie ist das mit einem Zivi oder so? Gibt es so was für die Klasse, das wäre toll.
B: Hat Nina auch gehabt, vier Jahre lang.
Ch: Also das gibt es an den Körperbehindertenschulen für die Klasse oder du kannst ihn aber auch einen für dein Kind beantragen.
A: jetzt an der Grundschule.
Ch: Das gibt es auch an der KB Schule.
S: Kann man das machen? Das wäre toll.
Ch: Es gibt Schüler, die ihren eigenen Zivi haben oder Betreuer.
A: Dann sind natürlich solche Gutachten eher hilfreich, wenn es schlechte Gutachten sind.
R: Zu irgendwas müssen sie ja gut sein.
(Lachen von allen)
S: Das fände ich interessant, das wäre toll. Das wäre schon das, was reichen würde, wenn er einen hätte, der ihn anstößt und sagt ›na.‹ Auch bei den Hausaufgaben.
Ch: Dann hast du jedes Jahr einen anderen Zivi. Und einer hilft ihm und einer …
I: Die bleiben ja nicht mehr lange, die bleiben ja nur noch neun Monate.
Ch: Manche verlängern.
A: Der Schulleiter wäre ja nicht dagegen.
S: Der wäre für die ganze Klasse gut. Die suchen ja wieder jemanden.
Ch: Ich weiß nicht.
A: Es hat auch Nachteile, meint Christa.
Ch: Fritz war immer die Ausnahme mit diesem Zivi.
S: Na, ja, aber so allgemein
A: Es gibt auch so nette Zivis, die machen dann alles für das Kind.
S: Das habe ich gerade abgelegt!
(Lachen)
Ch: Die machen auch alles für die Klasse.
S: Ja, aber das kann man ja.
A: Die dann praktisch für das Kind die Hausaufgaben machen. Es ihm diktieren. Also Ute, die jetzt nicht hier ist, die hat damals gesagt. Oh, das war sie mal ganz in Brasst und sagte ›was er gelernt hat in vier Jahren Grundschule war, wie man den Zivi dazu kriegt die Hausaufgaben zu machen.‹
Ch: Genau, Fritz hat den auch zu allem Möglichen gekriegt.
(Lachen)

1649 A: Und da habe ich noch gesagt, das ist aber auch eine Fähigkeit, die Hilfe zu orga-
1650 nisieren
1651 S: Ich finde es trotzdem sehr interessant.
1652 A: Man muss nur aufpassen, den Zivi entsprechend zu instruieren. Also der Schullei-
1653 ter muss mit einverstanden sein und dann läuft das eigentlich. Du musst den Antrag
1654 stellen beim Kreissozialamt.
1655 Ch: Hast du denn eine Lehrerin, die das mitmachen würde?
1656 S: Ja
1657 A: Die Lehrerin macht das mit. Und dann wird es darauf hinauslaufen, das Gesund-
1658 heitsamt. Hat er eigentlich eine Pflegebedürftigkeit?
1659 S: Nein, nicht mehr.
1660 A: Das ein Arzt von Gesundheitsamt das entscheidet.
1661 S: Ich bin jetzt gerade mit dem Amt für soziale Dienste wegen des Schwerbehinderten-
1662 ausweises. Ist das eigentlich das gleiche Amt?
1663 A: Nein, das ist natürlich ein anderes Amt. Das wäre zu schön gewesen, das hätte ich
1664 dir gerne erspart, ist ganz was anderes. Die sitzen auch nicht in Bad Oldesloe, sondern
1665 in Lübeck.
1666 S: Ja, in Lübeck.
1667 Ch: Ist das jetzt dein allererster Antrag?
1668 S: Schwerbehindertenausweis? Nein, er hat schon einen gehabt seitdem er eins ist.
1669 Aber das läuft jetzt aus Ende des Jahres.
1670 Ch: Wie viel Prozent hat er gehabt?
1671 S: 50
1672 A: Die muss er auch schon haben, um einen Zivi zu kriegen. Ist jedenfalls günstig.
1673 Ch: Wusste ich gar nicht.
1674 *(4:50:12)*
1675 A: Nein, es entscheidet letztendlich alles der Arzt beim Gesundheitsamt.
1676 S: Aber da habe ich eine ganz tolle Ärztin beim Gesundheitsamt.
1677 A: Also der Schulleiter wird mit einverstanden sein und die Klassenlehrerin.
1678 S: Mhm. Er hat eine ganz tolle Klassenlehrerin.
1679 A: Also Sylvia wohnt in meinem Ort, deshalb kenne ich die Schule und kann sagen,
1680 der Schulleiter wird mit einverstanden sein.
1681 Ch: Dann waren wir beim ersten Treffen bei dir, habt ihr...
1682 S: so eine doofe Auffahrt ...
1683 Ch zu Sylvia: nein, habt ihr im Wohnzimmer so ein Fenster, das ein bisschen
1684 so(unverständlich)
1685 S: nee, haben wir nicht.
1686 Ch: wo waren wir denn damals in Stapelfeld? Ich hatte das nämlich nicht gefunden.
1687 A: In Stapelfeld waren wir nur bei Sylvia
1688 Ch: Ja, da waren wir bei Sylvia, aber das ist Jahre her.
1689 *(lachen und Pause)*

A: Also dann muss man den Antrag stellen beim Kreissozialamt auf
Ch: Das ist natürlich die Frage. Wenn er eine tolle Lehrerin hat, was mehr Wert ist. Andere Schule oder tolle Lehrerin.
S: Eben, deshalb sage ich, Zivi da, das wäre perfekt.
A: Jetzt für die Grundschulzeit. Und nun ist er ja auch gerade eine Klasse zurückgegangen. Ich finde es auch hart, wenn er dann noch einmal wechseln würde.
Ch: Weißt du was, wenn ich das mit dem Rechnen höre, dann würde ich einfach aus heutiger Sicht sagen: ›gib dem Kind Zeit.‹
S: Mhm
Ch: Ich kann dir nicht sagen, warum Fritz das kleine Einmaleins gelernt hat, ob das durch diese differenzierte Methodik, die an der anderen Schule angewandt wurde, auch das mit dem Zehnerübergang und sicher im Zahlenraum bis hundert. Ich kann es dir nicht sagen, aber er hat es gelernt.
R: Der game boy hat es gemacht.
A: Mit super Mario
S: Echt?
R: ich weiß es nicht, keine Ahnung
A: Ich würde auch die Amtsärztin mal anrufen.
S: ja, das wäre ideal.
A: Das Sozialamt kann es nicht entscheiden, die Mitarbeiter. Die kennen nicht das Kind, die kennen sich nicht aus mit Behinderung oder so. Es ist ein schulische Eingliederungshilfe. Die holt sich ganz sicher die Stellungnahme der Amtsärztin. Aber ein Zivi ist nur neun Monate da, davon ist er noch auf Lehrgang und hat Urlaub.
Ch: In der Schule nimmt der Zivi Urlaub in den Ferien. Mit den neuen Monaten das haben wir eigentlich immer so gelöst, dass sie dann auf der Minijob – Basis weiter gemacht haben bis Schuljahresende.

A: Sagt mal, wie sollen wir ansonsten verbleiben? Soll ich euch noch dann mal anklingeln, wenn ich dann noch einmal einen Bedarf sehe? Ein Termin wäre jetzt ganz schwer abzuschätzen.
Alle: Ja
Wie wäre das mit einem Termin. Ihr hattet alle gesagt, sonst hätte ich es nicht auf einen Nachmittag gelegt, es wäre egal ob Nachmittag oder Abend.
Ch: Nun war es heute gerade ein besonders schöner
A: Das ahnte ich leider nicht.

A: Gut, dann bedanke ich mich sehr. Ich hoffe, dass er aufgenommen hat. Denn das war wirklich nicht alles mitzuschreiben.
Ch: Sonst rufe uns an.
I: Das muss dann ins Protokoll.
R: Willst du jetzt daraus die Fragen entwickeln oder?

1729 A: Ja
1730 A: Und dann werde ich euch vielleicht um Beispiele bitten. Dieser Schritt des Ope-
1731 rationalisierens. Kriege ich das dann wirklich, das, was ich hören will, erfragt. Also
1732 konstruktives Bauen, das mögen die meisten Kinder nicht, Legomodelle bauen. Also
1733 spielen ja, aber nicht bauen.
1734 S: Das würde er auch nicht hinkriegen.
1735 A: Auch das Nachbauen ist sehr schwer.
1736 S: Die kleinsten Sachen, die aus dem Adventskalender. So einen hatte er nämlich letz-
1737 tens. Das war kein schöner Adventskalender, überhaupt nicht, nee.
1738 *(Lachen)*
1739 A: Das tut einem dann auch leid als Mutter
1740 I: Als Mutter ja, aber wenn in der Schule, wenn er dann Dreiecke mit Winkel zeichnen
1741 soll, dann verzweifelt er schier daran.
1742 Ch: Und Fahrradfahren
1743 S: Fahrradfahren fährt er seitdem er fast sieben ist, erst aber. Und Schwimmen will er
1744 nie lernen.
1745 Ch: Was will er nicht, Fahrradfahren will er nicht lernen?
1746 S: Fahrradfahren kann er jetzt. Aber Schwimmen will er nie lernen.
1747 Ch: Ich habe so ein wunderbares Jungenrad, das könnte ich dir fast schenken.
1748 S: Nee, er hat auch ein neues, ein ganz tolles und großes
1749 Ch: Dann hat er auch die richtige Größe
1750 A: und mit dem Schwimmen, da hat er sich entschieden schon?
1751 S: Schwimmen will er nicht lernen, nee. Das Fahrrad, was ist das jetzt eigentlich, 24?
1752 Ch: ja, wie groß ist er?
1753 A zu den anderen: Das mit dem Schwimmen hat sie akzeptiert
1754 *(Lachen)*
1755 S: was lacht ihr so?
1756 Das du das akzeptierst
1757 S: Nein, ich akzeptiere das gar nicht.
1758 A: Also so oft kommt man nicht in die Situation, dass man um sein Überleben
1759 schwimmen muss. Aber es kann ja schon mal sein, dass man in den Kanal fällt oder so.
1760 I: Marvin hat auch ganz viele Anläufe gebraucht bis er nun endlich sein Seepferdchen
1761 hatte. Das hat ewig gedauert.
1762 S: Er geht da gar nicht hin. Er war bei zwei Schwimmkursen und heulend nach Hause
1763 gelaufen, weil er nass war.
1764 Ch: Schade, dass du so weit weg wohnst. In Eppendorf, der ist wirklich gut, Herr
1765 Müller.
1766 A: Ja, Müller, mhm.
1767 Ch: Ja, aber guck mal, drei Monate dreimal die Woche

G: Man muss auch sagen, vieles erledigt sich von selber. Sarah kann schwimmen, aber es hat wirklich auch lange gedauert. Wir haben Schwimmkurse besucht, wie du schon sagst, sie ist heulend nach Hause gegangen. Und es ging eine ganze Zeit
S: Ich denke auch, es macht die Zeit. Er hat es immer erst dann gemacht, wenn er es wollte.

(Ende des Bandes bei -5:08:18)

10.2 Gespräch mit Müttern von Jugendlichen mit Hydrocephalus am 22.03.2006 (Gespräch 2)

Teilnehmer: Ricarda, Heike, Melanie, Berit, Ulla (Namen der Mütter und Kinder geändert)und Antje Blume-Werry

R: Ricarda, Mutter von Thea, 26 Jahre SB (Läuferin) und HC (20 Ventil- Operationen) Thea hat einen schwachen Realschulabschluss
H: Heike, Mutter von Paulinus 24 Jahre, HC lernt Landschaftsgärtner, einige Revisionen, Ursache unbekannt
M: Melanie, Mutter von Jens, 17 Jahre, besucht das Gymnasium, Unishunt, früher auch Epilepsie
B: Berit Mutter von Manja 21 Jahre, Hauptschulabschluss auf der Schule für Körperbehinderte, Ursache des HC unbekannt
U: Ulla, Mutter von Frederike 12 Jahre, intrauterine Hirnblutung, Hemiparese, viele Jahre eine schwere Epilepsie (Pseudo Lennox) mit Hirnabbau

U: Wenn ich jetzt von Frederike sprechen darf. Was bei ihr von Anfang an beeindruckend war, war die sprachlichen Fähigkeiten. Das war überdurchschnittlich bei ihr.
R: Das war bei Thea auch.
(zustimmendes Gemurmel)
Ulla: Das war wirklich überdurchschnittlich bei ihr. Wobei, was so das abstrakte anbelangt.
M: Im Verhältnis zu ihren allgemeinen Fähigkeiten und zu ihrem Lernen oder im Verhältnis zu Gleichaltrigen?
U: Im Verhältnis zu Gleichaltrigen sogar. Da war sie überdimensional gut.
H: Das kann ich von uns auch sagen
R: Das war bei Thea auch.
U: Wobei von Logik darf man da jetzt nicht sprechen.
R: Nee

R: Dass sich die Sprache dann besser entwickelt. Hab ich immer gedacht, weil sie nicht läuft, spricht sie halt so gut.
U: Also, Frederike, das hat mir damals schon die Frau von der Frühförderung gesagt, Frederike ist ein Kopfmensch. Sie ist faul, bequem. Sie vermeidet Bewegung. was sie unheimlich gut kann, oder konnte und jetzt auch immer noch, sind Sachen auswendig lernen oder auch Sprachen, Dialekte, so Nuancen, Aussprache, Französisch, Englisch, Dialekte.

R: Also, Thea hatte ja Spanisch, Französisch und Englisch. Und in allen drei Sprachen war sie auch sehr gut. Also, Sprachen konnte sie gut.

A:
M: Ich kenne das (Floskelsprache) auch nicht.
H: Ich auch nicht

26 A: Sie haben gesagt, ihre Kinder wissen es sehr genau. Zwar auch manchmal so eine
27 altkluge oder so eine sehr gescheite Sprache, oder verbal gut, aber das wäre dann auch
28 richtig gefüllt gewesen.
29 R: Das würde ich auch sagen
30 B: Ich denke auch, dass es manchmal ne Nummer zu groß ist, was Manja erzählt.
31 B: Ja, sind Floskeln
32 U: Ich wusste nicht bei Frederike, vor ihrer Epilepsieerkrankung.
33 U: Frau X sagte immer, das sei nicht altersgemäß, nicht wie die anderen Kinder, das ist
34 zu erwachsen. Ob sie das nun auch genau so verstanden, gewusst hat, kann ich nicht
35 mehr sagen. In der Zeit ihrer Erkrankung hat sie das sprachlich Gewandte mit rü-
36 bergezogen. Und dann waren es wirklich oft nur Floskeln. Es war hier drin irgendwo
37 abgespeichert, was ich erstaunlich fand, bei einer passenden Gelegenheit hat sie das
38 immer aus der Schublade gezogen. Das ist auch eine Art von Intelligenz.
39 Und dann hat sie es angebracht. Auch wenn sie gar nicht wusste, was das jetzt nun
40 bedeutet. Trotzdem, das ist irre gewesen.
41 M: Als Jens sprechen gelernt hat, das kam mir adäquat vor, normal. Eine stringente
42 Entwicklung genommen. Nie besser als die Kinder in seiner Umgebung aber auch
43 nicht schlechter. Sehr klar ausgesprochen, sehr klar gesprochen, nie auffällig gut oder
44 besser als andere, aber altersgemäß. Ich kenne es nicht, dass er es mit Worthülsen oder
45 Floskeln gemacht hat. Und zu den Fähigkeiten in den Sprachen später. Er ist ein biss-
46 chen hingezogen zu den Sprachen, leider gar nicht zu Englisch, er kann Englisch nicht
47 gut aussprechen. Andere Dialekte auch nicht. Diese Sachen kann ich nicht bestätigen.
48 Er macht Französisch und Spanisch. Also zu seiner Aussprache kann ich schwer was
49 sagen. Also, ich glaube nicht, dass er da eine besondere Begabung hat. Er hat aber auch
50 keine besondere Minderbegabung in Mathematik. Er ist in Mathematik auch begabt.
51 H: Bei Paulinus hatte er bis zur Grundschule hatte er kein Defizit in Mathematik.
52 Aber dann, ab der 5. Klasse fing es langsam an, so Textaufgaben. Das 1 x 1 oder auch
53 das große 1x1 gut konnte er gut auswendig lernen, das konnte er perfekt. Aber so
54 dann in der weiterführenden Schule oder der Beobachtungsstufe fing es an mit Ma-
55 theschwierigkeiten und ist auch bis zum Schluss geblieben.
56 R: Thea hatte das auch so. Im ersten Schuljahr, wenn sie da irgendwie Mathe hatte,
57 hat sie immer die Augen zugemacht und das Ergebnis gesagt. Ja, wenn sie was rechnen
58 sollte, dann hat sie die Augen zugemacht und das Ergebnis gesagt. Ich sagte dann,
59 wieso machst du immer die Augen zu? „Ja, dann sehe ich das."
60 Also sie musste immer die Augen zumachen um irgendwie auf das Ergebnis zu kom-
61 men.
62 R: Irgendwann hörte das dann auf. Du kannst es ja dann nicht mehr irgendwie, wenn
63 es schwerer wird mit Vorstellungskraft oder irgendwie… Aber sie hat immer die Au-
64 gen zugemacht.
65 M: Meinst du, sie hat sich die Aufgaben bildlich gemacht oder hat sie sich die Zahlen
66 vor Augen geführt?

R: Das weiß ich nicht. Es war am Anfang, in der ersten Klasse, die leichten Sachen. Da hatten sie dann so Kärtchen aneinander liegen mit Punkten drauf, oder mit 3 plus 2 oder so. Und wenn sie dann die Augen zumachte, dann hat sie 5 gesagt. Das waren die leichten Aufgaben, nachher ging das natürlich nicht mehr.

A: Oder es ist eine Sache der Konzentration. Beim letzten Mal haben die Eltern gesagt, der Schreibtisch muss leergeräumt sein. Da darf nichts sein, was das Kind jetzt irgendwie ablenkt. Und wenn sie die Augen zumacht, ist das auch eine Konzentration.

R: Also gesagt hat sie mal, sie sieht dann das Ergebnis.

(11:25)

M: Also, ich glaube bei Textaufgaben hat Jens auch Schwächen gehabt, da liegt auch eine Schwäche von ihm. Man kann natürlich sagen, ok, irgendwo hat jeder eine Schwäche. Er hat eine Schwäche im Zusammenhänge herstellen und Voraussetzungen für etwas zu überlegen. Da hat er Schwierigkeiten.

Es springt ihm nicht gleich aus einer Textaufgabe die Frage oder so die Zusammenhänge entgegen. Genauso tut er sich schwer, in eigenen Texten die Zusammenhänge gut aufzubauen und für den Leser gut nachvollziehbar darzustellen. Das gelingt ihm nicht, sich vorzustellen, was der Leser braucht. Er setzt manchmal Dinge voraus, die er nicht voraussetzen kann. Er springt, das bildet sich auch in der Satzbildung auch in der Zeichensetzung es fehlen Punkte, Kommas an falschen Stellen. Auf dieser strukturellen Ebene hat er Schwierigkeiten.

A: Von den Erwachsenen sagte einer ‚das finde ich so schön sinnbildlich, ich sehe dann den Haufen und weiß nicht, wo ich anfangen soll'. Also, wenn sie was bearbeiten oder einen Aufsatz schreiben soll. Ich sehe, ich habe die Idee und weiß nicht wie ich anfangen soll. Das geht ihr ganz oft so. Dass sie keine Struktur entwickeln kann.

M: Ja, roten Faden, Struktur so, Gedankenfolge, auch in Punkten abgebildet die Logik, und den Gedankenabschluss mit einem Punkt bilden. Das fehlt bei Jens. Mit der Rechtschreibung ist er gut klargekommen, wie angeboren. In diesen Breichen ist er glaube ich immer noch wie auf Grundschulniveau. Auch Kommaregeln, hat er nicht verstanden. Er kann auch mal einen Artikel mit einem ‚s' schreiben und mal mit zweien. Eine Konjunktion, das ‚dass' nach dem Komma. Also so genau umgekehrt, mal dies mit einem ‚s' mal das andere. Das durchdringt er nicht so.

R: Also Textaufgaben würde ich sagen, haben ja auch was mit logischem Denken zu tun. Und das logische Denken, würde ich sagen, ist bei Thea schon eingeschränkt in vielen Bereichen.

M: Sonst hat er keine Ausfälle, da kann ich im Alltag nichts finden, dass er was Unlogisches macht.

R: Also, das logische Denken, würde ich sagen, ist bei ihr schon eingeschränkt

(Pause)

R: Und was ich auch bestätigen kann, drei Sachen hintereinander machen. Man kann nicht sagen mach das und das und das, immer eins zurzeit.

107 M: Bis heute?
108 (15:00) R: Zwei Sachen kann ich ihr heute schon sagen.
109 H: Das ist bei Paulinus heut auch noch so. Er kann das einfach nicht überschauen.
110 Also wenn er den ganzen Tag den Leuten sagen soll, was sie machen sollen. Dann ist
111 er einfach überfordert. Und er hatte in der Zwischenzeit ja auch einen Hörsturz. Also
112 ich denke, das ist selbstgemachter Stress. Weil er das irgendwie nicht überblickt.
113 (Pause)
114 A: Was ich da nur nicht zusammenkriege ist: Dann denkt man doch das ist eine Form
115 der Gedächtnisstörung, nicht wahr? Hier nicht behalten können, dass ich in der Kü-
116 che, den Löffel und den Joghurt und dann noch die Crispis da hinein. Und das sagen
117 ja auch ganz ganz viele Eltern und es sagen auch ganz viele, ganz wichtige Sachen muss
118 man wirklich mehrfach sagen und schon einmal den Tag vorher. Und dann wiederum
119 dagegen sagen ganz viele – was ihr auch eben schon gesagt hat – mit dem Auswen-
120 diglernen, also Gedichte. Die eine Mutter hat gesagt, ihr Sohn hat die zweite Klasse
121 wiederholt und da kam das gleiche Gedicht noch einmal ein Jahr später…
122 H: Das haben sie drauf,
123 A: … und da hat er gesagt, das brauche ich nicht zu lernen und hat es ihr erzählt. Und
124 das kriege ich nicht zusammen, das manche Sachen so gut behalten werden.
125 M: Ich glaube, das hat mit Musik und Rhythmus zu tun. Da trägt einen den Reim
126 oder der Vers weiter trägt einen weiter. Musik kann man nicht auswendig lernen. Man
127 hört die erste Strophe und kann es weiter singen.
128 U: Sie konnte Geschichten auswendig.
129 H: Paulinus auch.
130 A: Oder das ABC, konnten viele dann ganz schnell und die Zahlenreihenfolge. Gar
131 nicht unbedingt, dass das Verständnis da ist, also das neun und neun achtzehn sind,
132 aber die Wortfolge, eins, zwei, drei, vier. Das konnten manche schon
133 R: Ist nicht das eine Langzeitgedächtnis und das andere Kurzzeitgedächtnis?
134 A: Ganz so einfach ist das nicht.
135 M: Geschichten und ABC lernen sie auch wie Lieder.
136 R: Also sie weiß auch die ganzen Todestage und all so was in der Familie
137 H: Paulinus wusste die ganzen Schuhgrößen von den ganzen Fußballspielern.
138 (Lachen)
139 H: Ja, das hat er auch nie vergessen. Das war voll sein Ding. Und jetzt in der Ausbil-
140 dung zum Landschaftsgärtner. In der Prüfung musste er 500 Pflanzen und Bäume be-
141 nennen, und davon auch die lateinischen Ausdrücke. Da hat er null Probleme damit,
142 null Probleme.
143 A: Das meine ich, das meine ich.
144 H: Das guckt er sich an einmal, dann schreibt er das hin. Bei den lateinischen Wörtern
145 ist vielleicht einmal ein Buchstabe verwechselt oder verdreht. Da hat er null Probleme
146 mit, null.
147 R: Thea hat viele Telefonnummern im Kopf, viel mehr als ich so.

A: Aber wenn du sagtest, gehe in die Küche und mache das oder das
Komisch oder
Ist das vielleicht eine Sache vom Interesse oder was
A: Sicher. So was wie die Schuhgrößen der Fußballspieler. Es gibt ja auch Kinder, wenn sie diese Kartenspiele machen. Also wie diese Magic oder Pokemonkarten.
M: Oder die ganzen Kartenspiele mit Autos oder so, PS oder Höchstgeschwindigkeiten
A: Und es gibt Karten, die Figuren haben mit Eigenschaften von diesen Figuren auf den Karten. Und dann gibt es Eigenschaften, die stechen andere aus und so weiter… Magic, was gab es denn vor Magic, habe ich schon wieder vergessen. Dann ist es faszinierend, dass Kinder, diese Eigenschaften und dann auch noch in Kombination, weißt du, welche Karten welche Eigenschaft dieser Figur welche Eigenschaft dann stechen kann, das sind Kombinationen, das wissen sie dann alles auswendig. Das ist Interesse geleitet. Aber es sagen alle Eltern, auch mit diesem Widerspruch.
M: Aber vielleicht weil es Ausfälle in anderen Bereichen gibt, stechen diese Dinge so hervor.
A: Das kann natürlich sein.
M: Die sind vielleicht gar nicht auffällig besser als bei anderen Kindern.
A Das frage ich mich auch beim Sprachlichen.
M: Deshalb frage ich auch immer, wie ist es im Vergleich mit Gleichaltrigen
U: Frederike hat sich sehr früh sehr gut ausgedrückt. Sie ist getestet worden. Sie war überdurchschnittlich. Na gut, mit 2 ½, das hat noch nicht so viel zu sagen.
A: Da sprechen andere noch gar nicht.
U: Aber sie konnte sich mit 2 ½ Jahren grammatisch super perfekt ausdrücken.
H: Paulinus hat mit 18 Monaten gesprochen, aber laufen konnte er nicht.
R: Mit 2 ½ konnte man mit ihr diskutieren
H: Was mir noch einfällt, als wir im Krankenhaus waren und er so flach liegen musste und nicht hoch konnte durfte. Da habe ich manchmal 6 Stunden am Stück gelesen. Er konnte noch nicht lesen, er war vier Jahre alt damals. Aber er hatte sich das so eingeprägt. Und wenn mein Mann am Abend kam und diese Bücher noch mal vorgelesen hat und er hat sich den Spaß gemacht, etwas anderes zu lesen oder was dazwischen. Er ist ziemlich phantasiereich. Da hat er gesagt ‚das steht da gar nicht', da hat er ihm genau gesagt, was da steht. Er wusste, was ich vorher gelesen hatte, das konnte er sich sofort einprägen.
R: Aber das ist eben in der Schule die Schwierigkeit, wenn sie eines gut können, das die Lehrer dann nicht verstehen, wieso, wenn sie das alles können, dass sie anderes nicht so gut können.
A: Das ist ein unheimliches Problem in der Schule
R: Das ist ein unheimliche Schwierigkeit. Das ist für mich auch manchmal schwierig, das zu verstehen, das alles zu verstehen. Und für mich ist das auch manchmal ein

188 Problem. Wenn sie was gut versteht, weshalb sie dann das andere, das einfache nicht
189 versteht.
190 A: Und das ist in der Schule ein Problem.
191 R: und für mich auch. Ich denke immer, dass kann nicht angehen, dass sie das jetzt
192 nicht versteht. Und für die Lehrer auch schwer zu verstehen.
193 B: Noch weit vor der Schule. Als unsere noch ziemlich klein machen, da habe ich mal
194 von einer anderen Frau gehört, dass sie meinte, dass Manja intelligenzmäßig besser
195 drauf sei als Maren. Das war ja ganz interessant, weil sie ja Zwillinge sind. Aber das
196 konnte ich nicht bestätigen und
197 A: … hat sich auch nicht bestätigt,
198 B: … hat sich auch nicht.
199 H: Was Paulinus in der Schule und überhaupt gut konnte, wenn er irgendwelche
200 Schwächen hatte, das konnte er so gut vertuschen.
201 Andere: Ja, ja
202 H: Selbst die Sonderpädagogin hat gesagt, ‚das kann nicht sein, der kann so gut vom
203 Thema ablenken, man fällt voll darauf rein. Und seine Schwächen, worauf die ei-
204 gentlich drauf hinauswollten, war völlig vergessen, weil diese Kind plötzlich ein ganz
205 anderes Thema hatte und die Sonderpädagogin voll darauf eingegangen ist.
206 U: wunderbar kann sie das
207 H: sehr geschickt macht er das
208 U: so geschickt, sie lenkt dann so geschickt ab, schwenkt sie rum und kommt dann
209 von links. Da hat sie echt eine Begabung, total… Ich weiß noch als ich in Kiel war im
210 Krankenhaus bei der Frau Doktor. Sie sprach mich darauf an, ob ich ihr denn viel vor-
211 lesen würde. Ich sagte, na klar… Das ist Frederikes Leidenschaft: Lesen, lesen, lesen
212 A: Du liest ihr aber ja vor, oder?
213 U: Ja klar, aber sie erzählt sich auch selber. Sie nimmt sich die Bücher und erzählt sich
214 was.
215 A: Ich wollt darauf hinaus, ob es ein Unterschied ist, ob sie Gehörtes besser behalten
216 kann als Gelesenes, was du eben von Paulinus gesagt hast. Die meisten Menschen in
217 unserem Kulturkreis sind eher visuell geprägt. Dass man es sehen muss. Auch mir
218 geht es so. Ich muss es gesehen haben und als Schüler wusste ich auch, dass steht links
219 oben in meinem Heft und dann konnte ich das so runterrattern. Das war sehr visuell.
220 Und bei HC Kindern ist es wohl oft so, dass sie das Gehörte besser behalten können.
221 (Pause)
222 U: Das gut sein
223 M: Ich kann es nur vermuten. Diese Auffälligkeiten beim Geschichten vorlesen kann
224 ich nicht bestätigen, dass er dann gleich genau die Geschichte kannte. Er ist ein wun-
225 derbarer Zuhörer und ein aufmerksamer. Worauf wollte ich hinaus?
226 A: mit dem Hören
227 M: Ach so, dass er im Prinzip zur Schule das Verhältnis hat ‚ich gehe zur Schule und
228 höre was die Lehrer mir zu sagen haben und so lerne ich am meisten'. Er ist nicht

derjenige, ich erfahre hier was das Thema ist und erarbeite es mir zu Hause. Sondern er eignet sich das an in der Schule. Viel mehr als in den Büchern. Das könnte ein Hinweis drauf sein, dass er mehr auf das Wort achtet.
A: Kann aber auch einfach so sein, dass er sich sagt, wenn ich da schon sitzen muss, will ich das wenigstens optimal nutzen und muss zu Hause nicht so viel machen.
U: Was eigentlich auch schlau ist.
A: Aber nicht normal für Kinder in dem Alter.
M: Jens ist auch ein bisschen faul.
A: Bis hin zu dem, ähm, das hat mich einmal sehr beeindruckend. Da hat eine Mutter erzählt, dass ihre Tochter die Filme erst dann wieder erkennt, wenn ein Film ein zweites oder drittes Mal läuft, wenn er schon fast zu Ende ist. Was ihr als Mutter meist schon nach 5 Minuten klar war, den habe ich schon einmal gesehen und ihre Tochter sagt nach 60 Minuten ‚Mama, ich glaube, den habe ich schon einmal gesehen'.
B: Huch
(Pause)
R: Ich weiß nicht wie es früher war. Das ist schon so lange alles her. Das ist schwer sich daran zu erinnern. Aber heute ist das überhaupt nicht so.
(Pause)
A: Das war auch ein Extrembeispiel mit dem Film. Aber bestätigt natürlich das ein bisschen, diese Vermutung, dass Gehörtes auch besser behalten wird.
B: Was mich bei Manja erstaunt hat, ich weiß nicht ob das richtig in den Zusammenhang passt. Ich hatte immer gedacht, die wird einmal unheimlich viel lesen. Hat sie aber gar nicht. Was sie gemacht hat ist, sie hat unheimlich viel geschrieben. Ich bin erstaunt, weil es ja auch motorisch auch immer nicht so ganz einfach ist für sie. Sie hat sich von der Seele geschrieben, denk ich mal so, was sie berührt hat.
H: Haben eure Kinder eine gute leserliche Schrift? Also Paulinus ist chaotisch.
R: Verhältnismäßig gut.
M: Grundschule besser, jetzt schlechter.
H: Also Grundschule auch schon schlecht. Was muss er jetzt schreiben? Normschrift, weil man seine Schrift nicht lesen kann. Das sind Druckbuchstaben. Da hat man eine Chance, dass zu lesen kann.
R: Nö, das kann man gut lesen, was sie schreibt.
M: Aber langsam schreibt Jens, langsam schreibt er. Das geht ihm als Fähigkeit ab. Und das ist ein Nachteil für die Schule. Wenn der Unterricht doch in die Richtung geht, dass der Lehrer doziert und die Schüler sich Notizen machen müssen. Da sehe ich dann manchmal, da steht dann drüber ‚Physik' und der Tag noch und dann sind es noch fünf Notizen und dann hat er es aufgegeben.
U: Und wenn er einen Laptop mitnimmt, also wenn er tippt kann.
M: Das ist doch auch einhändig. Ich weiß es nicht. Ich habe darüber noch nicht nachgedacht. Er hat ja eine Spastik. Nee, ich denke er kann nicht.
A: oder ist er umtrainiert?

270 M: Wir haben in meiner Familie und auch in Hans Familie keine Linkshänder und
271 es gab keine Anzeichen dafür, dass Jens ein Linkshänder gewesen wäre. Probleme hat
272 er nur rechts.
273 U: Wo hat er die Spastik?
274 M: Links
275 U: Frederike hat die Hemi rechts.
276 R: Also langsam ist Thea auch in vielen Sachen und sie hat auch schon in der Grund-
277 schule mehr Zeit bei Arbeiten bekommen. Und sie hat auch jetzt als sie ihre Prüfung
278 vor der Industrie- und Handelskammer gemacht hat, da hat sie sich eine ärztliche
279 Bescheinigung geholt, dass sie länger braucht.

280 H: Wir haben darüber gesprochen, dass sie verlangsamt sind und doch mehr Zeit
281 brauchen. Aber darüber nicht.

282 R: Aber das hat sie selbst. Da wohnte sie ja schon nicht mehr hier. Sie sagte, ich schaffe
283 das nicht in der Zeit.

284 M: Wir haben bei Jens erst spät versucht, extra Privileg zu ermöglichen indem wir
285 mit der Klassenlehrerin und der Schulleitung gewendet haben. Ich habe damals te-
286 lefoniert. Es gibt nichts explizit im Schulgesetz, aber in der Prüfungsordnung allge-
287 mein Bestimmungen und die Schulleiterin hat gesagt selbstverständlich könnte Jens
288 mehr Zeit haben für die Arbeiten und wenn es aus technischen oder organisatorischen
289 Gründen nicht geht, weil die Klasse den Klassenraum wechseln muss oder so, dann
290 sollte er bei ihr im Zimmer die Arbeit fertig schreiben, ohne Zeitbegrenzung. Und da
291 war erst einmal die Luft raus an dem Punkt. Jens hat ganz doll unter Stress gelitten,
292 hat nichts zustande gekriegt unter Stress. Er hat das nicht immer in Anspruch nehmen
293 mögen. Er ist sehr schüchtern. Trotzdem hat er…
294 A: Und es fördert ja auch den Neid der anderen.
295 R: Ja
296 A: Das ist ja auch in der Regelklasse das Problem.
297 M: Ich glaube nicht. In diesem Fall, wann hat das angefangen? Ich glaube 8. oder 9.
298 Klasse. Ich glaube, dass die Mitschüler schon gesehen haben, welch große Nachtei-
299 le er hat. Und er hat es, wie gesagt, nicht so oft in Anspruch genommen. Aber die
300 Möglichkeit überhaupt zu haben, das hat ihm schon den Stress genommen. Aber die
301 Lehrer haben es auch vergessen. Dann gab es neue Lehrer und er mochte das nicht
302 sagen. Dann habe ich die Lehrerin erinnert und die sagten ‚natürlich, er hätte nur was
303 sagen brauchen'. Aber das mochte er nicht. Er hatte meistens wohlwollende Lehrer,
304 aber nicht immer.
305 U: Ich hatte letztens einen Besuch in der Schule in W. und habe es dann gut verglei-
306 chen können, ganz anderes Thema jetzt, Entschuldigung. Ich kenne ja meine Tochter,
307 wie sie sich zu Hause verhält.
308 Und ich hatte auch Frau X, es ist schon wieder Wochen her, sie hat sich ja jetzt schon
309 wieder gesteigert, gefragt, wie sie in der Schule ist. Ja, sie mache sich ganz gut, sei aber

leicht überfordert. Das Lerntempo ist zu schnell. Und da habe ich einmal gesehen, sie sind zwölf Schüler in der Klasse. Da habe ich richtig mal gesehen, das ihr das Lerntempo echt noch viel zu schnell ist für Frederike. Das zum Thema Langsamkeit. Ob das nun am Hydrocephalus liegt oder an ihrer Epilepsiegeschichte, ich denke eher die Epilepsie. Ich habe richtig gemerkt, da ist sie jetzt wirklich überfordert. Da kam mir der Gedanke, gerade im Englischunterricht, sie nahmen gerade die Körperteile durch und Frau K mal zu fragen. Ich habe erwähnt, ob man nicht mal so ein Arbeitsblatt haben könnte. Das ich das morgens bei ihr beim Anziehen spielerisch durchgehen könne zu Hause. Immer mal wiederholen, so lernt sie auch. Da haben sie ein Lied gesungen und das ging auch mir zu schnell (Lachen) auch noch mit verschiedenen Bewegungen. Da kann Frederike natürlich nicht mithalten. Obwohl ich erstaunt war, wirklich, dass sie bis jetzt so wenig konnten. Sie sind 5. Klasse und eigentlich müssten sie im Englischen schon ein bisschen mehr können. Sie ist sehr leistungsstark die Klasse. Da war ich wirklich erstaunt. Ich finde es ganz toll, dass wenn die Massen unterrichtet werden, also diese zwölf Schüler, immer eine Erzieherin bei ihr sitzt und sagt ‚mhm, Frederike, was machen wir, mhm.

Dann wird es ihr zu viel und sie schaltet ab, dass sie immer wieder am Ball bleibt. Und sie erzählt immer mehr von der Schule, klasse. Das ist so klasse. Ich finde das schön…
Dass sie jetzt so gerne aufnimmt. Sie saugt alles auf wie ein Schwamm. Wo unsereins schon das Radio läuft bei uns immer. Ich höre da schon gar nicht mehr zu, Hintergrundgeräusche zuhört und sie fragt ‚Mama, was ist dies, Mama was ist das

R: Was anderes. Was Thea auch gemacht hat. Ich glaube, da ging sie schon zur Schule, dass sie sich mit Sachen beschäftigt hat, die so langweilig waren. Sie hatte, das gibt solche Steckbretter, so mit bunten Knöpfen.

Andre: Ja

U: Oh, die habe ich geliebt damals.

R: Ja, aber das konnte sie von morgens bis abends sitzen und die Dinger da rein stecken

A: Das sagen andere Eltern auch.

R: Da musste man aufpassen, dass sie nicht den ganzen Tag das Gleiche macht, das war furchtbar gewesen. Oder sie war im Krankenhaus und hatte ein Buch ‚Paulinus kommt ins Krankenhaus'. Sie wollte immer nur dieses Lied hören, eh, dieses Buch lesen. Immer wieder, immer wieder und jeden Tag.

U: Das ist bei Frederike auch, hunderttausendmal.

R: Und das war in vielen Sachen so. Dieses Steckspiel war so furchtbar.

A: Für dich war es furchtbar!

R: Ja, Sie saß da und war immer nur am Stecken, stundenlang. Und was sie lernen musste. Sie ist ja auch zur Beschäftigungstherapie gegangen. Sie hat alles so klein, wenn sie gemalt hat und so sie hat alles so klein gemalt.

U: Ja, fieselig klein

350 R: Sie musste lernen, so große Schwünge zu malen. Mit Rasierseife auf dem Tisch,
351 also auf der Wachsdecke. Sie hat alles ganz klein gemacht. Sie musste wirklich lernen
352 größer zu malen, zu schreiben, die Bewegungen. Was rechts war, hat sie mit rechts ge-
353 malt, was links war, mit links. Das übergreifen musste sie lernen. Das sind die Sachen,
354 die mir noch einfallen. Diese stupiden Sachen dann halt, immer wieder das Gleiche.
355 B: Mit Klein und Groß, das kann ich nicht bestätigen. Ich denke, es war immer groß
356 genug, was Manja gemacht hat. Und Wiederholungen. Es kann sein mit Kassetten,
357 irgendwie das war bei uns auch ein Thema.
358 U: Also im Kindergartenalter machen das alle Kinder.
359 H: Ja, ich glaube auch.
360 A: Das mit dem Steckspiel haben die anderen Eltern auch erzählt. Es war nicht das
361 Steckspiel, sondern irgendwas Ähnliches. Wo wir auch gedacht haben, wie schafft
362 man es, mit so was Eintönigem über Stunden im Zimmer, sagte die eine Mutter, über
363 Stunden' in seinem Zimmer.
364 R: Das war bei uns auch. Auf der einen Seite sagt man, sie können sich nicht so gut
365 konzentrieren und dann sitzen sie wieder stundenlang und stecken diese Dinger da
366 rein.
367 H: Was mir da gerade einfällt so spontan. Paulinus mochte gerne schaukeln. Er brauch-
368 te jeden Tag mindestens eine Stunde oder anderthalb im Garten in seiner Schaukel.
369 Das haben die Nachbarn schon mal beobachtet.
370 R: Das brauchte Thea auch. Stimmt.
371 B: Das hat ja auch wohl zum therapeutischen Nutzen.
372 Alle: Ja, Gleichgewicht und so, Stimulierung.
373 R: Bei ihr war das so schlimm, dass ich schon Dr. Werner gefragt habe. Eigentlich
374 sollen sie immer wieder mal schaukeln.
375 U: Ja, aber absetzen und neu schaukeln. Das immer nur schaukeln, ich weiß nicht
376 Dies ganz lange Schaukeln, weiß ich gar nicht, ob das so gut ist. Therapeutisch nicht
377 ganz so wertvoll.
378 H: Er brauchte das irgendwie.
379 B: Mit den Wiederholungen, ich weiß nicht, doch. Manja hatte so Lieder, von Kasset-
380 te und später einen CD Player und immer wieder die gleichen Kassetten. Manchmal
381 mochte ich das auch anfangs, aber dann immer wieder dasselbe.
382 U: Frederike hat immer ein Hitbuch. Das muss überall hin mit. Sie kuschelt auch mit
383 Büchern. Es muss immer ein Buch mit ins Bett. Im Moment ist es ‚Conny bekommt
384 eine Katze', vorher war es ‚Conny auf dem Reiterhof', dann war es „Lotta"
385 M: Jens mochte nicht Memory nicht, kennt ihr ‚Paternoster'? Da muss man sich mer-
386 ken, welche Figuren in welchem Stockwerk gerade ist ‚Memory' und ‚Paternoster'
387 konnte er nicht und mochte er nicht, konnte er sich nicht merken.
388 Grundschüler können das ja sonst, die hauen ja jeden Erwachsenen weg.
389 R: Besser als wir.
390 A: Ja, einfach ein total visuelles Gedächtnis.

M: Ja, was auch immer… Ich greife immer neben die Karte.
B: Mit Spielen war es auch nicht so doll. Eine Zeitlang haben wir gerne Rommicub gespielt und da wollte Manja das immer mit den Buchstaben und ich das mit den Zahlen, das ist auch ganz bezeichnend.
R: Also ich habe bei Thea immer, meistens besser als ich. Das kann sie gut.
U: Was ich noch zu Frederike sagen wollte zu den Lieblingsbüchern sagen wollte, ich weiß nicht, ob das typisch/wichtig ist. Sie hat immer ein Lieblingsbuch, das muss überall hin mitgeschleppt werden. Sie muss auch immer was haben zum Festhalten. Ob sie im Taxi sitzt oder, sie muss immer was haben. Das muss immer ein Buch sein. Das muss immer mitgeschleppt werde, und wehe das ist nicht da. Sie hat eine Bibliothek bis unterm Dachboden und da gibt es immer ein Lieblingsbuch.
H: Das wechselt dann aber von Zeit zu Zeit?
U: Von Zeit zu zeit wechselt das. Aber bis jetzt ist es Lotta und ‚Conny auf dem Reiterhof', vorher ‚Conny bekommt eine Katze'. Dementsprechend sehen die Bücher auch aus.
R: Das ist auch das auf eins konzentrieren.
U: Ja, sie greift auch immer auf die gleichen Bücher zurück. Sie greift auf die gleichen zurück, nimmt zwar auch ein neues. Aber wenn ich abends eine GUte – Nacht – Geschichte vorlese, dann mache ich das aus verschiedenen Büchern. Aber wenn sie sich wünschen darf, was sie mitnehmen will, sind es immer die alten Bücher.
R: Das ist auch dies sich auf eins konzentrieren. Bei Thea auch, das hat sich durch das ganze Leben gezogen und ist noch heute so. Das hat sich bei Thea auch durch das ganze leben gezogen. Auch wenn sie für jemanden geschwärmt hat. Erst war das dieser - wie hieß er denn noch? – dieser Nightrider mit dem komischen Auto …, und dann war es nur das.
A: David Hasselhoff
R: Ja, David Hasselhoff. Dann war es Michael Jackson. Aber es gab immer nur einer. Und Über den wurde alles gesammelt über den wusste sie alles. Kelly family, Matthias Reim, aber es war immer nur einer. Über den wurde alles gesammelt, über den wusste sie alles.
H: Hat Jens gerne mit Legos gespielt?
M: Nein, mit Playmobilfiguren.
H: Da hatte Paulinus ganz große Probleme und ganz große Szenarien aufgebaut. Er hat sich hingesetzt, den Zirkus aufgebaut und wer dann alles hineinkommt, wer wo sitzt. Er hat nicht gespielt, sondern hergestellt, Szenarien hergestellt.
A: Mit Lego zu spielen habe ich bisher von noch keinem Kind gehört.
M: Mit Lego kann er aber auch nicht spielen, das kann er nicht.
H: Das konnte Paulinus auch nicht. Er hat die Baukästen geschenkt bekommen und konnte da nichts mit anfangen.
A: Vom Plan her zu spielen. Bei Jens ist es bestimmt auch motorisch.
H: Bei Paulinus auch, er hat auch feinmotorische Störungen, heftig

432 A: Könnte er denn vom Plan es in das Modell?
433 H: Nein überhaupt nicht. Er kann auch nicht, aber das kann ich auch nicht. Aber ich
434 kenne das auch von mir. Ich kann es auch nicht. Er kann auch nicht diese Überra-
435 schungseier das zusammensetzen. Und da ist ja auch ein Plan bei.
436 H: Da hat er heute noch Schwierigkeiten, wenn er beim Auto die Tür aufschließen
437 soll. Er schließt in die falsche Richtung. Ganz komische Sache.
438 M: Nein, mit den Playmobilsachen und dem Plan, das ist nicht das Problem
439 M: Aber was sein Cousin gemacht, aus Lego irgendwelche technischen Dinge erfin-
440 den, die laufen oder irgendwas machen können. Da kam er mal und erzählte, was die
441 machen können. Da kam er immer und zeigte es. Nicht dran zu denken! Das interes-
442 sierte Jens nicht.
443 Abgesehen, von der Unfähigkeit mit Lego umzugehen.
444 (43:36)
445 A: Nein, so ein konstruktives Bauen
446 Alle: nee
447 U: Bei Frederike alles noch auf einer Ebene, also Duplo…, nicht dreidimensional.
448 Mehr so auf einer Ebene. Sie baut schon hoch und so, aber nichts…
449 H: Wo Paulinus nun älter ist, also Glühlampen austauschen, ob nun im Zimmer oder
450 am Auto. Das ist nicht drin. Paulinus ist jetzt auch so weit, dass er sagt, er macht das
451 gar nicht mehr. Weil er weiß, dass er es nicht kann, macht teilweise Lina.
452 M: Was schafft er nicht, das rauszudrehen?
453 H: Das schafft er nicht. Ich finde, wenn man seine Hände sieht, irgendwie sehen die
454 eigenartig aus … Komisch irgendwo.
455 R: Die Haltung, oder?
456 H: Ja, ich finde, man sieht das Ungeschickte. Ein neues Handy zu programmieren, das
457 macht alles seine Schwester.
458 M: Die Sachen kann Jens alle, auch das Motorische. Aber Anleitungen lesen, das Um-
459 setzen, irgendwas installieren
460 H: Auch nicht so besonders. Nee, muss nicht sein.
461 A: Da hört sich dann an nach aufstecken. Also wenn ihn das Menue zu kompliziert
462 wird.
463 H: Auch so eine Fernbedienung und so, wenn das zu kompliziert wird … Aber er hat
464 überall Leute, er findet immer irgend jemanden, der das macht.
465 R: Das ist gut.
466 A: Aber das ist schon ungewöhnlich, Denn eigentlich Jungens in dem Altern, machen
467 das doch gerne. Sie sind die fittesten.
468 H: Nee, hat er nichts mit am Hut
469 R: Also bei Thea war der Wasserhahn an ihrer Waschmaschine ein großes Problem,
470 fällt mir jetzt ein. Ich habe natürlich gesagt, wenn du fertig bist mit waschen, dann
471 stelle den Hahn ab. Nicht dass die Wohnung dann unter Wasser ist. Nun ist der Was-

serhahn so (Anmerkung: senkrecht) längs an der Wand und sie sagt ‚ich weiß nicht, ist er nun auf oder zu, der Hahn?'
H: Das ist bei Paulinus genauso.
R: Ich sage, dass ist genauso wie der Wasserhahn am Waschbecken'. Nun ist aber der Wasserhahn am Waschbecken aber so längs (Anmerkung: waagrecht) längs und der an der Wand ist so (Anmerkung: senkrecht) längs.
Andere: Mhm
R: Und das geht nicht. Ich habe ihr jetzt eine Zeichnung gemacht für daneben. Die hängt daneben, so mit Pfeilen ‚auf' und ‚zu', wie sie drehen muss.
A: Sie merkt ja nicht, wann Wasser kommt oder nicht kommt. Ach, du meinst wie am Handwaschbecken, ach so.
R: Aber zu sagen, dass ist genau wie da. Das geht schon nicht, das umsetzen.
M: Wie oft habe ich mich schon ertappt, dass ich in die falsche Richtung gedreht habe, habe schon geflucht und geschimpft und andere Leute sind gekommen, um mir zu helfen. Habt ihr das nicht?
B: Mir ist auch schon mal passiert
R: Als ich denke, diese Schwierigkeiten mit dem Wasserhahn hat sonst ... Das hängst schon mit ihrem Hydrocephalus zusammen.
A: Dieses umsetzen?
R: Ja.
A: Gut, jeder dreht mal, dass man mal falsch dreht. Aber das merkt man ja, aber das merkt man ja.
R: Sie wusste nur nicht, habe ich den jetzt ausgestellt oder nicht. Und sie konnte es nicht kontrollieren. Irgendwie am Ende, aber an welchem Ende?
Das ist auch eine Schwierigkeit, nun gut. Da habe ich halt nun eine Zeichnung gemacht.
M: Aber wenn er nun noch links sitzen würde?
R: Oh, das wäre ganz schlimm.
B: Ich bin auch überrascht, wie gut Manja mit ihrem Handy klar kommt. Was von Interesse ist, das funktioniert.
R: Also mich wundert, dass Thea toll mit zehn Fingern schreibt. Sie kann auch auf dem Computer blind.
H: Das hat sie auf der Handelsschule gelernt, oder?
R: Ja, aber
A: Das wundert mich auch, dass sie das so gut kann.
R: Das kann sie sehr gut.
A: Das war etwas, was die Erwachsenen sagten, was so schwierig sei: da die Tastatur und da der Text und da den Bildschirm. Und auch Klavierspielen erzählte die eine Frau, sie habe sich furchtbar gequält. Aber sie wollte so gerne Klavierspielen lernen. Und nun lernt sie Gebärdendolmetscher, macht also eine Ausbildung zum Gebärdendolmetscher und sagt: ‚Da habe ich mir eigentlich was ausgesucht, was wieder genau

513 meine Schwäche ist. Dass ich das umsetzen muss, das was gesagt wird und dass ich das
514 noch ziemlich schnell umsetzen muss und dass ich das in eine ganz andere Form setzen
515 muss.' Also Schreibmaschine schreiben, Klavier spielen und das Gebärden.
516 R: Also, ob sie abschreiben kann, weiß ich nicht. Ich sehe sie ja nur hier am PC, wenn
517 sie einen Brief schreibt oder so. Das, was sie denkt. Ob sie nun gut abschreiben kann,
518 das ist ja wieder was anderes dann wahrscheinlich, das weiß ich nicht. Aber hier so
519 schreiben mit zehn Fingern blind, das kann sie gut.
520 B: Zum Schreiben fällt mir noch ein, dass Manjas Grundschullehrerin mal gesagt hat,
521 dass sie überlegt hat, ob sie sie überhaupt mit Schreibschrift quälen soll. Aber das hat
522 sie wunderbar gelernt.
523 M: Mein Sohn ist zur Druckschrift zurückgekehrt.
524 H: Paulinus auch. Und Lina jetzt auch. Komischerweise, sie schreibt neuerdings auch
525 alles in Druckschrift. Also Paulinus musste, weil man das sonst gar nicht mehr lesen
526 konnte. Er brauchte gar nicht mehr Paulinus draufzuschreiben, weil der Lehrer das an
527 der Schrift sah.
528 Pause (0:49:50)
529 M: Chaotisch ist Jens.
530 H: Oh, Paulinus auch.
531 M: und wenig ehrgeizig. Also wenn ich ihn mit Mützen und Handschuhen rausschi-
532 cke, weiß ich nicht, ob die wieder nach Hause kommen. Das ist über all die Jahre
533 weniger geworden, aber es war immer ein Problem. Und was er jetzt mit nach Spanien
534 mitgenommen hat, weiß ich auch nicht, was wieder zurückkommt. Da fehlt ihm der
535 Überblick. Er bekommt fünfzig Mark von seiner Oma geschenkt und will sich dafür
536 was kaufen. Aber schon im Laden hat er die fünfzig Mark nicht mehr. Irgendwo ver-
537 daddelt. Da hat er nicht den Überblick. So wie jemand, der die Hand aus der Tasche
538 nimmt, nimmt sie aus der Tasche und schon hat er es verloren. Aber er sieht das nicht,
539 er merkt das nicht. Hat da seine fünf Sinne nicht ganz aufmerksam beisammen. Und
540 er tut sich sehr schwer, in der Schultasche und an seinem Arbeitsplatz Ordnung zu
541 halten, auch unter seinen CD's und was er alles so sammelt.
542 R: Oh, ja
543 M: Dabei ist er eigentlich so ein Buchhaltertyp, insofern als er all die Jahre, kaum
544 konnte er schreiben, hat er Listen gemacht.
545 (Lachen)
546 M: Jens ist ein echter Listenschreiber Er hat Listen gemacht über, hauptsächlich aus
547 dem Sportbereich, wer was gewonnen hat. Er ist ein Konservierer von Listen. Ich
548 habe so einen Stapel von Listen. Aus allen möglichen Sportarten. Eine Zeitlang war
549 es Springreiten, Biathlon, dann Fußball, Handball, wahnsinnig viele Listen bei uns
550 rumliegen, Bundesliga, Champignonliga, einzelne Spieler, alles, ganz viele Listen
551 R: Und das ist immer noch?
552 M: Nee, jetzt ist das langweilig. Bundesliga, Champignonliga, das notiert er noch
553 manchmal. Aber es hat ziemlich lange angehalten. Er ist auch wenn er zum Spring-

derby nach Flottbek ist, ganz schnell zu den Schaltern gegangen um sich die Listen zu holen und dann Zeiten einzutragen, und erster, zweiter, dritter. Ganz schnell wieder die nächste Liste. Nun könnte man denken, er will alles schön ordnen und immer schön sortieren, oben und unten immer alles schön klar machen aber grundsätzlich ist immer alles voller Zettel.
H: Bei Paulinus hängt immer alles voller Zettel.
R: Thea möchte gerne, weiß aber nicht wo sie anfangen soll. In der Wohnung ist es derart chaotisch oft.
B: Das ist bei Manja auch. Ich habe schon zu ihrer Betreuerin gesagt: ‚sie braucht eine Anleitung, ne, wo sie anfangen soll und was gemacht werden soll'. So einfach vor diesem Wust sitzen, das funktioniert nicht.
R: Bei Thea liegt immer so viel auf der Erde. Wenn sie ihre Schienen nicht mehr an hat, dann kann sie ja nur krabbeln. Bei ihr liegt unheimlich viel auf der Erde rum.
H: Hat sie ihre Schienen oft an?
R: wenn sie ins Bett geht nicht, aber sonst. Sonst kann sie ja nicht gehen. Aber es ist auch viel Faulheit dabei, glaube ich. Also es ist beides. Am Anfang habe ich gedacht, sie ist ein Messi, weil sie wirklich so ‚Niendorfer Wochenblatt'. Das hat sie gesammelt, von was weiß, das ganze Jahr hindurch. Das ganze Jahr so hindurch und hat sie dann in ihrer Wohnung und das waren ihre Zeitungen. ‚Ja, die habe ich noch nicht gelesen und kann ja sein, dass da was drin steht'. Also solche Stapel, oder irgendwelche Werbung ‚das habe ich mir noch nicht durchgelesen. Sie hat alles aufbewahrt, wirklich Sachen, die jeder gleich wegschmeißen würde.
B: Also bei Manja. Da denke ich liegt es dran, dass sie zu faul ist, was wegzuschmeißen?
R: Nee, nee. Sie wollte ja auch nicht, dass ich was wegschmeiße, könnte ja sein, dass ..
M: Ist das besser geworden?
R: ja, das ist besser geworden.
A: Also mit der Unordnung, das ist bei fast allen im Haushalt, bei den Großen. Also, dass sind ja eigentlich mehr Sb-Jugendliche, die ich kenne, und … ganz schön schlimm.
R: Also, eine Zeitlang lag da auch noch der Teller da, wo ein Reststück Fleisch war, oder so, aber dann hatte sie mich irgendwann man geholt, weil da irgendwo eine dicke Spinne war, sie hat vor Spinnen eine solche Angst. Und dann hab ich gesagt, also wenn du weiterhin hier so Essen liegen lässt, dann kommen noch ganz andere Tiere.
(Lachen)
Und seitdem ist das besser geworden, weil sie Angst hat, dass da nun noch mehr Spinnen oder so was kommen.
B: Tja, ich hätte auch versucht so, naja, als ersten, oder einen Schritt, weil ich denke, dass es auch eine Überforderung ist, wenn man alles Mögliche sagt. Ich hab zu ihr gesagt, pass mal auf, wenn du jetzt hier irgendwas aufgerissen hast, ne Tafel Schokolade oder so, oder irgendwelchen Müll hast, den immer sofort wieder dahin, wo er entsorgt

595 werden muss. So als Schritt. Das ist ja schon viel, da ist ja schon ganz viel Unordnung
596 weg. Aber irgendwie klappt das auch nicht richtig.
597 R: Sag ich auch immer, wenn du wenigstens den Müll weg… Aber das ist natürlich
598 auch, für sie ist das alles viel anstrengender
599 B: Naja, klar.
600 R: Wir nehmen mal eben und laufen in die Küche und schmeißen es in den Müll-
601 eimer und kommen wieder zurück. Oder so. Und das machen wir vielleicht 5,6 mal
602 oder so und das macht uns nichts aus. Für sie ist es auch anstrengend.
603 A: Ich glaube, sie können manchmal auch nicht daran denken, dass sie diesen Schritt
604 nicht mitbedenken.
605 R: Mhm, ja.
606 U: Bei Frederike ist das so, ich versuche seit hunderttausend von Jahren, ganz ein-
607 faches Beispiel: Sie hat so einen Kassetten, ja nicht Koffer, so ein Kassettenfach, wo
608 wirklich relativ viele Kassetten, ist vielleicht auch schon zuviel, egal. Eine Kassette
609 rausholen, reinstecken, die Hülle liegen lassen und wieder raus, und wieder rein.
610 H: Das kenn ich auch.
611 U: Wust ohne Ende. Ohne Ende.
612 R: Ja.
613 U: Bei euch auch?
614 R: Ja. Das ist immer noch so.
615 H: Das war als Paulinus klein war mit den Kassetten das, also die die Hüllen irgendwo
616 lagen und irgendwann hab ich dann mal Zeit gehabt und sie wieder einsortiert. Aber.
617 U: Sie kann es ja.
618 H: Und heute mit den CDs ist das genauso. Ich glaub der hat 400 CDs, ne.
619 U: Und auf der anderen Seite ist sie so ordentlich. Muss alles zu. Schubladen zu,
620 Reißverschluss alles hoch, pedantisch. Es muss alles zu und irgendwie, das passt doch
621 nicht so zusammen oder?
622 (0:58)
623 R: Ja, das stimmt. Das ist bei ihr auch, alles, Reißverschluss bis oben hin. Oder wenn
624 sie irgendwas klebt, das muss ganz grade sein, das dauert ewig. Alles muss ganz akkurat
625 und so sein. Das stimmt. Aber ich glaube, dass eine hat mit dem andren gar nichts zu
626 tun. Und diese Unordnung wird bei ihr dann irgendwann zuviel, und dann ist sie wie-
627 der überfordert. So, wenn sie dann jetzt wieder so 'nen Wust hat, sie merkt das auch.
628 Also ich fahr mal ab und zu hin, und dann machen wir das zusammen. Meine Güte,
629 sie ist dann auch immer ganz froh und sagt: „Oh Mann, bei dir geht das immer alles
630 so schnell und ich weiß nicht, wie ich das mal hinkriegen soll, dass ich das mal." Ich
631 sag: Kannst du nicht wenigstens deine Teller abwaschen, wenn du mal 3 zusammen
632 hast oder so, ne. „Ja ich will das ja auch." Ich weiß nicht, was das ist, bis jetzt hab ich
633 immer gedacht Faulheit. (Lachen)
634 A: Das glaube ich gar nicht.

R: Und das unter dem Tisch, und so, was da so liegt, das ist, hat glaube ich auch damit zu tun
A: Mit dem körperlichen.
R: Mit dem körperlichen. Da immer hin und her rennen, und dies machen und das machen, das ist schon anstrengend für sie. Sie sitzt ja nicht im Rollstuhl und fährt hin und her, sie läuft ja hin und her. Und das hängt, glaube ich auch damit zusammen.
M: Hängt das mit Verantwortungsbewusstsein zusammen? Also, selber Verantwortung haben für die eigenen Sachen, ist ihnen, wie vielen anderen Kindern auch, aber jetzt im Besonderen auch, wahrscheinlich die behinderten Kinder. Viel abgenommen worden, immer hinter ihnen hergeräumt worden, ihnen alles abgenommen worden?
A: Mmmh, das wäre ja mehr so in Richtung verwöhnen.
M: Ja.
A: Also ich kann es mir bei mehreren Sachen vorstellen, wo die Gründe sind. Verwöhnen wäre einer, den würde ich aber nicht an oberste Priorität setzten. Sondern, Verantwortungslosigkeit ist auch manchmal, so dieses nicht wahrhaben wollen, oder die Sachen nicht an mir mögen, die ich dann nicht so gut und so flott kann. Und das ist dann auch deshalb das, eben auch höchst ungern machen.
M: Vermeiden.
A: Vermeiden. Also bei manchen Sb-Jugendlichen ist es dann auch manchmal so, dass sie sich, dass sie zum Beispiel sehr unhygienisch sind. Also, dass sie sich viel zu wenig waschen, Viel zu selten die Wäsche wechseln, ne, auch wenn sie dann nass sind. Die haben ja fast alle die Blasenlähmung, dass ihnen das so, so ein bisschen Verantwortungslosigkeit, diesem Ungeliebtem an mir. Und ich glaube es hat was mit Struktur zu tun. Also, für einen ordentlichen Haushalt brauchst du Struktur. Und das ist, bei Thea kann ich mir vorstellen, dass es das ist, die hat da nicht den Überblick.
R: Überhaupt nicht.
M: Jens auch nicht.
A: Und in dem Alter, Also, dass die Kinder das nicht haben, bei meinen Kindern bleiben auch die Kassetten oder alles so, aber wundersamer weise bei denen ist das so mit dem Älterwerden entwickelte sich tatsächlich so was wie eine gewisse eigene Ordnung. Also, die Kinderzimmer waren früher, musste man ganz viel reden und diskutieren und streiten und ich habe dann, ich gehöre eher zu den Eltern, ich hab dann gesagt ist mir eigentlich egal. Ja? Tür zu.
H: Weißt du was ich mache? Ich nehme eine Packkiste. Alles was rumliegt schmeiße ich da rein und sag, wenn es heute Abend nicht aufgeräumt ist, schmeiß ich es raus. Tu ich auch. Schmeiß ich es vor die Tür und wenn es regnet, ist mir egal.
A: Ja, also, was bei mir so rumliegt, dann krieg ich auch mal 'nen Rappel, so das wird dann so vor die Zimmertür und dann, ja, aufgereiht. Aufgestapelt. Aber, je älter die wurden haben sie tatsächlich mehr Ordnung entwickelt.
B: Das kann ich nicht sagen.

675 A: Also, in dem Alter von Thea und von Paulinus ist es dann mehr so eine Unstruk-
676 turiertheit.
677 M: Auch Jens, Jens müsste im Alter von 17 auch eine eigene Ordnung haben.
678 A: Ja, das stimmt. Mit 17 auch.
679 M: Und ich hab, denk ich, ihn dann auch noch zu oft angeleitet, so, dass ich das
680 nicht bestätigen kann, was du gesagt hast als eigene Ordnung. Also, jeder muss doch
681 'ne eigene Ordnung finden, muss wissen, wie er seine CDs, wie er die sortieren will,
682 wo die stehen sollen, welche Reihenfolge und die geliebten vorne, und die anderen
683 hinten, oder welche Schubladen, was wohin soll. Und das ist nicht voll entwickelt bei
684 Jens. Teilweise, aber nicht voll.
685 B: Ich kann das eigentlich, so im Vergleich der Geschwister bei uns, nicht so bestäti-
686 gen. Eigentlich sind die beiden anderen auch nicht so wahnsinnig ordentlich.
687 A: Auch heute nicht?
688 B: Ganz unterschiedlich. Man merkt, dass ist ganz eigenartig, das plötzlich in ihrem,
689 die haben ja nun jeder ein Zimmer in ihrer Wohnung und ein gemeinsames, ja gut,
690 da warten sie dann zu zweit auf den andren, das, der ist dran und der soll das machen.
691 Das ist natürlich auch so ein Problem
692 A: Wie in jeder Wohngemeinschaft.
693 B: Wobei, dass jeder sein Zimmer hat und für sich selber macht, ist klar. Das sieht
694 eigentlich auch grade immer bei Maren, auch ziemlich wüst aus. Obwohl am Anfang
695 ich mich so gefreut hab, weiß ich noch, warn wir einmal zu Besuch, die kamen sin-
696 gend nach Hause, griff sich irgend so eine Bürste da für den Fußboden und fing an,
697 da zu machen. Da hab ich noch gedacht, mein Gott ist das toll. Aber irgendwie ist das
698 dann wieder uninteressant geworden.
699 (Lachen)
700 B: Ja, insofern, das ist schwer zu sagen. Von wegen Struktur, ich hab da ja so ein Bei-
701 spiel, da haben wir ja so herzhaft drüber gelacht. Mit Manja, aber das ist, das hab ich
702 bestimmt hier ja auch schon erzählt. Das ist eigentlich unheimlich süß gewesen. Ob-
703 wohl im Grunde müsste man darüber weinen, weil es eigentlich traurig ist, weil, weil
704 es eben dieses Defizit zeigt. Da war sie doch auf Praktikum, da war sie, weiß ich nicht,
705 mit 14, 15, 16 und dann hab ich zu ihr gesagt, du, wenn du 10 Tage weg bist, dann
706 musst du auch 3mal deine Haare waschen wenigstens. Und dann sagt sie doch zu mir
707 " Ja, dann mach ich das doch die ersten 3 Tage gleich, dann hab ich es hinter mir."
708 Das hat sie nicht verstanden, mit dem Abstand.
709 (Lachen)
710 A: Ein schönes Beispiel.
711 B: Wir haben da auch schon soviel drüber gelacht, obwohl man eigentlich weinen
712 müsste. Aber, was soll's. Tja, das habe ich auch gemerkt, da muss ne (undeutlich)
713 gemacht werden. So geht das nicht.
714 R: Also, Thea hat auch ein anderes Empfinden für ordentlich, Ordentlichkeit. Heißt
715 das Ordentlichkeit?

A: Ordnung.
R: Ja, Ordnung, ja. Sie sagt dann manchmal, also ich hab schon richtig gut aufgeräumt, wenn du kommst. Und wenn ich dann reinkomme, dann denke ich, um Gotteswillen, wo hat sie hier aufgeräumt? Und sie ist dann auch ganz stolz, ne. Und sagt, sieht das hier nicht schon gut aus?
H: Mhm Mhm
R: Das empfindet sie irgendwie gar nicht so.
U: Da sind die Geschmäcker verschieden.
R: Ich meine sie, sie hat ja nun Ratten, sie konnte ja hier nun nie ein Haustier haben.
U: Ach so.
R: Ne, so Ratten.
(lachen)
R: und da passt sie auch auf. Also da ist nichts mit Unordnung oder so. Die pflegt sie gut und die kriegen ihr Fressen und ja, für uns ist das alles nicht so toll, aber das ist wieder was anderes so. Für die muss sie sorgen und…
B: Mag keine Spinnen, aber Ratten.
U: Frederike kennt sich unheimlich gut mit ihren Medikamenten aus. Die muss im Moment total viel nehmen, dass bedeutet ja, Papa guck mal hier, dass sind meine süßen Tropfen, die heißen Desto.?? Und dann hab ich hier noch Renalin, und dann hier hab ich Arnika und Symphytum oder Symphytus und Uka, ne Ruta. Ja und dann muss ich hier noch die Kapseln nehmen.
R: Und die Namen kennt sie dann?
U: Jaaa!
M: Da muss ich in dem Zusammenhang sagen, dass Jens da schon verantwortungsbewusst gehandelt hat. Er hat immer an die Tabletteneinnahme gedacht.
U: Frederike auch.
M: Eigenständig. Und er hat immer auch 'nen Überblick über seine Hausaufgaben und geht die auch an, von sich aus. Oft auf letzten Drücker, aber in der Tendenz war es viele Jahre, dass er von der Schule gekommen ist und sich gleich hingesetzt hat.
A: Aber sonst hätte er die Schule auch nicht so gut bewältigt.
M: Das hat er ganz allein gemacht. Also schon, ja denk ich, auch verantwortungsbewusst.
A: Was nimmt er denn für Tabletten?
M: Er war ja Epileptiker. Er ist aber wieder raus.
R: Also das Konzentrieren und Denken, würde ich sagen, strengt Thea auch mehr an. Sie ist schneller erschöpft. Wenn sie ganz intensiv Sachen machen muss.
H: Also Paulinus ist auch ganz schnell müde und muss auch viele Pausen machen. Und ist auch ganz oft, hat immer so, zieht sich dann zurück und möchte auch alleine sein. Ne, dann duldet er auch keinen Freund, auch uns nicht, also er braucht immer so seine Ruhephasen, schon immer.
M: Also, das würde ich auch sagen.

757 R: Auch heute noch. Und da kann auch Gott und die Welt anrufen. Ne.
758 A: Von den Erwachsenen hat auch einmal eine gesagt, ihr Vater hätte zu ihr gesagt,
759 du brauchst, am besten, gehst, wirst du Beamtin. Gehst zur Behörde. Ne, du musst ja
760 immer mal aus dem Fenster gucken können.
761 (Lachen)
762 A: Stimmt, sie hat dann viele Jahre gebraucht, aber er hatte Recht. Sie muss immer
763 mal, nach 40 Minuten muss sie immer einfach mal 5 Minuten ins Nichts starren
764 können. Um sich zu erholen.
765 R: Also das, ist denke ich auch so.
766 A: Ich wollte noch mal auf den Punkt ‚Stress'. Den hattest du eben kurz angesprochen,
767 weil das nämlich auch so viele Eltern sagen, dass die sich so schnell stressen lassen die
768 Kinder und so schnell unter Druck geraten und dann 'ne gänzliche Blockade...
769 U: Ja,
770 R: Ja, das kann ich bestätigen.
771 A: ...kommt.
772 U: Wenn ich zum Beispiel Frederike morgens sage: So Frederike aber gleich kommt
773 Hilde, dann sofort, ne. Und dann, dann geht gar nichts mehr.
774 A: Und auch so Prüf.. er hat doch auch ein Ventil, oder?
775 H: Prüfungsangst oder?
776 H: Ne, er hat kein Ventil, er hat diesen Shunt.
777 A: Ja, stimmt, er hat diesen Uni-Shunt. Mhmm. Weil ich mich auch erinnere, also
778 einer von den Erwachsenen, der hat nun auch Sb, aber der hat beides. Hat auch Abi-
779 tur gemacht und Studium, und der hatte immer, immer in den Examensphasen, also
780 beim Abitur und beim ersten Staatsexamen und beim zweiten Staatexamen, der hatte
781 immer Hirndruck. Und beim zweiten sind sie gar nicht mehr zum Arzt gegangen.
782 Weil er genau wusste, dass ist nur der Stress. Das ist der Stress.
783 H: Wirklich?
784 A: Ja. Es war jedes Mal nichts. Und es war auch jedes Mal vorbei, wenn auch schwere
785 Klausuren, oder so, wenn das vorbei war. Aber es war richtig die ganze Palette der
786 Hirndruckzeichen.
787 (1:10)
788 M: Hat Jens nicht. Hat nur unruhige Nächte. Er hat, glaube ich, sowieso nicht geklagt.
789 Eigentlich nie über Haus.. äh, Kopfschmerzen und, er hat keine Hirndrucksymptome.
790 Was ist bei ihm jetzt Stress? Wenn er eine Klassenarbeit schreiben muss und in Stress
791 gerät, dass er dann nicht mehr voran kommt. Dass er, dass er verknotet. Und er
792 kommt manchmal unter Stress, weil er Dinge vor sich herschiebt. Und dann weiß er,
793 so wie wir das auch beim Aufräumen beschrieben haben, weiß er nicht mehr wo er
794 anfangen soll.
795 (Zustimmendes mhmmm.)
796 M: Dann verzagt er ziemlich. Und dann wird er auch richtig stinkig und unleidlich.
797 Und kann keinen konstruktiven Anfang mehr finden. Also, da fehlt ihm das dann so,

dass sich so durchzubeißen und mal zu sagen, heute mach ich einfach mal bis um 12 und ich knie mich da mal richtig rein. Also wir haben vor 3 Tagen wieder einen Anruf gekriegt aus Spanien, da war ihm der Fotoapparat runtergefallen. Und da wollte er sagen, das belastet mich jetzt so, dass der Fotoapparat runtergefallen ist. Ich sag, Jens da mach dir mal keine Gedanken, da sagt er, was mich aber auch noch belastet, und das war es dann eigentlich, dass er am Ende des 2. Semesters äh Trimesters, da sind ja 3 Semester im Schuljahr, wieder Arbeiten schreiben musste, und dass er das wieder vor sich hergeschoben hatte und es war Sonntagabend und am nächsten Tag musste er `ne Arbeit schreiben. Und er hatte noch nichts dafür getan. Und vor sich herschieben und dann in Stress geraten und dann...
A: Dann aber ganz zu blockieren.
M: Ja.
A: Also vor sich herschieben, tut jeder Mensch auch.
M: Hab ich auch getan, aber ich war dann schon in der Lage zu knüppeln.
A: Ja, aber dann gibt es so einen Zeitpunkt, so Sonntagmittag, oder so etwas, dann wäre ich schon in so'n strukturiertes, ja Knüppeln.
M: Knüppeln und nun aber anfangen und wenn es die Nacht durch ist. Und in höchster Konzentration einmal durch diese Prüfung durch, und das auch dann auch hinkriegen. Und das kann Jens nicht.
A: Ja, das sagen alle Eltern, dass sie dann eben so, so gänzlich zumachen, die Kinder. Ja, keinen Anfang mehr finden.
M: Ja, und an körperlichen Symptomen, dann nicht schlafen können. Aber das ist ja naheliegend. Das ist ja auch Druck, Stress, Angst. Ansonsten hat er sich Prüfungssituationen sehr tapfer gestellt, fand ich.
Wir haben über diese sprachliche Begabung gesprochen. Jens ist in dem Sinne kein Mann des Wortes. Also wenn er, sie mussten ja am Ende des 10. Schuljahres in kleinen Gruppen Prüfung abhalten, und waren so in einem Gruppengespräch, ich glaub 3 Schüler und ein Prüfungslehrer und da hat Jens nicht so gut abgeschnitten. Nicht so gut wie die beiden anderen. Die also mit ihm in der Gruppe waren. Das liegt ihm nicht so sehr. Strukturiert etwas vorzutragen. Obwohl er ganz klug ist und ein ganz großes Allgemeinwissen hat. Und viele, so elaborierte Sprachen, Sprachwendungen, Begriffe kann. Ne, das kriegt er nicht so gut hin.
A: Ich schau so ein bisschen auf, weil ich dem Mikrofon nicht so ganz vertraue.
(Lachen)
A: Ich hab hier auch noch mal geguckt, ob ich irgendwas vergessen habe.
M: Ich habe noch einmal geguckt, ob ich was vergessen habe.
A: Also mit dem Stress, dass kommt immer wieder und, ja, mit dem Gedächtnis. Aber das hatten wir auch schon am Wickel. Vielleicht bei Jens nicht so, aber Ricarda schilderte das ziemlich eindrucksvoll. Und das kenn ich eben auch von den anderen. Also, nicht drei Sachen auf einmal.

838 R: Ja, und das hat sich jetzt auch mit dem Alter nicht groß gegeben. Sie sagt oft zu
839 mir: halt, halt, halt du erzählst schon wieder soviel auf einmal oder irgendwie so, ne.
840 Weil sie das..
841 M: Das hat Jens auch. Ich hab dich gar nicht gefragt. Das interessiert mich nicht. Sag
842 einen Satz. Red nicht immer soviel.
843 A: Na gut, dass höre ich aber auch.
844 M: Ja, bei Jens ist das aber auffällig. Ja. Also ich betreue in der Schule die Schülerbü-
845 cherei und da sitz ich immer mit so Kindern um mich herum und die kommen immer
846 mit Allerweltsfragen und die Fragen mich auch Sachen und dann hören sie auch zu
847 und das ist bei Jens oft nicht so gegeben, wenn das nicht sein Thema ist, dann will
848 er es nicht hören. Und wenn es sein Thema ist, will er oft nicht soviel hören, wie ich
849 dazu noch erklären möchte. Und das passiert auch beim gemeinsamen Hausaufgaben
850 machen. Was ich in den letzten Jahren nicht mehr gemacht habe, weil ich das selber
851 zum Teil nicht mehr überblicke, was er zu tun hat. Aber so früher, wenn ich ihm was
852 erklären wollte, und noch mal ausholen wollte, dann wollte er soviel nicht hören. Er
853 hatte schon manchmal Hemmungen mich zu fragen, weil er dachte es dauert dann
854 viel zu lang. Oder die klare Anweisung: Mama nur eine Antwort.
855 R: Na ja, das hört sich auch so an. Nicht wahr?
856 M: Also nicht mit auf Gedankenwanderung gehen und sich mal drauf einlassen.
857 B: Oh, meine Mutter hat mir auch immer viel zu viel..
858 (Lachen)
859 B: Wenn ich sag was ist ein Unternehmer, dann erzählt sie erstmal es kommt von
860 unternehmen, oder irgendetwas, so 'n Tütelkram. Was weiß ich denn, wenn ich den
861 Unternehmer nicht kenn, weiß ich auch nicht, was unternehmen ist. Oder so.
862 (Lachen)
863 B: Und dann kam immer mhmmm.
864 (Lachen)
865 B: Ein anderes Wort dafür, dass wäre am Idealsten. Das geht natürlich nicht immer,
866 aber…
867 A: Ja, aber sie sagt ja die anderen Kinder reagieren nicht so auf sie. Also ich hab einen
868 Bruder, der hat auch so eine Tendenz zum langatmigen erklären und da sind sich aber
869 sowohl seine Kinder als auch meine Kinder einig, dass man ihn besser nicht fragt.
870 Lachen
871 M: Neee, ich versuche schon prakmatisch zu sein.
872 A: Nein, das mein ich ja auch, dass die anderen Kinder das nicht so sehen. Sonst wür-
873 den die ja auch nicht mehr fragen.
874 M: Das ist natürlich unbefriedigend, wenn man ihm nur sagt 56 und nicht und nicht
875 erklären kann wie es dazu gekommen ist, und er das beim nächsten Mal selber raus-
876 kriegt.
877 (Lachen)
878 A: Grad du als Lehrerin, ne.

R: Also ich mag Melanie immer so gerne zuhören, wenn sie erzählt.
(Zustimmen der anderen Frauen.)
R: Also, das mag ich unheimlich gerne. Ihr unheimlich gerne zuhören.
(Kurze Pause)
R: Nee, also bei Thea ist das aber auch, dass das sie sagt es wird ihr zuviel. Also, das ist soviel auf einmal, dass kann ich mir nicht alles merken, oder so.
H: Bei uns liegen dann häufig Zettel rum. Ist auch nicht schön. Wenn es soviel wird, das man da.
(Lachen)
A: Wie, dass er sich das aufschreit?
H: Ich schreibe es auf! Weil doch keiner zuhört
(1h30m24s)
A: Wir korrespondieren auch viel über Zettel, aber es liegt auch daran, weil man sich dann nicht so sieht.
H: Mein Mann sagt neuerdings immer: Leg ruhig Zettel hin, ich kann sie sowieso nicht lesen, ist nicht groß genug.
(Lachen)
M: Ja, aber dieses Phänomen, was wir vorhin hatten, fällt mir jetzt eben doch auch ein, dass ich manchmal Dinge auch weglasse. Also, wenn man jemanden verabschiedet, und noch mal ein paar Dinge, denk doch auch da dran, und da dran und da dran denken, dass lass mal weg, das lass mal weg, das schreibst du ihm einfach im nächsten Brief. So dass nicht soviel auf einmal kommt. Nicht so viele Dinge, auf die er, an die er auf einmal denken muss.
(Zustimmen der anderen Frauen).
M: Nicht so viele Dinge, auf die er, an die er auf einmal denken muss.
H: Wie war das mit Orientierungssinn? War auch nicht so doll, ne?
R: Nee
M: Kein Problem bei Jens.
H: Kein Problem?
M: Nein.
R: Also, dass hat also bei Thea sicher auch mit dem Rollstuhl auch zu tun, also, dass sie nicht läuft, sich den Weg erläuft. Glaube ich.
H: Wie ist das bei deiner Tochter?
B: Das ist auch schwierig. Oft könnt ich mich wundern, wie toll sie so öffentlich durch die Gegend düdelt. Ne, das klappt ganz schön, aber so und so. Ich weiß, früher mal, wenn wir in Dänemark den einfachen Weg, den wir da von der Wohnung zum Essen hatten, das war jedes Mal ein Problem, also, da konnte man sie eigentlich nicht alleine hinschicken.
A: Du hast das doch selbst mal erzählt, mit der Wohnung in Spanien zu den Hotels Gemurmel.. Wo sie dann immer ¾ rumläuft anstatt den kürzeren, der nur ein1/4 ausmachen würde.

920 R: Ich meine sie kommt ja jetzt überall hin.
921 H: Und dann sind die Vorraussetzungen…
922 U: Nu weiß sie ja, dass sie mit dem Zug da und da hin muss..
923 R: Also Orientierungssinn hat sie auch einen ganz ganz schlechten, aber trotzdem
924 kommt sie ja überall hin. Sie fährt alleine mit dem Zug in die Schweiz und steigt da
925 3 mal um, aber das sind ja leichtere Sachen jetzt. Sie weiß natürlich um wie viel Uhr
926 der Zug geht, und dann steigt sie dann da ein. Das hat nichts unbedingt finde ich mit
927 Orientierung zu tun.
928 A: Nee; das finde ich auch nicht. Das hat viel mit Selbständigkeit zu tun. Und Selbst-
929 vertrauen.
930 R: Also, das macht sie alles. Und das.. Aber den richtigen Bus zu finden, hat auch
931 nicht unbedingt mit Orientierung zu tun, finde ich. Das ist was anderes. Sie ist sehr
932 mutig. Nimmt sich Gitarrenunterricht in Rahlstedt, was genau im andren Ende von
933 Niendorf liegt dann, mit der Riesengitarre, mit Rollstuhl fährt sie einmal die Woche
934 nach Rahlstedt zum Gitarrenunterricht und ich weiß überhaupt nicht, ich möchte das
935 auch gar nicht wissen, wie sie da mit dieser Gitarre immer hin und her kommt.
936 A: Ich frag mich wie sie nach Rahlstedt kommt.
937 R: Also, das ist nicht so schwer, weil vom Markt ein Bus direkt fährt.
938 A: Das ist ja keine S-Bahn, sondern ein richtiger Zug. Da kann man nur mit Bussen
939 hinkommen als Rollstuhlfahrer.
940 R: Ja, ja, der fährt aber durch.
941 B: So ein Nahverkehrszug..
942 A: ja
943 B: Kenn ich, meine Schwiegermutter wohnt in Wandsbek…
944 (1h21m17s)
945 A: Ja, genau, das ist ja dieser Zug..
946 R: Nee, da fährt hier ein Bus.
947 A: Aber es ist sicherlich auch der Rollstuhl, der macht das ja schw.. also die mangelnde
948 Körpererfahrung, Raumerfahrung. Das ist immer so die Erklärung, die man in allen
949 Büchern liest, aber das haben auch die Erwachsenen, die motorisch gut sind und einen
950 isolierten HC haben, die haben auch diese Orientierungsprobleme. Also, wenn ich
951 mich mit denen mal treffe, dann ist die erste ¼ Stunde erstmal immer die Erheiterung,
952 wer nun wie, wie sie dann da nun hingefunden haben. Wie wir uns treffen und welche
953 Strecken, auch mit dem Auto, das hab ich ja das letzte Mal auch schon erzählt, da habt
954 ihr ja gesagt, ihr macht das auch. Lieber eine bekannte längere Strecke fahren.
955 (Lachen)
956 H: Ich mach das auch. Gebe ich auch zu.
957 A: Ich das nicht mache, ich will immer den kürzesten Weg.
958 H: Ich würde auch gerne ein Navigationssystem haben.
959 A: Ich will immer die sportliche Herausforderung.

B: Nachher zählt ja nur, ob man da ist. Aber wie man gekommen ist, interessiert ja keine Seele.
R: Ich mein das ist nicht so, dass sie… Ich denk man kann das auch ein bisschen üben. Mit dieser Orientierung. Jetzt wo sie immer alleine unterwegs ist, denk ich ist auch vieles besser. Denn jetzt, sie geht auch jetzt immer da zum Berufsförderungswerk in Farmsen und sie musste ja jetzt von der U-Bahn Farmsen.
H: Macht sie das denn jetzt da in Farmsen?
R: Ja, schon seit, haben wir noch März? Ja, seit Anfang März. Und sie musste ja dann von der U-Bahn Farmsen da irgendwie noch hin
H: Mit dem Bus?
R: Nee, fährt kein Bus. Da wo sie ist nicht. Sie ist nicht in der A.-K.
H: Ach nicht in der …Straße, meine Eltern wohnen da nämlich.
R: Das heißt …-Weg wo sie ist.
H: Ist das die andere Seite in B.?
B: Da kenn ich mich überhaupt nicht aus.
R: Also, das ist U-Bahn T., das andere ist auch nicht weit weg, aber sie ist …-Weg.
H: Kenn ich auch nicht.
R: Und, da musste sie ja auch hinfinden irgendwie. Also es ist, denke ich, schon ein bisschen besser geworden, dadurch, dass sie soviel unterwegs ist, aber doll ist das glaube ich nicht. Aber sie weiß ja immer einen Weg, das ist ja das Gute. Also sie, wenn sie irgendwo in Schwierigkeiten ist oder so, findet sie immer einen Weg, sie spricht ja auch Leute an, das macht ihr alles nichts aus. Also, als sie damals allein nach Heidelberg gefahren ist, um diese Klinik zu sehen, die sie in einem Buch gelesen hat und dann, sie hat irgendein Buch über einen Behinderten gelesen, und da war immer von Heidelberg, von der Klinik die Rede. Und da hat sie irgendwann rausgekriegt, dass es die wirklich gibt, die Klinik..
A: Große Orthopädische Klinik gibt`s mit großem Sb-Zentrum.
R: Hat sie sich aufgemacht nach Heidelberg, weil sie diese Klinik aus dem Buch mal sehen wollte. Und hat dann 4 Tage ganz alleine im Hotel. Sie war ja noch nie alleine im Hotel und dann hat sie an der Rezeption..
A: Um sich die Klinik anzugucken, ich meine…
U: Ein Museum, oder eine Ausstellung.
A: Und das als jemand, der schon soviel in `ner Klinik war. 20mal operiert und da guck ich mir noch `ne Klinik an.
U: Ja, erstaunlich.
R: Sie fand es toll, dass es sie wirklich gab in diesem Roman.
U: Was sie schon alles gemacht hat. Allein nach Irland oder was war das?
R: Ja, in Irland war sie letztes Jahr.
U Ja, soviel Sachen alleine,
R Das schult ja
U: Ich bin einmal in meinem Leben alleine weggefahren, das mach ich nie wieder.

1001 (Lachen)
1002 U: Nein wirklich, weil, da hat ich, da war halt mein Studium, und da war es so ver-
1003 regnet in Detmold, und da wollt ich unbedingt mal Sonne sehen. Ich hatte nicht viel
1004 Geld. Das meine Eltern das überhaupt mitgemacht haben, ich meine, das ist ja auch,
1005 ne.
1006 (Zustimmen einer anderen Frau)
1007 U: Ich hatte auch nur soviel Geld bis nach Mallorca und dann bin ich ins Reisebüro
1008 und hab gesagt, was krieg ich hier für meine paar Pinunsen und ich wollt an sich so
1009 kanarische Inseln, weil das Wetter noch besser war. Und dann reichte das nicht und da
1010 hab ich gesagt das ist halt so. Und da hab ich auf eine Glücksreise gesetzt. Das reicht
1011 auch nur für `ne Glücksreise… Ohh, das war so schrecklich…
1012 R: Was heißt denn Glücksreise?
1013 U: Glücksreise heißt, du weißt nicht, wo du hinkommst.
1014 (Lachen)
1015 R: Aber das ist nicht unbedingt Glück.
1016 U: Nein, das war bei mir wirklich kein Glück. Ich bin nach Antalia, ach Quatsch, wie
1017 heißt das, dieses Ballermann, wie heißt das, dieses, irgendwas mir A.
1018 A: Du warst jung und wolltest was erleben.
1019 U: Jaja. Ich allein auf weiter Flur. Und dann, es war so, es war so, ich saß dann allein
1020 hinten im Bus und ich wurde dann abgeliefert. Aber es war eine tolle Erfahrung, ich
1021 möchte es auch nicht missen, aber, wen man da alles so kennen gelernt hat, auch an
1022 Männern, also wirklich ganz toll.
1023 (Lachen)
1024 U: Wirklich es war sagenhaft. Aber irgendwann hat es mir nach einer Woche gereicht
1025 dann. Ich würde das auch nicht noch mal machen.
1026 A: Weil es dir zu langweilig war oder..?
1027 U: Nee, das hat mir einfach auch nicht soviel Spaß gemacht. Man konnte sich nicht
1028 austauschen, ich bin dann allein … gefahren…
1029 A: Aber nicht weil es dir zu schwierig war, irgendwo alleine…
1030 U: Nein, nein, das nicht. Ich hab mir ein Auto gemietet. Da bin ich schon zu in der
1031 Lage und hab… allein mit dem Bus zu fahren….
1032 A: Das hörte sich eben erst so an…
1033 (Lachen)
1034 A: Arme Ulla sag was… muss ich hinein…
1035 U: Ich hab schon Aktionen gemacht und ich konnte mit der Situation auch gut umge-
1036 hen, mit allem, auch so, aber irgendwie hab ich gedacht: nee, das ist nicht dein Ding.
1037 Deswegen finde ich das auch so mutig von Thea. Oder auch ich bewundere das, das
1038 die das so macht und das so gerne macht. Ich bin kein Typ dafür.
1039 R: Sie hat dann auch gleich immer Kontakt.
1040 H: Das wollt ich grad sagen…
1041 U: Ich hab ja auch Kontakt, aber…

H: Paulinus auch, der hat sofort immer Kontakt. Das sind alles immer Freunde gleich immer, komischerweise.
R: Sie hat da gleich `ne Studentin kennen gelernt, die eben irgendwie in so `ner irischen Kneipe. Und dann hatte sie gefragt, wann sie denn wieder fährt, ja, morgen wieder nach hause. Ja, willst du nicht länger bleiben? Du kannst bei mir in der, in der Bude schlafen. Ich meine, das hat sie dann nicht gemacht. Aber sie lernt immer gleich überall Leute kennen. Was ich so witzig fand, das sie also auch soweit gedacht hat, dann rief sie mich an aus dem Hotel, ich hatte dann gesagt, sie soll mal anrufen. Ich darf ja immer meine Ängste nicht so zeigen. Ich hab gedacht, sie kommt da nie an. Und dann sagt sie, ich hab an der Rezeption jetzt erstmal gefragt, was im Preis alles drin ist und ich kann hier ruhig den Fernseher anmachen. (Lachen) Das kostet nichts. Und jetzt bin ich los. Essen gehen ist ja so teuer, und dann hat sie sich im Supermarkt irgendwie Brot und Wurst und was zu Trinken geholt. Hat aber auch gefragt, ob das was kostet wenn man Fernsehen guckt. Also das, sie kannte, das war das erste Mal, dass sie alleine in einem Hotel war. Also, dass fand ich toll, dass sie an diese Sachen gedacht hat.
A: Früher war das manchmal gebührenpflichtig.
R: Ja?
A: Mhmm.
H: Ja, man musste immer die Fernbedienung kaufen, oder irgend sowas.
A: Irgend sowas war das. Oder es gab nur Video und kein Fernsehen.
U: Aber ich find das total,… Es ist nichts für mich, das hab ich festgestellt. Und, also mit `ner Freundin so was, da fahr ich gern allein zusammen weg, aber ganz allein, das ist nichts für mich.
A: Nee, für mich wäre das auch nicht.
R: Also in Irland, war sie ja auch…
A: Nee, das ist nicht mein Ziel…
U: Nee, ist auch nicht mein Ding.
R: Meistens, hat sie ja jemanden.
A: Da fällt mir noch ein hier, ja? Das??? 1h30m24s bestimmt gleich zu Ende. Das blinkt hier nämlich schon so. Das sieht doch bestimmt aus…
Gemurmel
A: Nein, ich schreib das jetzt auf. Ich nehme an, der wird einfach stoppen, nicht dass er den Anfang jetzt noch mal überspielt.
U: Bei Frederike ist auch eine extreme Distanzlosigkeit da.
A: Ja.
U: Die ist echt extrem distanzlos. Alle Menschen sind gut oder so, ne. Ich meine da ist eine Gefahr dabei.
A: Mhmm, ist `ne Gefahr.
U: Ist `ne Gefahr. Ich glaub, ich hoffe oder ich denke es wird sich irgendwie, sie hat auch noch nie schlechte Erfahrung gemacht. Sie ist auch irgendwo zu behütet gewe-

1083 sen, da kann man auch keine schlechten Erfahrungen machen. Oder sich auseinander
1084 setzten, fällt ihr ganz schwer. Sich streiten und nicht gleich eingeschnappt sein, sich
1085 wehren, das ist ein bisschen besser geworden. Aber überhaupt zu sagen ... Sie sitzt
1086 dann, also heute Nachmittag auch, da nahm ihr Jonas, der kleine, nahm ihr was weg.
1087 „Jonas hat mir was weggenommen" Anstatt das sie sagt: Komm, gib mir das wieder
1088 oder so, ne. Das muss sie lernen. Das muss sie echt lernen. Ich sag: Du, macht ihr
1089 beiden das aus. Ich halt mich da raus.
1090 (Pause)
1091 Aber ich find das immer noch besser, als wenn man so, stak autistische Züge hätte.
1092 A: Ja, klar.
1093 U: Ne, das ist immer noch… Gut, das ist das andere Extrem. Aber sie ist schon Dis-
1094 tanz… sehr kommunikativ, würde ich sagen. Findet gleich Zugang zu allen Leuten.
1095 Bequatscht die gleich alle.
1096 A: Das macht vieles leichter im Leben.
1097 U: Ja

10.3 Elternfragebogen

Name des Kindes: _____
Geburtsdatum: _____
Datum von heute: _____
Auskunft gibt ein ☐ ein Elternteil oder ☐_____

Zur Ursache des Hydrocephalus:
Welche Ursache hat der Hydrocephalus des Kindes?
☐ durch eine Hirnblutung (z.B. durch Frühgeburt)
☐ Aquäduktstenose
☐ angeboren und unbekannte Ursache
☐ in Verbindung mit einer Spina Bifida
☐ andere Ursache: _____

Gab es Ventilrevisionen (ohne Schlauchverlängerungen)? Wenn ja, wie viele ☐

Zum Schulunterricht:
Nach welchem Lehrplan wird das Kind unterrichtet?
☐ nach dem Lehrplan für die Regelschule (Grund-, Haupt-, Realschule, Gymnasium)
☐ nach dem Lehrplan für die Förderschule (Förderschwerpunkt Lernen)
☐ nach dem Lehrplan der Schule für Geistigbehinderte
  (Förderschwerpunkt geistige Entwicklung)
☐ nach folgendem Lehrplan: _____

Wenn die Intelligenz des Kindes schon untersucht wurde: Welches Ergebnis wurde genannt?
☐ normal/hoch
☐ unterdurchschnittlich/lernbehindert
☐ geistig behindert

Wenn ein Intelligenzquotient genannt wurde:
Welche Zahl wurde genannt? _____

Liegt eine starke Fehlsichtigkeit (z.B. Weitsichtigkeit, Schielen) vor?
☐ ja
☐ nein
Wenn ja, wird die Fehlsichtigkeit durch eine Brille ausgeglichen?
☐ ja
☐ nein

Hat das Kind Schwierigkeiten in den Bewegungen (z.B. Hemiparese)?
☐ ja
☐ nein
Wenn ja, beeinträchtigt die Lähmung auch die Schreibhand?
☐ ja
☐ nein

Lernschwierigkeiten eines Kindes können sehr verschiedene Ursachen haben. So kann z.B. die Wahrnehmung des Kindes beeinträchtigt sein oder das Kind hat Schwierigkeiten in der Konzentration. Alle diese möglichen Schwierigkeiten sind dann nicht nur in der Schule, sondern auch in der Familie und im Spiel des Kindes zu erkennen! Ihre Aussagen werden uns helfen, die Testergebnisse Ihres Kindes besser einzuordnen. Bitte helfen Sie uns und schenken uns zehn Minuten Zeit, indem Sie zu jeder Frage ein Antwortkreuz setzen.
Vielen Dank!

Elternfragebogen

	Immer/meistens	häufig	kaum	selten/nie	weiß nicht
1. Gibt es Probleme, wenn das Kind etwas auf dem Tisch sucht (z. B. die Marmelade, den Stift)?	☐	☐	☐	☐	☐
2. Stößt das Kind an Türrahmen oder andere Hindernisse an?	☐☐	☐☐	☐☐	☐☐	☐☐
3. Greift das Kind an Gegenständen vorbei (z. B. Tasse, Türgriff)?	☐	☐	☐	☐	☐
4. Hat das Kind Schwierigkeiten beim Teilen die Mitte oder die Hälfte zu finden (z. B. bei einer Scheibe Brot, einer Banane, eines Puddings)?	☐	☐	☐	☐	☐
5. Treten Probleme auf beim Lesen eines Stadtplanes oder eines Buslinienplans oder des Stundenplans?	☐☐	☐☐	☐☐	☐☐	☐☐
6. Treten Probleme beim Untereinanderschreiben von Zahlen auf?	☐	☐	☐	☐	☐
7. Treten Probleme beim Einhalten des Heftrandes oder beim Einhalten von Seitenrändern auf?	☐	☐	☐	☐	☐
8. Hatte oder hat das Kind Probleme beim Lesen die richtige nächste Zeile zu finden?	☐	☐	☐	☐	☐
9. Hatte (oder hat) das Kind Schwierigkeiten die Uhrzeit zu lesen, auf einer Uhr mit Zeigern?	☐☐	☐☐	☐☐	☐☐	☐☐
10. Hat das Kind Schwierigkeiten die digitale Uhr zu lesen?	☐	☐	☐	☐	☐
11. Gibt es Probleme hinsichtlich des Zeitempfindens auf (z. B. eine Zeitspanne kommt dem Kind viel länger oder kürzer vor als sie war oder das Kind hat Probleme einzuschätzen, wann es sich fertig machen muss)?					

	Immer/meistens	häufig	kaum	selten/nie	weiß nicht
12. Treten Probleme beim Schätzen der für einen bestimmten Weg benötigten Zeit auf?	☐	☐	☐	☐	☐
13. Kommt es vor, dass das Kind am Gesprächspartner vorbeischaut und keinen Blickkontakt herstellt?	☐	☐	☐	☐	☐
14. Treten Probleme beim Abmessen von Mengen (z. B. beim Backen) auf?	☐	☐	☐	☐	☐
15. Werden Entfernungen falsch eingeschätzt (z. B. Treppenstufen, Länge des Schulwegs, Länge der ‚Schlange' an der Kasse im Supermarkt)?	☐	☐	☐☐	☐☐	☐☐
16. Treten Probleme beim Vergleichen von Entfernungen auf?	☐	☐	☐	☐	☐
17. Versteht das Kind Ortsbezeichnungen falsch (z. B. links oben im Schrank?)	☐	☐	☐☐	☐☐	☐☐
18. Hat das Kind Schwierigkeiten, einen Schlüssel oder einen Wasserhahn in die richtige Richtung zu drehen?	☐	☐	☐	☐	☐
19. Treten Probleme beim Anziehen auf (z. B. eines Pullovers)?	☐	☐	☐☐	☐☐	☐☐
20. Werden beim Tischdecken Teile falsch nebeneinander gelegt?	☐	☐	☐☐	☐☐	☐☐☐
21. Treten Probleme beim Zusammenfalten von Gegenständen auf (z. B. Brief, Serviette, Decke, Pullover)?	☐	☐	☐	☐	☐
22. Treten Probleme beim Packen eines Pakets oder Geschenks auf?	☐	☐	☐☐	☐☐	☐☐
23. Zeichnet und malt das Kind?	☐	☐	☐	☐	☐
24. Hat das Kind Schwierigkeiten beim Abzeichnen?	☐	☐	☐☐	☐☐	☐☐
25. Hat das Kind Schwierigkeiten beim Ausschneiden (z. B. bei Fensterbildern und Bastelarbeiten)?	☐	☐	☐☐	☐☐	☐☐
26. Hat das Kind Schwierigkeiten ein Puzzle zu legen?	☐	☐	☐	☐	☐

Elternfragebogen

	Immer/meistens	häufig	kaum	selten/nie	weiß nicht
27. Lässt das Kind Buchstaben beim Schreiben aus, obwohl es alle Buchstaben des Wortes richtig aufsagen kann?	☐	☐	☐	☐	☐
28. Vertauscht das Kind sich ähnelnde Buchstaben (wie b, d, p) beim Schreiben, aber nicht beim Lesen?	☐	☐	☐	☐	☐
29. Hat das Kind beim Lesen die Schwierigkeit die Reihenfolge der Wörter korrekt einzuhalten?	☐	☐	☐	☐	☐
30. Hat das Kind im Rechnen größere Probleme als im Schreiben und Lesen?	☐	☐	☐	☐	☐
31. Hat das Kind Schwierigkeiten, Spielzeug nach einem Plan aufzubauen (z. B. Legomodelle, Überraschungseier)?	☐	☐	☐	☐	☐
32. Hat das Kind Schwierigkeiten, eine Schleife zu binden (am Geschenk, am Schuh)?	☐	☐	☐	☐	☐
33. Hat das Kind Schwierigkeiten im Sportunterricht (z. B. Gefühl für Bewegungen und für den Ball)?	☐ ☐	☐ ☐	☐ ☐	☐ ☐	☐ ☐
34. Treten Probleme bei der Orientierung auf?	☐	☐	☐	☐	☐
35. Treten Probleme beim Zurechtfinden in neuer Umgebung auf (z. B. im Urlaub)?	☐	☐	☐	☐	☐
36. Treten Probleme beim Finden eines Rückweges auf (z. B. beim Spaziergang oder vom Freund, Rückweg von der Toilette zum Tisch im Restaurant)?	☐ ☐	☐ ☐	☐ ☐	☐ ☐	☐ ☐
37. Fällt es dem Kind schwer, einen Weg als Abkürzung zu erkennen?	☐	☐	☐	☐	☐
38. Hat das Kind Probleme einen Weg zu beschreiben (z. B. den Weg zu sich nach Hause)?	☐ ☐	☐ ☐	☐ ☐	☐ ☐	☐ ☐

	Immer/meistens	häufig	kaum	selten/nie	weiß nicht
39. Hat das Kind Schwierigkeiten, das Auto auf dem Parkplatz wiederzufinden?	☐	☐	☐	☐	☐
40. Herrscht auf dem Schreibtisch Unordnung?	☐	☐	☐	☐	☐
41. Herrscht im Schulranzen Unordnung?	☐	☐	☐	☐	☐
42. Reagiert das Kind empfindlich auf Geräusche (Staubsauger, Silvesterknallerei)?	☐	☐	☐	☐	☐
43. Benutzt das Kind Wörter und Ausdrücke, deren Inhalt und Bedeutung es nicht genau kennt?	☐	☐	☐	☐	☐
44. Fällt es dem Kind schwer, aufmerksam zu bleiben (z. B. bei Hausaufgaben, beim Gesprächswechsel)?	☐	☐	☐	☐	☐
45. Lässt sich das Kind leicht ablenken?	☐	☐	☐	☐	☐
46. Bestehen beim Kind Schwierigkeiten sich zu konzentrieren?	☐	☐	☐	☐	☐
47. Hat das Kind Schwierigkeiten, sich etwas zu merken (schlechtes Kurzzeitgedächtnis, memory-Spiele)?	☐	☐	☐	☐	☐
48. Bestehen Schwierigkeiten sich zwei, drei Aufgaben, die nacheinander erledigt werden sollen, zu merken? (z. B. wenn es etwas in sein Zimmer bringen soll auch etwas anderes mitzubringen oder gar zwischendurch etwas in den Müll zu werfen)	☐	☐	☐	☐	☐
49. Fällt es dem Kind leicht gut auswendig zu lernen (z. B. Gedichte, 1x1, Familiendaten, Fakten seiner Hobbys)?	☐	☐	☐	☐	☐

Elternfragebogen

	Immer/meistens	häufig	kaum	selten/nie	weiß nicht
50. Hat das Kind Schwierigkeiten flexibel zu sein (z. B. an anderer Stelle die Straße zu überqueren, anderen Ablauf am Morgen, ändern von Ritualen)?	☐	☐	☐	☐	☐
51. Bestehen beim Kind Schwierigkeiten im Vorausplanen und Organisieren?	☐	☐	☐	☐	☐
52. Hat das Kind Schwierigkeiten sich in andere Menschen hineinzuversetzen?	☐	☐	☐	☐	☐
53. Spielt das Kind ungern Spiele, die viel Fantasie erfordern (z. B. Rollenspiele wie Vater, Mutter, Kind oder Räuber und Gendarm mit anderen Kindern)?	☐	☐	☐	☐	☐
54. Spielt das Kind ungern Gesellschaftsspiele (Brettspiele und Kartenspiele)?	☐	☐	☐	☐	☐
55. Ermüdet das Kind schnell?	☐	☐	☐	☐	☐
56. Braucht das Kind mehr Zeit als andere Kinder, Informationen aufzunehmen und auf Fragen zu antworten?	☐	☐	☐	☐	☐
57. Gerät das Kind leicht in Wut?	☐	☐	☐	☐	☐
58. Neigt das Kind zur Ängstlichkeit?	☐	☐	☐	☐	☐
59. Hat das Kind Schwierigkeiten, Freundschaften zu anderen Kindern zu schließen und zu halten?	☐	☐	☐	☐	☐
60. Bestehen Schwierigkeiten in der Koordination von Auge und Hand (z. B. beim Abschreiben aus dem Buch oder von der Tafel, beim Lesen der Musiknoten und Spielen des Instruments)?	☐	☐	☐	☐	☐

	Immer/meistens	häufig	kaum	selten/nie	weiß nicht
61. Zieht das Kind sich bei Überforderung zurück?	☐	☐	☐	☐	☐
62. Gerät das Kind leicht in Stress?	☐	☐	☐	☐	☐
63. Führt Stress zu einer Blockade?	☐	☐	☐	☐	☐
64. Hat das Kind deutliche Leistungsschwankungen?	☐	☐	☐	☐	☐
65. Ist das Kind schwer zu motivieren?	☐	☐	☐	☐	☐
66. Herrscht im Kinderzimmer schnell große Unordnung?	☐	☐	☐	☐	☐
67. Hat das Kind Schwierigkeiten, alleine aufzuräumen?	☐	☐	☐	☐	☐

VIELEN DANK

10.4 Prozentzahlen der elterlichen Zustimmung

Hat das Kind Schwierigkeiten bei …?	häufig bis immer N=121	Hat das Kind Schwierigkeiten bei …?	häufig bis immer N=121
1. auf dem Tisch suchen	21.5%	39. Auto wiederfinden	28.1%
2. Anstoßen an Türrahmen	14.0%	40. Unordnung auf Schreibtisch	68.6%
3. Vorbeigreifen	0.8%	41. Unordnung im Schulranzen	47.9%
4. beim Teilen die Mitte finden	15.7%	42. Geräuschempfindlichkeit	59.5%
5. Lesen eines Plans	22.3%	43. Ausdrücke ohne Inhalt	17.4%
6. Zahlen untereinander schreiben	25.6%	44. aufmerksam bleiben	62.8%
		45. leicht ablenken	76.9%
7. Einhalten des Heftrandes	43.8%	46. Konzentrationsschwierigkeiten	67.8%
8. beim Lesen die Zeile finden	21.5%	47. Merkschwierigkeiten	43.8%
9. analoge Uhr	38.8%	48. Aufgaben nacheinander	62.8%
10. digitale Uhr	10.7%	49. auswendig lernen	65.3%
11. Zeitempfindens	54.5%	50. Flexibilität	43.8%
12. Schätzen der Zeit für Weg	46.3%	51. Vorausplanen, Organisieren	61.2%
13. Am Gesprächspartner vorbei	30.3%	52. in Andere hineinzuversetzen	28.1%
14. Abmessen von Mengen	24.8%	53. Fantasiespiele	20.7%
15. Entfernungen einschätzen	30.6%	54. Gesellschaftsspiele	18.2%
16. Vergleichen von Entfernungen	34.7%	55. Ermüdung	47.5%
17. Ortsbezeichnungen verstehen	27.3%	56. Informationsaufnahme	54.5%
18. Schlüssel, Wasserhahn drehen	28.1%	57. Wut (N=61)	21.5%
19. Anziehen	19.8%	58. Ängstlichkeit	47.9%
20. Tischdecken Teile legen	23.1%	59. Freundschaften zu Kindern	26.4%
21. Zusammenfalten	40.5%	60. Auge-Hand-Koordination	38.0%
22. Paket/Geschenk einpacken	43.0%	61. Rückzug bei Überforderung	63.6%
23. Zeichnet, malt das Kind	nie 44.6%	62. Stress	40.5%
24. Abzeichnen	56.2%	63. Blockade bei Stress	56.2%
25. Ausschneiden	52.1%	64. Leistungsschwankungen	52.9%
26. Puzzle legen	39.7%	65. Motivation	33.9%
27. Buchstaben beim Schreiben	28.9%	66. Unordnung in Zimmer	58.7%
28. Buchstaben vertauschen	27.3%	67. Alleine aufräumen	61.2%
29. Reihenfolge Wörter im Lesen	6.6%		
30. größere Probleme im Rechnen	41.3%		
31. Spielzeug nach Plan bauen	50.4%		
32. Schleife binden	51.2%		
33. Sportunterricht (Ballgefühl)	48.8%		
34. Orientierung	41.3%		
35. Zurechtfinden	38.0%		
36. Finden eines Rückweges	31.4%		
37. Weg als Abkürzung erkennen	41.3%		
38. Weg beschreiben	34.7%		
39. Auto wiederfinden	28.1%		
40. Unordnung auf Schreibtisch	68.6%		

10.5 Signifikanzprüfung für den Vergleich zwischen der Normierungsgruppe und der Gruppe der Regelschüler mit Hydrocephalus im Abzeichentest

- In der Gruppe der 7-jährigen Kinder produzieren in der Normierungsgruppe 10.3 % der Kinder (3 von 26) ein auffälliges Testergebnis und zeigen daher eine räumlich-konstruktive Störung. In der hier untersuchten Gruppe der Regelschulkinder sind es 72.2 % der Kinder (13 von 18 Kindern). Dies ist hoch signifikant (χ^2= 18.94, p= .000).
- In der Gruppe der 8-jährigen Kinder produzieren in der Normierungsgruppe 17.4 % der Kinder (8 von 46) ein auffälliges Testergebnis und zeigen daher eine räumlich-konstruktive Störung. In der hier untersuchten Gruppe sind es 72.8 % der Kinder (13 von 18 Kindern). Dies ist hoch signifikant (χ^2= 17.64, p= .000).
- In der Gruppe der 9- und 10jährigen Kinder produzieren in der Normierungsgruppe 12.3 % der Kinder (13 von 106) ein auffälliges Testergebnis und zeigen daher eine räumlich-konstruktive Störung. In der hier untersuchten Gruppe sind es 52.6 % der Kinder (10 von 19 Kindern). Dies ist hoch signifikant (χ^2=17.49, p= .000).
- Hierbei ist zu beachten, das 1 Zelle, d. h. 25% der Zellen eine erwartete Häufigkeit kleiner 5 haben. Der exakte Test nach Fisher zeigt ebenfalls ein hochsignifikantes Ergebnis (p= .000).
- In der Gruppe der 11- und 12-jährigen Kinder produzieren in der Normierungsgruppe 14.2 % der Kinder (24 von 169) ein auffälliges Testergebnis und zeigen daher eine räumlich - konstruktive Störung. In der hier untersuchten Gruppe sind es 55.9 % der Kinder (19 von 34 Kindern). Dies ist hoch signifikant (χ^2= 29.46, p= .000).

Danach ergeben sich in allen vier Altersgruppen hoch signifikante Unterschiede zwischen den Kindern mit Hydrocephalus, die gemäß des Lehrplans der Regelschule unterrichtet werden und der Normierungsgruppe.